제2판

Microsoft 2010 엑셀과 액세스를 활용한 경영정보처리

김종기 김진성

도서출판 청람

*머리말

정보사회가 도래함에 따라 사회 전반에 다양한 변화가 나타나고 있다. 증기기관의 발명이 산업혁명을 초래하는 계기가 되었듯이 PC와 인터넷은 정보혁명을 가능하게 하는 원동력의 역할을 하였다. PC의 보급은 정보의 생산과 소비의 주체가 확연히 구분되던 이전과 달리 누구나가 생산자이면서 소비자가 될 수 있는 가능성을 열어 놓았다. 인터넷의 급격한 확산은 생산된 정보가 시공간의 장애 없이 원활히 유통될 수 있도록 하였다.

PC가 극소수의 취미 대상에서 지식근로자에게 없어서는 안될 필요불가결한 도구로 자리매김할 수 있었던 것은 바로 사용하기 편리한 여러 응용 프로그램들이 개발되었기 때문이다. 그 중에서 엑셀과 같은 스프레드시트 프로그램의 등장은 PC의 수요를 폭발적으로 확대하는 계기가 되었다. 지식근로자가 직접 PC를 이용하여 업무처리에 유용하게 사용되는 정보의 밑바탕이 되는 데이터를 처리하고 분석하는 작업을 보다 효율적으로 수행할 수 있게 됨에 따라 PC에 기반한 범용 응용 프로그램은 지식근로자의 생산성 향상을 위한 필수적인 도구가 되었으며, 지식근로자의 작업 방식에 근본적인 변화를 초래하였다.

정보화 소양을 함양하는 것이 정보사회의 구성원이 가져야 할 기본적인 자질이라는 믿음은 대학에서 응용 소프트웨어를 다루는 과목을 개설하게 하였고, 상경계열 뿐만 아니라 다양한 전공의 심화과정을 이수하는 데 필요한 기초적인 정보처리 능력을 배양하도록 요구하게 되었다. PC에서 활용할 수 있는 다양한 응용 소프트웨어 중에서 이 책에서는 스프레드시트와 데이터베이스관리 소프트웨어를 다룬다. 이 두 소프트웨어는 방대한 데이터를 체계적으로 관리하고 분석하기 위한 매우 다양하고 유용한 기능을 제공한다는 공통점을 가지고 있다. 따라서 스프레드시트와 데이터베이스관리 소프트웨어는 지식근로자에게 필요한 데이터 분석능력을 배양하고자 하는 이 책의 집필목적에 부합한 소프트웨어이다.

이 책에서는 데이터 분석기능을 제공하는 PC용 응용 소프트웨어 중에서 현재 가장 널리 사용되고 있는 마이크로소프트사의 오피스에 포함된 엑셀과 액세스라는 프로그램을 다룬다. 이 두 소프트웨어는 상당히 긴 개발역사를 가지고 있을 뿐만 아니라 오랜 기간 축적된 매우 다양하고 방대한 기능을 가지고 있어 이 두 소프트웨어를 배우고자 하는 학습자에게는 보다 체계적이고 효율적인 학습 방식이 요구된다. 특히 데이터베이스관리 소프트웨어는 데이터베이스의 분석과 설계에 대한 기본적인 지식 없이는 적절히 활용하기 어렵기 때문에 이 책에서는 각 소프트웨어가 제공하는 분석기능에 대한 학습자의 이해를 돕고자 개념 설명과 함께 예제를 통한 직접적인 소프트웨어 활용 절차를 다루고 있다. 마지막으로 어려운 여건 속에서도 이 책의 출간을 위해 노력해 주신 도서출판 청람의 이수영 대표를 비롯한 임직원들께 심심한 감사의 말씀을 전한다.

2012년 12월

김 종 기

*일러두기

1. 본 책은 학습자의 이해를 돕기 위한 이론적 설명뿐만 아니라 실제 예제를 통한 직업적인 소프트웨어 활용을 위해 도서출판 청람 홈페이지 자료실에 예제 파일을 제공하고 있다.

2. 본 책에서 다루고 있는 엑셀과 액세스의 메뉴는 대괄호([ ])로 표시하며 표시 방법은 다음과 같다.
   - 엑셀 : [데이터] 탭의 [정렬 및 필터] 그룹에서 [필터]를 클릭한다.

   - 액세스 : [만들기] 탭의 [테이블] 그룹에서 [테이블]을 클릭한다.

3. 본 책의 내용 중에 큰 따옴표(" ")로 표시된 내용은 학습자가 직접 키보드로 입력할 내용을 나타낸 것이며, 작은 따옴표(' ')로 표시된 내용은 개체나 항목을 나타낸 것이다.

차 례

Chapter 01 엑셀의 이해

Chapter 02 데이터 다루기

Chapter 03 함수와 배열수식

Chapter 05 차트 만들기

Chapter 06 통계분석

Chapter 07 데이터베이스와 액세스

Chapter 08 테이블 만들기

Chapter 09 폼 만들기

Chapter 10 쿼리 만들기

1 Chapter 엑셀의 이해

1. 스프레드시트 개요
2. 엑셀 2010의 구성요소
3. 엑셀의 데이터 편집

Chapter 1

엑셀의 이해

마이크로소프트(Microsoft)사의 엑셀(Excel)은 계량 데이터의 계산과 분석을 위해 제작된 어플리케이션으로 스프레드시트(spreadsheet) 프로그램으로 불린다. 일반적으로 스프레드시트는 회계분야에서 재무제표와 손익계산서 등과 같은 정산표로 불리며, 열과 행으로 구성된 양식을 의미한다.

엑셀은 하나 또는 여러 개의 워크시트(worksheet)의 열과 행에 입력된 수식을 계산할 수 있도록 만들어졌으며, 제품 판매실적, 사원급여, 증권수익률 등 데이터의 계산이 필요한 작업을 정확하고 효율적으로 처리하여 사용자의 생산성을 높여주는 역할을 한다. 또한, 필요한 기능을 이식(add-in)하여 사용할 수 있기 때문에 다양한 활용 목적을 지원하는 확장성이 뛰어나다는 특징이 있다.

1 스프레드시트 개요

오래전부터 사람들은 회계자료의 기록을 위해 수많은 열(column)과 행(row)을 종이에 그어 계산하는 스프레드시트 형식을 사용해 왔다. 컴퓨터가 개발된 이후 1960년대 중반에 들어서 회계업무와 재무자료의 분석을 위해 메인프레임 컴퓨터용 스프레드시트 프로그램이 사용되기 시작하였지만 대중에게는 그다지 알려지지 않았다. 이후 1970년대 중반에 마이크로컴퓨터(microcomputer)라는 개념이 정립되기 시작하였으며 1978년에 이르러서야 최초의 마이크로컴퓨터용 스프레드시트 소프트웨어가 개발되었다. 이때부터 스프레드시트 소프트웨어는 사용의 편리성으로 인해 대중에게 빠르게 확산되기 시작하였고 비즈니스 분석이나 데이터 기록 또는 분석을 위한 도구로 폭

넓게 활용되기 시작하였다.

초기의 스프레드시트 소프트웨어로는 비지칼크(VisiCalc), 멀티플랜(Multiplan), 매직칼크(MagiCalc), 슈퍼칼크(SuperCalc), 로터스(Lotus) 1-2-3, 쿼트로 프로(Quattro Pro) 등이 널리 사용되었다. 국내에서도 이들의 저작권을 사들여 한글화하여 한글 칼크, 한글 멀티플랜 등이 출시되었으며, 자체 개발을 통해 이들과 유사한 하나 스프레드시트, 셈벗 등이 시장에 출현하였다. 이 가운데 몇몇 프로그램은 엑셀보다 우수한 함수, 빠른 계산속도, 매크로기능 등을 가진 것도 있었지만 점차 엑셀에게 자리를 양보하게 되었다. 오늘날 스프레드시트 프로그램 시장에서 강력하게 군림하고 있는 엑셀은 로터스 1-2-3를 근간으로 한 프로그램이며, 로터스 1-2-3 또한 비지칼크를 근간으로 한 제품이었다.

가. 스프레드시트 프로그램

1) 비지칼크

1964년 캘리포니아대학교(University of California at Berkeley)의 Mattessich 교수는 기업의 회계분야에 적용할 수 있는 전자 스프레드시트와 관련된 주요 개념을 저술하였다. 「Simulation of the Firm through a Budget Computer Program」이라는 제목으로 출판된 책에서 메인프레임 컴퓨터를 이용하여 재무자료를 분석하고 그 결과를 스프레드시트 형식으로 출력할 수 있도록 하는 프로그램을 포트란(Fortran) Ⅳ를 이용하여 개발하였다. 하지만 프로그래밍의 어려움과 과다한 시간 소요로 인해 일반사용자에게는 많이 알려지지 않았다.

최초의 마이크로컴퓨터용 스프레드시트로 출시된 비지칼크는 1978년 하버드 경영대학원(Harvard Business School) MBA 과정에 있었던 브리클린(D. Bricklin)과 친구인 프랭크스톤(B. Frankston)에 의해 개발되었다. 오늘날에는 응용 프로그램들이 잘 발달되어 있어 학생들이 일일이 재무제표와 손익계산서 등의 양식을 손으로 작성할 필요가 없지만, 당시에는 반복적으로 정산표를 만드는 일은 지루하고 힘든 작업이었다. 이에 브리클린은 기말 프로젝트를 위해 회계분석 사례를 준비하던 중 사람들이 컴퓨터에 데이터를 입력하고 결과를 확인할 수 있도록 전자칠판과 분필의 개념을 착

안하게 되었다. 눈으로 확인할 수 있는 계산기(visible calculator)를 만들겠다는 단순한 아이디어에서 출발한 5열 20행의 IBM PC-DOS용 프로그램인 비지칼크(VisiCalc)는 이후 애플(Apple)-Ⅱ 컴퓨터 버전으로도 개발되어 애플사가 도약할 수 있는 발판을 제공하였다.

그림 1-1 ▌ 비지칼크(VisiCalc)

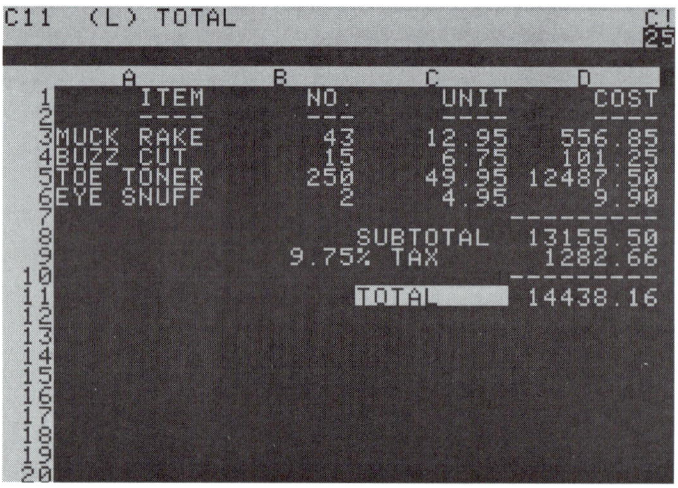

2) 로터스 1-2-3

오늘날 윈도우즈(Windows) 스프레드시트의 표준이라 불리는 로터스 1-2-3는 카포(M. Kapor)가 설립한 로터스(Lotus Development)사에서 개발된 스프레드시트이다. 1980년대 초반 스프레드시트 프로그램 시장에서는 여러 종류의 유사한 인터페이스와 기능을 갖춘 소프트웨어들이 난립하고 있었다. 더욱이 1983년 9월 비지칼크 개발자와 운영자금을 출원한 VisiCorp 사이에 법정 다툼이 발생하자 비지칼크의 시장 대응력이 약해진 틈을 타 로터스사에서 1-2-3를 출시하게 되었다.

1-2-3가 1983년 출시 당시 495달러의 다소 비싼 가격이었으나 뛰어난 성능으로 인해 얼마 후 비지칼크의 시장점유율을 따라잡게 되었다. 애플의 매킨토시(Apple Macintosh)에서 작동되는 1-2-3는 워크시트에서 워드프로세스가 가능하였고, 차트와 데이터베이스 도구를 지원할 수 있는 고급기능을 포함하고 있었다. 이후 윈도우즈 기반의 유사제품들이 출현하는 데 많은 영향을 미치게 된 1-2-3는 스프레드시트 시

장에서 표준으로 자리매김하게 된다.

1985년 1-2-3는 스프레드시트 프로그램 중 가장 많이 팔린 제품으로 선정되었으며, 꾸준한 판매량의 증가로 인하여 비지칼크의 판권을 사들이게 된다. 재미있는 점은 카포가 비지칼크 제품관리자로 6개월 동안 근무한 경험이 있으며, 자신이 개발한 비지플롯(Visiplot)과 비지트렌드(Visitrend)를 VisiCorp에 백만 달러에 판매한 이력을 가진 인물이었다. 다음의 그림에서 보면 1-2-3의 통합 워크시트 형태 및 인터페이스는 지금의 엑셀과 유사함을 알 수 있다.

그림 1-2 ▌ 로터스(Lotus) 1-2-3

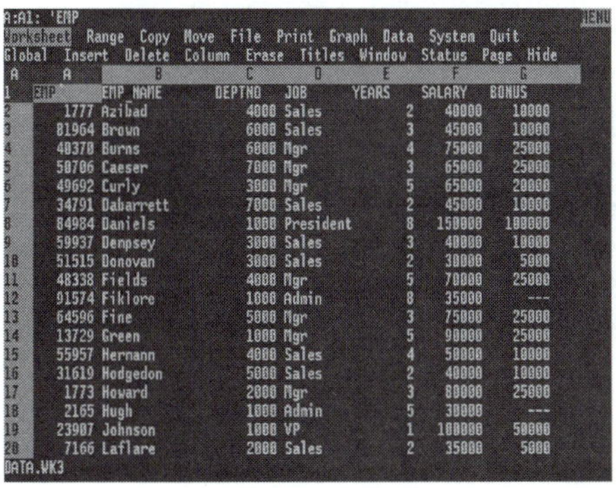

DOS용 1-2-3

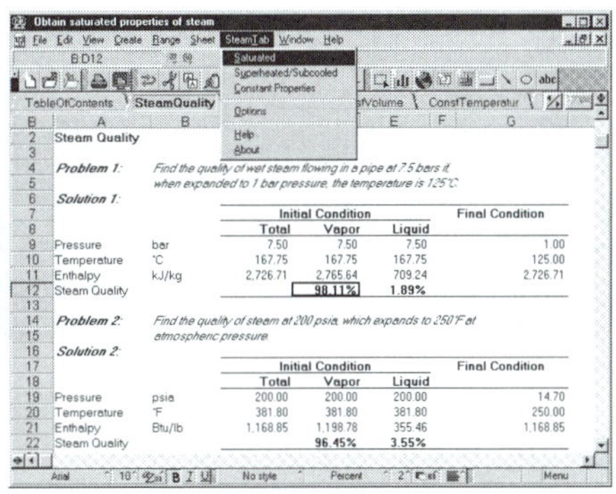

Windows용 1-2-3

3) 엑셀

엑셀 2003은 엑셀 2002에 이어 윈도우즈 XP 계열에 맞추어 출시된 스프레드시트 프로그램으로 버전(version)은 엑셀 11에 해당한다. 1982년 마이크로소프트에서 DOS용 멀티플랜이라는 스프레드시트 프로그램을 개발하여 당시 시장을 장악하고 있던 1-2-3를 겨냥하였지만 사용자 인터페이스가 좋지 않았고, 사용하기가 까다로워 경쟁상대가 되지 못했다.

엑셀로 이름을 붙이고 처음 출시된 버전은 1987년 출시된 엑셀 2였다. 이는 마이크로소프트가 엑셀을 윈도우즈 개념하에 개발하였지만 당시 MS-Windows가 그다지 유명하지 않았고, 매킨토시 2에 탑재되어 보급되면서 매킨토시 버전과 일치시키기 위해 붙여졌다. 다음의 엑셀 2를 실행시킨 화면을 통해 알 수 있듯이 1-2-3에 비해 상대적으로 인터페이스가 뒤처져 있었다.

그림 1-3 멀티플랜(Multiplan)

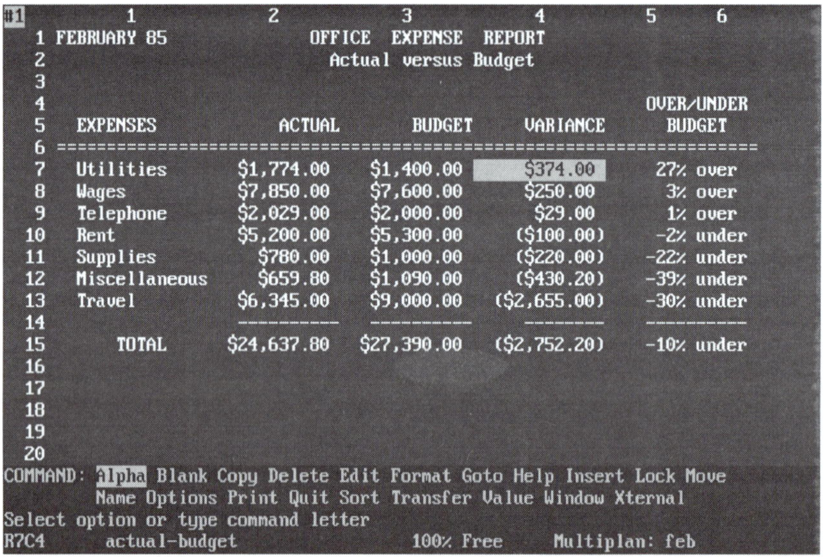

그림 1-4 엑셀 2(Excel 2)

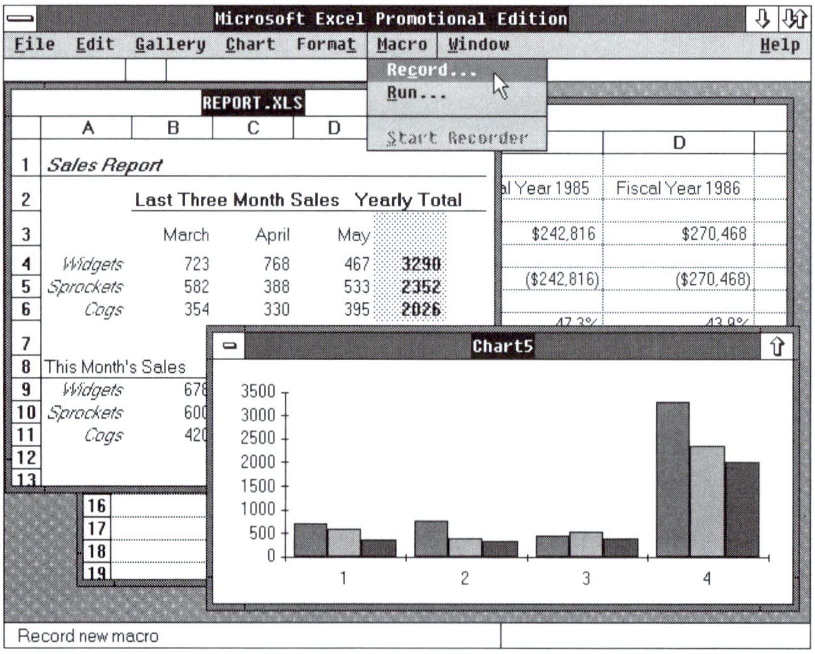

엑셀 3은 1990년에 출시되었으며, 엑셀 2에 도구 모음, 그리기 모음, 추가 기능, 3차원 차트 등의 여러 주요 기능들이 사용자 편의에 맞추어 통합 및 추가되었다. 1992년 엑셀 4가 MS-Windows 3.1의 성공과 더불어 사용성이 향상되자 스프레드시트 프로그램 시장에 적지 않은 반향을 일으켰으며, 이를 시작으로 초보 사용자들 사이에 빠르게 보급되었다.

1993년에 엑셀 5가 출시되었으며, 다중 워크시트의 개념과 VBA가 추가됨으로써 사용자만을 위한 기능을 만들 수 있도록 기능성 위주로 변화하였다. 1995년 출시된 엑셀 95(버전 7)는 기존 엑셀 5와 인터페이스 차이는 없었으나 현재까지 사용되고 있는 32 비트(bit) 코드 형식이 최초로 적용된 제품이었다. 엑셀에는 버전 6이 없는데 이는 엑셀 95가 출시될 당시 윈도우 95에 OLE 2가 실행될 수 있도록 프로그램 형식이 변경되었고, 이에 맞춰 제작된 워드 7과 버전을 동일하게 맞추기 위해 엑셀 7로 출시되었기 때문이다.

1997년 출시된 엑셀 97(버전 8)에서는 도구 모음과 메뉴 모음에 많은 변화가 있었으며, 인터넷의 발전과 더불어 온라인에서 지원받을 수 있도록 제작되었다. 1999년에 출시된 엑셀 2000(버전 9)은 HTML을 지원하며, 자동교정, 피벗 테이블, 피벗 차트, 클립보드 등의 기능이 확장되었다. 또한, 엑셀 97과 호환을 위해 표준 이진(binary) 파일형식을 그대로 지원하였다.

2001년 6월 출시된 엑셀 2002(버전 10)는 기존보다 사용자를 위한 배려에 중점을 두었다. 예를 들어, 작업 중 프로그램 간 충돌로 인해 오류가 발생하면 오류 이전 상태로 돌아갈 수 있도록 하였고, 장시간 사용하지 않았던 엑셀 파일을 복구할 수 있도록 지원하였다. 특히 사용자가 만든 수식에서 에러를 추적하여 자동으로 수정할 수 있도록 편의성을 높인 점이 특징이다.

엑셀 2003(버전 11)에서 큰 변화는 통합문서에서 XML을 지원하는 기능이 추가되었다는 점이다. 이로써 워크시트에서 XML 문서를 바로 읽거나 편집할 수 있게 되었으며, 작업창을 이용해 XML을 구현할 수 있도록 하였다. 또한, XML 스키마를 사용하여 워크시트의 특정 부분으로부터 데이터 추출이 가능케 함으로써 편집기능을 향상시켰다.

본 장에서 엑셀 2010의 기본적인 구성요소와 함께 워크시트(worksheet)에서의 다양한 데이터 편집기능에 대해 알아보도록 하겠다.

2 엑셀 2010의 구성요소

가. 엑셀 2010의 기본구성

엑셀 2010 프로그램을 시작하면 다음 그림과 같은 초기화면이 나타난다.

그림 1-5 ▌ 엑셀 2010 화면구성

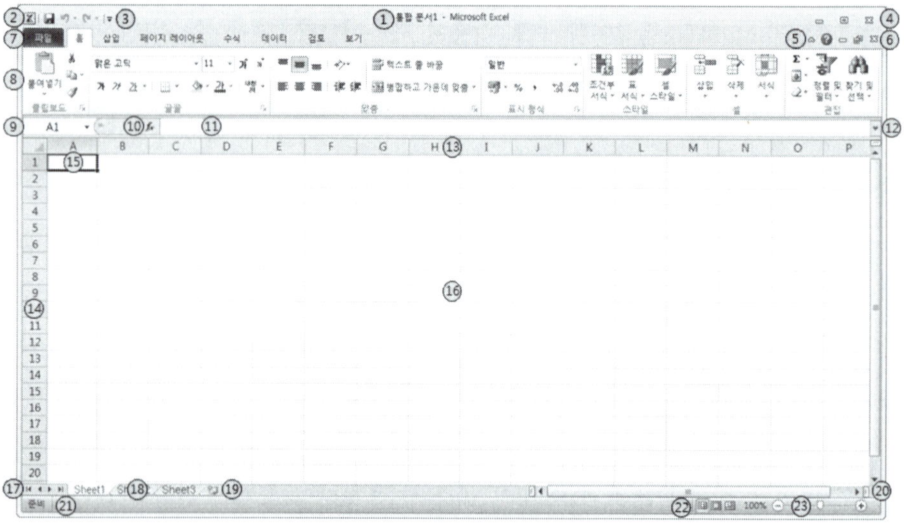

① 제목 표시줄 ② 창 조절 메뉴 ③ 빠른 실행 도구 모음 ④ 엑셀 창 조절 단추 ⑤ 리본 메뉴 최소화 단추 ⑥ 문서 창 조절 단추 ⑦ 명령 탭 ⑧ 리본 메뉴 ⑨ 이름상자 ⑩ 함수 삽입 단추 ⑪ 수식 입력줄 ⑫ 수식 입력줄 확장 단추 ⑬ 열 머리글 ⑭ 행 머리글 ⑮ 셀 포인터 ⑯ 워크시트 ⑰ 시트 탭 이동 단추 ⑱ 시트 탭 ⑲ 워크시트 삽입 단추 ⑳ 창 분할선 ㉑ 상태 표시줄 ㉒ 보기 바로 가기 ㉓ 확대/축소

1) 빠른 실행 도구 모음

프로그램 제일 상단에 표시된 [빠른 실행 도구 모음]은 프로그램 작성 시 자주 사용하는 기능들을 모아 놓은 곳으로 기본적으로 [저장], [실행취소], [다시 실행]과 같은 도구들이 제공된다. 여기에 [열기]나 [빠른 인쇄]와 같은 도구를 추가하려면 [빠른 실행 도구 모음 사용자 지정]을 클릭하여 나타난 목록에서 '기타 명령(M)...'을 클릭하여 나타난 [Excel 옵션] 대화상자의 [빠른 실행 도구 모음]에서 사용자가 원하는 기능을 추가할 수 있다.

그림 1-6 ▌ 빠른 실행 도구모음에 기능 추가

빠른 실행 도구 모음　　　　빠른 실행 도구 모음에 기능 추가 후

이밖에 [Excel 옵션] 대화상자의 [빠른 실행 도구 모음]에서는 화면에 표시된 도구들([저장], [실행취소], [다시 실행])의 표시 순서 또한 변경할 수 있다.

그림 1-7 ▌ Excel 옵션

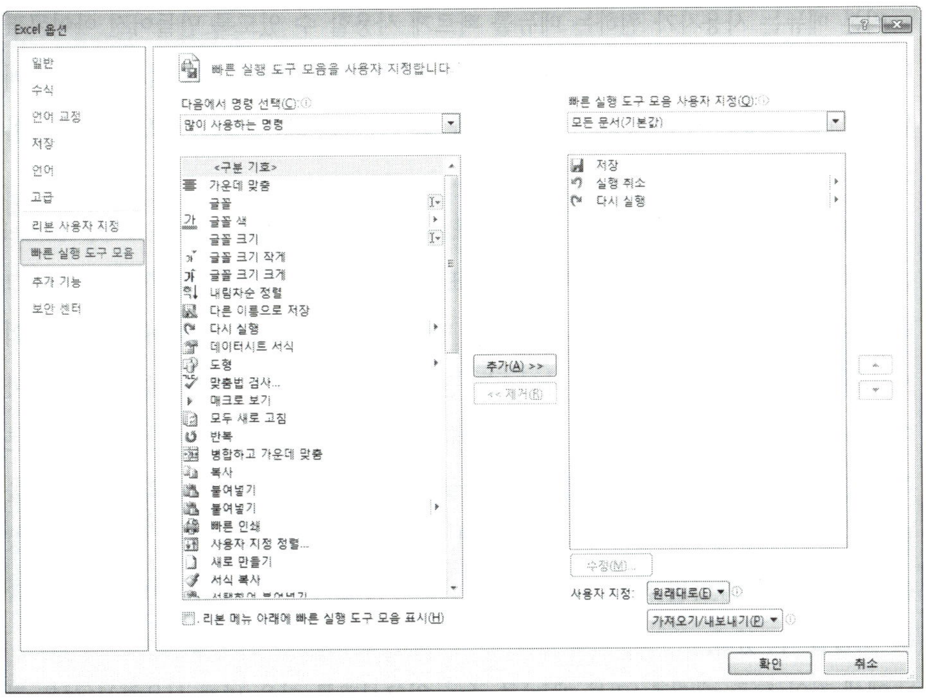

2) 명령 탭

[빠른 실행 도구 모음] 아래에는 다음 그림과 같은 명령 탭을 볼 수 있다. 명령 탭은 기본적으로 [파일], [홈], [삽입], [페이지 레이아웃], [수식], [데이터], [검토], [보기] 메뉴로 구성된다.

[데이터] 탭은 [외부 데이터 가져오기], [연결], [정렬 및 필터], [데이터 도구], [윤곽선] 그룹으로 구성된다.

그림 1-14 ▌ 데이터 탭

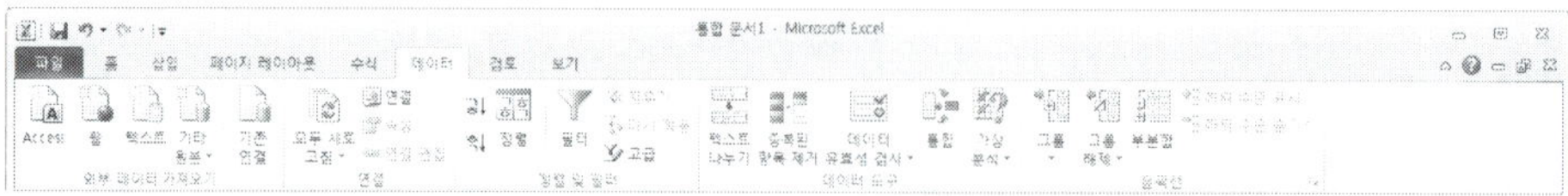

[검토] 탭은 [언어교정], [언어], [메모], [변경 내용] 그룹으로 구성된다.

그림 1-15 ▌ 검토 탭

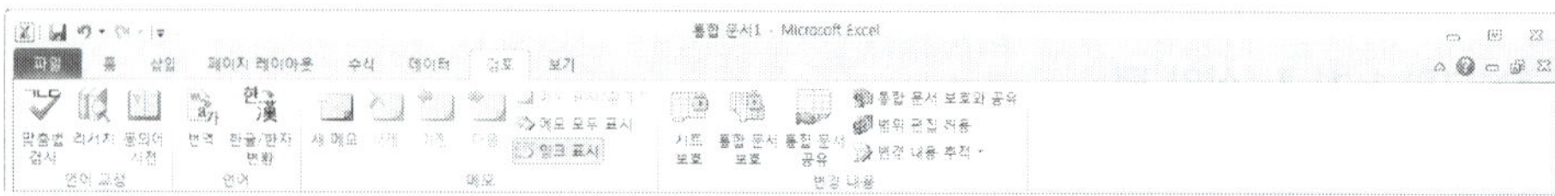

[보기] 탭은 [통합 문서 보기], [표시], [확대/축소], [창], [매크로] 그룹으로 구성된다.

그림 1-16 ▌ 보기 탭

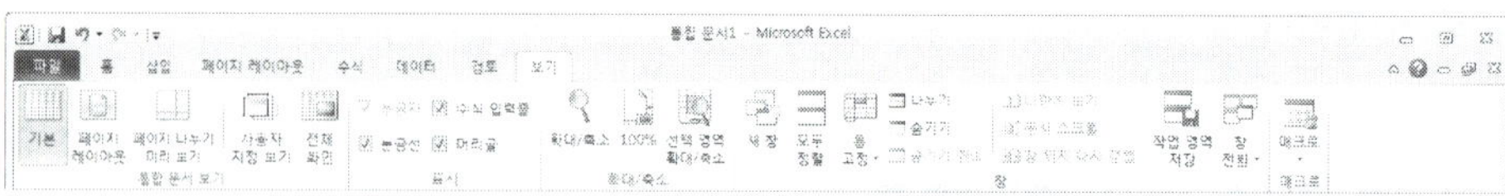

4) 이름 상자

리본 메뉴 왼쪽 아래의 [이름 상자 

]는 워크시트의 현재 셀 주소(커서 위치)를 열 이름(A열)과 행 이름(1행)으로 표시한다. 이밖에도 사용자가 특정 셀 주소로 바로 이동하고자 할 경우 [이름 상자]에 사용자 원하는 임의의 이름을 입력함으로써 원하는 셀 주소로 바로 이동할 수 있다. 또한 이렇게 정의된 이름은 수식에서 셀 참조로 사용되어 사용자로 하여금 수식 또는 표의 용도를 쉽게 이해할 수 있도록 한다.

특정 셀을 사용자가 원하는 임의의 이름으로 정의한 후 수식에서 셀 참조로 사용하는 예를 들 보면 먼저 셀에 입력된 숫자들 중 수식에서 자주 사용할 B2에서 D2까지

(B2:D2)의 영역을 마우스로 드래그한 후 [이름 상자]를 클릭하고 "예찬점수"라고 입력하여 셀 이름을 정의한다. 그리고 워크시트의 B2:D2 영역에 임의의 숫자를 입력하고 셀 포인터를 E2에 위치한 다음 [이름 상자] 오른쪽에 있는 [수식 입력줄]에 "=SUM(예찬점수)"라고 입력한 후 엔터를 누르면 B2:D2 영역에 입력된 숫자들의 합계를 구할 수 있다. 다시 말해, 셀 이름을 특정 이름('예찬점수')으로 정의하면 해당 수식에 셀 주소를 입력하는 기존의 방식('=SUM(B2:D2)') 대신 정의한 이름('예찬점수')을 입력하여 수식을 간편하게 사용('=SUM(예찬점수)')할 수 있다. 하지만 이 두 가지 방식은 수식이 셀을 참조하는 방식에 있어서 약간의 차이점을 가지고 있는데, 앞의 수식('=SUM(B2:D2)')은 상대참조로 사용되는 반면 뒤의 수식('=SUM(예찬점수)')은 절대참조로 사용된다는 것을 주의하여야 한다.

그림 1-17 ▌ 이름 상자 정의

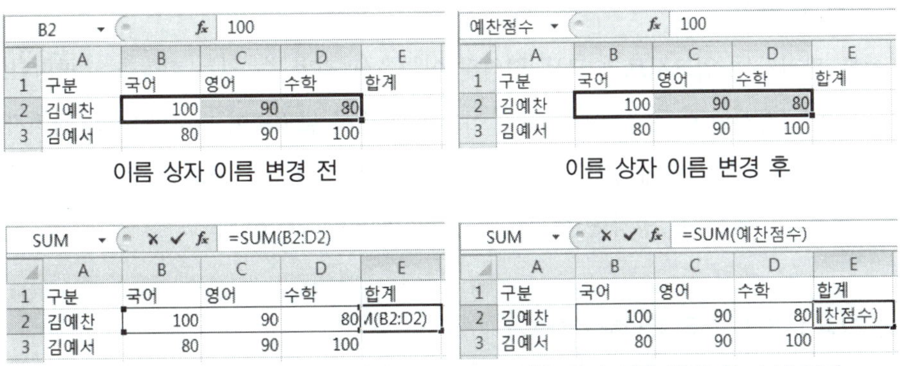

이름 상자 이름 변경 전 / 이름 상자 이름 변경 후

이름 상자 이름 변경 전 수식 입력 / 이름 상자 이름 변경 후 수식 입력

특정 셀에 사용자가 원하는 임의의 이름을 정의하는 또 다른 방법을 살펴보면 [수식] 탭의 [정의된 이름] 그룹에서 [이름 정의]를 클릭하여 나타난 [새 이름] 대화상자에서 이름 정의와 범위 지정을 할 수 있다. [새 이름] 대화상자의 [이름(N):]에는 사용자가 원하는 임의의 이름을 입력하는데 이름은 대소문자 구별 없이 255자까지 사용할 수 있다. 첫 글자는 문자, 밑줄(_), 백슬래시(\)여야 하며 공백을 포함할 수 없고 'A20'이나 'R1C1'처럼 기존의 셀 참조와 동일한 형식을 사용할 없다. [범위(S):]에는 정의된 이름이 사용될 위치를 선택하는데 일반적으로 드롭다운 목록에서 '통합 문서'를 선택한다. 만약 'Sheet2'를 선택하였다면 정의된 이름 '예서점수'는 Sheet2에서만

사용될 수 있다. [참조 대상(R):]에는 셀 참조 영역을 입력하는데 사용자가 직접 입력하고나 워크시트에서 드래그하여 선택한다. 셀 참조 영역은 'B3:D3'과 같이 인접한 영역이 아닌 인접하지 않은 영역의 선택도 가능하다.

그림 1-18 ▌ 새 이름 대화상자

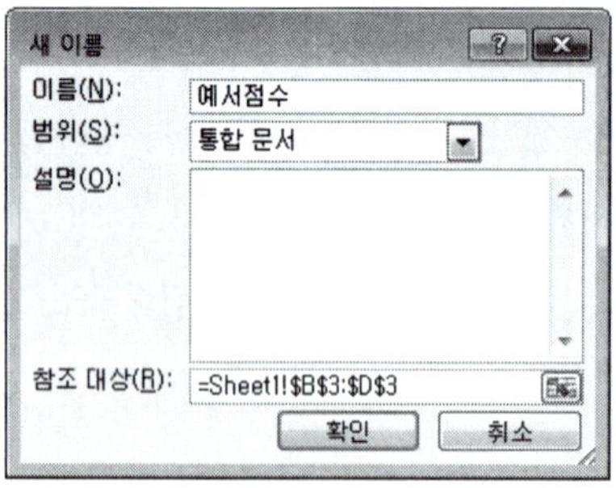

5) 이름 관리자

이름 관리자는 워크시트의 모든 정의된 이름을 관리할 수 있는 기능을 제공한다. [수식] 탭의 [정의된 이름] 그룹에서 [이름 관리자]를 클릭하여 나타난 [이름 관리자] 대화상자에서 워크시트에 정의된 모든 이름과 셀 참조 영역을 확인할 수 있으며, 정의된 이름 및 셀 참조 영역을 손쉽게 편집 및 삭제할 수 있다.

그림 1-19 ▌ 이름 관리자 대화상자

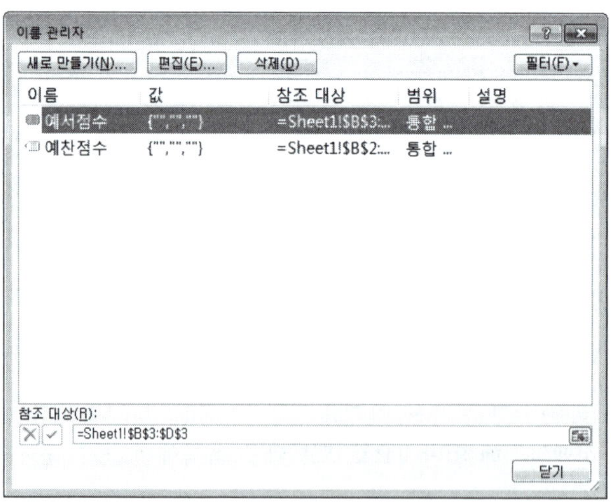

6) 수식 입력줄

[이름 상자] 오른쪽의 [수식 입력줄 fx]은 셀에 입력된 내용을 표시하여 주거나 길이가 긴 문자열이나 숫자, 기호 등을 셀에 직접적으로 입력하기 불편한 경우 쉽게 입력할 수 있도록 지원해 준다. 또한 엑셀에서 사용하는 다양한 종류의 수식을 입력하기에 편리하다.

[수식 입력줄]을 클릭하면 다음과 같이 새로운 아이콘(× ✓ fx)이 나타나는데, [취소 ×]는 [수식 입력줄]에 입력한 모든 내용을 한꺼번에 지우는 기능이고, [입력 ✓]은 [수식 입력줄]에 입력한 모든 내용을 셀에 반영하는 기능이다. [함수 삽입 fx]은 [함수 마법사]를 이용하여 수식을 만들 경우에 사용한다.

이 중 [함수 마법사]를 이용하는 방법을 살펴보면, 먼저 수식을 입력할 셀을 클릭하고 [수식 입력줄]의 [함수 삽입 fx]을 클릭한다. [수식 입력줄]에 등호(=)가 자동으로 삽입됨과 동시에 다음 그림과 같은 [함수 마법사] 대화상자가 나타난다.

그림 1-20 | 함수 마법사

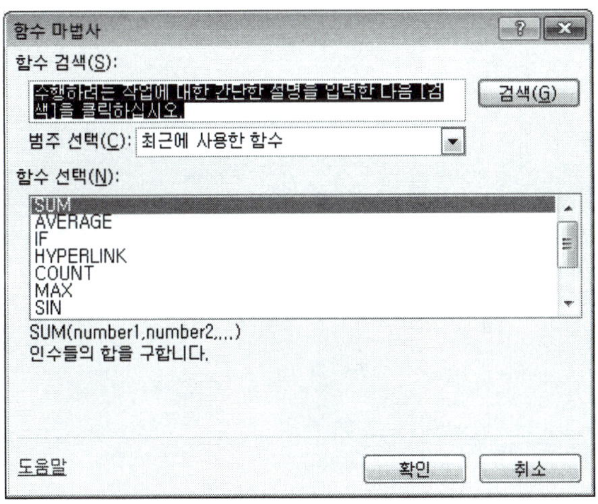

[함수 마법사]의 [범주 선택(C):]과 [함수 선택(N):]에서 사용할 함수를 선택한다. 만약 사용할 함수명을 정확히 모를 경우에는 [함수 검색(S):]에서 수행하고자 하는 작업에 대한 간단한 설명을 입력하여 찾을 수 있다. 예를 들어 "더하기"를 입력하거나 "곱하기"를 입력하면 해당 작업이 가능한 함수를 보여준다. [함수 선택(N):] 목록에서 해

당 함수를 선택한 후 [확인] 단추를 클릭하면 [함수 인수] 대화상자가 나타난다. 여기에 함수에 포함하고자 하는 셀 주소를 입력하거나 워크시트에 직접 드래그하여 선택한 후 [확인] 단추를 클릭한다.

7) 워크시트

워크시트는 데이터 입력 및 편집 작업을 하기 위한 기본 영역으로 열과 행으로 구성된 수많은 셀들로 구성된다. 엑셀 2010의 워크시트는 A부터 XFD(2^{14} =16,384)열과 1부터 1,048,576(2^{20})행으로 구성되며, 열과 행이 만나는 교차점을 워크시트의 기본단위인 셀(cell)이라고 한다. A열과 1행이 교차되어 활성화된 각각의 셀을 '셀 주소' 또는 '셀 참조'라고 하며, 이처럼 열과 행이 만나는 워크시트의 셀에서 데이터를 입력하거나 편집 작업을 한다.

그림 1-21 ▌ 워크시트

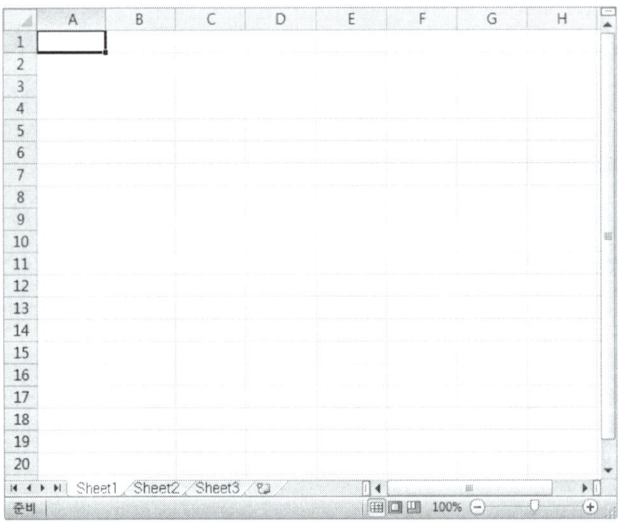

8) 시트 탭 표시줄

워크시트의 하단에는 [시트 탭 표시줄 ]이 있다. [시트 탭 표시줄]에 표시된 Sheet1, Sheet2, Sheet3을 시트 탭(sheet tab)이라고 하며, [시트 탭]을 클릭하여 사용자가 원하는 다른 시트로 이동할 수 있다. 사용자는 필요에

따라 워크시트 이름을 변경할 수 있으며, 새로운 워크시트를 삽입 또는 삭제할 수도 있다. 그리고 워크시트를 다른 위치로 이동하거나 복사할 수 있으며, 워크시트를 숨겨 화면에 표시되지 않도록 할 수도 있다. 한 통합 문서에는 기본적으로 세 개의 워크시트가 나타나지만 기본 워크시트의 수를 [파일]-[옵션]-[일반] 메뉴에서 변경할 수 있다.

[시트 탭 표시줄]의 맨 왼쪽에 있는 [시트 탭 이동 단추 ⏮ ◀ ▶ ⏭]는 시트의 개수가 많아져서 [시트 탭 표시줄]에 모든 시트를 표시할 수 없을 경우 가려져 있는 특정 시트를 선택할 수 있도록 표시하여 준다. 시트 간에 이동하고자 하는 경우에는 Ctrl+Page Up 또는 Ctrl+Page Down 키를 눌러 이동한다.

3 엑셀의 데이터 편집

엑셀은 워크시트의 셀에 데이터를 입력하는 작업부터 시작한다. 데이터 입력을 위해 먼저 마우스나 키보드를 이용하여 셀을 선택한 후 해당 셀에 데이터를 입력한 다음 엔터(Enter↵) 또는 탭(Tab) 키를 눌러 다음 셀로 이동한다. 이때 사용자가 데이터 입력을 위해 선택한 곳을 '셀 포인터'라고 부른다.

가. 엑셀 데이터의 종류

워크시트의 셀에 입력 가능한 데이터에는 문자열, 숫자, 수식, 날짜/시간, 논리, 메모의 여섯 가지 종류가 있다.

1) 문자열

워크시트의 셀에 입력하는 문자열에는 문자, 숫자, 기호, 공백 등을 포함할 수 있으며, 워크시트 셀에 입력한 데이터가 문자열일 경우에는 셀의 왼쪽으로 자동 정렬된다. 주민등록번호나 전화번호, 우편번호와 같이 숫자와 기호('-')가 함께 입력된 데이터는 셀의 왼쪽으로 정렬되는 것을 확인할 수 있는데, 이는 엑셀이 입력한 데이터를 문자열로 인식하고 있다는 것이다. 하지만 학번이나 사번과 같이 순수 숫자로만 입력되는 데이터일 경우에는 엑셀이 입력한 데이터를 숫자로 인식하고 셀의 오른쪽으로 정렬하여 표시하게 된다. 학번과 사번은 숫자라 할지라도 특정 개체를 식별하기 위해 사용되는 데이터이므로 문자열로 입력하여야 한다. 이럴 경우에는 데이터 입력 전에 어퍼스트로피(')를 입력한 후 숫자 데이터를 입력하면 문자열과 마찬가지로 셀의 왼쪽으로 정렬되어 표시되게 된다.

그림 1-22 ▌ 문자(열) 입력

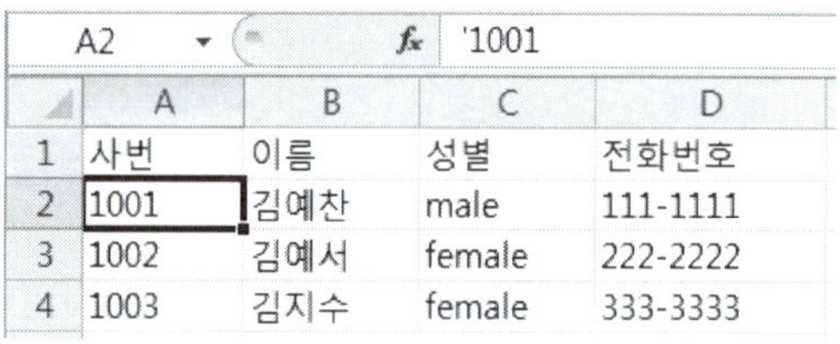
A2 fx '1001

	A	B	C	D
1	사번	이름	성별	전화번호
2	1001	김예찬	male	111-1111
3	1002	김예서	female	222-2222
4	1003	김지수	female	333-3333

2) 숫자

워크시트의 셀에 입력하는 숫자는 정수, 실수, 분수, 과학표기, 산술표기와 같이 계산을 위해 사용되는 일련의 값(value)을 의미한다. 숫자 데이터는 문자열과는 달리 셀의 오른쪽으로 자동 정렬된다. 숫자 데이터 중 '1/4'와 같은 분수 형식을 입력할 경우에는 '1/4'로 입력 해 버리면 엑셀은 이를 날짜형식으로 인식하기 때문에 '0 1/4'와 같이 1/4 앞에 "0"(zero)을 입력하고 한 칸 띄워서 "1/4"를 입력해야 한다.

다음 그림과 같이 텍스트 형식으로 인식되어야 하는 신용카드 번호와 같은 숫자 데이터를 한꺼번에 텍스트 서식으로 변경하고자 할 경우에는 숫자 데이터가 입력된 셀 범위를 선택한 후 [홈] 탭의 [표시 형식] 그룹에서 일반 을 클릭하고 스크롤 막대를 조금 내려 [가나다 텍스트]를 선택한다. 선택한 숫자 데이터들이 한꺼번에 셀의 왼쪽으로 정렬되는 것을 확인할 수 있다. 숫자 데이터가 텍스트 서식으로 변경되면 계산 시 문제가 발생할 수 있으므로 주의하여야 한다.

그림 1-23 숫자 입력과 텍스트 형식으로 변경

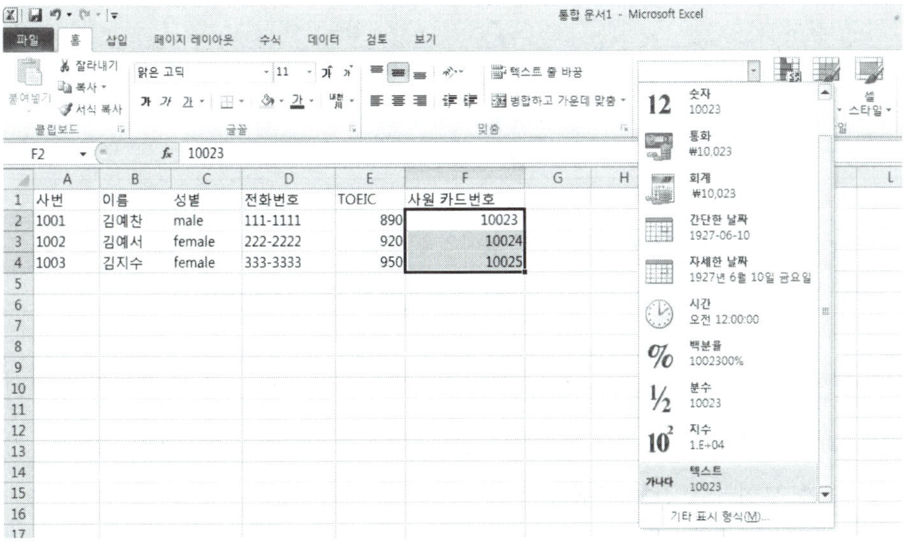

3) 수식

수식은 워크시트의 셀에 입력된 데이터에 대해서 계산을 수행하는 계산방식을 의미한다. 수식은 항상 등호(=)로 시작해야 하며 등호 뒤의 수식에는 함수, 참조, 연산자, 상수가 포함될 수 있다. 예를 들어 원의 넓이를 구하는 수식을 보면 '=PI( ) * A2 ^ 2'에서 'PI( )'는 함수, 'A2'는 셀 참조, '*', '^'는 연산자, '2'는 상수로 정의한다. 함수는 제3장에서 자세하게 다루게 될 것이다.

수식에서 사용되는 연산자에는 산술 연산자, 비교 연산자, 연결 연산자, 참조 연산자로 구성된다. 산술 연산자는 기본적으로 수학 연산에서 사용되는 더하기(+), 빼기(−), 곱하기(*), 나누기(/), 백분율(%), 거듭제곱(^)과 같은 연산자를 사용한다. 비교 연산자는 두 값을 비교하여 참(TRUE)이나 거짓(FALSE)과 같은 논리 결과값을 구할 때 사용하며, 같음(=), 크다(>), 작다(<), 크거나 같다(>=), 작거나 같다(<=), 같지 않다(<>)와 같은 연산자를 사용한다. 연결 연산자는 두 개 이상의 텍스트를 하나로 연결할 때 사용하며 앰퍼샌드(&) 연산자를 사용한다. 참조 연산자는 셀 범위를 지정할 때 사용하며 콜론(:)이나 쉼표(,)와 같은 연산자를 사용한다.

표 1-1 수식의 예

수식	설명
=5+2*3	2와 3을 곱한 결과에 5를 더한다.
=A1+A2+A3	셀 A1, A2, A3의 값을 더한다.
=SQRT(A1)	셀 A1의 제곱근을 구한다.
=A1>A2	셀 A1에 5, A2에 3이 입력되어 있다면 결과값 TRUE가 표시된다.
="대한"&"민국"	"대한"과 "민국"의 문자열을 결합하여 "대한민국"이 표시된다.
=SUM(A1:A3,B2)	셀 A1에서 A3까지의 영역의 값과 B2의 값을 더한다.

다음 그림은 김예찬의 각 시험 점수에 가중치를 부여하여 계산한 수식으로 컴퓨터활용(D2)에 가중치 0.3을 부여하고, 시사상식(E2)에는 가중치 0.2, TOEIC(F2)에는 가중치 0.5를 부여하여 전체 총점을 구하였다.

그림 1-24 총점 수식

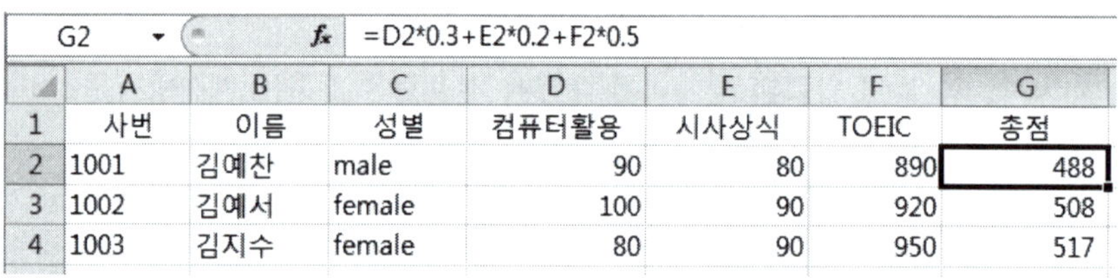

위의 그림을 보면 김예찬의 총점(G2)에는 입력된 수식에 대한 결과값만 표시된다. 만약 입력한 수식을 [수식 입력줄 fx =D2*0.3+E2*0.2+F2*0.5]이 아닌 셀을 통해 직접적으로 보려면 Ctrl+` 키를 눌러 워크시트에서 사용한 모든 수식을 바로 확인할 수 있다.

그림 1-25 수식 표시

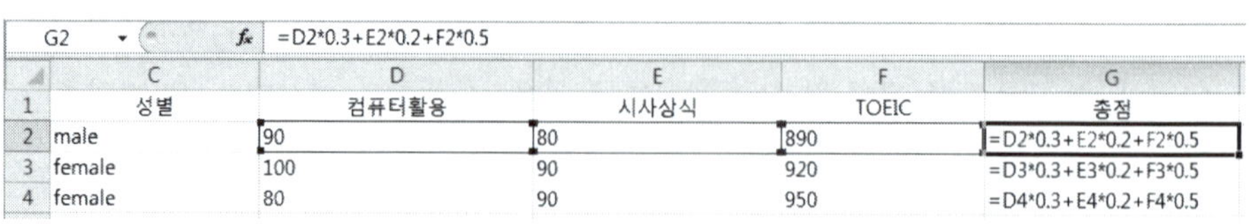

4) 날짜/시간

워크시트의 셀에 입력하는 날짜/시간은 작업에 필요한 날짜와 시간을 표기하기 위해서나 특정 날짜를 기준으로 시간의 흐름을 계산하기 위해 사용하는 데이터 형식이다. 워크시트에 현재 날짜 및 현재 시간을 간편하게 입력하기 위한 방법으로 날짜일 경우 Ctrl+;(세미콜론)을 눌러 입력할 수 있고, 시간일 경우 Ctrl+Shift+;을 눌러 입력할 수 있다. 일반적으로 워크시트에 표시되는 날짜 및 시간은 제어판의 '국가 및 언어'에서 설정한 형식을 기반으로 한다.

사용자가 직접 날짜를 입력할 경우에는 년, 월, 일 사이에 하이픈(−)이나 슬래시(/)를 사용하여 입력하며, 시간을 입력할 경우에는 시, 분, 초 사이에 :(콜론)을 사용하여 입력한다.

하지만 날짜가 아닌 다른 형식의 데이터 입력 시 혼동될 수 있는 부분이 있으니 주의할 필요가 있다. 예를 들어 사용자가 1사분기를 표현하기 위해 셀에 '1/4'를 입력하거나 분수를 표현하기 위해 '1/4'를 입력할 경우 엑셀에서는 이를 '01월 04일'과 같은 날짜형식으로 인식하게 된다. 이때 1/4 앞에 작은따옴표(')를 입력하거나 [홈] 탭의 [표시 형식] 그룹에서 일반 을 클릭하여 목록에서 [가나다 텍스트]를 선택한 후 값을 입력하는 방법으로 해결할 수 있다.

그림 1-26 ▌ 날짜/시간 입력

	A	B	C
1	구분	입력키	결과
2	오늘날짜	Ctrl + ;	2012-01-30
3	현재시간	Ctrl + Shift + ;	11:41 AM
4	날짜(슬래쉬)	1/4	01월 04일
5	분기표기	'1/4	1/4
6	분수표기	0 1/4	1/4

5) 메모

메모는 특정 셀의 내용을 설명하거나 다른 사람과 공유하기 위해 사용한다. 작성된 메모는 수식 계산에 영향을 주지 않기 때문에 적절히 사용된다면 업무의 생산성을 높일 수 있다. 메모는 [리본 메뉴]의 [검토] 탭의 [메모] 그룹에서 [새 메모]를 통해 작성하거나 Shift+F2 키를 눌러 작성하면 된다. 메모를 작성한 후 셀 포인터를 다른 곳으로 옮기면, 셀의 오른쪽 상단에 빨간 표시( )로 메모가 있음을 알려 준다. 그리고 다시 메모가 삽입된 셀 위에 마우스 커서를 올리면 메모 내용을 확인할 수 있다.

그림 1-27 ▌ 메모 작성

	B	C	D	E	F	G	H	I	J
1	이름	성별	전호번호	기본급	상여금	급여액	국민연금	Sam: 국민연금 비율 =근로소득의 4.92%	
2	김예찬	male	111-1111	3,000,000	360,000	3,360,000	165,312		
3	김예서	female	222-2222	2,950,000	330,000	3,280,000	161,376		
4	김지수	female	333-3333	2,800,000	336,000	3,136,000	154,291		

6) 논리

논리 형식은 수식에 IF, 논리곱(AND), 논리합(OR), 부정(NOT) 논리함수를 이용하여 조건에 대한 참(true)과 거짓(false)을 판단할 때 사용한다. 이러한 논리 형식에 대한 설명은 '제3장 함수와 배열수식'에서 다룬다.

나. 셀 서식

워크시트에 데이터를 입력하고 편집하는 다양한 방법과 [셀 서식]을 통해 데이터 형식을 지정하는 방법 등 데이터 편집기능에 대해 살펴본다. [셀 서식]은 워크시트에 입력된 데이터에 글꼴, 테두리, 채우기 등을 지정하여 줌으로써 사용자의 가독성을 높여주는 기능을 제공한다.

그림 1-28 ▌ 셀 서식 대화상자

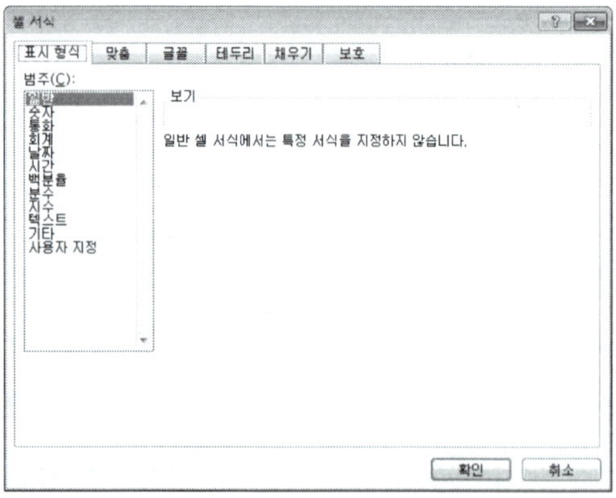

입력한 데이터에 서식을 적용하기 위해 마우스 오른쪽 버튼을 클릭하여 나타난 바로가기 메뉴에서 [셀 서식(F)...]을 선택하거나 Ctrl+1 키를 눌러 나타난 [셀 서식] 대화상자를 이용한다. [셀 서식] 대화상자는 다음 그림과 같이 [표시형식], [맞춤], [글꼴], [테두리], [채우기], [보호] 탭으로 구성된다.

1) 표시형식

[셀 서식] 대화상자의 [표시형식] 탭은 셀에 입력된 데이터의 형식을 가장 적절히 표현할 수 있도록 숫자, 통화, 회계, 날짜/시간, 백분율, 사용자 지정 등의 형식으로 설정할 수 있는 기능을 가지고 있다.

다음 그림은 '삼손(주) 사원급여 내역'에서 기본급, 상여금, 급여액, 건강보험료, 국민연금, 실급여액 등 비목의 금액 앞에 '원화(₩)' 표기를 위해 [셀 서식]을 적용한 화면이다. 먼저, 표시 형식을 설정하고자 하는 F2:K16 영역을 범위 지정한 후 Ctrl+1 키를 눌러 [셀 서식] 대화상자를 불러온다. 그리고 [셀 서식] 대화상자의 [표시 형식] 탭을 클릭한 후 [범주(C):] 목록에서 '통화' 또는 '회계'를 선택한다. 이때 '통화' 형식은 단순 통화형식으로 표시되며, 통화기호는 데이터 값의 왼쪽에 붙어서 표시된다. 반면 '회계' 형식은 통화기호와 함께 소수점 자리에 맞춰 정렬되어 표시되며, 통화기호는 셀의 왼쪽 가장자리에 데이터 값과 떨어져 표시된다. 일반적으로 '원화(₩)' 표기를 위해 많이 사용하는 [홈] 탭의 [표시 형식] 그룹에서의 '₩ ·' 단추는 '회계' 형식으로 표시된다.

그림 1-29 ▌ 표시형식 – 회계형

	A	B	C	D	E	F	G	H	I	J	K
1	사번	이름	부서	직급	성별	기본급	상여금	급여액	건강보험료	국민연금	실급여액
2	H613021	강태욱	개발	부장	남	₩ 3,000,000	₩ 360,000	₩ 3,360,000	₩ 142,128	₩ 165,312	₩ 3,052,560
3	H613022	김성현	기획	차장	남	₩ 2,950,000	₩ 354,000	₩ 3,304,000	₩ 139,759	₩ 162,557	₩ 3,001,684
4	H613023	김영길	인사	부장	남	₩ 2,900,000	₩ 348,000	₩ 3,248,000	₩ 137,390	₩ 159,802	₩ 2,950,808
5	H613024	염철목	구매	차장	남	₩ 2,850,000	₩ 342,000	₩ 3,192,000	₩ 135,022	₩ 157,046	₩ 2,899,932
6	H613025	탁무용	영업	부장	남	₩ 2,800,000	₩ 336,000	₩ 3,136,000	₩ 132,653	₩ 154,291	₩ 2,849,056
7	H613026	도명환	생산	부장	남	₩ 2,750,000	₩ 330,000	₩ 3,080,000	₩ 130,284	₩ 151,536	₩ 2,798,180
8	H613027	박소연	기획	차장	여	₩ 2,700,000	₩ 324,000	₩ 3,024,000	₩ 127,915	₩ 148,781	₩ 2,747,304
9	H613028	이상일	구매	과장	남	₩ 2,650,000	₩ 318,000	₩ 2,968,000	₩ 125,546	₩ 146,026	₩ 2,696,428
10	H613029	김종탁	생산	과장	남	₩ 2,600,000	₩ 312,000	₩ 2,912,000	₩ 123,178	₩ 143,270	₩ 2,645,552
11	H613030	김미나	구매	대리	여	₩ 2,550,000	₩ 306,000	₩ 2,856,000	₩ 120,809	₩ 140,515	₩ 2,594,676
12	H613031	이은정	생산	과장	여	₩ 2,500,000	₩ 300,000	₩ 2,800,000	₩ 118,440	₩ 137,760	₩ 2,543,800
13	H613032	이승현	구매	과장	남	₩ 2,450,000	₩ 294,000	₩ 2,744,000	₩ 116,071	₩ 135,005	₩ 2,492,924
14	H613033	전유안	영업	대리	여	₩ 2,400,000	₩ 288,000	₩ 2,688,000	₩ 113,702	₩ 132,250	₩ 2,442,048
15	H613034	박종만	인사	과장	남	₩ 2,350,000	₩ 282,000	₩ 2,632,000	₩ 111,334	₩ 129,494	₩ 2,391,172
16	H613035	이경희	개발	대리	여	₩ 2,300,000	₩ 276,000	₩ 2,576,000	₩ 108,965	₩ 126,739	₩ 2,340,296

m	m은 1~12, mm은 01~12, mmm은 Jan에서 Dec, mmmm은 January~December로 월을 표기한다.	mm"월" mmmm	12 12	12월 December
d	d는 1~31, dd는 01~31, ddd는 Sun~Sat, dddd는 Sunday~Saturday로 요일을 표기한다.	dd"일" ddd	13 7	13일 Sat
텍스트	표시된 문자를 셀 안에 있는 값에 추가한다.	"H"#####	613022	H613022
$	표준서식 문자들로 각각 사용자 지정 숫자서식이 지정된 상태로 나타난다.	$#.000	314.1	$314.100
/	소수 부분을 포함한 수치를 분수서식으로 표기한다.	# ??/??	2.25	2 1/4
_(밑줄)	수치 뒤 밑줄 다음에 오는 한 문자의 폭만큼 공백을 함께 표기한다.	#,##0_-	1234	1,234␣

3) 사용자 지정 작성법

'사용자 지정' 형식은 사용자가 지정한 범위 내에 포함된 '양수', '음수', '0', '텍스트'에 대해서 사용자가 직접 각각의 데이터에 해당하는 적절한 표시형식이나 서식을 설정하는 방법이다. '사용자 지정' 형식을 설정할 경우에는 서식문법을 따라야 한다. '사용자 지정'은 네 개의 구역으로 구성되며, 각 구역은 세미콜론(;)으로 구분한다. 그리고 각 구역은 '양수', '음수', '0', '텍스트'의 순으로 설정해야 하며(네 개의 구역을 모두 설정할 필요는 없음), 조건과 함께 데이터에 표시할 색깔을 설정할 경우에는 [색깔], [조건]의 순서로 작성해야 한다. 색깔을 지정할 경우에는 [검정], [녹색], [흰색], [파랑], [자홍], [노랑], [녹청], [빨강]의 8가지 색 코드를 사용할 수 있다.

표 1-4 사용자 지정 서식문법 및 서식 순서

서식 문법	[색깔] [조건] 서식
서식 순서	양수 서식 ; 음수 서식 ; 0 서식 ; 텍스트 서식
사례	#,##0.0_- ; [파랑] -#,##0.0_- ; 0.0_- ; (@)_-

예를 들어, "#,##0.0_- ; [파랑] -#,##0.0_- ; 0.0_- ; (@)_-"와 같이 입력된 '사용자 지정' 형식을 설명하면 다음과 같다. 먼저, 양수와 음수로 입력된 값은 모두 천 단위마다 콤마(,)를 표시하며, 소수점 이하 값이 없더라도 소수 첫째 자리까지 0을 표

시하여 준다. 특히, 음수값일 경우에는 음수 표시(-)와 함께 파랑색으로 표시되며, 입력된 값 0일 경우에도 0.0으로 표시되도록 한다. 그리고 입력된 모든 텍스트 앞뒤에는 괄호를 붙여 함께 나타나도록 한다. '@' 기호는 문자열로 입력된 모든(all) 값을 의미한다. 그리고 각 구역에 끝에 입력된 '_-'는 오른쪽에 공백을 추가하라는 표시이다.

다음 그림은 D3:D7 영역에 대해서 '사용자 지정'형식을 설정한 결과 화면이다. '사용자 지정' 형식은 '#,##0.0%_-;[파랑]-#,##0.0%_-;0.0%_-;@_-'이 적용되었다.

그림 1-31 ▌ '사용자 지정' 형식 적용

	A	B	C	D
1	SNS별 방문자 수 추이			
2	구분	2010년	2011년	증감율
3	아이러브스쿨	101,823	62,109	-0.39
4	싸이월드	17,245,767	14,307,627	-0.17
5	미투데이	2,627,034	5,863,146	1.232
6	트위터	7,880,085	15,135,369	0.921
7	페이스북	8,036,892	17,798,146	1.215

D3:D7 범위 지정

⇨

	A	B	C	D
1	SNS별 방문자 수 추이			
2	구분	2010년	2011년	증감율
3	아이러브스쿨	101,823	62,109	-39.0%
4	싸이월드	17,245,767	14,307,627	-17.0%
5	미투데이	2,627,034	5,863,146	123.2%
6	트위터	7,880,085	15,135,369	92.1%
7	페이스북	8,036,892	17,798,146	121.5%

'사용자 지정' 형식 적용 결과

4) 조건이 없는 사용자 지정

조건이 없는 '사용자 지정' 형식은 서식 순서에 따라서 설정해야 하나 네 개의 구역 모두를 지정할 필요는 없다. 예를 들어, '삼손(주) 사원급여 내역'에서 모든 금액을 천 단위마다 쉼표(,)로 표시하며, 소수점 첫째 자리까지만 표기하고, 금액 뒤에는 '원'이라는 통화 표시를 입력하며, 음수는 빨강색으로 괄호로 묶어 표시하고자 할 때 다음과 같이 '사용자 지정' 형식을 설정한다. 이렇게 '사용자 지정' 형식을 두 개의 구역으로 설정할 경우, 첫 번째 구역은 양수와 0에 적용되고 두 번째 구역은 음수에 적용된다.

▌표 1-5 ▌ 서식순서에 따른 사용자 지정

#,##0.0"원"; [파랑](#,##0.0)"원"

다음 그림은 숫자 데이터에 대해서 조건 없는 사용자 지정을 설정한 결과 화면이다.

그림 1-32 ▌ 조건이 없는 '사용자 지정' 형식 적용

F2:K15 범위 지정

	A	B	C	D	E	F	G	H	I	J	K
1	사번	이름	부서	직급	성별	기본급	상여금	급여액	건강보험료	국민연금	실급여액
2	H613021	강태욱	개발	부장	남	3000000	360000	3360000	142128	165312	3052560
3	H613022	김성현	기획	차장	남	2950000	354000	3304000	139759.2	162556.8	3001684
4	H613023	김영길	인사	부장	남	2900000	348000	3248000	137390.4	159801.6	2950808
5	H613024	염철목	구매	차장	남	2850000	342000	3192000	135021.6	157046.4	2899932
6	H613025	탁무용	영업	부장	남	2800000	336000	3136000	132652.8	154291.2	2849056
7	H613026	도명환	생산	부장	남	2750000	330000	3080000	130284	151536	2798180
8	H613027	박소연	기획	차장	여	2700000	324000	3024000	127915.2	148780.8	2747304
9	H613028	이상일	구매	과장	남	2650000	318000	2968000	125546.4	146025.6	2696428
10	H613029	김종탁	생산	과장	남	2600000	312000	2912000	123177.6	143270.4	2645552
11	H613030	김미나	구매	대리	여	2550000	306000	2856000	120808.8	140515.2	2594676
12	H613031	이은정	생산	과장	여	2500000	300000	2800000	118440	137760	2543800
13	H613032	이승현	구매	과장	남	2450000	294000	2744000	116071.2	135004.8	2492924
14	H613033	전유안	영업	대리	여	2400000	288000	2688000	113702.4	132249.6	2442048
15	H613034	박종만	인사	과장	남	2350000	282000	2632000	111333.6	129494.4	2391172

⇩

'사용자 지정' 형식 적용 결과

	A	B	C	D	E	F	G	H	I	J	K
1	사번	이름	부서	직급	성별	기본급	상여금	급여액	건강보험료	국민연금	실급여액
2	H613021	강태욱	개발	부장	남	3,000,000.0원	360,000.0원	3,360,000.0원	142,128.0원	165,312.0원	3,052,560.0원
3	H613022	김성현	기획	차장	남	2,950,000.0원	354,000.0원	3,304,000.0원	139,759.2원	162,556.8원	3,001,684.0원
4	H613023	김영길	인사	부장	남	2,900,000.0원	348,000.0원	3,248,000.0원	137,390.4원	159,801.6원	2,950,808.0원
5	H613024	염철목	구매	차장	남	2,850,000.0원	342,000.0원	3,192,000.0원	135,021.6원	157,046.4원	2,899,932.0원
6	H613025	탁무용	영업	부장	남	2,800,000.0원	336,000.0원	3,136,000.0원	132,652.8원	154,291.2원	2,849,056.0원
7	H613026	도명환	생산	부장	남	2,750,000.0원	330,000.0원	3,080,000.0원	130,284.0원	151,536.0원	2,798,180.0원
8	H613027	박소연	기획	차장	여	2,700,000.0원	324,000.0원	3,024,000.0원	127,915.2원	148,780.8원	2,747,304.0원
9	H613028	이상일	구매	과장	남	2,650,000.0원	318,000.0원	2,968,000.0원	125,546.4원	146,025.6원	2,696,428.0원
10	H613029	김종탁	생산	과장	남	2,600,000.0원	312,000.0원	2,912,000.0원	123,177.6원	143,270.4원	2,645,552.0원
11	H613030	김미나	구매	대리	여	2,550,000.0원	306,000.0원	2,856,000.0원	120,808.8원	140,515.2원	2,594,676.0원
12	H613031	이은정	생산	과장	여	2,500,000.0원	300,000.0원	2,800,000.0원	118,440.0원	137,760.0원	2,543,800.0원
13	H613032	이승현	구매	과장	남	2,450,000.0원	294,000.0원	2,744,000.0원	116,071.2원	135,004.8원	2,492,924.0원
14	H613033	전유안	영업	대리	여	2,400,000.0원	288,000.0원	2,688,000.0원	113,702.4원	132,249.6원	2,442,048.0원
15	H613034	박종만	인사	과장	남	2,350,000.0원	282,000.0원	2,632,000.0원	111,333.6원	129,494.4원	2,391,172.0원

5) 조건을 포함한 사용자 지정

'사용자 지정' 형식에서는 사용자가 지정한 특정 조건을 만족하는 숫자에 대해서만 서식이 적용되도록 할 수 있다. 이때 조건은 비교연산자와 값으로 구성되며, 대괄호([ ])로 표시한다.

예를 들어, 사원들이 납입하는 건강보험료에 대해서 납입금이 130,000원 이상이면 '▲' 표시와 함께 빨강색으로 표시하며, 130,000원 미만이면 '▼' 표시와 함께 파랑색으로 표시하고자 할 경우 다음과 같이 '사용자 지정'형식을 설정한다. '▲' 입력은 한글 "ㅁ"을 입력한 후 키보드의 '한자' 키를 눌러 선택할 수 있다.

▌표 1-6 ▌ 조건을 포함한 사용자 지정 서식

[빨강][>=130000] ▲#,##0.0"원"; [파랑][<130000] ▼#,##0.0"원"

다음 그림은 건강보험료에 대해서 조건을 포함한 사용자 지정을 설정한 결과 화면이다.

그림 1-33 ▌ 조건을 포함한 '사용자 지정' 형식 적용

	A	B	C	D	E	F	G	H	I	J	K
1	사번	이름	부서	직급	성별	기본급	상여금	급여액	건강보험료	국민연금	실급여액
2	H613021	강태욱	개발	부장	남	3000000	360000	3360000	▲142,128.0원	165312	3052560
3	H613022	김성현	기획	차장	남	2950000	354000	3304000	▲139,759.2원	162556.8	3001684
4	H613023	김영길	인사	부장	남	2900000	348000	3248000	▲137,390.4원	159801.6	2950808
5	H613024	염철목	구매	차장	남	2850000	342000	3192000	▲135,021.6원	157046.4	2899932
6	H613025	탁무용	영업	부장	남	2800000	336000	3136000	▲132,652.8원	154291.2	2849056
7	H613026	도명환	생산	부장	남	2750000	330000	3080000	▲130,284.0원	151536	2798180
8	H613027	박소연	기획	차장	여	2700000	324000	3024000	▼127,915.2원	148780.8	2747304
9	H613028	이상일	구매	과장	남	2650000	318000	2968000	▼125,546.4원	146025.6	2696428
10	H613029	김종탁	생산	과장	남	2600000	312000	2912000	▼123,177.6원	143270.4	2645552
11	H613030	김미나	구매	대리	여	2550000	306000	2856000	▼120,808.8원	140515.2	2594676
12	H613031	이은정	생산	과장	여	2500000	300000	2800000	▼118,440.0원	137760	2543800
13	H613032	이승현	구매	과장	남	2450000	294000	2744000	▼116,071.2원	135004.8	2492924
14	H613033	전유안	영업	대리	여	2400000	288000	2688000	▼113,702.4원	132249.6	2442048
15	H613034	박종만	인사	과장	남	2350000	282000	2632000	▼111,333.6원	129494.4	2391172

6) 맞춤

[맞춤] 탭은 셀 내에 입력된 데이터의 표시 방향을 변경하거나 데이터의 위치를 가로나 세로로 맞추거나, 셀 내에서 텍스트를 줄 바꿈 하거나, 셀에 맞추어 텍스트 크기를 줄이거나, 여러 개의 셀을 하나의 셀로 병합할 수 있는 기능들을 제공한다. 다음 그림은 '삼손(주) 사원급여 내역'의 필드명(제목)에 대해서 텍스트 방향을 45도로 설정한 결과 화면이다.

그림 1-34 ▌ 맞춤 설정

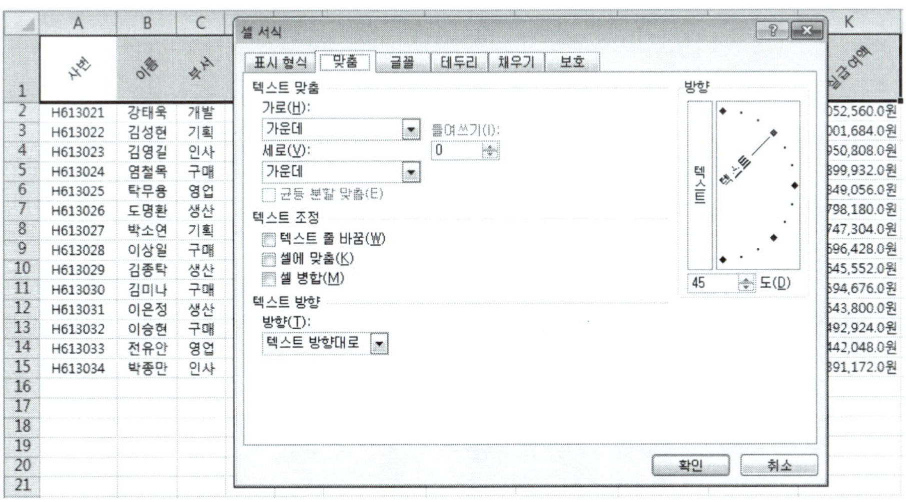

7) 글꼴

[글꼴] 탭은 워크시트에 입력된 데이터에 대한 글꼴, 글꼴 스타일, 크기, 밑줄, 글자색, 첨자 등을 설정할 수 있는 기능들을 제공한다. [글꼴] 탭의 기능은 한글 워드프로세스의 편집기능과 동일한 기능으로 보면 이해가 쉽다.

예를 들어, '삼손(주) 사원급여 내역'의 필드명(제목)의 글꼴을 변경하고자 할 경우 [글꼴(F):] 목록에서 'HY견고딕', [글꼴 스타일(O):] 목록에서 '기울임꼴', [크기(S):] 목록에서 '11'을 선택하면 다음 그림과 같은 결과를 확인할 수 있다. 이밖에도 단축키를 이용하여 글꼴을 쉽게 변경할 수 있는데, 글꼴을 굵게 할 때는 Ctrl+2, 기울임꼴은 Ctrl+3, 밑줄은 Ctrl+4, 취소선은 Ctrl+5 키를 사용할 수 있다.

그림 1-35 글꼴 설정

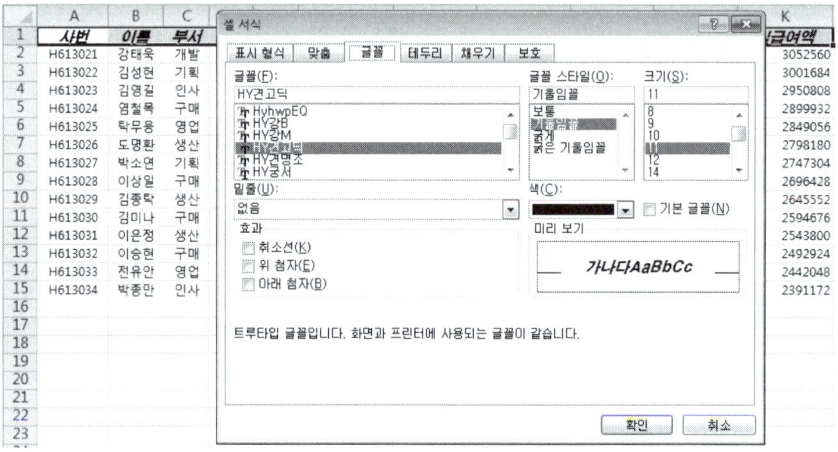

8) 테두리

[테두리] 탭은 사용자가 지정한 셀 범위에 테두리를 그려 표 형태로 표시하여 주는 기능을 제공한다. 다음 그림처럼 먼저 데이터 전체 영역인 A1:K15 영역을 범위 지정한 후 [스타일(S):] 목록에서 '실선'을 선택하고, [미리 설정]에서 '윤곽선(O) ' 단추와 '안쪽(I) 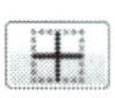' 단추를 각각 클릭한다.

그림 1-36 ▌ 테두리 설정

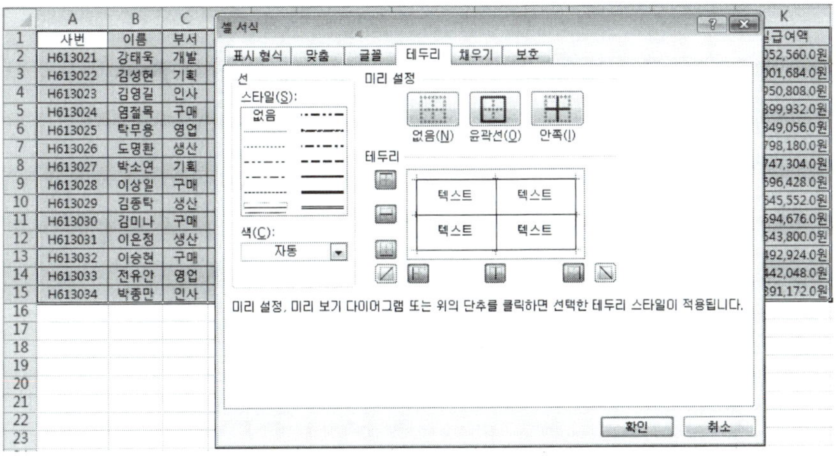

9) 채우기

[채우기] 탭은 셀에 색깔을 채워 넣어 데이터의 내용을 강조하는 기능을 제공한다. 예를 들어, '삼손(주) 사원급여 내역'의 필드명(제목)에 대해서 다른 셀들과 구별되도록 배경색을 설정할 수 있다. [배경색(C):]에서 사용자가 원하는 색깔을 선택하거나 [다른 색(M)...] 단추를 클릭하여 배경색을 설정 할 수 있다. 이밖에도 [채우기 효과(I)...] 단추를 클릭하여 셀에 그라데이션 효과를 줄 수 있다.

그림 1-37 ▌ 채우기 설정

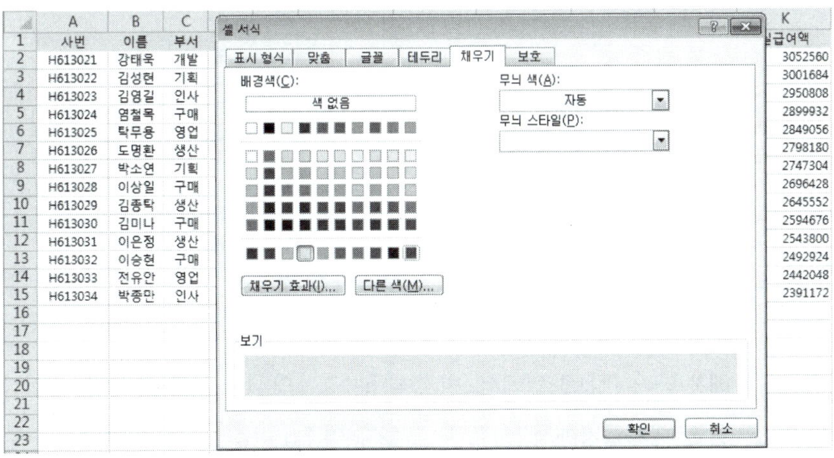

10) 보호

[보호] 탭은 다른 사용자가 워크시트에 입력된 내용을 임의로 변경하지 못하도록 셀 범위를 지정하여 해당 셀을 잠그거나 데이터를 숨기는 기능을 제공한다. [잠금(L)]은 셀 내용이나 서식변경, 데이터를 변경 할 수 없도록 하며 [숨김(I)]은 [수식 입력줄]에 입력된 내용이 표시되지 않도록 한다. 하지만 [셀 서식] 대화상자의 [보호] 탭에서 [잠금(L)]을 선택하는 것만으로 데이터가 보호되는 것은 아니다. 먼저 보호하고자 하는 데이터의 셀 범위를 지정한 후 [셀 서식] 대화상자의 [보호] 탭에서 [잠금(L)]을 선택한 다음, 리본메뉴의 [검토] 탭에서 [변경 내용] 그룹의 [시트보호]를 클릭하여 표시된 [시트 보호] 대화상자에서 [시트 보호 해제 암호(P):]를 입력하고 [확인] 단추를 클릭한다. 한 번 더 암호를 묻는 [암호 확인] 대화상자에서 다시 한 번 암호를 입력한 후 [확인] 단추를 클릭하면 사용자가 지정한 범위 내의 데이터를 보호할 수 있다. 이때 설정한 암호는 셀 보호 해제 시 다시 사용되므로 잊어버리지 않도록 주의하여야 한다.

그림 1-38 ▌ 셀 보호 설정

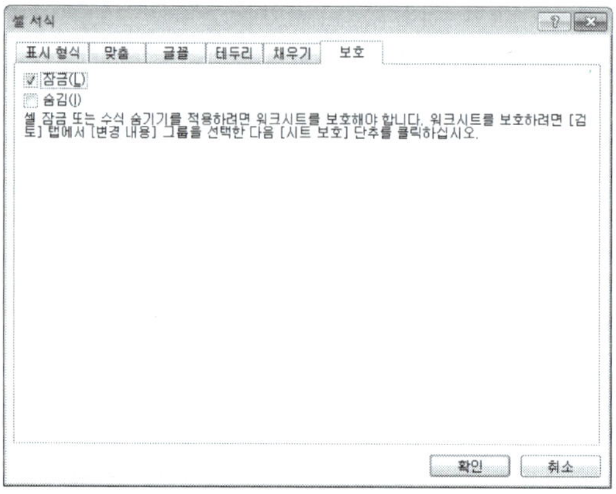

보호 설정

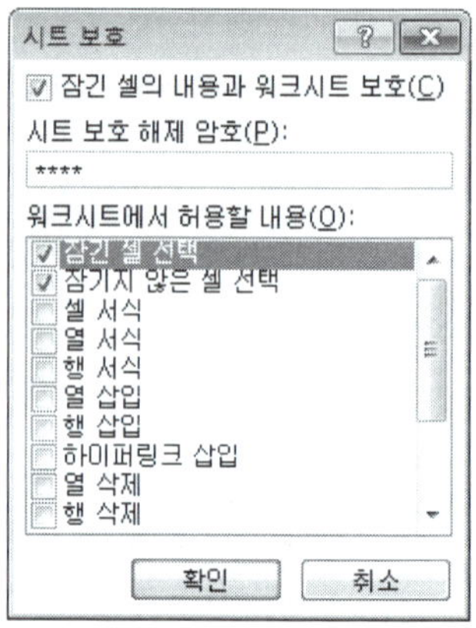

[검토]-[변경 내용]-[시트보호]

이와는 다르게 전체 영역에서 일부 영역만을 보호하지 않도록 하려면 먼저 보호 없이 입력 및 수정을 하려는 영역을 셀 범위 지정한 후 [셀 서식] 대화상자의 [보호] 탭에서 [잠금(L)]을 해제한 후 [검토] 탭에서 [변경 내용] 그룹의 [시트 보호]를 클릭하여 표시된 [시트 보호] 대화상자에서 [시트 보호 해제 암호(P):]를 입력하고 [확인] 단추를 클릭한다.

다. 데이터 편집의 기초

1) 자동 채우기

[자동 채우기]는 입력의 편의성에 중점을 둔 기능으로 인접한 셀에 수식을 반복적으로 복사해 넣거나 일정한 규칙을 가지고 있는 요일, 날짜, 월 등의 데이터를 입력할 때 사용한다. [자동 채우기]는 [채우기 핸들]을 사용해 입력하며, 이는 셀 포인터나 셀 범위의 오른쪽 아래에 마우스 포인터를 가져가면 '굵은 십자(✚)'에서 '진한 십자(+)' 모양으로 변경된 포인터를 의미한다. 이처럼 데이터 값이 들어 있는 셀에 대해서 [채우기 핸들]을 통해 원하는 방향으로 드래그하면 선택된 셀 범위에 데이터가 채워지게 된다.

[자동 채우기]는 한 셀을 기준으로 한 셀씩 복사해 넣는 방법과 두 셀을 기준으로 두 셀의 값 차이를 복사해 넣는 방법 두 가지가 있다. 먼저, 한 셀에 입력된 숫자를 기준으로 한 셀씩 [자동 채우기] 하면 동일한 데이터가 복사되어 입력되며, Ctrl 키를 함께 사용하여 [자동 채우기]를 하면 1씩 증가되어 입력된다. 문자를 기준으로 한 셀씩 [자동 채우기] 하면 Ctrl 키와 상관없이 동일한 데이터가 복사되어 입력된다. 만약 입력된 데이터가 날짜나 요일일 경우에는 다음 셀에 각각 하루씩 증가되어 입력되지만 Ctrl 키를 함께 사용하여 [자동 채우기]를 하면 동일한 값이 복사되어 입력된다. 문자와 숫자가 혼합된 데이터일 경우에는 다음 셀에 각각 숫자만 1씩 증가되어 입력되지만 Ctrl 키를 함께 사용하여 [자동 채우기]를 하면 동일한 값이 복사되어 입력된다.

그림 1-39 ▌ 자동 채우기 유형

	A	B	C	D	E	F	G	H	I
1		숫자형식	2010	2010	2010	2010	2010	2010	2010
2		문자형식	엑셀	엑셀	엑셀	엑셀	엑셀	엑셀	엑셀
3	한 셀	요일형식	월	화	수	목	금	토	일
4		혼합형식	엑셀2010	엑셀2011	엑셀2012	엑셀2013	엑셀2014	엑셀2015	엑셀2016
5		날짜형식	2011-09-06	2011-09-07	2011-09-08	2011-09-09	2011-09-10	2011-09-11	2011-09-12
6									
7		숫자형식	2010	2011	2012	2013	2014	2015	2016
8		문자형식	엑셀	엑셀	엑셀	엑셀	엑셀	엑셀	엑셀
9	Control+한 셀	요일형식	월	월	월	월	월	월	월
10		혼합형식	엑셀2010	엑셀2010	엑셀2010	엑셀2010	엑셀2010	엑셀2010	엑셀2010
11		날짜형식	2011-09-06	2011-09-06	2011-09-06	2011-09-06	2011-09-06	2011-09-06	2011-09-06
12									
13		숫자형식	2010	2013	2016	2019	2022	2025	2028
14		문자형식	엑셀	엑셀	엑셀	엑셀	엑셀	엑셀	엑셀
15	두 셀	요일형식	월	수	금	일	화	목	토
16		혼합형식	엑셀2010	엑셀2013	엑셀2016	엑셀2019	엑셀2022	엑셀2025	엑셀2028
17		날짜형식	2011-09-06	2011-09-08	2011-09-10	2011-09-12	2011-09-14	2011-09-16	2011-09-18
18									
19		숫자형식	2010	2013	2010	2013	2010	2013	2010
20		문자형식	엑셀	엑셀	엑셀	엑셀	엑셀	엑셀	엑셀
21	Control+두 셀	요일형식	월	수	월	수	월	수	월
22		혼합형식	엑셀2010	엑셀2013	엑셀2010	엑셀2013	엑셀2010	엑셀2013	엑셀2010
23		날짜형식	2011-09-06	2011-09-08	2011-09-06	2011-09-08	2011-09-06	2011-09-08	2011-09-06

다음으로 두 셀을 기준으로 두 셀을 범위 지정하여 [자동 채우기]를 할 경우 문자 데이터를 제외한 나머지 데이터들은 두 셀에 입력된 값의 차이만큼 다음 셀에 입력된다. 하지만 Ctrl 키를 함께 사용하여 [자동 채우기]를 하면 동일한 값이 복사되어 입력된다.

2) 셀, 행, 열 삽입

워크시트의 [삽입] 기능은 새로운 데이터를 입력하기 위해 현재 셀의 위쪽이나 왼쪽에 행이나 열을 삽입하기 위한 기능이다. 여러 행(열)을 삽입하고자 하는 경우에는 삽입하고자 하는 행(열)의 개수만큼 행(열) 머리글을 선택한 다음 [삽입] 기능을 통해 삽입할 수 있다.

예를 들어, '삼손(주) 사원급여 내역'에 대한 제목을 입력하기 위해 두 개의 행을 삽입하고자 하는 경우, 먼저 행을 삽입할 위치 바로 아래의 두 행을 선택한다. 즉 행 머리글 1과 2를 선택한 다음 리본 메뉴의 [홈] 탭의 [셀] 그룹에서 [삽입]을 클릭하고 [셀 삽입(I)...]이나 [시트 행 삽입(R)]을 선택하면 다음 두 번째 그림과 같이 워크시트 상단에 두 개의 새로운 행이 삽입된다. 이때 A1 셀에 "삼손(주) 사원급여 내역"이라는 제목을 입력한다.

그림 1-40 ▌ 행 삽입과 데이터 입력

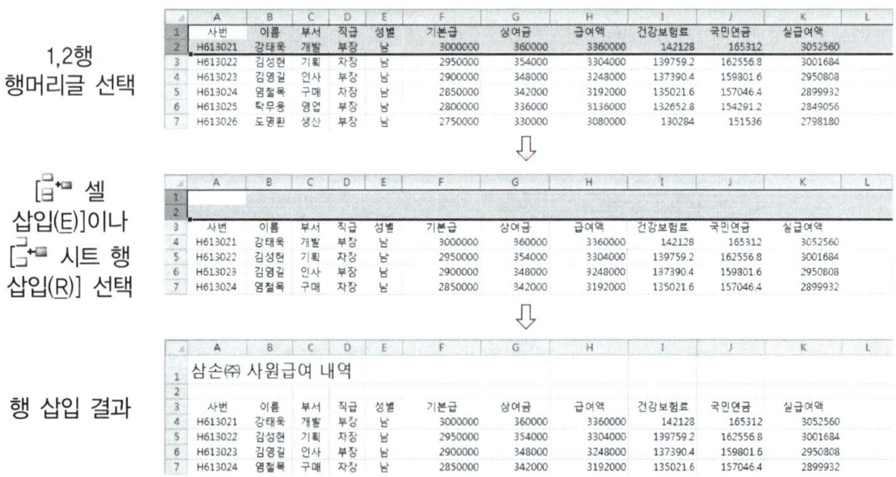

3) 행, 열 삭제

워크시트의 [삭제] 기능 역시 [삽입] 기능과 비슷한 절차를 가진다. 먼저 삭제하고자 하는 행(열)을 선택한 다음 리본 메뉴의 [홈] 탭의 [셀] 그룹에서 [삭제]를 클릭하고 [셀 삭제(D)...]나 [시트 행 삭제(R)]를 선택한다.

그림 1-41 ▎ 행 삭제

2행 행머리글 선택

	A	B	C	D	E	F	G	H	I	J	K	L
1	삼손㈜ 사원급여 내역											
2												
3	사번	이름	부서	직급	성별	기본급	상여금	급여액	건강보험료	국민연금	실급여액	
4	H613021	강태욱	개발	부장	남	3000000	360000	3360000	142128	165312	3052560	
5	H613022	김성현	기획	차장	남	2950000	354000	3304000	139759.2	162556.8	3001684	
6	H613023	김영길	인사	부장	남	2900000	348000	3248000	137390.4	159801.6	2950808	
7	H613024	염철목	구매	차장	남	2850000	342000	3192000	135021.6	157046.4	2899932	

⇩

행 삭제 결과

	A	B	C	D	E	F	G	H	I	J	K	L
1	삼손㈜ 사원급여 내역											
2	사번	이름	부서	직급	성별	기본급	상여금	급여액	건강보험료	국민연금	실급여액	
3	H613021	강태욱	개발	부장	남	3000000	360000	3360000	142128	165312	3052560	
4	H613022	김성현	기획	차장	남	2950000	354000	3304000	139759.2	162556.8	3001684	
5	H613023	김영길	인사	부장	남	2900000	348000	3248000	137390.4	159801.6	2950808	
6	H613024	염철목	구매	차장	남	2850000	342000	3192000	135021.6	157046.4	2899932	
7	H613025	탁무용	영업	부장	남	2800000	336000	3136000	132652.8	154291.2	2849056	

4) 실행 취소

[실행 취소]는 데이터 입력 오류를 취소하거나 잘못 삭제된 데이터를 이전 상태로 복원시키고자 할 경우에 사용한다. [빠른 실행 도구 모음]에서 [실행 취소]를 클릭하거나 Ctrl+Z 키를 눌러 실행 취소를 할 수 있다.

[실행 취소]는 이전의 100개 작업까지 기억하여 복원하며 취소된 작업을 다시 실행하고자 할 때 [다시 실행] 또는 Ctrl+Y 키를 누른다.

5) 데이터 오류

엑셀은 워크시트에 데이터의 변경이 생길 경우 모든 수식을 최신의 상태로 유지하기 위해 셀 참조값을 자동으로 변경하는 기능을 가지고 있다. 이로 인해 참조하는 셀에 잘못된 값이 입력되거나 삭제되어 오류가 발생할 경우 이를 알리기 위해 해당 오류의 종류에 따라 메시지를 표시한다.

다음 그림은 실수로 국민연금 비율(N6셀)에 문자열 "ㄱ"을 입력하였을 경우 발생하는 #VALUE! 오류를 보여준다.

그림 1-42 데이터 오류

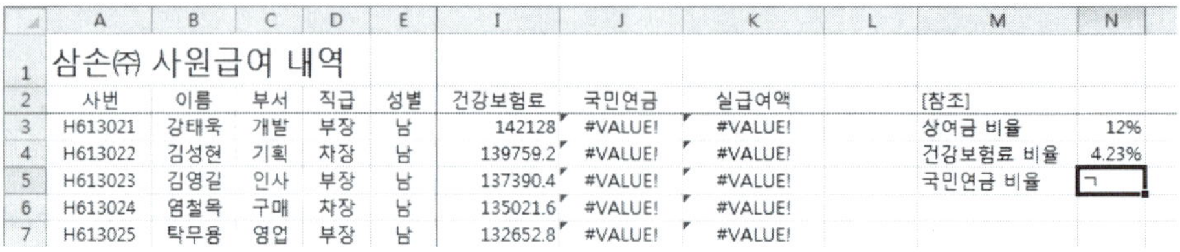

	A	B	C	D	E	I	J	K	L	M	N
1	삼손㈜ 사원급여 내역										
2	사번	이름	부서	직급	성별	건강보험료	국민연금	실급여액		[참조]	
3	H613021	강태욱	개발	부장	남	142128	#VALUE!	#VALUE!		상여금 비율	12%
4	H613022	김성현	기획	차장	남	139759.2	#VALUE!	#VALUE!		건강보험료 비율	4.23%
5	H613023	김영길	인사	부장	남	137390.4	#VALUE!	#VALUE!		국민연금 비율	ㄱ
6	H613024	염철목	구매	차장	남	135021.6	#VALUE!	#VALUE!			
7	H613025	탁무용	영업	부장	남	132652.8	#VALUE!	#VALUE!			

수식에 발생하는 일반적인 오류들을 다음의 표 1-7과 같이 여러 유형의 메시지들로 표현되고 있다.

표 1-7 데이터 오류의 유형

오류값	의미
#DIV/0!	수식을 0으로 나누려고 할 때 발생하는 오류
#N/A	함수에서 인수가 빠져 사용할 수 없는 값을 참조할 때 발생하는 오류
#NAME?	통합문서에서 잘못된 이름을 사용할 때 발생하는 오류
#NUM!	함수에서 인수가 잘못 사용되어 숫자가 범위를 초과하거나 유효하지 않은 경우 발생
#VALUE!	함수에서 인수가 잘못 사용되거나 텍스트를 인수로 사용할 때 발생하는 오류
###########	셀에서 사용할 수 있는 자릿수를 넘어설 경우 값을 나타낼 충분한 공간이 없음을 알리는 오류. 셀의 너비를 조정하면 값이 올바르게 나타난다.

만약 수식 작성 과정에서 오류가 발생하였을 경우 해당 오류가 사용자가 예상하고 있는 오류라면 오류값들을 그대로 표시하는 것보다는 다른 방법으로 보기 좋게 순환하여 표시할 수 있다. 예를 들면 '=3/0'의 수식에서는 '#DIV/0'이라는 오류값이 발생하게 되는데 이를 다른 방법으로 오류값이 아닌 0으로 표시할 수 있다. 다음 그림과 같이 '#DIV/0' 오류가 발생할 수 있는 수식에 "=IFERROR(F5/G5,0)"으로 입력하면 수식 결과값으로 오류값이 아닌 0을 표시한다. 이때 IFERROR 수식에서 0 대신에 사용자가 표시하고자 하는 다른 기호를 입력할 수 있다(=IFERROR(F5/G5, "−"). 이처럼 IFERROR 함수는 수식에서 오류가 발생할 경우 사용자가 지정한 값으로 대체하여 표시해 주는 함수이다.

그림 1-43 IFERROR 함수

예상된 오류값 발생

H5 | f_x =F5/G5

	A	B	C	D	E	F	G	H
1	사번	이름	부서	직급	성별	전월근무일	근무기간	자기계발시간
2	H613021	강태욱	개발	부장	남	26	10	3
3	H613022	김성현	기획	대리	남	22	4	6
4	H613023	김영길	인사	사원	남	24	1	24
5	H613024	염철목	구매	신입	남	26	0	#DIV/0!
6	H613025	탁무용	영업	과장	남	26	8	3

⇩

IFERROR 함수 적용

H5 | f_x =IFERROR(F5/G5,0)

	A	B	C	D	E	F	G	H
1	사번	이름	부서	직급	성별	전월근무일	근무기간	자기계발시간
2	H613021	강태욱	개발	부장	남	26	10	3
3	H613022	김성현	기획	대리	남	22	4	6
4	H613023	김영길	인사	사원	남	24	1	24
5	H613024	염철목	구매	신입	남	26	0	0
6	H613025	탁무용	영업	과장	남	26	8	3

6) 셀 범위의 선택

워크시트에 입력된 데이터에 다양한 기능을 적용하기 위해서는 우선적으로 셀 범위를 효율적으로 선택하는 것이 중요하다. 연속된 셀을 선택하기 위해서는 마우스 포인터가 굵은 십자(✚) 모양일 때 사용자가 원하는 셀 범위를 드래그하여 연속된 셀을 선택할 수 있다. 다음 그림은 A1셀에서 K1셀까지(A1:K1)의 연속된 셀 범위를 선택한 화면으로 이를 보다 간편하게 범위 지정하는 방법은 먼저 A1셀을 선택한 뒤 Shift 키를 누른 채 K1셀을 선택하면 된다.

그림 1-44 연속된 셀 범위 선택

	A	B	C	D	E	F	G	H	I	J	K
1	사번	이름	부서	직급	성별	기본급	상여금	급여액	건강보험료	국민연금	실급여액
2	H613021	강태욱	개발	부장	남	3000000	360000	3360000	142128	165312	3052560

위와 다르게 따로 떨어져 있는 셀을 선택하고자 하는 경우 다음 그림과 같이 Ctrl 키를 누른 채 해당 셀을 클릭하면 떨어져 있는 여러 개의 셀을 범위로 선택할 수 있다. 이를 보다 간편하게 범위 지정하는 방법은 Shift+F8 키를 누른 후 해당 셀을 선택하면 된다.

그림 1-45 ▌ 불연속 셀 범위 선택

	A	B	C	D	E	F	G	H	I	J	K
1	사번	이름	부서	직급	성별	기본급	상여금	급여액	건강보험료	국민연금	실급여액
2	H613021	강태욱	개발	부장	남	3000000	360000	3360000	142128	165312	3052560
3	H613022	김성현	기획	차장	남	2950000	354000	3304000	139759.2	162556.8	3001684
4	H613023	김영길	인사	부장	남	2900000	348000	3248000	137390.4	159801.6	2950808
5	H613024	염철목	구매	차장	남	2850000	342000	3192000	135021.6	157046.4	2899932
6	H613025	탁무용	영업	부장	남	2800000	336000	3136000	132652.8	154291.2	2849056
7	H613026	도명환	생산	부장	남	2750000	330000	3080000	130284	151536	2798180
8	H613027	박소연	기획	차장	여	2700000	324000	3024000	127915.2	148780.8	2747304
9	H613028	이상일	구매	과장	남	2650000	318000	2968000	125546.4	146025.6	2696428

이밖에도 Shift+Space Bar 키는 한 행 전체를 선택하며, Ctrl+Space Bar 키는 한 열 전체를 선택한다. 그리고 Ctrl+Shift+Space Bar 키나 Ctrl+A 키는 워크시트 전체를 선택할 수 있는데 워크시트의 빈 영역에서 키를 누르면 워크시트 전체가 선택되지만 입력된 데이터 내에서 키를 누르면 워크시트 전체가 아닌 데이터 전체만 선택된다. 데이터와 무관하게 워크시트 전체를 선택하는 다른 방법으로는 행 머리글과 열 머리글이 만나는 좌측 상단 모서리를 클릭하여 워크시트 전체를 선택할 수 있다.

그림 1-46 ▌ 전체 셀 선택

	A	B
1		
2		

7) 워크시트 저장하기

워크시트에 입력된 데이터를 저장하려면 [빠른 실행 도구 모음]에서 [저장하기]를 클릭하거나 [파일] 탭에서 [저장]을 클릭한다. 또는 Ctrl+S 키를 눌러 저장할 수 있다.

8) 워크시트 내 이동과 셀의 선택

워크시트와 셀을 자유롭게 이동하기 위해서 다음의 표 1-8에서 제공하는 단축키들을 알아둘 필요가 있다.

표 1-8 워크시트 이동 단축키

단축키	이동방향	단축키	이동방향
Enter↵ 키	한 셀 아래쪽으로 이동	PgUp (PgDn) 키	한 화면 위쪽(아래쪽)으로 이동
Tab 키	한 셀 오른쪽으로 이동	Alt + PgUp 키	한 화면 왼쪽으로 이동
Shift + Enter↵ 키	한 셀 위쪽으로 이동	Alt + PgDn 키	한 화면 오른쪽으로 이동
Shift + Tab 키	한 셀 왼쪽으로 이동	Ctrl + Home 키	A1셀로 이동
Home 키	현재 행의 A열로 이동	Ctrl + End 키	데이터가 있는 마지막 셀로 이동

라. 상대참조와 절대참조와 혼합참조

참조(reference)는 수식에서 사용할 값이나 데이터가 있는 위치를 의미하며, 셀 참조는 다른 셀에 입력된 데이터 값이나 수식을 가져와 사용한다는 의미로 상대참조와 절대참조 그리고 혼합참조로 구분할 수 있다.

1) 상대참조

먼저, 상대참조(relative reference)는 워크시트의 기본적인 셀 참조방식으로 결과값이 나타나는 셀의 위치를 특정 행(열)만큼 복사하면 수식에 포함된 참조 셀의 위치도 상대적으로 특정 행(열)만큼 변경되는 것을 말한다.

다음 그림은 사원들의 급여액을 계산하기 위해 상대참조를 사용한 예이다. '강태욱 부장'의 급여액(H2)은 '=F2+G2'로 계산되며, '김성현 부장'의 급여액(H3)은 '=F3+G3'으로 계산된다. 여기에서 '강태욱 부장'의 급여액(H2)의 결과값을 구하기 위해 사용된 수식 '=F2+G2'을 H3으로 복사할 경우 H2에서 사용된 수식 '=F2+G2'이 복사한 행만큼 상대적으로 한 행 아래로 변경되어 '=F3+G3'으로 바뀐다. 이처럼 수식을 복사할 때 수식에 사용된 셀 주소가 상대적으로 복사한 행(열)만큼 변경되는 것을 상대참조라고 한다.

그림 1-47 ▌ 상대참조를 이용한 급여액 계산

H2 =F2+G2

	A	B	C	D	E	F	G	H
1	사번	이름	부서	직급	성별	기본급	상여금	급여액
2	H613021	강태욱	개발	부장	남	3000000	=F2*$N$2	=F2+G2
3	H613022	김성현	기획	차장	남	2950000	=F3*$N$2	=F3+G3
4	H613023	김영길	인사	부장	남	2900000	=F4*$N$2	=F4+G4
5	H613024	염철목	구매	차장	남	2850000	=F5*$N$2	=F5+G5

2) 절대참조

절대참조(absolute reference)는 수식에 포함되어 있는 참조 셀의 위치가 항상 고정되어 있는 참조를 의미한다. 즉, 결과값이 나타나는 셀의 위치를 특정 행(열)만큼 복사하더라도 수식에 포함된 참조 셀의 위치가 바뀌지 않고 원래 참조 셀을 그대로 유지하는 참조를 말한다. 절대참조는 수식에 포함된 셀의 행과 열 앞에 '$'를 붙여 절대참조를 만들 수 있으며, F4 키를 눌러 신속하게 변경할 수도 있다.

예를 들어, 모든 사원들의 상여금을 12%로 책정하여 다음 그림과 같이 N2셀에 12%를 입력하였다면 '강태욱 부장'의 상여금(G2)은 기본급과 상여금 비율을 곱한 '=F2*N2'로 구할 수 있다. 그리고 G2를 G3으로 복사하게 되면 G2에서 사용한 수식이 복사한 행만큼 상대적으로 '=F3*N3'으로 바뀌게 된다. 이때 G2에서 사용한 수식 '=F2*N2'에서 'F2'는 복사한 행만큼 상대적으로 변경되어야 하지만, N2는 변경되어서는 안된다. 이처럼 원래의 셀 참조 N2를 그대로 유지하기 위해 열(N)과 행(2) 앞에 '$'를 붙여 셀 참조를 고정해 주어야 하는데 '$N$2'와 같은 참조를 절대참조라고 한다.

그림 1-48 ▌ 절대참조를 이용한 상여금 계산

G2 =F2*$N$2

	A	B	C	D	E	F	G	L	M	N
1	사번	이름	부서	직급	성별	기본급	상여금		[참조]	
2	H613021	강태욱	개발	부장	남	3000000	=F2*$N$2		상여금 비율	0.12
3	H613022	김성현	기획	차장	남	2950000	=F3*$N$2		건강보험료 비율	0.0423
4	H613023	김영길	인사	부장	남	2900000	=F4*$N$2		국민연금 비율	0.0492
5	H613024	염철목	구매	차장	남	2850000	=F5*$N$2			

3) 혼합참조

혼합참조는 위와 같이 열($N)과 행($2) 앞에 모두 '$'를 붙이는 것이 아니라 열이나 행 중 한 곳에만 '$'를 붙여서 셀 참조를 혼합하여 사용하는 것을 말한다. 'N$2'와 같은 경우를 예를 들면 'N$2'는 행(2)에만 절대참조하여 'N$2'를 참조하는 결과 셀을 특정 행만큼 이동하다 하더라도 'N$2'는 상대적으로 변경되지 않는다. 하지만 'N$2'를 참조하는 결과 셀을 특정 열만큼 이동한다면 'N$2'는 상대적으로 변경된다. 이처럼 열이나 행 중 한 곳에만 '$'를 붙여줌으로써 보다 유연한 셀 참조 형식을 만들 수 있다.

다음 그림은 기본급 변화에 따른 상여금 비율의 변화를 계산한 것으로 이를 위해 먼저 B2 셀에 수식 '=$A2*B$1'을 입력한 후 B2 셀을 선택하고 B7까지 드래그하여 셀 참조를 복사한다. B2에서 B7까지 영역 지정된 상태에서 한꺼번에 G열까지 드래그하여 셀 참조를 복사한다.

그림 1-49 ▌ 혼합참조를 이용한 상여금 계산

B2 fx =$A2*B$1

	A	B	C	D	E	F	G
1	상여금비율 / 기본급	10%	12%	14%	16%	18%	20%
2	2,000,000	200,000	240,000	280,000	320,000	360,000	400,000
3	2,200,000	220,000	264,000	308,000	352,000	396,000	440,000
4	2,400,000	240,000	288,000	336,000	384,000	432,000	480,000
5	2,600,000	260,000	312,000	364,000	416,000	468,000	520,000
6	2,800,000	280,000	336,000	392,000	448,000	504,000	560,000
7	3,000,000	300,000	360,000	420,000	480,000	540,000	600,000

셀 참조의 유형을 혼합참조로 쉽고 빠르게 변경하려면 참조 셀을 선택하고 F4 키를 눌러 셀 참조 형식을 변경할 수 있다. 이때 F4 키를 누르는 횟수에 따라 참조 형식이 변경되는데, F4 키를 누를 때마다 변경되는 참조 형식은 다음과 같다.

그림 1-50 ▌ 셀 참조 형식 변경

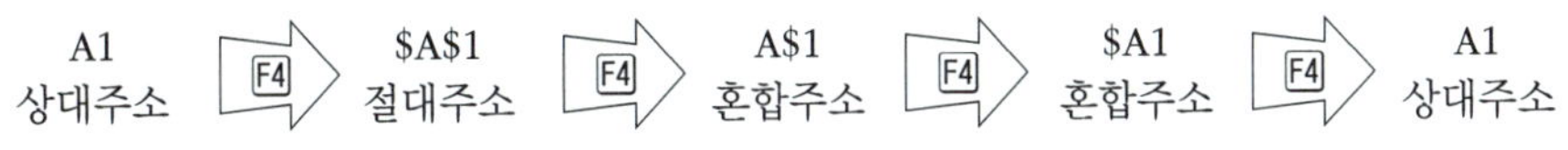

마. 스타일

[셀 스타일]은 이미 정의된 다양한 종류의 서식을 사용하여 사용자가 범위 지정한 셀에 빠르게 적용할 수 있을 뿐만 아니라 [표 서식]을 통해 사용자가 작성한 표 전체에 대해서 미리 정의된 서식을 한꺼번에 적용할 수 있다. 그리고 [조건부

서식]을 사용해 입력된 데이터 중에 사용자가 설정한 조건을 만족한 셀에 대해서만 사용자가 설정해 놓은 특정 서식을 적용할 수도 있다.

1) 조건부 서식

[조건부 서식]은 사용자가 설정해 놓은 조건을 만족하는 셀에 대해서 특정 서식을 적용하는 기능으로 특정 셀에 대해서 조건부 서식을 적용하는 방법과 수식을 입력하여 조건부 서식을 적용하는 방법으로 구분할 수 있다. 먼저, 특정 셀에 대해서 조건부 서식을 적용하는 방법을 보도록 한다. 이 방법은 특정 셀을 강조하기 위해 조건에 맞는 셀에 대해서만 서식을 적용하는 방법으로 다음 그림에서 부서 중 '구매' 부서에 해당하는 셀에 대해서 '연한 빨강 채우기'로 서식을 변경해 보자. 먼저 A2:K15를 범위로 지정한 후 [홈] 탭의 [스타일] 그룹에서 [조건부 서식]을 클릭하여 나타난 목록에서 [셀 강조 규칙(H)]의 [텍스트 포함(T)]을 선택한다. 그리고 [텍스트 포함] 대화상자에서 "구매"를 입력하고 [적용할 서식:]에서 '연한 빨강 채우기'를 선택한다.

그림 1-51 ▌ '구매' 텍스트에 대한 조건부 서식 적용

A2:K15 범위 지정 후 [조건부 서식]–[셀 강조 규칙(H)]–[텍스트 포함(T)] 선택

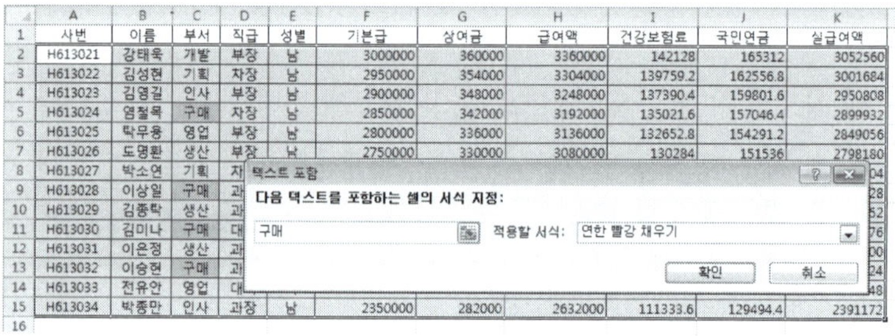

조건부 서식 적용 결과

	A	B	C	D	E	F	G	H	I	J	K
1	사번	이름	부서	직급	성별	기본급	상여금	급여액	건강보험료	국민연금	실급여액
2	H613021	강태욱	개발	부장	남	3000000	360000	3360000	142128	165312	3052560
3	H613022	김성현	기획	차장	남	2950000	354000	3304000	139759.2	162556.8	3001684
4	H613023	김영길	인사	부장	남	2900000	348000	3248000	137390.4	159801.6	2950808
5	H613024	염철목	구매	차장	남	2850000	342000	3192000	135021.6	157046.4	2899932
6	H613025	탁무용	영업	부장	남	2800000	336000	3136000	132652.8	154291.2	2849056
7	H613026	도명환	생산	부장	남	2750000	330000	3080000	130284	151536	2798180
8	H613027	박소연	기획	차장	여	2700000	324000	3024000	127915.2	148780.8	2747304
9	H613028	이상일	구매	과장	남	2650000	318000	2968000	125546.4	146025.6	2696428
10	H613029	김종탁	생산	과장	남	2600000	312000	2912000	123177.6	143270.4	2645552
11	H613030	김미나	구매	대리	여	2550000	306000	2856000	120808.8	140515.2	2594676
12	H613031	이은정	생산	과장	여	2500000	300000	2800000	118440	137760	2543800
13	H613032	이승현	구매	과장	남	2450000	294000	2744000	116071.2	135004.8	2492924
14	H613033	전유안	영업	대리	여	2400000	288000	2688000	113702.4	132249.6	2442048
15	H613034	박종만	인사	과장	남	2350000	282000	2632000	111333.6	129494.4	2391172

다른 예를 살펴보면, 실급여액이 높은 순으로 상위 30%에 해당하는 셀에 대해서 '진한 빨강 텍스트가 있는 연한 빨강 채우기'로 서식을 변경해 보자. 먼저 실급여액에 해당하는 K2:K15를 범위 지정한 후 [홈] 탭의 [스타일] 그룹에서 [조건부 서식]을 클릭하여 나타난 목록에서 [상위/하위 규칙(T)]의 [상위 10%(P)...]을 선택한다. 그리고 [상위 10%] 대화상자에서 '30'%를 입력하고 [적용할 서식:]에서 '진한 빨강 텍스트가 있는 연한 빨강 채우기'를 선택한다.

그림 1-52 ▌ 실급여액 상위 30%에 대한 조건부 서식 적용

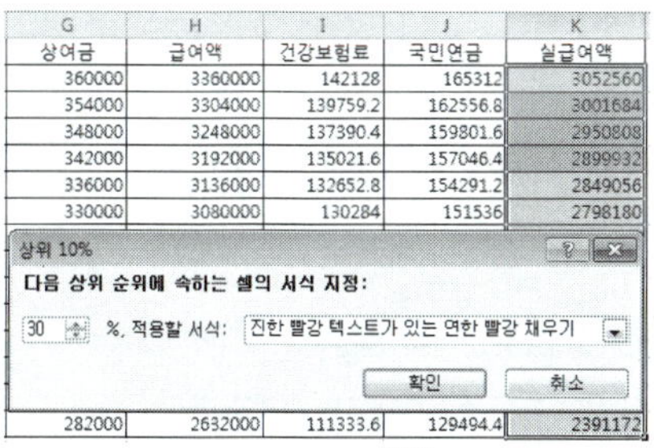

G	H	I	J	K
상여금	급여액	건강보험료	국민연금	실급여액
360000	3360000	142128	165312	3052560
354000	3304000	139759.2	162556.8	3001684
348000	3248000	137390.4	159801.6	2950808
342000	3192000	135021.6	157046.4	2899932
336000	3136000	132652.8	154291.2	2849056
330000	3080000	130284	151536	2798180
282000	2632000	111333.6	129494.4	2391172

K2:K15 범위 지정 후 [상위/하위 규칙(T)]-[상위 10%(P)...] 선택

G	H	I	J	K
상여금	급여액	건강보험료	국민연금	실급여액
360000	3360000	142128	165312	3052560
354000	3304000	139759.2	162556.8	3001684
348000	3248000	137390.4	159801.6	2950808
342000	3192000	135021.6	157046.4	2899932
336000	3136000	132652.8	154291.2	2849056
330000	3080000	130284	151536	2798180
324000	3024000	127915.2	148780.8	2747304
318000	2968000	125546.4	146025.6	2696428
312000	2912000	123177.6	143270.4	2645552
306000	2856000	120808.8	140515.2	2594676
300000	2800000	118440	137760	2543800
294000	2744000	116071.2	135004.8	2492924
288000	2688000	113702.4	132249.6	2442048
282000	2632000	111333.6	129494.4	2391172

조건부 서식 적용 결과

또 다른 예를 들어보면, 급여액이 3,000,000원 이상인 셀에 대해서 바탕색을 '노랑'색으로 서식을 변경해 보자. 먼저 급여액에 해당하는 H2:H15를 범위로 지정한 후 [홈] 탭의 [스타일] 그룹에서 [조건부 서식]을 클릭하여 나타난 목록에서 [새 규칙(N)...]을 선택한다. [새 서식 규칙] 대화상자의 [규칙 유형 선택(S):]에서 [▶다음을 포함하는 셀만 서식 지정]을 선택하고 [규칙 설명 편집(E):]에서 다음 그림과 같이 설정한 후 [서식(F)...] 단추를 클릭하여 [셀 서식] 대화상자의 [채우기] 탭에서 '노랑'을 선택한다.

그림 1-53 ▌ 새 서식 규칙 대화상자

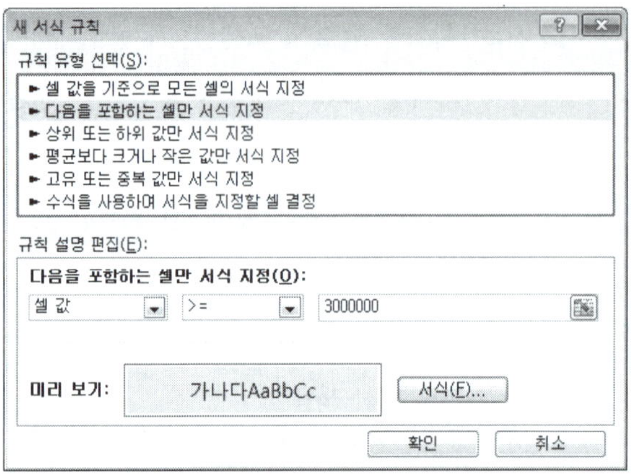

다음 그림은 조건에 맞는 셀에 대해서만 서식을 적용한 결과 화면이다.

그림 1-54 ▌ 급여액 3,000,000 이상에 대한 조건부 서식 적용

G	H	I
상여금	급여액	건강보험료
360000	3360000	142128
354000	3304000	139759.2
348000	3248000	137390.4
342000	3192000	135021.6
336000	3136000	132652.8
330000	3080000	130284
324000	3024000	127915.2
318000	2968000	125546.4
312000	2912000	123177.6
306000	2856000	120808.8
300000	2800000	118440
294000	2744000	116071.2
288000	2688000	113702.4
282000	2632000	111333.6

H2:H15 범위 지정

⇨

G	H	I
상여금	급여액	건강보험료
360000	3360000	142128
354000	3304000	139759.2
348000	3248000	137390.4
342000	3192000	135021.6
336000	3136000	132652.8
330000	3080000	130284
324000	3024000	127915.2
318000	2968000	125546.4
312000	2912000	123177.6
306000	2856000	120808.8
300000	2800000	118440
294000	2744000	116071.2
288000	2688000	113702.4
282000	2632000	111333.6

조건부 서식 적용 결과

두 번째, 수식을 입력하여 조건부 서식을 적용하는 방법을 보도록 한다. 이 방법은 사용자가 수식을 직접 입력하여 조건부 서식을 적용하는 방법으로 앞서 수행했던 방법과는 다르게 조건에 맞는 특정 셀에 대해서 서식이 적용되는 것이 아니라 조건에 맞는 행 전체에 대해서 서식이 적용되는 방법이다. 앞에서 수행했던 예제와 동일하게 부서 중 '구매' 부서에 해당하는 셀에 대해서 '노랑'색으로 배경 서식을 변경해 보자.

먼저 A2:K15를 범위로 지정한 후 [홈] 탭의 [스타일] 그룹에서 [조건부 서식]을 클릭하여 나타난 목록에서 [새 규칙(N)...]을 선택한다. 그리고 [새 서식 규칙] 대화상자의 [규칙 유형 선택(S):]에서 [▶수식을 사용하여 서식을 지정할 셀 결정]을 선택하고 [규칙 설명 편집(E):]에서 다음 그림과 같이 수식 "=$C2="구매""를 입력한 후 [서식(F)...] 단추를 클릭하여 [셀 서식] 대화상자의 [채우기] 탭에서 '노랑'을 선택한다.

이때 주의할 점이 있는데, 처음 A2:K15를 범위 지정할 때 이 범위는 서식이 적용되는 범위를 의미하므로 서식이 적용될 필요가 없는 필드명이나 기타 다른 영역은 범위 지정에서 제외해야 한다. 그리고 수식을 입력할 때 '$C2'와 같이 열(C)에는 '$'를 붙여 주지만 행(2)에는 '$'를 붙여서는 안 된다. 이는 프로그램이 C열에 대해서만 2행의 데이터 값을 조건('구매')과 비교한 후 다음 셀인 3행, 4행, 5행 등으로 이동하면서 계속 비교하도록 하기 위함이다.

그림 1-55 '구매' 부서에 대한 조건부 서식 적용

A2:K15 범위 지정 후 [조건부 서식] – [새 규칙(N)...] 선택

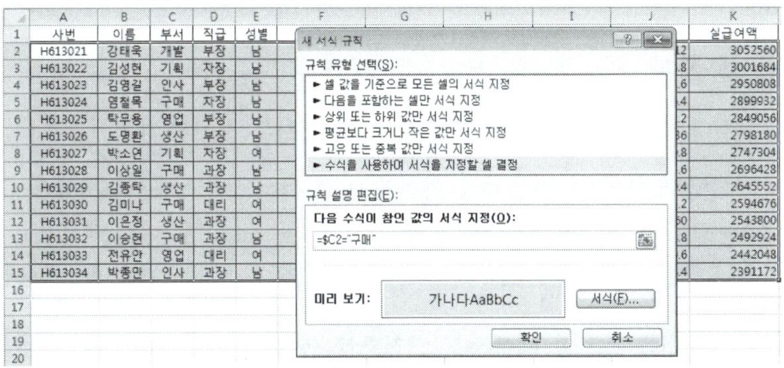

⇩

조건부 서식 적용 결과

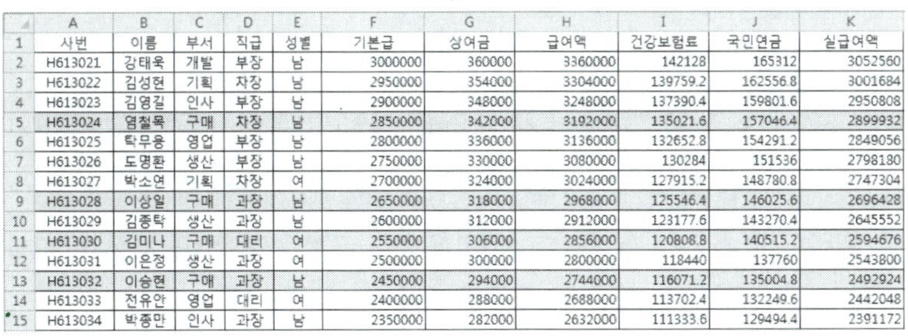

다음으로 수식을 사용해 '실급여액'이 평균 실급여액보다 높은 셀에 대해서 글꼴 스타일을 '굵은 기울림꼴'로 변경하도록 해보자. 절차는 앞에서 수행했던 절차와 동일하며 그림

1-55에서의 [새 서식 규칙] 대화상자의 [규칙 유형 선택(S):]에서 [▶수식을 사용하여 서식을 지정할 셀 지정]을 선택하고 [규칙 설명 편집(E):]에서 "=$K2>=AVERAGE(K2:K15)"를 입력한 후 [서식(F)...] 단추를 클릭하여 [셀 서식] 대화상자의 [글꼴] 탭에서 '굵은 기울림꼴'을 선택한다.

지금까지 특정 조건에 해당하는 셀이나 행에 대해서 서식을 적용하는 방법에 대해서 알아보았다. 조건부 서식 적용 이후 조건이 잘못되어 서식이 올바르게 적용이 되지 않았다면 이미 적용된 서식을 지워야할 경우가 종종 발생한다. 이때 적용된 서식을 한꺼번에 지우는 방법이 있는데, 먼저 서식이 적용되어 있는 영역을 범위 지정한 후 [홈] 탭의 [스타일] 그룹에서 [조건부 서식]을 클릭하여 나타난 목록에서 [규칙 지우기(C)...]의 [선택한 셀의 규칙 지우기(S)]를 선택한다. 만약 범위 지정을 하지 않은 채 적용된 모든 조건부 서식을 지우고자 한다면 [시트 전체에서 규칙 지우기(E)]를 선택한다.

2) 표 서식

[표 서식]은 사용자가 일일이 특정 서식을 설정할 필요 없이 미리 정의된 서식을 사용함으로써 표 전체를 한꺼번에 여러 서식으로 적용할 수 있다. 표 서식에는 크게 '밝게', '보통', '어둡게'의 세 가지 유형으로 구분되며 이 중 사용자가 원하는 스타일을 적절히 선택하여 적용하면 된다.

[표 서식]을 적용할 때에는 일반적으로 셀 포인터를 스타일을 적용할 표 내부에 위치하도록 한다. 다음으로 [표 서식]의 여러 스타일 중 하나를 선택하면 다음의 첫 번째 그림과 같이 [표 서식] 대화상자에 스타일을 적용할 표 범위가 자동으로 지정된다. 다음의 두 번째 그림은 [홈] 탭의 [스타일] 그룹에서 [표 서식]의 '표 스타일 밝게 9'를 선택한 화면이다. [표 서식] 기능을 사용하여 서식을 적용한 이후에 새로운 데이터를 추가할 경우 [표 서식]에서 적용한 스타일이 자동으로 적용되기 때문에 전체적인 서식 적용을 쉽게 할 수 있다.

그림 1-56 ▌ 표 서식 '표 스타일 밝게 9' 적용

표 서식 대화상자에서 A1:K15 범위 지정

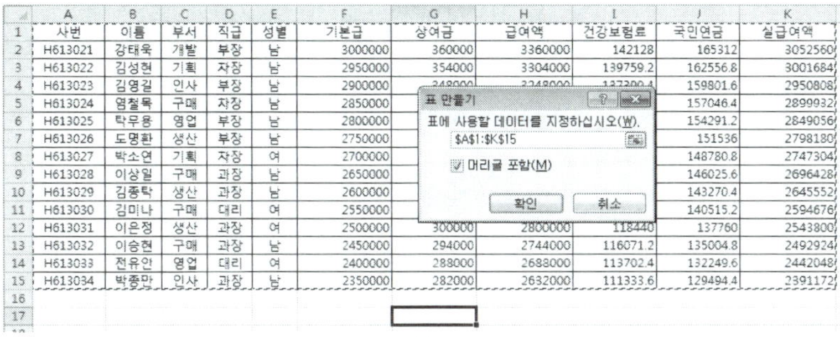

표 서식 적용

3) 셀 스타일

이미 정의된 다양한 종류의 [셀 스타일]을 사용하여 사용자가 범위 지정한 셀에 여러 서식을 빠르게 적용할 수 있다. [셀 스타일]은 미리 정해 놓은 다양한 종류의 서식을 사용하여 사용자가 범위를 지정한 셀 영역에 빠르게 서식을 적용하는 기능이다. [표 서식]과 다른 부분은 사용자가 원하는 각각의 셀에 해당 서식을 적용할 수 있다는 것이다. 다음 그림은 필드명에 대해서 [셀 스타일]을 적용한 화면이다. 먼저 필드명에 해당하는 A1:K1을 범위로 지정한 후에 [홈] 탭의 [스타일] 그룹에서 [셀 스타일]의 '강조색 6'을 선택한다.

그림 1-57 ▌ 셀 스타일 '강조색 6' 적용

A1:K1 범위 지정

셀 스타일 적용

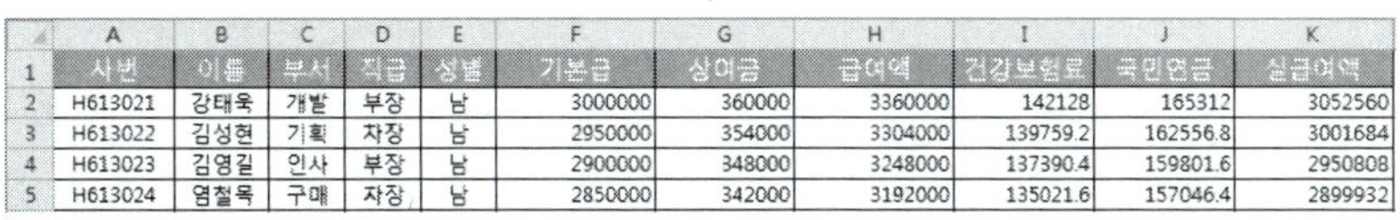

연 · 습 · 문 · 제

01. 다음은 삼손(주) 부산대리점의 2012년 매출실적에 관한 내용이다. 아래의 데이터를 A1셀부터 차례로 워크시트에 입력하고, 다음에 제시된 내용을 참고하여 데이터를 처리하시오.

	A	B	C	D	E	F
1	삼손(주) 부산 대리점 매출실적 현황					
2						단위(천원)
3	대리점	1/4 분기	2/4 분기	3/4 분기	4/4 분기	2012년 총매출액
4	해운대구	55000	75000	93000	65000	
5	서구	81000	86000	66000	84000	
6	남구	71000	76000	73000	45000	
7	북구	61000	46500	88000	64000	
8	금정구	51000	56000	53000	54000	
9	동래구	41000	46000	76000	44000	
10	사상구	32000	45800	33500	54500	
11	사하구	65000	26000	44000	46500	
12	합 계					

(1) A1셀의 제목 서식은 글꼴(굴림), 글자크기(18pt), 글꼴 스타일(굵게), 글자색(빨강), 밑줄(실선), A1:F1 영역에 대해서 셀 병합을 설정하시오.
(2) F2 셀의 '단위(천 원)'을 오른쪽 맞춤으로 변경하시오.
(3) 각 대리점의 2012년 분기별 매출합계 및 총매출액을 구하시오.
(4) [표 서식]을 이용해 A3:F12 영역에 대해서 '표 스타일 밝게 13'을 적용하시오.
(5) [조건부 서식]을 이용해 각 대리점의 분기별 매출액이 70,000천원 이상이면 굵은 파랑색으로, 40,000천원 미만이면 굵은 빨강색으로 지정하시오.

02. 다음은 금정(주)의 2012년도 자재별 매입현황에 관한 내용이다. 아래의 데이터를 A1셀부터 차례로 워크시트에 입력하고, 다음에 제시된 내용을 참고하여 데이터를 처리하시오.

	A	B	C	D
1	금정㈜ 자재별 매입현황			
2				
3	일자	거래처명	매입수량	단가
4	2011-09-09	화성개발(주)	290	115000
5	2011-09-12	신성건설(주)	500	115000
6	2011-09-13	대보건설산업(주)	150	78000
7	2011-09-15	HS건설(주)	320	29000
8	2011-09-15	신성건설(주)	210	115000
9	2011-09-17	화성개발(주)	330	85000
10	2011-09-17	대보건설산업(주)	400	115000
11	2011-09-18	대보건설산업(주)	120	78000
12	2011-09-19	신성건설(주)	80	324000

(1) A열의 너비를 20으로 하고, 일자를 [사용자 지정] 서식을 이용하여 'OO년 OO월 OO일'의 날짜형식으로 바꾸시오.

(2) [사용자 지정] 서식을 이용하여 매입수량 뒤에 '개'를 표시하되 값이 0인 경우에도 '0개'로 표시되도록 하시오.

(3) 단가에 원화표시(₩)와 천단위마다 쉼표(,)를 삽입하시오.

(4) A1셀의 제목 서식은 글꼴(굴림), 글자크기(16pt), 글꼴 스타일(굵게), 글자색(파랑), 밑줄(실선), A1:D1 영역에 대해서 셀 병합을 설정하시오.

(5) 각 항목명(A3:D3)의 서식은 글꼴 스타일(굵게), 정렬(가운데 맞춤)을 설정하시오.

(6) A3:D12 영역에 대해서 테두리를 넣되, 윤곽선은 굵은 실선으로 하고 안쪽은 가는 실선으로 나타내시오.

(7) 거래처명과 매입수량 사이에 다음의 자재코드 항목을 추가하시오. 이때 자재코드의 데이터 표시형식은 '텍스트'로 지정하시오.

자재코드
0001
0004
0007
0001
0002
0001
0003
0004
0005

03. 다음은 문창(주)의 사원별 급여현황에 관한 내용이다. 아래의 데이터를 A1 셀부터 차례로 워크시트에 입력하고, 다음에 제시된 내용을 참고하여 데이터를 처리하시오.

	A	B	C	D	E	F	G
1	2012년 12월 급여지급액						
2							
3	사 번	성 명	부 서	기본급	상여금	세금공제액	실급여액
4	218-01-113	강태욱	개발팀	4000000			
5	218-01-114	탁무용	영업팀	1900000			
6	218-01-115	권성훈	생산팀	3500000			
7	218-01-116	이원주	기획팀	1700000			
8	218-01-117	장영수	생산팀	1000000			
9	218-01-118	이종민	인사팀	2800000			
10	합계						
11	사원평균 급여 지급액						

(1) E4:G4 영역에 대해서 다음의 수식을 입력하시오.

① 상여금(E4) = 기본급 × 60%

② 세금공제액(F4) = (기본급 + 상여금) × 5%

③ 실급여액(G4) = (기본급 + 상여금) − 세금공제액

(2) [자동 채우기]를 이용해 E4:G4 영역에 계산된 결과를 E5:G9 영역에 입력하시오.
(3) D10:G10 영역에 대해서 기본급부터 실급여액까지 각각 합계를 입력하시오.
(4) 사원 평균 급여액을 G11셀에 입력하시오.
(5) 다음에 제시된 서식에 따라 데이터를 편집하시오.
  ① A1셀의 제목 서식은 [셀 스타일]–'제목2', A1:G1 영역에 대해서 셀 병합을 설정하시오.
  ② 각 항목명(A3:G3)의 서식은 글꼴(돋움), 글자크기(12pt), 글꼴 스타일(굵게), 정렬(가운데 맞춤)을 설정하시오.
  ③ A4:C9 영역에 대해서 서식은 글꼴(돋움), 글자크기(10pt), 정렬(가운데 맞춤), 표시형식(텍스트)을 설정하시오.
  ④ D4:G11 영역에 대해서 서식은 글꼴(돋움), 글자크기(10pt), 표시형식(통화)을 설정하시오.
  ⑤ A10셀의 서식은 글꼴(돋움), 글자크기(12pt), 글꼴 스타일(굵게), 정렬(가운데 맞춤), A10:C10 영역에 대해서 셀 병합을 설정하시오.
  ⑥ A11 셀의 서식은 글꼴(돋움), 글자크기(12pt), 글꼴 스타일(굵게), 정렬(가운데 맞춤), A11:F11 영역에 대해서 셀 병합을 설정하시오.
  ⑦ A3:G11 영역에 대해서 테두리를 넣되, 윤곽선은 굵은 실선으로 하고 안쪽은 가는 실선으로 나타내시오.

04. 다음은 미래실업(주)의 2012년 경상이익 관련 자료이다. 아래의 데이터를 A1셀부터 차례로 워크시트에 입력하고, 다음에 제시된 내용을 참고하여 데이터를 처리하시오.

	A	B	C	D	E	F	G	H	I	J
1	미래실업(주)의 2012년 경상이익									
2									(참조)	
3	구분	1/4분기	2/4분기	3/4분기	4/4분기	2012년 합계	2013년 목표		지출비율	60%
4	수입(천원)	100000	110000	120000	125000				2013년 목표비율	119%
5	판매경비(천원)	55000	60000	55000	65000					
6	총수익(천원)									
7	지출(천원)									
8	경상이익(천원)									

(1) A1셀의 제목 서식은 글꼴(굴림), 글자크기(20pt), 글꼴 스타일(굵게), 글자색(검정), 밑줄(실선), A1:G1 영역에 대해서 셀 병합을 설정하시오.
(2) 각 항목명(A3:G3)의 서식은 글꼴 스타일(굵게), 정렬(가운데 맞춤), 채우기(노랑)를 설정하시오
(3) [사용자 지정]을 적용해 모든 금액에는 천단위마다 쉼표(,)로 구분하고, 금액 뒤에 '원'이라는 통화표기를 표시하시오.
(4) 다음의 수식을 해당 셀에 입력하시오.
  ① 총수익(B6) = 수입 − 판매경비
  ② 지출(B7) = 판매경비 × 60%
  ③ 경상이익(B8) = 총수익 − 지출
  ④ 2012년 합계(F4) = 1/4분기 + 2/4분기 + 3/4분기 + 4/4분기 (수입)
  ⑤ 2013년 목표(G4) = 2012년 합계 × 119%

(5) [자동 채우기]를 이용해 F4:G4 영역에 계산된 결과를 F5:G5 영역에 입력하고, B6:B8 영역에 계산된 결과를 F6:F8, G6:G8 영역에 입력하시오.

05. 다음은 기상청에서 2012년 한 해 동안 관측한 평균기온 평년차에 관한 내용이다. 아래의 데이터를 A1셀부터 차례로 워크시트에 입력하고, 다음에 제시된 내용을 참고하여 데이터를 처리하시오.

	A	B	C	D	E	F	G	H	I	J	K	L	M	N	O
1	2012년 평균기온 평년차(관측소 100~199)														
2															
3	지점번호	관측지점	1월	2월	3월	4월	5월	6월	7월	8월	9월	10월	11월	12월	전년
4	100	대관령	1	-15	-6	18	-4	23	10	9	10	2	13	-45	2
5	101	춘천	5	-13	-3	15	3	15	9	2	14	7	8	-43	1
6	105	강릉	2	-15	-8	13	-15	22	12	15	4	3	15	-39	0
7	108	서울	0	-16	-11	11	3	8	4	-3	10	3	17	-41	-1
8	112	인천	13	-1	3	17	14	10	2	-2	7	0	14	-42	3
9	114	원주	15	-3	2	22	7	18	10	3	21	9	16	-39	7
10	115	울릉도	3	-13	-9	8	-12	18	8	12	5	4	12	-41	-1
11	119	수원	7	-6	-4	14	4	10	5	2	20	10	21	-35	4
12	127	충주	6	-8	-5	14	-2	11	4	0	19	1	9	-45	0
13	129	서산	-1	-12	-11	6	1	8	5	0	16	-4	6	-43	-2
14	130	울진	3	-9	-3	14	-15	12	6	4	5	1	8	-35	-1
15	131	청주	12	-4	2	19	4	9	2	0	23	11	21	-33	5
16	133	대전	5	-11	-7	12	-3	7	1	-4	18	4	15	-36	1
17	135	추풍령	0	-15	-6	11	2	12	5	-3	10	-5	5	-40	-2
18	136	안동	-3	-16	-9	9	-4	8	-2	-13	4	1	4	-37	-5
19	138	포항	-5	-15	-6	18	-3	27	10	10	12	7	10	-39	2
20	140	군산	-4	-15	-13	14	3	11	3	0	15	-1	12	-46	-1
21	143	대구	5	-7	1	22	8	24	7	2	13	4	14	-28	5
22	146	전주	1	-7	-11	20	2	13	4	1	22	4	15	-35	3
23	152	울산	4	-6	0	20	3	22	5	6	13	6	11	-28	5
24	155	마산	-10	-22	-16	2	-5	7	-6	-7	2	-5	2	-40	-8
25	156	광주	-5	-13	-12	13	6	17	7	0	21	3	15	-34	1
26	159	부산	-10	-18	-12	6	-3	5	-4	1	7	-2	3	-44	-6
27	162	통영	-11	-17	-7	8	-4	3	-9	-7	4	-3	1	-29	-6
28	165	목포	-18	-27	-22	1	11	18	2	1	19	2	13	-37	-3
29	168	여수	-9	-15	-14	4	-1	9	-1	-4	10	1	9	-35	-4
30	170	완도	-12	-18	-15	10	7	23	11	4	17	-4	0	-39	-1
31	184	제주	-2	-6	-5	18	5	20	12	9	24	13	16	-20	7
32	185	고산	-12	-15	-14	6	0	10	3	2	14	5	9	-26	-1
33	189	서귀포	-8	-6	-12	5	0	10	3	-4	14	9	14	-23	0
34	192	진주	-2	-8	-8	10	7	19	7	3	20	4	3	-28	2

(1) A1셀의 제목 서식은 글꼴(HY견고딕), 글자크기(24pt), 글꼴 스타일(굵게), 글자색(파랑), 밑줄(실선), A1:O1 영역에 대해서 셀 병합을 설정하시오.
(2) [표 서식]을 이용해 A3:O34 영역에 대해서 '표 스타일 보통 7'을 적용하시오.
(3) [사용자 지정] 서식을 적용해 평년차 데이터 값이 양수일 경우 빨강, 음수일 경우 파랑, 0일 경우 검정으로 나타나도록 서식을 작성하시오.
(4) [조건부 서식]을 이용해 평년차 데이터 값이 10도 이상일 경우 서식을 글꼴 스타일(기울임꼴), 채우기(녹색)를 사용하고, −15도 이하일 경우 서식을 글꼴 스타일(기울임꼴), 채우기(노랑)를 설정하시오.

06. 다음은 7월 7일 하루 동안 효원공업사의 부품납품현황에 관한 내용이다. 아래의 데이터를 A1셀부터 차례로 워크시트에 입력하고, 다음에 제시된 내용을 참고하여 데이터를 처리하시오.

	A	B	C	D	E	F	G
1	효원공업사 납품현황(7월 7일)						
2							
3	부품번호	납품처	납품수량	납품단가	납품액	할인액	실납품액
4	A101	싱가폴	51	3000			
5	A102	싱가폴	48	5000			
6	A103	싱가폴	59	4500			
7	A101	홍콩	80	2000			
8	A102	홍콩	40	5300			
9	A103	홍콩	65	4200			
10	A101	대만	45	3300			
11	A102	대만	84	4000			
12	A103	대만	58	2700			
13	A101	일본	47	3700			
14	A102	일본	39	5500			
15	A103	일본	68	3900			

(1) A1셀의 제목 서식은 글꼴(궁서), 글자크기(20pt), 글꼴 스타일(굵게), 밑줄(실선), A1:G1 영역에 대해서 셀 병합을 설정하시오.

(2) 각 항목명(A3:G3)의 서식은 글꼴(궁서), 글자크기(11pt), 글꼴 스타일(굵게), 정렬(가운데 맞춤), 채우기(노랑)를 설정하시오

(3) 다음의 수식을 해당 셀에 입력하시오.

① 납품액(E4) = 납품수량 × 납품단가

② 할인액(F4) = 납품액 × 5%

③ 실납품액(G4) = 납품액 − 할인액

(4) [자동 채우기]를 이용해 E4:G4 영역에 계산된 결과를 E5:G15 영역에 입력하시오.

(4) 납품수량은 [사용자 지정]을 통해 70개 이상이면 녹색에 (A)로 수량 옆에 표기, 50개 이상이면 파란색에 수량 옆에 (B), 그 외에 빨간색으로 수량 옆에 (C)로 표기한다.

(5) [표 서식]을 '표 스타일 보통 26'으로 지정한다.

2 Chapter 데이터 다루기

1. 외부 데이터
2. 데이터 필터
3. 중복된 항목 제거
4. 텍스트 나누기
5. 통합

Chapter 2 데이터 다루기

이 장에서는 외부에서 작성된 다양한 종류의 데이터를 워크시트로 가져오는 방법과 워크시트에 작성된 데이터를 다른 프로그램에서도 사용할 수 있도록 다양한 파일 형식으로 내보내는 방법들을 살펴본다. 또한 워크시트에 입력된 데이터를 보다 효율적으로 다루기 위해 원하는 조건에 맞는 데이터를 검색하는 필터 기능과 불필요하게 중복된 데이터를 제거하는 기능에 대해 살펴본다.

1 외부 데이터

엑셀에서는 텍스트 파일, MS 액세스, HTML 형식의 파일을 워크시트로 가져와 사용할 수 있는 호환기능이 있다. 다른 프로그램에서 작성된 데이터가 워크시트에서 필요하다면 이를 다시 입력하기보다는 외부 데이터를 가져와 사용하는 것이 편리하다.

가. 텍스트 파일 가져오기

메모장에서 작성된 텍스트 파일은 데이터가 탭(tab)이나 공백(space) 등으로 열과 행이 구분되어 있을 때 쉽게 가져올 수 있다. 다음은 2012년 4월 효원대학교 학생들이 신청한 희망도서들로 첫 행에 일련번호, 소속학과, 신청자, 분류 등의 순서로 필드명이 정의되어 있으며, 그 아래로 데이터들이 탭으로 구분되어 작성되어 있다.

그림 2-1 ▌ 메모장에서 작성된 텍스트 파일

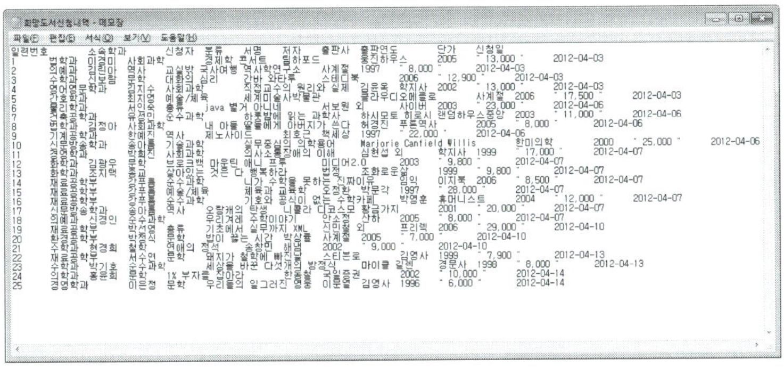

텍스트 파일을 가져오기 위해 [파일] 탭의 [열기]를 클릭하여 나타난 [열기] 대화상자에서 텍스트 파일(*.prn,*.txt,*.csv)을 선택하여 가져오거나 리본 메뉴에서 [데이터] 탭의 [외부 데이터 가져오기] 그룹에서 [텍스트]를 클릭하여 나타난 [텍스트 파일 가져오기] 대화상자에서 텍스트 파일 선택하여 가져올 수 있다.

그림 2-2 ▌ 텍스트 파일 가져오기 대화상자

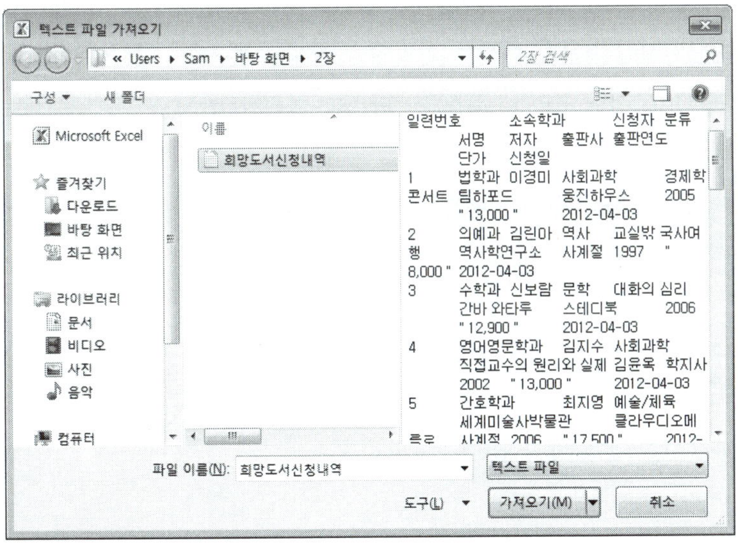

[텍스트 파일 가져오기]에서 '희망도서신청내역.txt' 파일을 선택하고 [가져오기(M)] 단추를 클릭한다. 그리고 [텍스트 마법사] 3단계 중 1단계에서는 데이터 구조와 형식

을 선택한다. 텍스트 파일의 데이터는 탭으로 구분하여 작성하였으므로 [원본 데이터 형식]의 [구분 기호로 분리됨(D)]을 선택하고 [다음(N) >] 단추를 클릭한다.

그림 2-3 ▎ 텍스트 마법사 1단계 – 원본 데이터 형식

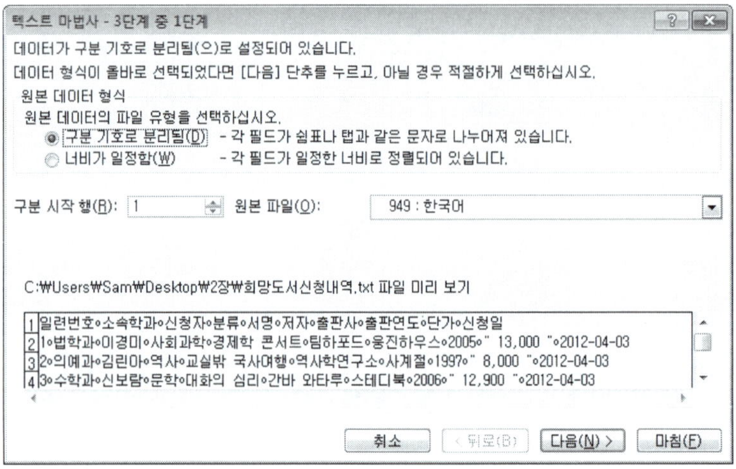

[텍스트 마법사] 2단계에서는 텍스트 파일에서 데이터를 구분하기 위해 사용된 기호를 선택한다. '희망도서신청내역' 텍스트 파일의 데이터는 탭으로 구분하였으므로 [구분 기호]에서 [탭(T)]을 선택하고 [다음(N) >] 단추를 클릭한다.

그림 2-4 ▎ 텍스트 마법사 2단계 – 구분 기호

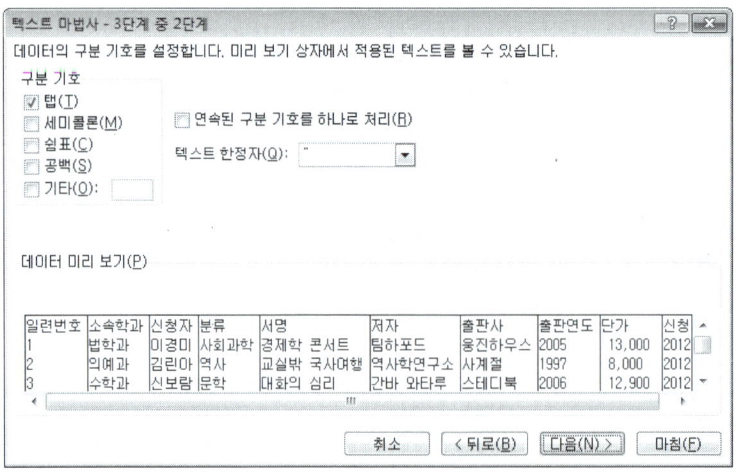

[텍스트 마법사] 3단계에서는 가져올 데이터의 각 열에 대한 데이터 서식을 지정한다. 데이터의 내용이 '일련번호', '소속학과', '신청자', ..., '날짜' 등으로 구성되어 있으므로 각 열에 맞도록 데이터 서식을 설정하면 된다. 하지만 [열 데이터 서식]의 [일반(G)]을 선택하면 숫자값은 숫자로, 날짜 값은 날짜로 나머지 모든 값은 텍스트로 자동으로 변환되므로 [열 데이터 서식]의 [일반(G)]을 선택하고 [마침(F)]을 클릭한다.

그림 2-5 ▌ 텍스트 마법사 3단계 – 열 데이터 서식

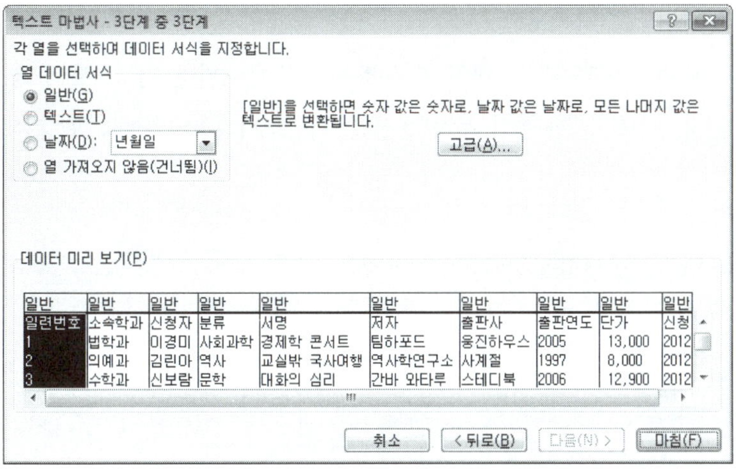

다음으로 [데이터 가져오기] 대화상자에서는 데이터를 가져올 위치를 선택하는데, 현재 작업 중인 기존 워크시트로 가져올 수도 있고 새로운 워크시트로 가져올 수도 있다. 하지만 다음 그림과 같은 [데이터 가져오기] 대화상자는 [파일] 탭의 [열기]를 이용할 경우에는 나타나지 않고 [데이터] 탭의 [외부 데이터 가져오기] 그룹에서 [텍스트]를 이용할 경우에만 나타난다. 여기에서는 기존 워크시트의 A1셀을 기준으로 데이터를 가져오도록 [기존 워크시트(E):]에서 "=A1"을 입력하거나 마우스로 워크시트의 A1셀을 선택하고 [확인] 단추를 클릭한다.

그림 2-6 ▌ 데이터 가져오기

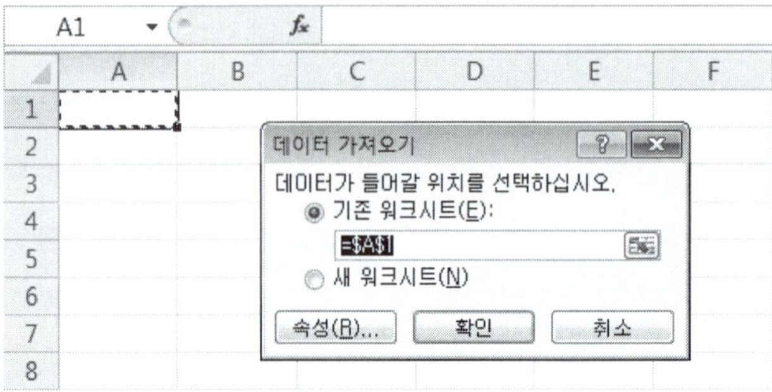

모든 과정이 완료되면 '희망도서신청내역' 텍스트 파일의 데이터가 워크시트의 행, 열에 맞추어 입력되다. 이를 Excel 통합 문서 형식인 '희망도서신청내역.xlsx'로 저장한다.

그림 2-7 ▌ 텍스트 파일 데이터 가져오기 결과 화면

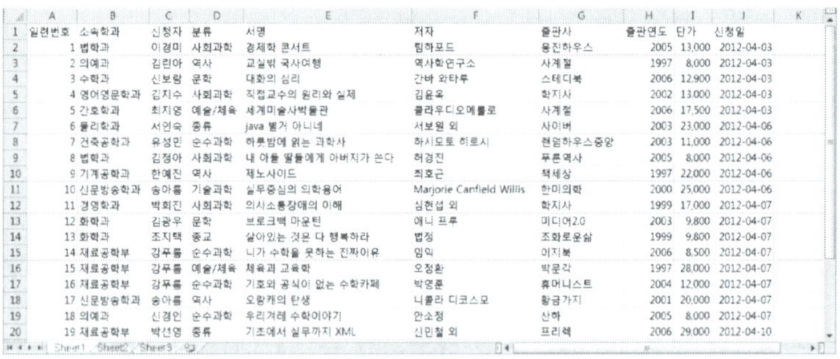

일련번호	소속학과	신청자	분류	서명	저자	출판사	출판연도	단가	신청일
1	법학과	이경미	사회과학	경제학 콘서트	팀하포드	웅진하우스	2005	13,000	2012-04-03
2	의예과	김린아	역사	교실밖 국사여행	역사학연구소	사계절	1997	8,000	2012-04-03
3	수학과	신보람	문학	대화의 심리	간바 와타루	스테디북	2006	12,900	2012-04-03
4	영어영문학과	김지수	사회과학	직접교수의 원리와 실제	김윤옥	학지사	2002	13,000	2012-04-03
5	간호학과	최지영	예술/체육	세계미술사박물관	클라우디오메롤로	사계절	2006	17,500	2012-04-03
6	물리학과	서언숙	총류	java 별거 아니네	서보원 외	사이버	2003	23,000	2012-04-06
7	건축공학과	유성민	순수과학	하룻밤에 읽는 과학사	하시모토 히로시	랜덤하우스중앙	2003	11,000	2012-04-06
8	법학과	김정아	사회과학	내 아들 딸들에게 아버지가 쓴다	허경진	푸른역사	2005	8,000	2012-04-06
9	기계공학과	한예진	역사	제노사이드	최호근	책세상	1997	22,000	2012-04-06
10	신문방송학과	송아름	기술과학	실무중심의 의학용어	Marjorie Canfield Willis	한미의학	2000	25,000	2012-04-06
11	경영학과	박희진	사회과학	의사소통장애의 이해	심현섭 외	학지사	1999	17,000	2012-04-07
12	화학과	김광우	문학	브로크백 마운틴	애니 프루	미디어2.0	2003	9,800	2012-04-07
13	화학과	조지택	종교	살아있는 것은 다 행복하라	법정	조화로운삶	1999	9,800	2012-04-07
14	재료공학부	강푸름	순수과학	니가 수학을 못하는 진짜이유	임익	이지북	2006	8,500	2012-04-07
15	재료공학부	강푸름	예술/체육	체육과 교육학	오정환	박문각	1997	28,000	2012-04-07
16	재료공학부	강푸름	순수과학	기호와 공식이 없는 수학카페	박영훈	휴머니스트	2004	12,000	2012-04-07
17	신문방송학과	송아름	역사	오랑캐의 탄생	니콜라 디코스모	황금가지	2001	20,000	2012-04-07
18	의예과	신경인	순수과학	우리겨레 수학이야기	안소정	산하	2005	8,000	2012-04-07
19	재료공학부	박선영	총류	기초에서 실무까지 XML	신민철 외	프리렉	2006	29,000	2012-04-10

나. 액세스 파일 가져오기

엑셀에서는 액세스, HTML 파일, 텍스트 파일, XML 파일 등의 일반적인 형태의 데이터를 가져올 뿐만 아니라 Microsoft Query를 사용하여 다른 엑셀 워크시트, FoxPro, dBase, Paradox, Oracle, DB2 등의 데이터를 가져올 수도 있다. 다음 그림은 엑셀에서 액세스로 작성된 데이터를 가져오기 위해 액세스로 작성된 원본 데이터를 보여준다.

그림 2-8 ▌ 액세스로 작성된 원본 데이터

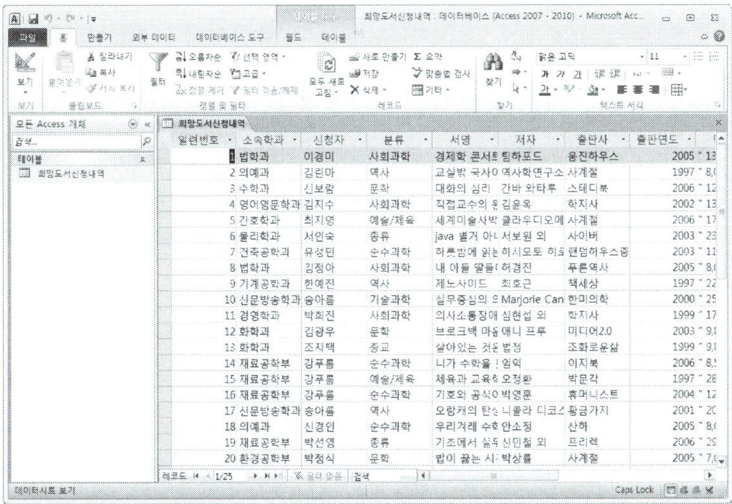

액세스에서 작성된 데이터를 워크시트로 가져오기 위해 먼저 [데이터] 탭의 [외부 데이터 가져오기] 그룹에서 [Access]를 클릭하여 나타난 [데이터 원본 선택] 대화상자에서 '희망도서신청내역.accdb'를 선택하고 [열기(O)]를 클릭한다. 그리고 [데이터 가져오기] 대화상자에서 워크시트에 데이터를 표시할 방법과 저장될 위치를 선택한다. 여기에서는 다음 그림처럼 데이터를 표시할 방법으로 '표(T)'를 선택하고 저장될 위치로 [기존 워크시트(E):]에 "=A1"을 입력하고 [확인] 단추를 클릭한다.

그림 2-9 ▌ 데이터 가져오기 대화상자

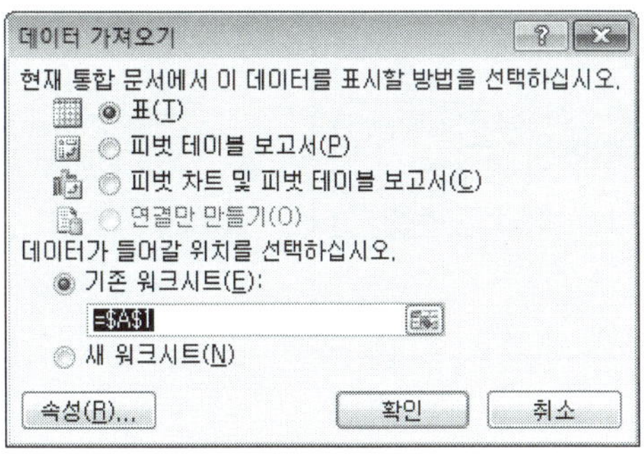

다음 그림은 액세스에서 작성된 데이터를 엑셀의 워크시트로 가져온 결과 화면이다.

그림 2-10 액세스 파일 데이터 가져오기 결과 화면

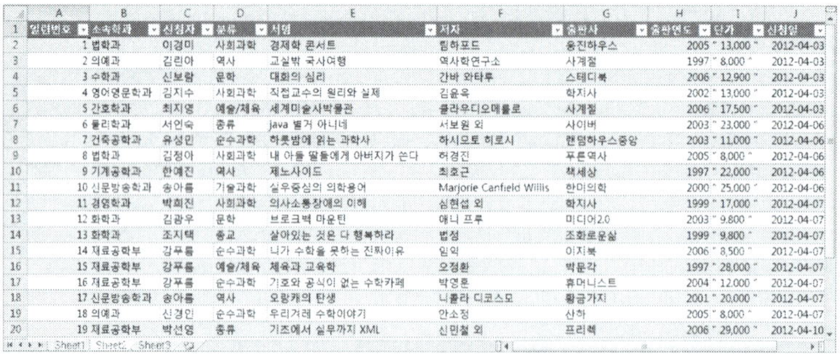

다음은 위와 같이 액세스에서 작성된 데이터 전체를 가져오는 것이 아니라 데이터의 일부 항목 중 사용자가 설정한 조건에 맞는 데이터만을 선별적으로 골라 정렬하여 가져오는 방법을 알아본다. '희망도서신청내역.accdb' 데이터를 기준으로 예를 들면, '희망도서신청내역'의 전체 데이터 중 '소속학과'와 '단가' 열(항목)을 제외한 데이터에서 '순수과학'을 신청한 데이터는 제외하고 '신청자'와 '신청일'을 기준으로 오름차순으로 정렬하여 데이터를 가져오도록 한다.

먼저, [데이터] 탭의 [외부 데이터 가져오기] 그룹에서 [기타 원본]의 [Microsoft Query]을 클릭한다. 그리고 [데이터 원본 선택] 대화상자에서 [MS Access Database*]를 선택하고 [확인] 단추를 클릭한다.

그림 2-11 데이터 원본 선택 대화상자

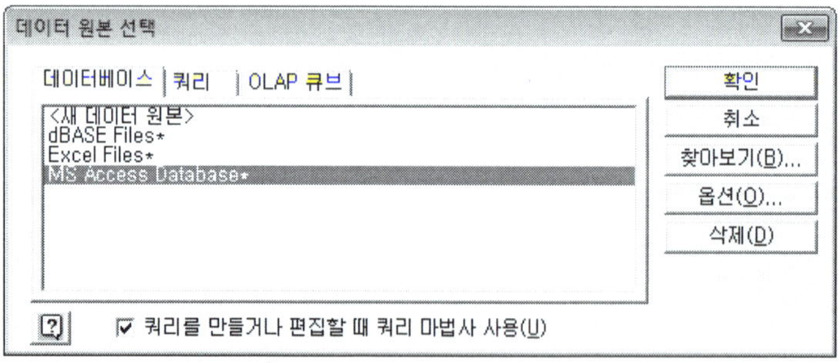

'희망도서신청내역.accdb' 파일이 저장된 위치를 찾아 선택하고 [확인] 단추를 클릭한다.

그림 2-12 ▌ 액세스 파일 선택

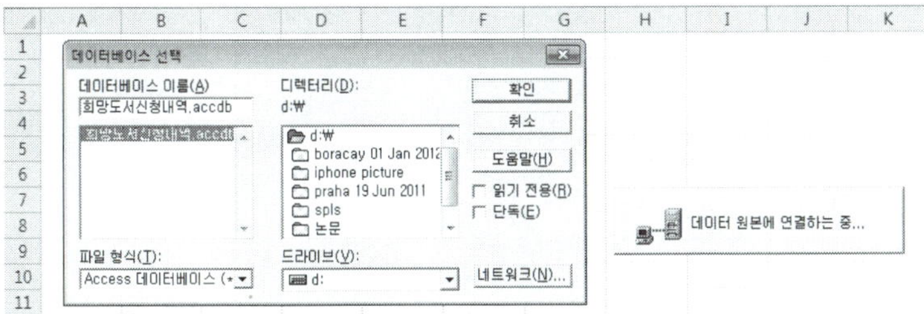

다음으로 [쿼리 마법사의 [열 선택] 단계에서는 쿼리에 포함할 항목(워크시트로 가져올 항목)을 선택하고 [다음(N) >] 단추를 클릭한다(추가(>) 또는 제거(<), 모두 제거(<<) 단추를 이용하여 지정한다).

그림 2-13 ▌ 쿼리 마법사 - 열 선택

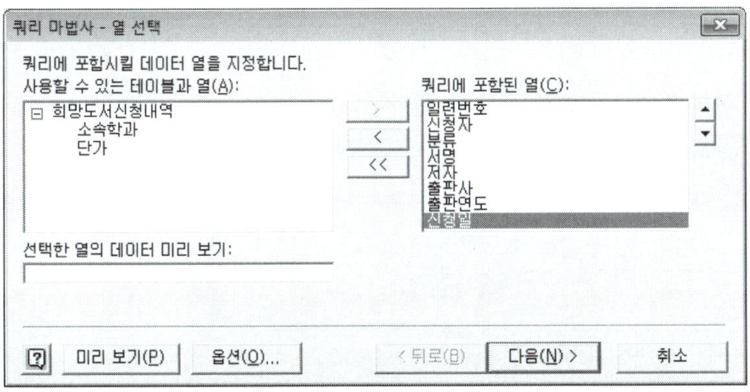

다음으로 [쿼리 마법사의 [데이터 필터] 단계에서는 조건을 설정하여 가져올 데이터를 필터링한다. 순수과학 분류의 레코드를 제외하기 위해 NOT(< >) 연산자 또는 '포함하지 않는 값'을 선택하고 '순수과학'을 선택한 다음 [다음(N) >] 단추를 클릭한다.

그림 2-14 ▌ 쿼리 마법사 - 데이터 필터

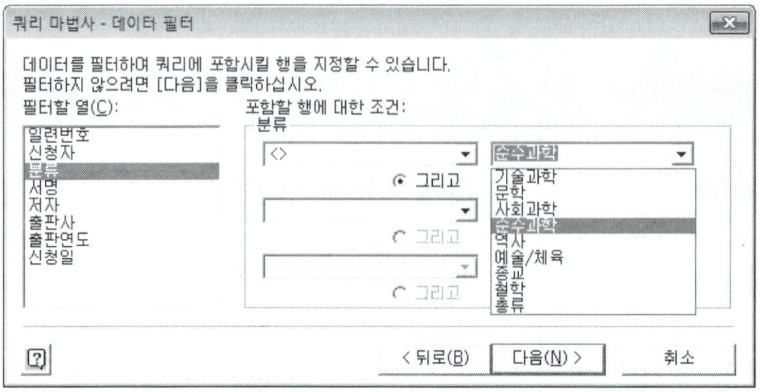

다음으로 [쿼리 마법사]의 [정렬 순서] 단계에서는 특정 필드를 기준으로 정렬 순서를 지정한다. 여기에서는 첫째 기준으로 '신청자'의 오름차순을 선택하고 둘째 기준으로 '신청일'의 오름차순을 선택하고 [다음(N) >] 단추를 클릭한다.

그림 2-15 ▌ 쿼리 마법사 - 정렬 순서

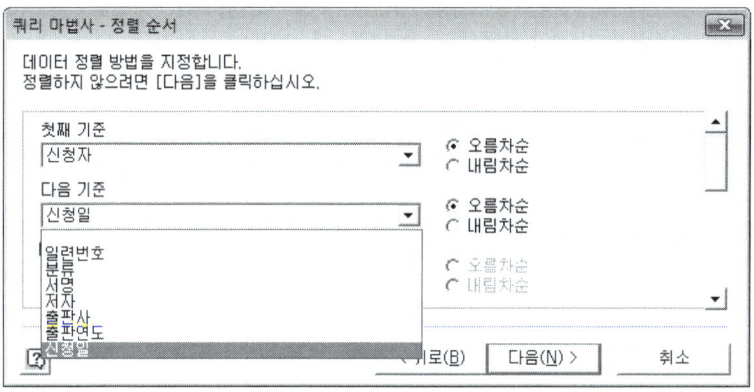

다음으로 [쿼리 마법사]의 [마침] 단계에서는 지금까지 작업한 액세스 쿼리 데이터를 엑셀로 가져오기 위해 [Microsoft Excel(으)로 데이터 되돌리기(R)]를 선택하고 [마침] 단추를 클릭한다.

그림 2-16 ▌ 쿼리 마법사 - 마침

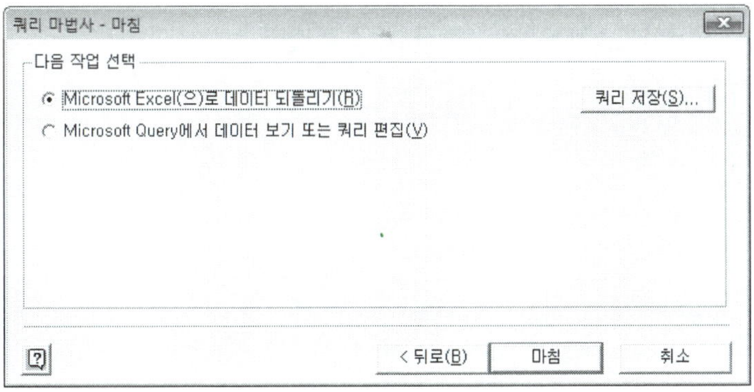

그리고 [데이터 가져오기] 대화상자에서 워크시트에 데이터를 표시할 방법과 저장될 위치를 선택한다. 여기에서는 다음 그림처럼 데이터를 표시할 방법으로 '표(T)'를 선택하고 저장될 위치로 [기존 워크시트(E):]에 "=A1"을 입력하고 [확인] 단추를 클릭한다.

그림 2-17 ▌ 데이터 가져오기 대화상자

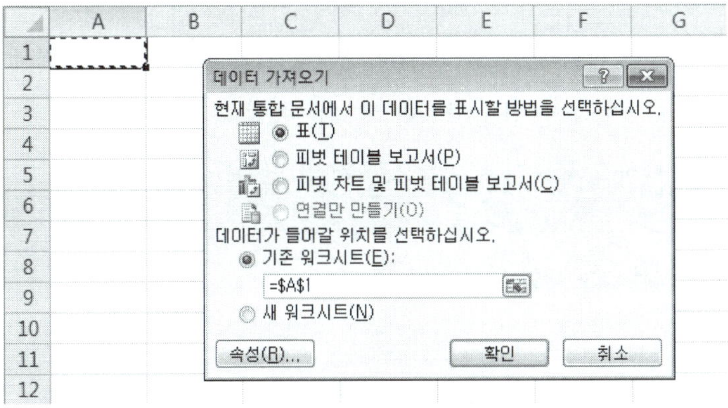

모든 작업이 완료되면 다음 그림과 같이 액세스 데이터를 엑셀 워크시트로 가져오게 된다. 가져온 데이터는 앞서 지정한 바와 같이 '희망도서신청내역.accdb' 데이터의 일부 데이터로 순수과학 분류의 도서가 제외된 신청자와 신청일을 기준으로 오름차순된 데이터이다.

그림 2-18 ▌ 액세스 쿼리 파일 데이터 가져오기 결과 화면

일련번호	신청자	분류	서명	저자	출판사	출판연도	신청일
15	강푸름	예술/체육	체육과 교육학	오정환	박문각	1997	2012-04-07 0:00
12	김광우	문학	브로크백 마운틴	애니 프루	미디어2.0	2003	2012-04-07 0:00
2	김린아	역사	교실밖 국사여행	역사학연구소	사계절	1997	2012-04-03 0:00
8	김정아	사회과학	내 아들 딸들에게 아버지가 쓴다	허경진	푸른역사	2005	2012-04-06 0:00
4	김지수	사회과학	직접교수의 원리와 실제	김윤옥	학지사	2002	2012-04-03 0:00
19	박선영	총류	기초에서 실무까지 XML	신민철 외	프리렉	2006	2012-04-10 0:00
20	박정식	문학	밥이 끓는 시간	박상률	사계절	2005	2012-04-10 0:00
11	박희진	사회과학	의사소통장애의 이해	심현섭 외	학지사	1999	2012-04-07 0:00
22	서수연	문학	돼지가 철학에 빠진날	스티븐로	김영사	1999	2012-04-13 0:00
6	서인숙	총류	java 별거 아니네	서보원 외	사이버	2003	2012-04-06 0:00
10	송아름	기술과학	실무중심의 의학용어	Marjorie Canfield Willis	한미의학	2000	2012-04-06 0:00
17	송아름	역사	오랑캐의 탄생	니콜라 디코스모	황금가지	2001	2012-04-07 0:00
3	신보람	문학	대화의 심리	간바 와타루	스테디북	2006	2012-04-03 0:00
1	이경미	사회과학	경제학 콘서트	팀하포드	웅진하우스	2005	2012-04-03 0:00
25	이은정	문학	우리들의 일그러진 영웅	이문열	김영사	1996	2012-04-14 0:00
13	조지택	종교	살아있는 것은 다 행복하라	법정	조화로운삶	1999	2012-04-07 0:00
5	최지영	예술/체육	세계미술사박물관	클라우디오메를로	사계절	2006	2012-04-03 0:00
9	한예진	역사	제노사이드	최호근	책세상	1997	2012-04-06 0:00
21	현경희	철학	연애의 정석	송창민	해냄	2002	2012-04-10 0:00

다. 데이터 보내기

워크시트에서 작성된 데이터는 데이터 보내기를 통해 다른 형태의 파일 형식으로 변경하여 저장할 수 있다. 본 예제에서는 워크시트에서 작성한 데이터를 CSV 파일과 PDF 파일로 변환하는 방법에 대해서 알아보자. CSV 형식은 워크시트 통합문서를 다른 마이크로소프트 오피스(Microsoft Office) 계열에서 사용할 수 있도록 쉼표로 분리된 텍스트 파일이다.

먼저, 워크시트에서 작성한 데이터를 CSV 파일로 변환하기 위해 [파일] 탭의 [저장/보내기]를 선택하고 [파일형식 변경]을 클릭한 후 오른쪽에 표시된 목록에서 [CSV (쉼표로 분리)]를 선택하고 [다른 이름으로 저장] 단추를 클릭한다.

그림 2-19 ▌ 보내기에서 CSV 파일 형식 선택

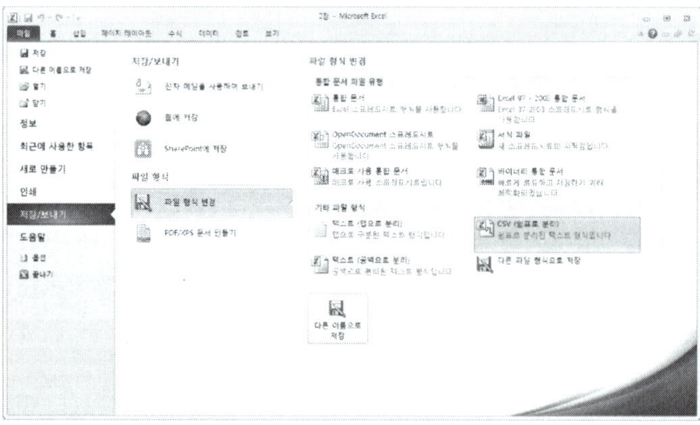

[다른 이름으로 저장] 대화상자에서 [파일 형식(T):]이 'CSV (쉼표로 분리)'로 선택된 것을 확인하고 [파일 이름(N):]으로 "희망도서신청내역_내보내기"를 입력하고 [저장(S)] 단추를 클릭한다.

그림 2-20 ▌ CSV 형식 지정 및 파일명 입력

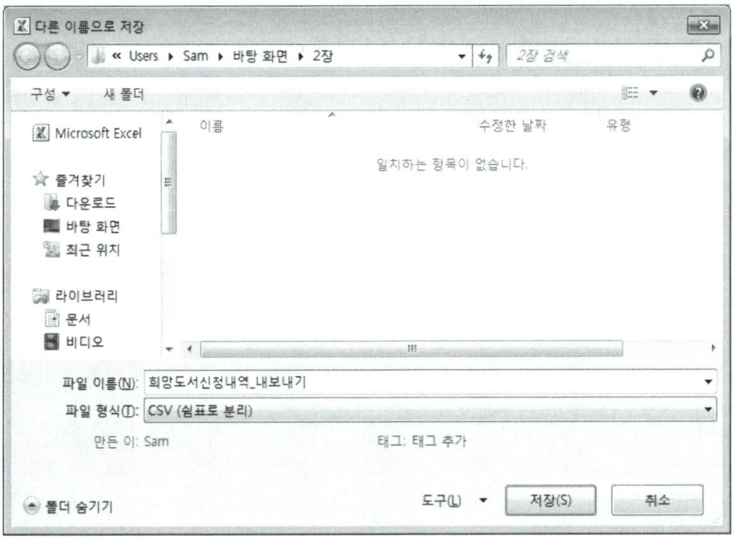

이때 나타나는 메시지는 워크시트의 데이터와 다른 형식으로 저장하기 때문에 발생하는 경고 메시지로 [예(Y)] 단추를 클릭하면 최종적으로 '희망도서신청내역_내보내기' CSV 파일이 만들어진다.

그림 2-21 ▌ 다른 형식으로 저장할 경우 나타나는 경고 메시지

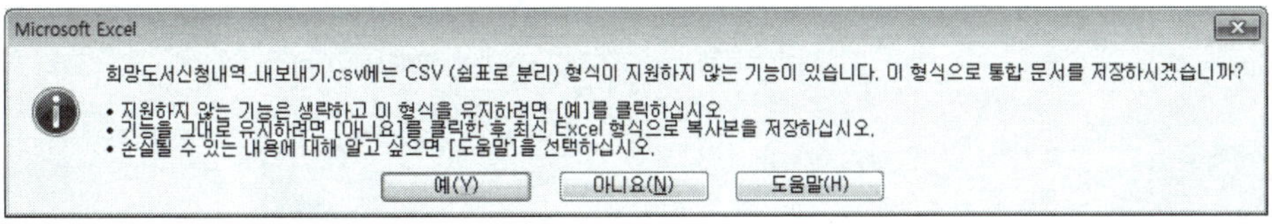

다음 그림은 '희망도서신청내역_내보내기' CSV 파일을 메모장으로 열어본 화면이다.

그림 2-22 ▌ CSV 형식 파일 보기

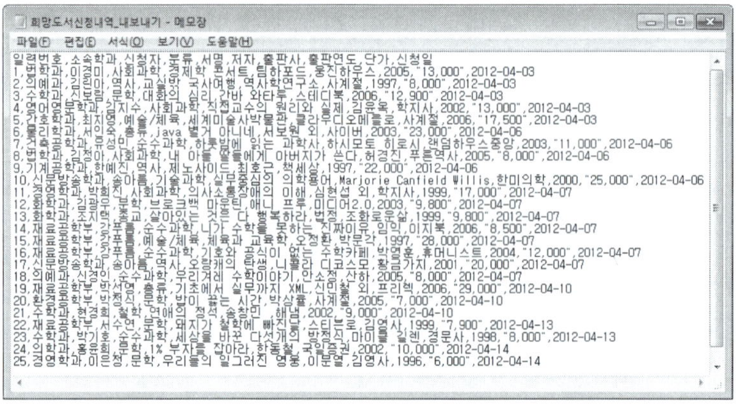

다음으로 워크시트에서 작성된 데이터를 PDF 형식으로 저장하는 방법을 보면 다음 그림과 같이 [파일] 탭의 [저장/보내기]를 선택하고 [PDF/XPS 문서 만들기]를 클릭한 후 오른쪽에 표시된 [PDF/XPS 만들기] 단추를 클릭한다. 그리고 [PDF 또는 XPS로 게시] 대화상자에서 저장한 위치와 파일 이름을 입력하고 [게시(S)] 단추를 클릭한다.

그림 2-23 ▌ 보내기에서 PDF 파일 형식 선택

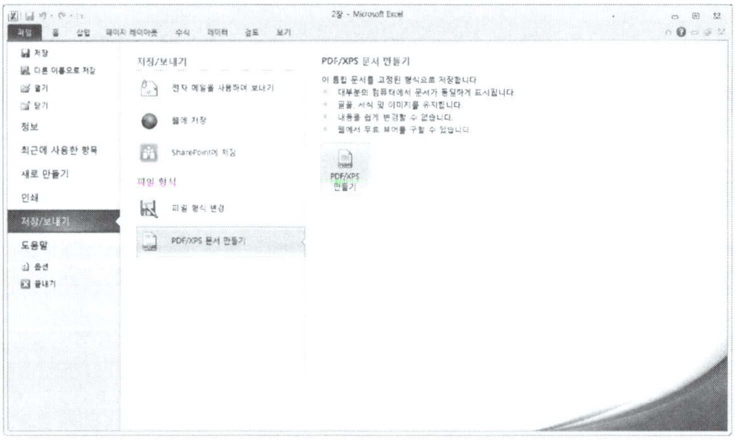

2 데이터 필터

데이터 필터는 워크시트에 입력된 데이터 중 사용자가 원하는 필드나 레코드를 검색하여 추출해 내는 기능이다. 엑셀에서의 필터는 검색조건을 설정하는 방식에 따라 [필터]와 [고급 필터]의 두 가지로 구분된다.

가. 필터

[필터]는 셀 범위 내의 데이터 중에서 사용자가 원하는 데이터를 신속하게 찾을 수 있도록 사용자가 지정한 값에 해당하는 데이터만을 표시해 주는 기능이다. [필터]를 이용해 필요한 데이터를 추출하기 위해서는 먼저 다음 그림과 같이 셀 포인터를 데이터 범위 내에 위치한 후 [데이터] 탭의 [정렬 및 필터] 그룹에서 [필터]를 클릭한다. 워크시트에 [필터]가 적용되면 각 필드명의 오른쪽에 필터 버튼( )이 나타나는데 이를 클릭하여 필터 유형을 선택할 수 있는 목록이 표시된다.

그림 2-24 ▌ 필터 적용

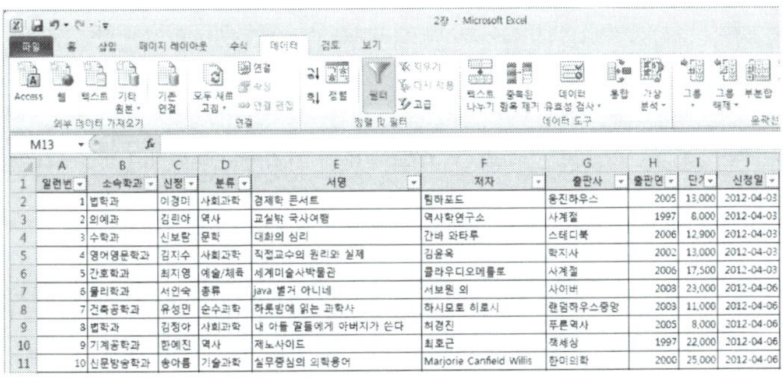

다음 그림과 같이 분류 의 필터 버튼( )을 클릭하여 나타난 목록에서 필터를 선택하는 방법에는 크게 세 가지 방법이 있다. 첫 번째 방법은 [검색 상자] 에서 검색할 텍스트를 직접 입력하는 방법이고 두 번째 방법은 텍스트 값 목록에서 하나 이상의 확인란을 선택하거나 취소하여 검색할 데이터를 선택하는 방법이다. 마지막으로 세 번째 방법은 [텍스트 필터(F)]를 클릭하여 나타난 [사용자 지정 자동 필터] 대화상자에서 사용자가 직접 비교 연산자와 조건 값을 입력하여 필터링하는 방법이다.

예를 들어, 신청도서 중 '사회과학'과 관련된 도서만을 검색하고자 한다면 다음 그림과 같이 '분류' 필드의 필터 버튼(▾)을 클릭하여 [검색 상자]에서 "사회과학"을 입력하고 엔터를 클릭하거나 아래 텍스트 값 목록에서 '사회과학'만을 선택(☑ 사회과학)하고 [확인] 단추를 클릭한다.

그림 2-25 ▌ 필터 목록 – 텍스트 필터

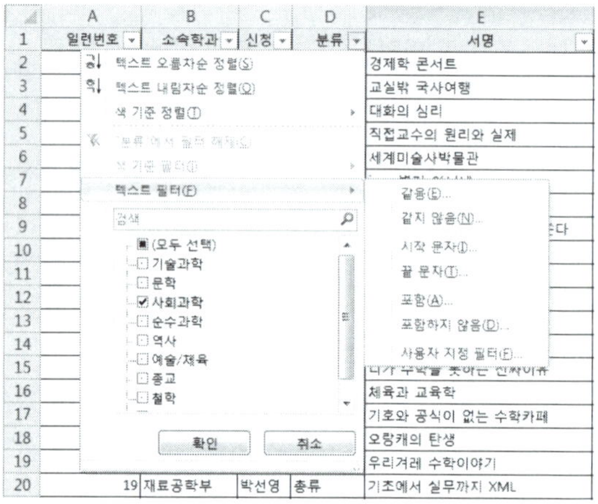

필터링이 완료되면 다음 그림과 같이 조건을 만족하는 행(레코드)만 표시되고 조건을 만족하지 않는 행(레코드)은 숨겨진다. 그리고 필터링이 적용된 분류 필드의 오른쪽 [필터 버튼]에는 필터링이 적용되었음을 나타내는 표시(▾)가 나타난다.

다음으로 적용된 필터를 해제하는 방법으로는 필터가 적용된 분류 필드의 필터 버튼 (▾)을 클릭하여 ["분류"에서 필터 해제(C)]를 클릭하거나 [데이터] 그룹의 [정렬 및 필터] 그룹에서 [지우기]를 클릭하여 필터를 해제할 수 있다.

그림 2-26 ▌ 필터 결과 – '사회과학'과 관련된 도서만을 검색

	A	B	C	D	E	F	G	H	I	J
1	일련번호	소속학과	신청	분류	서명	저자	출판사	출판연	단가	신청일
2	1	법학과	이경미	사회과학	경제학 콘서트	팀하포드	웅진하우스	2005	13,000	2012-04-03
5	4	영어영문학과	김지수	사회과학	직접교수의 원리와 실제	김윤옥	학지사	2002	13,000	2012-04-03
9	8	법학과	김정아	사회과학	내 아들 딸들에게 아버지가 쓴다	허경진	푸른역사	2005	8,000	2012-04-06
12	11	경영학과	박희진	사회과학	의사소통장애의 이해	심현섭 외	학지사	1999	17,000	2012-04-07

다른 예로 신청도서 중 '2006년에 출판된 순수과학' 도서를 검색하고자 할 경우에는 '분류' 필드와 '출판연도' 필드 두 곳에 각각 필터를 설정해야 한다. 먼저, '분류' 필드에서 "순수과학"을 입력하여 필터링 한 후 '출판연도' 필드에서 "2006"을 입력하여 필터를 설정한다. 다음 그림은 필터링에 대한 결과로 조건을 만족하는 행(레코드)이 1개임을 보여준다.

그림 2-27 ▌ 필터 결과 – 2006년에 출판된 순수과학 도서 검색

	A	B	C	D	E	F	G	H	I	J
1	일련번호	소속학과	신청	분류	서명	저자	출판사	출판연	단가	신청일
15	14	재료공학부	강푸름	순수과학	니가 수학을 못하는 진짜이유	임익	이지북	2006	8,500	2012-04-07

다음으로 숫자 필드에 대한 [필터] 기준에 대해 알아보자. 출판된 도서 중 '단가가 높은 10개의 도서'를 검색하고자 할 경우에는 다음과 같은 방법을 사용할 수 있다. 먼저 '단가' 필드의 필터 버튼(▾)을 클릭하고 [숫자 필터(F)]의 [상위10(T)...]을 선택한다.

그림 2-28 ▌ 필터 목록 – 숫자 필터

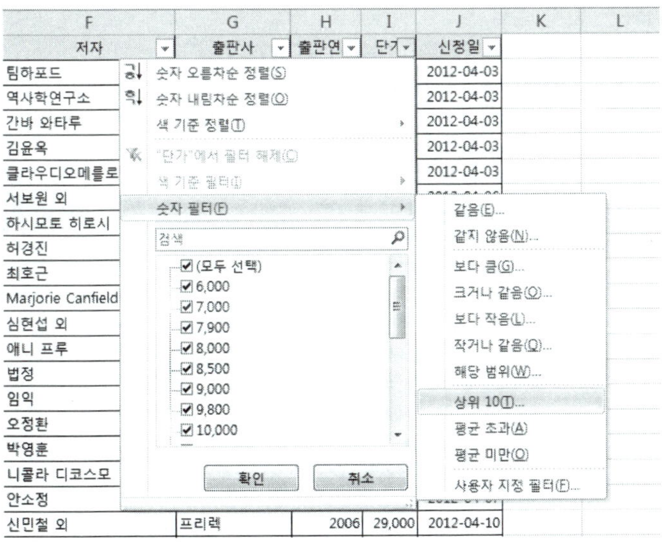

그리고 [상위 10 자동 필터] 대화상자의 [표시]에서 '상위', '10개', '항목'을 선택하고 [확인] 단추를 클릭한다.

그림 2-29 ▌ 상위 10 자동 필터 대화상자

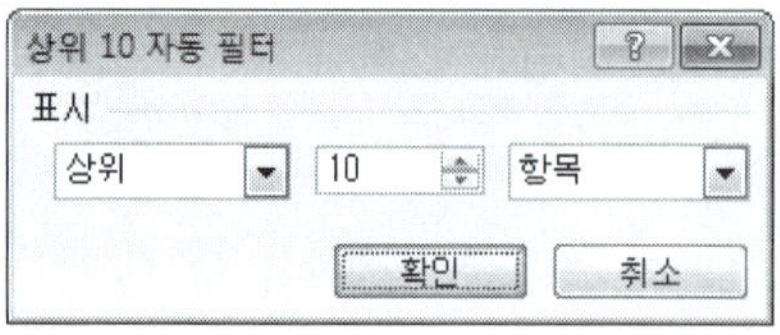

다음 그림은 필터링에 대한 결과로 조건을 만족하는 행(레코드)이 10개임을 보여준다.

그림 2-30 ▌ 필터 결과 – 단가가 높은 10개의 도서 검색

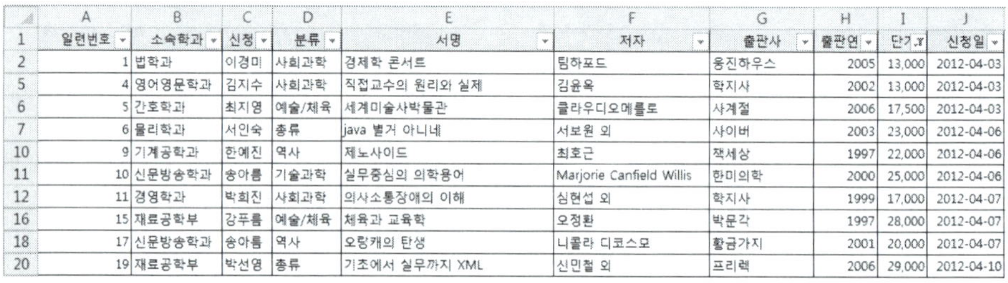

	A	B	C	D	E	F	G	H	I	J
1	일련번호	소속학과	신청	분류	서명	저자	출판사	출판연	단가	신청일
2	1	법학과	이경미	사회과학	경제학 콘서트	팀하포드	웅진하우스	2005	13,000	2012-04-03
5	4	영어영문학과	김지수	사회과학	직접교수의 원리와 실제	김윤옥	학지사	2002	13,000	2012-04-03
6	5	간호학과	최지영	예술/체육	세계미술사박물관	클라우디오메를로	사계절	2006	17,500	2012-04-03
7	6	물리학과	서인숙	총류	java 별거 아니네	서보원 외	사이버	2003	23,000	2012-04-06
10	9	기계공학과	한예진	역사	제노사이드	최호근	책세상	1997	22,000	2012-04-06
11	10	신문방송학과	송아름	기술과학	실무중심의 의학용어	Marjorie Canfield Willis	한미의학	2000	25,000	2012-04-06
12	11	경영학과	박희진	사회과학	의사소통장애의 이해	심현섭 외	학지사	1999	17,000	2012-04-07
16	15	재료공학부	강푸름	예술/체육	체육과 교육학	오정환	박문각	1997	28,000	2012-04-07
18	17	신문방송학과	송아름	역사	오랑캐의 탄생	니콜라 디코스모	황금가지	2001	20,000	2012-04-07
20	19	재료공학부	박선영	총류	기초에서 실무까지 XML	신민철 외	프리렉	2006	29,000	2012-04-10

그림 2-31 ▌ 필터 목록 – 날짜 필터

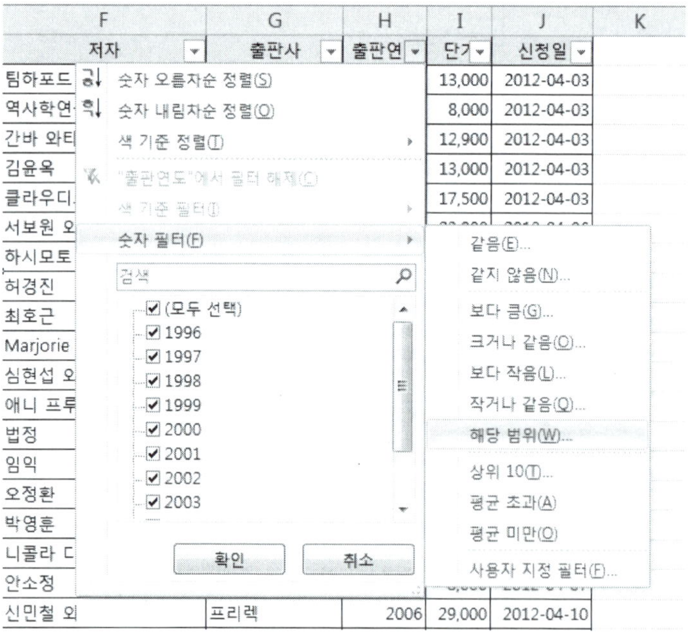

다른 예로 신청도서 중 '2002년에서 2004년 사이 출판된 도서'를 검색하고자 할 경우에는 '출판연도' 필드에서 필터 버튼(▾)을 클릭하고 [숫자 필터(F)]의 [해당 범위(W)...]를 선택한다.

그리고 [사용자 지정 자동 필터] 대화상자의 [찾을 조건:]에서 출판연도의 찾을 조건으로 '>='를 선택, "2002"를 입력하고 '<='를 선택, "2004"를 입력한다. 이때 '그리고(A)'와 '또는(O)'은 두 조건의 명제에 따라서 선택하도록 한다.

그림 2-32 ▌ 사용자 지정 자동 필터 - 날짜 조건

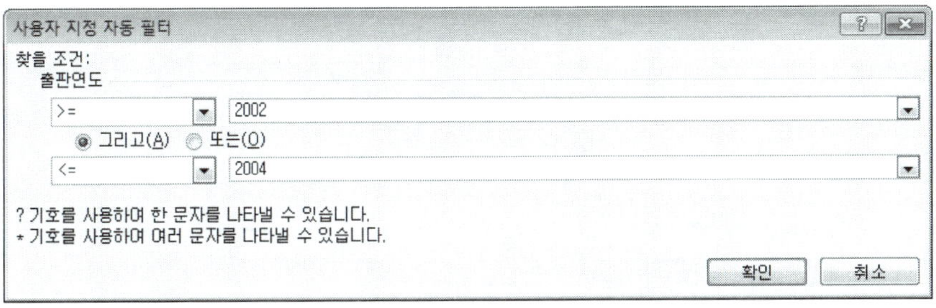

다음 그림은 필터링에 대한 결과로 조건을 만족하는 행(레코드)이 7개임을 보여준다.

그림 2-33 ▌ 필터 결과 - 2002년에서 2004년 사이 출판된 도서 검색

	A	B	C	D	E	F	G	H	I	J
1	일련번호	소속학과	신청	분류	서명	저자	출판사	출판연	단가	신청일
5	4	영어영문학과	김지수	사회과학	직접교수의 원리와 실제	김윤옥	학지사	2002	13,000	2012-04-03
7	6	물리학과	서인숙	총류	java 별거 아니네	서보원 외	사이버	2003	23,000	2012-04-06
8	7	건축공학과	유성민	순수과학	하룻밤에 읽는 과학사	하시모토 히로시	랜덤하우스중앙	2003	11,000	2012-04-06
13	12	화학과	김광우	문학	브로크백 마운틴	애니 프루	미디어2.0	2003	9,800	2012-04-07
17	16	재료공학부	강푸름	순수과학	기호와 공식이 없는 수학카페	박영훈	휴머니스트	2004	12,000	2012-04-07
22	21	수학과	현경희	철학	연애의 정석	송창민	해냄	2002	9,000	2012-04-10
25	24	의학과	홍윤희	문학	1% 부자를 잡아라	한동철	국일증권	2002	10,000	2012-04-14

다른 예로 도서를 신청한 소속학과에서 '학부'는 포함되고, '학과'는 포함되지 않은 데이터를 검색하고 싶을 경우에는 다음 그림과 같이 '소속학과' 필드에서 [필터 버튼 ▾]을 클릭하고여 [텍스트 필터(F)]의 [사용자 지정 필터(F)...]를 선택한다.

그림 2-34 ▌ 필터 목록 – 텍스트 필터

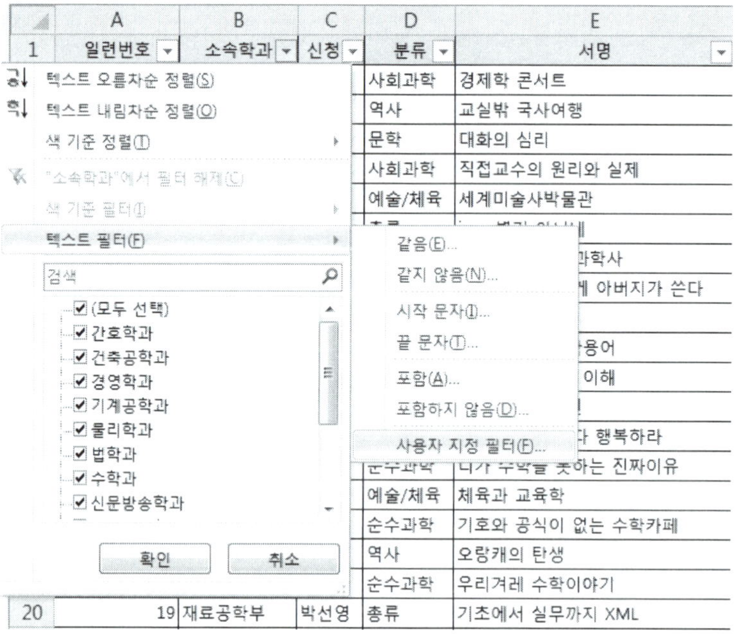

그리고 [사용자 지정 자동 필터] 대화상자의 [찾을 조건:]에서 소속학과의 찾을 조건으로 '포함'을 선택, "*부"를 입력하고 '포함하지 않음'을 선택, "*과"를 입력한다.

그림 2-35 ▌ 사용자 지정 자동 필터 – 텍스트 조건

다음 그림은 필터링에 대한 결과로 조건을 만족하는 행(레코드)이 6개임을 보여준다.

그림 2-36 ▌ 필터 결과 - 소속학과에서 '학부'는 포함되고, '학과'는 포함되지 않은 데이터 검색

	A	B	C	D	E	F	G	H	I	J
1	일련번호	소속학과	신청	분류	서명	저자	출판사	출판연	단가	신청일
15	14	재료공학부	강푸름	순수과학	니가 수학을 못하는 진짜이유	임익	이지북	2006	8,500	2012-04-07
16	15	재료공학부	강푸름	예술/체육	체육과 교육학	오정환	박문각	1997	28,000	2012-04-07
17	16	재료공학부	강푸름	순수과학	기호와 공식이 없는 수학카페	박영훈	휴머니스트	2004	12,000	2012-04-07
20	19	재료공학부	박선영	총류	기초에서 실무까지 XML	신민철 외	프리렉	2006	29,000	2012-04-10
21	20	환경공학부	박정식	문학	밥이 끓는 시간	박상률	사계절	2005	7,000	2012-04-10
23	22	재료공학부	서수연	문학	돼지가 철학에 빠진날	스티븐로	김영사	1999	7,900	2012-04-13

나. 고급 필터

[고급 필터]는 '강푸름 학생이 순수과학 분류에서 신청한 도서'를 검색하는 것과 같이 둘 이상의 필드에 대해서 여러 조건을 설정하여 복합적으로 검색하고자 할 경우에 유용하다. [고급 필터]를 사용하기 위해서는 먼저 표 2-1과 같이 필터에 필요한 검색 조건을 워크시트에 입력해야 한다. 검색 조건 입력할 때 주의할 점이 있는데 다음 그림과 같이 조건 검색어(강푸름, 순수과학)와 함께 반드시 검색어 위에 필드명(신청자, 분류)이 있어야 한다는 것이다. 그리고 필드명은 원본 데이터에서 사용하는 필드명과 동일한 이름이어야 한다.

▌표 2-1 ▌ 검색조건 작성법

신청자	분류
강푸름	순수과학

앞서 예를 들었듯이 '강푸름 학생이 순수과학 분류에서 신청한 도서'를 검색하기 위해 [데이터] 탭의 [정렬 및 필터] 그룹에서 [고급]을 클릭한다. 그리고 [고급 필터] 대화상자에서 검색 조건을 위한 여러 옵션을 입력한다. 먼저 [고급 필터] 대화상자의 [결과]에서 [다른 장소에 복사(O)]를 선택하여 필터링 결과를 원본 데이터에 적용하지 않고 다른 위치에 표시되도록 한다.

본 예제에서는 [다른 장소에 복사(O)]를 선택하여 활성화된 [복사위치(T):]에 "A34"를 입력한다. 그리고 [목록범위(L):]에는 원본 데이터의 전체 범위에 해당하는 "A1:J26"을 입력하고, [조건범위(C):]에는 미리 작성해 둔 검색 조건 "A29:B30"을 입력한다.

그림 2-37 ▌ 고급 필터 대화상자 - 논리곱(AND) 조건

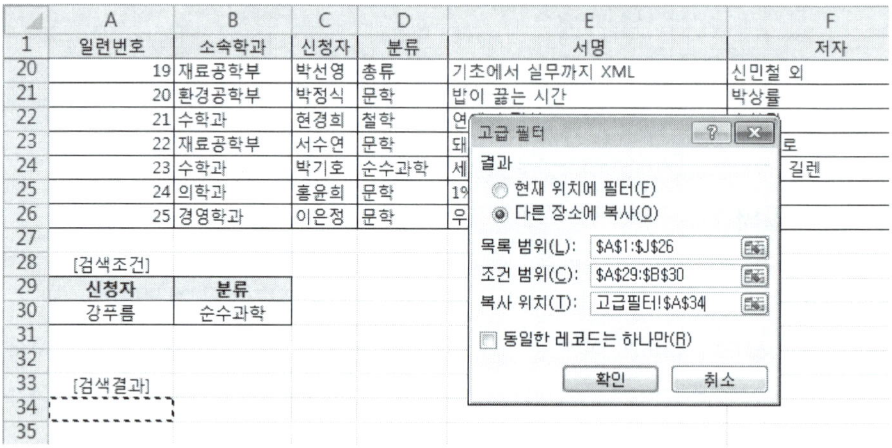

다음 그림은 필터링에 대한 결과로 조건을 만족하는 행(레코드)이 2개임을 보여준다.

그림 2-38 ▌ 고급 필터 결과 - 논리곱(AND) 조건

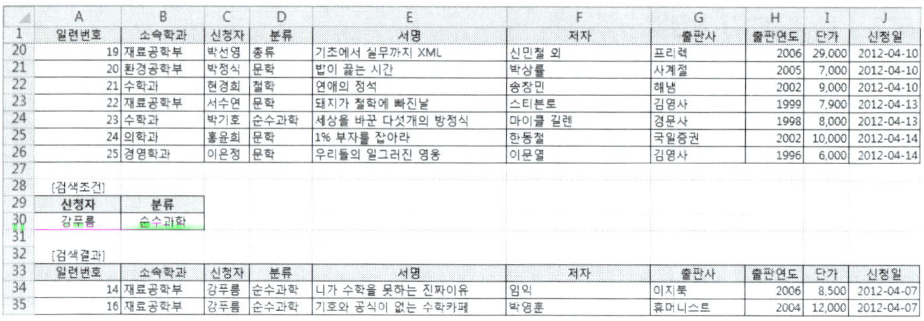

[고급 필터]에서 검색 조건이 논리곱(AND)인지 논리합(OR)인지에 따라서 검색 조건을 입력할 때 검색어를 같은 행에 작성하거나 다른 행에 작성한다. 먼저, 논리곱(AND) 연산에 대해서 살펴보자. '이씨 성을 가진 학생이 2006년 4월 7일 이후에 신청한 도서'를 검색하고자 할 경우 검색 조건은 표 2-2와 같이 동일한 행에 검색어를 입력하는 논리곱(AND) 연산이 된다.

▌표 2-2▐ 논리곱(AND) 조건

신청일	신청자
> = 2006 - 04 - 07	이*

다른 예로 '2002년에서 2004년 사이 출간된 도서 가운데 해냄 출판사의 도서'를 신청한 학생을 검색하고자 할 경우에도 역시 표 2-3과 같이 동일한 행에 검색어를 입력하는 논리곱(AND) 연산이 된다.

▌표 2-3▐ 논리곱(AND) 조건

출판사	출판연도	출판연도
해냄	> = 2002	< = 2004

반면 논리합(OR) 연산에 대해서 예를 들어 보면 '도서를 신청한 학생이 기계공학과 소속이거나 기술과학 분류'인 경우 이를 검색하고자 한다면 검색 조건은 표 2-4와 같이 각각 다른 행에 검색어를 입력하는 논리합(OR) 연산이 된다.

▌표 2-4▐ 논리합(OR) 조건

소속학과	분류
기계공학과	
	기술과학

다른 예로 신청도서 중 '재료공학부 강푸름 학생이 신청하였거나 영어영문학과의 정지훈 학생이 신청한 도서'를 검색하고자 할 경우 검색 조건 역시 표 2-5와 같이 다른 행에 검색어를 입력하는 논리합(OR) 연산이 된다.

표 2-5 혼합(AND/OR) 조건

소속학과	신청자
재료공학부	강푸름
영어영문학과	정지훈

위와 같은 경우에는 표 2-6과 같이 입력해도 동일한 결과가 나타난다.

표 2-6 혼합(AND/OR) 조건

소속학과	신청자	소속학과	신청자
재료공학부	강푸름		
		영어영문학과	정지훈

다음 그림은 위의 검색 조건을 이용한 [고급 필터] 결과로 조건을 만족하는 행(레코드)이 3개임을 보여준다.

그림 2-39 고급 필터 결과 - 혼합(AND/OR) 조건

28 [검색조건]

29	소속학과	신청자
30	재료공학부	강푸름
31	영어영문학과	정지훈

32

33 [검색결과]

34	일련번호	소속학과	신청자	분류	서명	저자	출판사	출판연도	단가	신청일
35	14	재료공학부	강푸름	순수과학	니가 수학을 못하는 진짜이유	임익	이지북	2006	8,500	2012-04-07
36	15	재료공학부	강푸름	예술/체육	체육과 교육학	오정환	박문각	1997	28,000	2012-04-07
37	16	재료공학부	강푸름	순수과학	기호와 공식이 없는 수학카페	박영훈	휴머니스트	2004	12,000	2012-04-07

또한 신청도서 중 '재료공학부 강푸름 학생 또는 영어영문학과의 정지훈 학생이 신청한 순수과학 분야의 도서'를 검색하려면 조건은 표 2-7과 같이 입력한다.

표 2-7 검색조건(AND/OR)

분류	소속학과	신청자	분류	소속학과	신청자
순수과학	재료공학부	강푸름			
			순수과학	영어영문학과	정지훈

또는 표 2-8과 같이 검색조건을 작성해도 동일한 결과를 검색할 수 있다.

표 2-8 검색조건(AND/OR)

분류	소속학과	신청자
순수과학	재료공학부	강푸름
순수과학	영어영문학과	정지훈

마지막으로 논리 연산자를 사용하는 예로 도서신청 학생 중 '재료공학부 또는 순수과학 분야의 도서를 제외'한 행(레코드)을 검색하고자 할 경우 검색 조건은 표 2-9와 같다. 검색어 앞에 <>(NOT) 연산자를 붙임으로써 검색어를 제외한 행(레코드)을 찾을 수 있다.

표 2-9 검색조건(NOT)

소속학과	분류
<>재료공학부	<>순수과학

지금까지 [고급 필터]의 사용에서 검색 조건 설정에 대한 여러 방법에 대해서 알아보았다. 이처럼 [고급 필터]는 검색 조건을 사용자가 원하는 다양한 방법으로 설정할 수 있다는 점에서 매우 유용하다. 이밖에도 [고급 필터]는 원본 데이터에서 사용자가 필요로 하는 필드만 추출할 수 있을 뿐만 아니라 추출한 결과 중에 중복된 행(레코드)이 있을 경우 하나만 표시하도록 할 수 있다.

다음 그림은 검색 조건을 AND와 OR 조건을 혼합하여 작성하였고(조건범위(C): A29:B31), 원본 데이터 중에 '소속학과'와 '신청자'만 추출하도록 검색 결과를 설정하였으며(복사 위치(T): A34:B34), 만약 추출된 결과 중에 중복된 행(레코드)이 있으며 하나만 표시하도록 설정하였다.

그림 2-40 ▌ 고급 필터 대화상자 - 논리곱(AND) 조건, 검색 결과 지정

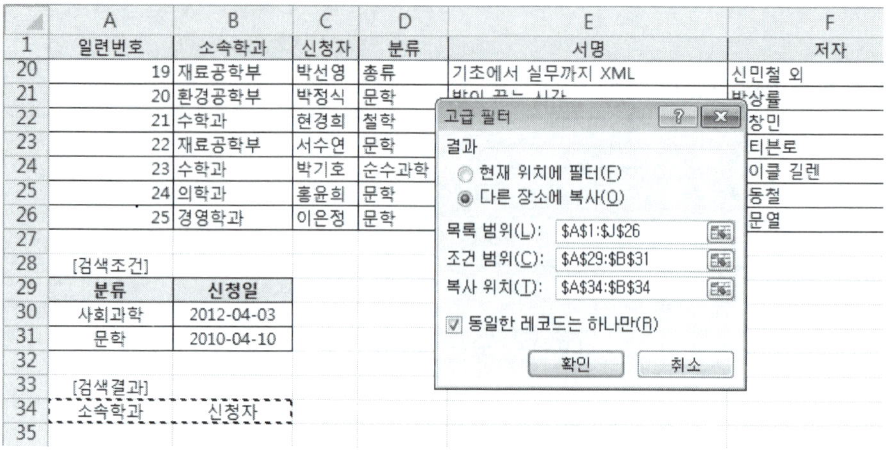

다음 그림은 위 그림의 검색 조건과 검색 결과의 설정에 따른 [고급 필터] 결과로 조건을 만족하는 행(레코드)이 2개임을 보여준다.

그림 2-41 ▌ 고급 필터 결과 - 검색 결과 지정

28	[검색조건]	
29	분류	신청일
30	사회과학	2012-04-03
31	문학	2010-04-10
32		
33	[검색결과]	
34	소속학과	신청자
35	법학과	이경미
36	영어영문학과	김지수

3 중복된 항목 제거

중복된 항목 제거는 특정 필드를 기준으로 필드 값이 중복되는 경우 그에 해당하는 행(레코드)을 하나만 남기고 나머지 행(레코드)은 제거하는 기능을 제공한다. 예를 들어, 희망도서 신청에서 특정 학생이 동일 서적을 중복하여 신청할 경우 '서명' 필드를 기준으로 필드 값 중에 중복되는 값이 있는 행(레코드)을 제거해야 한다. 이를 위해 [데이터] 탭의 [데이터 도구] 그룹에서 [중복된 항목 제거]를 클릭한다. 이때 셀 포

인터는 데이터 범위 내에 위치하도록 한다.

그리고 [중복된 항목 제거] 대화상자에서 [모두 선택 취소(U)] 단추를 클릭하여 이미 선택되어 있는 필드들을 취소한 후 다음 그림과 같이 '서명' 만을 선택하고 [확인] 단추를 클릭한다. 이때 중복된 행(레코드)의 제거는 중복된 행(레코드) 중에 처음 행(레코드)만을 남기고 나머지 행(레코드)을 제거하게 된다.

그림 2-42 ▌ 중복된 항목 제거 대화상자

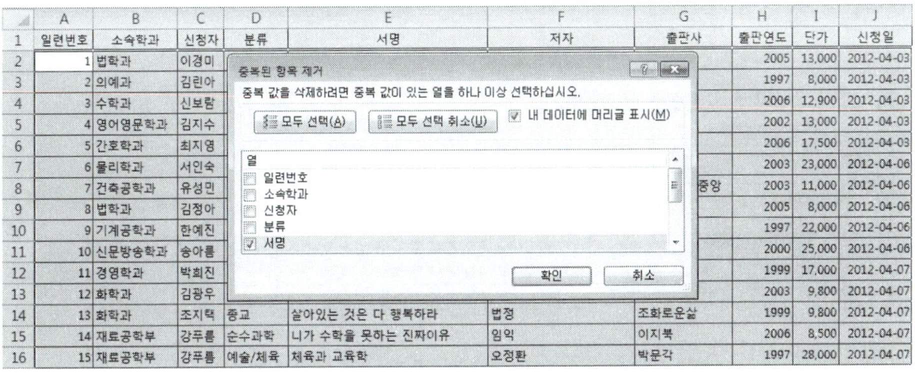

이 결과 다음 그림과 같이 5개의 중복된 행(레코드)을 제거하여 원본 데이터의 30개의 전체 행(레코드) 중 25개가 남게 되었음을 알 수 있다. 이때 중복 데이터를 삭제한 후 파일을 저장할 경우 원본 데이터의 손실을 가져올 수 있으므로 주의하여야 한다.

그림 2-43 ▌ 중복된 항목 제거

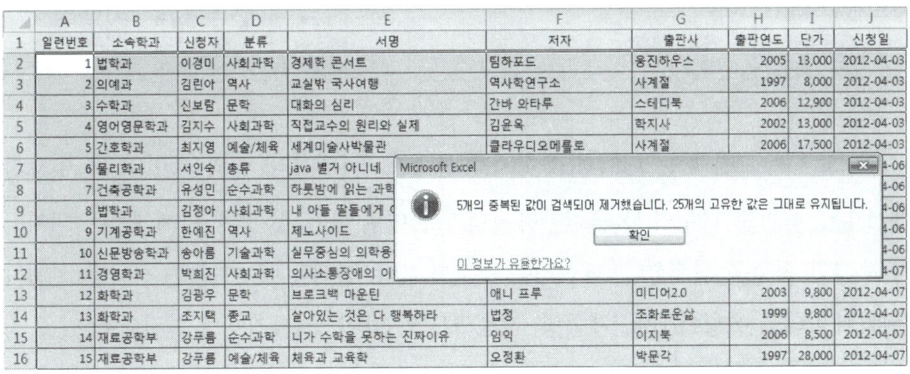

4 텍스트 나누기

텍스트 나누기는 특정 구분기호('탭', '세미콜론', '쉼표', '공백' 등)를 기준으로 또는 데이터의 위치를 기준으로 데이터 값을 두 개 이상의 열로 분할하는 기능이다. 예를 들어 다음 그림의 B열에 입력된 데이터와 같이 제품명과 제품코드가 하이픈('-')을 기준으로 함께 입력되어 있을 경우 이를 각각 두 개의 열에 제품명과 제품코드로 나눌 수 있다.

그림 2-44 ▌ 제품명 - 제품코드

	A	B	C	D
1	일자	제품명-제품코드	수량	배송지
2	2014-04-01	오디오-AU11	100	부산광역시 금정구 구서동
3	2014-04-02	세탁기-DW21	120	서울특별시 강남구 노원동
4	2014-04-03	청소기-VC44	250	대구광역시 달서구 성당동
5	2014-04-04	제습기-AY15	80	부산광역시 동래구 사직동
6	2014-04-05	냉장고-RF10	200	서울특별시 서초구 방배동

이를 위해 먼저 제품명이 입력되어 있는 B열 오른쪽에 제품코드가 새롭게 입력될 수 있도록 새로운 열을 삽입하여 빈 영역을 확보해 준다.

그림 2-45 ▌ 새롭게 입력될 빈 영역 확보

	A	B	C	D	E
1	일자	제품명-제품코드		수량	배송지
2	2014-04-01	오디오-AU11		100	부산광역시 금정구 구서동
3	2014-04-02	세탁기-DW21		120	서울특별시 강남구 노원동
4	2014-04-03	청소기-VC44		250	대구광역시 달서구 성당동
5	2014-04-04	제습기-AY15		80	부산광역시 동래구 사직동
6	2014-04-05	냉장고-RF10		200	서울특별시 서초구 방배동

그리고 나누고자 하는 데이터(B1:B6)를 선택한 후 [데이터] 탭의 [데이터 도구] 그룹에서 [텍스트 나누기]를 클릭한다. [텍스트 마법사]의 첫 번째 단계에서는 데이터를 구분할 기준을 선택한다. 데이터를 구분할 기준 선택은 두 가지 중 하나를 선택하는데 데이터의 유형이 B열 '제품명-제품코드'와 같이 구분 기호로 연결되어 있을 경우에는 '구분 기호로 분리됨(D)'을 선택하고 데이터의 유형이 E열의 배송지와 같이 일정한 너비로 정렬되어 있는 경우에는 '너비가 일정함(W)'을 선택한다. 여기에서는

'구분 기호로 분리됨(D)'을 선택하고 [다음(N) >] 단추를 클릭한다.

그림 2-46 ▌ 텍스트 마법사 1단계

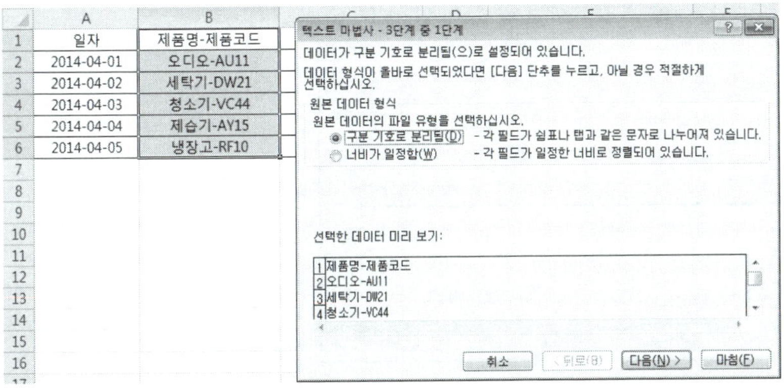

두 번째 단계에서는 데이터에 포함되어 있는 구분 기호 유형을 선택한다. 구분 기호는 기본적으로 탭, 세미콜론, 쉼표, 공백을 선택할 수 있는데 여기에서는 데이터가 하이픈('-')으로 구분되어 [기타(O)]에 하이픈('-')을 입력하고 [다음(N) >] 단추를 클릭한다.

그림 2-47 ▌ 텍스트 마법사 2단계

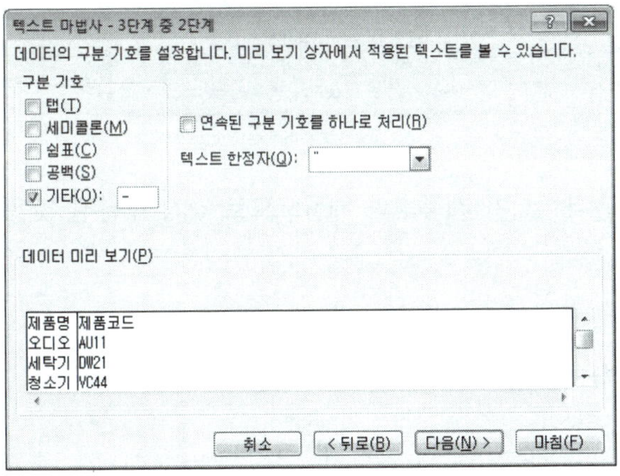

세 번째 단계에서는 둘로 구분된 데이터에 각각 원하는 서식을 적용해 준다. 여기에서는 [일반(G)]을 선택하고 [마침(F)] 단추를 클릭한다.

그림 2-48 ▌ 텍스트 마법사 3단계

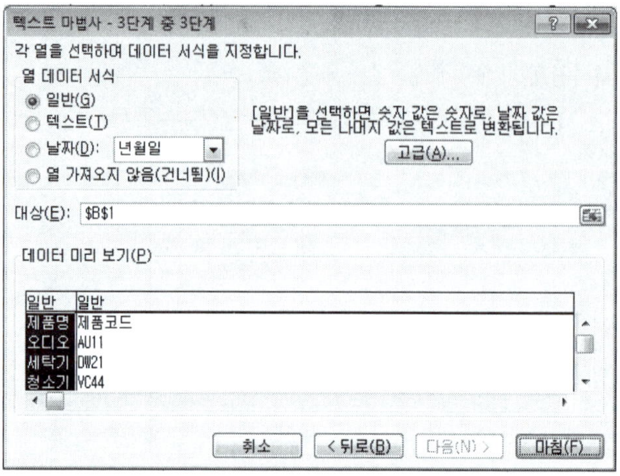

[텍스트 마법사]의 모든 단계를 마치면 '셀의 내용을 바꾸시겠습니까?'라는 대화상자가 나타나며 [확인] 단추를 클릭하여 나누어진 '제품코드'가 C열을 반영하도록 한다.

그림 2-49 ▌ 나누어진 데이터를 새로운 열에 반영

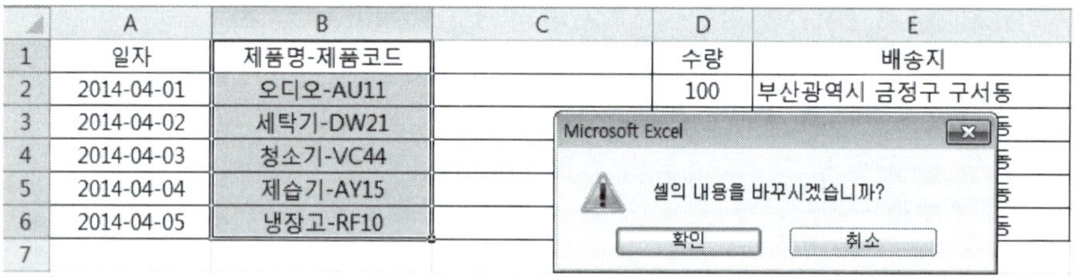

그림 2-50은 '제품명-제품코드' 데이터가 제품명과 제품코드로 각각 구분된 것을 보여준다.

그림 2-50 ▌ 텍스트 나누기 적용

	A	B	C	D	E
1	일자	제품명	제품코드	수량	배송지
2	2014-04-01	오디오	AU11	100	부산광역시 금정구 구서동
3	2014-04-02	세탁기	DW21	120	서울특별시 강남구 노원동
4	2014-04-03	청소기	VC44	250	대구광역시 달서구 성당동
5	2014-04-04	제습기	AY15	80	부산광역시 동래구 사직동
6	2014-04-05	냉장고	RF10	200	서울특별시 서초구 방배동

5 통합

[통합]은 여러 개로 분산된 데이터를 하나로 합치기 위한 기능이다. 다음 그림과 같이 개별적으로 관리해오던 마이폰의 판매 실적 데이터와 마이패드의 판매 실적 데이터를 하나로 통합할 수 있다. [통합]을 하기에 앞서 먼저 통합 데이터가 표시될 위치에 셀 포인터를 위치한다.

그림 2-51 ▌ 마이폰의 판매실적과 마이패드의 판매실적 데이터

	A	B	C	D	E
1	마이폰 판매 실적				
2	소속	목표	실적	직접경비	간접경비
3	한국	600,000	500,000	60,000	5,000
4	미국	15,000,000	13,250,216	1,590,026	132,502
5	독일	2,000,000	1,937,824	232,539	19,378
6	러시아	500,000	326,458	39,175	3,265
7	합계	18,100,000	16,014,498	1,921,740	160,145
8					
9	마이패드 판매실적				
10	소속	목표	실적	직접경비	간접경비
11	한국	300,000	197,491	23,699	1,975
12	미국	12,000,000	11,502,050	1,380,246	115,021
13	독일	1,000,000	493,615	59,234	4,936
14	합계	13,300,000	12,193,156	1,463,179	121,932
15					
16	마이폰 / 마이패드 판매 실적				
17					
18					
19					
20					

그리고 [데이터] 탭의 [데이터 도구] 그룹에서 [통합]을 클릭하면 [통합] 대화상자가 나타난다. [통합] 대화상자의 [함수(F):]에서 드롭다운 단추를 클릭하여 '합계'를 선택하고 [참조(R):]에서 마이폰 판매실적에 해당하는 "A2:E7"을 입력하고, [추가(A)] 단추를 클릭하여 [모든 참조 영역:]에 마이폰 판매실적을 추가시킨다. 이때 주의할 부분은 마이폰 판매실적에 해당하는 데이터 범위를 지정할 때 첫 행과 왼쪽 열의 레이블도 범위에 포함되어야 한다는 것이다.

그림 2-52 ▌ 통합 대화상자

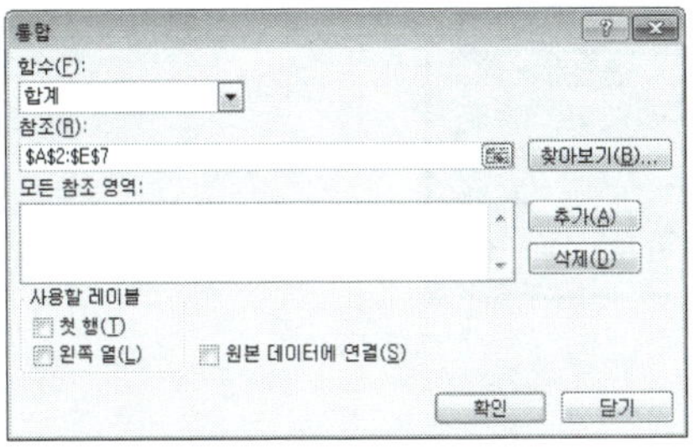

그리고 동일한 절차로 다시 [참조(R):]에 마이패드 판매실적에 해당하는 "A10:E14"를 입력하고 [추가(A)]를 클릭한다. 그리고 [사용할 레이블]에서 [첫 행(T)]과 [왼쪽 열(L)]을 모두 선택하고 [확인] 단추를 클릭한다.

그림 2-53 ▌ 추가할 데이터 선택

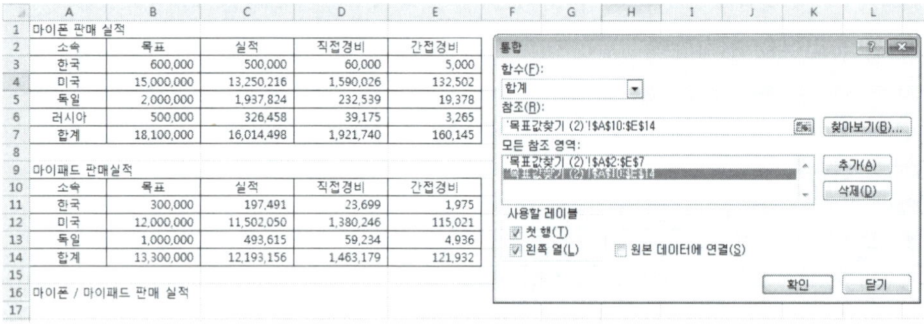

다음 그림은 마이폰의 판매실적 데이터와 마이패드의 판매실적의 데이터를 합하여 A17셀에 통합하여 표시한 결과이다.

그림 2-54 ▌ 통합 결과

	A	B	C	D	E
1	마이폰 판매 실적				
2	소속	목표	실적	직접경비	간접경비
3	한국	600,000	500,000	60,000	5,000
4	미국	15,000,000	13,250,216	1,590,026	132,502
5	독일	2,000,000	1,937,824	232,539	19,378
6	러시아	500,000	326,458	39,175	3,265
7	합계	18,100,000	16,014,498	1,921,740	160,145
8					
9	마이패드 판매실적				
10	소속	목표	실적	직접경비	간접경비
11	한국	300,000	197,491	23,699	1,975
12	미국	12,000,000	11,502,050	1,380,246	115,021
13	독일	1,000,000	493,615	59,234	4,936
14	합계	13,300,000	12,193,156	1,463,179	121,932
15					
16	마이폰 / 마이패드 판매 실적				
17		목표	실적	직접경비	간접경비
18	한국	900,000	697,491	83,699	6,975
19	미국	27,000,000	24,752,266	2,970,272	247,523
20	독일	3,000,000	2,431,439	291,773	24,314
21	러시아	500,000	326,458	39,175	3,265
22	합계	31,400,000	28,207,654	3,384,918	282,077

연 · 습 · 문 · 제

01. 다음은 국립대학교의 현황자료이다. 아래의 데이터를 '연습문제1' 시트의 A1셀부터 차례로 워크시트에 입력하고, 다음에 제시된 내용을 참고하여 데이터를 처리하시오.

	A	B	C	D	E	F	G
1	번호	설립일	학교명	시도	본분교	학과수	폐교여부
2	1	1979-01-18	강릉대학교	강원	본교	68	
3	2	1970-03-01	강원대학교	강원	본교	147	
4	3	1951-10-06	경북대학교	대구	본교	104	
5	4	1948-08-14	경상대학교	경남	본교	119	
6	5	1948-07-31	공주대학교	충남	본교	137	
7	6	1979-01-18	군산대학교	전북	본교	27	
8	7	1980-03-01	금오공과대학교	경북	본교	12	
9	8	1946-10-31	목포대학교	전남	본교	67	
10	9	1993-03-01	목포해양대학교	전남	본교	4	
11	10	1996-07-06	부경대학교	부산	본교	127	
12	11	1946-05-15	부산대학교	부산	본교	105	
13	12	1946-08-22	서울대학교	서울	본교	145	
14	13	1946-08-22	서울대학교(수원)	경기	제2캠퍼스		폐교
15	14	1982-03-10	순천대학교	전남	본교	41	
16	15	1991-02-28	안동대학교	경북	본교	53	
17	16	1987-03-01	여수대학교	전남	본교	54	
18	17	1951-10-06	전남대학교	광주	본교	82	
19	18	1951-10-06	전북대학교	전북	본교	66	
20	19	1952-05-27	제주대학교	제주	본교	91	
21	20	1969-03-21	창원대학교	경남	본교	70	
22							

(1) 다음의 조건을 만족하는 레코드를 [필터]를 이용해 검색하시오.

① '연습문제1' 시트의 원본 데이터를 복사해 '필터1' 시트에 붙여 넣은 다음 학과수가 100개 이상인 대학교를 검색하시오.

② '연습문제1' 시트의 원본 데이터를 복사해 '필터2' 시트에 붙여 넣은 다음 1990년 이후 설립된 학과수가 50개 미만인 대학교를 검색하시오.

③ '연습문제1'시트의 원본 데이터를 복사해 '필터3' 시트에 붙여 넣은 다음 설립 시·도가 부산 또는 전남인 대학교를 검색하시오.

02. 다음은 삼손(주)의 급여관리에 관한 내용이다. 아래의 데이터를 '연습문제2' 시트의 A1셀부터 차례로 워크시트에 입력하고, 다음에 제시된 내용을 참고하여 데이터를 처리하시오.

	A	B	C	D	E
1	성명	직급	성별	부서	기본급
2	정소영	5	여	영업부	₩ 1,200,000
3	김선우	3	남	기획실	₩ 1,615,000
4	강민규	1	여	생산부	₩ 3,430,000
5	신정훈	1	남	생산부	₩ 3,550,000
6	이승훈	2	여	영업부	₩ 2,086,000
7	정민수	3	남	생산부	₩ 1,687,000
8	이상호	2	남	총무부	₩ 2,125,000
9	임경원	4	남	기획실	₩ 1,221,000
10	장영호	3	남	생산부	₩ 1,548,000
11	정명욱	1	여	기획실	₩ 2,572,000
12	서민주	3	여	기획실	₩ 1,764,000
13	김하나	3	여	총무부	₩ 1,403,000
14	박미경	5	여	총무부	₩ 1,025,000

(1) 다음의 조건을 만족하는 레코드를 [필터]를 이용해 검색하시오.

① '연습문제2' 시트의 원본 데이터를 복사해 '필터4' 시트에 붙여 넣은 다음 (상위 10(T)...)을 이용해 기본급이 적은 3명의 사원을 검색하시오.

② '연습문제2' 시트의 원본 데이터를 복사해 '필터5' 시트에 붙여 넣은 다음 남성 사원 중 기본급이 2,000,000원 이상인 사원을 검색하시오.

③ '연습문제2' 시트의 원본 데이터를 복사해 '필터6' 시트에 붙여 넣은 다음 기획실에서 근무하는 기본급이 1,300,000원 이상에서 1,700,000원 이하인 사원을 검색하시오.

(2) 다음의 조건을 만족하는 레코드를 [고급 필터]를 이용해 검색하시오.

① 영업부에 근무하는 사원을 검색하시오. 검색조건은 G2:G3 영역에 입력하고 검색결과는 A17셀에 표시하시오.

② 생산부에서 근무하는 남성 사원을 검색하시오. 검색조건은 I2:J3 영역에 입력하고 검색결과는 A21셀에 표시하시오.

③ 총무부에서 근무하는 여성 사원 중 급여가 1,300,000원 이상인 사원을 검색하시오. 검색조건은 L2:N3 영역에 입력하고 검색결과는 A26셀에 표시하시오.

④ 직급이 3급이면서 기획실 또는 생산부에서 근무하는 사원을 검색하시오. 검색조건은 P2:Q4 영역에 입력하고 검색결과는 A29셀에 표시하시오.

03. 다음은 텍스트 파일로 저장된 삼손(주) 상품 주문내역에 관한 내용이다. 다음에 제시된 내용을 참고하여 데이터를 처리하시오.

```
2장_연습문제_3번 - 메모장
파일(F) 편집(E) 서식(O) 보기(V) 도움말(H)
주문번호  지점명  주문일시  담당자  배송일시  배송담당자  고객번호  주문자  주문자 연락처  제품코드  주문수량
1  부산지점  2008-08-15  김영웅  2008-08-20  유영훈  9   김은경  (051) 468-2549   ST-20-01  1400
2  대구지점  2008-08-15  박명화  2008-08-20  이상일  12  김혜민  (053) 236-1982   KD-41-01  2500
3  서울본점  2008-08-15  강상현  2008-08-20  김재민  4   박정현  (02) 8231-7683   HD-33-01  800
4  대전지점  2008-08-15  이유민  2008-09-01  신기수  7   장우연  (02) 443-6932    ST-20-01  1300
5  부산지점  2008-08-15  김영웅  2008-09-01  유영훈  6   한승민  (051) 552-3566   TD-41-01  2500
6  부산지점  2008-08-15  김영웅  2008-09-01  유영훈  4   김영수  (051)702 -6282   HD-33-01  1100
7  서울본점  2008-08-15  강상현  2008-09-01  김재민  7   이기쁨  (02) 4537 -3341  ST-20-01  1000
8  춘천지점  2008-08-15  양은하  2008-09-01  이기훈  3   최상수  (033) 253-2525   HD-33-01  700
9  대전지점  2008-08-15  이유민  2008-09-01  신기수  2   나승희  (02) 741 -4215   ST-20-01  1200
10 부산지점  2008-08-15  김영웅  2008-09-01  유영훈  20  박재현  (051) 626-2670   TD-41-01  1100
```

(1) 2장_연습문제_3번.txt 파일을 '연습문제3' 시트의 A1셀로 가져오시오.

(2) 다음의 조건을 만족하는 레코드를 [필터]를 이용해 검색하시오.

① '연습문제3' 시트의 원본 데이터를 복사해 '필터7' 시트에 붙여 넣은 다음 대구지점에서 접수된 주문을 검색하시오.

② '연습문제3' 시트의 원본 데이터를 복사해 '필터8' 시트에 붙여 넣은 다음 부산지점에서 2,000개 이하로 접수된 주문을 검색하시오.

(3) 다음의 조건을 만족하는 레코드를 [고급 필터]를 이용해 검색하시오.

① 주문지점이 부산지점이며, 주문수량이 1,500개 이상 접수된 주문을 검색하시오. 검색조건은 M2:N3 영역에 입력하고 검색결과는 A15셀에 표시하시오.

② 성이 '김'씨나 '박'씨인 주문자 중에 주문수량이 1,100개 이상인 주문을 검색하시오. 검색조건은 M6:N8 영역에 입력하고 검색결과는 A19셀에 표시하시오.

③ 서울본점에서 ST-20-01 제품을 주문하였거나 부산지점에서 TD-41-01을 주문한 레코드를 검색하시오. 검색조건은 M11:N13 영역에 입력하고 검색결과는 A26셀에 표시하시오.

04. **다음은 효원(주)의 신입사원 채용점수에 관한 내용이다. 아래의 데이터를 '연습문제4' 시트의 A1셀부터 차례로 워크시트에 입력하고, 다음에 제시된 내용을 참고하여 데이터를 처리하시오.**

	A	B	C	D	E	F	G	H	I
1	이름	성별	최종학력	서류점수(100)	필기점수(100)	면접점수(100)	총점(300)	등급	합격/불합격
2	고아라	여	학사	92	95	96	283	B	합격
3	남현정	남	석사	87	80	92	259	E	합격
4	정호영	남	석사	80	77	70	227	F	불합격
5	황원일	남	학사	90	82	92	264	D	합격
6	박용민	남	석사	95	90	88	273	C	합격
7	김세나	여	학사	86	76	90	252	E	합격
8	김경옥	여	석사	77	95	92	264	D	합격
9	임혜경	여	학사	80	95	96	271	C	합격
10	이승준	남	학사	72	86	85	243	F	불합격
11	최성자	여	석사	91	80	88	259	E	합격
12	박준영	남	학사	80	91	86	257	E	합격
13	유대현	남	학사	75	82	84	241	F	불합격
14	배대혁	남	학사	84	70	96	250	E	합격
15	김총명	여	학사	96	100	95	291	A	합격
16									

(1) 다음의 조건을 만족하는 레코드를 [고급 필터]를 이용해 검색하시오.

① 불합격자 중 석사학위를 가진 지원자를 검색하시오. 검색조건은 K2:L3 영역에 입력하고 검색결과는 A18셀에 표시하시오.

② 합격자 중 서류점수가 70점 이하이거나 필기점수가 70점 이하인 지원자를 검색하시오. 검색조건은 K6:M8 영역에 입력하고 검색결과는 A22셀에 표시하시오.

③ 총점이 270점 이상인 남성 또는 석사학위를 받은 여성 지원자를 검색하시오. 검색조건은 K11:M13 영역에 입력하고 검색결과는 A26셀에 표시하시오.

05 다음은 예찬(주) 사원의 인적사항에 관한 내용이다. 아래의 데이터를 '연습문제5' 시트의 A1셀부터 차례로 워크시트에 입력하고, 다음에 제시된 내용을 참고하여 데이터를 처리하시오.

	A	B	C	D	E	F
1	사원번호	성명	직급	성별	부서	기본급
2	271035	강민규	1	여	생산1	₩1,200,000
3	975204	김선우	3	남	연구2	₩1,764,000
4	968242	김하나	3	여	자재	₩2,125,000
5	892301	박경석	5	남	생산2	₩3,550,000
6	209179	서민주	3	여	총무	₩1,615,000
7	282013	신정훈	1	남	생산2	₩1,025,000
8	234107	이상호	2	남	연구1	₩1,403,000
9	267155	이승훈	2	여	영업	₩1,548,000
10	959268	임경원	4	남	총무	₩2,572,000
11	992228	장영호	3	남	생산2	₩2,086,000
12	288054	정명욱	1	여	자재	₩1,221,000
13	981196	정민수	3	남	생산1	₩1,687,000
14	927272	정우현	5	남	영업	₩3,430,000

(1) 다음의 조건을 만족하는 레코드를 [필터]를 이용해 검색하시오.

① '연습문제5' 시트의 원본 데이터를 복사해 '필터9' 시트에 붙여 넣은 다음 기본급이 1,500,000원 이상인 여성사원을 검색하시오.

② '연습문제5' 시트의 원본 데이터를 복사해 '필터10' 시트에 붙여 넣은 다음 생산1부에서 근무하거나 연구 1부에서 근무하는 사원을 검색하시오.

(2) 다음의 조건을 만족하는 레코드를 [고급 필터]를 이용해 검색하시오.

① 기본급이 2,000,000원에서 2,500,000원 사이의 여성 사원을 검색하시오. 검색조건은 H2:J3 영역에 입력하고 검색결과는 A17셀에 사원번호와 성명만 표시하시오.

② 직급이 3급 이상인 남성 중 정씨 성을 가진 사원을 검색하시오. 검색조건은 H6:J7 영역에 입력하고 검색결과는 A21셀에 사원번호와 성명만 표시하시오.

③ 직급이 3급 이상인 생산부 사원이거나 2급 이상인 자재부의 사원을 검색하시오. 검색조건은 H10:I12 영역에 입력하고 검색결과는 A25셀에 사원번호와 성명만 표시하시오.

06 다음은 대한(주)의 물품 판매 사항에 관한 내용이다. 아래의 데이터를 '연습문제6' 시트의 A1셀부터 차례로 워크시트에 입력하고, 다음의 제시된 내용을 참고하여 데이터를 처리하시오.

	A	B	C	D
1	일자	제품명-제품코드	수량	배송지
2	2014-04-01	오디오-AU11	100	부산광역시 금정구 구서동
3	2014-04-02	세탁기-DW21	120	서울특별시 강남구 노원동
4	2014-04-03	청소기-VC44	250	대구광역시 달서구 성당동
5	2014-04-04	제습기-AY15	80	부산광역시 동래구 사직동
6	2014-04-05	냉장고-RF10	200	서울특별시 서초구 방배동

(1) 배송지(D열)에 입력된 데이터를 시, 구, 동으로 나누어 표시하시오.

(2) 일자(A열)에 입력된 데이터를 년, 월, 일로 나누어 표시하시오.

07. 다음은 삼손(주)의 지역별 판매량에 관한 내용이다. 아래의 데이터를 '연습문제7' 시트의 A1셀부터 차례로 워크시트에 입력하고, [데이터 통합]을 이용해 아래의 내용을 처리하시오.

	A	B	C	D	E	F	G	H	I	J
1	삼손(주)의 지역별 판매량									
2										
3	1/4분기									
4	지역	서울	경기	대전	군산	부산	대구	마산	목포	
5	판매량	2,255	1,292	3,274	1,263	2,459	2,380	2,340	2,301	
6										
7	2/4분기									
8	지역	서울	인천	청주	군산	광주	부산	울산	마산	제주
9	판매량	2,269	2,255	2,280	1,634	3,205	4,960	3,936	2,889	7,842
10										
11	3/4분기									
12	지역	인천	경기	대전	광주	진주	울산	목포	제주	
13	판매량	2,178	2,148	1,131	1,167	2,303	1,339	1,393	1,411	
14										
15	4/4분기									
16	지역	서울	경기	춘천	군산	진주	대구	마산	제주	
17	판매량	3,190	2,191	3,195	1,087	2,157	1,162	1,163	1,166	
18										

(1) 1/4분기부터 2/4분기까지 삼손(주)의 지역별 판매량의 총합을 A19셀에 구하시오.

(2) 1/4분기부터 4/4분기까지 삼손(주)의 지역별 판매량의 평균을 A22셀에 구하시오.

(3) 서울, 경기, 대전, 부산의 4개 지역의 평균판매량을 A25셀에 구하시오.

3 Chapter 함수와 배열수식

Chapter 3 함수와 배열수식

본 장에서는 엑셀의 핵심기능인 함수에 대해 살펴본다. 함수는 사용자가 반복적인 계산을 필요로 하거나 수식 입력이 어려운 계산법에서 쉽게 결과값을 얻을 수 있도록 미리 정의된 수식을 의미한다. 다음 그림에서처럼 연구점수와 경력점수에 대한 총점과 평균을 구하고자 할 경우, 수식을 사용하여 결과값을 구하는 방법과 함수를 포함한 함수식을 사용하여 결과값을 구하는 방법으로 나누어 볼 수 있다.

먼저 수식을 사용하여 결과값을 구하는 방법을 보면 E9셀에 "=E3+E4+E5+E6+E7+E8", E10셀에 "=(E3+E4+E5+E6+E7+E8)/6"을 입력하여 총점과 평균을 구할 수 있다. 하지만 이처럼 수식에 사용하는 참조 주소(E3, E4, E5, E6, E7, E8)가 매우 많은 경우에는 수식을 사용하는 것이 쉽지 않다.

따라서 특정 계산 절차를 미리 정의해 둔 함수를 사용한다면 참조 주소가 많아 다소 복잡해 보이는 계산을 간단하게 처리할 수 있다. 즉, E9의 합계 수식 '=E3+E4+E5+E6+E7+E8' 보다는 합계 함수를 사용한 함수식 '=SUM(E3:E8)'을 사용하는 것이, E10의 평균 수식 '=(E3+E4+E5+E6+E7+E8)/6' 보다는 평균 함수를 사용한 함수식 '=AVERAGE(E3:E8)'을 사용하는 것이 계산 작업이 보다 효율적이다.

그림 3-1 수식을 위한 데이터

	A	B	C	D	E	F	G	H
1		삼손전자㈜ 연구원 평가 점수표						
2	번호	이름	성별	학과	연구점수	경력점수	합계	평균
3	1	정지훈	남	경영	82	75		
4	2	김도진	남	경제	95	90		
5	3	김태평	남	무역	78	80		
6	4	김태연	여	경영	100	100		
7	5	신세경	여	무역	79	80		
8	6	송혜교	여	경제	64	76		
9	합계							
10	평균							

1 엑셀 함수의 개요

함수는 [수식 입력줄]에 직접 입력하거나 [함수 마법사] 대화상자를 이용해 필요한 함수를 선택하여 사용할 수 있다. 다음은 SUM 함수의 사용 예이다.

```
= SUM(E3:E8, F3:F8)
```

함수식은 반드시 등호(=)로 시작하며 그 뒤로 함수의 이름, 여는 괄호, 쉼표로 구분한 인수, 닫는 괄호의 순서로 작성한다. 인수(factor 또는 number)는 숫자, 문자, 논리값, 배열, #N/A와 같은 오류값, 셀 참조 등의 값들을 말하며 상수, 수식 또는 다른 함수가 될 수도 있다. 하나의 함수식에는 다수의 함수를 중첩해서 사용할 수 있으며, 동일한 함수로 최대 7개까지 가능하며, 다른 함수를 포함할 경우 64개까지 사용할 수 있다.

예를 들어, 다음의 IF 함수식에는 AVERAGE, MAX, MIN 함수를 중첩하여 사용하였는데, 셀 범위 E3셀에서 F3셀의 평균이 85 이상이면 E3셀에서 F3셀의 최대값을 계산하고, 그렇지 않은 경우 E3셀에서 F3셀의 최소값을 계산하여 표시하도록 작성한 구문이다.

```
= IF(AVERAGE(E3:F3)>=85,MAX(E3:F3),MIN(E3:F3))
```

또한, 함수식에 산술 연산자(+, −, *, /, ^)와 각종 특수 연산자(논리, 비교, 참조, 텍스트)를 활용하여 다양한 수식을 표현할 수 있다. 비교 연산자는 값을 비교하거나 논리식에 사용되며 다음의 표와 같이 활용한다.

표 3-1 비교 연산자

비교 연산자	의미	비교식	사례
=	같다	A1과 A2가 같다	A1=A2
>	보다 크다	A1이 A2보다 크다	A1>A2
<	보다 작다	A1이 A2보다 작다	A1<A2
>=	크거나 같다	A1이 A2보다 크거나 같다	A1>=A2
<=	작거나 같다	A1이 A2보다 작거나 같다	A1<=A2
<>	같지 않다	A1과 A2는 같지 않다	A1<>A2

함수식을 보다 쉽게 입력하면서 함수식 작성 시 발생할 수 있는 오류를 최소화하기 위한 방법으로 수식 자동완성 기능을 사용할 수 있다. 수식 자동완성 기능은 워크시트나 수식 입력줄에서 함수를 입력하기 시작하면 해당 입력 문자와 일치하는 함수 목록이 다음 그림과 같이 표시된다.

그림 3-2 수식 자동 완성 기능

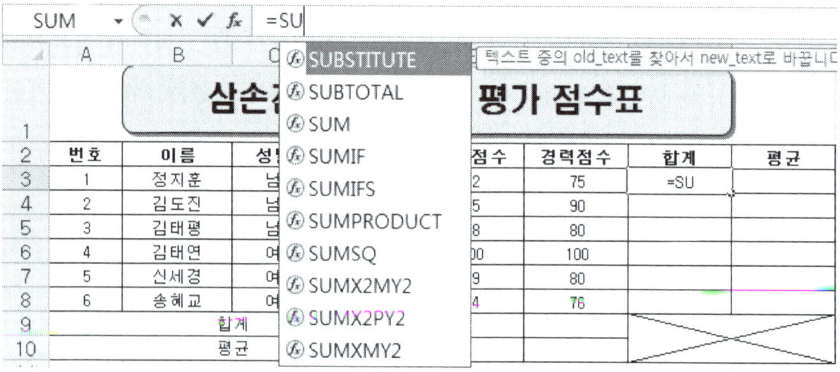

표시된 함수 목록에서 ↑, ↓ 키를 눌러 원하는 함수를 선택한 후 Tab 키를 누르면 해당 함수가 자동으로 완성됨과 동시에 함수에 입력할 인수에 대한 설명이 다음 그림과 같이 표시된다.

그림 3-3 | 수식 자동 완성 기능을 이용한 함수 선택

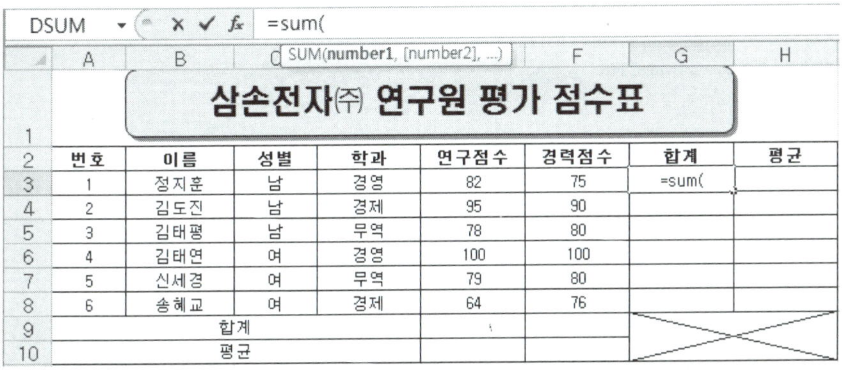

함수 마법사를 이용하면 워크시트나 수식 입력줄에 함수식을 직접 작성하지 않고 [함수 마법사] 대화상자에서 함수에 필요한 인수(셀 참조, 셀 영역 등)를 입력하여 보다 편리하게 함수를 이용할 수 있다. [함수 마법사] 대화상자는 여러 가지 방법을 통해 불러올 수 있다. [수식] 탭의 [함수 라이브러리] 그룹에서 [*fx* 함수 삽입]을 클릭하거나 [수식 입력줄] 왼쪽에 있는 '*fx*'(함수 삽입) 단추를 클릭하거나 단축키 Shift+F3 키를 눌러 [함수 마법사] 대화상자를 불러 올 수 있다.

그림 3-4 | 함수 마법사 호출

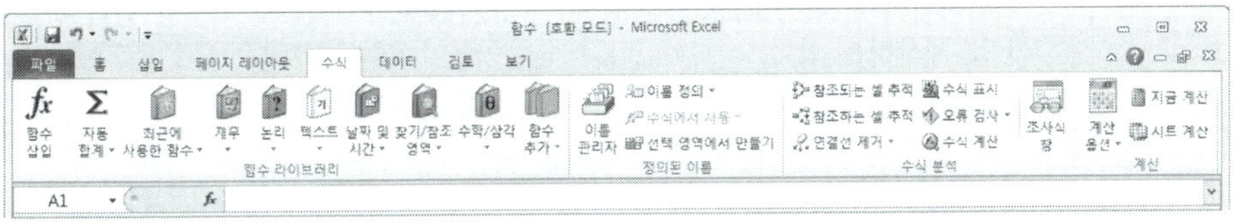

[함수 마법사] 대화상자의 구성을 살펴보면 먼저 [함수 검색(S):]은 사용자가 원하는 함수의 기능을 직접 입력하고 검색하는 창으로 "곱하기"를 입력하고 오른쪽의 [검색(G)] 단추를 클릭하면 아래의 [함수 선택(N):]에 검색어(곱하기)에 해당하는 함수들을 표시하여 준다. 그리고 [범주 선택(C):]은 엑셀에서 사용 가능한 함수들을 기능별로 분류하여 범주로 표시하여 주며 [함수 선택(N):]은 [범주 선택(C):]에서 선택한 관련 함수들을 표시하여 사용자가 원하는 함수를 선택할 수 있도록 보여준다.

그림 3-5 | 함수 마법사

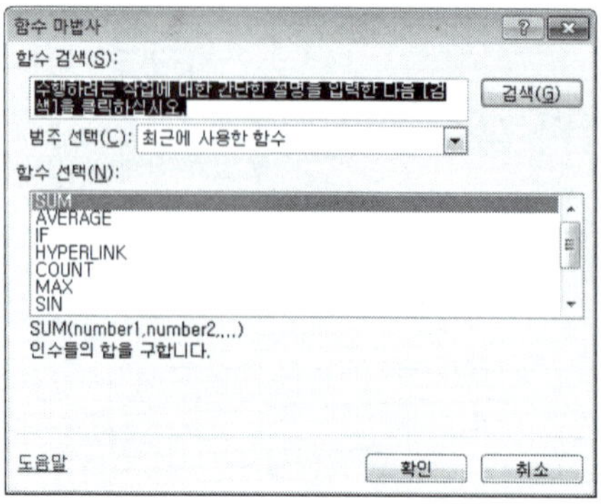

함수들을 기능별로 분류한 범주는 다음 표와 같이 재무, 날짜/시간, 수학/삼각, 통계, 찾기/참조영역, 데이터베이스, 텍스트, 논리, 정보, 공학, 큐브, Compatibility(호환성)가 있다.

표 3-2 | 함수의 종류

범주	내용
재무	재무 및 회계에서 사용하며 투자액의 미래가치(FV)와 순현재가치(NPV), 채권이나 정기적금의 이자율, 수익률, 감가상각 등을 계산하는 함수
날짜 및 시간	날짜와 시간을 계산할 때 사용하는 함수
수학/삼각	데이터의 합계, 절대값, 반올림 등 수학적 계산과 사인, 코사인 등 삼각 함수를 계산하는 함수
통계	데이터의 평균, 분산, 표준편차 등 통계값을 계산할 때 사용
찾기/참조영역	셀을 참조하거나 행과 열의 위치를 찾을 때 사용하는 함수
데이터베이스	데이터 목록에서 합계, 평균, 최대, 최소 등의 조건을 만족하는 레코드를 검색하고 추출할 때 사용하는 함수
텍스트	텍스트의 위치, 길이, 숫자를 문자열로 변경하거나 문자열을 수식으로 바꾸는 등 텍스트를 다룰 때 사용하는 함수
논리	조건이 참(true)인지 거짓(false)인지를 확인하거나 복수의 조건을 검사할 때 사용하는 함수
정보	함수의 에러를 처리하거나 데이터의 정보 표시, 종류를 판단할 때 사용하는 함수
공학	복소수, 제곱근의 계산이나 참조값을 2, 8, 10, 16진법으로 변환할 때 사용하는 함수
큐브	SQL 서버 분석 서비스(Server Analysis Services)와 연동하는 함수로 온라인 분석 프로세싱(OLAP)을 지원하는 함수
Compatibility (호환성)	엑셀 2010에서 이름이 바뀐 기존 버전의 함수를 사용할 수 있도록 지원하는 함수

2 통계 함수

일반적으로 통계(statistics)는 자료의 분석방법에 따라 기술통계와 추론통계로 나뉜다. 기술통계(descriptive statistics)는 자료를 수집, 분류, 정리 및 요약하는 데 중점을 두고, 추론통계(inferential statistics)는 표본에 내포된 정보를 바탕으로 모집단의 특성을 추정한다. 본 절에서는 기술통계에서 사용되는 통계함수의 활용에 대해 살펴보며, 추론통계는 제6장 통계분석에서 다루도록 하겠다.

가. 기술통계 함수

다음 표는 통계학 수강생 15명의 나이, 키, 몸무게를 조사한 것으로 기술통계 함수를 이용해 수집된 데이터를 학생들의 평균, 중앙값, 최빈수, 표준편차, 표본분산, 첨도, 왜도, 최대값, 최소값, 합계, 개수로 요약해서 나타내고 있다.

표 3-3 통계학 수강생 데이터

번호	이름	성별	학과	나이	키	몸무게
1	염철목	남	경영	27	186	64
2	탁무용	남	경제	25	164	56
3	도명환	남	회계	21	175	58
4	박소연	여	무역	23	159	51
5	김미나	여	무역	22	155	54
6	전유안	여	경제	28	180	49
7	이은정	여	경영	21	171	50
8	이경희	여	회계	24	158	57
9	박진희	여	회계	25	160	46
10	이상일	남	무역	26	177	88
11	김종탁	남	경영	29	167	74
12	김민정	여	경영	20	170	59
13	이승현	남	경제	25	182	84
14	박창희	여	무역	19	157	46
15	장성희	여	경영	20	175	68

기술통계 함수 중 AVERAGE 함수식은 다음과 같이 작성하며, 함수식에 사용하는 셀 참조나 범위 등의 인수는 255개까지 입력할 수 있다. 이외에 중앙값(MEDIAN), 최빈수(MODE), 표준편차(STDEV), 표본분산(VAR), 첨도(KURT), 왜도(SKEW), 최대값(MAX), 최소값(MIN), 합계(SUM), 개수(COUNT) 등의 기술통계 함수도 동일한 방식으로 구문을 작성한다.

함수식	= AVERAGE(Number1, [Number2], ...)
인수설명	Number#: 계산해야 할 셀, 참조범위, 해당 데이터 등을 입력

먼저 수강생들의 나이에 대한 평균을 구하기 위해 K2셀을 선택한 다음 [수식] 탭의 [함수 라이브러리] 그룹에서 [함수 추가]를 클릭하여 [통계(S)]에서 'AVERAGE' 함수를 선택한다.

그림 3-6 AVERAGE 함수 선택

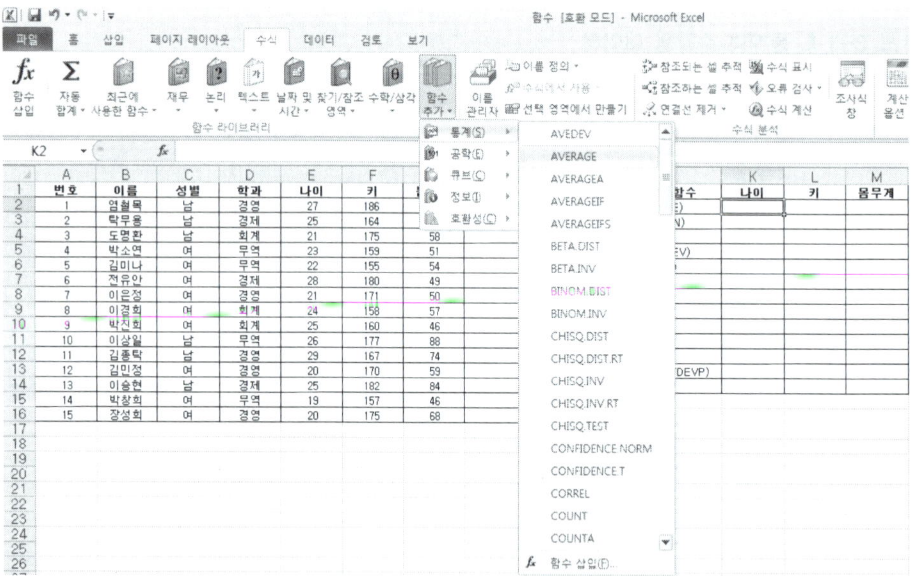

[함수 인수] 대화상자에서 [Number1]에 나이에 해당하는 데이터 범위 "E2:E16" 인수값을 입력한다.

그림 3-7 | 함수 인수 대화상자

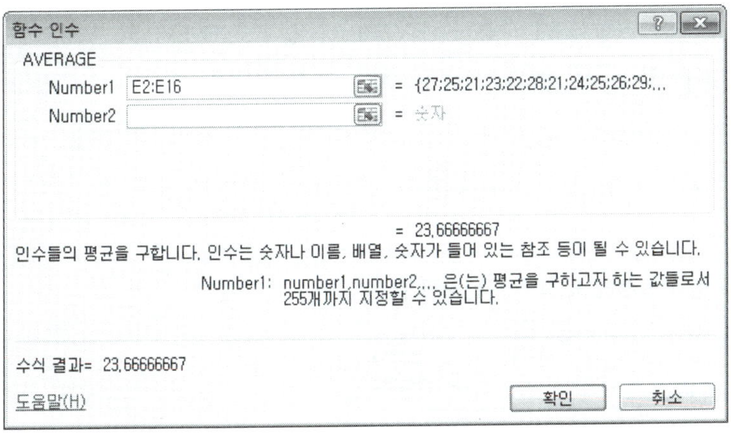

다음 그림과 같이 수강생의 평균 나이는 23.66세임을 알 수 있다. 'AVERAGE' 이외의 다른 함수들도 이와 동일한 방식으로 입력하거나 함수식을 작성하면 된다.

그림 3-8 | 기술통계 함수 구문

	J	K	L	M	N
1	기술통계함수	나이	키	몸무게	함수식 예
2	평균(AVERAGE)	23.66666667			=AVERAGE(E2:E16)
3	중앙값(MEDIAN)	24			=MEDIAN(E2:E16)
4	최빈수(MODE)	25			=MODE(E2:E16)
5	표준편차(STDEV)	3.109126351			=STDEV(E2:E16)
6	표본분산(VAR)	9.666666667			=VAR(E2:E16)
7	첨도(KURT)	-1.100769623			=KURT(E2:E16)
8	왜도(SKEW)	0.128580378			=SKEW(E2:E16)
9	최대값(MAX)	29			=MAX(E2:E16)
10	최소값(MIN)	19			=MIN(E2:E16)
11	합계(SUM)	355			=SUM(E2:E16)
12	개수(COUNT)	15			=COUNT(E2:E16)
13	모표준편차(STDEVP)	3.00370142			=STDEVP(E2:E16)
14	모분산(VARP)	9.022222222			=VARP(E2:E16)

기술통계에서는 수집된 데이터가 모집단(population)인지 표본(sample)인지에 따라서 사용하는 함수가 달라진다. 모집단이라는 의미는 분석하려는 집단 전체를 분석대상으로 삼아 데이터를 수집하는 것을 의미하며, 표본은 모집단에서 분석대상을 대표하는 일부에서 데이터를 수집한다는 것을 의미한다. 즉, 대학생들의 이동통신 요금 지출현황을 조사하고자 할 경우 전국의 모든 대학생을 조사대상으로 삼을 경우를 모집단이라고 하며, 전체 대학생 중 일부만을 선택하여 조사한다면 이를 표본이라고 말한다.

통계 함수에서 모집단을 분석하는 함수로는 모집단의 표준편차를 계산할 때 사용하는 'STDEVP'와 분산을 계산할 때 사용하는 'VARP'가 있다. 'STDEVP'와 'VARP'는 표본의 표준편차를 계산할 때 사용하는 'STDEV'와 표본의 분산을 계산할 때 사용하는 'VAR'과 구분하기 위해 함수이름 뒤에 'P'를 붙여 사용하는 것을 볼 수 있다. 다음 그림은 수강생 데이터에 대한 모집단과 표본에 대한 표준편차와 분산을 보여준다.

그림 3-9 ▌ 모집과 표본에 대한 표준편차와 분산

	J	K	L	M
1	기술통계함수	나이	키	몸무게
2	평균(AVERAGE)	23.66666667	169.0666667	60.26666667
3	중앙값(MEDIAN)	24	170	57
4	최빈수(MODE)	25	175	46
5	표준편차(STDEV)	3.109126351	9.967566451	13.07924565
6	표본분산(VAR)	9.666666667	99.35238095	171.0666667
7	첨도(KURT)	-1.100769623	-1.275507955	0.239992331
8	왜도(SKEW)	0.128580378	0.120743194	1.043038023
9	최대값(MAX)	29	186	88
10	최소값(MIN)	19	155	46
11	합계(SUM)	355	2536	904
12	개수(COUNT)	15	15	15
13	모표준편차(STDEVP)	3.00370142	9.629584045	12.63575175
14	모분산(VARP)	9.022222222	92.72888889	159.6622222

나. RANK.EQ 함수

RANK.EQ 함수는 데이터의 순위를 매길 때 사용하며, 동일한 데이터가 여러 개일 때 집합 내 최상위 순위를 보여준다. 엑셀 2010 이전 버전에서 사용하던 RANK 함수가 엑셀 2010에서는 RANK.EQ와 RANK.AVG 함수로 세분화되었다. 만약 이전의 RANK 함수를 사용하고자 한다면 [함수 마법사] 대화상자의 [범주 선택(C):]에서 'Compatibility'(호환성)을 선택하여 찾을 수 있다.

RANK.EQ 함수식은 다음과 같으며, RANK.AVG와 RANK 함수식도 동일한 구문으로 작성한다.

함수식	= RANK.EQ(Number, Ref, [Order])
인수설명	• Number : 지정한 셀의 순위가 산출되는 수 • Ref : 순위를 매기고 싶은 전체 데이터의 목록을 참조하는 인수 • Order : 순위를 결정하는 방법을 정의하는 수(0 : 내림차순, 1 : 오름차순)(생략될 경우 0으로 인식)

다음 그림에서처럼 RANK.EQ 함수는 수강생들의 키에 대해서 순위를 매길 때 사용할 수 있다. 먼저, 키에 대한 순위를 계산할 H2셀을 선택하고, [함수 마법사] 대화상자의 [범주 선택(C):]에서 '통계'를 선택하여 RANK.EQ 함수를 선택한 다음 [확인] 단추를 클릭한다. 그리고 다음 그림과 같이 [함수 인수] 대화상자에서 해당 부분의 인수를 입력한다. [Number]에는 "F2"를 입력하여 '염철목' 학생의 키를 지정하고, [Ref]에는 "F2:F16"을 입력하여 [Number]에서 입력한 F2셀의 데이터가 수강생 전체키에 해당하는 데이터를 참조하도록 한다. 다음으로 [Order]에는 "0"을 입력하거나 생략하여 내림차순으로 지정하면 가장 큰 키에 순위 '1'이 매겨진다. 즉, 수강생 전체(F2:F16)에서 '염철목' 학생의 키(F2)가 몇 번째로 큰지를 내림차순으로 계산하라는 의미이다. 그리고 [Ref] 인수에 '$F$2:$F$21'과 같이 절대참조로 입력한 이유에는 전체 수강생 키에 해당하는 데이터 범위가 함수 작성 이후 채우기 핸들을 통해 함수식을 복사하더라도 데이터 범위가 변하지 않도록 하기 위해서이다. [함수 마법사] 대화상자를 사용하지 않고 사용자가 직접 함수식을 입력할 경우에는 "=RANK.EQ(F2, $F$2:$F$21, 0)"로 입력한다.

그림 3-10 RANK.EQ 함수

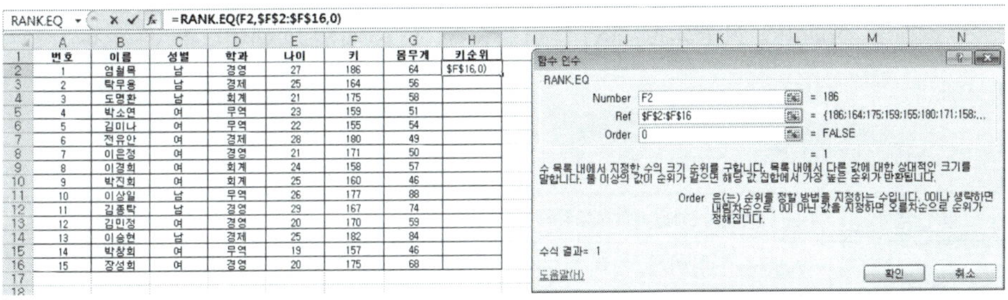

다음 그림은 RANK와 RANK.EQ와 RANK.AVG 함수들의 반환 값을 비교한 것으로 RANK.AVG 함수는 데이터의 순위가 동일할 경우 평균 순위를 계산하는 반면, RANK와 RANK.EQ 함수는 동일한 순위에서 최상위 순위를 계산한다.

그림 3-11 ▌ RANK와 RANK.EQ와 RANK.AVG 함수 결과

	A	B	C	D	E	F	G	H	I	J
1	번호	이름	성별	학과	나이	키	몸무게	키순위 RANK.EQ	키순위 RANK.AVG	키순위 RANK
2	1	염철목	남	경영	27	186	64	1	1	1
3	2	탁무용	남	경제	25	164	56	10	10	10
4	3	도명환	남	회계	21	175	58	5	5.5	5
5	4	박소연	여	무역	23	159	51	12	12	12
6	5	김미나	여	무역	22	155	54	15	15	15
7	6	전유안	여	경제	28	180	49	3	3	3
8	7	이은정	여	경영	21	171	50	7	7	7
9	8	이경희	여	회계	24	158	57	13	13	13
10	9	박진희	여	회계	25	160	46	11	11	11
11	10	이상일	남	무역	26	177	88	4	4	4
12	11	김종탁	남	경영	29	167	74	9	9	9
13	12	김민정	여	경영	20	170	59	8	8	8
14	13	이승현	남	경제	25	182	84	2	2	2
15	14	박창희	여	무역	19	157	46	14	14	14
16	15	장성희	여	경영	20	175	68	5	5.5	5

다. PERCENTILE.INC 함수

PERCENTILE.INC 함수는 참조 범위에서 백분위수에 해당하는 데이터를 찾는 함수로 기존의 PERCENTILE 함수가 엑셀 2010에서 PERCENTILE.INC와 PERCENTILE.EXC 함수로 세분화되었다. PERCENTILE.INC 함수는 참조 범위에서 백분위수 0과 1에 해당하는 값을 포함하여 결과를 계산하고, PERCENTILE.EXC 함수는 0과 1에 해당하는 값을 제외하여 결과를 계산한다. PERCENTILE 계열의 세 함수는 모두 동일한 구문으로 작성된다. 이때 [K] 인수는 백분위수를 말하며 참조 범위의 데이터를 오름차순으로 계산한다.

함수식	= PERCENTILE.INC(Array, K)
인수설명	• Array : 순위를 정하고자 하는 데이터 배열 또는 참조범위 • K : 0에서 1사이 범위의 백분위수

예를 들어, 수강생의 키가 상위 10%에 포함되기 위해서는 몇 ㎝ 이상 되어야 하는지 알고 싶다면 PERCENTILE.INC 함수를 사용할 수 있다. 이때 [K] 인수에 10%를 입력하면 오름차순으로 정렬된 수강생의 키에서 제일 작은 키부터 10%에 해당하는 값을 찾는다. 따라서 상위 10%에 포함되는 학생의 키를 찾기 위해서는 [K] 인수에 0.9를 입력해야 한다. 계산된 결과에서 알 수 있듯이 수강생의 키가 상위 10%에 포함되기 위해서는 181.2㎝를 넘어야 한다.

그림 3-12 ▌ PERCENTILE.INC 함수

	A	B	C	D	E	F	G	H
1	번호	이름	성별	학과	나이	키	몸무게	키순위
2	1	염철목	남	경영	27	186	64	1
3	2	탁무용	남	경제	25	164	56	10
4	3	도명환	남	회계	21	175	58	5
5	4	박소연	여	무역	23	159	51	12
6	5	김미나	여	무역	22	155	54	15
7	6	전유안	여	경제	28	180	49	3
8	7	이은정	여	경영	21	171	50	7
9	8	이경희	여	회계	24	158	57	13
10	9	박진희	여	회계	25	160	46	11
11	10	이상일	남	무역	26	177	88	4
12	11	김종탁	남	경영	29	167	74	9
13	12	김민정	여	경영	20	170	59	8
14	13	이승현	남	경제	25	182	84	2
15	14	박창희	여	무역	19	157	46	14
16	15	장성희	여	경영	20	175	68	5
17								
18	PERCNTILE.INC 함수							
19	[조건]	수강생 중 키가 10%에 들어가기 위해서는 몇 Cm 이상이어야 하는가?						
20	[결과]	181.2	=PERCENTILE.INC(F2:F16,0.9)					

다음 그림은 PERCENTILE 계열 함수들의 반환 값을 비교한 것으로 PERCENTILE.EXC 함수는 백분위수에서 0과 1에 해당하는 값을 제외하여 결과를 계산하기 때문에 위의 그림과 같이 186㎝와 155㎝를 뺀 나머지 데이터에서 상위 10%에 해당하는 키 값 183.6㎝를 반환한다. 기존의 PERCENTILE 함수는 PERCENTILE.INC 함수와 동일한 값을 반환한다.

그림 3-13 ▌ PERCENTILE.INC, PERCENTILE.EXC와 PERCENTILE 함수의 비교 결과

[조건]	수강생 중 키가 10%에 들어가기 위해서는 몇 Cm 이상이어야 하는가?	
[결과]	181.2	=PERCENTILE.INC(F2:F16,0.9)
	183.6	=PERCENTILE.EXC(F2:F16,0.9)
	181.2	=PERCENTILE(F2:F16,0.9)

라. PERCENTRANK.INC 함수

PERCENTRANK.INC 함수는 참조 범위에서 특정 값의 백분위수를 찾는 함수로 기존의 PERCENTRANK 함수가 엑셀 2010에서 PERCENTRANK.INC와 PERCENTRANK.EXC 함수로 세분화되었다. PERCENTRANK.INC 함수는 참조 범위에서 백분위수 0과 1에 해당하는 값을 포함하여 결과를 계산하고, PERCENTRANK.EXC 함수는 0과 1에 해당하는 값을 제외하여 계산한다. PERCENTRANK 계열의 세 함수는 모두 동일한 구문으

로 작성된다. 이때 [X] 인수는 백분위수를 확인할 값을 사용한다.

함수식	= PERCENTRANK.INC(Array, X, [Significance])
인수설명	• Array : 상대 순위를 정하고자 하는 데이터 배열 또는 참조범위 • X : 백분위수를 확인할 값 • Significance : 백분위수의 유효 자릿수를 나타내는 값 (생략하면 PERCENTRANK는 세 자릿수(0.xxx)를 사용)

예를 들어, 수강생의 키에서 180㎝는 상위 몇 %에 해당하는지를 알고 싶다면 PERCENTRANK.INC 함수를 사용할 수 있다. 이때 [X] 인수에 180을 입력하면 오름차순으로 정렬된 수강생의 키에서 제일 작은 키부터 180㎝에 해당하는 백분위수를 찾는다. 따라서 180㎝의 키가 상의 몇 %에 해당하는지를 찾기 위해서는 PERCENTRANK.INC 함수의 결과 값인 백분위수를 1에서 빼주어야 한다. 계산된 결과에서 알 수 있듯이 수강생의 키 180㎝는 상위 0.143에 해당하는 것을 알 수 있다. 결과 값 0.143을 백분율로 표시하려면 셀을 선택한 후 [홈] 탭의 [표시형식] 그룹에서 [%]를 클릭한다.

그림 3-14 PERCENTRANK.INC 함수

	A	B	C	D	E	F	G	H
1	번호	이름	성별	학과	나이	키	몸무게	키순위
2	1	염철목	남	경영	27	186	64	1
3	2	탁무용	남	경제	25	164	56	10
4	3	도명환	남	회계	21	175	58	5
5	4	박소연	여	무역	23	159	51	12
6	5	김미나	여	무역	22	155	54	15
7	6	전유안	여	경제	28	180	49	3
8	7	이은정	여	경영	21	171	50	7
9	8	이경희	여	회계	24	158	57	13
10	9	박진희	여	회계	25	160	46	11
11	10	이상일	남	무역	26	177	88	4
12	11	김종탁	남	경영	29	167	74	9
13	12	김민정	여	경영	20	170	59	8
14	13	이승현	남	경제	25	182	84	2
15	14	박창희	여	무역	19	157	46	14
16	15	장성희	여	경영	20	175	68	5
17								
18	PERCNTRANK.INC 함수							
19	[조건]	수강생의 키 180cm는 상위 몇 %에 해당하는가?						
20	[결과]	0.143	=1-PERCENTRANK.INC(F2:F16,180)					

다음 그림은 PERCENTRANK 계열 함수들의 반환 값을 비교한 것으로 PERCENTRANK.EXC 함수는 백분위수 0과 1에 해당하는 값을 제외하여 결과를 계산하기 때문에 위의 그림과 같이 186㎝와 155㎝를 뺀 나머지 데이터에서 키 180㎝에 해당하는 백분위수 14% 값을 반환한다. 기존의 PERCENTILE 함수는 PERCENTILE.INC 함수와 동일한 값을 반환한다.

그림 3-15 ▌ PERCENTRANK.INC, PERCENTRANK.EXC와 PERCENTRANK 함수의 비교 결과

[조건]	수강생의 키 180cm는 상위 몇 %에 해당하는가?	
[결과]	14%	=1-PERCENTRANK.INC(F2:F16,180)
	19%	=1-PERCENTRANK.EXC(F2:F16,180)
	14%	=1-PERCENTRANK(F2:F16,180)

마. COUNTIF 함수

COUNTIF 함수는 조건을 만족하는 셀의 개수를 계산하는 함수이다.

함수식	= COUNTIF(Range, Criteria)
인수설명	• Range : 지정한 조건에 부합하는 셀의 개수를 세려는 셀 범위 • Criteria : 숫자, 식, 셀 참조 또는 텍스트의 형식으로 된 조건(조건은 반드시 큰따옴표 안에 작성함)

예를 들어, 수강생 중 나이가 25세 이하인 학생의 수를 알고 싶거나 경영학과 학생의 수가 몇 명인지를 COUNTIF 함수를 사용하여 알아보자. 함수식은 다음 그림과 같이 작성하며, [Criteria] 인수 입력 시 텍스트를 입력할 경우에는 큰 따옴표로(“ ”) 입력해야 하며, 조건식을 입력할 경우에도 비교 연산자와 함께 인수를 큰 따옴표(“ ”)로 입력해야 한다.

▶ 그림 3-16 ▌ COUNTIF 함수

	A	B	C	D	E	F	G	H
1	번호	이름	성별	학과	나이	키	몸무게	키순위
2	1	염철목	남	경영	27	186	64	1
3	2	탁무용	남	경제	25	164	56	10
4	3	도명환	남	회계	21	175	58	5
5	4	박소연	여	무역	23	159	51	12
6	5	김미나	여	무역	22	155	54	15
7	6	전유안	여	경제	28	180	49	3
8	7	이은정	여	경영	21	171	50	7
9	8	이경희	여	회계	24	158	57	13
10	9	박진희	여	회계	25	160	46	11
11	10	이상일	남	무역	26	177	88	4
12	11	김종탁	남	경영	29	167	74	9
13	12	김민정	여	경영	20	170	59	8
14	13	이승현	남	경제	25	182	84	2
15	14	박창희	여	무역	19	157	46	14
16	15	장성희	여	경영	20	175	68	5
17								
18	COUNTIF 함수							
19	[조건]	나이가 25세 이하인 학생은 몇 명인가?						
20	[결과]	11	=COUNTIF(E2:E16,"<=25")					
21								
22	[조건]	수강생 중 경영학과 학생의 수는?						
23	[결과]	5	=COUNTIF(D2:D16,"경영")					

바. LARGE/SMALL 함수

LARGE 함수는 참조 범위에서 지정한 순위에 해당하는 큰 값을 반환하며, SMALL 함수는 지정한 순위에 해당하는 작은 값을 반환한다.

함수식	= LARGE[SMALL](Array, K)
인수설명	• Array : K번째 큰[작은] 값을 찾고자하는 배열 또는 참조범위 • K : 배열 또는 참조범위에서 가장 큰[작은] 값과의 상대적인 순위

예를 들어, 수강생 중 두 번째로 큰 키와 세 번째로 작은 몸무게를 알고 싶을 때 사용할 수 있다. 다음 그림과 같이 함수식을 작성하여 수강생 중 두 번째로 큰 키가 182㎝이고 세 번째로 작은 몸무게가 49㎏임을 알 수 있다.

그림 3-17 LARGE 함수

	A	B	C	D	E	F	G	H
1	번호	이름	성별	학과	나이	키	몸무게	키순위
2	1	염철목	남	경영	27	186	64	1
3	2	탁무용	남	경제	25	164	56	10
4	3	도명환	남	회계	21	175	58	5
5	4	박소연	여	무역	23	159	51	12
6	5	김미나	여	무역	22	155	54	15
7	6	전유안	여	경제	28	180	49	3
8	7	이은정	여	경영	21	171	50	7
9	8	이경희	여	회계	24	158	57	13
10	9	박진희	여	회계	25	160	46	11
11	10	이상일	남	무역	26	177	88	4
12	11	김종탁	남	경영	29	167	74	9
13	12	김민정	여	경영	20	170	59	8
14	13	이승현	남	경제	25	182	84	2
15	14	박창희	여	무역	19	157	46	14
16	15	장성희	여	경영	20	175	68	5
17								
18	LARGE 함수							
19	[조건]	수강생 중 키가 두번째 큰 학생의 키는 얼마인가?						
20	[결과]	182.0	=LARGE(F2:F16, 2)					
21								
22	SMALL 함수							
23	[조건]	수강생 중 몸무게가 세번째로 작은 학생의 몸무게는 얼마인가?						
24	[결과]	49	=SMALL(G2:G16,3)					

3 수학/삼각 함수

수학/삼각 함수는 합계, 곱셈, 반올림, 절대값 등 수치 계산을 위해 주로 사용되며, 사인(sine)이나 코사인(cosine) 등과 같은 삼각함수를 적용할 때도 유용하다. 다음 그림은 작년 한 해 동안 구입한 컴퓨터, 사무기기/집기, 소모품에 대한 단가와 구매량을 작성한 목록이다. 수학/삼각 함수는 다음 그림과 같이 구매량에 따른 구매금액 및 연간 총구매금액 등을 계산하는 경우에 많이 사용된다.

그림 3-18 수학/삼각 함수의 사용 예

	A	B	C	D	E	F	G	H	I	J	K
1	구매품목				전반기 구매량	전반기 구매금액	후반기 구매량	후반기 구매금액	연간 총구매량	연간 총구매금액	비 고
2	대분류	중분류	소분류	단가(천원)							
3	컴퓨터	개인용 컴퓨터	일반 PC	₩ 1,161	139		84				
4			모니터 일체형	₩ 1,043	10		7				
5		노트북	노트북	₩ 1,250	73		43				
6		프린터	레이저	₩ 285	51		28				
7			잉크젯	₩ 280	8		3				
8			프린터 복합기	₩ 3,000	1		0				
9		모니터	CRT 모니터	₩ 305	33		19				17"
10			LCD 모니터	₩ 451	11		7				17"
11		소계									
12	사무기기/집기	사무기기	복사기	₩ 3,400	10		6				
13			복사기 복합기	₩ 3,678	4		4				
14			팩시밀리	₩ 730	3		1				
15			전화기	₩ 538	4		2				
16		소계									
17	소모품	종이	인쇄용지	₩ 10	294,054		3,416				
18			사무용지	₩ 15	331,268		3,778				
19			테이프	₩ 2	538		242				
20			필기구	₩ 1	1,392		413				
21			필기구 소모품	₩ 8	1,392		562				
22			기타 사무용품	₩ 17	1,438		331				
23		카트리지	복사기용 토너	₩ 187	438		156				
24			프린터용 토너	₩ 136	1,070		385				
25			잉크젯 용	₩ 49	1,853		332				보충용
26		기타	잉크 보충 장치	₩ 27	24		7				
27		소계									
28	총합										

가. SUM 함수

SUM 함수는 셀 또는 참조 범위의 데이터 합계를 구한다.

함수식	= SUM(Number1, [Number2], ...)
인수설명	• Number[#] : 합계값이나 합을 구해야 할 셀, 참조범위, 해당 데이터 등을 지정하며, 255개까지 사용할 수 있다.

예를 들어, 일반 PC의 연간 총구매량은 전반기 구매량(E3)과 후반기 구매량(G3)을 더한 값이 되며, 함수식은 "=SUM(E3, G3)"과 같이 입력한다.

그림 3-19 SUM 함수

SUM × ✓ fx =SUM(E3,G3)

	A	B	C	D	E	F	G	H	I	J	K
1	구매품목				전반기 구매량	전반기 구매금액	후반기 구매량	후반기 구매금액	연간 총구매량	연간 총구매금액	비 고
2	대분류	중분류	소분류	단가(천원)							
3		개인용 컴퓨터	일반 PC	₩ 1,161	139	161,379	84	97,524	=SUM(E3,G3)		
4			모니터 일체형	₩ 1,043	10	10,430	7	7,301	SUM(number1, [number2], [number3], ...)		
5		노트북	노트북	₩ 1,250	73	91,250	43	53,750			

나. PRODUCT 함수

PRODUCT 함수는 인수로 입력된 셀 또는 참조 범위의 모든 값을 곱하여 반환한다.

함수식	= PRODUCT(Number1, [Number2], ...)
인수설명	• Number[#] : 곱해야 할 셀, 참조범위, 해당 데이터 등을 입력

예를 들어, 전반기 구매금액과 후반기 구매금액을 구하고자 할 경우 각각의 구매금액은 '단가×구매량'으로 계산된다. PRODUCT 함수를 이용할 경우 일반 PC의 전반기 구매금액(H3)은 "=PRODUCT(D3, E3)"으로 후반기 구매금액(H3)은 "=PRODUCT(D3, G3)"으로 입력한다.

그림 3-20 | PRODUCT 함수

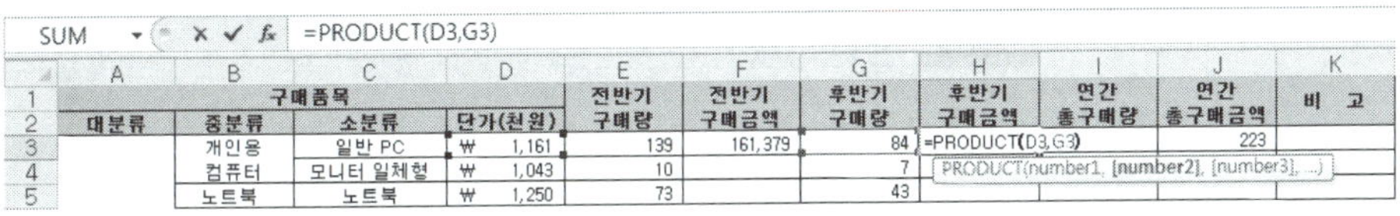

다. SUMPRODUCT 함수

SUMPRODUCT 함수는 주어진 배열(대응되는 행 또는 열)의 모든 데이터를 서로 곱한 뒤 그 곱의 합계를 계산하는 함수이다. 이때 서로 대응되는 배열의 크기는 서로가 같아야 하며 만약 같지 않으면 #VALUE! 오류가 발생한다. 그리고 배열 항목이 숫자 데이터가 아닐 경우에는 이를 '0'으로 처리하여 계산한다.

함수식	= SUMPRODUCT(Array1, [Array2], [Array3], ...)
인수설명	• Array[#] : 계산해야 할 셀, 참조범위, 해당 데이터 등을 지정하며, 255개까지 배열을 사용할 수 있다. • 인수로 사용되는 배열의 차원은 동일해야 하며, 차원이 같지 않을 경우 #Value! 오류를 나타낸다.

예를 들어, 대분류 컴퓨터에 해당하는 전반기 구매금액은 개별 구매품목의 단가와 전반기 구매량을 각각 곱하여 이를 모두 더한 값으로 산출한다. 즉, 컴퓨터 분류의 전반기 구매금액(F11)은 단가의 범위(D3:D10)와 전반기 구매량의 범위(E3:E10)를 각각 곱하여 얻어진 결과를 모두 더한 값이다. SUMPRODUCT 함수를 이용할 경우 "=SUMPRODUCT(D3:D10, E3:E10)"으로 입력하여 컴퓨터 분류의 전반기 구매금액이

297,860원임을 알 수 있다. 동일한 방법으로 사무기기/집기 및 소모품에 대한 전반기 구매금액과 후반기 구매금액의 소계를 구할 수 있다.

그림 3-21 SUMPRODUCT 함수

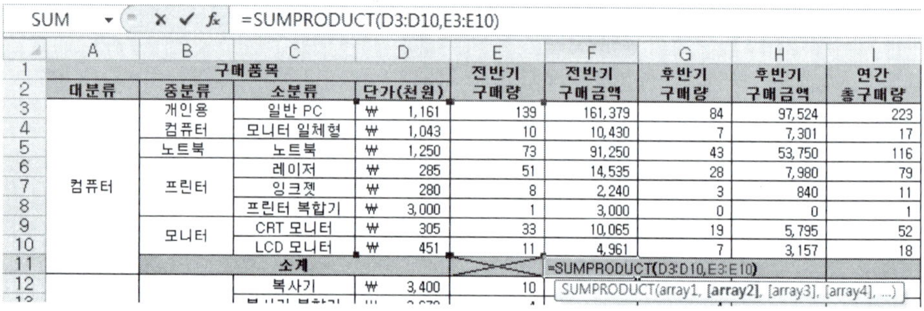

SUM =SUMPRODUCT(D3:D10,E3:E10)

	A	B	C	D	E	F	G	H	I
1	구매품목				전반기 구매량	전반기 구매금액	후반기 구매량	후반기 구매금액	연간 총구매량
2	대분류	중분류	소분류	단가(천원)					
3	컴퓨터	개인용 컴퓨터	일반 PC	₩ 1,161	139	161,379	84	97,524	223
4			모니터 일체형	₩ 1,043	10	10,430	7	7,301	17
5		노트북	노트북	₩ 1,250	73	91,250	43	53,750	116
6		프린터	레이저	₩ 285	51	14,535	28	7,980	79
7			잉크젯	₩ 280	8	2,240	3	840	11
8			프린터 복합기	₩ 3,000	1	3,000	0	0	1
9		모니터	CRT 모니터	₩ 305	33	10,065	19	5,795	52
10			LCD 모니터	₩ 451	11	4,961	7	3,157	18
11		소계				=SUMPRODUCT(D3:D10,E3:E10)			
12			복사기	₩ 3,400	10	SUMPRODUCT(array1, [array2], [array3], [array4], ...)			

라. SUBTOTAL 함수

SUBTOTAL 함수는 참조범위의 부분합을 계산할 때 사용하며, 함수식은 다음과 같다.

함수식	= SUBTOTAL(Function_num, Ref1, [Ref2], ...)
인수설명	• Function_num : 부분합 계산을 위해 적용할 함수의 번호(1~11)를 의미한다. • Ref[#] : 부분합을 계산할 셀, 참조범위, 해당 데이터 등을 입력

SUBTOTAL 함수는 다음과 같이 11개의 함수를 함수번호(Function_num)로 지정하며, 사용할 함수를 함수명 대신 함수번호로 입력한다. 이때 함수번호는 1~11까지의 함수번호와 101~111까지의 함수번호로 구분하여 입력할 수 있는데, 1~11은 숨겨진 행의 데이터 값까지 계산에 포함하고자 할 때 사용하며, 101~111은 숨겨진 행의 데이터 값은 무시하고 계산을 하고자 할 때 사용한다.

표 3-4 SUBTOTAL 함수번호

함수	함수번호 (숨겨진 값 포함)	함수번호 (숨겨진 값 무시)
AVERAGE	1	101
COUNT	2	102
COUNTA	3	103
MAX	4	104
MIN	5	105
PRODUCT	6	106
STDEV	7	107
STDEVP	8	108
SUM	9	109
VAR	10	110
VARP	11	111

예를 들어, 후반기 구매금액의 총합을 구하기 위해서는 먼저 대분류에 해당하는 컴퓨터의 소계(H11), 사무기기/집기의 소계(H16), 소모품의 소계(H27)를 구해야 한다. 이는 총합을 구하기 위해 소계에 해당하는 각각의 부분합을 SUBTOTAL 함수를 사용하여 계산한다면 차후 총합을 구하기 위한 함수식을 작성할 때 보다 간편하게 함수식을 작성할 수 있다.

대분류 컴퓨터에 대한 후반기 구매금액의 소계를 구하기 위해 H11셀에서 "=SUBTOTAL"을 입력하고 [Tab] 키를 누르면 다음 그림과 같이 [function_num]을 선택하도록 목록이 표시된다. 여기에서 '9 – SUM'을 선택하고 [Tab] 키를 누른 후 ","(콤마)를 입력하고 후반기 구매금액(H3:H10)을 범위 지정한 후 ")"를 입력하고 엔터키를 누른다.

그림 3-22 ▌ SUBTOTAL 함수 - 소계

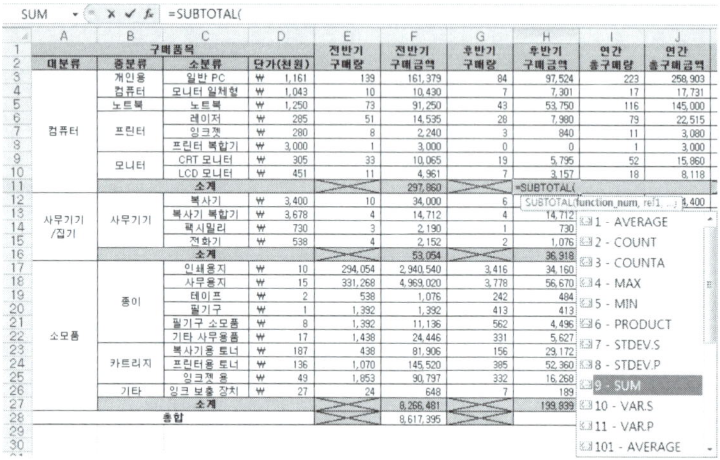

SUM =SUBTOTAL(

	A	B	C	D	E	F	G	H	I	J
1	구매품목				전반기 구매량	전반기 구매금액	후반기 구매량	후반기 구매금액	연간 총구매량	연간 총구매금액
2	대분류	중분류	소분류	단가(천원)						
3	컴퓨터	개인용 컴퓨터	일반 PC	₩ 1,161	139	161,379	84	97,524	223	258,903
4			모니터 일체형	₩ 1,043	10	10,430	7	7,301	17	17,731
5		노트북	노트북	₩ 1,250	73	91,250	43	53,750	116	145,000
6		프린터	레이저	₩ 285	51	14,535	28	7,980	79	22,515
7			잉크젯	₩ 280	8	2,240	3	840	11	3,080
8			프린터 복합기	₩ 3,000	1	3,000	0	0	1	3,000
9		모니터	CRT 모니터	₩ 305	33	10,065	19	5,795	52	15,860
10			LCD 모니터	₩ 451	11	4,961	7	3,157	18	8,118
11		소계				297,860		=SUBTOTAL(		
12	사무기기/집기	사무기기	복사기	₩ 3,400	10	34,000	6	SUBTOTAL(function_num, ref1, ...)		4,400
13			복사기 복합기	₩ 3,678	4	14,712	4	14,712		
14			팩시밀리	₩ 730	3	2,190	1	730		
15			전화기	₩ 538	4	2,152	2	1,076		
16		소계				53,054		36,918		
17	소모품	종이	인쇄용지	₩ 10	294,054	2,940,540	3,416	34,160		
18			사무용지	₩ 15	331,268	4,969,020	3,778	56,670		
19			테이프	₩ 2	538	1,076	242	484		
20			필기구	₩ 1	1,392	1,392	413	413		
21			필기구 소모품	₩ 8	1,392	11,136	562	4,496		
22			기타 사무용품	₩ 17	1,438	24,446	331	5,627		
23		카트리지	복사기용 토너	₩ 187	438	81,906	156	29,172		
24			프린터용 토너	₩ 136	1,070	145,520	385	52,360		
25			잉크젯 용	₩ 49	1,853	90,797	332	16,268		
26		기타	잉크 보충 장치	₩ 27	24	648	7	189		
27		소계				8,266,481		199,839		
28	총합					8,617,395				

이러한 과정과 동일한 절차로 사무기기/집기의 소계("=SUBTOTAL(9, H12:H15)")와 소모품의 소계("=SUBTOTAL(9, H17:26)")를 구한다. 마지막으로 후반기 구매금액의 총합(H28)은 "=SUBTOTAL(9, H3:H27)"로 입력한다.

후반기 구매금액의 총합을 구하기 위한 함수식에서 볼 수 있듯이 SUBTOTAL 함수가 SUM 함수와 구별되는 점은 SUBTOTAL 함수는 함수식을 작성할 때 참조 범위 내에 포함되어 있는 소계와 같은 또 다른 SUBTOTAL 함수의 결과값(H11, H16, H27)을 계산에서 포함시키지 않는다는 점이다.

그림 3-23 ▌ SUBTOTAL 함수 - 총계

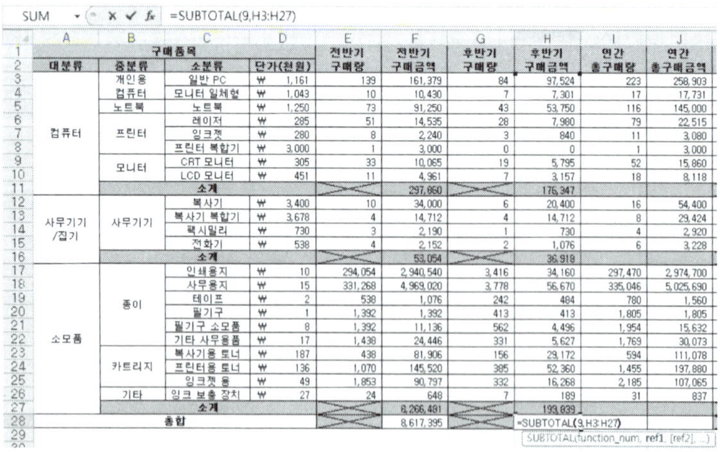

SUM =SUBTOTAL(9,H3:H27)

	A	B	C	D	E	F	G	H	I	J
1	구매품목				전반기 구매량	전반기 구매금액	후반기 구매량	후반기 구매금액	연간 총구매량	연간 총구매금액
2	대분류	중분류	소분류	단가(천원)						
3	컴퓨터	개인용 컴퓨터	일반 PC	₩ 1,161	139	161,379	84	97,524	223	258,903
4			모니터 일체형	₩ 1,043	10	10,430	7	7,301	17	17,731
5		노트북	노트북	₩ 1,250	73	91,250	43	53,750	116	145,000
6		프린터	레이저	₩ 285	51	14,535	28	7,980	79	22,515
7			잉크젯	₩ 280	8	2,240	3	840	11	3,080
8			프린터 복합기	₩ 3,000	1	3,000	0	0	1	3,000
9		모니터	CRT 모니터	₩ 305	33	10,065	19	5,795	52	15,860
10			LCD 모니터	₩ 451	11	4,961	7	3,157	18	8,118
11		소계				297,860		176,347		
12	사무기기/집기	사무기기	복사기	₩ 3,400	10	34,000	6	20,400	16	54,400
13			복사기 복합기	₩ 3,678	4	14,712	4	14,712	8	29,424
14			팩시밀리	₩ 730	3	2,190	1	730	4	2,920
15			전화기	₩ 538	4	2,152	2	1,076	6	3,228
16		소계				53,054		36,918		
17	소모품	종이	인쇄용지	₩ 10	294,054	2,940,540	3,416	34,160	297,470	2,974,700
18			사무용지	₩ 15	331,268	4,969,020	3,778	56,670	335,046	5,025,690
19			테이프	₩ 2	538	1,076	242	484	780	1,560
20			필기구	₩ 1	1,392	1,392	413	413	1,805	1,805
21			필기구 소모품	₩ 8	1,392	11,136	562	4,496	1,954	15,632
22			기타 사무용품	₩ 17	1,438	24,446	331	5,627	1,769	30,073
23		카트리지	복사기용 토너	₩ 187	438	81,906	156	29,172	594	111,078
24			프린터용 토너	₩ 136	1,070	145,520	385	52,360	1,455	197,880
25			잉크젯 용	₩ 49	1,853	90,797	332	16,268	2,185	107,065
26		기타	잉크 보충 장치	₩ 27	24	648	7	189	31	837
27		소계				8,266,481		199,839		
28	총합					8,617,395		=SUBTOTAL(9,H3:H27)		

또한 SUBTOTAL 함수는 참조범위 내에 포함된 숨겨진 행의 값을 계산에 포함시키지 않는다. 이를 예제를 통해 살펴보면, 대분류 소모품에 해당하는 워크시트의 행을 숨겨서 함수를 적용해 보자. 행머리글 17에서 27까지의 범위를 지정한 후 마우스 오른쪽 단추를 클릭하여 바로가기 메뉴에서 [숨기기(H)]를 선택해 17행에서 27행까지의 행을 숨긴다.

그림 3-24 ▌ 행 숨기기

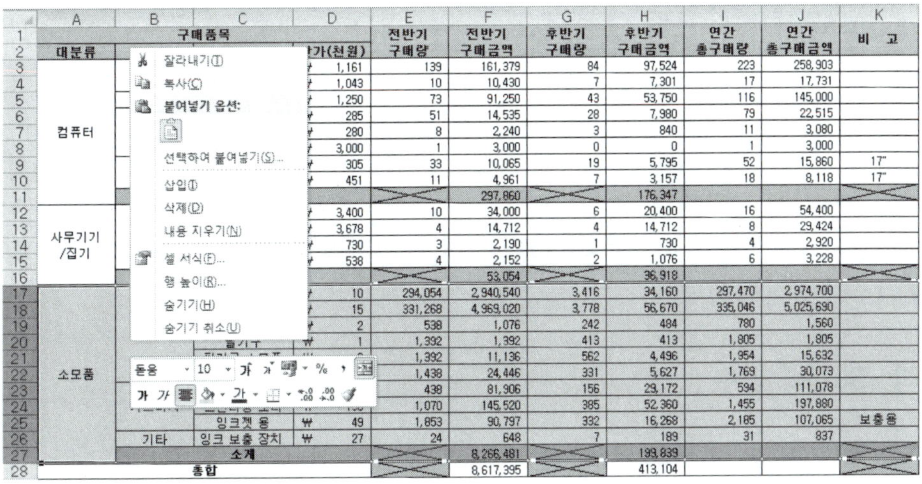

	A	B	C	D	E	F	G	H	I	J	K
1	구매품목				전반기 구매량	전반기 구매금액	후반기 구매량	후반기 구매금액	연간 총구매량	연간 총구매금액	비 고
2	대분류			단가(천원)							
3	컴퓨터			₩ 1,161	139	161,379	84	97,524	223	258,903	
4				₩ 1,043	10	10,430	7	7,301	17	17,731	
5				₩ 1,250	73	91,250	43	53,750	116	145,000	
6				₩ 285	51	14,535	28	7,980	79	22,515	
7				₩ 280	8	2,240	3	840	11	3,080	
8				₩ 3,000	1	3,000	0	0	1	3,000	
9				₩ 305	33	10,065	19	5,795	52	15,860	17"
10				₩ 451	11	4,961	7	3,157	18	8,118	17"
11						297,860		176,347			
12	사무기기/집기			₩ 3,400	10	34,000	6	20,400	16	54,400	
13				₩ 3,678	4	14,712	4	14,712	8	29,424	
14				₩ 730	3	2,190	1	730	4	2,920	
15				₩ 538	4	2,152	2	1,076	6	3,228	
16						53,054		36,918			
17	소모품			₩ 10	294,054	2,940,540	3,416	34,160	297,470	2,974,700	
18				₩ 15	331,268	4,969,020	3,778	56,670	335,046	5,025,690	
19				₩ 2	538	1,076	242	484	780	1,560	
20				₩ 1	1,392	1,392	413	413	1,805	1,805	
21					1,392	11,136	562	4,496	1,954	15,632	
22					1,438	24,446	331	5,627	1,769	30,073	
23					438	81,906	156	29,172	594	111,078	
24					1,070	145,520	385	52,360	1,455	197,880	
25			잉크젯 용	₩ 49	1,853	90,797	332	16,268	2,185	107,065	보충용
26		기타	잉크 보충 장치	₩ 27	24	648	7	189	31	837	
27		소계				8,266,481		199,839			
28	총합					8,617,395		413,104			

다음 그림과 같이 대분류 소모품에 해당하는 행들은 숨겨졌으나, 후반기 구매금액의 총합(H28)의 결과값은 숨기기를 적용하기 전과 동일하다.

그림 3-25 ▌ 숨겨진 행을 포함한 후반기 구매금액의 총합

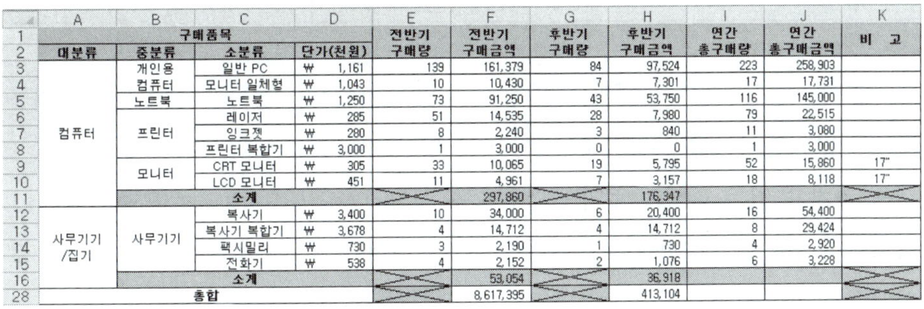

	A	B	C	D	E	F	G	H	I	J	K
1	구매품목				전반기 구매량	전반기 구매금액	후반기 구매량	후반기 구매금액	연간 총구매량	연간 총구매금액	비 고
2	대분류	중분류	소분류	단가(천원)							
3	컴퓨터	개인용 컴퓨터	일반 PC	₩ 1,161	139	161,379	84	97,524	223	258,903	
4			모니터 일체형	₩ 1,043	10	10,430	7	7,301	17	17,731	
5		노트북	노트북	₩ 1,250	73	91,250	43	53,750	116	145,000	
6		프린터	레이저	₩ 285	51	14,535	28	7,980	79	22,515	
7			잉크젯	₩ 280	8	2,240	3	840	11	3,080	
8			프린터 복합기	₩ 3,000	1	3,000	0	0	1	3,000	
9		모니터	CRT 모니터	₩ 305	33	10,065	19	5,795	52	15,860	17"
10			LCD 모니터	₩ 451	11	4,961	7	3,157	18	8,118	17"
11		소계				297,860		176,347			
12	사무기기/집기	사무기기	복사기	₩ 3,400	10	34,000	6	20,400	16	54,400	
13			복사기 복합기	₩ 3,678	4	14,712	4	14,712	8	29,424	
14			팩시밀리	₩ 730	3	2,190	1	730	4	2,920	
15			전화기	₩ 538	4	2,152	2	1,076	6	3,228	
16		소계				53,054		36,918			
28	총합					8,617,395		413,104			

이처럼 후반기 구매금액의 총합(H28)에서 숨겨진 행(17행에서 27행)의 값을 제외

한 총합계를 구하고자 하는 경우에는 SUBTOTAL 함수 인수에서 [function_num] 인수를 '9'에서 '109'로 변경하여 "=SUBTOTAL(109, H3:H27)"로 입력해주어야 한다. 그 결과 후반기 구매금액의 총합(H28)은 숨겨진 행의 값을 제외한 213,265원으로 바뀐 것을 확인할 수 있다.

그림 3-26 ▌ 숨겨진 행을 제외한 후반기 구매금액의 총합

H28 fx =SUBTOTAL(109,H3:H27)

	A	B	C	D	E	F	G	H	I	J	K
1	구매품목				전반기 구매량	전반기 구매금액	후반기 구매량	후반기 구매금액	연간 총구매량	연간 총구매금액	비 고
2	대분류	중분류	소분류	단가(천원)							
3	컴퓨터	개인용 컴퓨터	일반 PC	₩ 1,161	139	161,379	84	97,524	223	258,903	
4			모니터 일체형	₩ 1,043	10	10,430	7	7,301	17	17,731	
5		노트북	노트북	₩ 1,250	73	91,250	43	53,750	116	145,000	
6		프린터	레이저	₩ 285	51	14,535	28	7,980	79	22,515	
7			잉크젯	₩ 280	8	2,240	3	840	11	3,080	
8			프린터 복합기	₩ 3,000	1	3,000	0	0	1	3,000	
9		모니터	CRT 모니터	₩ 305	33	10,065	19	5,795	52	15,860	17"
10			LCD 모니터	₩ 451	11	4,961	7	3,157	18	8,118	17"
11		소계				297,860		176,347			
12	사무기기/집기	사무기기	복사기	₩ 3,400	10	34,000	6	20,400	16	54,400	
13			복사기 복합기	₩ 3,678	4	14,712	4	14,712	8	29,424	
14			팩시밀리	₩ 730	3	2,190	1	730	4	2,920	
15			전화기	₩ 538	4	2,152	2	1,076	6	3,228	
16		소계				53,054		36,918			
28	총합					8,617,395		213,265			

마. SUMIF 함수

SUMIF 함수는 참조 범위 내의 데이터 중에 조건을 만족하는 모든 데이터를 합하여 결과를 계산한다.

함수식	= SUMIF(Range, Criteria, [Sum_range])
인수설명	• Range : Criteria 인수가 지정한 조건을 적용할 범위 • Criteria : 숫자, 수식 또는 조건문으로 구성된 검색조건 • [Sum_range] : 합을 계산해야 할 실제 범위(생략가능)

예를 들어, 경영학과 학생의 토익점수의 합을 알고 싶을 경우 SUMIF 함수를 사용할 수 있다. 함수식은 "=SUMIF(D2:D16, "경영", F2:F16)"로 입력한다. 그리고 김씨 성을 가지고 있는 학생의 토익점수의 합을 알고 싶은 경우에는 "=SUMIF(D2:D16, "김*", F2:F16)"로 입력한다. 이는 '김'으로 시작하는 텍스트를 찾아 이에 대응하는 토익점수를 합한다는 의미이다.

그림 3-27 SUMIF 함수

B20 fx =SUMIF(D2:D16,"경영",F2:F16)

	A	B	C	D	E	F
1	번호	이름	성별	학과	출생지	토익점수
2	1	염철목	남	경영	부산	950
3	2	탁무용	남	경제	서울	580
4	3	도명환	남	회계	부산	730
5	4	박소연	여	무역	광주	725
6	5	김미나	여	무역	부산	648
7	6	전유안	여	경제	대구	782
8	7	이은정	여	경영	부산	527
9	8	이경희	여	회계	부산	583
10	9	박진희	여	회계	서울	823
11	10	이상일	남	무역	울산	780
12	11	김종탁	남	경영	부산	920
13	12	김민정	여	경영	대전	870
14	13	이승현	남	경제	대구	744
15	14	박창희	여	무역	김해	572
16	15	장성희	여	경영	부산	960
17						
18	SUMIF 함수					
19	[조건]	경영학과 학생의 토익점수의 합은 얼마인가?				
20	[결과]	4227	=SUMIF(D2:D16,"경영",F2:F16)			

바. SUMIFS 함수

SUMIFS 함수는 참조 범위 내의 데이터 중에 여러 가지 조건을 만족하는 모든 데이터를 합하여 결과를 계산한다.

함수식	= SUMIFS(Sum_range, Criteria_range1, Criteria1, [Criteria_range2, Criteria2], …)
인수설명	• Sum_range : 합계를 계산할 한 개 이상의 셀 범위로 숫자, 이름, 참조범위가 포함될 수 있다. 빈 값이나 텍스트 값은 무시 • Criteria_range1 : 조건을 적용할 범위 • Criteria : 숫자, 수식 또는 조건문으로 구성된 검색조건 • Criteria_range2, Criteria2, ... : 추가로 지정할 범위와 검색조건으로 최대 127개까지 지정

예를 들어, 부산 출신의 경영학과 남학생의 토익점수의 합을 알고 싶을 경우 SUMIFS 함수를 사용할 수 있다. 함수식은 "=SUMIF(F2:F16, C2:C16, "남", D2:D16, "경영", E2:E16, "부산")"로 입력한다. SUMIFS 함수는 AND 조건을 적용하여 다중 조건에 대한 합계를 계산한다.

그림 3-28 SUMIFS 함수

B20 =SUMIFS(F2:F16,C2:C16,"남",D2:D16,"경영",E2:E16,"부산")

	A	B	C	D	E	F	G	H
1	번호	이름	성별	학과	출생지	토익점수		
2	1	염철목	남	경영	부산	950		
3	2	탁무용	남	경제	서울	580		
4	3	도명환	남	회계	부산	730		
5	4	박소연	여	무역	광주	725		
6	5	김미나	여	무역	부산	648		
7	6	전유안	여	경제	대구	782		
8	7	이은정	여	경영	부산	527		
9	8	이경희	여	회계	부산	583		
10	9	박진희	여	회계	서울	823		
11	10	이상일	남	무역	울산	780		
12	11	김종탁	남	경영	부산	920		
13	12	김민정	여	경영	대전	870		
14	13	이승현	남	경제	대구	744		
15	14	박창희	여	무역	김해	572		
16	15	장성희	여	경영	부산	960		
17								
18	SUMIFS 함수							
19	[조건]	부산 출신의 경영학과 남학생의 토익점수의 합은 얼마인가?						
20	[결과]	1870	=SUMIFS(F2:F16,C2:C16,"남",D2:D16,"경영",E2:E16,"부산")					

4 찾기/참조 함수

찾기/참조 함수는 조건을 만족하는 값을 찾거나 참조할 수 있도록 지원하는 함수로 대표적으로 VLOOKUP, HLOOKUP, LOOKUP, MATCH, INDEX 등이 있다.

가. VLOOKUP/HLOOKUP 함수

VLOOKUP과 HLOOKUP 함수는 주어진 값이 참조목록에 포함되는지 검색하고 조건을 만족하는 값을 반환하는 함수이다. 다음 그림과 같이 학생들의 시험 성적에 각각의 가중치를 차등 부여할 때 사용할 수 있다. 중간고사와 기말고사에는 각각 35%를 반영하고, 과제에는 20%, 출석에는 10%를 반영한다.

먼저, 중간고사와 기말고사의 환산점수는 R2셀과 R3셀의 환산비율을 참조하여 계산하도록 한다. 즉, E2셀에는 "=D2*$R$2"를 입력하고, G2셀에는 "=F2*$R$3"을 입력한다. 출석은 전체 15주 동안 3시간씩 수업하였으므로 총 45시간(R4셀)의 수업이 이루어진다. 즉, 45시간을 모두 출석한 학생은 10점을 받을 수 있기 때문에 1시간 결석마다 0.22점(R5셀)씩 감점된다.

따라서 강태욱 학생의 출석점수를 구하기 위해 K2셀에 "=10-(($R$4-J2)*$R$5)"를 입력한다. 다른 방식으로 "=(출석/총시수)*10"을 입력하여도 무관하다. 그리고 합계를 구하기 위해 L2셀에 "=SUM(E2,G2,H2,I2,K2)"를 입력한다. 순위는 RANK.EQ 함수를 이용하여 합계가 높을수록 높은 등수가 표시하도록 "=RANK.EQ(L2,$L$2:$L$16)"을 입력한다.

그림 3-29 ▌ 중간, 기말, 출석, 합계, 순위 필드의 결과

No	이름	학과	중간고사	중간(35)	기말고사	기말(35)	과제1(10)	과제2(10)	출석시수	출석(10)	합계(100)	순위	성적	비고
1	강태욱	경영	90	31.5	85	29.75	10	10	42	9.34	90.59	5		
2	김성현	경영	75	26.25	80	28	6	8	30	6.7	74.95	12		
3	김영길	경영	80	28	85	29.75	10	10	45	10	87.75	6		
4	염철목	경영	85	29.75	90	31.5	10	10	45	10	91.25	4		
5	탁무용	경영	75	26.25	85	29.75	6	10	39	8.68	80.68	9		
6	도명환	경영	50	17.5	50	17.5	6	4	15	3.4	48.4	15		
7	박소연	경영	95	33.25	85	29.75	10	10	45	10	93	3		
8	이상일	경영	75	26.25	65	22.75	10	8	45	10	77	11		
9	김종탁	경영	95	33.25	100	35	10	10	45	10	98.25	1		
10	김미나	무역	80	28	90	31.5	8	10	42	9.34	86.84	7		
11	이은정	경영	70	24.5	70	24.5	8	6	39	8.68	71.68	13		
12	이승현	무역	75	26.25	80	28	10	10	39	8.68	82.93	8		
13	전유안	경영	60	21	70	24.5	4	6	25	5.6	61.1	14		
14	박종만	경제	70	24.5	75	26.25	8	10	42	9.34	78.09	10		
15	이경희	경영	90	31.5	100	35	10	8	42	9.34	93.84	2		

[평가기준]

중간고사	35%
기말고사	35%
총수업시수	45
결석점(1H)	0.22

[성적] VLOOKUP

점수	성적
0	F
70	C
75	C+
80	B
85	B+
90	A
95	A+

[비고] HLOOKUP

A+	A	B+	B	C+	C	F
*	*	*	*	*	재수강	재수강

그리고 성적과 비고(C학점 이하에는 '재수강'이라고 표시)는 VLOOKUP과 HLOOKUP 함수를 사용한다. VLOOKUP과 HLOOKUP 함수에서 LOOKUP은 사전적으로 검사를 의미하며, LOOKUP 앞의 약자 'V'와 'H'는 참조목록에서 값을 찾을 때 수직(vertical) 방향으로 찾을지 수평(horizon) 방향으로 찾는지에 따라서 달라진다. 즉, VLOOKUP 함수는 수직으로 입력된 참조목록에서 수직 방향으로 값을 찾을 때 사용하고, HLOOKUP 함수는 수평으로 입력된 참조목록에서 수평 방향으로 값을 찾을 때 사용한다.

함수식	= VLOOKUP(Lookup_value, Table_array, Col_index_num, [Range_lookup])
인수설명	• Lookup_value : 참조목록인 Table_array의 첫 번째 열에서 조회하고자 하는 값 • Table_array : Lookup_value로 선택된 값을 조회하는 참조목록 • Col_index_num : 수직 참조목록(Table_array)의 첫 번째 열에서 Lookup_value의 근삿값 또는 정확한 값을 찾았을 경우 같은 행에서 구하고자 하는 값이 있는 열의 번호 • [Range_lookup] : 근삿값을 찾는 경우 참(true : 기본값), 텍스트와 같이 정확히 일치하는 값을 찾을 경우 거짓(false)

본 예제에서의 성적(N2)은 합계(L2)에 따라 결과값을 차등 부여하도록 한다. 합계가 95점 이상이면 'A+', 90점 이상 'A', 85점 이상 'B+', 80점 이상 'B', 75점 이상 'C+', 70점 이상 'C', 그 외는 모두 'F'로 차등 부여하도록 한다.

성적을 구하기 위한 참조목록은 다음 그림과 같다. 이때 참조목록이 수직으로 작성되어 있기 때문에 VLOOKUP 함수를 사용한다. 참조목록을 작성할 때 주의할 점은 참조목록의 첫 번째 열(HLOOKUP일 경우에는 첫 번째 행)은 반드시 오름차순으로 정렬되어 있어야 한다.

그림 3-30 ▌ 참조목록

[성적]	VLOOKUP
점수	성적
0	F
70	C
75	C+
80	B
85	B+
90	A
95	A+

강태욱 학생의 성적(N2)을 구하기 위해 "=VLOOKUP(L2, $Q$9:$R$15, 2, TRUE)"로 입력한다. 이 구문은 강태욱 학생의 합계(L2)를 가지고 성적 참조목록(Q9:R15)의 첫 번째 열에서 근삿값을 찾아(TRUE), 이에 대응되는 두 번째 열(2)의 데이터(A)를 반환한다는 의미이다.

그림 3-31 ▌ VLOOKUP 함수

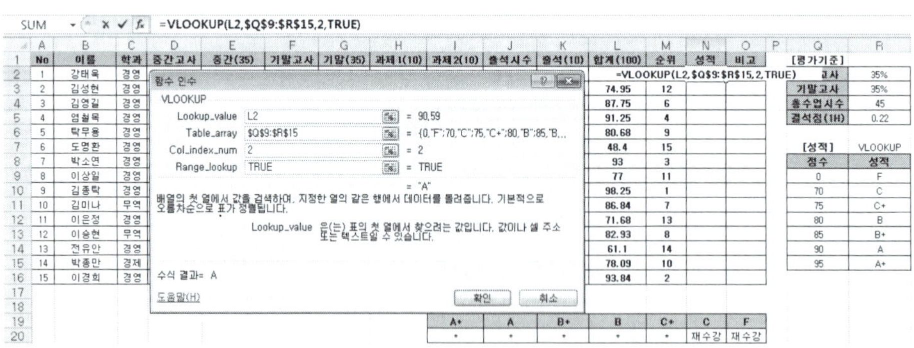

본 예제에서의 비고(O2)는 수강생의 성적(N2)에 따라 재수강 여부를 판단하고자

할 때 사용할 수 있다. 예를 들어, 성적이 'C' 등급일 경우 재수강 여부를 확인할 때 수평으로 입력된 참조목록을 참조하도록 한다. 즉 참조목록에서 'C'에 해당하는 값을 수평 방향으로 찾아 이에 대응되는 데이터를 가져오도록 HLOOKUP 함수를 사용한다.

함수식	= HLOOKUP(Lookup_value, Table_array, Row_index_num, [Range_lookup])
인수설명	• Lookup_value : 참조목록인 Table_array의 첫 번째 행에서 조회하고자 하는 값 • Table_array : Lookup_value로 선택된 값을 조회하는 참조목록 • Row_index_num : 수평 참조목록(Table_array)의 첫 번째 행에서 Lookup_value의 근삿값 또는 정확한 값을 찾았을 경우 같은 열에서 구하고자 하는 값이 있는 행의 번호 • [Range_lookup] : 근삿값을 찾는 경우 참(true : 기본값), 텍스트와 같이 정확히 일치하는 값을 찾을 경우 거짓(false)

강태욱 학생의 재수강 여부를 구하기 위해 "=HLOOKUP(N2, $I$19:$O$20, 2, FALSE)"로 입력한다. 이는 강태욱 학생의 성적(N2셀의 'A')으로 참조목록(I19:O20)의 첫 번째 행에서 조회하여 이에 대응되는 2번째 행의 값인 '*'를 표시하도록 한다. 이 때 주의할 점은 조회하는 값이 텍스트이기 때문에 [Range_lookup] 인수는 'FALSE'를 적용하여 정확하게 일치하는 값을 찾도록 한다.

그림 3-32 ▌ HLOOKUP 함수

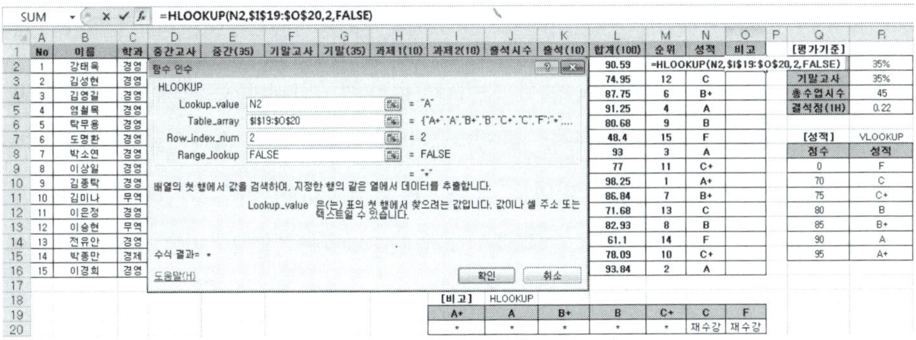

다음 그림은 본 예제에서 제시한 수강생들의 성적처리를 완료한 화면이다.

그림 3-33 VLOOKUP 함수와 HLOOKUP 함수 결과

	A	B	C	D	E	F	G	H	I	J	K	L	M	N	O
1	No	이름	학과	중간고사	중간(35)	기말고사	기말(35)	과제1(10)	과제2(10)	출석시수	출석(10)	합계(100)	순위	성적	비고
2	1	강태욱	경영	90	31.5	85	29.75	10	10	42	9.34	90.59	5	A	*
3	2	김성현	경영	75	26.25	80	28	6	8	30	6.7	74.95	12	C	재수강
4	3	김영길	경영	80	28	85	29.75	10	10	45	10	87.75	6	B+	*
5	4	염철목	경영	85	29.75	90	31.5	10	10	45	10	91.25	4	A	*
6	5	탁무용	경영	75	26.25	85	29.75	6	10	39	8.68	80.68	9	B	*
7	6	도명환	경영	50	17.5	50	17.5	6	4	15	3.4	48.4	15	F	재수강
8	7	박소연	경영	95	33.25	85	29.75	10	10	45	10	93	3	A	*
9	8	이상일	경영	75	26.25	65	22.75	10	8	45	10	77	11	C+	*
10	9	김종탁	경영	95	33.25	100	35	10	10	45	10	98.25	1	A+	*
11	10	김미나	무역	80	28	90	31.5	8	10	42	9.34	86.84	7	B+	*
12	11	이은정	경영	70	24.5	70	24.5	8	6	39	8.68	71.68	13	C	재수강
13	12	이승현	무역	75	26.25	80	28	10	10	39	8.68	82.93	8	B	*
14	13	전유안	경영	60	21	70	24.5	4	6	25	5.6	61.1	14	F	재수강
15	14	박종만	경제	70	24.5	75	26.25	8	10	42	9.34	78.09	10	C+	*
16	15	이경희	경영	90	31.5	100	35	10	8	42	9.34	93.84	2	A	*

나. LOOKUP 함수

LOOKUP 함수는 한 열(행)이나 여러 열(행)에서 조건을 만족하는 값을 구하는 함수로 벡터형과 배열형의 두 가지가 있다. 먼저, 벡터형 LOOKUP은 한 열(행)의 참조범위에서 값을 조회하고, 이에 대응되는 열(행)의 값을 반환한다. 즉, 값을 조회하는 영역과 반환될 값을 가진 셀 영역을 각각 따로 지정하는 방식이다.

함수식	[벡터형] = LOOKUP(Lookup_value, Lookup_vector, [Result_vector])
인수설명	• Lookup_value : Lookup_vector의 첫째 행 또는 열 범위에서 검색하는 값 • Lookup_vector : Lookup_value를 조회하는 한 행 또는 한 열만 포함하는 범위 • [Result_vector] : Lookup_vector와 크기가 같은 한 행 또는 한 열에 대응되는 범위

예를 들어, 합계가 80점일 때 예상 순위가 어느 정도인지 또는 합계가 70점일 때 재수강 여부 등을 판단할 때 사용할 수 있다. 이때 주의할 점은 수강생들 가운데 최저점수가 48.4점이므로 최저점수 미만의 값을 [Lookup_value] 인수에 입력하면 '#N/A' 오류가 발생한다. 또한, 조건을 조회하는 [Lookup_vector] 인수는 반드시 오름차순으로 정렬되어 있어야 올바른 결과를 얻을 수 있다.

합계에 따른 예상 순위를 알고자 할 경우 특정 값(80점)은 먼저 합계를 조회해야 하므로 [Lookup_vector] 인수로 "L2:L16"을 입력하고, 다음으로 조회 결과에 대응하는 순위를 알고 싶기 때문에 [Result_vector] 인수로 "M2:M16"을 입력한다. 벡터형

LOOKUP 함수를 사용한 결과 합계가 80점일 때 '10' 등으로 예상되며, 합계가 60점일 때 '재수강'이 예상된다.

그림 3-34 벡터형 LOOKUP 함수

B23 =LOOKUP(60,L2:L16,O2:O16)

No	이름	학과	중간고사	중간(35)	기말고사	기말(35)	과제1(10)	과제2(10)	출석시수	출석(10)	합계(100)	순위	성적	비고
6	도명환	경영	50	17.5	50	17.5	6	4	15	3.4	48.4	15	F	재수강
13	전유안	경영	60	21	70	24.5	4	6	25	5.6	61.1	14	F	재수강
11	이은정	경영	70	24.5	70	24.5	8	6	39	8.68	71.68	13	C	재수강
2	김성현	경영	75	26.25	80	28	6	8	30	6.7	74.95	12	C	재수강
8	이상일	경영	75	26.25	65	22.75	10	8	45	10	77	11	C+	*
14	박종만	경제	70	24.5	75	26.25	8	10	42	9.34	78.09	10	C+	*
5	탁무용	경영	75	26.25	85	29.75	6	10	39	8.68	80.68	9	B	*
12	이승현	무역	75	26.25	80	28	10	10	39	8.68	82.93	8	B	*
10	김미나	무역	80	28	90	31.5	8	10	42	9.34	86.84	7	B+	*
3	김영길	경영	80	28	85	29.75	10	10	45	10	87.75	6	B+	*
1	강태욱	경영	90	31.5	85	29.75	10	10	42	9.34	90.59	5	A	*
4	염철목	경영	85	29.75	90	31.5	10	10	45	10	91.25	4	A	*
7	박소연	경영	95	33.25	85	29.75	10	10	45	10	93	3	A	*
15	이경희	경영	90	31.5	100	35	10	8	42	9.34	93.84	2	A	*
9	김종탁	경영	95	33.25	100	35	10	10	45	10	98.25	1	A+	*

[평가기준]

중간고사	35%
기말고사	35%
총수업시수	45
결석점(1H)	0.22

[성적] VLOOKUP

점수	성적
0	F
70	C
75	C+
80	B
85	B+
90	A
95	A+

[비고] HLOOKUP

A+	A	B+	B	C+	C	F
*	*	*	*	*	재수강	재수강

LOOKUP함수 (벡터형)

[조건] 합계가 80점일 경우 예상되는 순위는 얼마인가?

[결과] 10 =LOOKUP(80,L2:L16,M2:M16)

[조건] 합계가 60점일 경우 재수강 여부는 어떻게 되는가?

[결과] 재수강 =LOOKUP(60,L2:L16,O2:O16)

두 번째, 배열형 LOOKUP은 벡터형 LOOKUP과 참조범위를 다르게 설정한다. 즉 벡터형 LOOKUP은 참조범위가 되는 조회 열(행)과 이에 대응하는 결과 열(행)을 각각 따로 설정하는 데 반해, 배열형 LOOKUP은 참조범위가 되는 조회하는 열(행)과 대응하는 결과 열(행)을 하나의 연속된 범위로 설정한다. 다시 말해 배열형 LOOKUP은 조건을 만족하는 한 열(행)을 찾아 이에 대응하는 참조범위의 마지막 열(행)의 값을 반환하는 것으로 참조범위의 시작 열(행)은 값을 조회하는 영역이 되고 참조범위가 끝나는 열(행)은 반환될 값을 포함한 영역이 된다.

함수식	[배열형] = LOOKUP(Lookup_value, Array)
인수설명	• Lookup_value : LOOKUP으로 지정된 인수가 첫 번째 배열에서 검색하는 값 • Array : Lookup_value와 비교할 텍스트, 숫자 또는 논리값을 포함하는 셀의 참조범위

예를 들어, 합계가 75점일 때 예상 성적을 확인하기 위해 "=LOOKUP(75, L2:N16)"을 입력하면 그 결과가 'C'임을 알 수 있는데, [Array] 인수의 참조범위는 합계(75점)

가 조회하는 영역인 L열을 시작으로 이에 대응하는 값을 반환하는 열인 N열까지 설정해야 하며 데이터 부분만 지정하기 위해 L열의 시작인 L2부터 N열의 끝인 N16까지를 참조범위로 입력한다.

그림 3-35 ▌ 배열형 LOOKUP 함수

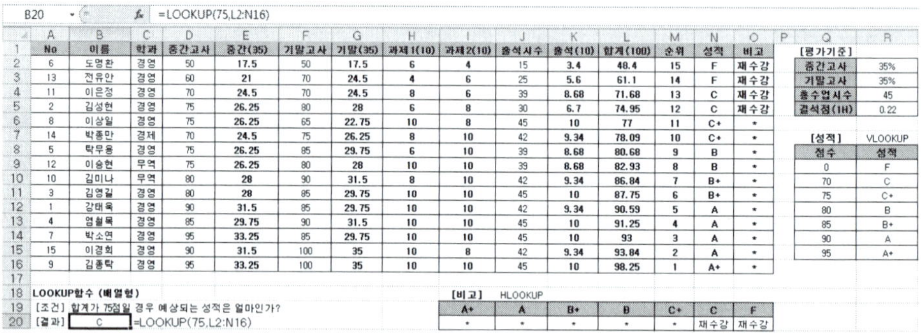

B20 =LOOKUP(75,L2:N16)

No	이름	학과	중간고사	중간(35)	기말고사	기말(35)	과제1(10)	과제2(10)	출석시수	출석(10)	합계(100)	순위	성적	비고
6	도명환	경영	50	17.5	50	17.5	6	4	15	3.4	48.4	15	F	재수강
13	전유안	경영	60	21	70	24.5	4	6	25	5.6	61.1	14	F	재수강
11	이은정	경영	70	24.5	70	24.5	8	6	39	8.68	71.68	13	C	재수강
2	김성현	경영	75	26.25	80	28	6	8	30	6.7	74.95	12	C	재수강
8	이상일	경영	75	26.25	65	22.75	10	8	45	10	77	11	C+	*
14	박종만	경제	70	24.5	75	26.25	8	10	42	9.34	78.09	10	C+	*
5	탁무용	경영	75	26.25	85	29.75	6	10	39	8.68	80.68	9	B	*
12	이승현	무역	75	26.25	80	28	10	10	39	8.68	82.93	8	B	*
10	김미나	무역	80	28	90	31.5	8	10	42	9.34	86.84	7	B+	*
3	김영길	경영	80	28	85	29.75	10	10	45	10	87.75	6	B+	*
1	강태욱	경영	90	31.5	85	29.75	10	10	42	9.34	90.59	5	A	*
4	염철목	경영	85	29.75	90	31.5	10	10	45	10	91.25	4	A	*
7	박소연	경영	95	33.25	85	29.75	10	10	45	10	93	3	A	*
15	이경희	경영	90	31.5	100	35	10	8	42	9.34	93.84	2	A	*
9	김종탁	경영	95	33.25	100	35	10	10	45	10	98.25	1	A+	*

LOOKUP함수 (배열형)
[조건] 합계가 75점일 경우 예상되는 성적은 얼마인가?
[결과] C =LOOKUP(75,L2:N16)

[평가기준]

중간고사	35%
기말고사	35%
총수업시수	45
결석점(1H)	0.22

[성적] VLOOKUP

점수	성적
0	F
70	C
75	C+
80	B
85	B+
90	A
95	A+

[비고] HLOOKUP

A+	A	B+	B	C+	C	F
*	*	*	*	*	재수강	재수강

다. MATCH 함수

MATCH 함수는 한 열(행)의 셀 영역에서 조건을 조회하고, 해당 영역의 시작(첫 번째) 셀부터 조건의 상대적 위치를 반환한다.

함수식	= MATCH(Lookup_value, Lookup_array, [Match_type])
인수설명	• Lookup_value : Lookup_array에서 찾으려는 값(대소문자의 구분 없이 사번, 이름, 코드 등의 숫자, 텍스트, 논리값 또는 셀 참조) • Lookup_array : Lookup_Value가 포함된 셀들의 범위(이때, Lookup_array는 배열 또는 배열 참조) • [Match_type] : lookup_array에서 lookup_value를 찾는 방법으로 -1, 0, 1 세 가지가 있다. 생략하면 1로 간주한다. ※ 참고 ① [Match_type]이 1일 경우 lookup_value보다 작거나 같은 값 중 가장 큰 값을 찾는다(lookup_array는 반드시 오름차순 정렬) ② [Match_type]이 0일 경우 Lookup_value와 정확하게 일치하는 값을 찾는다. ③ [Match_type]이 -1일 경우 Lookup_value보다 크거나 같은 값 중 가장 작은 값을 찾는다(lookup_array는 반드시 내림차순 정렬)

예를 들어, 도명환 학생의 이름이 B열에서 몇 번째에 위치하는지 알고자 할 경우

사용할 수 있다. 이를 위해 "=MATCH("도명환", B2:B16, 0)"으로 함수식을 입력하면, 그 결과 해당 레코드가 6행에 있음을 알 수 있다. 본 예제에서는 데이터의 수에 맞추어 조회하기 위해 B1셀(이름)은 참조범위에서 제외하였다.

그림 3-36 ▌ MATCH 함수의 적용

B20 =MATCH("도명환",B2:B16,0)

	A	B	C	D	E	F	G	H	I	J	K	L	M	N	O
1	No	이름	학과	중간고사	중간(35)	기말고사	기말(35)	과제1(10)	과제2(10)	출석시수	출석(10)	합계(100)	순위	성적	비고
2	1	강태욱	경영	90	31.5	85	29.75	10	10	42	9.34	90.59	5	A	*
3	2	김성현	경영	75	26.25	80	28	6	8	30	6.7	74.95	12	C	재수강
4	3	김영길	경영	80	28	85	29.75	10	10	45	10	87.75	6	B+	*
5	4	염철목	경영	85	29.75	90	31.5	10	10	45	10	91.25	4	A	*
6	5	탁무용	경영	75	26.25	85	29.75	6	10	39	8.68	80.68	9	B	*
7	6	도명환	경영	50	17.5	50	17.5	6	4	15	3.4	48.4	15	F	재수강
8	7	박소연	경영	95	33.25	85	29.75	10	10	45	10	93	3	A	*
9	8	이상일	경영	75	26.25	65	22.75	10	8	45	10	77	11	C+	*
10	9	김종탁	경영	95	33.25	100	35	10	10	45	10	98.25	1	A+	*
11	10	김미나	무역	80	28	90	31.5	8	10	42	9.34	86.84	7	B+	*
12	11	이은정	경영	70	24.5	70	24.5	8	6	39	8.68	71.68	13	C	재수강
13	12	이승현	무역	75	26.25	80	28	10	10	39	8.68	82.93	8	B	*
14	13	전유안	경영	60	21	70	24.5	4	6	25	5.6	61.1	14	F	재수강
15	14	박종만	경제	70	24.5	75	26.25	8	10	42	9.34	78.09	10	C+	*
16	15	이경희	경영	90	31.5	100	35	10	8	42	9.34	93.84	2	A	*
17															
18	MATCH 함수								[비고]	HLOOKUP					
19	[조건]	도명환 학생의 이름이 이름 필드에서 몇번째에 위치하는가?							A+	A	B+	B	C+	C	F
20	[결과]	6	=MATCH("도명환",B2:B16,0)						*	*	*	*	*	재수강	재수강

라. INDEX 함수

INDEX 함수는 참조범위에서 주어진 위치에 해당하는 값을 반환하는 함수로 배열형과 참조형의 두 가지가 있다. 먼저, 배열형 INDEX 함수는 셀 영역에서 좌측 최상단을 기준으로 N번째 셀 값 또는 N행 M열 번째 셀 값을 반환한다.

함수식	[배열형] = INDEX(Array, Row_num, [Column_num])
인수설명	• Array : 가져올 값이 있는 셀 범위나 배열 상수를 의미한다. 배열에 행이나 열이 하나만 있을 때는 Row_num이나 Column_num 인수의 생략이 가능하다. • Row_num : 가져올 행 수 • Column_num : 가져올 열 수

예를 들어, 특정 셀 범위 B2:B16에서 6번째 값을 조회할 경우에 "=INDEX(B2:B16, 6, 1)"로 입력한다. 이는 이름 필드가 있는 B2:B16 범위에서 6번째 행 값을 반환하라는 의미이다. 이 결과 '도명환' 학생임을 알 수 있다. 다음으로 셀 범위 A2:E16에서 3행 4열에 있는 값을 알기 위해서는 "=INDEX(A2:E16, 3, 4)"로 입력하면 D4셀의

'80'을 반환한다.

그림 3-37 배열형 INDEX 함수

B23 =INDEX(A2:E16,3,4)

No	이름	학과	중간고사	중간(35)	기말고사	기말(35)	과제1(10)	과제2(10)	출석시수	출석(10)	합계(100)	순위	성적	비고
1	강태욱	경영	90	31.5	85	29.75	10	10	42	9.34	90.59	5	A	*
2	김성현	경영	75	26.25	80	28	6	8	30	6.7	74.95	12	C	재수강
3	김영길	경영	80	28	85	29.75	10	10	45	10	87.75	6	B+	*
4	염철목	경영	85	29.75	90	31.5	10	10	45	10	91.25	4	A	*
5	탁무용	경영	75	26.25	85	29.75	6	10	39	8.68	80.68	9	B	*
6	도명환	경영	50	17.5	50	17.5	6	4	15	3.4	48.4	15	F	재수강
7	박소연	경영	95	33.25	85	29.75	10	10	45	10	93	3	A	*
8	이상일	경영	75	26.25	65	22.75	10	8	45	10	77	11	C+	*
9	김종탁	경영	95	33.25	100	35	10	10	45	10	98.25	1	A+	*
10	김미나	무역	80	28	90	31.5	8	10	42	9.34	86.84	7	B+	*
11	이은정	경영	70	24.5	70	24.5	8	6	39	8.68	71.68	13	C	재수강
12	이승현	무역	75	26.25	80	28	10	10	39	8.68	82.93	8	B	*
13	전유안	경영	60	21	70	24.5	4	6	25	5.6	61.1	14	F	재수강
14	박종만	경제	70	24.5	75	26.25	8	10	42	9.34	78.09	10	C+	*
15	이경희	경영	90	31.5	100	35	10	8	42	9.34	93.84	2	A	*

INDEX 함수 (배열형)

[조건] 셀 범위 C2:C16에서 6번째의 값은 얼마인가?

[결과] 도명환 =INDEX(B2:B16,6,1)

[조건] 셀 범위 A2:E16에서 3행 4열에 있는 값은 얼마인가?

[결과] 80 =INDEX(A2:E16,3,4)

[비고] HLOOKUP

A+	A	B+	B	C+	C	F
*	*	*	*	*	재수강	재수강

다음으로 참조형 INDEX 함수는 셀 영역에서 주어진 조건의 위치 값을 반환하는 것은 배열형 INDEX 함수와 유사하나 따로 떨어져 있는 영역을 지정하여 위치 값을 반환할 수 있다.

함수식	[참조형] = INDEX(Reference, Row_num, [Column_num], [Area_num])
인수설명	• Reference : 셀의 참조범위(영역별 참조범위를 콤마(,)로 구분하여 설정할 수 있음) • Row_num : 참조범위에서 행의 수 • Column_num : 참조범위에서 열의 수 • Area_num : 행과 열이 만나는 셀의 값을 반환하기 위한 참조의 범위를 의미함. • Reference 인수가 다수의 참조범위를 가지고 있을 경우 나열된 참조범위의 순서에 따라 번호를 매기게 됨

예를 들어, 중간고사 영역(D2:E16)과 기말고사 영역(F2:G16)으로 두 군데를 지정하고, 기말고사 영역의 3행 2열에서 위치 값을 반환하고자 할 때 다음과 같이 사용할 수 있다. 함수식은 "=INDEX((D2:E16,F2:G16), 3, 2, 2)"로 입력하며, 셀 영역 D2:E16

과 F2:G16에서 [Area_num] 인수를 '2'로 지정하였기 때문에 두 번째 영역인 기말고사 영역(F2:G16)의 3행 2열의 값을 찾아 '29.75'를 반환한다.

그림 3-38 ▌ 참조형 INDEX 함수

B21 | =INDEX((D2:E16,F2:G16),3,2,2)

	A	B	C	D	E	F	G	H	I	J	K	L	M	N	O
1	No	이름	학과	중간고사	중간(35)	기말고사	기말(35)	과제1(10)	과제2(10)	출석시수	출석(10)	합계(100)	순위	성적	비고
2	1	강태욱	경영	90	31.5	85	29.75	10	10	42	9.34	90.59	5	A	*
3	2	김성현	경영	75	26.25	80	28	6	8	30	6.7	74.95	12	C	재수강
4	3	김영길	경영	80	28	85	29.75	10	10	45	10	87.75	6	B+	*
5	4	염철목	경영	85	29.75	90	31.5	10	10	45	10	91.25	4	A	*
6	5	탁무용	경영	75	26.25	85	29.75	6	10	39	8.68	80.68	9	B	*
7	6	도명환	경영	50	17.5	50	17.5	6	4	15	3.4	48.4	15	F	재수강
8	7	박소연	경영	95	33.25	85	29.75	10	10	45	10	93	3	A	*
9	8	이상일	경영	75	26.25	65	22.75	10	8	45	10	77	11	C+	*
10	9	김종탁	경영	95	33.25	100	35	10	10	45	10	98.25	1	A+	*
11	10	김미나	무역	80	28	90	31.5	8	10	42	9.34	86.84	7	B+	*
12	11	이은정	경영	70	24.5	70	24.5	8	6	39	8.68	71.68	13	C	재수강
13	12	이승현	무역	75	26.25	80	28	10	10	39	8.68	82.93	8	B	*
14	13	전유안	경영	60	21	70	24.5	4	6	25	5.6	61.1	14	F	재수강
15	14	박종만	경제	70	24.5	75	26.25	8	10	42	9.34	78.09	10	C+	*
16	15	이경희	경영	90	31.5	100	35	10	8	42	9.34	93.84	2	A	*
17															
18	INDEX 함수 (참조형)								[비고]	HLOOKUP					
19	[조건]	두 영역으로 구성된 셀 범위 중간(D2:E16) 점수영역과 기말(F2:G16) 점수영역에서							A+	A	B+	B	C+	C	F
20		기말영역의 3행 2열의 값은 얼마인가?							*	*	*	*	*	재수강	재수강
21	[결과]	29.75	=INDEX((D2:E16,F2:G16),3,2,2)												

마. CHOOSE 함수

CHOOSE 함수는 여러 값 가운데 하나를 선택하는 함수로 '=CHOOSE(6, "사장", "이사", "부장", "차장", "과장", "대리", "사원")'의 함수식에서 [Index_num] 인수가 "6"으로 입력하였으므로 [Value6] 인수 값인 '대리'를 결과로 반환한다.

함수식	= CHOOSE(Index_num, Value1, Value2, ...)
인수설명	• Index_num : Value1, Value2, ... 중 선택할 값을 지정하는 인수로 Index_num이 1이면 Value1을, 2이면 Value2를 반환한다. • Value1, Value2... : 수식, 문자열, 참조 등을 의미하며 29개까지 입력할 수 있다 ※ Index_num이 1보다 작거나 목록의 마지막 값의 수보다 크면 #VALUE! 오류가 발생한다(index_num이 분수이면 소수점 이하를 잘라 정수로 변환한다).

어른패드의 향후 6개월 동안의 판매 추세를 다음 그림과 같이 세 가지 유형으로 분류하여 판매수익을 예측하는 예를 활용하여 CHOOSE 함수의 활용방법을 살펴보자.

판매량을 A형 추세, B형 추세, C형 추세의 세 유형으로 설정하고 판매가를 고정, 변동, 증가의 세 가지 유형으로 설정하여 각 유형에 따른 예상 수익을 알고자 할 경우 다음 그림과 같이 CHOOSE 함수를 사용할 수 있다.

본 예제에서의 B4셀과 B5셀은 세 가지 유형의 [판매량]과 [판매가]에서 사용자가 알고자하는 유형을 쉽게 변경할 수 있도록 설정해 놓은 셀이다. 즉 B4셀에는 [판매량]의 세 가지 유형 중 사용자가 알고자하는 유형의 해당 숫자를 입력하고, B5셀에는 [판매량]과 마찬가지로 [판매가]의 세 가지 유형 중 사용자가 알고자하는 유형의 해당 숫자를 입력한다.

그림 3-39 CHOOSE 함수를 위한 데이터

	A	B	C	D	E	F	G
1	어른패드 예상 판매 수익표						
2							
3							
4	[판매량] 예상	3					
5	[판매가] 전략	2					
6							
7	[판매량]	1월	2월	3월	4월	5월	6월
8	1. A형 추세	95	105	110	118	125	130
9	2. B형 추세	100	90	80	100	150	140
10	3. C형 추세	110	110	121	133	146	146
11							
12	[판매가]	1월	2월	3월	4월	5월	6월
13	1. 고정	11	11	11	11	11	11
14	2. 변동	10	11	10	12	13	11
15	3. 증가	9	9	11	11	12	12
16							
17	[판매수익]	1월	2월	3월	4월	5월	6월
18	판매량						
19	판매가격						
20	판매수익						

판매량(B18)을 구하기 위해 CHOOSE 함수를 입력하기 전에 우선 B4셀과 B5셀에 1~3 사이의 값을 입력한다. 이때 입력 값을 3 이상으로 입력하거나 값을 입력하지 않으면 '#VALUE!' 에러가 발생하므로 주의한다.

다음으로 [판매수익]에서 1월 판매량을 구하기 위해 B18셀에 "=CHOOSE($B$4, B8, B9, B10)"을 입력한다. 이는 '[판매량] 예상'을 나타내는 B4 셀에 [판매량]의 A, B, C형의 세 가지 추세 중 한 값을 입력하면 그 값이 [Index_num] 인수가 되고, B8, B9, B10셀의 값 중 하나를 B18셀에 반환되도록 한다. 이때 2월부터 6월까지의 판매량을 [자동 채우기]를 이용하여 동일하게 적용하기 위해 B4셀은 절대참조($B$4)가 되어야 한다.

그림 3-40 CHOOSE 함수 – 판매량

SUM =CHOOSE($B$4,B8,B9,B10)

	A	B	C	D	E	F	G
1	어른패드 예상 판매 수익표						
2							
3							
4	[판매량] 예상	3					
5	[판매가] 전략	2					
6							
7	[판매량]	1월	2월	3월	4월	5월	6월
8	1. A형 추세	95	105	110	118	125	130
9	2. B형 추세	100	90	80	100	150	140
10	3. C형 추세	110	110	121	133	146	146
11							
12	[판매가]	1월	2월	3월	4월	5월	6월
13	1. 고정	11	11	11	11	11	11
14	2. 변동	10	11	10	12	13	11
15	3. 증가	9	9	11	11	12	12
16							
17	[판매수익]	1월	2월	3월	4월	5월	6월
18	판매량	=CHOOSE($B$4,B8,B9,B10)					
19	판매가격	CHOOSE(index_num, value1, [value2], [value3], [value4], [value5], ...)					
20	판매수익						

다음으로 [판매수익]에서 1월 판매가격을 구하기 위해 B19셀에 "=CHOOSE($B$5, B13, B14, B15)"를 입력한다. 이는 '[판매가] 전략'을 나타내는 B5셀에 [판매가]의 고정, 변동, 증가 세 가지 유형 중 하나의 값을 입력하면 그 값이 [Index_num] 인수가 되고, B13, B14, B15셀 값 중에 하나를 B19셀에 반환하도록 한다. 이때 2월부터 6월까지의 판매가격을 [자동 채우기]를 이용하여 동일하게 적용하기 위해 B5셀은 절대참조($B$5)가 되어야 한다.

그림 3-41 CHOOSE 함수 – 판매가격

SUM =CHOOSE($B$5,B13,B14,B15)

	A	B	C	D	E	F	G
1	어른패드 예상 판매 수익표						
2							
3							
4	[판매량] 예상	3					
5	[판매가] 전략	2					
6							
7	[판매량]	1월	2월	3월	4월	5월	6월
8	1. A형 추세	95	105	110	118	125	130
9	2. B형 추세	100	90	80	100	150	140
10	3. C형 추세	110	110	121	133	146	146
11							
12	[판매가]	1월	2월	3월	4월	5월	6월
13	1. 고정	11	11	11	11	11	11
14	2. 변동	10	11	10	12	13	11
15	3. 증가	9	9	11	11	12	12
16							
17	[판매수익]	1월	2월	3월	4월	5월	6월
18	판매량	110	110	121	133	146	146
19	판매가격	=CHOOSE($B$5,B13,B14,B15)					
20	판매수익	CHOOSE(index_num, value1, [value2], [value3], [value4], [value5], ...)					

다음으로 [판매수익]을 구하기 위해 1월의 판매수익(B20)에 "=B18*B19"을 입력한다.

그림 3-42 ▌ 판매수익 수식

	[판매수익]	1월	2월	3월	4월	5월	6월
18	판매량	95	105	110	116	125	130
19	판매가격	11	11	11	11	11	11
20	판매수익	=B18*B19					

모든 수식의 입력이 완료되면 다음 그림과 같이 향후 6개월간 어른패드의 예상 판매수익을 알 수 있다. 그리고 B4셀과 B5셀의 값을 변경하여 언제든지 다양한 판매수익의 추세를 확인할 수 있다.

그림 3-43 ▌ 판매수익 결과

	A	B	C	D	E	F	G
1	어른패드 예상 판매 수익표						
2							
3							
4	[판매량] 예상	3					
5	[판매가] 전략	2					
6							
7	[판매량]	1월	2월	3월	4월	5월	6월
8	1. A형 추세	95	105	110	116	125	130
9	2. B형 추세	100	90	80	100	150	140
10	3. C형 추세	110	110	121	133	146	146
11							
12	[판매가]	1월	2월	3월	4월	5월	6월
13	1. 고정	11	11	11	11	11	11
14	2. 변동	10	11	10	12	13	11
15	3. 증가	9	9	11	11	12	12
16							
17	[판매수익]	1월	2월	3월	4월	5월	6월
18	판매량	110	110	121	133	146	146
19	판매가격	10	11	10	12	13	11
20	판매수익	1,100	1,210	1,210	1,596	1,898	1,606

바. OFFSET 함수

OFFSET 함수는 참조한 셀이나 셀의 범위에서 지정한 수의 행과 열만큼 떨어져 있는 셀의 값을 반환하는 함수이다.

함수식	=OFFSET(Reference, Rows, Cols, [Height], [Width])
인수설명	• Reference : 참조할 셀 또는 참조범위 • Rows : 이동할 행의 수(양수는 아래로 이동, 음수는 위로 이동) • Cols : 이동할 열의 수(양수는 오른쪽으로 이동, 음수는 왼쪽으로 이동) • Height : 구하는 데이터의 행의 개수를 의미하며, 반드시 양수여야 한다. • Width : 구하는 데이터의 열의 개수를 의미하며, 반드시 양수여야 한다.

예를 들어, 다음 그림과 같이 A1셀에 "=OFFSET(C3, 1, 2)"로 입력하면, C3셀을 기준으로 아래쪽으로 1행, 오른쪽으로 2열의 E4셀의 값을 참조하여 '7'을 결과로 반환한다.

그림 3-44 ▌ OFFSET 함수 - 양수 값

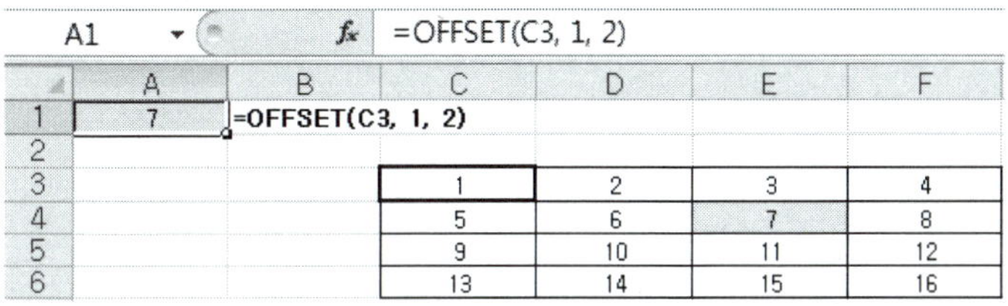

다음으로 A1셀에 "=OFFSET(F6, −3, −3)"로 입력하면, F6셀을 기준으로 위쪽으로 3행, 왼쪽으로 3열의 C1셀의 값을 참조하여 '1'을 결과로 반환한다.

그림 3-45 ▌ OFFSET 함수 - 음수 값

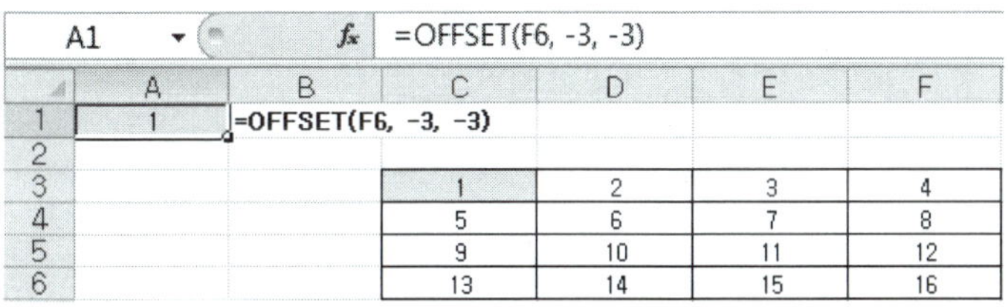

OFFSET 함수는 SUM, MIN, MAX, AVERAGE 함수 등과 같이 사용하여 지정한 셀 범위의 값을 계산할 수 있다. 예를 들어 '=SUM(OFFSET(C3, 1, 2, 2, 2))'는 C3셀을 기준으로 아래쪽으로 1행, 오른쪽으로 2열의 E4셀을 선택한 후 다시 E4셀을 기준으로 E4셀을 포함한 2개의 행과 2개의 열을 가진 E4에서 F5까지의 범위를 참조하여 합계를 구하라는 의미로 '38'을 결과로 반환한다.

그림 3-46 ▌ SUM 함수와 OFFSET 함수

A1 | fx | =SUM(OFFSET(C3,1,2,2,2))

	A	B	C	D	E	F
1	38	=SUM(OFFSET(C3,1,2,2,2))				
2						
3			1	2	3	4
4			5	6	7	8
5			9	10	11	12
6			13	14	15	16

다른 예를 들어 보면, 앞서 '어른패드 예상 판매 수익표'에서 월별 판매수익을 조회하여 표시할 수 있도록 OFFSET 함수를 사용하면 다음 그림과 같다.

그림 3-47 ▌ OFFSET 함수 - 어른패드 예상 판매 수익표

	A	B	C	D	E	F	G
1	어른패드 예상 판매 수익표						
2							
3							
4	[판매량] 예상	3					
5	[판매가] 전략	2					
6							
7	[판매량]	1월	2월	3월	4월	5월	6월
8	1. A형 추세	95	105	110	118	125	130
9	2. B형 추세	100	90	80	100	150	140
10	3. C형 추세	110	110	121	133	146	146
11							
12	[판매가]	1월	2월	3월	4월	5월	6월
13	1. 고정	11	11	11	11	11	11
14	2. 변동	10	11	10	12	13	11
15	3. 증가	9	9	11	11	12	12
16							
17	[판매수익]	1월	2월	3월	4월	5월	6월
18	판매량						
19	판매가격						
20	판매수익						
21							
22							
23	검색 월 :						
24	월 예상 판매수익 :						

B23셀은 검색할 월을 입력할 수 있도록 비워 두고, A24셀에는 "=B23&"월 예상 판매수익" "으로 입력한다. 이는 B23셀에 입력된 값을 가져와 A24 셀의 문자열과 함께 표시되도록 하기 위함이며, 셀 값과 문자열을 함께 표시할 경우에는 '&'를 사용하여 연결한다.

그림 3-48 OFFSET 함수 결과

B24 =OFFSET(A17,3,B23)

	A	B	C	D	E	F	G
1	어른패드 예상 판매 수익표						
2							
3							
4	[판매량] 예상	3					
5	[판매가] 전략	2					
6							
7	[판매량]	1월	2월	3월	4월	5월	6월
8	1. A형 추세	95	105	110	116	125	130
9	2. B형 추세	100	90	80	100	150	140
10	3. C형 추세	110	110	121	133	146	146
11							
12	[판매가]	1월	2월	3월	4월	5월	6월
13	1. 고정	11	11	11	11	11	11
14	2. 변동	10	11	10	12	13	11
15	3. 증가	9	9	11	11	12	12
16							
17	**[판매수익]**	**1월**	**2월**	**3월**	**4월**	**5월**	**6월**
18	**판매량**	110	110	121	133	146	146
19	**판매가격**	10	11	10	12	13	11
20	**판매수익**	1,100	1,210	1,210	1,596	1,898	1,606
21							
22							
23	**검색 월 :**	5					
24	**5월 예상 판매수익 :**	**1,898**					

이때 B24셀에 "=OFFSET(A17, 3, B23)"으로 입력하면, A17셀을 기준으로 아래쪽으로 3행 이동하고 오른쪽(왼쪽)으로 B23셀에 입력한 값만큼 이동한 위치의 셀 값을 참조한다. 즉, 월별 판매수익이 있는 셀(B20:G20)을 조회하도록 하는데 B23셀에 입력된 값인 '5'에 따라서 5월의 예상 판매수익이 1,898원임을 알 수 있다.

5 논리 함수

논리함수는 주어진 조건을 확인하고 그 결과를 반환하는 함수로 IF, AND, OR, NOT 등이 있다.

가. IF 함수

IF 함수는 지정한 조건에 대해 참(true)과 거짓(false)을 판별할 때 사용하는 함수이다.

함수식	= IF(Logical_test, Value_if_true, Value_if_false)
인수설명	• Logical_test : 참과 거짓을 판정하는 논리식 • Value_if_true : 논리식의 판정결과 참일 경우 나타내어야 하는 값 • Value_if_false : 논리식의 판정결과 거짓일 경우 나타내어야 하는 값

본 예제는 삼손(주) 대리점별 주문금액 및 방식에 관한 데이터로 이 업체에서는 주문량에 따라 주문방식을 차별화하려고 한다. 이를 위한 계산방법은 다음 그림과 같다.

그림 3-49 삼손(주) 대리점별 주문금액 및 방식

삼손㈜ 대리점별 주문금액 및 방식

주문일자	대리점	자재코드	수량	단가	세전금액	세금	주문금액	비고	주문방식
2007-10-02	부산	M2001	205	₩ 15,000					
2007-10-03	대구	M1001	100	₩ 175,000					
2007-10-04	서울	M1002	105	₩ 35,000					
2007-10-05	대전	M2001	100	₩ 15,000					
2007-10-06	대구	M1003	150	₩ 20,000					
2007-10-07	부산	M2003	170	₩ 186,000					
2007-10-08	서울	M1003	220	₩ 20,000					
2007-10-09	광주	M2001	110	₩ 15,000					
2007-10-10	대전	M1002	200	₩ 35,000					
2007-10-11	춘천	M2002	121	₩ 320,000					
총 계									

• 세전금액 = 수량 × 단가
• 세금 : 세전금액이 3,000,000원 이상일 경우 세전금액의 7%(그 외 세전금액의 12%)
• 주문금액 = 세전금액 + 세금
• 비고 : 150개 미만으로 주문받은 제품은 '미달', 150개 이상의 주문은 '적정', 200개 이상일 경우 '초과'로 메시지를 남기시오.
• 주문방식 : 주문이 초과하고, 5,000,000원 이상인 경우 프리미엄 주문으로 처리하여 고객들의 만족도를 향상시키며, 그 외의 주문방식은 평소와 동일하게 처리한다.
• 총계 : 수량, 단가, 세전금액, 세금, 주문금액 항목별 총합계

먼저, 2007년 10월 2일의 부산대리점의 세금(G5)을 구하기 위해 "=IF(F5>=3000000, F5*7%, F5*12%)"로 입력한다.

그림 3-50 | IF 함수

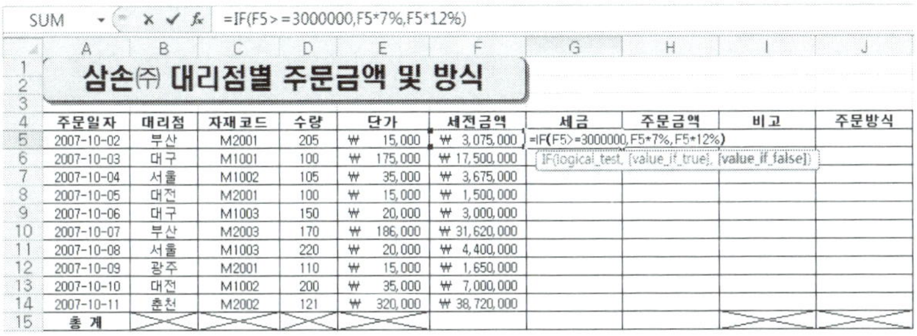
SUM =IF(F5>=3000000,F5*7%,F5*12%)

삼손㈜ 대리점별 주문금액 및 방식

주문일자	대리점	자재코드	수량	단가	세전금액	세금	주문금액	비고	주문방식
2007-10-02	부산	M2001	205	₩ 15,000	₩ 3,075,000	=IF(F5>=3000000,F5*7%,F5*12%)			
2007-10-03	대구	M1001	100	₩ 175,000	₩ 17,500,000	IF(logical_test, [value_if_true], [value_if_false])			
2007-10-04	서울	M1002	105	₩ 35,000	₩ 3,675,000				
2007-10-05	대전	M2001	100	₩ 15,000	₩ 1,500,000				
2007-10-06	대구	M1003	150	₩ 20,000	₩ 3,000,000				
2007-10-07	부산	M2003	170	₩ 186,000	₩ 31,620,000				
2007-10-08	서울	M1003	220	₩ 20,000	₩ 4,400,000				
2007-10-09	광주	M2001	110	₩ 15,000	₩ 1,650,000				
2007-10-10	대전	M1002	200	₩ 35,000	₩ 7,000,000				
2007-10-11	춘천	M2002	121	₩ 320,000	₩ 38,720,000				
총 계									

주문금액(H5)은 세전금액과 세금을 합한 금액(=F5+G5)이며, 비고(I5)에는 주문받은 수량이 150개 미만이면 "미달", 150개 이상이면 "적정", 200개 이상이면 "초과"가 표시되도록 다음과 같이 중첩 IF 함수를 사용하여 "=IF(D5>=200, "초과", IF(D5>=150, "적정", "미달"))"로 입력한다.

그림 3-51 | 중첩 IF 함수

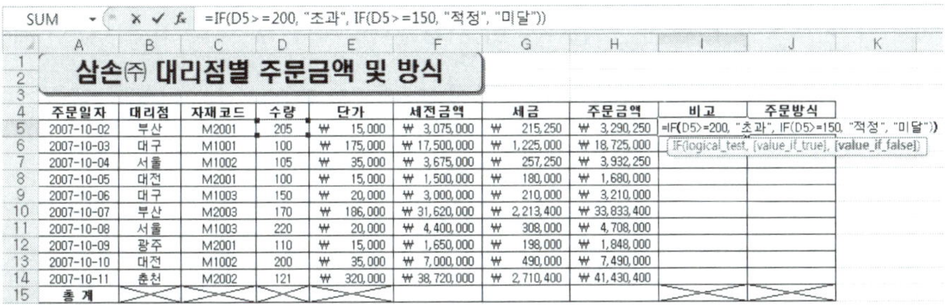
SUM =IF(D5>=200, "초과", IF(D5>=150, "적정", "미달"))

삼손㈜ 대리점별 주문금액 및 방식

주문일자	대리점	자재코드	수량	단가	세전금액	세금	주문금액	비고	주문방식
2007-10-02	부산	M2001	205	₩ 15,000	₩ 3,075,000	₩ 215,250	₩ 3,290,250	=IF(D5>=200, "초과", IF(D5>=150, "적정", "미달"))	
2007-10-03	대구	M1001	100	₩ 175,000	₩ 17,500,000	₩ 1,225,000	₩ 18,725,000	IF(logical_test, [value_if_true], [value_if_false])	
2007-10-04	서울	M1002	105	₩ 35,000	₩ 3,675,000	₩ 257,250	₩ 3,932,250		
2007-10-05	대전	M2001	100	₩ 15,000	₩ 1,500,000	₩ 180,000	₩ 1,680,000		
2007-10-06	대구	M1003	150	₩ 20,000	₩ 3,000,000	₩ 210,000	₩ 3,210,000		
2007-10-07	부산	M2003	170	₩ 186,000	₩ 31,620,000	₩ 2,213,400	₩ 33,833,400		
2007-10-08	서울	M1003	220	₩ 20,000	₩ 4,400,000	₩ 308,000	₩ 4,708,000		
2007-10-09	광주	M2001	110	₩ 15,000	₩ 1,650,000	₩ 198,000	₩ 1,848,000		
2007-10-10	대전	M1002	200	₩ 35,000	₩ 7,000,000	₩ 490,000	₩ 7,490,000		
2007-10-11	춘천	M2002	121	₩ 320,000	₩ 38,720,000	₩ 2,710,400	₩ 41,430,400		
총 계									

IF 함수는 다음과 같이 다른 함수와 함께 사용하거나 IF 함수를 중첩하여 사용할 수 있다.

표 3-5 | IF 함수의 예

수식	내용
=IF(G4>=70, AVERAGE(D4:E4), 0)	G4셀 값이 70 이상이면 D4셀에서 E4셀까지 평균을 계산하고, 그렇지 않으면 0점을 나타낸다.
=IF(G4>=85, "A+", IF(G4>=75, "A", IF(G4>=65, "B+", IF(G4>=55, "B", IF(G4>=45, "C+", IF(G4>=35, "F"))))))	G4의 합계가 85점 이상이면 'A+', 75점 이상 'A', 65점 이상 'B+', 55점 이상 'B', 45점 이상 'C+', 35점 이상 'C', 그렇지 않으면 'F'로 처리한다.

나. AND/OR 함수

AND 함수는 논리곱으로 모든 조건식을 충족할 경우에 참(true), 그렇지 않을 경우에 거짓(false)값을 반환한다. 일반적으로 AND 함수는 단독으로 사용되지 않으며, 주로 IF 함수와 함께 사용된다.

함수식	= AND(Logical1, [Logical2])
인수설명	• Logical : true 또는 false를 결과값으로 갖는 값, 수식 또는 참조 영역

주문방식을 처리하는 과정에서 주문이 기준 수량을 초과하고, 주문금액이 5,000,000원 이상일 때 프리미엄 주문으로 처리하고, 그 외에는 평소와 동일하게 처리하도록 하여 고객들의 만족도를 향상시키고자 한다. 이때 IF 함수와 AND 함수를 함께 사용할 수 있다.

AND 함수는 IF 함수에 포함하여 사용할 수 있는데, IF 함수식의 조건이 비고(I5)가 '초과'이면서 주문금액이(H5)이 5,000,000원 이상을 요구하므로 두 조건을 AND 함수에 묶어서 사용할 수 있다. 따라서 주문방식(J5)에 "=IF(AND(I5="초과", H5>=5000000), "프리미엄", "*")"로 입력한다.

그림 3-52 AND 함수와 IF 함수

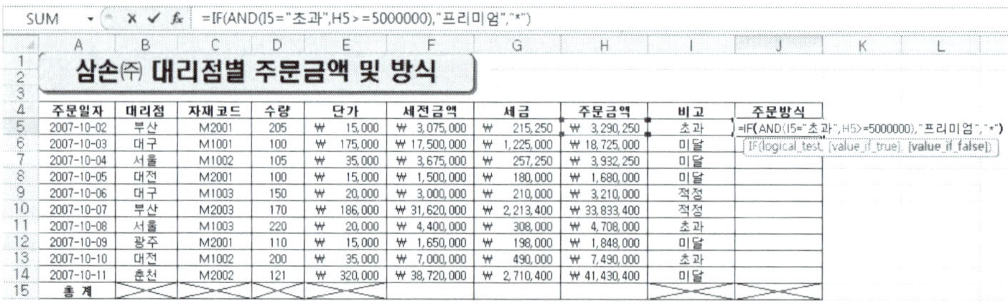

SUM =IF(AND(I5="초과",H5>=5000000),"프리미엄","*")

삼손㈜ 대리점별 주문금액 및 방식

주문일자	대리점	자재코드	수량	단가	세전금액	세금	주문금액	비고	주문방식
2007-10-02	부산	M2001	205	₩ 15,000	₩ 3,075,000	₩ 215,250	₩ 3,290,250	초과	=IF(AND(I5="초과",H5>=5000000),"프리미엄","*")
2007-10-03	대구	M1001	100	₩ 175,000	₩ 17,500,000	₩ 1,225,000	₩ 18,725,000	미달	IF(logical_test, [value_if_true], [value_if_false])
2007-10-04	서울	M1002	105	₩ 35,000	₩ 3,675,000	₩ 257,250	₩ 3,932,250	미달	
2007-10-05	대전	M2001	100	₩ 15,000	₩ 1,500,000	₩ 180,000	₩ 1,680,000	미달	
2007-10-06	대구	M1003	150	₩ 20,000	₩ 3,000,000	₩ 210,000	₩ 3,210,000	적정	
2007-10-07	부산	M2003	170	₩ 186,000	₩ 31,620,000	₩ 2,213,400	₩ 33,833,400	적정	
2007-10-08	서울	M1003	220	₩ 20,000	₩ 4,400,000	₩ 308,000	₩ 4,708,000	초과	
2007-10-09	광주	M2001	110	₩ 15,000	₩ 1,650,000	₩ 198,000	₩ 1,848,000	미달	
2007-10-10	대전	M1002	200	₩ 35,000	₩ 7,000,000	₩ 490,000	₩ 7,490,000	초과	
2007-10-11	춘천	M2002	121	₩ 320,000	₩ 38,720,000	₩ 2,710,400	₩ 41,430,400	미달	
총 계									

OR 함수는 논리합으로 조건식 중 하나라도 만족할 경우 참(true), 하나라도 만족하지 않은 경우에 거짓(false)값을 반환한다.

함수식	= OR(Logical1, [Logical2])
인수설명	• Logical : true 또는 false를 결과값으로 갖는 값, 수식 또는 참조 영역

예를 들어, 비고(I5)란의 값이 '적정'이거나 '미달'일 경우에 주문방식을 기존 방식과 동일하게 처리하도록 한다면 다음과 같이 주문방식(J5)에 "=IF(OR(I5="적정", I5="미달"), "기존과동일", "*")"로 입력한다.

그림 3-53 OR 함수와 IF 함수

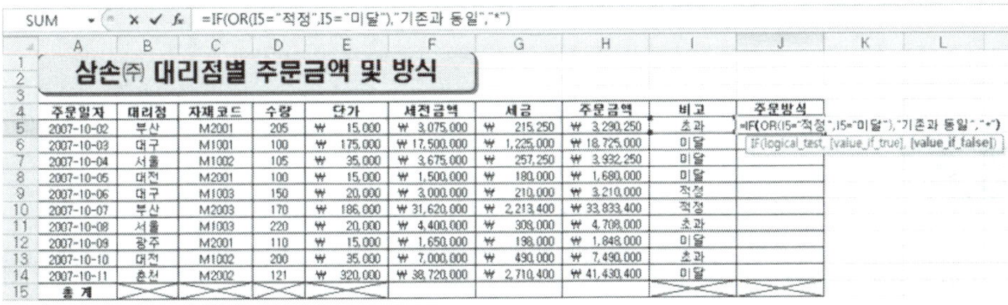
SUM =IF(OR(I5="적정",I5="미달"),"기존과 동일","*")

삼손㈜ 대리점별 주문금액 및 방식

주문일자	대리점	자재코드	수량	단가	세전금액	세금	주문금액	비고	주문방식
2007-10-02	부산	M2001	205	₩ 15,000	₩ 3,075,000	₩ 215,250	₩ 3,290,250	초과	=IF(OR(I5="적정",I5="미달"),"기존과 동일","*")
2007-10-03	대구	M1001	100	₩ 175,000	₩ 17,500,000	₩ 1,225,000	₩ 18,725,000	미달	
2007-10-04	서울	M1002	105	₩ 35,000	₩ 3,675,000	₩ 257,250	₩ 3,932,250	미달	
2007-10-05	대전	M2001	100	₩ 15,000	₩ 1,500,000	₩ 180,000	₩ 1,680,000	미달	
2007-10-06	대구	M1003	150	₩ 20,000	₩ 3,000,000	₩ 210,000	₩ 3,210,000	적정	
2007-10-07	부산	M2003	170	₩ 186,000	₩ 31,620,000	₩ 2,213,400	₩ 33,833,400	적정	
2007-10-08	서울	M1003	220	₩ 20,000	₩ 4,400,000	₩ 308,000	₩ 4,708,000	초과	
2007-10-09	광주	M2001	110	₩ 15,000	₩ 1,650,000	₩ 198,000	₩ 1,848,000	미달	
2007-10-10	대전	M1002	200	₩ 35,000	₩ 7,000,000	₩ 490,000	₩ 7,490,000	초과	
2007-10-11	춘천	M2002	121	₩ 320,000	₩ 38,720,000	₩ 2,710,400	₩ 41,430,400	미달	
총 계									

IF(logical_test, [value_if_true], [value_if_false])

다. NOT 함수

NOT 함수는 주어진 조건에 참과 거짓을 바꿔서 출력하는 함수로 NOT 함수 역시 단독으로 사용되지 않고 일반적으로 IF 함수와 함께 사용된다.

함수식	= NOT(logical)
인수설명	• Logical : true 또는 false를 결과값으로 갖는 값, 수식 또는 참조 영역

예를 들어, 주문금액이 10,000,000원이 넘지 않을 경우 비고(I5)에 '적정'이라고 표기할 경우 다음과 같이 "=IF(NOT(H5>10000000), "적정", "*")"로 입력한다.

그림 3-54 NOT 함수

DSUM =IF(NOT(H5>=10000000),"적정","*")

삼손㈜ 대리점별 주문금액 및 방식

주문일자	대리점	자재코드	수량	단가	세전금액	세금	주문금액	비고	주문방식
2007-10-02	부산	M2001	205	₩ 15,000	₩ 3,075,000	₩ 215,250	₩ 3,290,250	초과	=IF(NOT(H5)=10000000),"적정","*")
2007-10-03	대구	M1001	100	₩ 175,000	₩ 17,500,000	₩ 1,225,000	₩ 18,725,000	미달	IF(logical_test, [value_if_true], [value_if_false])
2007-10-04	서울	M1002	105	₩ 35,000	₩ 3,675,000	₩ 257,250	₩ 3,932,250	미달	적정
2007-10-05	대전	M2001	100	₩ 15,000	₩ 1,500,000	₩ 180,000	₩ 1,680,000	미달	적정
2007-10-06	대구	M1003	150	₩ 20,000	₩ 3,000,000	₩ 210,000	₩ 3,210,000	적정	적정
2007-10-07	부산	M2003	170	₩ 186,000	₩ 31,620,000	₩ 2,213,400	₩ 33,833,400	적정	*
2007-10-08	서울	M1003	220	₩ 20,000	₩ 4,400,000	₩ 308,000	₩ 4,708,000	초과	적정
2007-10-09	광주	M2001	110	₩ 15,000	₩ 1,650,000	₩ 198,000	₩ 1,848,000	미달	적정
2007-10-10	대전	M1002	200	₩ 35,000	₩ 7,000,000	₩ 490,000	₩ 7,490,000	초과	적정
2007-10-11	춘천	M2002	121	₩ 320,000	₩ 38,720,000	₩ 2,710,400	₩ 41,430,400	미달	*
총 계									

6 데이터베이스 함수

데이터베이스 함수는 DSUM, DAVERAGE, DMIN, DMAX, DGET과 같이 함수 앞에 데이터베이스 함수임을 나타내는 'D' 약자가 함께 표시된다. 데이터베이스 함수는 특정 셀과 참조범위를 조회하고 값을 반환하는 함수로 데이터베이스 함수의 기능을 제대로 활용하기 위해서는 데이터베이스 함수식에서 사용하는 인수들을 정확히 알고 있어야 한다. 모든 데이터베이스 함수식은 대부분 동일한 방식으로 작성된다.

함수식	= DATABASE(Database, Field, Criteria)
인수설명	• Database : 워크시트에서 원본 데이터 목록의 셀 범위를 의미한다. • Field : 데이터베이스 함수에서 사용할 열의 항목을 의미한다. • Criteria : 찾을 조건이 들어 있는 셀 범위를 의미한다.

데이터베이스 함수는 데이터 목록이나 참조범위를 테이블의 개념으로 사용한다. 즉, 데이터 목록에서 개별 열을 '필드'로, 개별 행을 '레코드'로 보고 전체 데이터 목록을 필드의 집합으로 본다. 이때 주의할 점은 데이터 목록에서 데이터는 항상 필드(열) 기준으로 입력되어야 한다. 본 예제는 삼손전자(주)의 5개 라인에서 생산하는 7개 부품의 생산량 및 불량에 관한 내용이다. 이를 위한 계산 방법은 다음과 같다.

그림 3-55 ▌ 삼손전자(주) 제조라인별 제조량 및 불량률

삼손전자㈜ 제조라인별 제조량 및 불량률

제조라인	부품번호	제조수량	생산단가	총제조액	불량개수	손실액	불량률
L1	A1	59	₩ 1,200	₩ 70,800	11	₩ 1,650	18.64%
L1	A2	64	₩ 1,500	₩ 96,000	5	₩ 850	7.81%
L1	B2	106	₩ 1,300	₩ 137,800	33	₩ 4,620	31.13%
L1	B3	132	₩ 1,800	₩ 237,600	3	₩ 330	2.27%
L2	A1	72	₩ 1,200	₩ 86,400	24	₩ 3,600	33.33%
L2	A2	78	₩ 1,500	₩ 117,000	43	₩ 7,310	55.13%
L2	B1	95	₩ 1,300	₩ 123,500	7	₩ 910	7.37%
L2	B3	120	₩ 1,800	₩ 216,000	23	₩ 2,530	19.17%
L3	A3	92	₩ 1,200	₩ 110,400	12	₩ 1,440	13.04%
L3	B1	86	₩ 1,500	₩ 129,000	26	₩ 3,380	30.23%
L3	B2	128	₩ 1,300	₩ 166,400	37	₩ 5,180	28.91%
L3	B4	69	₩ 1,800	₩ 124,200	13	₩ 1,950	18.84%
L4	A1	84	₩ 1,200	₩ 100,800	18	₩ 2,700	21.43%
L4	A2	161	₩ 1,500	₩ 241,500	40	₩ 6,800	24.84%
L5	B3	129	₩ 1,300	₩ 167,700	20	₩ 2,200	15.50%
L5	B4	81	₩ 1,800	₩ 145,800	15	₩ 2,250	18.52%

부품번호	손실액
A1	150
A2	170
A3	120
B1	130
B2	140
B3	110
B4	150

- 총제조액 = 제조수량 × 생산단가
- 손실액 = 불량개수 × 부품별 손실액 (VLOOKUP 함수)
- 불량률 = 불량개수/제조수량

가. DSUM 함수

DSUM 함수는 데이터 목록이나 데이터베이스에서 조건을 만족하는 값에 대한 필드(열)의 합계를 구하는 함수이다. 예를 들어, 부품번호가 'A1'인 부품의 총제조량을 알고 싶을 때 다음 그림과 같이 먼저 검색조건(B23:B24)을 데이터 목록 밖에 입력한다. 이때 검색조건에는 조건어와 함께 필드명을 반드시 입력해야하며, 필드명은 조건어 위에 입력되어야 한다. 그리고 Shift+F3 키를 눌러 [함수 마법사] 대화상자에서 DSUM 함수를 선택한다.

다음 그림과 같이 [함수 인수]의 [Database] 인수에 필드명을 포함한 데이터 목록 "A4:H20"을 입력하고, [Field] 인수에는 "C4"를 입력하고, [Criteria] 인수에는 검색조건 범위인 "B23:B24"를 입력한다. 이때 [Field] 인수에는 'C4'처럼 합계를 구하고자 하는 열을 입력하는데 'C4'로 입력하는 방법 외에도 필드명을 직접 입력하여 "제조수량"으로, 데이터 목록의 열 번호에 해당하는 "3"을 입력할 수도 있다. 그 결과 부품번호 'A1'인 부품의 총제조량은 215개임을 알 수 있다.

그림 3-56 ▌ DSUM 함수

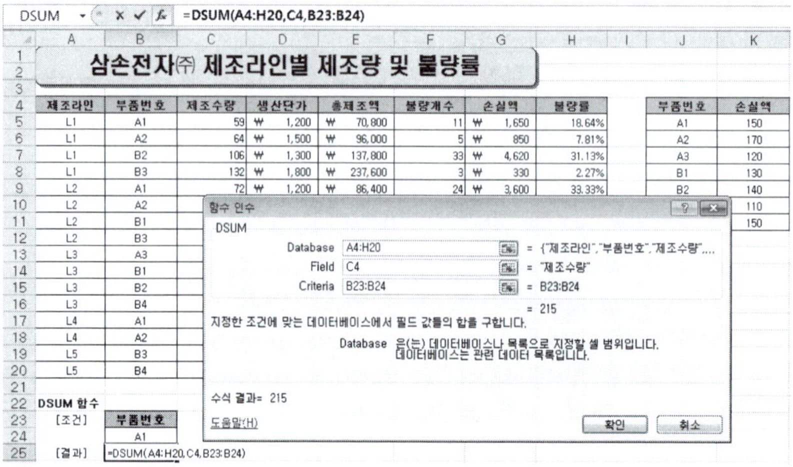

다음으로 제조라인 'L1' 또는 'L2' 라인에서 생산된 부품번호 'A2' 부품의 총제조량을 구하는 검색조건은 다음 그림과 같다. 데이터베이스 함수에서 사용하는 검색조건은 앞서 제2장에서 [고급 필터]의 검색조건을 작성하는 방식과 동일하며, 논리곱(AND)과 논리합(OR)에 따라 조건을 동일한 행에 작성할 것인지 아니면 다른 행에 작성할지 고려해야 한다. L1 라인에서 생산된 A2 부품과 L2 라인에서 생산된 A2 부품의 합을 구하기 위한 검색조건 B23:C25에 따라 함수식은 "=DSUM(A4:H20, C4, B23:C25)"로 입력하며 그 결과 총제고량은 142개임을 알 수 있다.

그림 3-57 ▌ DSUM – 혼합 조건

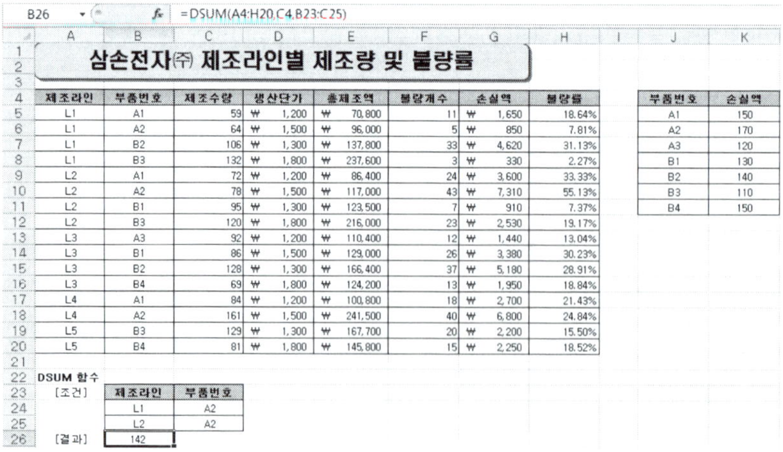

제조라인	부품번호	제조수량	생산단가	총제조액	불량개수	손실액	불량률
L1	A1	59	₩ 1,200	₩ 70,800	11	₩ 1,650	18.64%
L1	A2	64	₩ 1,500	₩ 96,000	5	₩ 850	7.81%
L1	B2	106	₩ 1,300	₩ 137,800	33	₩ 4,620	31.13%
L1	B3	132	₩ 1,800	₩ 237,600	3	₩ 330	2.27%
L2	A1	72	₩ 1,200	₩ 86,400	24	₩ 3,600	33.33%
L2	A2	78	₩ 1,500	₩ 117,000	43	₩ 7,310	55.13%
L2	B1	95	₩ 1,300	₩ 123,500	7	₩ 910	7.37%
L2	B3	120	₩ 1,800	₩ 216,000	23	₩ 2,530	19.17%
L3	A3	92	₩ 1,200	₩ 110,400	12	₩ 1,440	13.04%
L3	B1	86	₩ 1,500	₩ 129,000	26	₩ 3,380	30.23%
L3	B2	128	₩ 1,300	₩ 166,400	37	₩ 5,180	28.91%
L3	B4	69	₩ 1,800	₩ 124,200	13	₩ 1,950	18.84%
L4	A1	84	₩ 1,200	₩ 100,800	18	₩ 2,700	21.43%
L4	A2	161	₩ 1,500	₩ 241,500	40	₩ 6,800	24.84%
L5	B3	129	₩ 1,300	₩ 167,700	20	₩ 2,200	15.50%
L5	B4	81	₩ 1,800	₩ 145,800	15	₩ 2,250	18.52%

부품번호	손실액
A1	150
A2	170
A3	120
B1	130
B2	140
B3	110
B4	150

나. DAVERAGE 함수

DAVERAGE 함수는 데이터 목록이나 데이터베이스에서 조건을 만족하는 값에 대한 필드(열)의 평균을 구하는 함수이다. 예를 들어, 제조라인 'L3' 라인에서 발생한 평균 불량률을 구하고자 할 때 검색조건은 B23:B24처럼 입력하고 함수식은 "=DAVERAGE(A4:H20, H4, B23:B24)"로 입력한다. 그 결과 L3 라인의 평균 불량률은 22.76%임을 알 수 있다.

그림 3-58 DAVERAGE 함수

B25 =DAVERAGE(A4:H20,H4,B23:B24)

삼손전자㈜ 제조라인별 제조량 및 불량률

제조라인	부품번호	제조수량	생산단가	총제조액	불량개수	손실액	불량률
L1	A1	59	₩ 1,200	₩ 70,800	11	₩ 1,650	18.64%
L1	A2	64	₩ 1,500	₩ 96,000	5	₩ 850	7.81%
L1	B2	106	₩ 1,300	₩ 137,800	33	₩ 4,620	31.13%
L1	B3	132	₩ 1,800	₩ 237,600	3	₩ 330	2.27%
L2	A1	72	₩ 1,200	₩ 86,400	24	₩ 3,600	33.33%
L2	A2	78	₩ 1,500	₩ 117,000	43	₩ 7,310	55.13%
L2	B1	95	₩ 1,300	₩ 123,500	7	₩ 910	7.37%
L2	B3	120	₩ 1,800	₩ 216,000	23	₩ 2,530	19.17%
L3	A3	92	₩ 1,200	₩ 110,400	12	₩ 1,440	13.04%
L3	B1	86	₩ 1,500	₩ 129,000	26	₩ 3,380	30.23%
L3	B2	128	₩ 1,300	₩ 166,400	37	₩ 5,180	28.91%
L3	B4	69	₩ 1,800	₩ 124,200	13	₩ 1,950	18.84%
L4	A1	84	₩ 1,200	₩ 100,800	18	₩ 2,700	21.43%
L4	A2	161	₩ 1,500	₩ 241,500	40	₩ 6,800	24.84%
L5	B3	129	₩ 1,300	₩ 167,700	20	₩ 2,200	15.50%
L5	B4	81	₩ 1,800	₩ 145,800	15	₩ 2,250	18.52%

DAVERAGE 함수

[조건]	제조라인
	L3
[결과]	22.76%

다. DMAX/DMIN 함수

DMAX 함수는 데이터 목록이나 데이터베이스에서 조건을 만족하는 값에 대한 필드(열)의 가장 큰 값을 구하고, DMIN 함수는 가장 작은 값을 구하는 함수이다. 예를 들어, 부품번호 'A2'의 손실액 중 가장 큰 금액과 손실액 중 가장 작은 금액을 구하고자 할 때 검색결과 'A2' 부품의 최대 손실액은 7,310원이고 최소 손실액은 850원임을 알 수 있다.

그림 3-59 DMAX 함수와 DMIN 함수

B26 =DMIN(A4:H20,G4,B23:B24)

삼손전자㈜ 제조라인별 제조량 및 불량률

제조라인	부품번호	제조수량	생산단가	총제조액	불량개수	손실액	불량률
L1	A1	59	₩ 1,200	₩ 70,800	11	₩ 1,650	18.64%
L1	A2	64	₩ 1,500	₩ 96,000	5	₩ 850	7.81%
L1	B2	106	₩ 1,300	₩ 137,800	33	₩ 4,620	31.13%
L1	B3	132	₩ 1,800	₩ 237,600	3	₩ 330	2.27%
L2	A1	72	₩ 1,200	₩ 86,400	24	₩ 3,600	33.33%
L2	A2	78	₩ 1,500	₩ 117,000	43	₩ 7,310	55.13%
L2	B1	95	₩ 1,300	₩ 123,500	7	₩ 910	7.37%
L2	B3	120	₩ 1,800	₩ 216,000	23	₩ 2,530	19.17%
L3	A3	92	₩ 1,200	₩ 110,400	12	₩ 1,440	13.04%
L3	B1	86	₩ 1,500	₩ 129,000	26	₩ 3,380	30.23%
L3	B2	128	₩ 1,300	₩ 166,400	37	₩ 5,180	28.91%
L3	B4	69	₩ 1,800	₩ 124,200	13	₩ 1,950	18.84%
L4	A1	84	₩ 1,200	₩ 100,800	18	₩ 2,700	21.43%
L4	A2	161	₩ 1,500	₩ 241,500	40	₩ 6,800	24.84%
L5	B3	129	₩ 1,300	₩ 167,700	20	₩ 2,200	15.50%
L5	B4	81	₩ 1,800	₩ 145,800	15	₩ 2,250	18.52%

DMAX/DMIN 함수

[조건]	부품번호	
	A2	
[결과]	7,310	=DMAX(A4:H20,G4,B23:B24)
[결과]	850	=DMIN(A4:H20,G4,B23:B24)

라. DCOUNT/DCOUNTA 함수

DCOUNT 함수는 데이터 목록이나 데이터베이스에서 조건을 만족하는 수치 데이터의 개수를 구하고, DCOUNTA 함수는 조건을 만족하는 수치 데이터뿐만 아니라 텍스트 데이터를 포함한 셀의 개수를 구하는 함수이다.

예를 들어, 삼손전자(주)에서 불량이 20번 이상 발생한 횟수를 구하고자 할 때 DCOUNT 함수를 사용한다. 하지만, 부품번호 'B3'의 제조횟수를 구할 때는 DCOUNT 함수를 사용하지 못한다. 이는 개수를 구하고자 하는 'B4' 열의 데이터가 수치 데이터가 아니기 때문이다. 이처럼 개수를 구하고자 하는 열이 수치 데이터가 아닌 텍스트 데이터나 공백을 포함하고 있을 경우에는 DCOUNTA 함수를 사용한다.

따라서 B25셀에는 "DCOUNT(A4:H20,F4,B23:B24)"로 입력하고 G25셀에는 "DCOUNTA (A4:H20,B4,G23:G24)로 입력한다. 그 결과 불량률이 20번 이상의 발생한 경우는 8번이고, 부품번호 'B3'의 제조 횟수는 3회임을 알 수 있다.

그림 3-60 ▌ DCOUNT 함수와 DCOUNTA 함수

G25 =DCOUNTA(A4:H20,B4,G23:G24)

삼손전자㈜ 제조라인별 제조량 및 불량률

제조라인	부품번호	제조수량	생산단가	총제조액	불량개수	손실액	불량률
L1	A1	59	₩ 1,200	₩ 70,800	11	₩ 1,650	18.64%
L1	A2	64	₩ 1,500	₩ 96,000	5	₩ 850	7.81%
L1	B2	106	₩ 1,300	₩ 137,800	33	₩ 4,620	31.13%
L1	B3	132	₩ 1,800	₩ 237,600	3	₩ 330	2.27%
L2	A1	72	₩ 1,200	₩ 86,400	24	₩ 3,600	33.33%
L2	A2	78	₩ 1,500	₩ 117,000	43	₩ 7,310	55.13%
L2	B1	95	₩ 1,300	₩ 123,500	7	₩ 910	7.37%
L2	B3	120	₩ 1,800	₩ 216,000	23	₩ 2,530	19.17%
L3	A3	92	₩ 1,200	₩ 110,400	12	₩ 1,440	13.04%
L3	B1	86	₩ 1,500	₩ 129,000	26	₩ 3,380	30.23%
L3	B2	128	₩ 1,300	₩ 166,400	37	₩ 5,180	28.91%
L3	B4	69	₩ 1,800	₩ 124,200	13	₩ 1,950	18.84%
L4	A1	84	₩ 1,200	₩ 100,800	18	₩ 2,700	21.43%
L4	A2	161	₩ 1,500	₩ 241,500	40	₩ 6,800	24.84%
L5	B3	129	₩ 1,300	₩ 167,700	20	₩ 2,200	15.50%
L5	B4	81	₩ 1,800	₩ 145,800	15	₩ 2,250	18.52%

DCOUNT 함수			DCOUNTA 함수		
[조건]	불량개수		[조건]	부품번호	
	>=20			B3	
[결과]	8	=DCOUNT(A4:H20,F4,B23:B24)	[결과]	3	=DCOUNTA(A4:H20,B4,G23:G24)

마. DGET 함수

DGET 함수는 데이터 목록이나 데이터베이스에서 조건을 만족하는 하나의 값을 찾아 반환하는 함수이다. 예를 들어, 제조라인 'L3' 라인에서 발생한 부품번호 'A3' 불량률을 구하기 위해 B25셀에 "=DGET(A4:H20,H4,B23:C24)"로 입력하다. 그 결과 'L3' 라인에서의 'A3' 부품의 불량률이 13.04%임을 알 수 있다.

그림 3-61 ▌ DGET 함수

B25 =DGET(A4:H20,H4,B23:C24)

삼손전자㈜ 제조라인별 제조량 및 불량률

제조라인	부품번호	제조수량	생산단가	총제조액	불량개수	손실액	불량률
L1	A1	59	₩ 1,200	₩ 70,800	11	₩ 1,650	18.64%
L1	A2	64	₩ 1,500	₩ 96,000	5	₩ 850	7.81%
L1	B2	106	₩ 1,300	₩ 137,800	33	₩ 4,620	31.13%
L1	B3	132	₩ 1,800	₩ 237,600	3	₩ 330	2.27%
L2	A1	72	₩ 1,200	₩ 86,400	24	₩ 3,600	33.33%
L2	A2	78	₩ 1,500	₩ 117,000	43	₩ 7,310	55.13%
L2	B1	95	₩ 1,300	₩ 123,500	7	₩ 910	7.37%
L2	B3	120	₩ 1,800	₩ 216,000	23	₩ 2,530	19.17%
L3	A3	92	₩ 1,200	₩ 110,400	12	₩ 1,440	13.04%
L3	B1	86	₩ 1,500	₩ 129,000	26	₩ 3,380	30.23%
L3	B2	128	₩ 1,300	₩ 166,400	37	₩ 5,180	28.91%
L3	B4	69	₩ 1,800	₩ 124,200	13	₩ 1,950	18.84%
L4	A1	84	₩ 1,200	₩ 100,800	18	₩ 2,700	21.43%
L4	A2	161	₩ 1,500	₩ 241,500	40	₩ 6,800	24.84%
L5	B3	129	₩ 1,300	₩ 167,700	20	₩ 2,200	15.50%
L5	B4	81	₩ 1,800	₩ 145,800	15	₩ 2,250	18.52%

DGET 함수		
[조건]	제조라인	부품번호
	L3	A3
[결과]	13.04%	

DGET 함수 사용에서 조건을 만족하는 값이 없는 경우에는 '#VALUE!' 에러 메시지가 표시되고, 조건을 만족하는 값이 여러 개일 경우에는 '#NUM!' 에러 메시지가 표시된다.

7 재무 함수

사람들은 오늘의 100,000원이 내일의 100,000원과 같다고 생각하지 않는다. 그 이유에는 여러 가지가 있겠지만 경제 성장과 함께 물가 상승과 상대적인 화폐 가치의 하락으로 발생하는 인플레이션(inflation)의 영향 때문이다. 이러한 이유로 사람들은 오늘의 100,000원을 내일의 100,000원보다 더 좋아할 수밖에 없다. 따라서 이자(interest)의 개념은 이와 같은 시간 차이로 인해 발생하는 화폐의 가치로 설명되며, 화폐의 가치 또한 시간의 흐름에 따라 변화하여 미래가치(future value : FV)와 현재가치(present value : PV)가 달라진다.

가. FV 함수

FV(future value, 미래가치) 함수는 현재 일정금액을 특정 기간 동안 정기적으로 불입하고 일정한 이자율을 적용하는 투자에 대해서 만기액을 계산하는 함수이다. 이 때문에 FV를 종가(terminal value)라 부르기도 한다.

예를 들어, 한 직장인이 미래의 내 집 마련을 위해 주택청약적금을 매월 말 39,000원씩 적립한다고 하자. 이때 매년 4%의 이자율로 5년간 적립했을 경우 5년 후에 받을 수 있는 금액이 얼마인지 알고 싶을 때 FV 함수를 사용한다.

함수식	= FV(Rate, Nper, Pmt, Pv, Type)
인수설명	• Rate(필수요소) : 기간별 이자율 • Nper(필수요소) : 총 납입기간 또는 횟수 • Pmt(필수요소) : 전체 기간 동안 변경되지 않는, 정기적으로 적립하는 금액이다. 일반적으로 Pmt에는 기타 비용과 세금을 제외한 원금과 이자만 포함된다. 만약, Pmt 인수를 생략한 경우 Pv 인수를 반드시 포함시켜야 한다. • Pv(선택요소) : 화폐의 현재가치 또는 앞으로 지불해야 할 일련의 납입금의 현재가치를 나타내는 총액이다. 만약 Pv를 생략하면 0으로 간주되며, 이 경우 Pmt 인수는 반드시 포함해야 한다. • Type(선택요소) : 납입시점을 나타내는 것으로 0 또는 1로 표현한다. '1'일 경우 기초를 의미하며, '0' 또는 생략할 경우 기말의 의미한다.

FV 함수를 사용하기 위해 다음 그림과 같이 데이터를 입력한 후 미래가치를 산출할 B7셀에 셀 포인터를 두고 [수식] 탭의 [함수 라이브러리] 그룹에서 [재무]를 클릭하여 나타난 함수목록에서 FV 함수를 선택한다. FV 함수의 [Rate] 인수, 즉 이자율은 월 단위로 계산되므로 "B5/12"를 입력하고, [Nper]는 전체 납입횟수를 의미하는 것으로 5년 동안의 납입 횟수 60번이 입력된 "B6"을 입력한다.

이때 [Rate]와 [Nper]를 지정할 때는 동일한 단위를 사용해야 함을 유의해야 한다.

그림 3-62 FV 함수

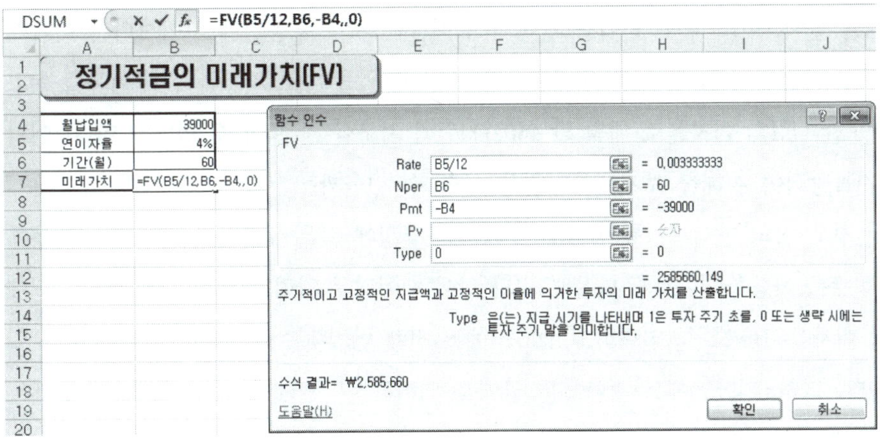

그리고 [Pmt]는 일정금액이 빠져나가는 것이므로 "−B4"를 입력한다. [Pv]는 생략하여 '0'으로 간주되도록 하고, [Type]은 기초적립과 기말적립을 구분하는 것으로 "0"을 입력하여 기말적립금으로 인식되도록 한다.

그 결과 매년 4%의 이자율로 매월 말 39,000원씩 5년간 적립한다면 5년 후에 받을 수 있는 금액이 2,585,660원임을 알 수 있다.

나. PV 함수

PV(present value, 현재가치) 함수는 투자액에 대해서 지금 시점의 가치를 계산하는 함수이다. 즉, 앞으로 발생할 일련의 현금흐름에 대한 현재가치의 총합이다.

함수식	= PV(Rate, Nper, Pmt, Fv, Type)
인수설명	• Rate(필수요소) : 기간별 이자율 • Nper(필수요소) : 총 납입기간 또는 횟수 • Pmt(필수요소) : 전체 기간 동안 변경되지 않는, 정기적으로 적립하는 금액이다. 일반적으로 Pmt에는 기타 비용과 세금을 제외한 원금과 이자만 포함된다. 만약, Pmt 인수를 생략한 경우 Fv 인수를 반드시 포함시켜야 한다. • Fv(선택요소) : 미래가치 또는 최종 상환 후의 현금잔고이다. 만약 Fv를 생략하면 0으로 간주되며, 이 경우 Pmt 인수는 반드시 포함해야 한다. 예컨대 대출금의 경우 미래가치는 '0'이므로 Fv를 생략하여 '0'으로 간주할 수 있다. • Type(선택요소) : 납입시점을 나타내는 것으로 0 또는 1로 표현한다. '1'일 경우 기초를 의미하며, '0' 또는 생략할 경우 기말의 의미한다.

예를 들어, 어느 부부가 집을 구하기 위해 여기저기 부동산에 알아보다가 마음에 드는 집을 발견했다. 그 집은 현금으로 20,000,000원을 바로 지불하거나, 여유를 두고 5년 동안 11%의 이자율로 매월 말 450,000원씩 지불할 경우 살 수 있다고 한다. 어떠한 지불방식이 손해를 보지 않고 집을 구할 수 있을까?

이 경우 집의 현재가치를 안다면 구매방식 결정에 많은 도움을 될 수 있기 때문에 PV 함수를 사용한다. 먼저, 다음 그림과 같이 데이터를 입력한 후 PV 함수의 [Rate]에 매달 이자율 "B5/12"를 입력하고, [Nper]에는 전체 납입횟수 60번이 입력된 "B6"을 입력한다. 그리고 [Pmt]에는 지불하는 금액을 의미하는 "−B4"를 입력하고, [Type]에는 기말적립금에 해당하는 "0"을 입력한다.

그림 3-63 ▌ PV 함수

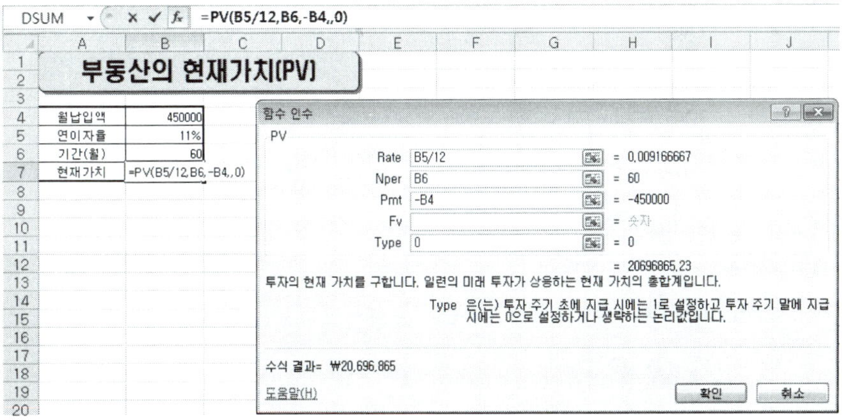

그 결과 매년 11%의 이자율로 매월 말 450,000원씩 지불할 경우 주택의 현재가치는 20,696,865원이므로 매월 분납하는 방식보다는 20,000,000원을 일시불로 지불하는 방식이 낫다.

다. NPV 함수

앞서 설명한 PV(현재가치) 함수는 현금흐름이 일정 기간 동안 동일하다는 것을 가정하지만 NPV(net present value, 순현재가치) 함수는 월간 또는 연간처럼 정기적으로 발생하는 현금흐름이 일정하지 않아도 된다는 특징이 있다. 하지만 현금흐름 자체가 비정기적인 경우에는 XNPV 함수를 사용한다.

함수식	= NPV(Rate, Value1, Value2, ...)
인수설명	• Rate : 일정 기간 동안의 이자율을 의미한다. • Value1, Value2 : 지출과 수입을 표시하는 인수로 29개까지 사용할 수 있다.

다시 말해 NPV 함수는 미래의 현금흐름이 예측될 경우 미래의 각 시점에 대한 금액이 현재에는 얼마의 가치를 가지는지를 계산함으로써 얻을 수 있다. 따라서 다음의 식을 통해 각 기간(연도)마다의 현재가치를 계산하고 계산된 각 기간(연도)의 값을 합하여 NPV를 구한다.

$$PV = FV / (1 - R)^n$$

PV : 현재가치, FV : 미래가치, R : 이자율, N : 기간

NPV 함수는 기본적으로 투자가 기말에 이루어지는 것을 가정으로 하고 있다. 따라서 NPV 함수는 투자가 기초에 이루어지느냐 또는 기말에 이루어지느냐에 따라 다르게 사용된다. 투자가 기말에 이루어질 경우에는 초기 투자액을 NPV 함수에 포함하여 계산하고, 계산된 결과 값만을 가지고서 투자 여부를 판단한다. 이와는 다르게 투자가 기초에 이루어질 경우에는 초기 투자액을 NPV 함수에 포함하지 않는다. 그리고 NPV 함수로 계산된 결과 값에서 초기 투자액을 뺀 값을 통해 투자 여부를 판단한다. 이때 NPV 함수로 계산된 결과 값이 0보다 클 경우(NPV>0)에는 투자를 받아들이는 것이 좋다고 판단할 수 있으며, NPV가 0보다 작을 경우(NPV<0)에는 투자를 받아들이지 않는 것이 좋다고 판단할 수 있다.

예컨대, 어느 물류회사가 운송시스템을 신규로 도입하기 위해 2015년도에 50,000,000원을 투자하고 향후 3년 동안 15,000,000원, 20,000,000원, 25,000,000원의 수익금을 얻을 수 있다고 한다면 이때 연이자율이 5%라고 가정할 때 이 투자에 대한 순현재가치는 얼마가 될 것인가? 이를 위해 먼저 다음 그림과 같이 워크시트에 이자율에서부터 2015년도 초기 투자비, 연간 수익금을 순서대로 입력한다.

먼저 신규 투자가 기말에 이루어질 경우 순현재가치를 구하기 위해서는 [Rate]에 이자율 5%가 있는 "B5"를 입력하고, [Value1]에 2015년도 초기 투자금인 50,000,000원이 있는 "B6"를 입력한다. 이때 B6셀에 입력한 50,000,000원은 투자금에 해당하는 항목이므로 값에 "−"를 반드시 붙여 주어야 한다. 그 뒤의 [Value2]부터 [Value4]까지는 연간 수익금인 B7셀에서부터 B9셀까지를 차례로 입력한다.

그 결과 50,000,000원을 투자하고, 향후 3년 동안 일정하지 않은 수익금에 대한 투자액의 순현재가치는 3,830,708원으로 나타난다. 즉 순현재가치(NPV)의 결과 값이 0보다 크다는 것은 신규 투자를 받아들여도 좋다고 판단할 수 있다.

그림 3-64 | 투자가 기말에 이루어질 경우의 NPV 함수

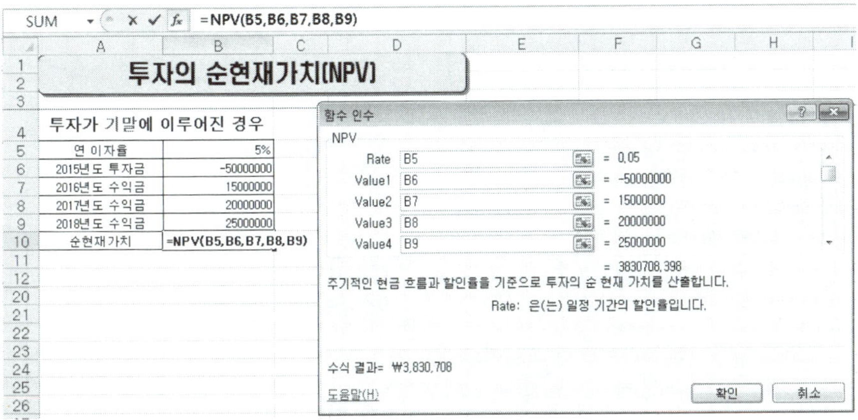

투자가 기말에 이루어질 경우의 NPV 수식

$$
\begin{aligned}
NPV &= -50{,}000{,}000/(1+0.05)^1 + 15{,}000{,}000/(1+0.05)^2 + 20{,}000{,}000/(1+0.05)^3 \\
&\quad + 25{,}000{,}000/(1+0.05)^4 \\
&= -47{,}619{,}048\text{원} + 13{,}605{,}442\text{원} + 17{,}276{,}752\text{원} + 20{,}567{,}562\text{원} = 3{,}830{,}708\text{원}
\end{aligned}
$$

다음으로 신규 투자가 기초에 이루어질 경우 순현재가치를 구하기 위해서는 [Rate]에 이자율 5%가 있는 "B14"를 입력하고, [Value1]에는 2016년도 수익금인 "B16"을 입력하고, [Value2]에는 "B17", [Value3]에는 "B18"을 차례로 입력한다. 그리고 NPV 함수에 대한 결과 값에서 초기 투자액인 50,000,000원을 뺀 값을 통해 투자 여부를 판단한다. 다음 그림에서는 2015년도 초기 투자금인 B15셀에 음수 값을 입력하였으므로 NPV 함수에 대한 결과 값에서 초기 투자금인 B15셀을 더하여 계산하였다.

그 결과 50,000,000원을 투자하고, 앞으로 3년 동안 일정하지 않은 수익금에 대한 투자액의 순현재가치는 4,022,244원으로 나타난다. 즉 순현재가치(NPV)에서 2015년도 초기 투자금을 뺀 값이 0보다 크다는 것은 신규 투자를 받아들여도 좋다고 판단할 수 있다.

그림 3-65 | 투자가 기초에 이루어질 경우의 NPV 함수

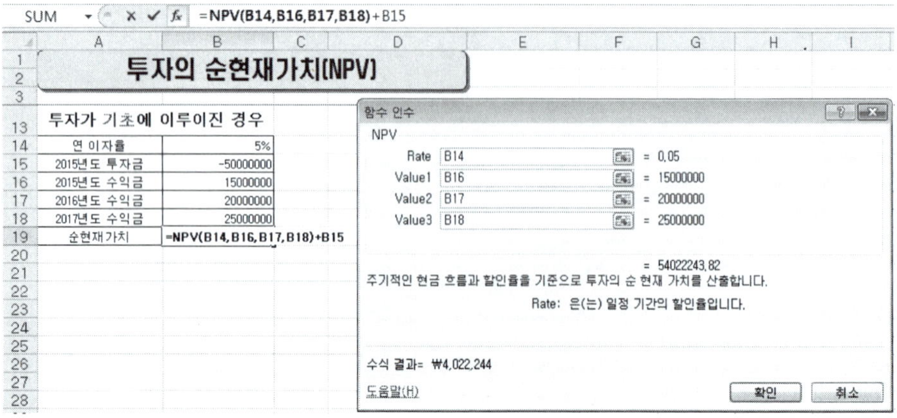

투자가 기초에 이루어질 경우의 NPV 수식

NPV = 15,000,000/(1+0.05)^1 + 20,000,000/(1 + 0.05)^2 + 25,000,000/(1 + 0.05)^3
= 14,285,714원 + 18,140,590원 + 21,595,940원 − 50,000,000(2015년도 투자금)
= 4,022,244원

라. IRR 함수

IRR(internal rate of return, 내부수익률) 함수는 주기적인 현금흐름에 대한 수익률을 계산하는 함수이다. 내부수익률은 주기적으로 발생하는 납입액(음수)과 수익액(양수)으로 구성되는 투자 이율을 의미하며, 이때 현금흐름은 일정할 필요가 없다. 즉, 미래에 발생하는 현금유입(양수)의 가치와 현금유출(음수)의 가치를 일치시켜 주는 할인율을 찾아주는 함수이다.

함수식	= IRR(Values, [Guess])
인수설명	• Value : 일정기간 동안의 현금흐름의 참조범위 • Guess : IRR 결과의 근삿값으로 생략할 경우 0.1(10%)로 간주

예를 들어, 2015년도에 50,000,000원을 투자하여 식당을 운영할 경우 2016년도에 순이익이 15,000,000원, 2017년도는 20,000,000원, 2018년도는 25,000,000원의 순이익이 발생할 경우 내부수익률은 9%가 된다.

그림 3-66 ▌ IRR 함수

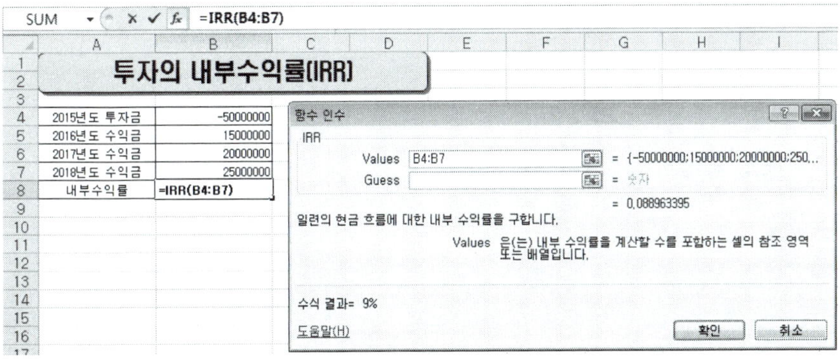

IRR 함수는 NPV 함수와 밀접한 관계를 가지고 있다. IRR 함수에 의해서 계산되는 값은 NPV가 0에 해당하는 이자율이다. 위의 그림에서 "=NPV(IRR(B4:B7), B4:B7)"을 입력해 보면 0의 결과를 얻을 수 있다.

마. PMT 함수

PMT 함수는 일정한 이자율과 정기적인 지불을 기준으로 대출금 또는 적금액에 대한 매월 납입액을 계산하는 함수이다.

함수식	= PMT(Rate, Nper, Pv, Fv, Type)
인수설명	• Rate : 대출 또는 적금의 이자율 • Nper : 대출 또는 적금의 총납입횟수 • Pv : 투자에 대한 현재가치 • Fv : 투자에 대한 미래가치, 대출금의 경우 0 • Type : 납입시기를 의미한다(0 : 기말납입, 1 : 기초납입).

예를 들어, 주택구입을 위해 은행으로부터 1억원을 대출받았을 경우 연이자율이 8.5%로 4년간 매월 말에 대출금을 상환하고자 한다면 월 납입액은 얼마일까? 매월 납입액을 구하기 위해 [Rate]에는 연리 8.5%에 해당하는 "8.5/12"를 입력하고, [Nper]에는 대출 상환기간이 4년에 해당하는 48개월이 입력된 "B6"을 입력한다. 그리고 [Pv]에는 대출금이 입력된 "−B4"를 입력하고, [Type]에는 매월 말에 대출금 납입이 이루어지므로 "0"을 입력 또는 생략한다. 그 결과 매월 말 245만원을 납입해야 함을 알 수

있다.

그림 3-67 ❙ PMT 함수

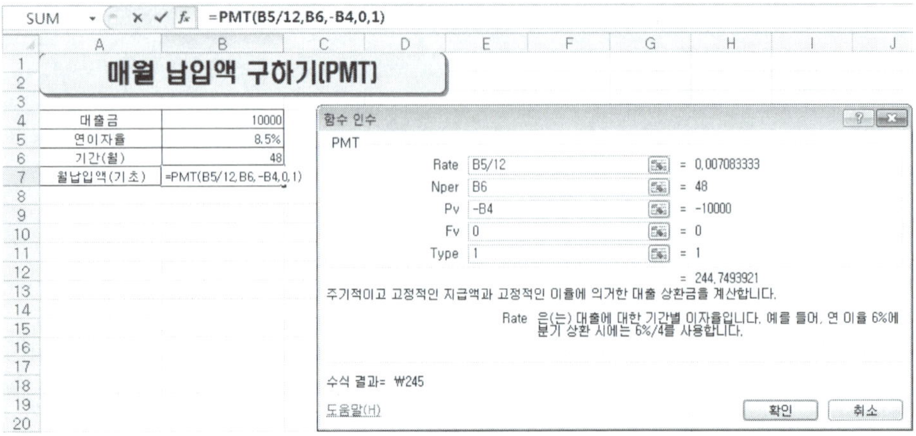

8 텍스트 함수

텍스트 함수는 문자의 위치, 자릿수를 계산하거나 숫자를 문자열로, 문자열을 숫자로 변경할 경우 사용한다. CONCATENATE, SUBSTITUTE, REPLACE, LEFT, RIGHT, MID, LEN 등의 함수를 이용하여 문자를 다양하게 다룰 수 있다.

가. CONCATENATE 함수

CONCATENATE 함수는 여러 셀의 텍스트를 하나의 텍스트로 결합할 때 사용한다.

함수식	= CONCATENATE(Text1, Text2, ...)
인수설명	• Text1, Text2, ... : 하나의 문자(열)로 합치려는 문자와 수식, 셀로 255개까지 지정할 수 있다.

다음 그림과 같이 A2셀의 우편번호1과 B2셀의 우편번호2로 나누어져 있는 텍스트를 하나로 결합할 수 있다.

그림 3-68 ▌ 주소 데이터

	A	B	C	D	E	F	G	H	I
1	우편번호1	우편번호2	시	군/구	동/면	번지		우편번호	주소
2	152	805	서울	구로구	개봉1동	134~159			
3	152	806	서울	구로구	개봉1동	160~178			
4	152	807	서울	구로구	개봉1동	179~181			
5	152	820	서울	구로구	개봉1동	448~468			
6	152	821	서울	구로구	개봉1동	475~480			
7	152	853	서울	구로구	구로2동	406~411			
8	152	855	서울	구로구	구로2동	416~428			
9	152	855	서울	구로구	구로2동	431~440			
10	152	857	서울	구로구	구로2동	441~471			

H2셀에 우편번호1과 우편번호2를 결합한 우편번호를 작성할 경우 '–'을 함께 넣어서 둘 사이를 구분할 수 있다. 이때 사용할 함수식은 "=CONCATENATE(A2, "–", B2)"로 입력한다.

그림 3-69 ▌ CONCATENATE 함수의 적용

H2 fx =CONCATENATE(A2,"-",B2)

	A	B	C	D	E	F	G	H	I
1	우편번호1	우편번호2	시	군/구	동/면	번지		우편번호	주소
2	152	805	서울	구로구	개봉1동	134~159		152-805	=CONCATENATE(A2,"-",B2)
3	152	806	서울	구로구	개봉1동	160~178			
4	152	807	서울	구로구	개봉1동	179~181			
5	152	820	서울	구로구	개봉1동	448~468			
6	152	821	서울	구로구	개봉1동	475~480			
7	152	853	서울	구로구	구로2동	406~411			
8	152	855	서울	구로구	구로2동	416~428			
9	152	855	서울	구로구	구로2동	431~440			
10	152	857	서울	구로구	구로2동	441~471			

다음으로 주소는 시, 군/구, 동/면, 번지를 결합하기 위해서 상세주소들 사이의 띄어쓰기를 위해 인수에 공백(space)을 넣어 "=CONCATENATE(C2, " ", D2, " ", E2, " ", F2)"로 입력한다.

그림 3-70 ▌ CONCATENATE 함수 – 주소

I2 fx =CONCATENATE(C2," ",D2," ",E2," ",F2)

	A	B	C	D	E	F	G	H	I
1	우편번호1	우편번호2	시	군/구	동/면	번지		우편번호	주소
2	152	805	서울	구로구	개봉1동	134~159		152-805	서울 구로구 개봉1동 134~159
3	152	806	서울	구로구	개봉1동	160~178			
4	152	807	서울	구로구	개봉1동	179~181			
5	152	820	서울	구로구	개봉1동	448~468			
6	152	821	서울	구로구	개봉1동	475~480			
7	152	853	서울	구로구	구로2동	406~411			
8	152	855	서울	구로구	구로2동	416~428			
9	152	855	서울	구로구	구로2동	431~440			
10	152	857	서울	구로구	구로2동	441~471			

나. SUBSTITUTE 함수

SUBSTITUTE 함수는 셀에 입력된 문자열을 지정한 문자(열)로 내용을 바꿀 때 사용한다.

함수식	= SUBSTITUTE(Text, Old_text, New_text, [Instance_num])
인수설명	• Text : 바꿀 문자(열)이 포함된 셀 또는 문자(열) • Old_text : 바꿀 문자(열) • New_text : Old_text를 대체할 문자(열) • Instance_num : Old_text가 여러 번 있을 때 몇 번째 Old_text를 바꿀지 지정하는 숫자

예를 들어, A2셀의 '경영대학 경영학과'를 B2셀에 "=SUBSTITUTE(A2, "과", "부")"를 입력하여 '경영대학 경영학부'로 바꿀 수 있다. 다른 예로, B3셀에 "=SUBSTITUTE(A2, "경영", "경제", 2)"를 입력하여 '경영대학 경제학과'로 바꿀 수 있다. 여기에서 '2'는 '경영대학 경영학과'의 문자열에서 두 번째 '경영'을 '경제'로 바꾸라는 의미이다.

그림 3-71 ▌ SUBSTITUTE 함수

B3 fx =SUBSTITUTE(A2,"경영","경제",2)

	A	B	C
1	데이터	결과	함수
2	경영대학 경영학과	경영대학 경영학부	=SUBSTITUTE(A2,"과","부")
3		경영대학 경제학과	=SUBSTITUTE(A2,"경영","경제",2)

다. REPLACE 함수

REPLACE 함수는 셀에 입력된 문자의 내용을 바꾸는 SUBSTITUTE 함수와 유사하나 문자열에서 지정한 수만큼 위치한 문자를 다른 내용으로 대체할 때 사용한다.

함수식	= REPLACE(Old_text, Start_num, Num_chars(Num_byte), New_text)
인수설명	• Old_text : 바꾸려는 문자(열) • Start_num : Old_text에서 바꾸려는 문자(열)의 시작위치 • Num_char : Start_num부터 바뀌게 될 문자(열)의 수 • Num_byte : Start_num부터 바뀌게 될 바이트의 수 • New_text : 새로 바뀌게 될 문자(열)

예를 들어, A2셀의 '미래산업 주식회사'를 B2셀에 "=REPLACE(A2, 6, 2, "유한")"을 입력하여 '미래산업 유한회사'로 바꿀 수 있다. 여기에서 '6'은 여섯 번째 문자에서부터, '2'는 다음 두 글자를 '유한'으로 바꾸라는 의미이다. 다른 예로 B3셀에 "=REPLACE(A2, 3, 0, "환경")"을 입력하여 '미래환경산업 주식회사'로 바꿀 수 있다. 여기에서 '3'은 세 번째 문자에 '환경'이라는 문자를 추가하라는 의미이다. 다른 예로 B4셀에 "=REPLACE(A2, 6, 4, "(주)")"를 입력하여 '미래산업(주)'로 바꿀 수 있다. 여기에서 '6'은 여섯 번째 문자에서 부터 '4'는 다음 네 글자를 '(주)'로 바꾸라는 의미이다.

그림 3-72 ❙ REPLACE 함수

B4 fx =REPLACE(A2,6,4,"㈜")

	A	B	C
1	데이터	결과	함수
2	미래산업 주식회사	미래산업 유한회사	=REPLACE(A2,6,2,"유한")
3		미래환경산업 주식회사	=REPLACE(A2,3,0,"환경")
4		미래산업 ㈜	=REPLACE(A2,6,4,"㈜")

라. LEFT/RIGHT 함수

LEFT 함수는 셀에 입력된 문자(열)의 왼쪽을 기준으로 지정된 숫자만큼 문자열을 반환할 때 사용하며, RIGHT 함수는 문자의 오른쪽을 기준으로 지정된 숫자만큼 문자열을 반환할 때 사용한다.

함수식	= LEFT/RIGHT(Text, Num_chars)
인수설명	• Text : 추출할 문자(열)를 포함한 참조범위 또는 문자열 • Num_chars : 추출할 문자 수

예를 들어, B2셀에 "=LEFT(A2, 4)"를 입력하면 A2셀에 입력된 '미래산업 주식회사' 문자열에서 왼쪽 네 글자에 해당하는 '미래산업'을 반환하고, B3셀에 "=RIHGT(A2, 4)"를 입력하면 A2셀에 입력된 '미래산업 주식회사' 문자열에서 오른쪽 네 글자에 해당하는 '주식회사'를 반환한다.

다른 예로, A열에 '-'을 포함한 9자리의 일련번호에서 '-' 뒤에 0을 추가하여 10자리로 변경하려면 B6셀에 "=LEFT(A6, 5)&"0"&RIGHT(A6,4)"로 입력한다. 이때 둘 이상의 함수식을 입력할 경우 '&'를 사용하여 연결한다.

그림 3-73 LEFT 함수와 RIGHT 함수

B6 =LEFT(A6,5)&"0"&RIGHT(A6,4)

	A	B	C
1	데이터	결과	함수
2	미래산업 주식회사	미래산업	=LEFT(A2,4)
3		주식회사	=RIGHT(A2,4)
4			
5	일련번호	문자추가	함수
6	0901-1403	0901-01403	=LEFT(A6,5)&"0"&RIGHT(A6,4)
7	0901-1734	0901-01734	
8	0901-1975	0901-01975	
9	0902-1898	0902-01898	
10	0902-1230	0902-01230	

마. MID 함수

MID 함수는 셀에 입력된 문자열에서 사용자가 원하는 임의의 위치에 있는 문자열을 반환할 때 사용한다.

함수식	= MID(Text, Start_num, Num_chars)
인수설명	• Text : 추출할 문자(열)를 포함한 참조범위 또는 문자열 • Start_num : 추출할 문자(열)의 시작위치 • Num_chars : 추출할 문자 수

예를 들어, B2셀에 "=MID(A2, 3, 2)"를 입력하면 A2셀에 입력된 '경영정보처리' 문자열에서 세 번째 문자를 기준으로 두 개의 글자 '정보'를 반환하며, B3셀에 "=MID(A3,1,3)"을 입력하면 A3셀에 입력된 '엑셀&액세스' 문자열에서 첫 번째 문자를 기준으로 세 개의 글자 '엑셀&'을 반환한다. 앞에서 살펴본 LEFT/RIGHT 함수의 사례에 MID 함수를 이용하여 작성하면 B6셀에 "=MID(A6, 1, 5)&"0"&MID(A6, 6, 4)"를 입력하여 동일한 결과를 얻을 수 있다.

그림 3-74 ▌ MID 함수

B6 | =MID(A6,1,5)&"0"&MID(A6,6,4)

	A	B	C
1	데이터	결과	함수
2	경영정보처리	정보	=MID(A2,3,2)
3	엑셀&엑세스	엑셀&	=MID(A3,1,3)
4			
5	일련번호	문자추가	함수
6	0901-1403	0901-01403	=MID(A6,1,5)&"0"&MID(A6,6,4)
7	0901-1734	0901-01734	
8	0901-1975	0901-01975	
9	0902-1898	0902-01898	
10	0902-1230	0902-01230	

바. FIND 함수

FIND 함수는 입력된 문자(열)에서 원하는 문자(열)의 시작 위치를 찾을 때 사용한다. FIND 함수는 대/소문자를 구분하며, 와일드카드 문자(*, ?)는 사용할 수 없다.

함수식	= FIND(Find_text, Within_text, [Start_num])
인수설명	• Find_text : 찾으려는 문자(열)(대소문자 구별함) • Within_text : 찾으려는 문자(열)가 입력된 셀 • Start_num : Within_text에서 검색을 시작하고자 하는 위치(생략시 1로 간주)

예를 들어, B2셀에 "=FIND("함수", A2)"를 입력하면 A2셀에 입력된 '엑셀 FIND 함수' 문자열에서 '함수'라는 문자가 시작하는 위치를 숫자 '9'로 반환하며, B3셀에 "=FIND("P", A3, 1)"을 입력하면 A3셀에 입력된 'PINE & APPLE' 문자열 중 첫 번째 문자('P')에서 시작하여 처음 오는 'P'의 위치를 찾아 숫자 '1'로 반환한다. 그리고 B4셀에 "=FIND("P", A4, 3)"을 입력하면 A4셀에 입력된 'PINE & APPLE' 문자열 중 세 번째 문자('N')에서 시작하여 처음 오는 'P'의 위치를 찾아 숫자 '9'로 반환한다. 이때 찾고자 하는 문자의 위치는 검색을 시작하는 위치와는 관계없이 첫 번째 문자부터 계산된다. 다음으로 FIND 함수를 응용한 B5셀의 "=MID(A5, 1, FIND("#", A5, 1)−1)"을 살펴보면 A5셀에 입력한 '노트북#123−N−2−11' 문자열 중 첫 번째 문자('노')에서 시작하여 처음 오는 '#'의 위치 사이의 문자열을 반환한다.

그림 3-75 FIND 함수

B4 =FIND("P",A4,3)

	A	B	C
1	데이터	결과	함수
2	엑셀 FIND 함수	9	=FIND("함수",A2)
3	PINE & APPLE	1	=FIND("P",A3,1)
4	PINE & APPLE	9	=FIND("P",A4,3)
5	노트북#123-N-2-11	노트북	=MID(A5,1,FIND("#",A5,1)-1)
6	레이져프린터#257-LP-1-66	레이져프린터	=MID(A6,1,FIND("#",A6,1)-1)

사. SEARCH 함수

SEARCH 함수는 특정 문자 또는 텍스트 문자열이 처음 발견되는 위치를 찾을 때 사용한다. SEARCH 함수는 대/소문자를 구분하지 않으며 대/소문자를 구분하여 검색하려면 FIND 함수를 사용한다.

함수식	= SEARCH(Find_text, Within_text, [Start_num])
인수설명	• Find_text : 찾으려는 텍스트 • Within_text : Find_text 인수 값을 검색하려는 텍스트 • Start_num : Within_text 인수에서 찾기 시작하려는 위치까지의 문자 개수

예를 들어, B2셀에 "=SEARCH("대", A2)"를 입력하면 A2셀에 입력한 '부산대학교' 문자열에서 '대'라는 문자가 시작하는 위치를 찾아 '3'을 반환하고, B3셀에 "=SEARCH("세", A3, 3)"을 입력하면 A3셀에 입력한 '세금 명세서' 문자열 중 3번째 문자에서 시작하여 처음 오는 '세'의 위치를 찾아 숫자 '5'를 반환한다. 그리고 SEARCH 함수는 MID 함수나 REPLACE 함수 등과 함께 사용할 수 있는데, B6셀의 "=REPLACE(A2, SEARCH(A6, A2), 3, "대 대학원")"을 살펴보면 A2셀에 입력한 '부산대학교'에서 A6셀에 입력한 '대학교'라는 문자가 시작하는 문자의 위치 '3'을 찾아 A2셀의 '부산대학교' 문자 중 3번째 위치한 '대'에서부터 3개의 문자 '대학교'를 '대 대학원'으로 대체하여 '부산대 대학원'이라는 문자로 바꾸어 준다.

그림 3-76 ▌ SEARCH 함수

B2 fx =SEARCH("대", A2)

	A	B	C
1	데이터	결과	함수
2	부산대학교	3	=SEARCH("대", A2)
3	세금 명세서	5	=SEARCH("세", A3,3)
4	판매 수익	4	=SEARCH(A5,A4)
5	수익	수익	=MID(A4,SEARCH(" ",A4)+1,2)
6	대학교	부산대 대학원	=REPLACE(A2, SEARCH(A6,A2),3,"대 대학원")

9 날짜/시간 함수

날짜/시간 함수는 셀에 날짜와 시간을 입력하거나 이를 활용한 기간산출 또는 일련번호의 변환이 가능하며, 대표적인 함수로는 TODAY, NOW, DATE, DAY360 등이 있다.

가. TODAY/NOW 함수

TODAY 함수는 셀에 오늘 날짜를 입력하고, NOW 함수는 오늘날짜와 함께 현재시간을 입력한다. 두 함수는 모두 인수 없이 사용한다.

함수식	= TODAY/NOW( )
인수설명	• 인수 없이 사용

그림 3-77 ▌ TODAY 함수와 NOW 함수

A3 fx =NOW()

	A	B
1	결과	함수
2	2012-02-14	=TODAY()
3	2012-02-14 11:18	=NOW()

나. DATE 함수

DATE 함수는 연, 월, 일 값을 입력하여 날짜를 표기하며, 결과는 'XXXX-XX-XX'의 형식으로 나타낸다.

함수식	= DATE(Year, Month, Day)
인수설명	• Year : 연도를 나타내는 숫자이며, 하나에서 네 자리를 가진다. • Month : 월을 나타내는 숫자이며, 12가 넘으면 그 다음 해로 넘기고 12를 뺀다. • Day : 일을 나타내는 숫자이며, Month의 일수를 넘기면 다음 달로 넘긴다.

예를 들어, 다음 그림과 같이 "=DATE(2012, 01, 01)"로 입력하면 '2012-01-01'로 나타내고, "=DATE(2012, 13, 01)"로 입력하면 13월에 대한 표시로 한 해를 넘겨 '2013-01-01'로 나타낸다. 그리고 "=DATE(2012, 01, 32)"로 입력하면 32일에 대한 표시로 한 달을 넘겨 '2012-02-01'로 나타낸다.

그림 3-78 DATE 함수

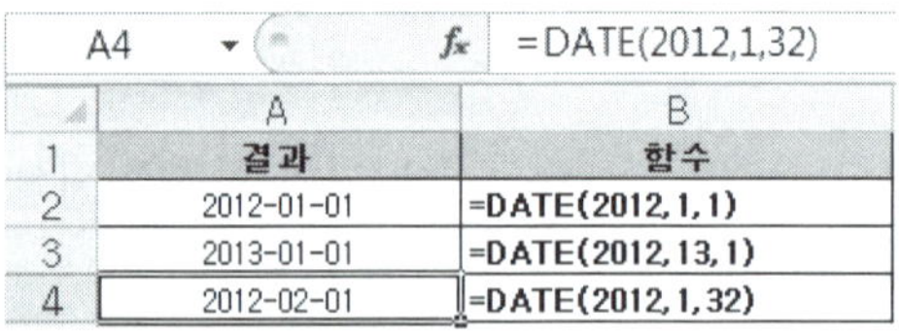
A4 =DATE(2012,1,32)

	A	B
1	결과	함수
2	2012-01-01	=DATE(2012,1,1)
3	2013-01-01	=DATE(2012,13,1)
4	2012-02-01	=DATE(2012,1,32)

다. YEAR/MONTH/DAY 함수

YEAR 함수는 셀에 입력된 날짜에서 해당하는 연도를 찾아내며, 1900년에서 9999년까지 표기할 수 있다. MONTH 함수는 1월에서 12월까지의 월을 찾아내고, DAY 함수는 1에서 31일까지의 날짜를 찾는다.

함수식	= YEAR/MONTH/DAY(Serial_number)
인수설명	• Serial_number : 연도/월/일을 구할 날짜 또는 일련번호

예를 들어, B2셀에 "YEAR(A2)"를 입력하면 연도에 해당하는 '2012'를 반환하고 B3셀에 "=MONTH(A2)"를 입력하면 월에 해당하는 '12'를 반환하고, B4셀에 "=DAY(A2)"를 입력하면 일에 해당하는 '24'를 반환한다.

그림 3-79 YEAR 함수와 MONTH 함수와 DAY 함수

B4 fx =DAY(A2)

	A	B	C
1	데이터	결과	함수
2	2012-12-24	2012	=YEAR(A2)
3		12	=MONTH(A2)
4		24	=DAY(A2)

라. DAYS360 함수

DAYS360 함수는 1년을 12개월, 1개월을 30일로 계산해 360일로 가정하여 [Start_date]와 [End_date] 사이의 일수를 계산한다.

함수식	= DAYS360(Start_date, End_date, [Method])
인수설명	• Start_date : 날짜 계산을 위한 시작하는 날짜 • End_date : 날짜 계산을 위한 끝나는 날짜 • Method : 생략하면 FALSE로 자동으로 설정되며 미국방식으로 계산, TRUE는 유럽방식으로 설정된다.

예를 들어, A2셀의 '2012년 1월 1일'에서 A3셀의 '2012년 12월 24일'까지 기간을 구하기 위해 B2셀에 "=A3-A2"를 입력하면 '358'을 반환하며, B3셀에 "=DAYS360(A2, A3, FALSE)"를 입력하면 '353'을 반환한다. 이는 DAYS360 함수가 1년을 360일로 보고 계산하기 때문이다. DAY360 함수는 회계에서 자주 사용되는 함수로 이 때문에 실제 일수와 차이가 발생하게 된다.

그림 3-80 DAYS360 함수

B3 fx =DAYS360(A2,A3,FALSE)

	A	B	C
1	데이터	결과	함수
2	2012-01-01	358	=A3-A2
3	2012-12-24	353	=DAYS360(A2,A3,FALSE)

10 배열수식

배열(array)은 비슷한 성격을 가진 데이터를 한곳에 일정한 형식으로 맞추어 모아 둔 형태로 주로 표 모양으로 작성되며, 일차원과 이차원 배열로 구분된다.

가. 일차원 배열

일차원 배열은 하나의 행(수평배열) 또는 열(수직배열)로 구성된 간단한 배열을 의미한다. 배열수식은 중괄호({ })를 이용해 구문을 표현하며, 수식을 작성한 후 Ctrl + Shift + Enter↵ 키를 이용하여 배열수식을 만드는 것 이외에 수식을 입력하거나 계산할 때는 일반적인 함수 사용방식과 동일하다.

일반적으로 1에서 4까지 숫자를 셀에 입력하려면 A1셀에 1을 입력하고 [자동 채우기]를 이용하면 되지만, 배열수식의 경우 값들이 입력될 셀 영역을 먼저 지정하고, 최초 값이 입력되는 셀에서 "={1,2,3,4}"를 입력한 뒤 Ctrl + Shift + Enter↵ 키를 누른다.

그림 3-81 ▎ 일차원 수평 배열

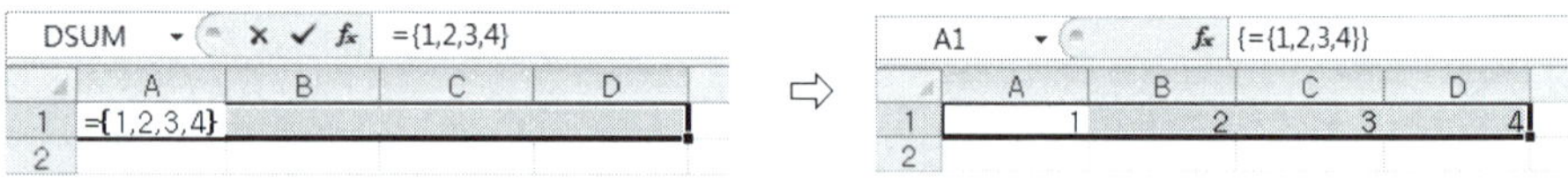

범위 지정 – "={1,2,3,4}"입력 – 'Ctrl+Shift+Enter↵' 　　일차원 수평 배열 결과

그러면 다음과 같이 수식 앞뒤에 중괄호({ })가 입력되며, 선택된 영역에 지정한 숫자들이 차례로 입력된다. 이때 쉼표로 구분되는 값(1,2,3,4)들을 배열상수라 부른다. 배열구문에서는 각각 서로 다른 열의 값을 구분하기 위해 쉼표(,)를 사용하고, 각각 서로 다른 행의 값을 구분하기 위해 세미콜론(;)을 사용한다.

그림 3-82 ▌ 일차원 수직 배열

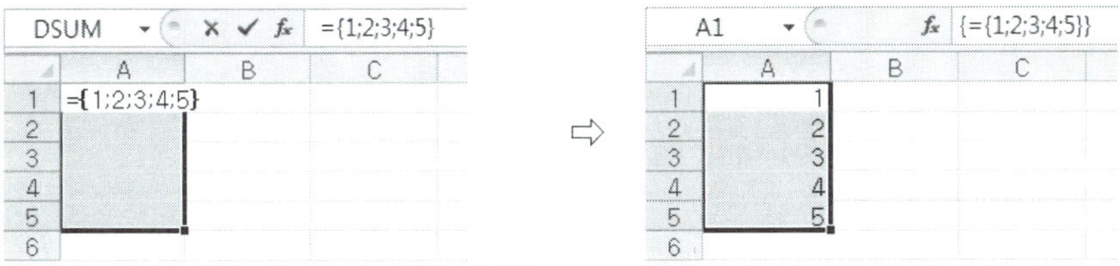

범위 지정 – "={1;2;3;4;5}"입력 – 'Ctrl+Shift+Enter↵'

일차원 수직 배열 결과

나. 이차원 배열

이차원 배열은 동일한 행 또는 열로 구성된 셀 범위의 배열을 의미한다. 예를 들어, 다음 그림과 같이 주문금액의 합계(D8)는 일반적으로 수량과 단가를 곱하여 각 행의 구매액을 계산한 후 SUM 함수를 이용하여 합계를 계산한다.

그림 3-83 ▌ SUM 함수

D8 fx =SUM(D2:D7)

	A	B	C	D
1	자재코드	수량	단가	구매액
2	M1001	205	15,000	3,075,000
3	M1002	105	35,000	3,675,000
4	M1003	150	15,000	2,250,000
5	M2001	170	20,000	3,400,000
6	M2002	110	35,000	3,850,000
7	M2003	120	20,000	2,400,000
8			합계	18,650,000

이를 배열수식으로 작성하면 다음과 같이 "=SUM(B2:B7*C2:C7)"을 입력하고 Ctrl+Shift+Enter↵ 키를 누른다. 이는 수학/삼각 함수의 SUMPRODUCT 함수와 동일한 기능을 하며, 각각의 수량에 대응되는 셀의 단가를 곱하여 더하는 배열수식이다.

그림 3-84 ▌ 이차원 배열 수식

D8 fx {=SUM(B2:B7*C2:C7)}

	A	B	C	D
1	자재코드	수량	단가	구매액
2	M1001	205	15,000	3,075,000
3	M1002	105	35,000	3,675,000
4	M1003	150	15,000	2,250,000
5	M2001	170	20,000	3,400,000
6	M2002	110	35,000	3,850,000
7	M2003	120	20,000	2,400,000
8			합계	18,650,000

예를 들어, 다음의 삼손전자(주) 대리점별 자재주문 내역을 배열수식을 이용하여 처리할 수 있다.

그림 3-85 ▌ 삼손전자(주) 대리점별 자재주문 내역

	A	B	C	D	E	F	G	H	I	J
1	주문일자	대리점	자재코드	수량	단가	주문금액		자재코드	주문횟수	총주문량
2	2007-10-02	부산	M2001	205	15,000	3,075,000		M1001		
3	2007-10-03	대구	M1001	100	175,000	17,500,000		M1002		
4	2007-10-04	서울	M1002	105	35,000	3,675,000		M1003		
5	2007-10-05	대전	M2001	100	15,000	1,500,000		M2001		
6	2007-10-06	대구	M1003	150	20,000	3,000,000		M2002		
7	2007-10-07	부산	M2003	170	186,000	31,620,000		M2003		
8	2007-10-08	서울	M1003	220	20,000	4,400,000				
9	2007-10-09	광주	M2001	110	15,000	1,650,000				
10	2007-10-10	대전	M1002	200	35,000	7,000,000				
11	2007-10-11	춘천	M2002	121	320,000	38,720,000				
12	총 계					112,140,000				

'M1001' 자재의 주문횟수는 I2셀에 "=SUM(($C$2:$C$11=H2)*1)"로 입력하고, Ctrl + Shift + Enter↵ 키를 누른다. 배열수식의 결과 'M1001' 자재는 주문이 1회 발생하였음을 알 수 있다.

그림 3-86 ▌ 이차원 배열 수식 – 자재 주문횟수

I2 fx {=SUM(($C$2:$C$11=H2)*1)}

	A	B	C	D	E	F	G	H	I	J
1	주문일자	대리점	자재코드	수량	단가	주문금액		자재코드	주문횟수	총주문량
2	2007-10-02	부산	M2001	205	15,000	3,075,000		M1001	1	
3	2007-10-03	대구	M1001	100	175,000	17,500,000		M1002	2	
4	2007-10-04	서울	M1002	105	35,000	3,675,000		M1003	2	
5	2007-10-05	대전	M2001	100	15,000	1,500,000		M2001	3	
6	2007-10-06	대구	M1003	150	20,000	3,000,000		M2002	1	
7	2007-10-07	부산	M2003	170	186,000	31,620,000		M2003	1	
8	2007-10-08	서울	M1003	220	20,000	4,400,000				
9	2007-10-09	광주	M2001	110	15,000	1,650,000				
10	2007-10-10	대전	M1002	200	35,000	7,000,000				
11	2007-10-11	춘천	M2002	121	320,000	38,720,000				
12	총 계					112,140,000				

이러한 결과는 TRUE와 FALSE와 같은 논리값에 의한 것으로 다음 그림과 같이 A2셀의 '1'과 B2셀의 '1'에 대해서 C2셀에 "=A2=B2"로 입력하면 두 셀의 값이 같기 때문에 결과값 'TRUE'를 반환하고, C3셀의 "=A3=B3"은 A3셀의 '1'과 B3셀의 '0'이 서로 다른 값이기 때문에 결과값을 'FALSE'로 반환한다. 그리고 A6셀의 'TRUE'와 B6셀의 '1'에 대해서 C6셀에 "=A6*B6"으로 입력하였을 경우 'TRUE'는 '1'로 인식하고, 수식에서의 '*'은 'AND'로 인식하여 결과값 '1'을 반환한다.

그림 3-87 ▌ 논리값과 수식의 관계

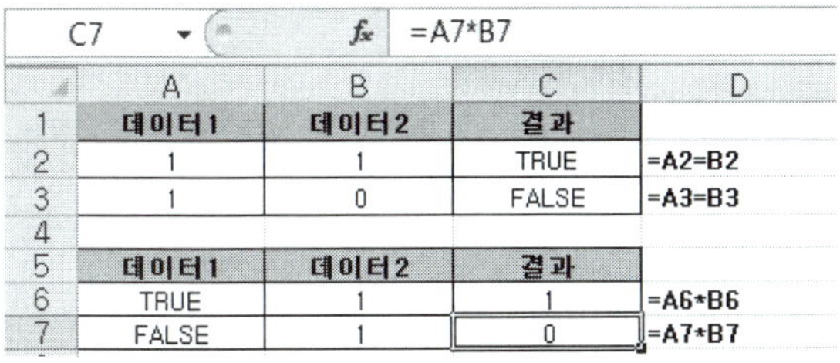

C7 | fx | =A7*B7

	A	B	C	D
1	데이터1	데이터2	결과	
2	1	1	TRUE	=A2=B2
3	1	0	FALSE	=A3=B3
4				
5	데이터1	데이터2	결과	
6	TRUE	1	1	=A6*B6
7	FALSE	1	0	=A7*B7

다음 그림은 자재별 주문횟수를 구하기 위해 작성된 배열수식 '=SUM(($C$2:$C$11 = H2)*1)'에 대한 이해를 돕기 위해 배열수식의 처리단계를 보여준다. 먼저, C2셀(M2001)부터 C11셀(M2002)까지의 지정된 영역을 조건값 H2셀(M1001)과 비교하여 논리적으로 TRUE 또는 FALSE 인지를 평가한다. 다음으로 논리값 TRUE와 FALSE에 1을 각각 곱해 1과 0의 결과값을 반환한다. 마지막으로 이들 값들을 모두 더하여 자재별로 주문한 총횟수를 계산한다.

그림 3-88 ▌ 이차원 배열 수식 절차 - 자재 주문횟수

$$\text{SUM}\begin{pmatrix}(C2=H2)\times1\\(C3=H2)\times1\\(C4=H2)\times1\\(C5=H2)\times1\\(C6=H2)\times1\\(C7=H2)\times1\\(C8=H2)\times1\\(C9=H2)\times1\\(C10=H2)\times1\\(C11=H2)\times1\end{pmatrix}\Rightarrow\text{SUM}\begin{pmatrix}(\text{"M2001"}=\text{"M1001"})\times1\\(\text{"M1001"}=\text{"M1001"})\times1\\(\text{"M1002"}=\text{"M1001"})\times1\\(\text{"M2001"}=\text{"M1001"})\times1\\(\text{"M1003"}=\text{"M1001"})\times1\\(\text{"M2003"}=\text{"M1001"})\times1\\(\text{"M1003"}=\text{"M1001"})\times1\\(\text{"M2001"}=\text{"M1001"})\times1\\(\text{"M1002"}=\text{"M1001"})\times1\\(\text{"M2002"}=\text{"M1001"})\times1\end{pmatrix}\Rightarrow\text{SUM}\begin{pmatrix}\text{FALSE}\times1\\\text{TRUE}\times1\\\text{FALSE}\times1\\\text{FALSE}\times1\\\text{FALSE}\times1\\\text{FALSE}\times1\\\text{FALSE}\times1\\\text{FALSE}\times1\\\text{FALSE}\times1\\\text{FALSE}\times1\end{pmatrix}\Rightarrow\text{SUM}\begin{pmatrix}-\\1\\-\\-\\-\\-\\-\\-\\-\\-\end{pmatrix}=1$$

다음으로 자재별 총주문량은 "=SUM(($C$2:$C$11=H2)*$D$2:$D$11)"로 입력하고, Ctrl+Shift+Enter↵ 키를 눌러 배열수식을 작성한다. 배열수식의 결과 'M1001'의 총주문량은 100개임을 알 수 있다.

그림 3-89 ▮ 이차원 배열 수식 – 자재별 총주문량

J2 fx {=SUM(($C$2:$C$11=H2)*$D$2:$D$11)}

	A	B	C	D	E	F	G	H	I	J
1	주문일자	대리점	자재코드	수량	단가	주문금액		자재코드	주문횟수	총주문량
2	2007-10-02	부산	M2001	205	15,000	3,075,000		M1001	1	100
3	2007-10-03	대구	M1001	100	175,000	17,500,000		M1002	2	305
4	2007-10-04	서울	M1002	105	35,000	3,675,000		M1003	2	370
5	2007-10-05	대전	M2001	100	15,000	1,500,000		M2001	3	415
6	2007-10-06	대구	M1003	150	20,000	3,000,000		M2002	1	121
7	2007-10-07	부산	M2003	170	186,000	31,620,000		M2003	1	170
8	2007-10-08	서울	M1003	220	20,000	4,400,000				
9	2007-10-09	광주	M2001	110	15,000	1,650,000				
10	2007-10-10	대전	M1002	200	35,000	7,000,000				
11	2007-10-11	춘천	M2002	121	320,000	38,720,000				
12	총 계					112,140,000				

자재별 총주문량을 구하기 위해 사용된 배열수식의 처리단계는 다음 그림과 같다. 먼저, C2셀(M2001)부터 C11셀(M2002)까지의 지정된 영역을 조건값 H2셀(M1001)과 비교하여 논리적으로 TRUE 또는 FALSE 인지를 평가한다. 다음으로 논리값 TRUE와 FALSE에 주문수량(D2:D11)을 각각 곱하여 결과값을 반환한다. 마지막으로 이들 값들을 모두 더하여 자재별 주문한 총수량을 반환한다.

그림 3-90 ▮ 이차원 배열 수식 절차 – 자재별 총주문량

SUM(	⇒ SUM(	⇒ SUM(	⇒ SUM(	
(C2=H2)×205	("M2001"="M1001")×205	FALSE×205	–	
(C3=H2)×100	("M1001"="M1001")×100	TRUE×100	100	
(C4=H2)×105	("M1002"="M1001")×105	FALSE×105	–	
(C5=H2)×100	("M2001"="M1001")×100	FALSE×100	–	
(C6=H2)×150	("M1003"="M1001")×150	FALSE×150	–	
(C7=H2)×170	("M2003"="M1001")×170	FALSE×170	–	= 100
(C8=H2)×220	("M1003"="M1001")×220	FALSE×220	–	
(C9=H2)×110	("M2001"="M1001")×110	FALSE×110	–	
(C10=H2)×200	("M1002"="M1001")×200	FALSE×200	–	
(C11=H2)×121	("M2002"="M1001")×121	FALSE×121	–	

다음으로 부산 대리점에서 주문 요청받은 자재의 합계를 구하기 위해 L2셀에 "=SUM(IF(B2:B11="부산", D2:D11))"을 입력하고, Ctrl+Shift+Enter↵ 키를 눌러 배열수식을 작성한다. 그 결과 부산대리점의 총주문 요청량이 375개임을 알 수 있다.

그림 3-91 이차원 배열 수식 – 부산대리점의 주문량 합계

L2 {=SUM(IF(B2:B11="부산",D2:D11))}

	A	B	C	D	E	F	G	H	I	J	K	L
1	주문일자	대리점	자재코드	수량	단가	주문금액		자재코드	주문횟수	총주문량		부산대리점의 주문량 합계
2	2007-10-02	부산	M2001	205	15,000	3,075,000		M1001	1	100		375
3	2007-10-03	대구	M1001	100	175,000	17,500,000		M1002	2	305		
4	2007-10-04	서울	M1002	105	35,000	3,675,000		M1003	2	370		
5	2007-10-05	대전	M2001	100	15,000	1,500,000		M2001	3	415		서울대리점의 주문량 평균
6	2007-10-06	대구	M1003	150	20,000	3,000,000		M2002	1	121		
7	2007-10-07	부산	M2003	170	186,000	31,620,000		M2003	1	170		
8	2007-10-08	서울	M1003	220	20,000	4,400,000						
9	2007-10-09	광주	M2001	110	15,000	1,650,000						서울과 부산 대리점의 주문량 합계
10	2007-10-10	대전	M1002	200	35,000	7,000,000						
11	2007-10-11	춘천	M2002	121	320,000	38,720,000						
12	총 계					112,140,000						

부산대리점의 총주문 요청량을 구하기 위해 사용된 배열수식의 처리단계는 다음 그림과 같다.

그림 3-92 이차원 배열 수식 절차 – 부산대리점의 주문량 합계

```
    ( IF(B2="부산", 205)  )       ( IF("부산"="부산", 205) )       ( IF(TRUE,205)   )       ( 205 )
    ( IF(B3="부산", 100)  )       ( IF("대구"="부산", 100) )       ( IF(FALSE,100)  )       (  -  )
    ( IF(B4="부산", 105)  )       ( IF("서울"="부산", 105) )       ( IF(FALSE,105)  )       (  -  )
    ( IF(B5="부산", 100)  )       ( IF("대전"="부산", 100) )       ( IF(FALSE,100)  )       (  -  )
SUM ( IF(B6="부산", 150)  ) ⇒ SUM ( IF("대구"="부산", 150) ) ⇒ SUM ( IF(FALSE,150)  ) ⇒ SUM (  -  ) =375
    ( IF(B7="부산", 170)  )       ( IF("부산"="부산", 170) )       ( IF(TRUE,170)   )       ( 170 )
    ( IF(B8="부산", 220)  )       ( IF("서울"="부산", 220) )       ( IF(FALSE,220)  )       (  -  )
    ( IF(B9="부산", 110)  )       ( IF("광주"="부산", 110) )       ( IF(FALSE,110)  )       (  -  )
    ( IF(B10="부산", 200) )       ( IF("대전"="부산", 200) )       ( IF(FALSE,200)  )       (  -  )
    ( IF(B11="부산", 121) )       ( IF("춘천"="부산", 121) )       ( IF(FALSE,121)  )       (  -  )
```

다음으로 서울대리점의 평균 주문량을 구하기 위해 배열수식을 사용하면 다음과 같다. 이를 위해 L6셀에 "=AVERAGE(IF(B2:B11="서울", D2:D11))"을 입력하고, Ctrl + Shift + Enter↵ 키를 눌러 배열수식을 작성한다. 이 결과로 서울대리점의 평균 주문량이 162.5개임을 알 수 있다.

그림 3-93 이차원 배열 수식 – 서울대리점의 주문량 평균

L6 {=AVERAGE(IF(B2:B11="서울",D2:D11))}

	A	B	C	D	E	F	G	H	I	J	K	L
1	주문일자	대리점	자재코드	수량	단가	주문금액		자재코드	주문횟수	총주문량		부산대리점의 주문량 합계
2	2007-10-02	부산	M2001	205	15,000	3,075,000		M1001	1	100		375
3	2007-10-03	대구	M1001	100	175,000	17,500,000		M1002	2	305		
4	2007-10-04	서울	M1002	105	35,000	3,675,000		M1003	2	370		
5	2007-10-05	대전	M2001	100	15,000	1,500,000		M2001	3	415		서울대리점의 주문량 평균
6	2007-10-06	대구	M1003	150	20,000	3,000,000		M2002	1	121		162.5
7	2007-10-07	부산	M2003	170	186,000	31,620,000		M2003	1	170		
8	2007-10-08	서울	M1003	220	20,000	4,400,000						
9	2007-10-09	광주	M2001	110	15,000	1,650,000						서울과 부산 대리점의 주문량 합계
10	2007-10-10	대전	M1002	200	35,000	7,000,000						
11	2007-10-11	춘천	M2002	121	320,000	38,720,000						
12	총 계					112,140,000						

서울대리점의 평균 주문량을 구하기 위해 사용된 배열수식의 처리단계는 다음 그림과 같다.

그림 3-94 ▌ 이차원 배열 수식 절차 - 서울대리점의 주문량 평균

AVERAGE	IF(B2="서울", 205)
	IF(B3="서울", 100)
	IF(B4="서울", 105)
	IF(B5="서울", 100)
	IF(B6="서울", 150)
	IF(B7="서울", 170)
	IF(B8="서울", 220)
	IF(B9="서울", 110)
	IF(B10="서울", 200)
	IF(B11="서울", 121)
		⇒ AVERAGE	IF("부산"="서울", 205)
			IF("대구"="서울", 100)
			IF("서울"="서울", 105)
			IF("대전"="서울", 100)
			IF("대구"="서울", 150)
			IF("부산"="서울", 170)
			IF("서울"="서울", 220)
			IF("광주"="서울", 110)
			IF("대전"="서울", 200)
			IF("춘천"="서울", 121)
				⇒ AVERAGE	IF(FALSE,205)
					IF(FALSE,100)
					IF(TRUE,105)
					IF(FALSE,100)
					IF(FALSE,150)
					IF(FALSE,170)
					IF(TRUE,220)
					IF(FALSE,110)
					IF(FALSE,200)
					IF(FALSE,121)
						⇒ AVERAGE	-
							-
							105
							-
							-
							-
							220
							-
							-
							-
								= 162.5	

마지막으로 서울과 부산대리점의 주문량의 합계를 구하기 위해 L10셀에 "= SUM(IF(B2:B11="서울", D2:D11)+IF(B2:B11="부산", D2:D11))"을 입력하고, Ctrl+Shift+Enter↵ 키를 눌러 배열수식을 작성한다. 그 결과로 두 지역의 주문량 총합이 700개임을 알 수 있다. 이때 배열수식 중간에 삽입된 '+'는 논리합(OR)의 개념으로 서울의 주문량과 부산의 주문량을 논리합(OR)하라는 의미이다.

그림 3-95 ▌ 이차원 배열 수식 - 서울과 부산대리점의 주문량 합계

L10 fx {=SUM(IF(B2:B11="서울",D2:D11)+IF(B2:B11="부산",D2:D11))}

	A	B	C	D	E	F	G	H	I	J	K	L
1	주문일자	대리점	자재코드	수량	단가	주문금액		자재코드	주문횟수	총주문량		부산대리점의 주문량 합계
2	2007-10-02	부산	M2001	205	15,000	3,075,000		M1001	1	100		375
3	2007-10-03	대구	M1001	100	175,000	17,500,000		M1002	2	305		
4	2007-10-04	서울	M1002	105	35,000	3,675,000		M1003	2	370		
5	2007-10-05	대전	M2001	100	15,000	1,500,000		M2001	3	415		서울대리점의 주문량 평균
6	2007-10-06	대구	M1003	150	20,000	3,000,000		M2002	1	121		162.5
7	2007-10-07	부산	M2003	170	186,000	31,620,000		M2003	1	170		
8	2007-10-08	서울	M1003	220	20,000	4,400,000						
9	2007-10-09	광주	M2001	110	15,000	1,650,000						서울과 부산 대리점의 주문량 합계
10	2007-10-10	대전	M1002	200	35,000	7,000,000						700
11	2007-10-11	춘천	M2002	121	320,000	38,720,000						
12	총 계					112,140,000						

서울대리점의 주문량과 부산대리점의 주문량의 합계를 구하기 위해 사용된 배열수식의 처리단계는 다음 그림과 같다.

그림 3-96 ▌ 이차원 배열 수식 절차 - 서울과 부산대리점의 주문량 합계

SUM	IF("부산"="서울", 205)
	IF("대구"="서울", 100)
	IF("서울"="서울", 105)
	IF("대전"="서울", 100)
	IF("대구"="서울", 150)
	IF("부산"="서울", 170)
	IF("서울"="서울", 220)
	IF("광주"="서울", 110)
	IF("대전"="서울", 200)
	IF("춘천"="서울", 121)
		OR	IF("부산"="부산", 205)
			IF("대구"="부산", 100)
			IF("서울"="부산", 105)
			IF("대전"="부산", 100)
			IF("대구"="부산", 150)
			IF("부산"="부산", 170)
			IF("서울"="부산", 220)
			IF("광주"="부산", 110)
			IF("대전"="부산", 200)
			IF("춘천"="부산", 121)
				⇒ SUM	FALSE
					FALSE
					105
					FALSE
					FALSE
					FALSE
					220
					FALSE
					FALSE
					FALSE
						OR	205
							FALSE
							FALSE
							FALSE
							FALSE
							170
							FALSE
							FALSE
							FALSE
							FALSE
								⇒ SUM	205
									-
									105
									-
									-
									170
									220
									-
									-
									-
										= 700

연·습·문·제

01. 다음은 화목 수목원에서 묘목 60그루의 높이를 측정한 결과이다. 아래의 데이터를 A1셀부터 차례로 워크시트에 입력하고, 다음에 제시된 내용을 참고하여 데이터를 처리하시오.

138.6	144	149.5	146.1	158	164
152.8	153.7	152.3	148.5	162	165
153.8	143.2	152.7	144.2	153.7	168.7
146.5	145	151.6	146.8	158.7	162.2
144	145.9	153.2	153.8	152.9	156
144.1	153.9	157.2	142.2	161.3	151.5
147.3	152.8	171	149.5	164.6	152.6
161.2	151.7	142.4	149	147.9	151
160.2	150.1	157.4	138.4	154.9	158.7
146.6	155.5	156.9	144.3	160.2	149.9

(1) 다음의 표를 워크시트에 작성하시오.

기술통계함수	요약값
최대값	
최소값	
평균	
중앙값	
최빈수	
표준편차	
표본분산	
모집단의 표준편차	
모집단의 표본분산	
첨도	
왜도	

(2) 기술통계 함수를 사용하여 데이터를 요약하시오.

① 묘목의 높이가 상위 30%에 포함되기 위해서는 몇 cm이어야 하는지 구하시오(PERCENTILE.INC 함수).

② 묘목의 높이가 하위 5%에 포함되기 위해서는 몇 cm이어야 하는지 구하시오(PERCENTILE.EXC 함수).

③ 묘목의 높이가 150cm 이하는 몇 그루인지 구하시오(COUNTIF 함수).

④ 묘목의 높이가 3번째로 큰 것은 몇 cm인지 구하시오(LARGE 함수).
⑤ 묘목이 높이가 5번째로 작은 것은 몇 cm인지 구하시오(SMALL 함수).

02. 다음은 A, B, C 분반 학생들의 영어성적에 관한 내용이다. 아래의 데이터를 A1셀부터 차례로 워크시트에 입력하고, 다음에 제시된 내용을 참고하여 데이터를 처리하시오.

분반	구분	듣기	읽기	쓰기	말하기	평균	합계	순위
A	이승훈	90	80	90	50			
B	김현준	50	90	40	80			
C	박수경	30	20	30	40			
A	안경숙	50	40	50	50			
B	신현미	60	50	90	60			
C	김수현	80	100	80	80			
A	문상원	70	30	70	95			
B	강애연	63	53	75	64			
C	강충기	80	58	94	70			
A	김규한	91	66	89	88			
B	김동구	67	66	88	55			
C	김병철	96	91	99	70			
A	김영석	79	70	86	65			
B	김용철	96	90	84	75			
C	박한식	68	89	72	55			
A	신점기	88	89	66	80			
B	신종갑	75	91	65	83			
C	오문규	66	93	64	68			
A	오진영	86	93	61	89			
B	이유석	90	94	61	65			
C	이홍기	90	87	53	93			
A	정창욱	74	90	48	86			
B	양경일	60	40	60	100			
평균								
합계								
최고점								
최소점								

(1) 학생별 및 교과목별 합계와 평균값을 구하시오(SUM, AVERAGE 함수).
(2) 합계가 큰 순서로 순위를 구하시오(RANK 함수).
(3) 교과목별 최저점수와 최고점수를 구하시오(MAX, MIN 함수).
(4) 영어성적 합계의 표준편차와 분산을 구하시오(STDEVP, VARP 함수).
(5) 읽기 점수가 상위 10%는 몇 점인지 구하시오(PERCENTILE.INC 함수).
(6) 말하기 점수가 하위 30%는 몇 점인지 구하시오(PERCENTILE.EXC 함수).
(7) 듣기, 읽기, 쓰기, 말하기 점수가 50점 이하인 학생은 각각 몇 명인지 구하시오(COUNTIF 함수).
(8) 평균 점수가 5번째로 큰 학생은 몇 점인지 구하시오(LARGE 함수).
(9) 합계가 2번째로 작은 학생은 몇 점인지 구하시오(SMALL 함수).

03. **다음은 효원(주)의 사원평가에 관한 내용이다. 아래의 데이터를 A1셀부터 차례로 워크시트에 입력하고, 다음에 제시된 내용을 참고하여 데이터를 처리하시오.**

	A	B	C	D	E	F	G	H	I	J	K
1	사번	성명	부서	성별	직급	기본급	보너스	특별 보너스	실급여액	평가점수	비고
2	03-01-303	김성주	개발부	남	부장					5.5	
3	03-01-306	이진희	개발부	여	대리					7.0	
4	03-01-307	이민희	개발부	여	차장					8.3	
5	03-01-318	경민지	개발부	여	사원					9.9	
6	개발부 합계										
7	03-01-301	권주영	기획부	남	과장					7.0	
8	03-01-304	한창수	기획부	남	대리					9.8	
9	03-01-305	이영희	기획부	여	사원					9.0	
10	03-01-316	정동수	기획부	남	차장					9.0	
11	03-01-319	박윤희	기획부	여	사원					10.0	
12	기획부 합계										
13	03-01-302	박강우	마케팅	남	과장					8.0	
14	03-01-311	조지희	마케팅	여	사원					8.3	
15	03-01-312	이동화	마케팅	남	사원					7.8	
16	마케팅 합계										
17	03-01-308	마경수	영업부	남	차장					6.7	
18	03-01-309	장태식	영업부	남	사원					9.5	
19	03-01-310	윤혜라	영업부	여	사원					6.9	
20	03-01-317	나정석	영업부	남	과장					6.8	
21	영업부 합계										
22	03-01-313	이상진	인사부	남	사원					9.0	
23	03-01-314	정정민	인사부	남	사원					7.9	
24	03-01-315	강현철	인사부	남	과장					9.3	
25	03-01-320	김이지	인사부	여	사원					5.9	
26	인사부 합계										
27	총 합계										

(1) 기본급은 사원(1,510,000), 대리(1,670,000), 과장(1,810,000), 차장(2,050,000), 부장(2,560,000)으로 직급에 따라 입력한다.
(2) 보너스 = 기본급 × 35%
(3) 특별 보너스 : 평가점수가 8점 이상인 직원만 '평가점수 × 30,000'으로 계산한다(IF 함수).
(4) 비고 : 평가점수가 9.5점 이상은 "Excellent", 9점 이상 "Good", 8.5점 이상 "Fine", 8점 이상 "So so", 7.5점 이상 "Not bad", 그 이하는 "Bad"로 입력한다(IF 함수).
(5) 실급여액 = 기본급 + 보너스
(6) 부서별 합계 및 총합계 : 기본급, 보너스의 항목별 합계(SUM 함수)
(7) 부서별 실급여액 합계 및 총합계(SUBTOTAL 함수)
(8) 영업부에서 남자 직원들의 평가점수의 합을 구하시오(SUMIF 함수).

(9) 기획부에서 사원 직급을 가진 직원들의 보너스의 합을 구하시오(SUMIF 함수).
(10) 부서가 영업부이고 성별이 남자인 직원의 평가점수의 합을 구하시오(SUMIFS 함수).

04. 다음은 삼손전자(주)의 대리점별 자재의 주문금액에 관한 내용이다. 아래의 데이터를 A1셀부터 차례로 워크시트에 입력하고, 다음에 제시된 내용을 참고하여 데이터를 처리하시오.

주문일자	대리점	자재코드	수량	단가	세전금액	세금	주문금액	비고
2012-10-02	부산	2001	205	15,000				
2012-10-03	대구	1001	100	175,000				
2012-10-04	서울	1002	105	35,000				
2012-10-05	대전	2001	100	15,000				
2012-10-06	대구	1003	150	20,000				
2012-10-07	부산	2003	170	186,000				
2012-10-08	서울	1003	220	20,000				
2012-10-09	광주	2001	110	15,000				
2012-10-10	대전	1002	200	35,000				
2012-10-11	춘천	2002	121	320,000				
총 계								

(1) 세전금액 = 수량 × 단가(또는 PRODUCT 함수)
(2) 세금: 세전금액이 3,000,000원 이상이면 금액의 7%로 부과하고, 그 외 금액은 12%로 책정한다.
(3) 주문금액 = 세전금액 + 세금
(4) 총계 : 수량, 단가, 세전금액, 세금, 주문금액 항목별 총합계
(5) 비고 : 150개 미만으로 주문받은 제품은 '▽', 150개 이상의 주문은 '*', 200개 이상일 경우 '△'를 입력한다.(IF, HLOOKUP, VLOOKUP 함수 중 선택)
(6) 부산 대리점에서 주문된 자재의 총주문금액을 산출하시오(SUMIF 함수).
(7) 2012년 10월 9일의 주문금액은 얼마인지 찾으시오(LOOKUP 함수).
(8) 주문수량이 250에 가까운 주문의 주문금액은 얼마인지 찾으시오(MATCH, INDEX 함수).

05. 다음은 1970년부터 2005까지 국내 연령대별 인구에 관한 내용이다. 아래의 데이터를 A1셀부터 차례로 워크시트에 입력하고, 다음에 제시된 내용을 참고하여 데이터를 처리하시오.

	A	B	C	D	E	F	G	H	I
1	연령대	1970년	1975년	1980년	1985년	1990년	1995년	2000년	2005년
2	0세 이상	4,316,143	4,527,330	3,794,692	3,702,555	3,279,790	3,427,409	3,130,258	2,957,167
3	5세 이상	4,531,942	4,453,698	4,420,946	3,916,350	3,862,508	3,096,115	3,444,056	3,422,250
4	10세 이상	4,393,348	4,227,360	4,440,137	4,475,985	3,991,917	3,711,980	3,064,442	3,339,316
5	15세 이상	3,088,134	4,146,912	4,239,729	4,316,264	4,448,996	3,863,491	3,691,584	3,237,329
6	20세 이상	2,523,170	3,123,126	4,053,638	4,245,090	4,396,309	4,304,378	3,848,186	4,040,269
7	25세 이상	2,204,293	2,507,450	3,082,172	4,070,408	4,333,500	4,137,913	4,096,978	3,913,811
8	30세 이상	2,193,279	2,224,238	2,519,241	3,115,238	4,207,714	4,230,239	4,093,228	4,427,739
9	35세 이상	1,854,200	2,189,144	2,223,341	2,581,181	3,201,210	4,133,864	4,186,953	4,138,311
10	40세 이상	1,461,903	1,800,153	2,131,651	2,187,508	2,539,269	3,071,101	3,996,336	4,307,529
11	45세 이상	1,284,628	1,398,820	1,781,813	2,089,212	2,176,890	2,464,295	2,952,023	3,570,219
12	50세 이상	1,024,535	1,197,379	1,325,925	1,695,259	2,010,018	2,063,768	2,350,250	2,561,026
13	55세 이상	855,041	939,205	1,125,353	1,267,757	1,622,853	1,913,461	1,968,472	2,111,324
14	60세 이상	665,258	737,552	822,057	1,006,876	1,157,059	1,495,082	1,788,849	1,929,992
15	65세 이상	434,715	542,827	620,283	722,817	900,314	1,043,979	1,376,122	1,598,342
16	70세 이상	315,444	325,213	425,096	501,254	595,116	762,544	918,121	1,091,070
17	75세 이상	175,416	204,290	229,286	312,090	377,171	455,673	600,598	684,988
18	80세 이상	113,803	134,269	171,449	213,388	289,638	378,009	476,965	377,649
19	연령미상	-	6	6	420	102	409	1,868	216,987

(1) H28셀은 G24셀에 입력되는 연도 번호와 H24셀의 연령대 번호에 따라 해당 연도 연령대의 인구수가 표시되도록 하시오(INDEX 함수).

(2) 다음의 데이터 목록을 A23셀에서 작성한 뒤 아래에 제시한 내용을 처리하시오.

	A	B	C	D	E	F	G	H	I	J
23	연도	번호		연령대	번호		연도 번호	연령대 번호		
24	1970년	1		0세 이상	1					
25	1975년	2		5세 이상	2		연도	연령대		
26	1980년	3		10세 이상	3					
27	1985년	4		15세 이상	4					
28	1990년	5		20세 이상	5		인구수(1)			
29	1995년	6		25세 이상	6					
30	2000년	7		30세 이상	7		인구수(2)			
31	2005년	8		35세 이상	8					
32				40세 이상	9		4) 1975년대 4,000,000명에 가까운 인수구수를 가졌던 연령대는?			
33				45세 이상	10		답안 :			
34				50세 이상	11					
35				55세 이상	12					
36				60세 이상	13					
37				65세 이상	14					
38				70세 이상	15					
39				75세 이상	16					
40				80세 이상	17					
41				연령미상	18					

① G26셀은 G24셀에 입력되는 번호에 따라 연도가 표시되도록 하시오(CHOOSE 함수).

② H26셀은 H24셀에 입력되는 번호에 따라 연령대가 표시되도록 하시오(CHOOSE 함수).

③ H30셀은 G24셀에 입력되는 연도 번호와 H24셀의 연령대 번호에 따라 해당 연도 연령대의 인구수가 표시되도록 하시오(OFFSET 함수).

④ 1975년대에 4,000,000명에 가까운 인구수를 가졌던 연령대는 어떻게 되는지 나타내시오(MATCH, INDEX 함수).

06. 다음은 우수대학교의 어느 교과목에 관한 내용이다. 아래의 데이터를 A1 셀부터 차례로 워크시트에 입력하고, 다음에 제시된 내용을 참고하여 데이터를 처리하시오.

성명	과제(10)	중간(30)	기말(30)	출석(30)	합계(100)	합격판정	성적	우수자	보고서	재수강
강태욱	0	12	21	30						
권성훈	10	28	24	26						
김성현	8	24	11	30						
도명환	0	15	14	26						
박종만	10	24	15	30						
이승현	0	5	16	10						
이상훈	8	19	10	30						
이원주	0	24	14	26						
장성필	0	7	9	14						
탁무용	8	29	22	30						

(1) 합계(100) = 과제(10) + 중간(30) + 기말(30) + 출석(30)

(2) 합격판정 : 합계점수가 70점 이상이면 '합격', 그렇지 않으면 '불합격'으로 판정하시오(IF 함수).

(3) 성적 : 해당 학생의 성적이 90점 이상이면 'A', 80점 이상 'B', 70점 이상 'C', 55점 이상 'D', 그 외는 'F'로 성적을 입력하시오(IF 함수).

(4) 우수자 : 합격 대상자 중 중간고사가 20점 이상이고 기말고사가 20점 이상이면 '우수자'로 입력하고, 그 외는 비워두시오(IF, AND 함수).

(5) 보고서 : 보고서 제출 대상자는 중간고사가 10점 이하이거나 기말고사가 15점 이하인 학생을 대상으로 하며, 해당 셀은 '대상자'로 입력하고, 그 외는 비워두시오(IF, OR 함수).

(6) 재수강 : 재수강은 성적이 'A', 'B', 'C'가 아닌 학생을 대상으로 하며, 대상자는 "O"로 입력한다. 그 외는 비워 두시오(IF, NOT, OR 함수).

07. 다음은 미래(주)의 원자재 출고현황에 관한 내용이다. 아래의 데이터를 A1셀부터 차례로 워크시트에 입력하고, 다음에 제시된 내용을 참고하여 데이터베이스 함수를 이용해 처리하시오.

No.	출고일자	거래처명	제품코드	출고수량
1	2012-09-07	대보건설(주)	WO-001	9,000
2	2012-09-07	오서건설(주)	WO-002	1,170
3	2012-09-07	신성건설(주)	WO-001	4,523
4	2012-09-08	화인개발(주)	WO-004	1,270
5	2012-09-08	대보건설(주)	WO-002	2,800
6	2012-09-08	대보건설(주)	WO-001	3,289
7	2012-09-08	신성건설(주)	WO-003	2,171
8	2012-09-09	화인개발(주)	WO-001	1,530
9	2012-09-09	오서건설(주)	WO-004	2,992
10	2012-09-09	대보건설(주)	WO-001	1,050

(1) 대보건설(주)에서 출고한 WO-001의 총수량은 얼마인지 찾아보시오(DSUM 함수, H1셀에 표시).

(2) 출고일자 09월 08일에 대보건설(주)에서 출고한 평균 출고수량은 얼마인지 찾아보시오(DAVERAGE 함수, H4셀에 표시).

(3) 신성건설(주)이 WO-001 제품을 가장 오래전 출고한 날짜가 언제인지 찾아보시오(DMIN 함수, H7셀에 표시).

(4) 9월 9일 하루 동안 WO-001 제품이 가장 많이 출고된 수량은 얼마인지 찾아보시오(DMAX 함수, H10셀에 표시).

(5) 출고수량이 3,000개 이상 출고된 횟수는 몇 번인지 찾아보시오(DCOUNT 함수, H13셀에 표시).

(6) 대보건설(주)이 WO-001 제품을 출고한 횟수는 몇 번인지 찾아보시오(DCOUNTA 함수, H16셀에 표시).

(7) 오서건설(주)이 9월 7일에 출고한 수량은 얼마인지 찾아보시오(DGET 함수, H19셀에 표시).

08. 다음은 붕붕 렌트의 차량 임대현황에 관한 내용이다. 아래의 데이터를 A1셀부터 차례로 워크시트에 입력하고, 다음에 제시된 내용을 참고하여 데이터베이스 함수를 이용해 처리하시오.

차량	출고날짜	렌트비/1일	렌트일수	렌트수익
오피러스	2012-12-07	330,000	16	5,280,000
아반떼XD	2012-12-07	130,000	5	650,000
SM5	2012-12-08	230,000	12	2,760,000
SM5	2012-12-24	230,000	9	2,070,000
오피러스	2012-12-25	330,000	4	1,320,000
아반떼XD	2012-12-25	130,000	20	2,600,000
오피러스	2012-12-31	330,000	2	660,000

(1) 2012년 12월 31일 이전에 임대된 오피러스의 총렌트 수익은 얼마인지 찾아보시오(DSUM 함수, H1셀에 표시).
(2) SM5의 평균 렌트 수익이 얼마인지 찾아보시오(DAVERAGE 함수, H4셀에 표시).
(3) 2012년 12월 25일 출고된 차량들의 총수익은 얼마인지 찾아보시오(DSUM 함수, H7셀에 표시).
(4) 차종 중 아반떼XD 렌트 중 가장 오래된 날짜는 언제인지 찾아보시오(DMIN 함수, H10셀에 표시).
(5) 차종 중 아반떼XD의 렌트 일수가 가장 많은 것은 얼마인지 찾아보시오(DMAX 함수, H13셀에 표시).
(6) 렌트 일수가 10일이 넘는 횟수는 몇 번인지 찾아보시오(DCOUNT 함수, H16셀에 표시).
(7) 차종 중 오피러스는 몇 회 임대되었는지 찾아보시오(DCOUNTA 함수, H19셀에 표시).
(8) 2012년 12월 25일에 출시된 오피러스의 1일 렌트비는 얼마인지 찾아보시오(DGET 함수, H22셀에 표시).

09. 다음의 문제를 재무함수를 이용하여 풀이하시오.

(1) 미래(주)에서는 40,000,000원을 가지고 정밀절삭 설비를 4년간 임대하려고 한다. 이 기계를 임대하는 데 드는 비용은 연간 14%의 이자로 매달 700,000원이라고 할 경우 구매하는 것이 옳은지 아니면 임대하는 것이 옳은지 현재가치로 구하시오(PV 함수).
(2) 매달 초 5,000원씩 5년 동안 5%의 이자율로 적립할 경우 적립총액의 현재가치는 얼마인지 구하시오(PV 함수).
(3) 미래(주)의 박철수 대리는 매달 150,000원씩 4년 만기 저축을 하고 있다. 이때 연이자율이 7%일 경우 만기에 찾을 수 있는 금액은 얼마인지 저축의 미래가치를 구하시오(FV 함수).
(4) 미래(주)가 2016년에 새로운 골프채를 개발하기 위해 기말에 40,000,000원을 투자할 계획이다. 이때 이자율이 9%이고 향후 5년 동안 6,500,000원, 9,000,000원, 17,000,000원, 15,000,000원, 13,000,000원의 수익이 발생한다면 이 투자의 순현재가치는 얼마인지 구

하시오(NPV 함수).

(5) 미래(주)가 2016년에 새로운 골프 카트를 개발하기 위해 기초에 75,000,000원을 투자할 계획이다. 이때 이자율이 7.5%이고 향후 4년 동안 3,000,000, 5,000,000, 1,200,000, 4,000,000의 수익이 발생할 경우 이 투자의 순현재가치는 얼마인지 구하시오(NPV 함수).

(6) 2016년에 신규 투자를 위해 85,000,000원을 투자할 경우 향후 4년 동안 30,000,000원, 50,000,000원, 15,000,000원, 40,000,000원의 수익이 발생한다면 이 투자의 내부수익율은 얼마인지 구하시오(IRR 함수).

(7) 2016년에 신규 투자를 위해 10,000,000원을 투자할 경우 향후 3년 동안 4,400,000, 5,500,000, 3,700,000의 수익이 발생한다면 이 투자의 내부수익률은 얼마인지 구하시오(IRR 함수).

(8) 김예찬 차장이 자동차 구입을 위해 은행으로부터 10,000,000원을 대출하였다. 이때 연리 7.5%로 5년 동안 상환해야 한다면 지불해야 할 금액이 얼마인지 매월 초 납입과 매월 말 납입금에 대해 각각 구하시오(PMT 함수).

(9) 김예찬 차장이 전세자금 마련을 위해 은행으로부터 80,000,000원을 대출하였다. 이때 4년 동안 연리 6%로 매달 말 상환해야 한다면 지불해야 할 금액이 얼마인지 구하시오(PMT 함수).

10. 다음은 문창(주) 사원의 인적사항에 관한 내용이다. 아래의 데이터를 A1셀부터 차례로 워크시트에 입력하고, 다음에 제시된 내용을 참고하여 데이터를 처리하시오.

사번	입사일	주민번호	성명	직급	성별	부서명	기본급	비고
271035	2007-11-25	801017-1357913	강민규	1				
975204	1997-12-03	700428-1357913	김선우	3				
968242	1996-06-08	690203-2468024	김하나	3				
892301	1989-06-09	591128-1357913	박경석	5				
203179	2000-08-12	760701-2468024	서민주	3				
282013	2008-06-24	790428-1357913	신정훈	1				
234107	2003-01-30	780102-1357913	이상호	2				
266155	2006-02-01	781125-1357913	이승훈	2				
959268	1995-11-20	651204-1357913	임경원	4				
992228	1999-03-15	740530-1357913	장영호	3				
288054	2008-07-17	810524-1357913	정명욱	1				
981196	1998-04-05	720501-2468024	정민영	3				
927272	1992-09-16	640817-1357913	정우현	5				

(1) 사번과 입사일 항목명 사이에 열을 삽입하여 사번변경이라는 항목을 만들고, 사번의 앞의 세 자리와 뒤의 세 자리 사이에 '–'을 입력하시오(LEFT, RIGHT 함수).

(2) 성별은 주민번호 일곱 번째 숫자가 1일 경우 '남자', 2이면 '여자'로 입력하시오(IF, MID 함수).

(3) 부서번호가 다음과 같을 때 사번의 세 번째 숫자에 따라 부서명을 찾아서 입력하시오(MID, INDEX 함수).

부서번호	부서명
1	생산1
2	생산2
3	연구1
4	연구2
5	영업1
6	영업2
7	자재
8	총무
9	기획

(4) 직급과 기본급의 관계가 아래와 같을 때 직급에 따라 기본급을 입력하시오(VLOOKUP 함수).

직급번호	기본급
1	1,221,000
2	1,548,000
3	1,764,000
4	2,572,000
5	3,430,000

(5) 비고는 부서명 뒤에 1이 있을 경우 '국내', 2가 있을 경우 '해외'로 입력하시오(IF, RIGHT 함수).

(6) 비고 항목 뒤에 근무기간이라는 항목을 만들고, 입사일부터 오늘까지의 기간을 구하시오(TODAY, DAYS360 함수).

11. 앞서 연습문제 2번을 워크시트에 복사한 다음 배열수식으로 풀이하시오.

(1) 다음의 표를 워크시트 K1:M3 영역에 입력하고, 분반별 쓰기 점수의 평균을 구하시오.

분반별 평균

A	B	C

(2) 다음의 표를 워크시트에 K6:M8 영역에 입력하고, 분반별 말하기 점수의 합계를 구하시오.

분반별 합계

A	B	C

12. 다음은 부영텔레콤이 관리하는 대리점에서 7월 1일부터 10일까지 출고된 휴대폰에 관한 내용이다. 아래의 데이터를 A1셀부터 차례로 워크시트에 입력하고, 다음에 제시된 내용을 참고하여 배열수식으로 풀이하시오.

	A	B	C	D	E	F	G
1	일자	대리점명	제조사	모델명	출고가	출고량	판매금액
2	2012-07-01	시대	A사	SHB250	750,200	20	15,004,000
3	2012-07-01	시대	B사	SV550	693,000	30	20,790,000
4	2012-07-01	대연	C사	I8500	533,500	40	21,340,000
5	2012-07-02	대양	A사	SHV720	599,500	50	29,975,000
6	2012-07-02	수인	C사	YM1000	698,500	10	6,985,000
7	2012-07-03	대연	B사	SV550	693,000	20	13,860,000
8	2012-07-03	대양	A사	SHB250	750,200	50	37,510,000
9	2012-07-03	동부	C사	PGS130	595,100	10	5,951,000
10	2012-07-03	시대	C사	PGS120	528,000	10	5,280,000
11	2012-07-04	동부	A사	SHS380	440,000	5	2,200,000
12	2012-07-04	수인	B사	SV360	558,800	20	11,176,000
13	2012-07-04	대연	C사	PGS130	595,100	20	11,902,000
14	2012-07-05	시대	B사	SB120	682,000	10	6,820,000
15	2012-07-05	수인	A사	SHS350	313,500	30	9,405,000
16	2012-07-05	대연	C사	PGS120	528,000	10	5,280,000
17	2012-07-06	주명	C사	PGS110	583,000	20	11,660,000
18	2012-07-07	주명	B사	SV360	558,800	30	16,764,000
19	2012-07-07	대연	B사	SV900	594,000	20	11,880,000
20	2012-07-07	동부	C사	PGS130	595,100	20	11,902,000
21	2012-07-08	동부	A사	SHV740	599,500	35	20,982,500
22	2012-07-08	수인	C사	I8500	533,500	50	26,675,000
23	2012-07-09	수인	A사	SHV720	599,500	35	20,982,500
24	2012-07-09	대연	C사	I8300	632,500	20	12,650,000
25	2012-07-10	시대	D사	NY500	558,800	40	22,352,000
26	2012-07-10	대양	C사	I8300	632,500	20	12,650,000

(1) 다음의 표를 워크시트 I1:J7 영역에 입력하고 각 대리점별 C사 제품의 평균판매금액을 구하시오.

대리점	평균판매금액(C사)
대양	
대연	
동부	
수인	
시대	
주명	

(2) 다음의 표를 워크시트 L1:M11 영역에 입력하고 일자별 A사 휴대폰의 총출고량을 구하시오.

일자	총출고량(A사)
2012-07-01	
2012-07-02	
2012-07-03	
2012-07-04	
2012-07-05	
2012-07-06	
2012-07-07	
2012-07-08	
2012-07-09	
2012-07-10	

4 Chapter 데이터 분석

Chapter 4 데이터 분석

본 장에서는 데이터를 효과적으로 분석할 수 있도록 지원하는 '정렬', '부분합', '피벗 테이블', '목표값 찾기', '시나리오', '해 찾기', '데이터 표', '통합'에 대해서 살펴본다.

1 정렬 및 부분합

가. 데이터 정렬

데이터 정렬은 사용자가 데이터를 분석하는 데 있어서 가장 기본적인 역할을 제공하는 기능으로 특정 필드를 기준으로 데이터를 오름차순이나 내림차순으로 정렬하여 표시하는 기능이다. 데이터 정렬은 사용자로 하여금 데이터를 쉽고 빠르게 검색할 수 있는 기능을 제공함과 동시에 특정 기준으로 동일한 데이터를 함께 표시하므로 데이터를 이해하는 데 도움을 준다.

데이터 정렬은 하나의 특정 필드를 기준으로 데이터를 정렬할 수 있을 뿐만 아니라 둘 이상의 여러 필드를 기준으로도 정렬이 가능하다. 또한 데이터 정렬에는 데이터에 따라서 텍스트 정렬, 숫자 정렬, 날짜 및 시간 정렬, 색 정렬이 있으며 사용자가 지정한 목록에 따라서 정렬할 수도 있다. 데이터를 정렬할 때 숨겨진 열이나 행에 대해서는 정렬되지 않으므로 정렬 전에 숨겨진 열과 행이 있는지 확인할 필요가 있다.

1) 표준 도구 모음과 메뉴를 이용한 정렬

오름차순은 데이터를 '0'부터 '9'까지, 'A'부터 'Z'까지, 'ㄱ'부터 'ㅎ'의 순으로 데이터를 정렬시키는 방식이며, 내림차순은 '9'부터 '0'까지, 'Z'부터 'A'까지 또는 'ㅎ'부터 'ㄱ'의 순으로 정렬하는 방식이다. 특정 필드를 기준으로 간편하게 정렬하는 방식은 다음과 같다. 먼저 정렬 기준이 되는 필드에 셀 포인터를 위치한다. 그리고 [홈] 탭의 [편집] 그룹에서 [정렬 및 필터]를 클릭하여 [텍스트 오름차순 정렬(S)] 또는 [텍스트 내림차순 정렬(O)]을 선택한다.

예를 들어, '삼손전자(주) 사원급여내역'에서 사번을 기준으로 정렬된 데이터를 이름을 기준으로 오름차순으로 정렬하여 표시하고자 하는 경우, 다음 그림에서처럼 먼저 정렬 기준이 되는 B열의 임의의 데이터를 선택하고 [홈] 탭의 [편집] 그룹에서 [정렬 및 필터]를 클릭하여 [텍스트 오름차순 정렬(S)]을 선택한다.

그림 4-1 정렬 필드 선택

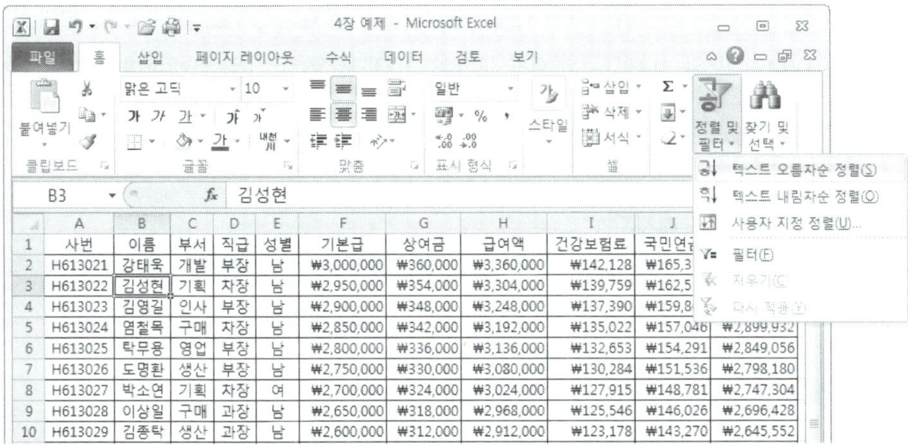

다음 그림은 '이름' 필드를 기준으로 오름차순으로 정렬된 결과를 보여준다.

그림 4-2 | 정렬 결과 – '이름' 필드 기준 오름차순

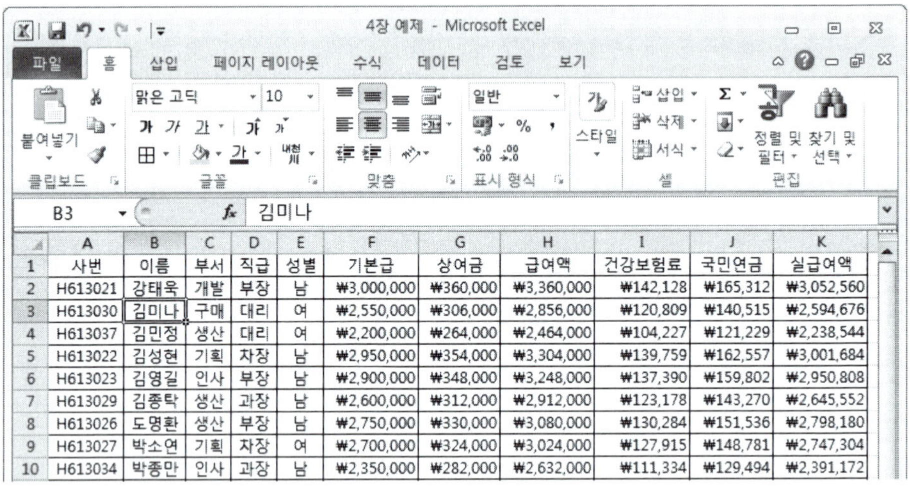

	A	B	C	D	E	F	G	H	I	J	K
1	사번	이름	부서	직급	성별	기본급	상여금	급여액	건강보험료	국민연금	실급여액
2	H613021	강태욱	개발	부장	남	₩3,000,000	₩360,000	₩3,360,000	₩142,128	₩165,312	₩3,052,560
3	H613030	김미나	구매	대리	여	₩2,550,000	₩306,000	₩2,856,000	₩120,809	₩140,515	₩2,594,676
4	H613037	김민정	생산	대리	여	₩2,200,000	₩264,000	₩2,464,000	₩104,227	₩121,229	₩2,238,544
5	H613022	김성현	기획	차장	남	₩2,950,000	₩354,000	₩3,304,000	₩139,759	₩162,557	₩3,001,684
6	H613023	김영길	인사	부장	남	₩2,900,000	₩348,000	₩3,248,000	₩137,390	₩159,802	₩2,950,808
7	H613029	김종탁	생산	과장	남	₩2,600,000	₩312,000	₩2,912,000	₩123,178	₩143,270	₩2,645,552
8	H613026	도명환	생산	부장	남	₩2,750,000	₩330,000	₩3,080,000	₩130,284	₩151,536	₩2,798,180
9	H613027	박소연	기획	차장	여	₩2,700,000	₩324,000	₩3,024,000	₩127,915	₩148,781	₩2,747,304
10	H613034	박종만	인사	과장	남	₩2,350,000	₩282,000	₩2,632,000	₩111,334	₩129,494	₩2,391,172

다음은 둘 이상의 여러 필드를 기준으로 오름차순이나 내림차순으로 정렬하는 방식이다. 먼저 셀 포인터를 데이터 범위 내에 위치시킨다. 그리고 [홈] 탭의 [편집] 그룹에서 [정렬 및 필터]를 클릭하여 [사용자 지정 정렬(U)...]을 선택한다. 만약 셀 포인터를 데이터 밖에 위치시키고 [사용자 지정 정렬(U)...]을 선택한다면 다음 그림과 같은 경고 메시지가 나타난다.

그림 4-3 | 경고 메시지

예를 들어 '부서' 필드와 '급여액' 필드를 기준으로 부서를 오름차순으로 급여액을 내림차순으로 정렬하고자 하는 경우, 먼저 셀 포인터를 데이터 범위 내에 위치시킨 다음 [홈] 탭의 [편집] 그룹에서 [정렬 및 필터]를 클릭하여 [사용자 지정 정렬(U)...]을 선택한다. 다음 그림과 같은 [정렬] 대화상자에서 [열]을 클릭하여 '부서'를 선택하고 [정렬]을 클릭하여 '오름차순'을 선택한 다음 [기준 추가(A)] 단추를 클릭하여 다음 기준에서 '급여액'을 선택하고 '내림차순'을 선택한 후 [확인] 단추를 클릭한다.

그림 4-4 ▌ 정렬 대화상자

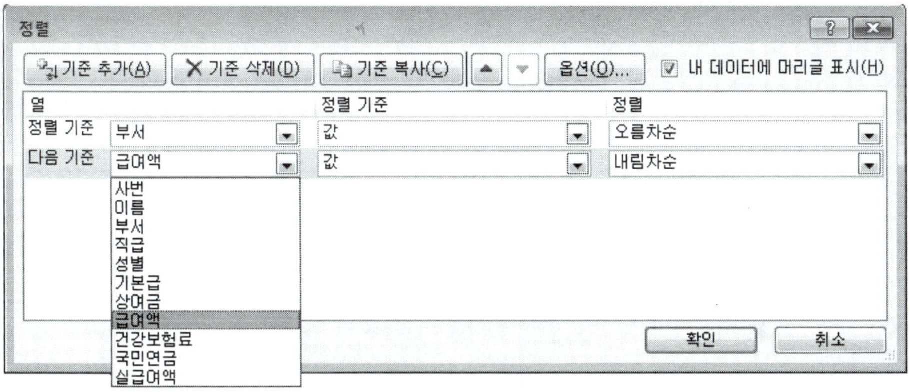

다음 그림은 '부서' 필드를 기준으로 오름차순으로 정렬하고 정렬된 '부서' 필드 안에서 '급여액' 필드를 기준으로 내림차순으로 정렬된 결과를 보여준다.

그림 4-5 ▌ 다중 정렬 결과 – '부서' 필드와 '급여액' 필드 기준 정렬

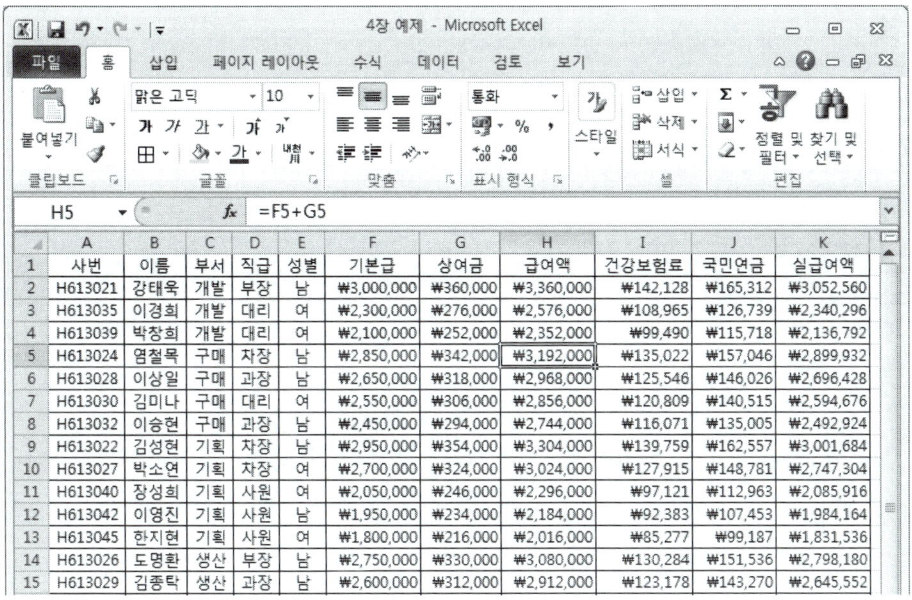

	A	B	C	D	E	F	G	H	I	J	K
1	사번	이름	부서	직급	성별	기본급	상여금	급여액	건강보험료	국민연금	실급여액
2	H613021	강태욱	개발	부장	남	₩3,000,000	₩360,000	₩3,360,000	₩142,128	₩165,312	₩3,052,560
3	H613035	이경희	개발	대리	여	₩2,300,000	₩276,000	₩2,576,000	₩108,965	₩126,739	₩2,340,296
4	H613039	박창희	개발	대리	여	₩2,100,000	₩252,000	₩2,352,000	₩99,490	₩115,718	₩2,136,792
5	H613024	염철목	구매	차장	남	₩2,850,000	₩342,000	₩3,192,000	₩135,022	₩157,046	₩2,899,932
6	H613028	이상일	구매	과장	남	₩2,650,000	₩318,000	₩2,968,000	₩125,546	₩146,026	₩2,696,428
7	H613030	김미나	구매	대리	여	₩2,550,000	₩306,000	₩2,856,000	₩120,809	₩140,515	₩2,594,676
8	H613032	이승현	구매	과장	남	₩2,450,000	₩294,000	₩2,744,000	₩116,071	₩135,005	₩2,492,924
9	H613022	김성현	기획	차장	남	₩2,950,000	₩354,000	₩3,304,000	₩139,759	₩162,557	₩3,001,684
10	H613027	박소연	기획	차장	여	₩2,700,000	₩324,000	₩3,024,000	₩127,915	₩148,781	₩2,747,304
11	H613040	장성희	기획	사원	여	₩2,050,000	₩246,000	₩2,296,000	₩97,121	₩112,963	₩2,085,916
12	H613042	이영진	기획	사원	남	₩1,950,000	₩234,000	₩2,184,000	₩92,383	₩107,453	₩1,984,164
13	H613045	한지현	기획	사원	여	₩1,800,000	₩216,000	₩2,016,000	₩85,277	₩99,187	₩1,831,536
14	H613026	도명환	생산	부장	남	₩2,750,000	₩330,000	₩3,080,000	₩130,284	₩151,536	₩2,798,180
15	H613029	김종탁	생산	과장	남	₩2,600,000	₩312,000	₩2,912,000	₩123,178	₩143,270	₩2,645,552

오름차순이나 내림차순 외에도 사용자가 원하는 순서로 데이터를 정렬할 수 있다. 예를 들어, 사원들을 높은 직급 순으로 정렬하려면 다음과 같이 지정한다. 삼손전자(주)의 직급순서가 '사원–대리–과장–차장–부장–이사–상무–전무–사장–회장'

순으로 구성되어 있다면 먼저 셀 포인터를 직급 필드에 위치한 후 [홈] 탭의 [편집] 그룹에서 [정렬 및 필터]를 클릭하여 [사용자 지정 정렬(U)...]을 선택한다. [정렬] 대화상자에서 [열]을 클릭하여 '직급'를 선택하고 [정렬]을 클릭하여 '사용자 지정 목록...'을 선택한다. 그리고 [사용자 지정 목록] 대화상자의 [목록 항목(E):]에 다음 그림과 같이 낮은 직급에서 높은 직급 순서로 입력한 다음 [추가(A)]를 클릭하면 왼쪽 [사용자 지정 목록(L):]에 입력한 내용이 추가된 것을 확인 할 수 있다.

그림 4-6 ▌ 사용자 지정 목록 대화상자에 목록 항목 추가

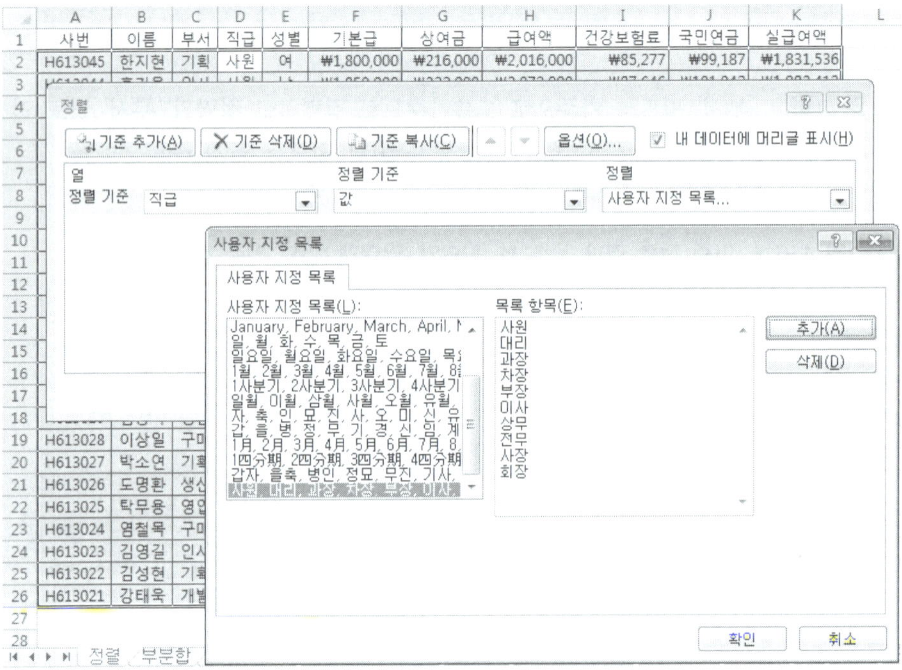

그리고 [확인] 단추를 클릭하면 다음 그림과 같이 [정렬] 대화상자의 [정렬]에 '사원, 대리, 과장, 차장, 부장 ...' 순으로 정렬될 것을 보여준다. 이밖에도 [정렬] 대화상자의 [옵션(O)...] 단추를 클릭하여 [정렬 옵션] 대화상자에서 열 기준으로 정렬할 것인지(위쪽에서 아래쪽(T)) 행 기준으로 정렬할 것인지(왼쪽에서 오른쪽(L))을 선택할 수 있다.

그림 4-7 ▌ 사용자 지정 목록 선택과 정렬 옵션 대화상자

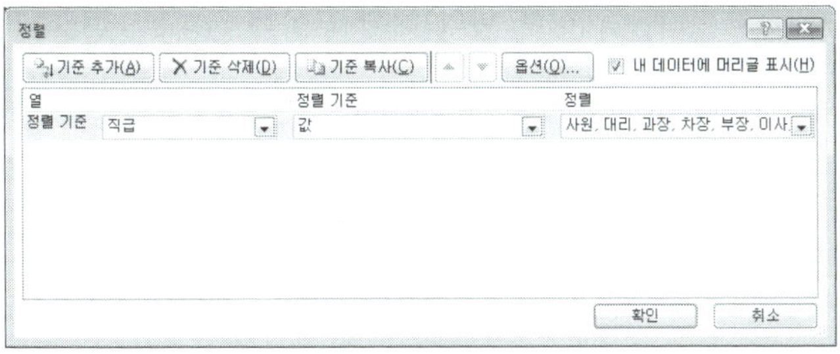

사용자 지정 목록 선택

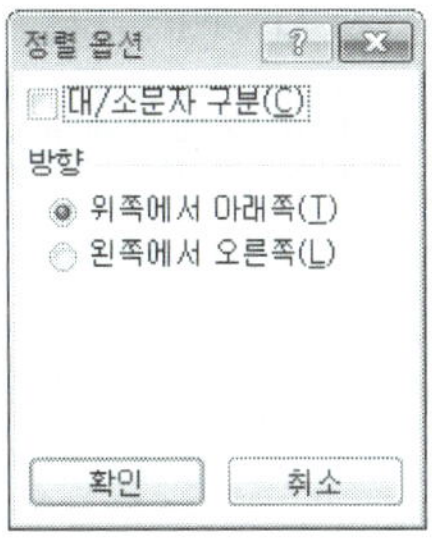

정렬 옵션 대화상자

다음 그림은 '직급'을 기준으로 사용자 정의 정렬로 정렬된 결과를 보여준다.

그림 4-8 ▌ 정렬 결과 – '직급' 필드 기준 사용자 정의 정렬

	A	B	C	D	E	F	G	H	I	J	K
1	사번	이름	부서	직급	성별	기본급	상여금	급여액	건강보험료	국민연금	실급여액
2	H613045	한지현	기획	사원	여	₩1,800,000	₩216,000	₩2,016,000	₩85,277	₩99,187	₩1,831,536
3	H613044	홍기웅	인사	사원	남	₩1,850,000	₩222,000	₩2,072,000	₩87,646	₩101,942	₩1,882,412
4	H613043	이수경	영업	사원	여	₩1,900,000	₩228,000	₩2,128,000	₩90,014	₩104,698	₩1,933,288
5	H613042	이영진	기획	사원	남	₩1,950,000	₩234,000	₩2,184,000	₩92,383	₩107,453	₩1,984,164
6	H613040	장성희	기획	사원	여	₩2,050,000	₩246,000	₩2,296,000	₩97,121	₩112,963	₩2,085,916
7	H613041	한창일	생산	대리	남	₩2,000,000	₩240,000	₩2,240,000	₩94,752	₩110,208	₩2,035,040
8	H613039	박창희	개발	대리	여	₩2,100,000	₩252,000	₩2,352,000	₩99,490	₩115,718	₩2,136,792
9	H613037	김민정	생산	대리	여	₩2,200,000	₩264,000	₩2,464,000	₩104,227	₩121,229	₩2,238,544
10	H613036	박진희	인사	대리	여	₩2,250,000	₩270,000	₩2,520,000	₩106,596	₩123,984	₩2,289,420
11	H613035	이경희	개발	대리	여	₩2,300,000	₩276,000	₩2,576,000	₩108,965	₩126,739	₩2,340,296
12	H613033	전유안	영업	대리	여	₩2,400,000	₩288,000	₩2,688,000	₩113,702	₩132,250	₩2,442,048
13	H613030	김미나	구매	대리	여	₩2,550,000	₩306,000	₩2,856,000	₩120,809	₩140,515	₩2,594,676
14	H613038	이상훈	영업	과장	남	₩2,150,000	₩258,000	₩2,408,000	₩101,858	₩118,474	₩2,187,668
15	H613034	박종만	인사	과장	남	₩2,350,000	₩282,000	₩2,632,000	₩111,334	₩129,494	₩2,391,172

나. 부분합

부분합은 특정 필드를 기준으로 데이터를 그룹화하여 통계적으로 요약하는 기능이다. 즉, 부분합은 특정 필드를 기준으로 계산 항목이 포함되어 있는 특정 열에 대한 부분적인 합계나 개수, 평균 등을 자동으로 계산하는 기능이다. 부분합 기능을 실행하기 위해서는 선행되어야 할 중요한 작업이 있는데, 부분합을 실행하기 위해 그룹화 기준이 되는 특정 필드가 반드시 정렬이 되어 있어야 한다는 것이다. 이는 부분합 기능이 데이터를 요약할 때 데이터를 분류하는 기능까지 지원하지 않기 때문이다.

그룹화 기준이 되는 특정 필드를 정렬한 후 [데이터] 탭의 [윤곽선] 그룹에서 [부분합]을 클릭하면 [부분합] 대화상자가 다음 그림과 같이 나타난다. 이때 주의할 점은 데이터 정렬과 마찬가지로 셀 포인터를 데이터 범위 내에 두어야 한다는 것이다.

다음 그림은 '삼손전자(주) 사원급여내역'에서 부서별 급여액과 실급여액의 평균을 구하기 위해 먼저, '부서' 필드를 기준으로 오름차순으로 정렬한 후 [데이터] 탭의 [윤곽선] 그룹에서 [부분합]을 클릭하여 [부분합] 대화상자를 표시한다.

[부분합] 대화상자의 [그룹화할 항목(A):]에서 '부서'를 선택하고, [사용할 함수(U):]에서 '평균'을 선택하고, [부분합 계산 항목(D):]에서 '급여액'과 '실급여액'을 선택한다. 그리고 아래에 [새로운 값으로 대치(C)]와 [데이터 아래에 요약 표시(S)] 옵션을 선택하고 [확인] 단추를 클릭한다.

그림 4-9 ▌ 원본 데이터와 부분합 대화상자

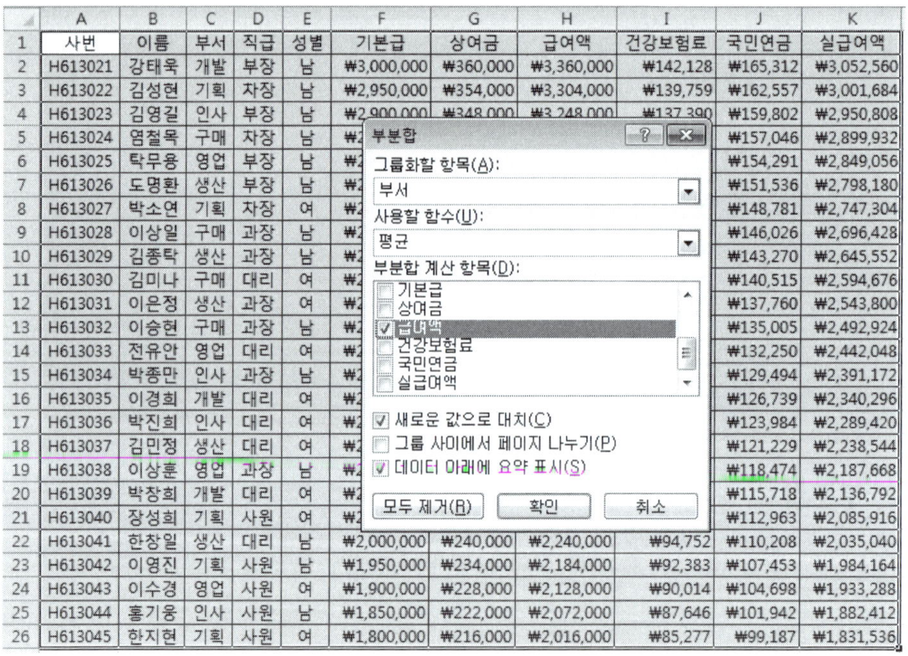

[부분합] 대화상자에서 [새로운 값으로 대치(C)] 옵션은 [사용할 함수(U)]를 2개 이상 동시에 사용하여 화면에 표시하고자 할 때 사용하는 기능이며, [그룹 사이에서 페이지 나누기(P)] 옵션은 쪽 구분선을 활용하여 각각의 요약된 내용을 별도로 표시하고자 할 때 사용하는 기능이다. 또한, [데이터 아래에 요약 표시(S)] 옵션은 그룹별로

요약된 내용을 해당 그룹 아래에 표시할 때 사용하는 기능이다. 다음 그림은 '부서'별로 '급여액'과 '실급여액'의 평균을 구하는 부분합의 결과를 보여준다.

부분합이 실행되면 워크시트 왼쪽에 데이터의 구조를 요약해서 볼 수 있도록 요약 기호들이 나타난다. 이때 윤곽기호(1 2 3)는 부분합이나 총합계에 대한 요약만을 화면에 표시하고자 할 때 사용하는 기호이며, '−'와 '+' 단추는 그룹별('부서별')로 부분합에 대한 하위수준을 축소 또는 확대할 때 사용하는 단추이다.

부분합은 원본 데이터의 변경 없이 사용자의 요구에 따라 임의로 형태만 바꾸어 표시하는 기능으로 언제든지 원본 데이터로 다시 돌아갈 수 있다. 이에 실행된 부분합을 제거하여 원본 데이터로 돌아가려면 [부분합] 대화상자에서 [모두 제거(R)] 단추를 클릭하면 된다. 이때 셀 포인터는 데이터 범위 내에 위치시켜야 한다.

그림 4-10 부분합 결과

	A	B	C	D	E	F	G	H	I	J	K
1	사번	이름	부서	직급	성별	기본급	상여금	급여액	건강보험료	국민연금	실급여액
2	H613021	강태욱	개발	부장	남	₩3,000,000	₩360,000	₩3,360,000	₩142,128	₩165,312	₩3,052,560
3	H613039	박창희	개발	대리	여	₩2,100,000	₩252,000	₩2,352,000	₩99,490	₩115,718	₩2,136,792
4	H613035	이경희	개발	대리	여	₩2,300,000	₩276,000	₩2,576,000	₩108,965	₩126,739	₩2,340,296
5		**개발 평균**						₩2,762,667			₩2,509,883
6	H613030	김미나	구매	대리	여	₩2,550,000	₩306,000	₩2,856,000	₩120,809	₩140,515	₩2,594,676
7	H613024	염철목	구매	차장	남	₩2,850,000	₩342,000	₩3,192,000	₩135,022	₩157,046	₩2,899,932
8	H613028	이상일	구매	과장	남	₩2,650,000	₩318,000	₩2,968,000	₩125,546	₩146,026	₩2,696,428
9	H613032	이승현	구매	과장	남	₩2,450,000	₩294,000	₩2,744,000	₩116,071	₩135,005	₩2,492,924
10		**구매 평균**						₩2,940,000			₩2,670,990
11	H613022	김성현	기획	차장	남	₩2,950,000	₩354,000	₩3,304,000	₩139,759	₩162,557	₩3,001,684
12	H613027	박소연	기획	차장	여	₩2,700,000	₩324,000	₩3,024,000	₩127,915	₩148,781	₩2,747,304
13	H613042	이영진	기획	사원	남	₩1,950,000	₩234,000	₩2,184,000	₩92,383	₩107,453	₩1,984,164
14	H613040	장성희	기획	사원	여	₩2,050,000	₩246,000	₩2,296,000	₩97,121	₩112,963	₩2,085,916
15	H613045	한지현	기획	사원	여	₩1,800,000	₩216,000	₩2,016,000	₩85,277	₩99,187	₩1,831,536
16		**기획 평균**						₩2,564,800			₩2,330,121
17	H613037	김민정	생산	대리	여	₩2,200,000	₩264,000	₩2,464,000	₩104,227	₩121,229	₩2,238,544
18	H613029	김종탁	생산	과장	남	₩2,600,000	₩312,000	₩2,912,000	₩123,178	₩143,270	₩2,645,552
19	H613026	도명환	생산	부장	남	₩2,750,000	₩330,000	₩3,080,000	₩130,284	₩151,536	₩2,798,180
20	H613031	이은정	생산	과장	여	₩2,500,000	₩300,000	₩2,800,000	₩118,440	₩137,760	₩2,543,800
21	H613041	한창일	생산	대리	남	₩2,000,000	₩240,000	₩2,240,000	₩94,752	₩110,208	₩2,035,040
22		**생산 평균**						₩2,699,200			₩2,452,223
23	H613038	이상훈	영업	과장	남	₩2,150,000	₩258,000	₩2,408,000	₩101,858	₩118,474	₩2,187,668
24	H613043	이수경	영업	사원	여	₩1,900,000	₩228,000	₩2,128,000	₩90,014	₩104,698	₩1,933,288
25	H613033	전유안	영업	대리	여	₩2,400,000	₩288,000	₩2,688,000	₩113,702	₩132,250	₩2,442,048
26	H613025	탁무용	영업	부장	남	₩2,800,000	₩336,000	₩3,136,000	₩132,653	₩154,291	₩2,849,056
27		**영업 평균**						₩2,590,000			₩2,353,015
28	H613023	김영길	인사	부장	남	₩2,900,000	₩348,000	₩3,248,000	₩137,390	₩159,802	₩2,950,808
29	H613034	박종만	인사	과장	남	₩2,350,000	₩282,000	₩2,632,000	₩111,334	₩129,494	₩2,391,172
30	H613036	박진희	인사	대리	여	₩2,250,000	₩270,000	₩2,520,000	₩106,596	₩123,984	₩2,289,420
31	H613044	홍기웅	인사	사원	남	₩1,850,000	₩222,000	₩2,072,000	₩87,646	₩101,942	₩1,882,412
32		**인사 평균**						₩2,618,000			₩2,378,453
33		**전체 평균**						₩2,688,000			₩2,442,048

다음으로 중첩 부분합 기능을 살펴보기 위해 '부서별 급여액과 실급여액의 평균 및

각 부서 내 직급별 합계'를 요약하는 부분합을 작성해 보자. 중첩 부분합은 먼저 부서를 기준으로 급여액과 실급여액의 평균값을 구하고, 구해진 결과 안에서 다시 직급별 급여액과 실급여액의 합계를 구하는 과정을 필요로 한다. 이는 각 부서별로 직급에 대한 요약 결과를 일목요연하게 표시함으로써 사용자로 하여금 보다 효율적인 데이터 분석을 가능하게 만들어 준다.

앞서 수행했던 '부서별 급여액과 실급여액의 평균'에 대한 부분합 결과 화면에서 다시 [데이터] 탭의 [윤곽선] 그룹에서 [부분합]을 클릭한다. [부분합] 대화상자의 [그룹화할 항목(A):]에서 '직급'을 선택하고, [사용할 함수(U):]에서 '합계'를 선택하며, [부분합 계산 항목(D):]에서 '급여액'과 '실급여액'을 선택한다. 그리고 [부분합] 대화상자 아래의 [새로운 값으로 대치(C)] 옵션을 반드시 해제해야 한다. [새로운 값으로 대치(C)] 옵션을 해제하지 않으면 앞서 작성했던 '부서별 급여액과 실급여액의 평균'에 대한 요약값이 삭제되고 '직급별 급여액과 실급여액의 합계'에 대한 요약 값으로 대치되어 표시된다.

그림 4-11 ▌ 부분합 대화상자

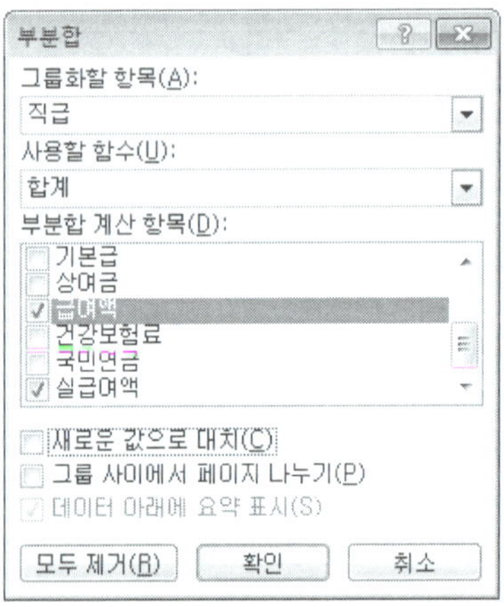

다음 그림은 앞서 설정한 중첩 부분합의 요약결과를 나타낸 것으로, 요약수준을 조절하기 위해 윤곽기호(1 2 3 4)에서 '3'을 클릭하여 부서별 급여액과 실급여액의 평균과 함께 세부적으로 직급별 급여액과 실급여액의 합계를 나타내도록 하였다.

그림 4-12 ▌ 중첩 부분합 결과

	A	B	C	D	E	F	G	H	I	J	K
1	사번	이름	부서	직급	성별	기본급	상여금	급여액	건강보험료	국민연금	실급여액
3				부장 요약				₩3,360,000			₩3,052,560
6				대리 요약				₩4,928,000			₩4,477,088
7			개발 평균					₩2,762,667			₩2,509,883
9				대리 요약				₩2,856,000			₩2,594,676
11				차장 요약				₩3,192,000			₩2,899,932
14				과장 요약				₩5,712,000			₩5,189,352
15			구매 평균					₩2,940,000			₩2,670,990
18				차장 요약				₩6,328,000			₩5,748,988
22				사원 요약				₩6,496,000			₩5,901,616
23			기획 평균					₩2,564,800			₩2,330,121
25				대리 요약				₩2,464,000			₩2,238,544
27				과장 요약				₩2,912,000			₩2,645,552
29				부장 요약				₩3,080,000			₩2,798,180
31				과장 요약				₩2,800,000			₩2,543,800
33				대리 요약				₩2,240,000			₩2,035,040
34			생산 평균					₩2,699,200			₩2,452,223
36				과장 요약				₩2,408,000			₩2,187,668
38				사원 요약				₩2,128,000			₩1,933,288
40				대리 요약				₩2,688,000			₩2,442,048
42				부장 요약				₩3,136,000			₩2,849,056
43			영업 평균					₩2,590,000			₩2,353,015
45				부장 요약				₩3,248,000			₩2,950,808
47				과장 요약				₩2,632,000			₩2,391,172
49				대리 요약				₩2,520,000			₩2,289,420
51				사원 요약				₩2,072,000			₩1,882,412
52			인사 평균					₩2,618,000			₩2,378,453
53				총합계				₩67,200,000			₩61,051,200
54			전체 평균					₩2,688,000			₩2,442,048

2 피벗 테이블

피벗 테이블(pivot table)은 부분합의 확장형으로 데이터를 요약하기 위해 여러 번의 정렬을 필요로 하거나 데이터가 복잡해 부분합을 구하기 어려운 경우에 사용한다. 피벗 테이블에서 피벗(pivot)이 중심축을 의미하듯이 테이블의 열과 행을 기준으로 복잡한 데이터를 하나의 요약된 표로 생성하기 때문에 데이터의 이해와 분석을 빠르게 할 수 있다.

피벗 테이블을 만들기 위해서는 먼저 셀 포인터를 데이터 범위 내에 위치시키고, [삽입] 탭의 [표] 그룹에서 [피벗 테이블]을 클릭하여 [피벗 테이블(T)]을 선택한다. 그러면 다음 그림과 같이 [피벗 테이블 만들기] 대화상자가 나타난다.

그림 4-13 ▌ 피벗 테이블 만들기 대화상자

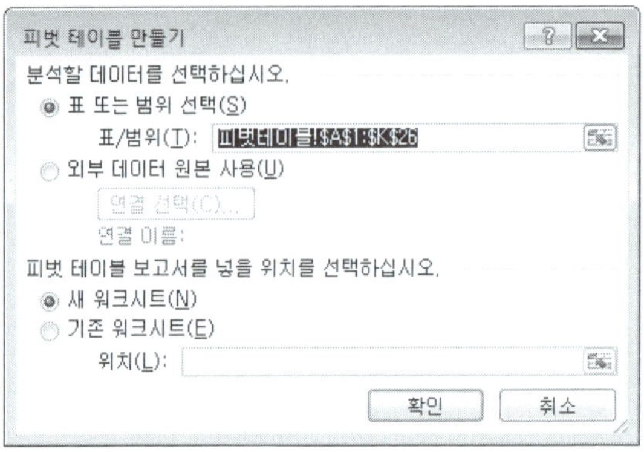

[피벗 테이블 만들기] 대화상자는 크게 분석할 데이터를 선택하는 부분과 피벗 테이블 보고서 결과를 넣을 위치를 선택하는 부분으로 구분된다. 먼저 [분석할 데이터를 선택하십시오.]에서는 [표 또는 범위 선택(S)]과 [외부 데이터 원본 사용(U)] 중에 하나를 선택할 수 있는데, [표 또는 범위 선택(S)]은 워크시트나 다른 워크시트 내에 저장된 데이터 목록을 사용할 때 선택하고 [외부 데이터 원본 사용(U)]은 엑셀과 연동 가능한 데이터베이스, 텍스트 파일과 ODC 파일, OLAP 큐브 파일 등과 같은 외부에 저장된 데이터를 사용할 때 선택한다.

다음으로 [피벗 테이블 보고서를 넣을 위치를 선택하십시오.]에서는 [새 워크시트(N)]와 [기존 워크시트(E)] 중에 하나를 선택하는데, [새 워크시트(N)]는 새로운 워크시트에 피벗 테이블 보고서 결과를 저장할 때 사용하며, [기존 워크시트(E)]는 원본 데이터가 저장되어 있는 워크시트 내에 피벗 테이블 보고서 결과를 저장할 때 사용한다.

본 예제에서는 기존 워크시트 내에 저장되어 있는 데이터를 사용하기 위해 [표 또는 범위 선택(S)]에 "A1:C8"을 입력하고, 기본 워크시트에 피벗 테이블 보고서 결과를 저장하기 위해 [기존 워크시트(E)]에 "E1"을 입력하고 [확인] 단추를 클릭한다. 피벗 테이블 시작 전 셀 포인터를 데이터 범위 내에 위치하였다면 [표/범위(T):]에 데이터 범위가 자동으로 설정된다. 다음 그림은 기존 워크시트에 피벗 테이블 보고서 작성을 위한 피벗 테이블 필드 목록을 보여준다.

그림 4-14 ▌피벗 테이블 필드 목록 표시

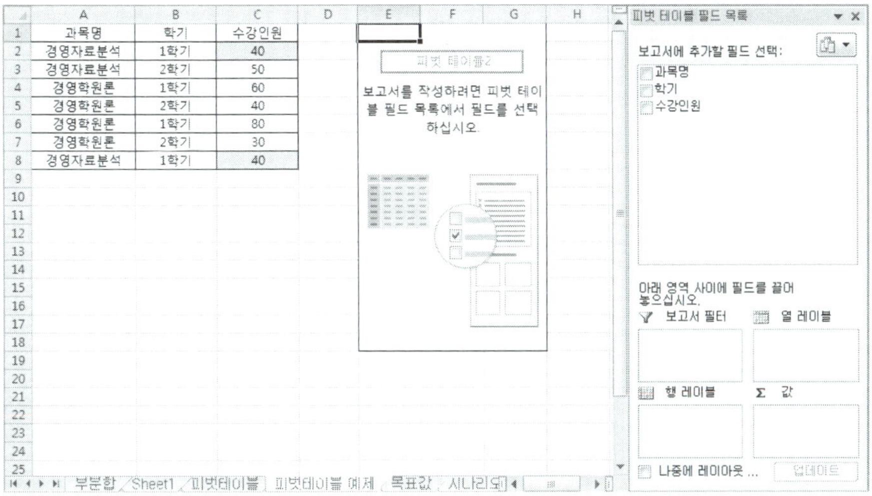

피벗 테이블 보고서를 작성하기에 앞서 먼저 피벗 테이블 보고서의 구성을 미리 생각해 두어야 한다. 피벗 테이블 보고서는 페이지 영역, 행 영역, 열 영역, 데이터 영역으로 구성되는데 행으로만 구성되어 있는 원본 데이터를 행과 열로 적절하게 재배치함으로써 데이터를 분석하고 요약하는데 매우 유용하다.

다음 그림은 행으로만 구성되어 있는 데이터를 행과 열로 구성된 피벗 테이블로 재배치된 결과 화면으로 오른쪽의 [피벗 테이블 필드 목록]의 [보고서 추가할 필드 선택:]에서 '과목명' 필드를 마우스로 드래그하여 아래의 [▦ 행 레이블] 영역에 놓고, '학기' 필드를 드래그하여 [▦ 열 레이블] 영역에 놓고, '수강인원' 필드를 드래그하여 [Σ 값] 영역에 놓는다. 피벗 테이블 보고서의 작성 결과 1학기 경영자료분석의 수강인원과 2학기의 수강인원 또는 경영학 원론의 수강인원을 비교할 때 데이터 분석에 있어 매우 유용함을 알 수 있다.

그림 4-15 ▌ 피벗 테이블 보고서 결과

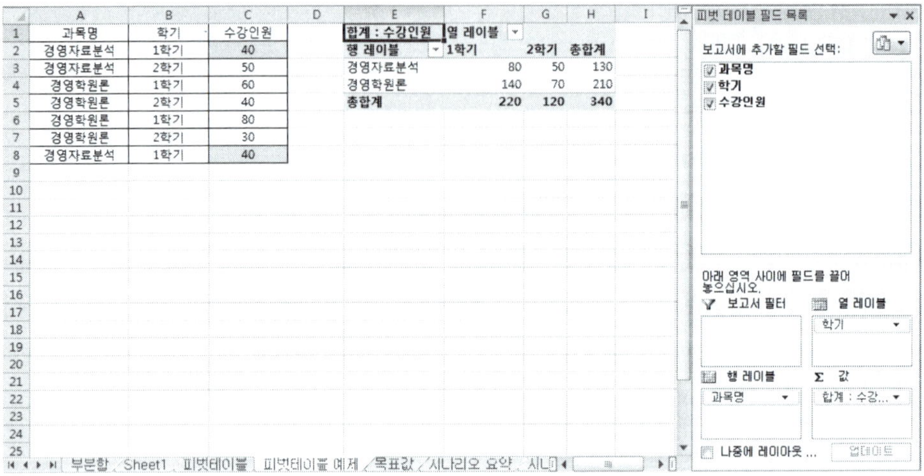

다음 예제는 앞의 부분합 예제에서 살펴보았던 '삼손전자(주) 사원급여내역'에서 피벗 테이블 보고서를 작성하여 보자. 먼저 셀 포인터를 데이터 범위 내에 위치시키고, [삽입] 탭의 [표] 그룹에서 [피벗 테이블]을 클릭하여 [피벗 테이블(T)]을 선택한다. 그리고 [피벗 테이블 만들기] 대화상자의 [새 워크시트(N)]를 선택하고 [확인] 단추를 클릭하면 다음 그림과 같이 새로운 워크시트에 [피벗 테이블 필드 목록]이 표시된다.

그림 4-16 ▌ 새로운 워크시트에 피벗 테이블 필드 목록 표시

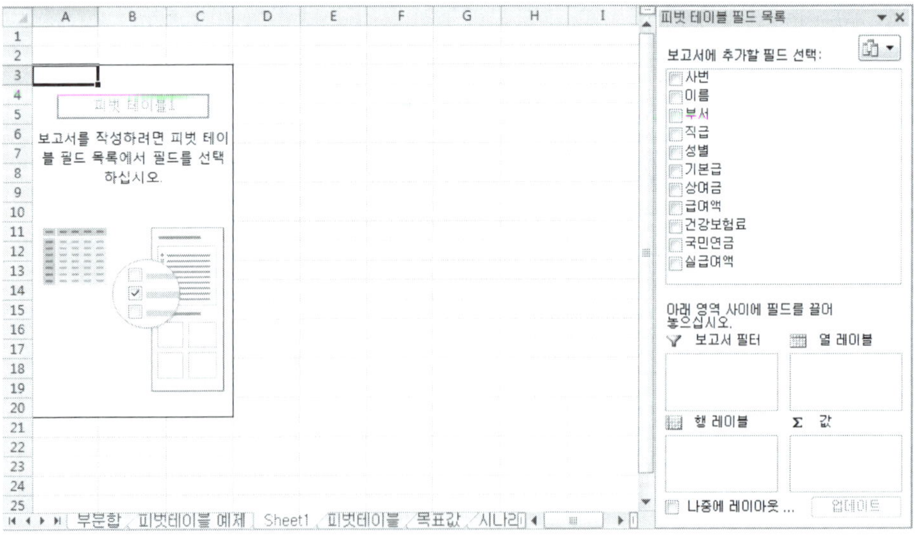

본 예제에서는 행에 '직급', 열에 '성별', 그리고 행과 열이 교차하는 데이터에 '실급여액'을 배치하도록 구성하며, 이와 함께 각 부서별로 데이터를 표시하기 위해 '부서'를 필터 기능에 사용하도록 하겠다.

먼저 오른쪽의 [피벗 테이블 필드 목록]의 [보고서에 추가할 필드 선택:]에서 피벗 테이블 구성에 필요한 '부서', '직급', '성별', '실급여액'을 선택한다. 선택한 '부서', '직급', '성별' 필드는 [행 레이블] 영역에 추가하고, '실급여액' 필드는 [Σ 값] 영역에 추가한다. [행 레이블] 영역에 있는 '부서' 필드를 마우스로 드래그하여 [보고서 필터] 영역에 놓고, '성별' 필드를 드래그하여 [열 레이블] 영역에 놓는다.

그림 4-17 피벗 테이블 보고서 필드 배치

그리고 [Σ 값] 영역의 '합계 : 실급여액'을 마우스로 클릭하여 나타난 바로가기 메뉴에서 [값 필드 설정(N)...]을 선택한다.

그림 4-18 값 필드 설정 대화상자

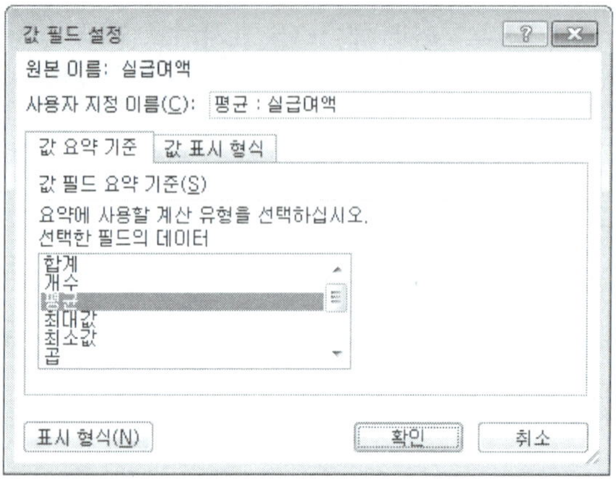

[값 필드 설정(N)...]을 선택하여 나타난 [값 필드 설정] 대화상자에서 [Σ 값] 영역의 '합계 : 실급여액'을 '평균'으로 바꾸고, 대화상자 아래의 [표시 형식(N)]을 클릭하여 데이터 값들이 '통화' 형식으로 표시하도록 셀 서식을 설정한다. 그리고 [확인] 단추를 클릭한다. 다음 그림은 '부서', '직급', '성별', '실급여액' 필드로 구성된 피벗 테이블 보고서의 결과 화면이다.

그림 4-19 피벗 테이블 보고서 결과

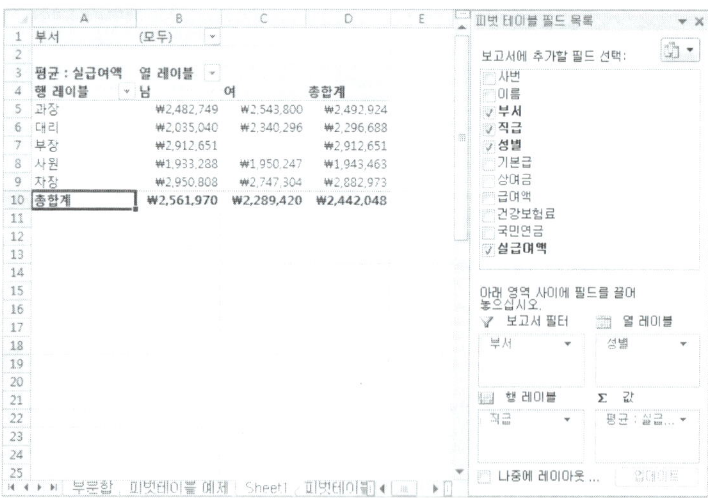

다음은 작성된 피벗 테이블 보고서에 '기본급'과 '상여금' 필드를 추가하는 예제이

다. [피벗 테이블 필드 목록]의 [보고서에 추가할 필드 선택:]에서 '기본급'과 '상여금'을 선택하면 아래의 [Σ 값] 영역에 '합계 : 기본급'과 '합계 : 상여금'이 추가되며, [열 레이블]에 각 필드의 전체 평균값을 표시하는 'Σ 값'이 추가된다.

[Σ 값] 영역의 '합계 : 기본급'과 '합계 : 상여금'을 마우스로 클릭하여 나타난 바로 가기 메뉴에서 [값 필드 설정(N)...]을 선택하여 합계를 평균으로 바꾸고 [표시 형식(N)]을 클릭하여 '통화' 형식으로 표시하도록 셀 서식을 설정한다. 그리고 [열 레이블]의 'Σ 값'을 마우스로 드래그하여 [행 레이블]로 이동시킨다.

그림 4-20 새로운 필드 추가

다음 그림은 기존의 피벗 테이블 보고서에 '기본급'과 '상여금' 필드를 추가한 결과 화면이다.

그림 4-21 ▌ 피벗 테이블 보고서 결과 - 기본급, 상여금 필드 추가

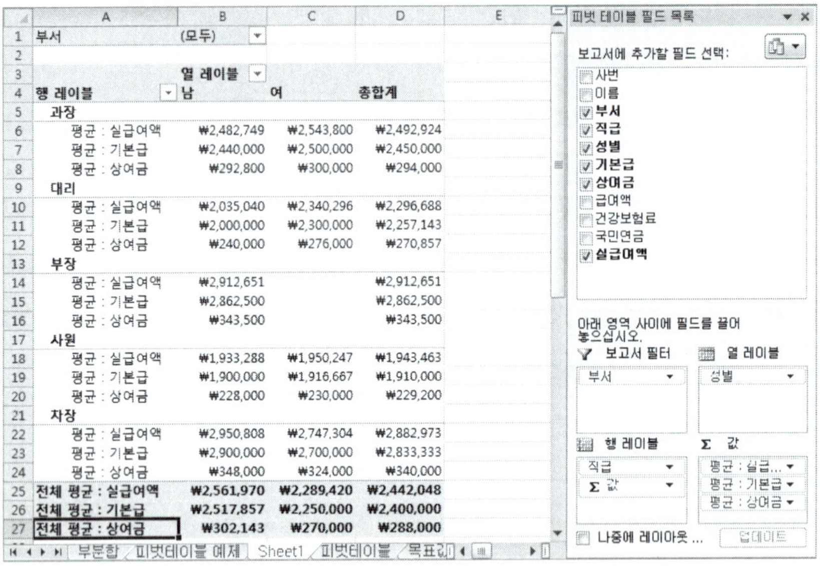

3 목표값 찾기

목표값 찾기는 수식으로 구하려는 결과는 알고 있지만 해당 결과를 얻기 위해 입력해야 할 값을 모를 경우 사용한다. 예를 들어, 삼손전자(주)에서 현재 재무구조로 몇 대의 프린터를 판매해야 손익분기점에 도달할 수 있는지 알고 싶다면 [목표값 찾기]를 사용할 수 있다. 손익분기점(break-even point)은 매출액이 당기기간의 총비용 이하로 감소하면 손실이 발생하고, 당기기간의 총비용 이상으로 증가하면 이익을 가져오는 지점으로 한 기간의 매출액이 당해기간의 총비용과 일치하는 점을 의미한다.

이를 위해 [데이터] 탭의 [데이터도구] 그룹에서 [가상분석]을 클릭하여 [목표값 찾기(G)...]를 선택한다. [목표값 찾기] 대화상자에서 [수식 셀(E):]은 주어진 결과값이 표시되는 셀로 '실급여액'이 있는 "B8"을 입력한다. 이때 'B8'셀에는 반드시 수식이 입력되어 있어야 한다. [찾는 값(V):]은 주어진 결과값을 실질적으로 입력하는 곳으로 희망하는 실급여액 "3,200,000"을 입력한다. 다음으로 [값을 바꿀 셀(C):]은 [수식 셀(E):]인 'B8'에 영향을 미치는 입력변수를 의미하는 입력하는 곳으로 실급여액을

3,200,000원을 받기 위해 변경할 셀을 입력한다. 여기에서는 실급여액 3,200,000원을 얼마의 기본급을 받아야 하는지에 알기 위해 '기본급'이 있는 "B2"를 입력한다. 이때, 'B2'셀에는 수식이 아닌 숫자 데이터가 입력되어 있어야 한다.

그림 4-22 ▌ 목표값 찾기 대화상자

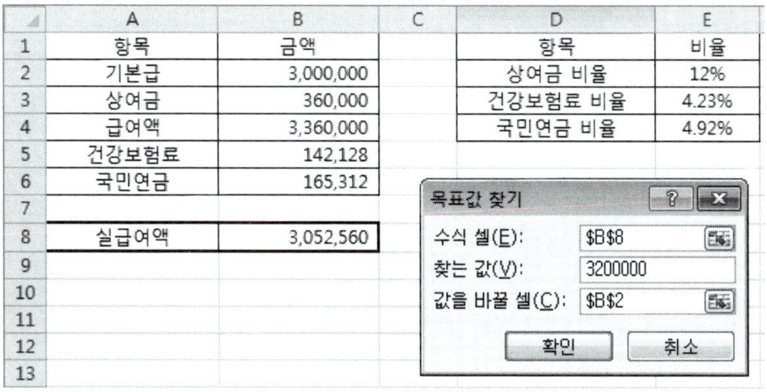

모든 입력 과정을 마치고 [확인] 단추를 클릭하면 워크시트의 'B2'셀과 'B8'셀의 데이터 값이 변경이 됨과 동시에 [목표값 찾기 상태] 대화상자가 나타난다. [목표값 찾기 상태] 대화상자는 원하는 목표값을 찾았음을 알려 주는 대화상자로 [확인] 단추를 클릭하면 변경된 'B2'셀의 값 3,144,901원과 'B8'셀의 값 3,200,000원이 워크시트에 반영된다.

그림 4-23 ▌ 목표값 찾기 상태 대화상자

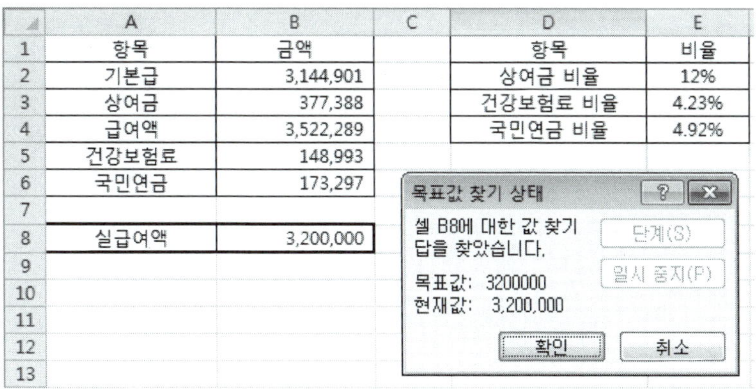

4 시나리오

시나리오는 여러 상황에 따라 조건을 변화시켰을 때 결과의 변화를 비교·분석하고, 예측할 수 있도록 지원한다. 특히, 입력변수가 많아 목표값을 찾기 힘들거나 복잡한 데이터를 분석할 경우 결과값을 비교할 수 있어 유용하다. 예를 들어, 다음 그림과 같이 건강보험료 및 국민연금의 인상 비율에 따른 실급여액의 변화를 시나리오를 통해 살펴볼 수 있다.

그림 4-24 시나리오 데이터

	A	B	C	D	E
1	항목	금액		항목	비율
2	기본급	3,000,000		상여금 비율	12%
3	상여금	360,000		건강보험료 비율	4.23%
4	급여액	3,360,000		국민연금 비율	4.92%
5	건강보험료	142,128			
6	국민연금	165,312			
7					
8	실급여액	3,052,560			

먼저, [데이터] 탭의 [데이터도구] 그룹에서 [가상분석]을 클릭하여 [시나리오 관리자(S)...]를 선택한다. [시나리오 관리자] 대화상자에는 아직 설정한 시나리오가 없기 때문에 '정의된 시나리오가 없습니다'라는 메시지가 표시된다. 이때 [추가(A)...] 단추를 클릭하여 나타난 [시나리오 추가] 대화상자에서 시나리오를 작성한다.

그림 4-25 시나리오 관리자 및 시나리오 추가

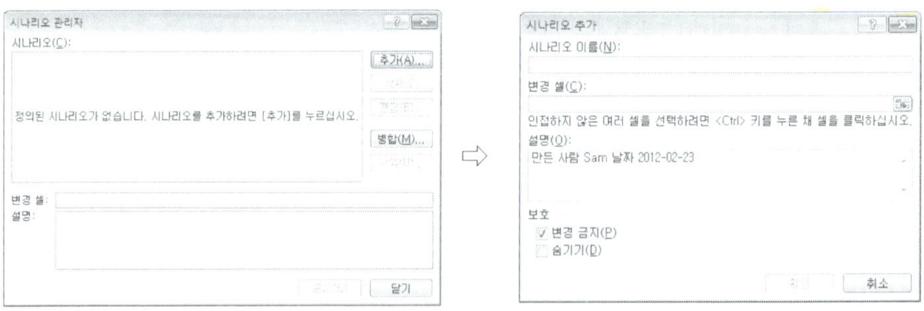

[시나리오 이름(N):]에는 "건강보험 및 국민연금 1%p 증가"를 입력하고, [변경 셀

(C):]에는 건강보험료 비율 값과 국민연금 비율 값이 입력되어 있는 "E3:E4"를 입력한 후 [확인] 단추를 클릭한다.

그림 4-26 ▌ 시나리오 편집

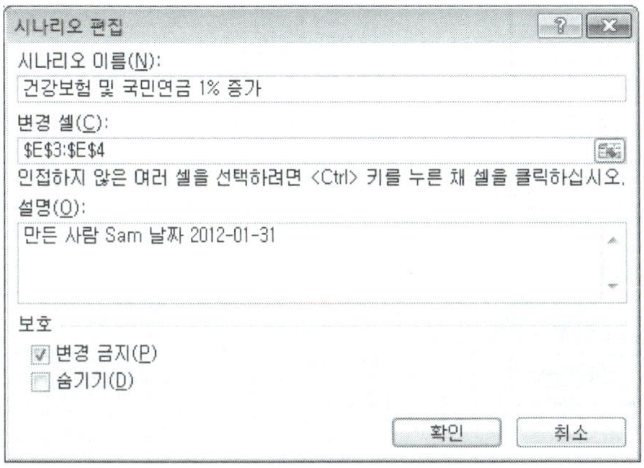

[시나리오 값] 대화상자에는 원래의 값에서 1%p 증가된 건강보험료 비율 값과 국민연금 비율 값을 입력한다. [1: $E$3]에는 "5.23%", [2: $E$4]에는 "5.92%"를 입력하고 [확인] 단추를 클릭한다.

그림 4-27 ▌ 시나리오 값 입력

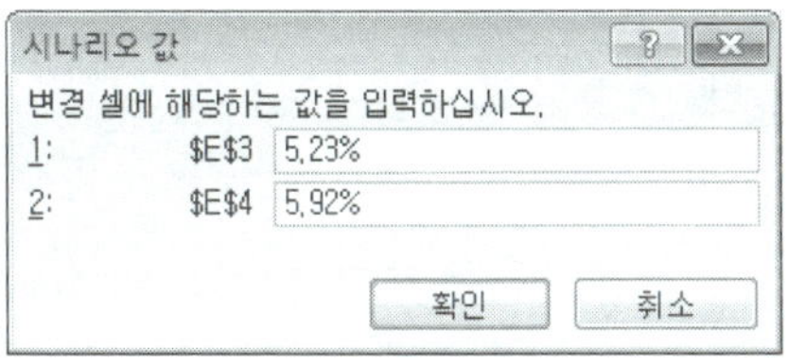

다음 그림과 같이 [시나리오 관리자] 대화상자에 '건강보험 및 국민연금 1%p 증가'라는 이름의 시나리오가 추가된 것을 확인할 수 있다.

그림 4-28 시나리오 추가

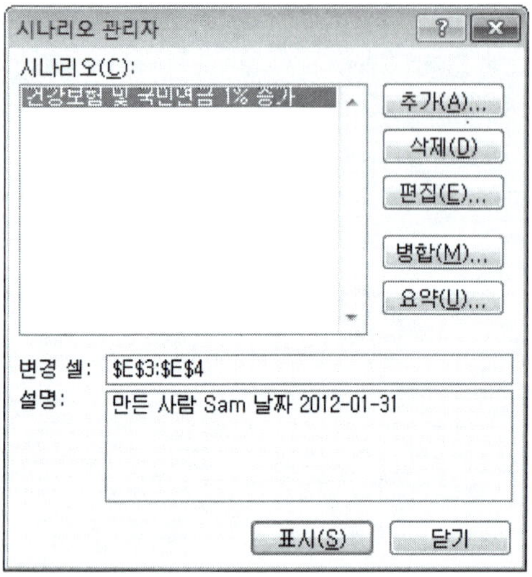

그리고 지금까지의 동일한 방식으로 [시나리오 관리자] 대화상자에 '건강보험 및 국민연금 2%p 증가' 시나리오를 추가한다.

그림 4-29 새로운 시나리오 추가

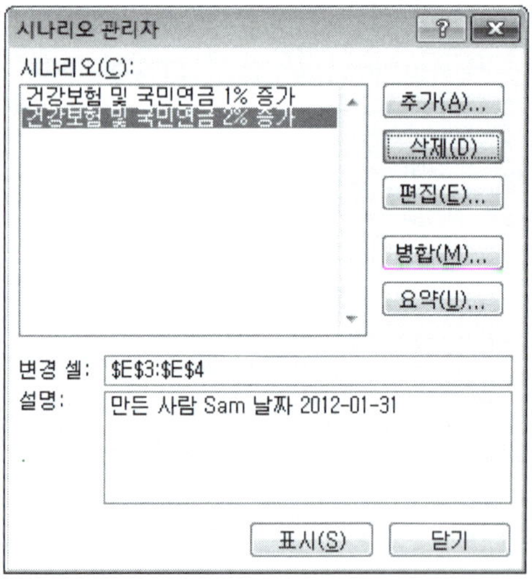

다음으로 지금까지 설정한 두 개의 시나리오 값에 따른 결과값이 현재의 값과 비교하여 어떻게 변화하는지를 비교・분석하기 위해 시나리오 요약을 실시한다. [시나리

오 관리자] 대화상자에서 [요약(U)...]을 클릭하여 나타난 [시나리오 요약] 대화상자에서 [시나리오 요약(S)]을 선택하고 [결과 셀(R):]에 "B8"을 입력한다. 여기에서 [결과 셀(R):]은 시나리오의 변화에 따라 '실급여액'의 변화를 알고자 하는 것이기 때문에 "B8" 셀을 입력하는 것이다.

그림 4-30 | 시나리오 요약 대화상자

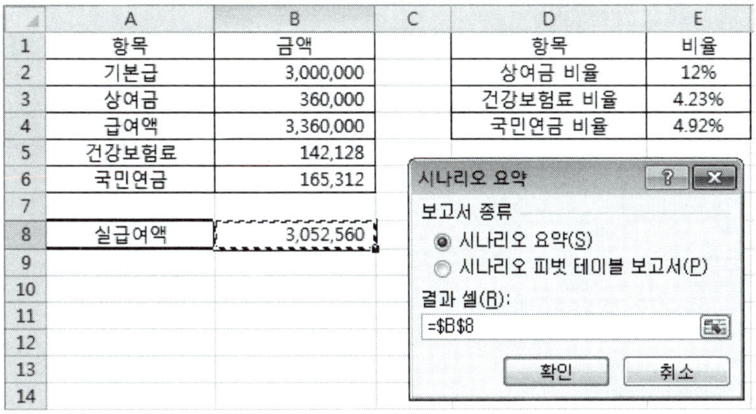

모든 설정을 완료하면 다음 그림과 같이 시나리오 요약이라는 새로운 워크시트에 건강보험료 비율과 국민연금 비율의 변화에 따른 실급여액의 변화를 보여주는 시나리오 요약 결과가 나타난다.

그림 4-31 | 시나리오 요약 결과

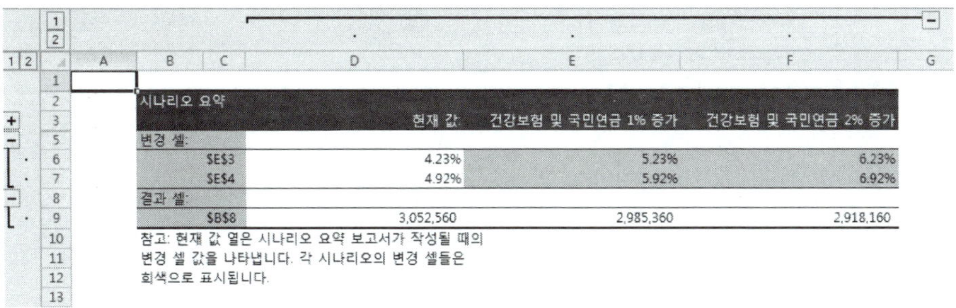

5 해 찾기

해 찾기는 수식이 입력된 목표 셀의 최적값(최대값 또는 최소값)을 찾아주는 기능으로 여러 입력값을 비교하고 변경하면서 최적의 값을 찾아준다. 해 찾기는 목표값 찾기와 유사하나 다수의 조건을 수용하면서 최적의 값을 찾아낼 수 있는 장점이 있다.

삼손전자(주)가 실제 판매에 앞서 시장조사를 통해 판매가격과 판매량 사이의 관계를 설명하는 수요함수가 f(판매량) = −0.01 × 판매가격 + 8,000의 관계임을 확인하였다. 이에 따라 전략적으로 마이폰의 판매가격이 400,000원에서 800,000원 사이의 값에서 변경 가능하다면 판매가격을 얼마로 책정해야 가장 높은 순이익을 낼 수 있는지 [해 찾기]를 통해 알아보자. 먼저, 판매가격이 C2와 같을 때 C3셀에 다음 그림과 같이 수요함수를 적용하면 연간 판매량은 1,500대로 나타난다.

>>> 그림 4-32 해 찾기 데이터

	A	B	C	D
1	마이폰 제품생산 순이익			
2	수익항목	판매가격(원)	₩650,000	
3		연간 판매량(대)	1,500	=-0.01*C2+8000
4	비용항목	부품비용(원/대)	₩215,000	
5		조립비용(원/대)	₩45,000	
6		생산고정비용(원)	₩250,000,000	
7		수익내 영업비 비율(%)	14%	
8	비용내역	생산고정비용	₩250,000,000	
9		생산비용	₩390,000,000	
10		영업비용	₩136,500,000	
11		총비용	₩776,500,000	
12	수익내역	총수익	₩975,000,000	
13		순이익	₩198,500,000	

다음으로 [데이터] 탭의 [분석] 그룹에서 [해 찾기]를 클릭한다. 만약 [해 찾기] 기능이 설치되어 있지 않다면 [Excel 옵션]에서 [해 찾기] 기능을 추가해야 한다. [해 찾기] 기능을 추가하기 위해 [파일] 탭의 [옵션]을 클릭하면 [Excel 옵션] 대화상자가 나타나는데, [Excel 옵션] 대화상자에서 왼쪽의 [추가 기능] 메뉴를 선택하고 [관리(A):]의 드롭다운 단추를 클릭해 'Excel 추가 기능'을 선택하고 [이동(G)...] 단추를 클릭한다.

그림 4-33 | Excel 대화상자

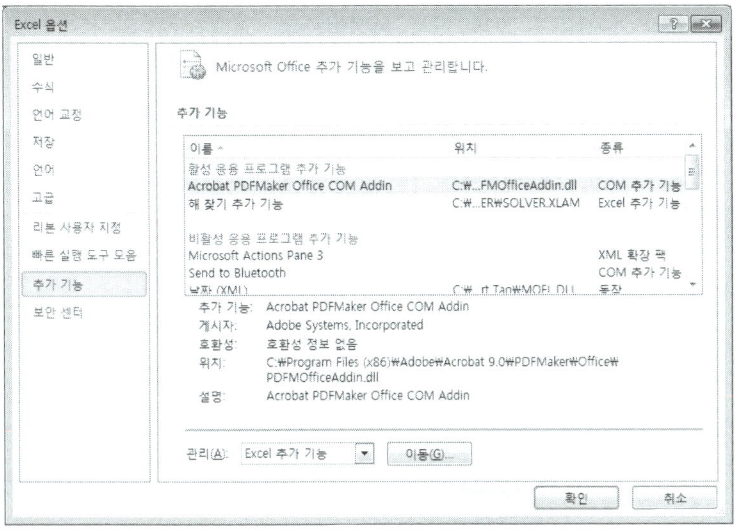

그리고 다음 그림과 같이 나타난 [추가 기능] 대화상자에서 '해 찾기 추가 기능'을 선택하고 [확인] 단추를 클릭한다.

그림 4-34 | 추가 기능 대화상자

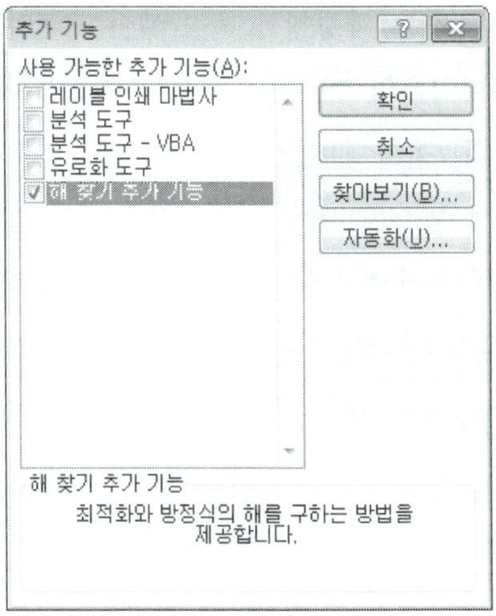

이렇게 [해 찾기]가 추가되면 [데이터] 탭의 [분석] 그룹에서 [해 찾기]를 클릭하면 다음 그림과 같은 [해 찾기 매개 변수] 대화상자가 나타난다. [해 찾기 매개 변수]

대화상자의 [목표 설정:(T)]에 마이폰의 순이익에 해당하는 "C13"을 입력하고, [대상:]에는 이익을 최대로 하는 최적해를 찾는 것이 목적이므로 '최대값(M)'을 선택하고, [변수 셀 변경:(B)]에는 판매가격의 변동에 해당하는 "C2"를 입력한다.

그림 4-35 ▌ 해 찾기 매개 변수 대화상자

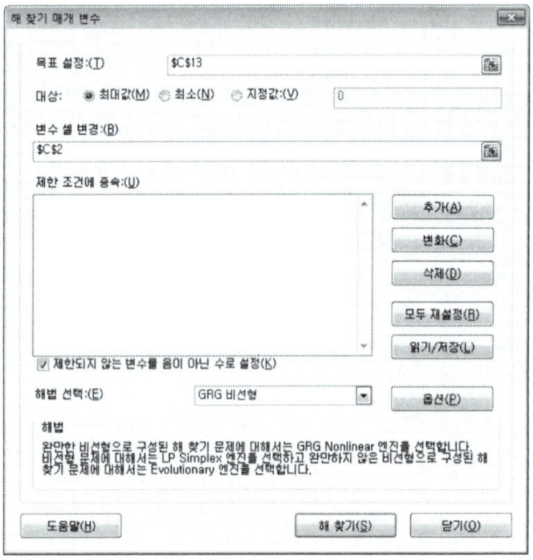

그리고 [제한 조건에 종속:(U)]에는 원하는 값을 찾는 과정에서 특정 셀이 지켜야 할 제한 조건을 입력하는 곳으로 본 예제에서는 마이폰의 판매가격을 400,000원에서 800,000원 사이의 금액으로 설정할 것을 요구한다. 이를 위해 [추가(A)]를 클릭하여 다음 그림과 같이 [제한 조건 추가] 대화상자의 [셀 참조:(E)]에 판매가격인 "C2"를 입력하고, 제한 조건의 관계 '<='를 선택하고, [제한조건:(N)]에 "800,000"원을 입력한다. 그리고 다른 제한 조건을 추가하기 위해 아래의 [추가(A)] 단추를 클릭하고 동일한 절차로 제한 조건 "C2>=400,000"을 입력한 후 [확인(O)] 단추를 클릭한다.

그림 4-36 ▌ 제한 조건 추가 대화상자

다음 그림과 같이 [해 찾기 매개 변수] 대화상자의 모든 설정이 마치면 [해 찾기(S)] 단추를 클릭한다.

그림 4-37 ▌ 해 찾기 매개 변수 설정 완료

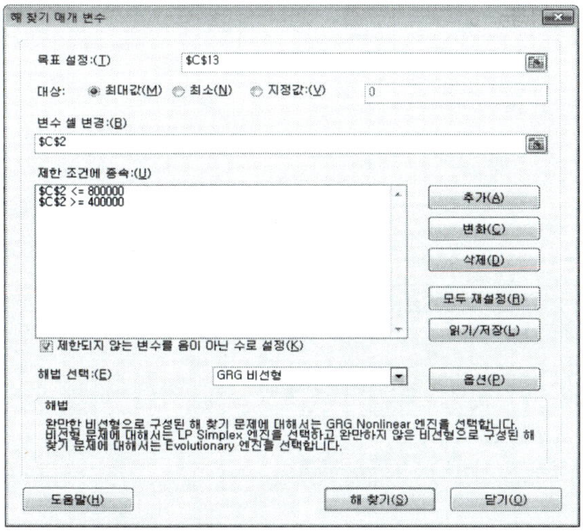

[해 찾기 매개 변수] 대화상자에서 설정한 모든 조건을 만족하는 해를 찾게 되면 다음 그림과 같이 [해 찾기 결과] 대화상자가 나타난다. 이때 [해 찾기 해 보존] 옵션단추를 선택하고 [확인] 단추를 클릭한다.

그림 4-38 ▌ 해 찾기 결과 대화상자

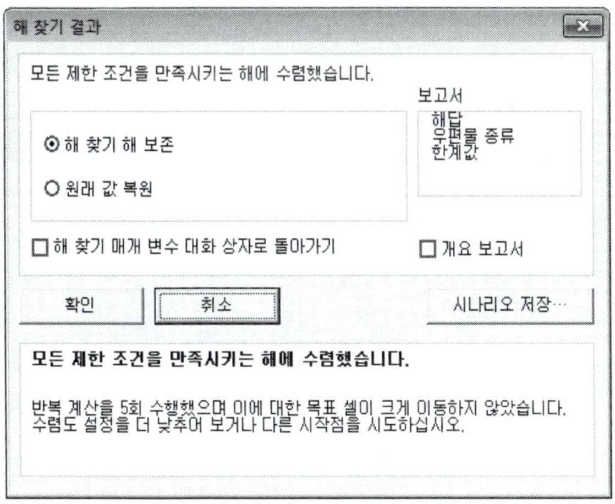

[해 찾기] 결과를 통해 알 수 있듯이 마이폰의 판매가격을 551,163원으로 책정할 경우 연간 2,488대를 판매할 수 있으며, 이때의 순이익은 대략 282,511,628원이라는 것을 알 수 있다. 이는 수요함수를 모를 경우 연간 1,500대보다 988대 정도 많이 판매해야 이에 따른 순이익이 훨씬 많다는 것을 의미한다.

그림 4-39 ▌ 해 찾기 결과 적용

	A	B	C	D
1	마이폰 제품생산 순이익			
2	수익항목	판매가격(원)	₩551,163	
3		연간 판매량(대)	2,488	=-0.01*C5+8000
4	비용항목	부품비용(원/대)	₩215,000	
5		조립비용(원/대)	₩45,000	
6		생산고정비용(원)	₩250,000,000	
7		수익내 영업비 비율(%)	14%	
8	비용내역	생산고정비용	₩250,000,000	
9		생산비용	₩646,976,747	
10		영업비용	₩192,009,735	
11		총비용	₩1,088,986,483	
12	수익내역	총수익	₩1,371,498,111	
13		순이익	₩282,511,628	

6 데이터 표

데이터 표는 입력값의 변화에 따른 결과값의 변화를 표의 형태로 나타내는 민감도 분석(sensitivity analysis) 기능을 지원한다. 예를 들어, 마이폰을 출시하기에 앞서 시장조사를 수행한 결과 대당 650,000원에 판매할 수 있으며, 연간 1,500대를 판매할 수 있는 것으로 조사되었다. 이를 위해 '공장 임대료와 기계 구입비'가 연간 250,000,000원이 필요하며, 대당 215,000원의 부품비용과 45,000원의 조립비용이 소요된다고 한다. 그리고 판매를 위한 영업비용이 수익의 14%라고 할 경우 마이폰의 순이익은 198,500,000원이 된다고 한다.

그림 4-40 | 데이터 표 데이터

	A	B	C	D
1	마이폰 제품생산 순이익			
2	수익항목	판매가격(원)	₩650,000	
3		연간 판매량(대)	1,500	=-0.01*C2+8000
4	비용항목	부품비용(원/대)	₩215,000	
5		조립비용(원/대)	₩45,000	
6		생산고정비용(원)	₩250,000,000	
7		수익내 영업비 비율(%)	14%	
8	비용내역	생산고정비용	₩250,000,000	=C6
9		생산비용	₩390,000,000	=(C3*C4)+(C3*C5)
10		영업비용	₩136,500,000	=C12*C7
11		총비용	₩776,500,000	=C8+C9+C10
12	수익내역	총수익	₩975,000,000	=C2*C3
13		순이익	₩198,500,000	=C12-C11

이러한 마이폰의 순이익을 산출하기 위한 개별 계정의 계산 방법은 다음과 같으며, 다음의 계산방식에 따라 마이폰은 대략 연간 198,500,000원의 순이익을 획득하게 된다.

- 총수익 = 판매가격(원) × 연간 판매량(대)
- 생산비용 = (연간 판매량 × 부품비용) + (연간 판매량 × 조립비용)
- 영업비용 = 총수익 × 수익내 영업비 비율(%)
- 총비용 = 생산고정비용 + 생산비용 + 영업비용
- 순이익 = 총수익 − 총비용

이때 마이폰을 생산·판매할 수 있는 수량이 500대에서 2,500대 사이(200단위씩 증가)이고, 판매가격이 500,000원에서 800,000원이라고 할 경우 연간 판매량과 판매가격의 변화에 따른 순이익의 변화 추이를 살펴보기 위해 [데이터 표]를 이용할 수 있다.

먼저 [데이터 표] 분석을 위해 F4셀에서 F14셀까지 판매량을 500대에서 200단위씩 증가해 2,500대까지 입력하고, G3셀에서 M3셀까지 판매가격을 500,000원에서 50,000원씩 증가해 800,000원까지 입력한다. F3셀에는 "=C13"을 입력하여 [표]를 통해 순이익의 변화를 알고자 한다.

그림 4-41 데이터 표 분석을 위한 행, 열 값 입력

E	F	G	H	I	J	K	L	M
		판매가격						
	₩198,500,000	500,000	550,000	600,000	650,000	700,000	750,000	800,000
판매량	500							
	700							
	900							
	1100							
	1300							
	1500							
	1700							
	1900							
	2100							
	2300							
	2500							

다음으로 'F3셀에서 M14셀까지(F3:M14)' 셀 범위를 지정한 후 [데이터] 탭의 [데이터도구] 그룹에서 [가상분석]을 클릭하여 [데이터 표(T)...]를 선택한다.

그림 4-42 범위 지정 후 데이터 표 실행

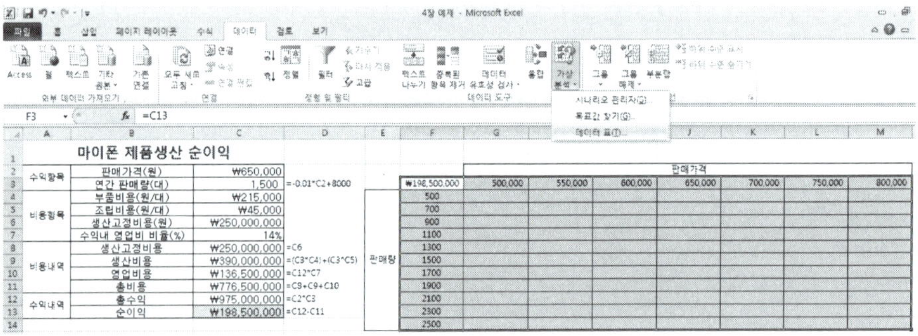

[데이터 표] 대화상자에서 [행 입력 셀(R):]에 판매가격에 해당하는 "C2"를 입력하고, [열 입력 셀(C):]에 연간 판매량에 해당하는 "C3"을 입력한다. 이는 F3:M14 영역의 첫 행과 첫 열의 변화 값이 'C2'와 'C3'에 각각 대입되어 변경된 수식 결과를 F3:M14 영역의 데이터로 표시하는 것이다.

그림 4-43 데이터 표 대화상자

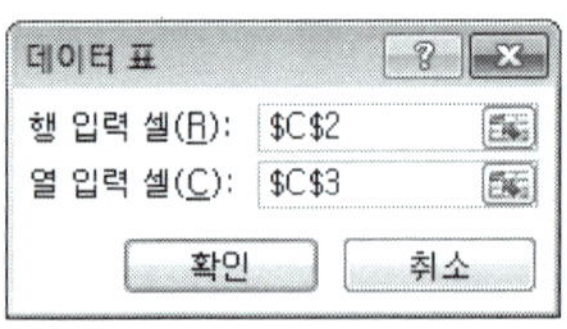

[데이터 표]의 분석결과를 살펴보면 판매가격이 500,000원일 경우 판매량이 1,300대에서 1,500대 사이일 때 마이폰의 판매에 대한 손익분기가 발생하며, 판매가격이 650,000원일 경우에는 판매량이 900대에서 1,100대 사이일 때 손익분기가 발생함을 알 수 있다.

그림 4-44 ❙ 데이터 표 결과 – 판매량과 판매가격에 따른 손익분기

E	F	G	H	I	J	K	L	M
		판매가격						
	₩198,500,000	500,000	550,000	600,000	650,000	700,000	750,000	800,000
판매량	500	-165,000,000	-143,500,000	-122,000,000	-100,500,000	-79,000,000	-57,500,000	-36,000,000
	700	-131,000,000	-100,900,000	-70,800,000	-40,700,000	-10,600,000	19,500,000	49,600,000
	900	-97,000,000	-58,300,000	-19,600,000	19,100,000	57,800,000	96,500,000	135,200,000
	1100	-63,000,000	-15,700,000	31,600,000	78,900,000	126,200,000	173,500,000	220,800,000
	1300	-29,000,000	26,900,000	82,800,000	138,700,000	194,600,000	250,500,000	306,400,000
	1500	5,000,000	69,500,000	134,000,000	198,500,000	263,000,000	327,500,000	392,000,000
	1700	39,000,000	112,100,000	185,200,000	258,300,000	331,400,000	404,500,000	477,600,000
	1900	73,000,000	154,700,000	236,400,000	318,100,000	399,800,000	481,500,000	563,200,000
	2100	107,000,000	197,300,000	287,600,000	377,900,000	468,200,000	558,500,000	648,800,000
	2300	141,000,000	239,900,000	338,800,000	437,700,000	536,600,000	635,500,000	734,400,000
	2500	175,000,000	282,500,000	390,000,000	497,500,000	605,000,000	712,500,000	820,000,000

위의 그림과 같이 [데이터 표]의 분석결과를 확인한 후 분석결과를 삭제하거나 변경하고자 할 때 데이터 표의 특정 일부만을 삭제하거나 변경할 수 없다. 만약 분석결과를 삭제하려면 분석결과 전체를 한꺼번에 삭제해야 하는데, G4:M14 영역을 범위 지정한 후 Delete 키를 눌러 한꺼번에 삭제할 수 있다.

그림 4-45 ❙ 데이터 표의 특정 셀 삭제 시 경고 메시지

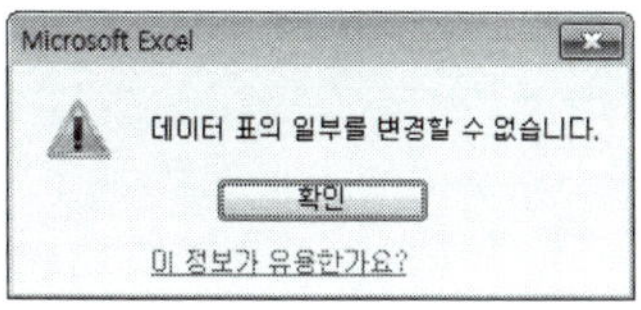

다음 그림은 [데이터 표]를 통해 판매가격의 가격 책정에 따른 순이익의 추이를 분석한 것이다. 먼저 F4:F18 영역에 판매가격에 해당하는 300,000원에서 1,000,000원 사이(50,000원씩 증가)의 값을 입력하고, G3셀에 "=C13"을 입력한 다음 F3:G18 영역을 범위 지정한 후 [데이터] 탭의 [데이터도구] 그룹에서 [가상분석]을 클릭하여 [데이터 표(T)...]를 선택한다. 그리고 [데이터 표] 대화상자의 [열 입력 셀(C):]에 판매가격에 해당하는 "C2"를 입력하고 [확인] 단추를 클릭한다. 결과를 통해 알 수 있듯이 판매가격이 550,000원일 때 가장 높은 이익이 발생함을 알 수 있다.

그림 4-46 데이터 표 결과 – 판매가격에 따른 순이익 변화추이

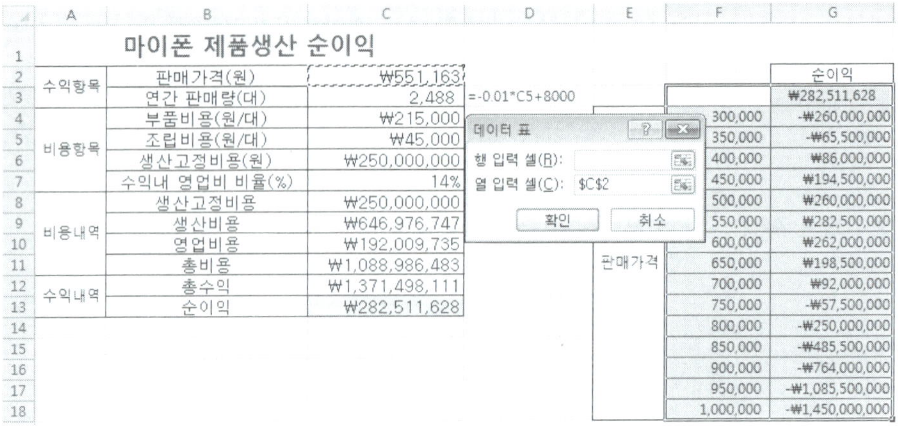

연·습·문·제

01. 다음은 한국카드(주)의 부산지역 고객들의 4개월간 카드사용내역에 관한 내용이다. 아래의 데이터를 A1셀부터 차례로 워크시트에 입력하고, 다음에 제시된 내용을 참고해 데이터를 처리하시오.

No	고객명	거주구	나이	성별	1월	2월	3월	4월	결제합계액	평균결제액	등급	비고
1	배철수	동구	35	남	64,000	189,720	37,810	20,000	311,530	77,883	D	-
2	정영희	서구	24	여	55,440	5,854,460	548,420	9,752,120	16,210,440	4,052,610	S	우대
3	김영희	남구	30	여	5,442,230	6,745,610	59,480	3,400	12,250,720	3,062,680	S	우대
4	나철수	북구	25	남	28,410	778,430	548,320	8,547,800	9,902,960	2,475,740	A	-
5	이영희	동구	36	여	78,120	781,230	5,784,320	48,420	6,692,090	1,673,023	A	우대
6	장영희	서구	45	여	574,810	481,210	5,465,210	481,100	7,002,330	1,750,583	B	우대
7	강철수	남구	48	남	154,870	7,549,640	786,420	486,320	8,977,250	2,244,313	A	-
8	강영희	북구	62	여	5,780	678,000	187,620	486,120	1,357,520	339,380	C	-
9	장철수	동구	34	남	349,210	5,489,710	487,800	78,200	6,404,920	1,601,230	A	-
10	권철수	서구	27	남	188,710	768,510	8,763,200	486,420	10,206,840	2,551,710	S	-
11	전영희	남구	30	여	546,213	274,800	483,420	878,220	2,182,653	545,663	C	우대
12	하영희	북구	46	여	100,000	5,745,100	400,000	8,165,000	14,410,100	3,602,525	S	우대
13	이철수	동구	27	남	354,600	78,100	788,420	87,620	1,308,740	327,185	B	-
14	최영희	서구	61	여	3,598,720	78,100	78,200	37,810	3,792,830	948,208	C	우대
15	금영희	남구	21	여	5,892,110	28,410	187,620	48,420	6,156,560	1,539,140	A	우대
16	류철수	북구	36	남	657,560	100,000	481,100	8,810	1,247,470	311,868	C	-
17	안철수	동구	28	남	5,485,610	59,480	189,720	154,870	5,889,680	1,472,420	A	-
18	한영희	서구	39	여	9,677,540	187,620	1,300,000	78,200	11,243,360	2,810,840	S	우대
19	정철수	남구	40	남	8,810	28,410	37,810	481,100	556,130	139,033	D	-
20	박철수	북구	35	남	874,560	189,720	154,870	48,420	1,267,570	316,893	C	-

(1) 다음의 조건에 따라 [피벗 테이블]을 작성하시오. 피벗 테이블 보고서 결과는 새 워크시트에 표시하시오.

① 행 레이블 : 거주구

② 열 레이블 : 등급

③ 데이터 값 : 결제합계액, 평균결제액(총합계는 행에 표시)

④ 보고서 필터 : 비고

(2) 고객 등급을 S-A-B-C-D 순서로 우선순위를 정하고, [사용자 정의 정렬]을 통해 등급이 높은 순으로 정렬하시오.

(3) [중첩 부분합]을 이용하여 고객 등급에 따른 결제합계액의 총합과 평균결제액의 평균을 요약하시오.

02. 다음은 삼손(주)의 상품 주문내역에 관한 내용이다. 아래의 데이터를 A1셀부터 차례로 워크시트에 입력하고, 다음에 제시된 내용을 참고해 데이터를 처리하시오.

주문번호	지점명	주문일시	담당자	배송일시	배송담당자	고객번호	주문자	주문자 연락처	제품코드	주문수량
1	부산지점	2008-08-15	김영웅	2008-08-20	유영훈	9	김은경	(051) 468-2549	ST-20-01	1400
2	대구지점	2008-08-15	박명화	2008-08-20	이상일	12	김영민	(053) 236-1982	KD-41-01	2500
3	서울본점	2008-08-15	강상현	2008-08-20	김재민	4	박정현	(02) 8231-7683	HD-33-01	800
4	대전지점	2008-08-15	이유민	2008-09-01	신기수	7	장우영	(02) 443-6932	ST-20-01	1300
5	부산지점	2008-08-15	김영웅	2008-09-01	유영훈	6	한승민	(051) 552-3566	TD-41-01	2500
6	부산지점	2008-08-15	김영웅	2008-09-01	유영훈	4	김영수	(051)702 -6282	HD-33-01	1100
7	서울본점	2008-08-15	강상현	2008-09-01	김재민	7	이기쁨	(02) 4537 -3341	ST-20-01	1000
8	춘천지점	2008-08-15	양은하	2008-09-01	이기훈	3	최상수	(033) 253-2525	HD-33-01	700
9	대전지점	2008-08-15	이유민	2008-09-01	신기수	2	나승희	(02) 741 -4215	ST-20-01	1200
10	부산지점	2008-08-15	김영웅	2008-09-01	유영훈	20	박재현	(051) 626-2670	TD-41-01	1100

(1) 다음의 조건에 따라 [피벗 테이블]을 작성하시오. 피벗 테이블 보고서 결과는 새 워크시트에 표시하시오.

① 행 레이블 : 지점명, 주문자

② 열 레이블 : 배송일자

③ 데이터 값 : 주문자

④ 보고서 필터 : 제품코드

(2) [부분합]을 이용하여 지점별, 주문수량의 합계액을 요약하시오.

(3) [중첩 부분합]을 이용하여 배송일시별 제품배송 개수를 요약하고, 제품들의 주문수량의 합계를 요약하시오.

03. 다음은 삼손전자(주)의 급여관리에 관한 내용이다. 아래의 데이터를 A1셀부터 차례로 워크시트에 입력하고, 다음에 제시된 내용을 참고해 데이터를 처리하시오.

사원번호	성명	직급	성별	부서	기본급
272	정소영	5	여	영업부	1,200,000
204	김선우	3	남	총무부	1,615,000
35	강민규	1	여	생산부	3,430,000
13	신정훈	1	남	생산부	3,550,000
155	이승훈	2	여	영업부	2,086,000
196	정민수	3	남	생산부	1,687,000
107	이상호	2	남	자재부	2,125,000
268	임경원	4	남	총무부	1,221,000
228	장영호	3	남	생산부	1,548,000
54	정명욱	1	여	자재부	2,572,000
179	서민주	3	여	총무부	1,764,000
242	김하나	3	여	자재부	1,403,000
301	박윤경	5	여	생산부	1,025,000

(1) 다음의 조건에 따라 [피벗 테이블]을 작성하시오. 피벗 테이블 보고서 결과는 새 워크시트에 표시하시오.

① 행 레이블 : 부서

② 열 레이블 : 직급

③ 데이터 값 : 기본급(합계), 기본급(평균) (총합계는 행에 표시)

④ 보고서 필터 : 성별

(2) 부서를 총무부－자재부－생산부－영업부의 순서로 우선순위를 정의하고, [사용자 정의 정렬]을 통해 우선순위가 높은 순으로 정렬하시오.

(3) [부분합]을 이용하여 개별 부서당 전체 기본급의 평균을 요약하시오.

(4) [중첩 부분합]을 이용하여 부서별 남·여사원들의 기본급 평균을 요약하시오.

04. 삼손전자(주)는 새로 출시된 에어컨을 판매하기에 앞서 시장조사를 수행하였다. 이를 통해 1대당 480,000원에 판매할 수 있으며, 현재의 생산방식으로 연간 최대 3,000대를 공급할 수 있는 것으로 나타났다. 또한, 에어컨 생산을 위한 '공장 임대료와 기계 구입비'는 연간 1,250,000,000원이 고정비로 투입되며, 대당 75,000원의 부품비용과 1,500원의 조립비용이 소요됨을 파악하였다. 이때 총수익내 영업비 비율은 14%로 나타났다.

이에 따라 삼손전자(주)는 다음의 여러 조건을 감안하여 수요량의 변화에 따른 이익을 평가하고자 한다. 아래의 데이터를 A1셀부터 차례로 워크시트에 입력하고, 다음에 제시된 내용을 참고해 데이터를 처리하시오.

[수익항목]		[이익]	[손익분기점]
판매가격(원)			
연간 판매량(대)			
[비용항목]			
부품비용(원/대)			
조립비용(원/대)			
생산고정비용(원)			
수익내 영업비 비율(%)			
[이익항목]			
비용	생산고정비용		
	생산비용		
	영업비용		
	총비용		
총수익			
순이익			

(1) 삼손전자(주)의 수익과 비용을 산출하는 방식은 다음과 같으며, 이를 참고해 [이익] 열의 순이익을 산출하시오.

① 총수익 = 판매가격 × 연간 판매량

② 생산비용 = (부품비용 × 연간 판매량) + (조립비용 × 연간 판매량)

③ 영업비용 = 총수익 × 14%

④ 총비용 = 생산고정비용 + 생산비용 + 영업비용

⑤ 순이익 = 총수익 − 총비용

(2) [손익분기점] 열에서 연간 판매량이 어느 정도일 때 손익분기점에 도달할 수 있는지를 [목표값 찾기]를 통해 나타내시오.

(3) 삼손전자(주)가 연간 판매량을 최소 3,000대에서 최대 5,000대 사이 100단위씩 생산판매가 가능하다면 연간 판매량의 변화에 따른 이익의 추이를 [표]를 통해 나타내시오.

05. 효원정보(주)가 생산・판매하는 서버의 판매가격은 5,900,000원이다. 이 업체의 연간 예상 수요량은 300대로 수요함수 f(수요량)=(−0.07) × 판매가격 + 413,300에 의해 결정되었다. 이 서버를 생산하기 위한 부품비용은 3,500,000원이며, 테스트비용은 550,000원이다. 또한, 판매를 위한 영업비는 수익의 24%이며, 기계와 설비에 대한 생산고정비는 200,000,000원일 경우 다음의 여러 조건을 감안하여 이익을 평가하고자 한다. 아래의 데이터를 A1셀부터 차례로 워크시트에 입력하고, 다음에 제시된 내용을 참고해 데이터를 처리하시오.

[수익항목]		
판매가격(원)		5,900,000
시스템 구축가격(원)		1,000,000
연간 예상 수요량(대)		300

[비용항목]		
생산비	부품비(원/대)	3,500,000
	테스트비(원/대)	550,000
	생산고정비(원)	200,000,000
수익 내 영업비 비율		24%

[이익항목]		
수익		
비용	생산비	
	생산고정비	
	영업비	
총비용		
순이익		

(1) 효원정보(주)의 수익과 비용을 산출하는 방식은 다음과 같으며, 이를 참고해 [이익항목]의 순이익을 산출하시오.

① 수익 = (판매가격 × 연간 예상 수요량) + (시스템 구축가격 × 연간 예상 수요량)

② 생산비 = (연간 예상 수요량 × 부품비) + (연간 예상 수요량 × 테스트비)

③ 영업비 = 수익 × 24%

④ 총비용 = 생산비 + 생산고정비 + 영업비

⑤ 순이익 = 수익 − 총비용

(2) 효원정보(주)가 판매가격을 최소 4,900,000원에서 최대 5,900,000원까지 50,000원씩 증가가 가능하다면 판매가격 변화에 따른 이익의 추이를 [표]를 통해 나타내시오.

(3) 판매가격이 4,900,000원에서 5,900,000원 사이일 때 효원정보(주)에 최대 순이익을 가져오는 판매가격은 얼마인지 [해 찾기]를 통해 나타내시오.

06. 다음은 삼손전자(주)의 제품개발을 위한 최적 투자에 관한 내용이다. 아래의 데이터를 A1 셀부터 차례로 워크시트에 입력하고, 다음에 제시된 내용을 참고해 데이터를 처리하시오.

투자액	45,000,000
제조원가	
재료비	9,000,000
노무비	7,000,000
경비	4,000,000
이익	
총지출	
관리비	2,200,000
홍보비	3,400,000
인건비	1,900,000
순이익	

(1) 삼손전자(주)의 이익과 지출을 산출하는 방식은 다음과 같으며, 이를 참고해 순이익을 산출하시오.

① 제조원가 = 재료비 + 노무비 + 경비

② 이익 = 투자액 − 제조원가

③ 총지출 = 관리비 + 홍보비 + 인건비

④ 순이익 = 이익 − 총지출

(2) 다음의 조건을 시나리오에 입력한 뒤 [순이익]을 요약하시오.

[조건]	높은 투자	보통	낮은 투자
투자액	66,000,000	45,000,000	12,000,000
제조원가	30,000,000	20,000,000	8,000,000

07. 다음은 대박(주)의 향후 3개월간 판매이익에 관한 내용이다. 아래의 데이터를 A1셀부터 차례로 워크시트에 입력하고, 다음에 제시된 내용을 참고해 데이터를 처리하시오.

	A	B	C	D	E
1	[수입]	1월	2월	3월	합계
2	판매액	27000			
3					
4	[지출]				
5	부품비	5800			
6	급료	6500			
7	광고비	3600			
8	간접비	5400			
9	지출합계				
10					
11	[이익]				

(1) 대박(주)의 수입과 지출을 산출하는 방식은 다음과 같으며, 이를 참고해 매월 이익을 산출하시오.

① 2월(3월) 판매액 : 1월(2월)에 비해 15% 향상
② 2월(3월) 부품비 : 1월(2월)에 비해 2% 향상
③ 2월(3월) 급료 : 1월(2월)에 비해 2% 향상
④ 2월(3월) 광고비 : 1월(2월)에 비해 4% 향상
⑤ 2월(3월) 간접비 : 1월(2월)에 비해 5% 향상
⑥ 지출합계 : 항목별 합계 및 매월의 지출합계를 산출
⑦ 이익 : 판매액 – 지출합계

(2) 1월에 대해서 다음의 조건을 시나리오에 입력한 뒤 [이익]을 요약하시오.

[조건]	하향조정	현상유지	상향조정
부품비	5300	5800	6400
급료	6000	6500	7000
광고비	3000	3600	4000
간접비	5000	5400	6000

5 Chapter 차트 만들기

Chapter 5 차트 만들기

차트(chart)는 워크시트에 입력된 데이터를 막대나 선과 같은 그림으로 표현함으로써 사용자의 보다 쉽게 직관적으로 이해할 수 있다는 장점이 있다. 또한 사용자가 원하는 모양으로 간편하게 작성하거나 변경이 가능하다.

엑셀의 차트에는 표준형과 사용자가 데이터 특성을 부각시키기 위해 변형이 가능한 혼합형 차트의 두 가지 유형이 있으며, 차트 작성 의도와 데이터 성질에 따라 다양한 차트를 작성할 수 있다. 이 장에서는 표준형과 혼합형 차트의 작성과 차트의 응용 사례로서 자재관리에 도움이 되는 파레토 차트에 대해 살펴보겠다.

1 엑셀의 차트

가. 차트의 구성요소

차트를 구성하고 있는 요소는 다음과 같이 차트 영역, 그림 영역, 항목(X) 축, 값(Y) 축, 눈금선, 범례 등이 있다. 먼저, 차트 영역은 차트의 모든 내용을 표현한 곳이며, 그림 영역은 워크시트의 데이터가 막대나 선으로 표현된 부분을 의미한다. 차트 제목은 서식도구를 이용하여 글꼴, 스타일을 적용할 수 있으며, 범례는 막대나 선의 색깔별로 데이터를 구분할 수 있도록 한다.

그림 5-1 차트의 구성요소

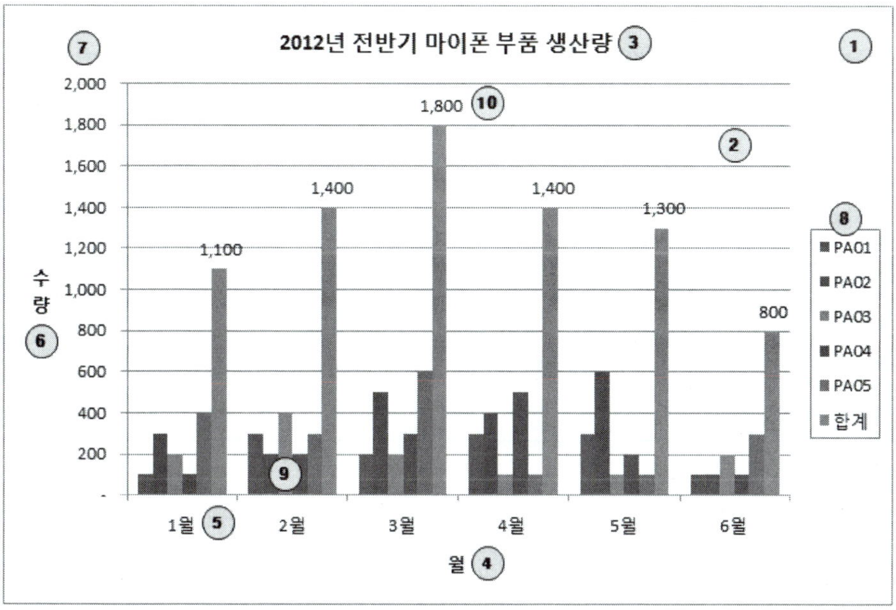

① 차트 영역 ② 그림 영역 ③ 차트 제목 ④ 가로축 제목
⑤ 가로축 값 ⑥ 세로축 제목 ⑦ 세로축 값 ⑧ 범례
⑨ 데이터 계열 ⑩ 데이터 레이블

나. 차트의 종류

차트를 작성하거나 차트 종류를 변경하고 싶을 때 [표준 차트] 종류와 [서식 파일] 차트 중에서 선택하여 활용이 가능하다. [표준 차트]는 다음과 같이 11가지 종류가 있으며, 개별 차트마다 세부 차트를 포함하고 있어 원하는 모양과 서식으로 편집이 가능하다. 각각의 [표준 차트]에 대해 살펴보면 다음과 같다.

1) 세로 막대형 차트

기간 변화에 따른 값의 변화를 나타내거나 특정 시기의 개별 항목을 수직으로 비교할 때 사용한다.

하위 차트	하위 차트 이름	차트 작성 예	비고
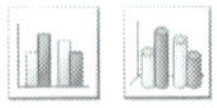	묶은 세로 막대형과 3차원 묶은 세로 막대형	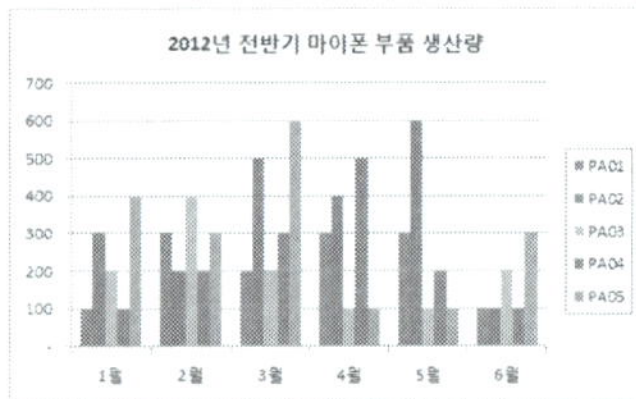 묶은 세로 막대형 차트	
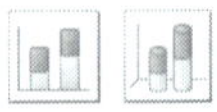	누적 세로 막대형과 3차원 누적 세로 막대형		
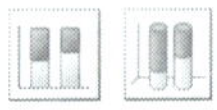	100% 기준 누적 세로 막대형과 3차원 100% 기준 누적 세로 막대형		
	3차원 세로 막대형		
	원통형, 원뿔형, 피라미드형		

2) 꺾은선형 차트

특정 시기에 대한 값의 변화를 연속적으로 나타내며, 값의 변화나 추세를 나타내는 데 효과적이다.

하위 차트	하위 차트 이름	차트 작성 예	비고
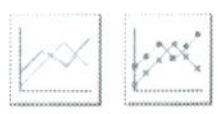	꺾은선형과 표식이 있는 꺾은선형	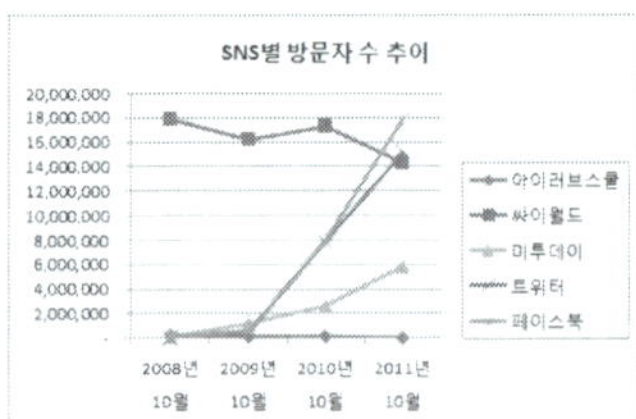 데이터 표시가 있는 꺾은선형 차트	숫자 레이블이 10개를 넘는 경우에는 분산형 차트를 사용한다.
	누적 꺾은선형과 표식이 있는 누적 꺾은선형		
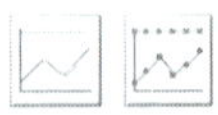	100% 기준 누적 꺾은선형과 표식이 있는 100% 기준 누적 꺾은선형		
	3차원 꺾은선형		

3) 원형 차트

각 항목을 전체에 대한 백분율로 보여 줌으로써 구성비나 기여도를 볼 때 사용한다.

하위 차트	하위 차트 이름	차트 작성 예	비고
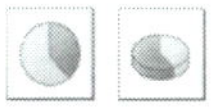	원형과 3차원 원형	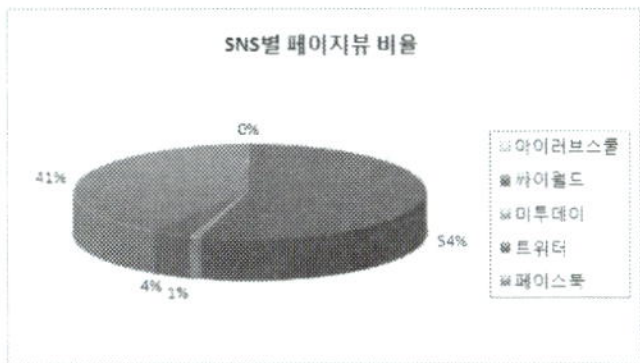 3차원 원형 차트	• 데이터 계열이 하나인 경우 • 데이터 값이 0이나 음수가 아닌 경우 • 항목이 7개 이하인 경우
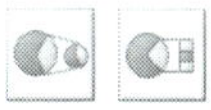	원형 대 원형과 원형 대 가로 막대형		
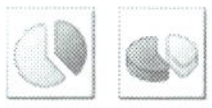	쪼개진 원형과 3차원 쪼개진 원형		

4) 가로 막대형 차트

특정 시기의 값을 나타내거나 항목들 사이의 수평으로 비교된 내용을 나타낼 때 사용한다.

하위 차트	하위 차트 이름	차트 작성 예	비고
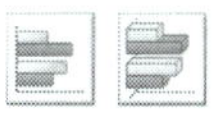	묶은 가로 막대형과 3차원 묶은 가로 막대형	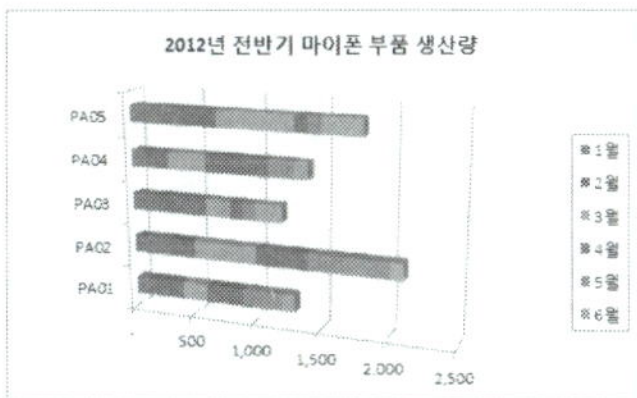 3차원 누적 가로 막대형 차트	
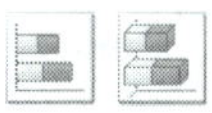	누적 가로 막대형과 3차원 누적 가로 막대형		
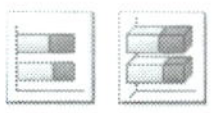	100% 기준 누적 가로 막대형과 3차원 효과의 100% 기준 누적 가로 막대형		
	가로 원통형, 원뿔형, 피라미드형		

5) 영역형 차트

시기별 변동 크기 자체를 강조해서 나타내고, 전체에 대한 부분의 관계를 나타낼 때 사용한다.

하위 차트	하위 차트 이름	차트 작성 예	비고
 	영역형과 3차원 영역형	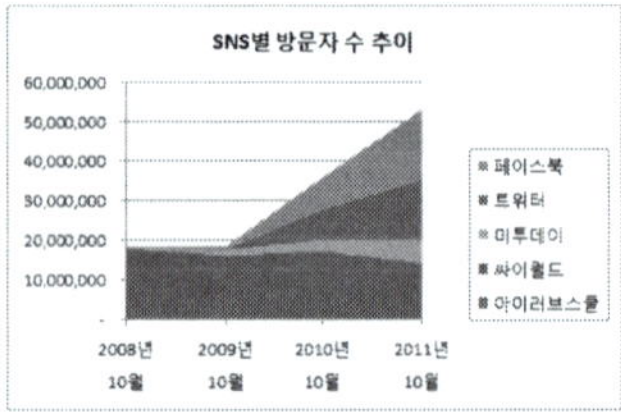 누적 영역형 차트	
 	누적 영역형과 3차원 누적 영역형		
 	100% 기준 누적 영역형과 3차원 100% 기준 누적 영역형		

6) 분산형 차트

항목의 값을 점으로 표시하여 여러 데이터 값들의 흩어진 정도와 이들 사이의 관계를 보여 줄 때 사용한다.

하위 차트	하위 차트 이름	차트 작성 예	비고
	표식만 있는 분산형	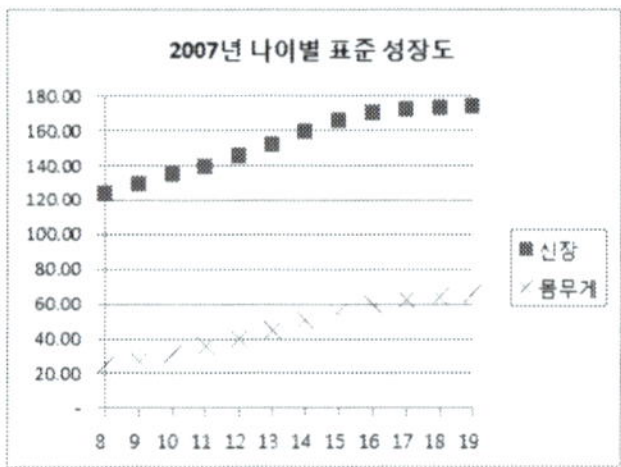 표식만 있는 분산형 차트	• 가로축의 눈금 간격을 변경하려는 경우 • 가로축의 데이터 요소 수가 많은 경우
 	곡선 및 표식이 있는 분산형과 곡선이 있는 분산형		
 	직선 및 표식이 있는 분산형과 직선이 있는 분산형		

7) 주식형 차트

세로 막대형과 꺾은선형 차트를 결합시킨 형태로 주식의 거래량, 최고가, 최저가, 개시가, 종가 등을 비교하여 주가의 동향을 파악하고자 할 때 사용하며, 과학용 데이터 분석에도 사용할 수 있다.

하위 차트	하위 차트 이름	차트 작성 예	비고
	고가－저가－종가	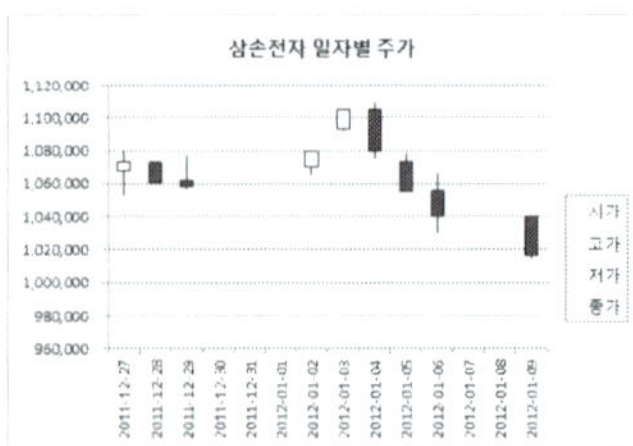 시가－고가－저가－종가 차트	
	시가－고가－저가－종가		
	거래량－고가－저가－종가		
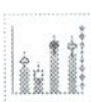	거래량－시가－고가－저가－종가		

8) 표면형 차트

개별 데이터들의 집합을 연결하여 3차원 표면으로 표시하며, 두 데이터 집합 간에 최적의 조합을 찾을 때 유용하다.

하위 차트	하위 차트 이름	차트 작성 예	비고
	3차원 표면형	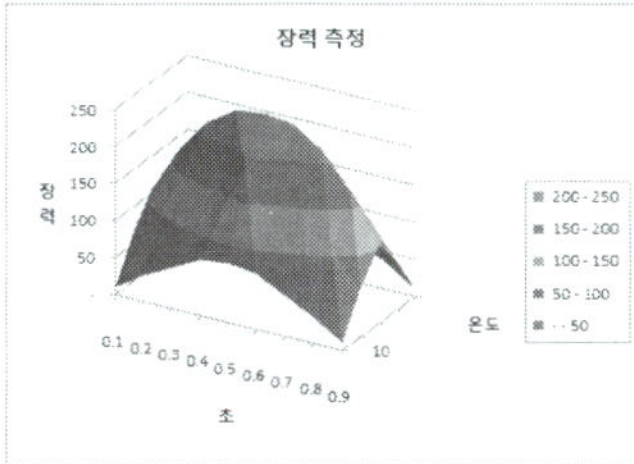 3차원 표면형 차트	항목과 데이터 계열이 모두 숫자값인 경우에 사용
	3차원 표면형(골격형)		
	표면형(조감도)		
	표면형(골격형 조감도)		

9) 도넛형 차트

원형 차트와 유사하게 비율을 나타내지만 원형 차트는 하나의 계열을 가지는 반면 도넛형은 다중계열을 가질 수 있다.

하위 차트	하위 차트 이름	차트 작성 예	비고
	도넛형	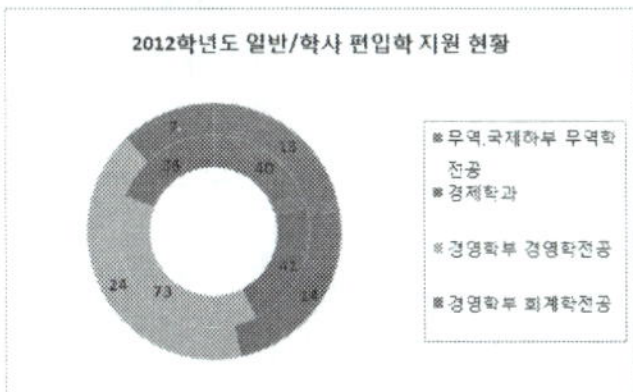 도넛형 차트	
	쪼개진 도넛형		

10) 거품형 차트

분산형 차트와 비슷하며, 데이터 계열 간의 항목을 비교하는 데 사용된다.

하위 차트	하위 차트 이름	차트 작성 예	비고
 	거품형과 3차원 효과의 거품형	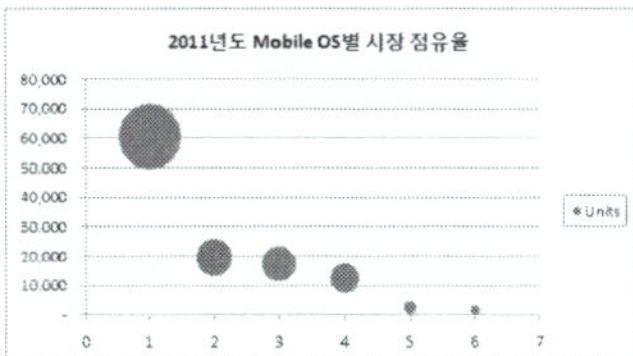 거품형 차트	

11) 방사형 차트

중심점에서 퍼져 나온 데이터 계열의 값들의 크기를 비교할 때 사용된다.

하위 차트	하위 차트 이름	차트 작성 예	비고
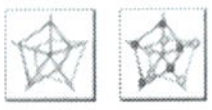	방사형과 표식이 있는 방사형	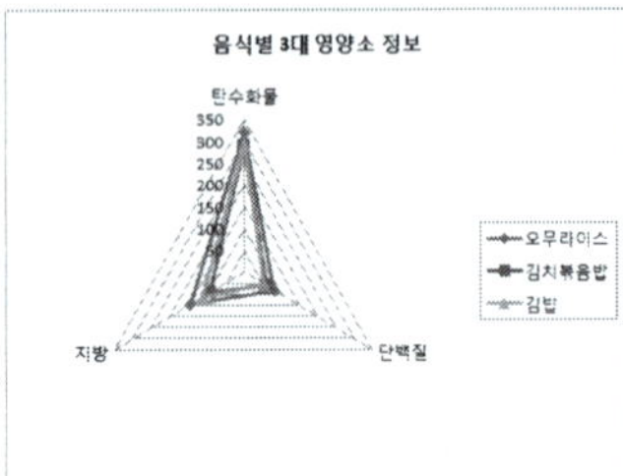 표식이 있는 방사형 차트	
	채워진 방사형		

2 차트 작성

가. 표준 차트 만들기

다음 그림은 '사과(주)의 2012년 전반기 마이폰 부품 생산량'이다. 이 데이터를 이용하여 아래의 요구사항에 적합하도록 표준형 세로 막대 차트를 작성하고자 한다.

그림 5-2 ▌ 차트 데이터

사과㈜ 2012년 전반기 마이폰 부품 생산량

구분	1월	2월	3월	4월	5월	6월	총생산량
PA01	100	300	200	300	300	100	**1,300**
PA02	300	200	500	400	600	100	**2,100**
PA03	200	400	200	100	100	200	**1,200**
PA04	100	200	300	500	200	100	**1,400**
PA05	400	300	600	100	100	300	**1,800**
합계	**1,100**	**1,400**	**1,800**	**1,400**	**1,300**	**800**	

1) 차트 : 세로 막대형
2) 입력 데이터 : 항목명, 월별 부품 생산량, 월별 합계
3) 방향 : 행(R)

[삽입] 탭의 [차트] 그룹에서 [세로 막대형]을 선택하거나 [삽입] 탭의 [차트] 그룹에서 오른쪽 하단의 ' '를 클릭하여 [차트 삽입] 대화상자에서 원하는 차트 종류를 선택한다. 이밖에도 간편하게 차트를 작성하는 방법으로는 먼저 차트를 만들기 위한 데이터 범위를 마우스로 드래그하여 지정한 후 Alt+F1 키를 누르면 기본 차트인 세로 막대형 차트가 자동으로 만들어진다. 또는 이와 동일한 방법으로 데이터 범위를 지정한 후 F11 키를 누르면 'Chart1'이라는 새로운 워크시트와 함께 차트가 자동으로 만들어진다. 본 예제에서는 다음 그림과 같이 [차트 삽입] 대화상자를 통해 차트를 작성한다.

차트를 작성하기 전에 우선적으로 셀 포인터가 어디에 있는지를 고려할 필요가 있다. 셀 포인터를 데이터 범위 내에 두고 차트를 만드는 과정과 셀 포인터를 데이터 밖에 두고 차트를 만드는 과정은 서로 조금 다른 과정을 거치기 때문이다. 먼저 셀 포인터 위치를 데이터 범위 내에 두고 차트를 만드는 과정을 보자. 셀 포인터 위치를 데이터 범위 내에 두고 [삽입] 탭의 [차트] 그룹에서 오른쪽 하단의 ' '를 클릭하면 다음 그림과 같이 [차트 삽입] 대화상자가 나타난다.

그림 5-3 ▌ 차트 삽입 대화상자

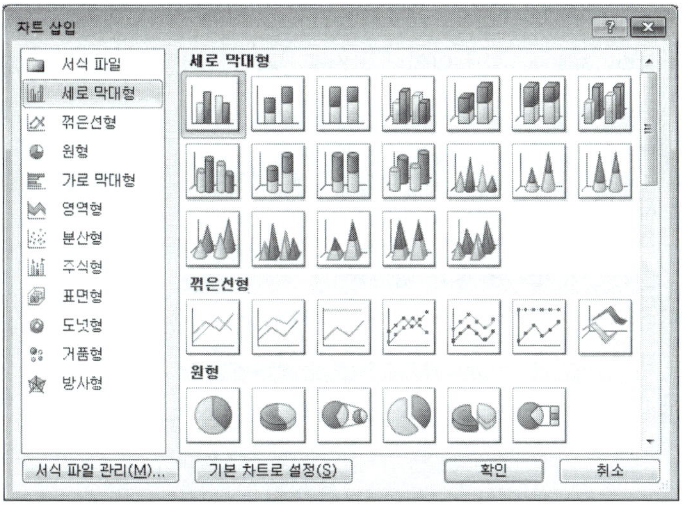

[차트 삽입] 대화상자에서 [세로 막대형]을 선택하고 오른쪽에 그와 관련된 여러 종류의 세로 막대 중에서 첫 번째 '묶은 세로 막대형'을 선택하고 [확인] 단추를 클릭한다. 다음 그림과 같이 워크시트에 새로운 차트가 만들어진다.

그림 5-4 묶은 세로 막대형 차트

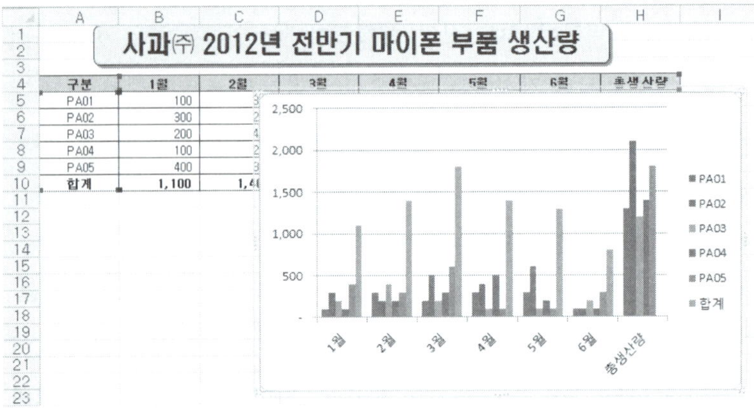

차트가 작성되면 차트 영역(차트 내부 빈 영역)을 클릭하고 마우스로 드래그하여 원하는 위치로 이동할 수 있고 차트 테두리를 마우스로 드래그하여 차트 크기를 조절할 수 있다.

다음으로 셀 포인터 위치를 데이터 범위 밖에 두고 차트를 만드는 과정을 보자. 셀 포인터 위치를 데이터 범위 밖에 두고 위와 동일한 절차로 [차트 삽입] 대화상자에서 '묶은 세로 막대형'을 선택하고 [확인] 단추를 클릭한다. 다음 그림과 같이 워크시트에 새로운 차트가 만들어지지만, 차트에 어떤 데이터를 사용할지를 설정하지 않았기 때문에 차트는 표시되지는 않는다.

그림 5-5 데이터 지정 없이 차트 삽입

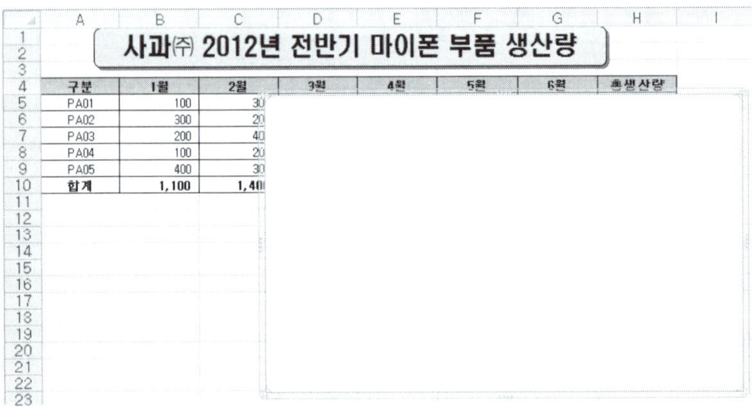

차트에 표시될 데이터를 설정하기 위해서 먼저 작성된 차트를 선택한 상태에서 [차트 도구]의 [디자인] 탭에서 [데이터] 그룹의 [데이터 선택]을 클릭하면 다음 그림과 같이 [데이터 원본 선택] 대화상자가 나타난다.

그림 5-6 ▌ 데이터 원본 선택 대화상자

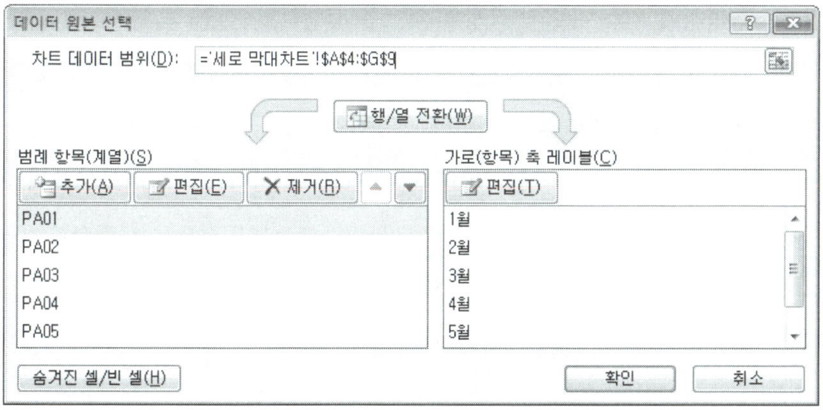

[데이터 원본 선택] 대화상자의 [차트 데이터 범위(D):]를 통해 차트에 표시될 데이터를 설정하게 되는데, [차트 데이터 범위(D):]를 클릭하고 워크시트에서 차트로 표시할 데이터 범위(A4:G9)를 드래그하여 입력한 후 [확인] 단추를 클릭한다. 다음 그림과 같이 [데이터 원본 선택] 대화상자에서 입력한 데이터에 따라 '묶은 세로 막대형' 차트가 만들어진다.

그림 5-7 ▌ 묶은 세로 막대형 차트 삽입

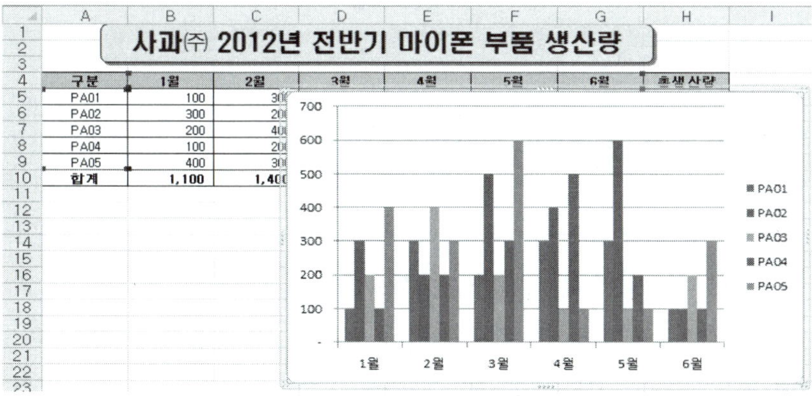

3 차트 변경하기

가. 차트 종류 변경하기

차트 종류를 변경하기 위해서 먼저 작성한 차트를 선택하고 [삽입] 탭의 [차트] 그룹에서 [세로 막대형]을 클릭하여 나타난 드롭다운 메뉴에서 [3차원 세로 막대형] 중 두 번째 '3차원 누적 세로 막대형'을 선택한다. 또는 [차트 도구]의 [디자인] 탭에서 [종류] 그룹의 [차트 종류 변경]을 클릭하여 나타난 [차트 종류 변경] 대화상자에서 [세로 막대형]의 '3차원 누적 세로 막대형'을 선택하고 [확인] 단추를 클릭한다. 다음 그림은 '묶은 세로 막대형'에서 '3차원 누적 세로 막대형' 차트로 변경된 것을 확인할 수 있다.

그림 5-8 3차원 누적 세로 막대형

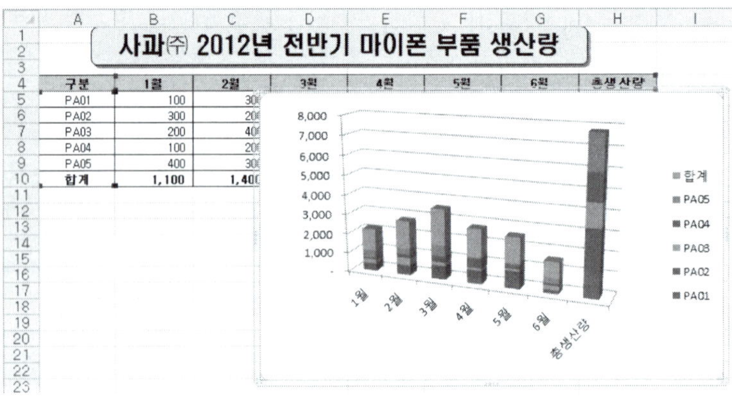

나. 특정 계열만 차트 종류 변경하기

차트 종류의 변경은 위와 같이 전체적으로 모든 계열에 대해서 한꺼번에 차트 종류를 변경하는 방법뿐만 아니라 특정 계열에 대해서만 차트의 종류를 변경할 수도 있다. 위의 그림 5-8과 같이 작성된 차트에서 합계 계열은 다른 계열과 구분될 필요가 있다. 따라서 노란색으로 표시된 합계 계열에 대해서만 다른 계열과 구분되도록 '표식이 있는 꺾은선형' 차트로 변경하는 것이 차트에 대한 이해를 돕는 데 바람직하다.

이를 위해 먼저 노란색으로 표시된 합계 계열 중 하나를 마우스로 클릭하여 합계 계열의 모든 노란색 막대를 선택한다. 그리고 [차트 도구]의 [디자인] 탭에서 [종류] 그룹의 [차트 종류 변경]을 클릭하여 나타난 [차트 종류 변경] 대화상자에서 [꺾은선형]의 '표식이 있는 꺾은선형'을 선택하고 [확인] 단추를 클릭한다. 이때 주의할 사항은 2차원 차트와 3차원 차트는 혼합해서 사용할 수 없다는 점이다. 다음 그림은 '묶은 세로 막대형' 차트와 '표식이 있는 꺾은선형' 차트의 혼합된 차트를 보여준다.

그림 5-9 ▌ 묶은 세로 막대형과 표식이 있는 꺾은선형 차트

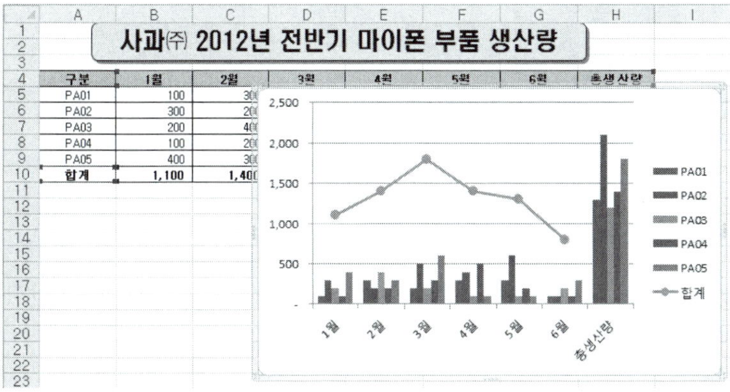

다. 차트 데이터 원본 변경하기

차트 작성에 있어 데이터 설정은 가장 중요한 작업 중의 하나이다. 차트는 사용자가 설정한 데이터를 시각적으로 표현하는 기능이기 때문에 차트 작성을 위한 데이터의 원본 설정이 잘못될 경우에는 예상치 못한 다른 모양으로 나타날 수 있다. 본 예제에서는 그림 5-4의 차트에서 X축에 표시된 '총생산량'과 범례에 표시된 '합계'를 제거하여 차트를 재구성하는 방법과 X축에 표시된 항목 중 짝수 달만 표시하도록 차트를 재구성하는 방법에 대해서 알아보도록 한다.

먼저 X축에 표시된 '총생산량'와 범례에 표시된 '합계'를 제거하여 차트를 재구성하는 방법이다. 작성된 차트를 선택 상태에서 [차트 도구]의 [디자인] 탭에서 [데이터] 그룹의 [데이터 선택]을 클릭하여 [데이터 원본 선택] 대화상자를 나타나게 한다. [데이터 원본 선택] 대화상자의 [차트 데이터 범위(D):]에 입력된 데이터 범위를 삭제하고 다시 워크시트에서 데이터 범위(A5:G9)를 드래그하여 입력한 후 [확인] 단추를 클릭하면 다음 그림과 같이 '총생산량'과 '합계'가 제거된 차트로 재구성된다.

그림 5-10 ▌ 합계 계열과 총생산량 항목 삭제

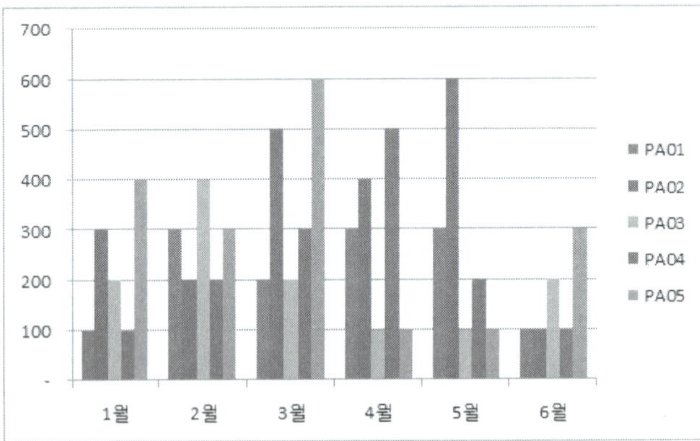

다음으로 그림 5-10의 X축 항목에 표시된 항목 중 짝수 달만 표시하도록 재구성하는 방법을 알아보자. 이를 위해 먼저 [데이터 원본 선택] 대화상자의 기능들을 살펴볼 필요가 있다.

그림 5-11 ▌ 데이터 원본 선택 대화상자

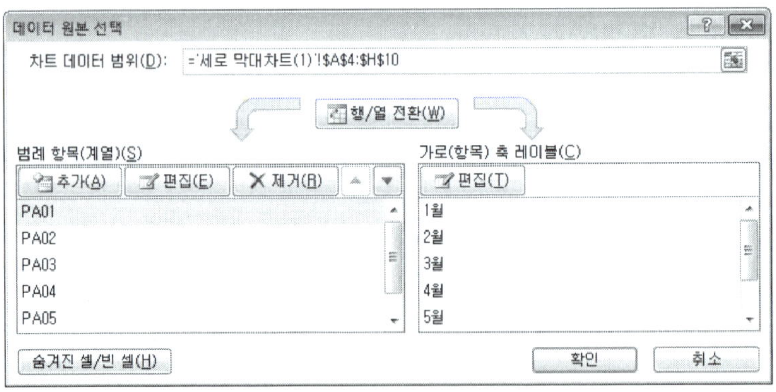

[데이터 원본 선택] 대화상자의 중앙에 표시된 [행/열 전환(W)] 단추는 X축(가로축) 항목과 범례 항목의 위치를 바꾸고자할 경우에 사용한다. 즉, [행/열 전환(W)] 단추를 클릭하면

다음 그림과 같이 X축(가로축) 항목의 '1월', '2월' ... '5월'과 범례 항목의 'PA01', 'PA02' ... 'PA05'의 위치가 서로 바뀌게 된다.

그림 5-12 ▌ X축(가로축) 항목과 범례 항목의 위치 교환

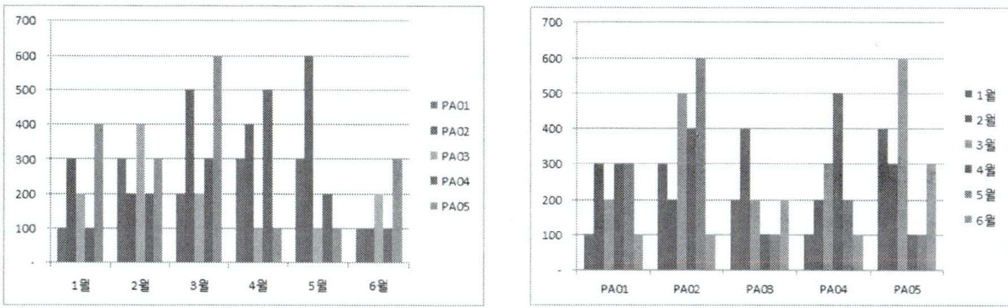

그리고 [범례 항목(계열)(S)]의 [추가(A)], [편집(E)], [제거(R)]는 범례 항목에 새로운 항목(계열)을 추가하거나 편집, 제거할 때 사용한다. 이에 앞에서 설명한 바와 같이 X축(가로축) 항목에서 짝수 달만 표시하도록 하기 위해 다음과 같은 절차를 거친다. 첫째, [행/열 전환(W)] 단추를 클릭하여 'PA01', 'PA02' ... 'PA05'와 '1월', '2월' ... '5월'의 위치를 바꾸어 [범례 항목(계열)(S)]에 '1월', '2월'...'5월'이 위치하도록 한다. 둘째, 위치가 바뀐 [범례 항목(계열)(S)] 아래의 '1월'을 선택하고 [제거(R)] 단추를 클릭해 목록에서 제거한다. 동일한 절차로 '3월', '5월'을 제거한다. 셋째, 다시 [행/열 전환(W)] 단추를 클릭하여 [범례 항목(계열)(S)]의 '2월', '4월', '6월'과 [가로(항목) 축 레이블(C)]의 'PA01', 'PA02' ... 'PA05'의 위치를 원래의 위치로 바꾼다.

그림 5-13 ▌ 짝수 달의 마이폰 부품 생산량

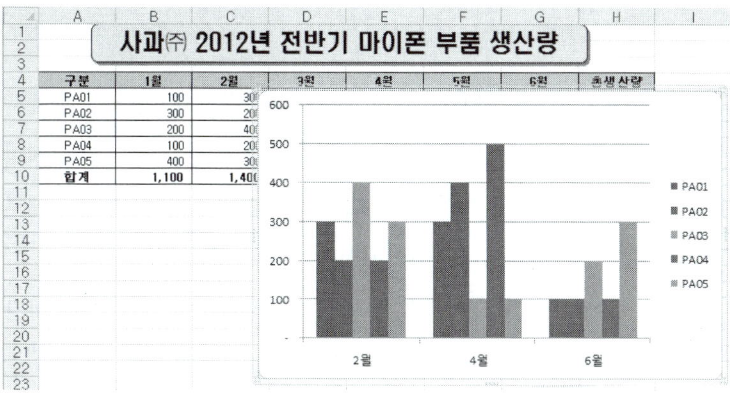

4 차트 편집하기

가. 차트 구성요소의 편집

차트는 아래 그림과 같이 다양한 구성요소로 구성된다. 다음 그림을 보면 차트 제목이나 가로축(X축) 제목, 세로축(Y축) 제목, 데이터 레이블과 같은 요소들이 차트에 반영되지 않은 상태이므로 사용자의 편의를 위해 이를 추가할 필요가 있다. 차트의 구성요소를 추가하거나 변경하는 방식은 크게 두 가지로 엑셀에서 미리 제공하고 있는 빠른 레이아웃을 사용하는 방식과 사용자가 직접 모든 구성요소를 설정하는 방식이 있다.

엑셀에서 미리 제공하는 레이아웃을 이용하는 방식은 먼저 레이아웃을 적용할 차트를 선택한 후 [차트 도구]의 [디자인] 탭의 [차트 레이아웃] 그룹에서 드롭다운 단추를 클릭하여 사용자가 원하는 종류를 선택한다. 다음 그림은 '레이아웃 9'를 선택한 화면이다.

그림 5-14 ▌ 차트 레이아웃 – 레이아웃 9 적용

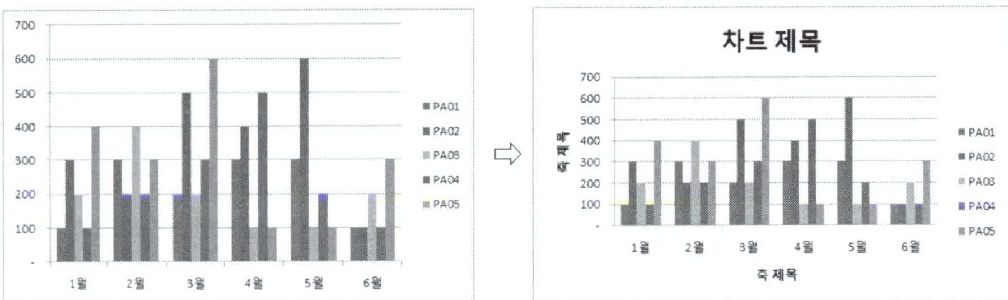

차트 구성요소의 추가는 일반적으로 사용자가 직접 [차트 도구]의 [레이아웃] 탭에서 [레이블] 그룹을 통해 실행한다. 먼저 차트 제목을 추가하는 방법은 [차트 도구]의 [레이아웃] 탭에서 [레이블] 그룹의 [차트 제목]을 클릭하여 나타난 드롭다운 메뉴에서 [차트 위]를 선택한다. 그리고 차트의 상단에 나타난 텍스트 상자에 사용자가 원하는 차트 제목을 입력한다. 만약 입력한 텍스트에 특정 서식을 적용하려면 텍스트 상자를 선택한 후 [홈] 탭의 [글꼴] 그룹이나 [차트 도구]의 [서식] 탭에서 가능하다.

그림 5-15 차트 제목 추가

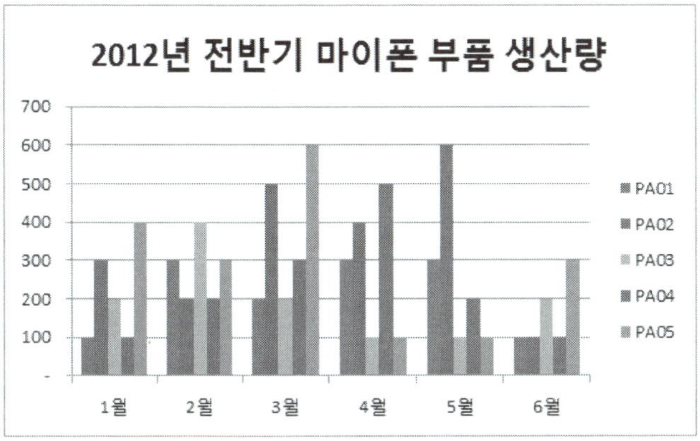

다음으로 가로축 제목을 추가하는 방법은 [차트 도구]의 [레이아웃] 탭에서 [레이블] 그룹의 [축 제목]을 클릭한 후 [기본 가로 축 제목(H)]에서 [축 아래 제목]을 선택한다. 그리고 차트의 하단에 나타난 텍스트 상자에 사용자가 원하는 가로축 제목을 입력한다. 세로축 제목도 가로축 제목과 동일한 절차를 통해 추가하는데 [축 제목]을 클릭한 후 [기본 세로 축 제목(H)]에서 [세로 제목]을 선택하여 세로축 제목을 입력한다.

그림 5-16 가로 축 제목, 세로 축 제목 추가

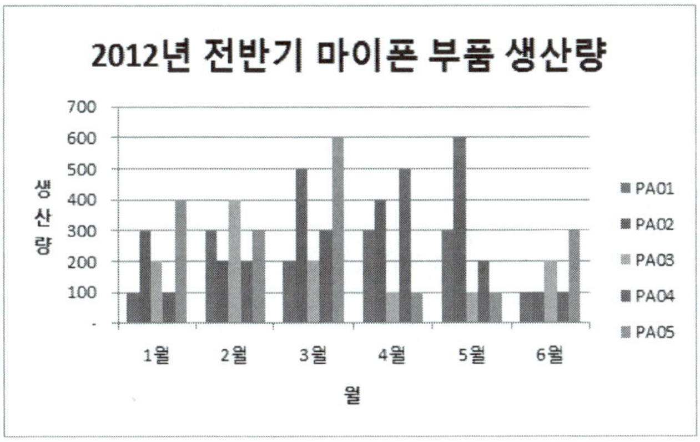

다음은 차트의 오른쪽에 위치한 범례를 편집하는 방법이다. [레이아웃] 탭의 [레이블] 그룹에서 [범례]를 클릭한 후 없음이나 여러 범례 표시 위치 중 하나를 선택할

수 있다. 본 예제에서는 [아래쪽에 범례 표시]를 선택하여 오른쪽에 표시된 범례의 위치를 차트의 아래쪽으로 이동한다.

그림 5-17 ▌ 범례 위치 변경 – 아래쪽에 범례 표시

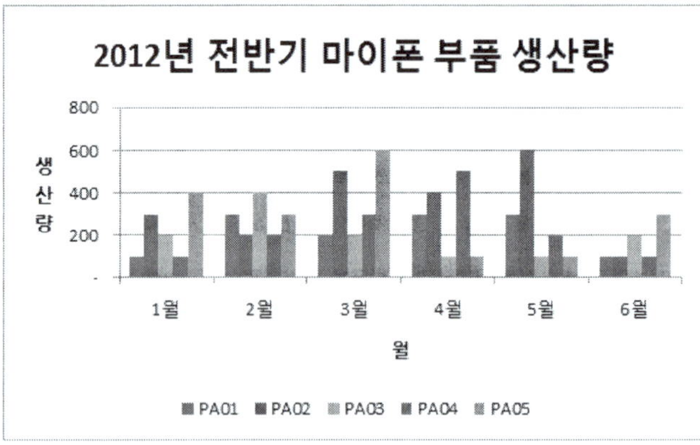

다음은 데이터 레이블을 추가하기 위한 방법이다. 데이터 레이블은 차트에 포함되어 있는 각 데이터 계열에 대한 값이나 이름을 표시하는 기능으로 표시 범위에 따라서 세 가지 방식으로 구분된다. 첫 번째 방식은 가로축의 모든 요소(항목)에 포함되어 있는 모든 데이터 계열에 데이터 레이블을 추가하는 방식이고, 두 번째 방식은 가로축의 모든 요소에 포함되어 있는 특정 데이터 계열에 데이터 레이블을 추가하는 방식이고, 세 번째 방식은 가로축의 특정 요소에 포함되어 있는 특정 데이터 계열에 데이터 레이블을 추가하는 방식이다.

그림 5-18 ▌ 데이터 레이블 추가

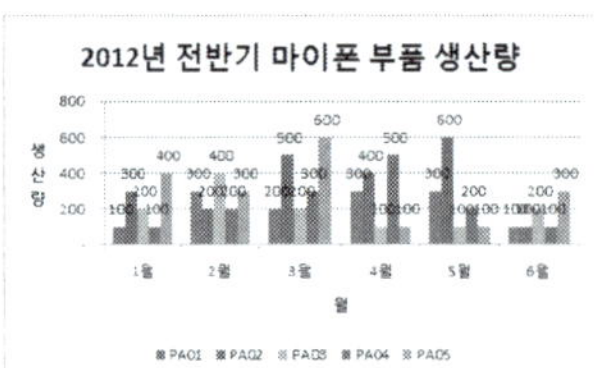

모든 요소의 모든 데이터 계열

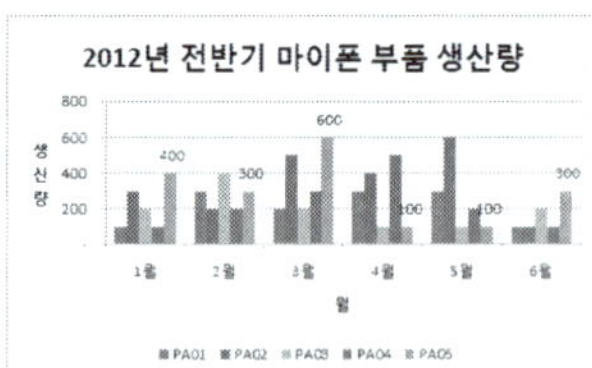

모든 요소의 특정 데이터 계열

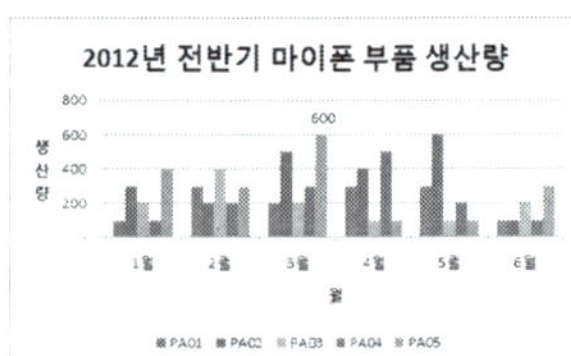

특정 요소의 특정 데이터 계열

첫 번째 방식은 [레이아웃] 탭의 [레이블] 그룹에서 [데이터 레이블]을 클릭한 후 [바깥쪽 끝에]를 선택한다. 두 번째 방식은 먼저 차트의 특정 계열을 한번 클릭하

여 선택하거나 [레이아웃] 탭의 [현재 선택 영역] 그룹에서 드롭다운 상자를 클릭하여 [계열 "PA01"], [계열 "PA02"], ... [계열 "PA05"] 중 하나를 선택한 후 [레이아웃] 탭의 [레이블] 그룹에서 [데이터 레이블]을 클릭한 후 [바깥쪽 끝에]를 선택한다. 세 번째 방식은 먼저 차트의 특정 계열을 두 번 클릭하여 해당 계열만 선택한 후 첫 번째 방식과 동일한 절차를 거친다.

다음은 데이터 표를 추가하는 방법이다. 데이터 표는 작성된 차트에서 사용된 데이터를 차트 아래에 표 형태로 표시하는 기능으로 [레이아웃] 탭의 [레이블] 그룹에서 [데이터 표]를 클릭한 후 [범례 표지와 함께 데이터 표 표시]를 선택하여 표시할 수 있다.

그림 5-19 ▌ 데이터 표 추가

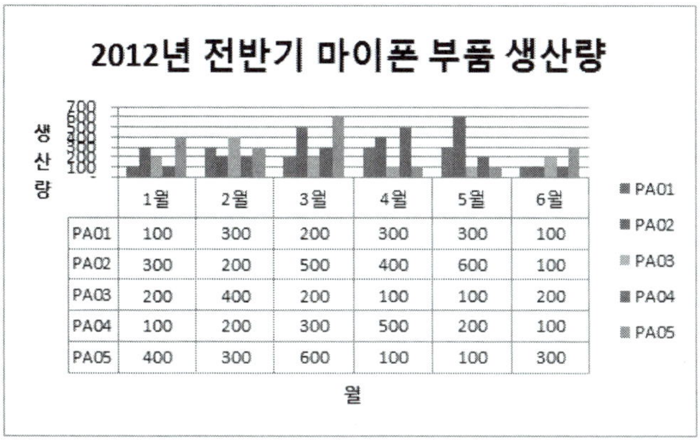

	1월	2월	3월	4월	5월	6월
PA01	100	300	200	300	300	100
PA02	300	200	500	400	600	100
PA03	200	400	200	100	100	200
PA04	100	200	300	500	200	100
PA05	400	300	600	100	100	300

이 밖에도 [차트 도구]의 [레이아웃] 탭에서 [축] 그룹의 [축]에서 [기본 가로 축(H)]과 [기본 세로 축(V)]을 통해 가로축의 이름(1월, 2월 ... 6월)의 표시 여부나 세로축의 이름(700, 600 ... 100)의 표시 여부를 설정할 수 있으며, [레이아웃] 탭의 [축] 그룹에서 [눈금선]의 [기본 가로 눈금선(H)]과 [기본 세로 눈금선(V)]을 통해 가로 축과 세로축의 눈금선 간격을 설정할 수 있다.

나. 차트 서식 변경하기

차트 영역, 그림 영역, 데이터 계열, 차트 제목, 축 제목, 데이터 레이블, 범례와 같은 차트 구성요소들에 대한 서식 설정 및 변경은 사용자에게 보다 효과적으로 차트를 이해할 수 있도록 도와준다. 차트 구성요소에 대한 서식 설정 및 변경은 엑셀에서 미리 제공하고 있는 차트 스타일을 사용하여 빠르게 설정하는 방식과 선택한 차트 구성요소에 대해 [서식 대화상자]를 통해 사용자가 직접 설정하는 방식과 선택한 차트 구성요소에 대해 [도형 스타일]이나 [WordArt 스타일]을 통해 변경하는 방식이 있다.

첫 번째, 차트 스타일을 사용하여 구성요소의 서식을 설정하는 방식이다. 먼저 서식을 적용할 차트를 선택한 후 [디자인] 탭의 [차트 스타일] 그룹에서 드롭다운 단추를 클릭해 나타난 여러 종류의 차트 스타일 중 하나를 선택한다.

두 번째, [서식 대화상자]를 사용해 사용자가 직접 설정하는 방식이다. 이 방식은 첫 번째 방식과는 다르게 차트에 대해서만 서식을 설정하는 것이 아니라 차트를 구성하는 모든 구성요소에 대해 세부적인 서식 설정이 가능한 방식이다. 예를 들어, 서식 설정이 필요한 차트 제목을 선택한 후 [레이아웃] 탭의 [선택 영역 서식]을 클릭하거나 차트 제목 위에서 마우스 오른쪽 단추를 클릭해 나타난 바로가기 메뉴에서 [차트 제목 서식(F)...]을 선택해 나타난 [차트 제목 서식] 대화상자에서 다양한 서식을 설정할 수 있다. 이 방식의 편리한 점은 특정 구성요소의 서식을 설정 후 서식 대화상자를 닫지 않은 채 다른 구성요소를 선택해 빠르게 서식 설정이 가능하다는 것이다.

그림 5-20 ▌ 서식 설정 대화상자

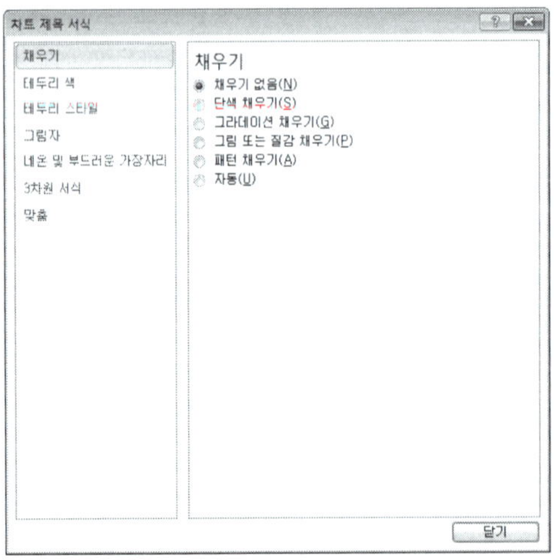

세 번째, [도형 스타일]이나 [WordArt 스타일]을 사용해 사용자가 직접 설정하는 방법은 두 번째 방식과 동일한 절차로 구성요소를 선택한 후 [서식] 탭의 [도형 스타일] 그룹과 [WordArt 스타일] 그룹을 사용해 서식을 설정하는 방식이다.

다음 그림은 차트 영역을 선택한 후 [차트 영역 서식] 대화상자에서 [테두리 스타일]−[둥근 모서리(R)], [그림자]−[미리 설정(P):]을 선택하고, 범례를 선택한 후 [범례 서식] 대화상자에서 [테두리 색]−[실선(S)], [그림자]−[미리 설정(P):]을 설정한다. 여기에서 'PA05'계열을 선택한 후 [데이터 계열 서식] 대화상자에서 [계열 옵션]−[계열 겹치기(O)]를 '40%', [간격 너비(W)] '150%', [채우기]−[그림 또는 질감 채우기(P)]를 선택하고 아래에 [파일(F)...] 단추를 클릭하여 사용자가 원하는 그림을 선택한 후 [다음 배율에 맞게 쌓기(W)]를 '100'으로 설정한 것이다. 여기에서 [다음 배율에 맞게 쌓기(W)]는 사용자가 선택한 그림을 입력한 값에 따라 세로축의 값에 비례해 표시한다.

그림 5-21 차트에 서식 설정

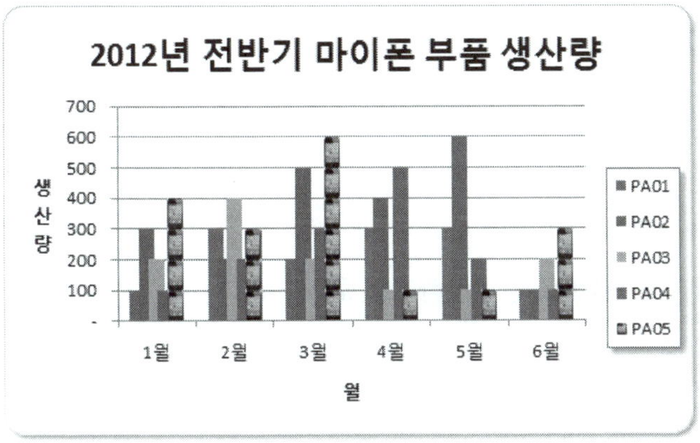

다. 추세선 추가하기

추세선은 특정 계열의 데이터 값의 변화를 파악하여 시각적으로 표현해 줌으로써 미래의 값을 예측할 수 있도록 도와준다. 다음 그림은 마이폰 부품의 전체 생산량에 대한 추세를 나타낸 것으로 먼저 합계 계열을 한번 클릭하여 모든 합계 계열을 선택한 후 [레이아웃] 탭의 [분석] 그룹에서 [추세선]을 클릭하여 나타난 목록에서 [

선형 추세선]을 선택한다. 다음 그림의 추세선을 통해 알 수 있듯이 마이폰의 전반기 생산량이 전반적으로 하락하고 있음을 보여준다.

그림 5-22 ▌ 추세선 추가

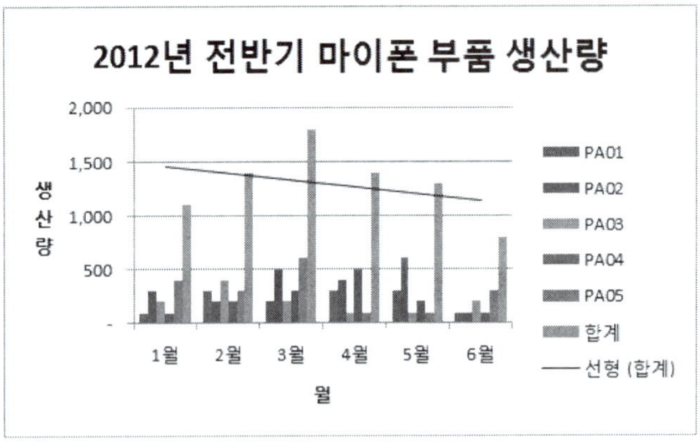

라. 이중축 차트 만들기

차트를 작성하다 보면 각 계열 간의 데이터 값이 차이가 클 경우 세로축의 값으로 각 계열을 올바르게 식별하기 어려운 경우가 발생하기도 한다. 왼쪽 차트에 비해 오른쪽 차트를 보면 'PA01'에서 'PA05' 계열의 값과 '합계' 계열의 값의 큰 차이로 인해 'PA01'에서 'PA05' 계열의 값을 올바르게 판단하기가 힘들다.

그림 5-23 ▌ 계열 간 데이터 값이 클 경우의 차트 비교

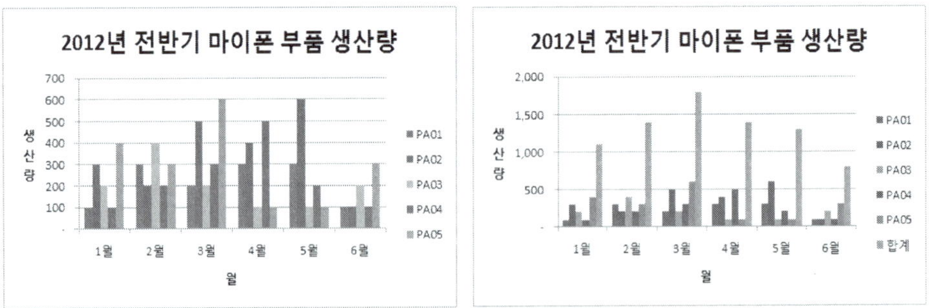

이러한 경우 데이터 값이 작은 계열('PA01, ..., PA05')과 데이터 값이 큰 계열('합

계')에 대해서 세로축(Y축)을 양쪽으로 따로 구분하여 표시함으로써 해결할 수 있다. 즉 데이터 값이 큰 계열에 대한 세로축을 오른쪽에 새로 생성하여 줌으로써 데이터 값이 작은 계열과 구분하여 표시하는 것이다.

합계 계열을 한 번 클릭하여 모든 합계 계열을 선택한 후 [레이아웃] 탭의 [현재 선택 영역] 그룹에서 [선택 영역 서식]을 클릭하거나 선택한 합계 계열 위에서 마우스 오른쪽 단추를 클릭해 나타난 바로가기 메뉴에서 [데이터 계열 서식(F)...]을 선택해 나타난 [데이터 계열 서식] 대화상자에서 [계열 옵션]−[데이터 계열 지정]에서 [보조 축(S)]를 선택한다. 다음 그림은 세로축이 양쪽으로 표시된 이중축 차트를 보여준다.

그림 5-24 | 이중축 차트

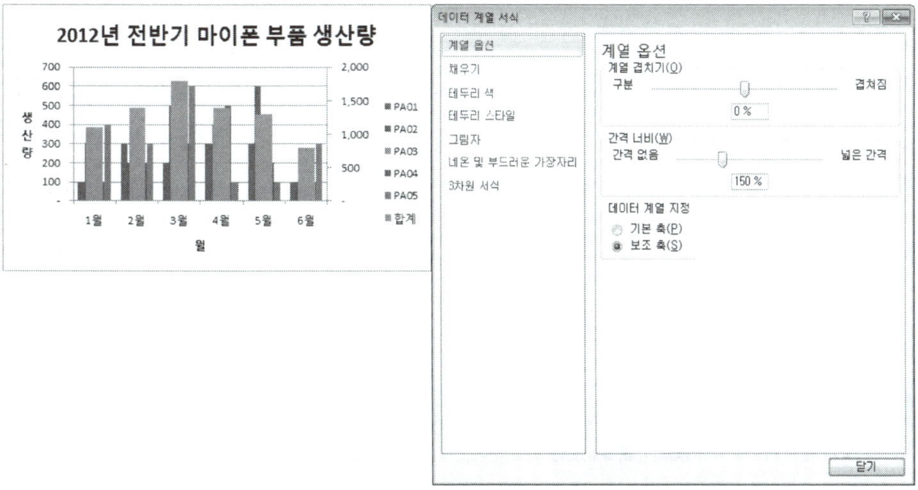

하지만 위의 이중축 차트에서 볼 수 있듯이 합계 계열의 막대가 다른 계열의 막대와 겹치게 되어 합계 계열 막대 뒤에 위치한 다른 계열의 막대를 확인하기 어렵게 되는 경우가 있다. 이러한 경우에는 합계 계열을 다른 계열과 구분되도록 차트 종류를 변경함으로써 해결할 수 있다.

마. 혼합형 차트 만들기

차트에서 특정 계열의 데이터만을 강조하고 싶거나 데이터의 표현을 다양화하고 싶을 때 혼합형 차트를 사용한다. 다음 그림과 같이 '2012년 전반기 마이폰 부품 생산량'을 보면 개별 부품의 생산량과 전체 생산량 사이에는 데이터 값이 현저한 차이를 보이기 때문에 사용자가 올바르게 식별하기가 어렵다. 따라서 개별 부품의 생산량과 전체 생산량을 서로 다른 차트로 표현함으로써 사용자에게 차트를 보다 이해하기 쉽도록 시각적인 도움을 줄 수 있다. 즉 개별 부품 계열에 대해서는 '세로 막대형' 차트로 표현하고 합계 계열에 대해서는 '꺾은선형' 차트로 표현하여 차트 구성을 두 가지 종류의 차트로 혼합하여 표현하는 것이다.

혼합형 차트를 작성할 경우 표면형, 거품형, 주식형 등의 3차원 차트는 특정 계열에 대한 다른 종류의 차트로의 변경이 불가능하므로 보통 세로 막대형 차트를 기본으로 혼합형 차트를 작성하는 것이 바람직하다.

다음 그림의 왼쪽 차트처럼 합계 계열을 한번 클릭하여 모든 합계 계열을 선택한 후 [디자인] 탭의 [종류] 그룹에서 [차트 종류 변경]을 클릭하거나 해당 합계 계열 위에서 마우스 오른쪽 단추를 클릭해 나타난 바로가기 메뉴에서 [계열 차트 종류 변경(Y)...]을 선택해 나타난 [차트 종류 변경] 대화상자에서 [꺾은선형]의 [표식이 있는 꺾은선형]을 선택하고 [확인] 단추를 클릭한다. 오른쪽 차트를 보면 합계 계열이 '꺾은선형' 차트로 변경되어 '세로 막대형'과 함께 표시된 것을 볼 수 있다.

그림 5-25 ▌ 혼합형 차트

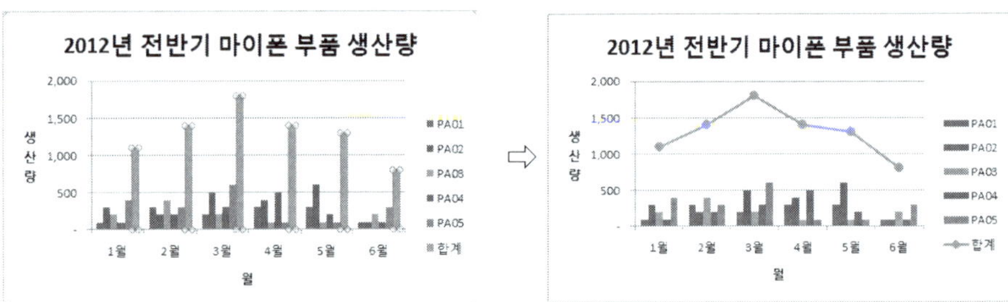

하지만 위 그림의 오른쪽 차트와 같이 계열 간에 데이터 차이 클 경우에는 다음 그림과 같이 혼합형 차트와 이중축 차트를 함께 사용하는 것을 권장한다.

그림 5-26 ▌ 이중축 혼합형 차트

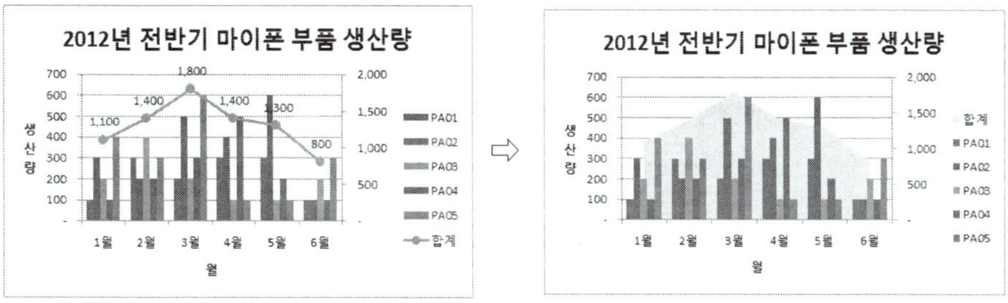

이중축 혼합형 차트(세로 막대형&꺾은선형)　　　이중축 혼합형 차트(세로 막대형&영역형)

바. 차트 서식 파일 만들기

여러 과정을 통해 설정한 차트 서식을 서식 파일에 저장해 두었다가 언제든지 다른 차트에 동일하게 적용할 수 있다. 다음 그림과 같이 [차트 삽입] 대화상자의 [서식 파일]에 '차트 서식 파일'을 저장해 두면 서식 설정이 필요한 다른 차트에 언제든지 쉽고 빠르게 동일한 서식을 적용할 수 있다. 이를 위해 그림 5-26의 오른쪽 차트처럼 서식 설정이 완료된 차트를 선택한 후 [디자인] 탭의 [종류] 그룹에서 [서식 파일로 저장]을 클릭하여 나타난 [차트 서식 파일 저장] 대화상자에서 "이중축 혼합형 차트"라고 입력하고 [저장(S)] 단추를 클릭한다. 이때 저장 위치와 파일 형식은 바꾸어서는 안 된다.

그림 5-27 ▌ 차트 서식 피일

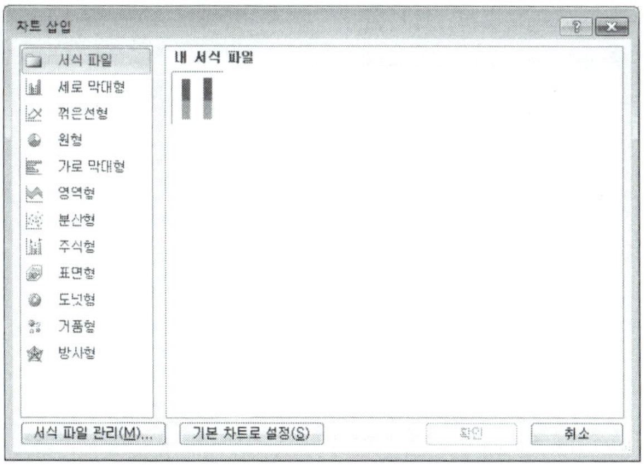

서식 파일 저장이 완료되면 동일한 서식을 가진 새로운 차트를 만들기 위해 다음 그림과 같이 '2012년 후반기 마이폰 부품 생산량'에 해당하는 A15:G21의 영역의 범위를 지정한 후 [삽입] 탭의 [차트] 그룹에서 오른쪽 하단의 '⊡'를 클릭한다. 그리고 [차트 삽입] 대화상자에서 [서식 파일]을 클릭하여 저장해 놓은 '이중축 혼합형 차트'를 선택하고 [확인] 단추를 클릭한다.

그림 5-28 ▌ 차트 서식 파일을 이용한 차트 만들기

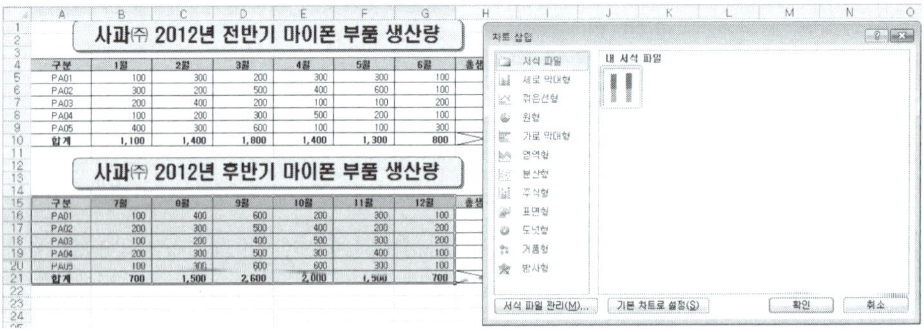

다음 그림은 저장해 둔 서식 파일을 이용해 새로 작성된 이중축 혼합형 차트이다.

그림 5-29 ▌ 차트 서식 파일을 이용해 작성된 이중축 혼합형 차트

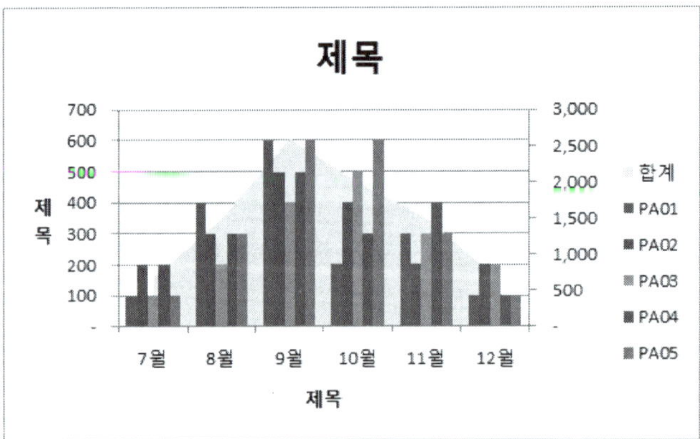

5 생산관리용 파레토 차트

파레토 차트는 특정 문제의 빈도를 내림차순으로 정렬하여 이를 세로 막대형 차트와 누적 꺾은선 차트로 표시한 차트이다. 즉 제품의 불량 빈도와 같이 품질 관리를 위해 입력한 데이터를 크기순으로 정렬하여 이를 세로 막대형 차트와 누적 꺾은선 차트로 혼합하여 표시하는 차트를 말한다. 파레토 차트는 80:20 법칙(파레토 법칙, Pareto's Law)으로 유명한 이탈리아의 경제학자 Alfred Pareto의 이름에서 유래하였다. 파레토 법칙이란 전체 고객의 상위 20%에 해당하는 고객이 기업 이익의 80%를 차지하는 것처럼 기업 전체의 대부분의 성과가 소수의 중요한 요인으로 설명될 수 있다는 것을 의미한다.

다음 그림은 지난 한 달 동안 '신발불량 빈도'에 대한 데이터이다. 이를 이용해 파레토 차트를 작성하려면 우선 불량 빈도에 대한 불량 비율과 누적 불량 비율을 구해야 한다.

그림 5-30 신발불량 빈도 데이터

	A	B	C	D
1	신발 불량률 파레토 차트			
2	불량항목	불량빈도	불량비율(%)	누적비율(%)
3	홈	220	63%	63%
4	바탁	73	21%	84%
5	얼룩	18	5%	89%
6	벗겨짐	17	5%	94%
7	자재불량	7	2%	96%
8	박음질불량	5	1%	98%
9	찍힘	5	1%	99%
10	치수불량	3	1%	100%
11	합계	348		

다음은 불량 빈도에 대한 불량비율(%)과 누적비율(%)을 구하기 위한 수식이다.

- 불량비율(%) = 불량빈도/불량빈도 합계 (=B3/$B$11)
- 누적비율(%) = 불량비율(%)의 누적값 (=SUM($C$3:C3)

파레토 차트를 작성하기 위해 필요한 데이터는 다음 그림과 같이 불량항목, 불량비율(%), 누적비율(%)이므로 Ctrl 키를 사용하여 데이터의 일부만을 범위 지정하여 파레토 차트를 작성하기 위한 입력 데이터로 활용한다.

그림 5-31 ▌ 파레토 차트 작성을 위한 데이터 범위 지정

	A	B	C	D
1	신발 불량률 파레토 차트			
2	불량항목	불량빈도	불량비율(%)	누적비율(%)
3	홈	220	63%	63%
4	바탁	73	21%	84%
5	얼룩	18	5%	89%
6	벗겨짐	17	5%	94%
7	자재불량	7	2%	96%
8	박음질불량	5	1%	98%
9	찍힘	5	1%	99%
10	치수불량	3	1%	100%
11	합계	348		

다음으로 [삽입] 탭의 [차트] 그룹에서 오른쪽 하단의 '⧅'를 클릭하여 나타난 [차트 삽입] 대화상자에서 [세로 막대형]의 [묶은 세로 막대형]을 선택하고 [확인] 단추를 클릭한다.

그림 5-32 ▌ 묶은 세로 막대형 차트

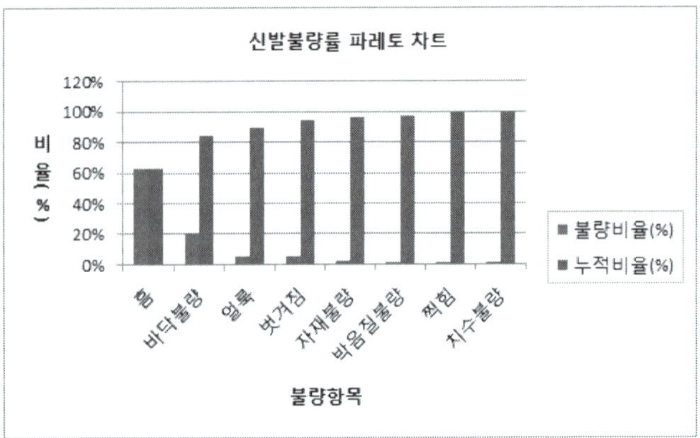

그리고 누적비율(%) 계열을 한 번 클릭하여 모든 누적비율(%)을 선택한 후 [디자인] 탭의 [종류] 그룹에서 [차트 종류 변경]을 클릭하거나 해당 누적비율(%) 계열 위에서 마우스 오른쪽 단추를 클릭해 나타난 바로가기 메뉴에서 [계열 차트 종류 변경(Y)...]을 선택해 나타난 [차트 종류 변경] 대화상자에서 [꺾은선형]의 [표식이 있는 누적 꺾은선형]을 선택하고 [확인] 단추를 클릭한다.

그림 5-33 ▌ 세로 막대형 차트와 꺾은선형 차트

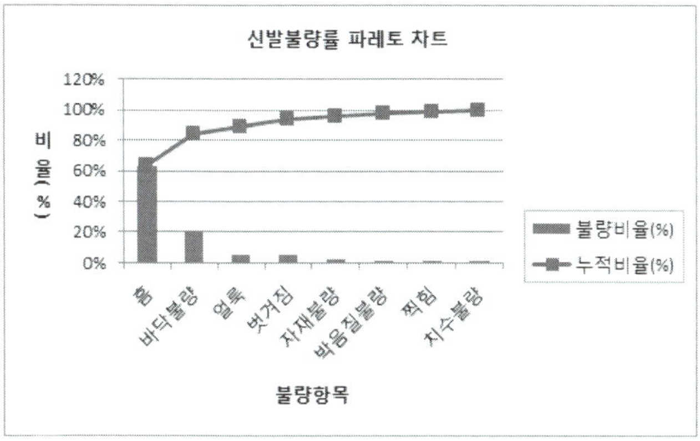

다음으로 누적 꺾은선형 차트로 표시된 누적비율 값을 백분율로 표현하기 위해 누적비율(%) 계열을 한 번 클릭하여 모든 누적비율(%)을 선택한 후 [레이아웃] 탭의 [현재 선택 영역] 그룹에서 [선택 영역 서식]을 클릭하여 나타난 다음 그림의 왼쪽 그림과 같은 [데이터 계열 서식] 대화상자에서 왼쪽에 [계열 옵션]을 클릭하고 오른쪽의 [데이터 계열 지정]에서 [보조 축(S)]을 선택하여 [누적비율(%)]에 대한 세로축을 오른쪽에 나타나게 한다. 그리고 이렇게 새로 생성된 오른쪽 세로축을 클릭하여 선택한 후 [레이아웃] 탭의 [현재 선택 영역] 그룹에서 [선택 영역 서식]을 클릭하여 나타

그림 5-34 ▌ 서식 설정 대화상자

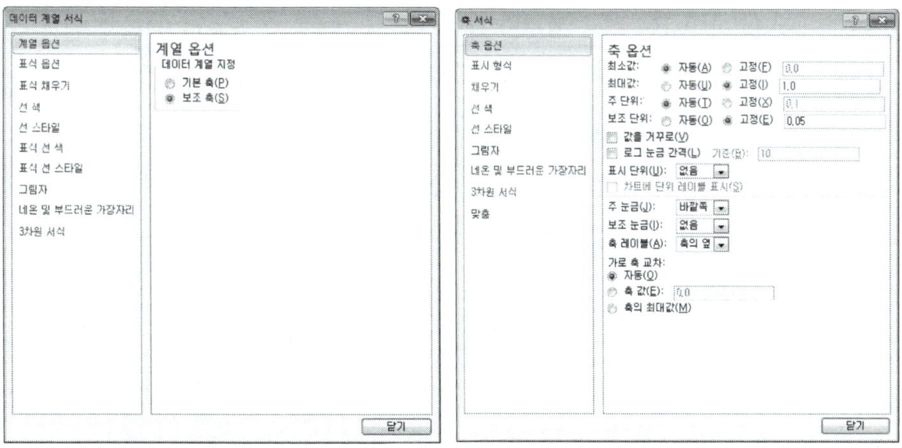

데이터 계열 서식 변경　　　　　축 서식 변경

난 다음 그림의 오른쪽 그림과 같은 [축 서식] 대화상자에서 왼쪽에 [축 옵션]을 클릭하고 오른쪽의 [축 옵션]에서 [최대값:]을 "1"로 [보조 단위:]를 "0.05"로 입력한다.

다음 그림은 신발불량에 대한 완성된 파레토 차트를 보여준다. 이를 통해 불량의 80%를 차지하는 '홈'과 '바닥불량'에 대한 불량을 보다 효과적으로 관리해야 함을 알 수 있다.

그림 5-35 ▌ 파레토 차트

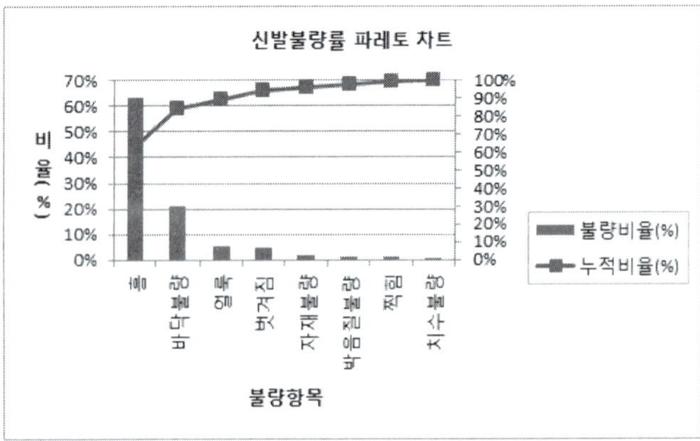

6 스파크라인 삽입하기

스파크라인은 워크시트 내에 저장된 데이터를 시각적으로 표시하기 위해 원본 데이터 옆에 표시하는 작은 차트를 말한다. 스파크라인은 월별 증감이나 계절별 증감, 경기 순환과 같이 변화하는 데이터 값을 세로 막대형이나 꺾은선형 차트로 표시함으로써 사용자로 하여금 데이터 값의 변화를 쉽게 파악할 수 있도록 도와주며, 동시에 원본 데이터의 최대값이나 최소값을 차트에 강조하여 표시함으로써 특정 항목에 대한 이해를 도와준다.

스파크라인은 기존의 차트와는 달리 개체 형태로 표시되지 않고 셀 배경으로 표시되기 때문에 일반적인 데이터처럼 사용할 수 있다. 또한 여러 셀에 각각의 스파크라인을 동시에 표시함으로써 각 항목 간의 차이를 쉽게 파악할 수 있도록 만들어 준다. 뿐만 아니라 원본 데이터 값의 변경이 작성한 스파크라인에 즉시 반영되므로 데이터

관리도 편리하다.

[삽입] 탭의 [스파크라인] 그룹에서 [꺾은선형], [열], [승패] 중에 하나를 클릭하면 [스파크라인 만들기] 대화상자가 나타난다.

그림 5-36 ▌ 스파크라인 만들기 대화상자

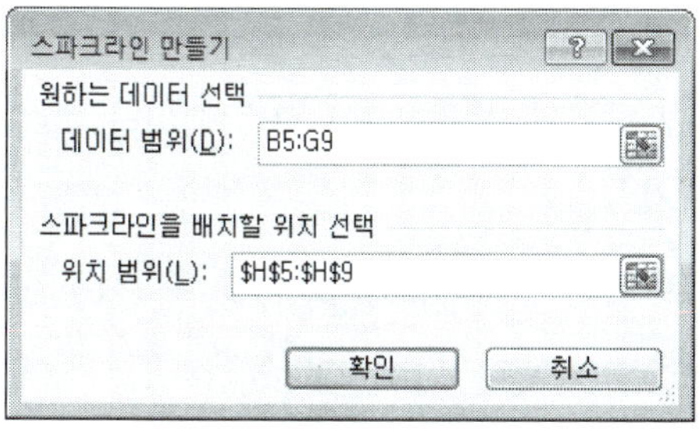

[스파크라인 만들기] 대화상자의 [데이터 범위(D):]에 B5:G9를 입력하고 [위치 범위(L):]에 H5:H9를 입력한 후 [확인] 단추를 클릭하면 다음 그림의 왼쪽 그림과 같이 H5:H9 범위에 각 행의 데이터에 대한 스파크라인이 만들어진다. 다음 그림의 왼쪽 그림은 [꺾은선형]으로 작성한 것이고 오른쪽 그림은 [열]로 작성한 것이다.

그림 5-37 ▌ 스파크라인 결과

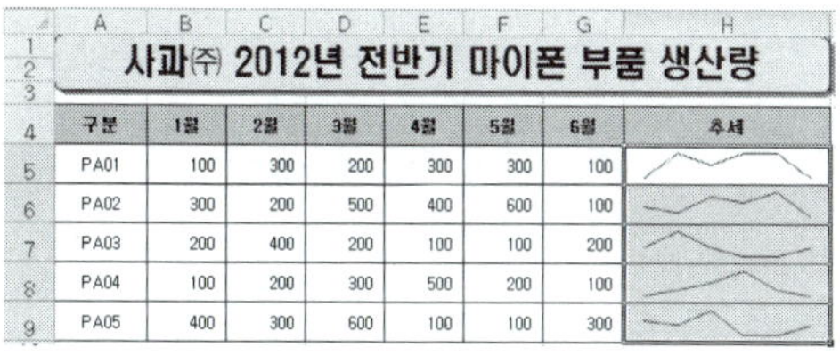

사과㈜ 2012년 전반기 마이폰 부품 생산량

구분	1월	2월	3월	4월	5월	6월	추세
PA01	100	300	200	300	300	100	
PA02	300	200	500	400	600	100	
PA03	200	400	200	100	100	200	
PA04	100	200	300	500	200	100	
PA05	400	300	600	100	100	300	

스파크라인 - 꺾은선형

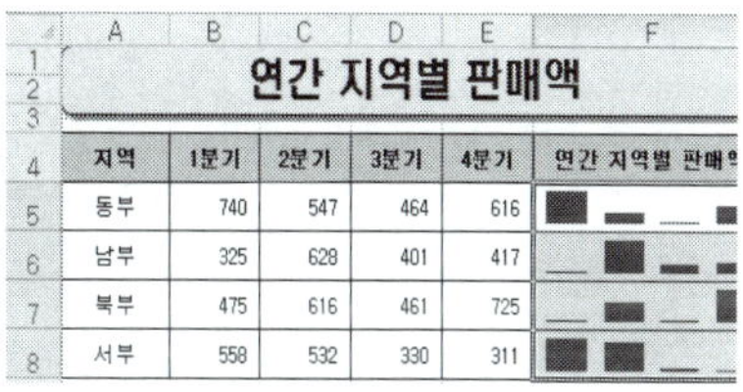

연간 지역별 판매액

지역	1분기	2분기	3분기	4분기	연간 지역별 판매액
동부	740	547	464	616	
남부	325	628	401	417	
북부	475	616	461	725	
서부	558	532	330	311	

스파크라인 - 열

작성한 스파크라인에서 원본 데이터의 최대값과 최소값에 해당하는 부분에 대해서 특별한 표식을 표시하여줌으로써 데이터 값의 관계를 보다 쉽게 이해할 수 있다. 이를 위해 작성한 스파크라인을 범위 지정(H5:H9, F5:F8)한 후 [디자인] 탭의 [스타일] 그룹에서 [표식 색] 드롭다운 단추를 클릭하여 [높은 점(H)]에 대한 색(빨강)과 [낮은 점(L)]에 대한 색(파랑)을 선택한다.

그림 5-38 스파크라인 - 최대값, 최소값 표식

사과㈜ 2012년 전반기 마이폰 부품 생산량

구분	1월	2월	3월	4월	5월	6월	추세
PA01	100	300	200	300	300	100	
PA02	300	200	500	400	600	100	
PA03	200	400	200	100	100	200	
PA04	100	200	300	500	200	100	
PA05	400	300	600	100	100	300	

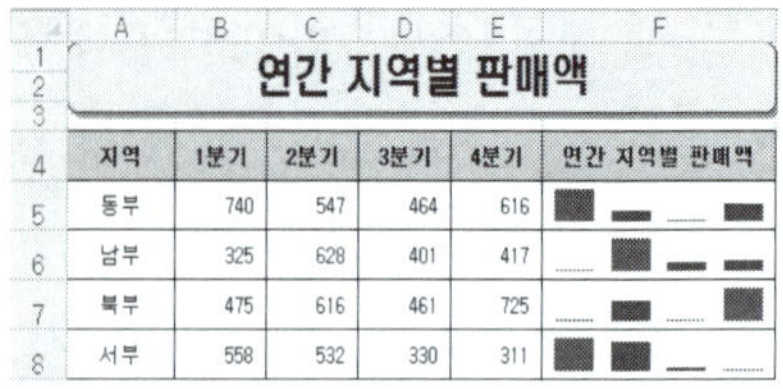

연간 지역별 판매액

지역	1분기	2분기	3분기	4분기	연간 지역별 판매액
동부	740	547	464	616	
남부	325	628	401	417	
북부	475	616	461	725	
서부	558	532	330	311	

스파크라인은 셀 배경으로 표시되기 때문에 작성된 스파크라인 위에 데이터 입력이 가능할 뿐만 아니라 Delete나 BackSpace 키로는 삭제되지 않는다. 만약 작성한 스파크라인을 삭제하고자 할 경우에는 작성한 스파크라인에 셀 포인터를 위치한 후 [디자인] 탭의 [그룹] 그룹에서 [지우기] 드롭다운 단추를 클릭하여 [선택한 스파크라인 지우기(C)]나 [선택한 스파크라인 그룹 지우기(L)]를 선택하여 삭제할 수 있다.

연 · 습 · 문 · 제

01. 제1장 연습문제 1번의 데이터를 이용하여 다음에 제시된 내용에 따라 차트를 작성하시오.

(1) 데이터 범위 : 분기별 대리점 매출실적(A3셀에서 E11셀까지)
(2) 차트 종류 : 세로 막대형 차트
(3) 차트 제목을 글꼴(바탕체), 글자크기(12pt), 글꼴 스타일(굵게 기울임꼴)로 설정하시오.
(4) 차트 제목 : 삼손전자(주) 부산 대리점 매출실적 현황
(5) X축(항목) 제목 : 분기별
(6) Y축(값) 제목 : 금액
(7) 범례 테두리 : 그림자 추가
(8) 차트 영역 모서리 : 모서리를 둥글게 변경하고 그림자 추가
(9) 기타 : 차트 그림영역의 색상, 무늬, 문자크기 등은 사용자 임의로 선정

02. 다음은 미래공업(주)의 주가지수에 관한 내용이다. 아래의 데이터를 A1셀부터 차례로 워크시트에 입력하고, 다음에 제시된 내용을 참고해 데이터를 처리하시오.

날짜	주가지수	수익률
2008-08-04	497	-10
2008-08-05	532.5	-15
2008-08-06	568	-9
2008-08-07	603.5	-8
2008-08-08	639	-4.8
2008-08-11	674.5	-4.8
2008-08-12	710	-4.8
2008-08-13	745.5	2.2
2008-08-14	781	9.2
2008-08-15	816.5	16.2
2008-08-18	852	23.2
2008-08-19	887.5	40.2
2008-08-20	923	50

(1) 데이터 범위 : 주가지수, 수익률
(2) 차트 종류 : 세로 막대형 차트
(3) 차트 제목 : 미래공업(주) 주가지수 및 수익률
(4) X축(항목) 제목 : 일별

(5) Y축(값) 제목 : 지수
(6) 보조축 : 수익률에 대한 보조축 설정
(7) 추세선 : 주가지수에 대한 선형 추세선 추가
(8) 기타 : 차트 그림영역의 색상, 무늬, 문자크기 등은 사용자 임의로 선정

03. 다음은 경영학과 학생들의 분반별 교과목 성적에 관한 내용이다. 아래의 데이터를 A1셀부터 차례로 워크시트에 입력하고, 다음에 제시된 내용을 참고해 데이터를 처리하시오.

분반	학번	성명	경영학원론	재무관리	투자론	합계
A-01	96321084	김기현	50	60	60	
A-02	95321210	이상욱	60	70	50	
A-02	99321122	박태현	70	50	90	
A-01	94321023	김영호	80	80	80	
A-01	94321211	차민경	80	70	30	
A-02	97321196	이태식	90	90	80	
A-02	94321008	장기훈	50	80	70	
A-02	99321031	허민수	40	90	50	
A-01	97321072	강철민	30	70	90	
A-02	97321067	왕희영	70	60	80	
A-01	95321129	이은숙	80	50	70	
A-02	91321142	이병식	60	100	40	
합계						
평균						

(1) 합계 : 각 교과목별의 합계 및 학생별 합계
(2) 평균 : 각 교과목별의 평균
(3) 다음에 제시된 내용에 따라 차트를 작성하시오.
① 데이터 범위 : 성명, 경영학원론, 재무관리, 투자론, 합계
② 차트 종류 : 혼합형[세로 막대형(교과목)과 도넛형(합계)]
③ 차트 제목 : 교과목별 성적 및 합계
④ X축(항목) 제목 : 성명
⑤ Y축(값) 제목 : 점수
⑥ 차트 제목 글꼴 효과 : 글꼴(바탕체), 글꼴 스타일(굵게 기울임꼴), 크기(16pt), 색깔(파랑)
⑦ 기타 : 차트 그림영역의 색상, 무늬, 문자크기 등은 사용자 임의로 선정

04. 다음은 삼손(주)의 2012년 분기별 판매실적 현황에 관한 내용이다. 아래의 데이터를 A1셀부터 차례로 워크시트에 입력하고, 다음에 제시된 내용을 참고해 데이터를 처리하시오.

삼손㈜ 2012년 분기별 판매실적 현황

목표비율 120%

분기	서울	부산	대전	광주	대구
1/4분기	3,100	4,200	5,400	7,700	1,600
2/4분기	5,500	6,700	8,300	4,200	6,600
전반기					
3/4분기	2,200	2,100	4,500	1,000	5,300
4/4분기	5,300	2,400	4,900	3,600	4,100
후반기					
실적 합계					
2008년 목표액					

(1) 전반기 = 1/4분기 + 2/4분기 판매실적

(2) 후반기 = 3/4분기 + 4/4분기 판매실적

(3) 실적 합계 = 전반기 + 후반기 판매실적

(4) 2008년 목표액 = 실적 합계 × 120%

(5) 다음에 제시된 내용에 따라 차트를 작성하시오.

① 데이터 범위 : 항목명, 전반기 합계, 후반기 합계, 실적 합계, 2012년 목표액

② 차트 종류 : 혼합형[세로 막대형(전반기 합계, 후반기 합계, 실적 합계)과 꺾은선형(2012년 목표액)]

③ 차트 제목 : 삼손(주) 2012년 분기별 판매실적 현황

④ X축(항목) 제목 : 영업소

⑤ Y축(값) 제목 : 금액

⑥ 추세선 : 실적 합계에 대한 선형 추세선 추가

⑦ 기타 : 차트 그림영역의 색상, 무늬, 문자크기 등은 사용자 임의로 선정

05. 다음은 삼손전자(주) 대리점별 매출실적 현황에 관한 내용이다. 아래의 데이터를 A1셀부터 차례로 워크시트에 입력하고, 다음에 제시된 내용을 참고해 데이터를 처리하시오.

삼손전자㈜ 지역 대리점별 매출실적 현황

단위(천원)

목표매출 170%

대리점	1/4 분기	2/4 분기	3/4 분기	4/4 분기	2011년 총매출액	2012년 목표매출액	판매추세
서울	91,000	96,000	93,000	94,000			
인천	81,000	86,000	83,000	84,000			
부산	71,000	76,000	73,000	74,000			
대전	61,000	66,000	63,000	64,000			
전주	51,000	56,000	53,000	54,000			
광주	41,000	46,000	43,000	44,000			
제주	11,000	16,000	13,000	14,000			
울릉도	1,000	6,000	33,000	4,000			
합 계	408,000	448,000	454,000	432,000			

(1) 2011년 총매출 = 지역 대리점별 분기 합계

(2) 2012년 목표매출 = 2011년 총매출액 × 170%

(3) 합계 : 각 분기별 합계, 2011년 총매출액 합계, 2012년 목표매출액 합계

(4) 다음에 제시된 내용에 따라 차트를 작성하시오.
① 데이터 범위 : 대리점, 2011년 총매출액, 2012년 목표매출액
② 차트 종류 : 혼합형 [데이터 표식이 있는 꺾은선형(2011년 총매출액)과 영역형(2012년 목표매출액)]
③ 차트 제목 : 삼손전자(주) 지역 대리점별 매출실적 현황
④ X축(항목) 제목 : 대리점
⑤ Y축(값) 제목 : 금액
⑥ Y축 서식 : 표시 단위를 천단위 레이블로 표시
⑦ 데이터 테이블 : 입력 데이터의 데이터 테이블 추가
⑧ 눈금선 : 가로 눈금선에 보조 눈금선 추가
⑨ 기타 : 차트 그림영역의 색상, 무늬, 문자크기 등은 사용자 임의로 선정
(5) 판매추세 : 지역 대리점의 분기별 매출실적의 증감 변화를 쉽게 파악할 수 있도록 스파크라인을 이용해 꺾은선형 차트를 작성하시오.

06. 다음은 삼손(주)의 자재별 수요량에 관한 내용이다. 아래의 데이터를 A1셀부터 차례로 워크시트에 입력하고, 다음에 제시된 내용을 참고해 데이터를 처리하시오.

주문량(Q)	연간 주문비용	연간 재고유지비용	총비용
10			
20			
30			
40			
50			
60			
70			
80			
90			
100			
110			
120			
130			
140			
150			
160			
170			
180			
190			

(1) 경제적 주문량(EOQ)을 산출하는 방식은 다음과 같다.

① 연간 주문비용 = (D/Q) × S

② 연간 재고유지비용 = (Q/2) × H

③ 총비용 = 연간 주문비 + 연간 재고유지비

④ EOQ = $\sqrt{(2DS)/H}$

(2) 삼손(주)의 연간수요량, 로트 주문비용, 로트 재고비용이 다음과 같을 때 연간 주문비용, 연간 재고비용, 총비용에 대한 EOQ를 산출하시오.

① 연간 수요량(D) = 1000

② 로트 주문비용(S) = 5

③ 로트 재고비용(H) = 1.25

(3) 다음에 제시된 내용에 따라 차트를 작성하시오.

① 데이터 범위 : 주문량(Q), 연간 주문비용, 연간 재고유지비용, 총비용

② 차트 종류 : 데이터 표식이 있는 꺾은선형

③ 차트 제목 : 삼손(주) 자재별 경제적 주문량

④ X축(항목) 제목 : 주문량

⑤ Y축(값) 제목 : 금액

⑥ 기타 : 차트 그림영역의 색상, 무늬, 문자크기 등은 사용자 임의로 선정

07. 다음은 미래산업(주)의 자재관리에 관한 내용이다. 아래의 데이터를 A1셀부터 차례로 워크시트에 입력하고, 다음에 제시된 내용을 참고해 파레토 차트를 작성하시오.

	A	B	C	D
1	미래산업㈜ 사용자재			
2				
3	자재번호	연간사용량	연간사용비율	누적사용비율
4	ER18	75000		
5	ER03	50000		
6	ER20	35000		
7	ER10	17000		
8	ER01	15000		
9	ER08	12000		
10	ER12	12000		
11	ER16	10500		
12	ER04	10000		
13	ER14	9000		
14	ER19	8500		
15	ER05	8000		
16	ER11	5000		
17	ER17	4000		
18	ER13	4000		
19	ER07	2000		
20	ER15	1500		
21	ER09	1000		
22	ER06	800		
23	ER02	500		
24	총사용량			
25	총자재수			
26				

(1) 총사용량(SUM 함수), 총자재수(COUNTA 함수)의 값을 구하시오.
(2) 연간 사용비율(연간사용량/총사용량), 누적 사용비율(연간 사용비율의 누적 합)을 구하시오.
(3) 다음에 제시된 내용에 따라 파레토 차트를 작성하시오.
① 데이터 범위 : 자재번호, 연간 사용량, 누적 사용비율
② 차트 종류 : 혼합형 [세로 막대형(연간 사용량)과 데이터 표식이 있는 꺾은선형(누적 사용비율)]
③ 차트 제목 : 미래산업(주) 사용자재
④ X축(항목) 제목 : 자재번호
⑤ Y축(값) 제목 : 사용량
⑥ 기타 : 차트 그림영역의 색상, 무늬, 문자크기 등은 사용자 임의로 선정

08. 다음은 PC 나라(주) 콜센터에서 접수한 고객들의 불만에 관한 내용이다. 아래의 데이터를 A1셀부터 차례로 워크시트에 입력하고, 다음에 제시된 내용을 참고해 파레토 차트를 작성하시오.

구분	상담원 A	상담원 B	상담원 C	상담원 D	상담원 E	상담원 F
9:00 AM	설치어려움	시끄러움	설치어려움	스펙불일치	비호환성	시끄러움
9:02 AM	사용어려움	설치어려움	비호환성	시끄러움	설치어려움	설치어려움
9:04 AM	스펙불일치	시끄러움	색상불량	사용어려움	설치어려움	스펙불일치
9:06 AM	사용어려움	설치어려움	설치어려움	설치어려움	사용어려움	사용어려움
9:08 AM	시끄러움	설치어려움	시끄러움	설치어려움	설치어려움	설치어려움
9:10 AM	설치어려움	사용어려움	설치어려움	설치어려움	설치어려움	사용어려움
9:12 AM	시끄러움	시끄러움	사용어려움	사용어려움	설치어려움	설치어려움
9:14 AM	사용어려움	사용어려움	시끄러움	스펙불일치	시끄러움	설치어려움
9:16 AM	시끄러움	시끄러움	설치어려움	설치어려움	설치어려움	설치어려움
9:18 AM	설치어려움	설치어려움	사용어려움	사용어려움	사용어려움	사용어려움
9:20 AM	시끄러움	설치어려움	비호환성	설치어려움	설치어려움	시끄러움
9:22 AM	비호환성	사용어려움	시끄러움	설치어려움	시끄러움	사용어려움
9:24 AM	설치어려움	전력불량	사용어려움	사용어려움	사용어려움	비호환성
9:26 AM	스펙불일치	설치어려움	설치어려움	시끄러움	비호환성	시끄러움
9:28 AM	사용어려움	설치어려움	사용어려움	설치어려움	설치어려움	설치어려움
9:30 AM	시끄러움	사용어려움	작은화면	색상불량	작은화면	설치어려움

(1) 아래의 표를 워크시트에 작성하고, 다음에 제시한 내용에 따라 데이터를 처리하시오.

불만항목	응답수	응답비율	누적비율	등급
설치어려움				
사용어려움				
시끄러움				
비호환성				
스펙불일치				
작은화면				
색상불량				
전력불량				
합계				

① 응답수 : 개별 불만항목이 발생한 횟수(COUNTIF 함수)

② 응답비율 : 불만항목 응답수/불만항목 합계

③ 누적비율 : 개별 응답비율의 누적 합

④ 등급 : 불만 응답비율에 따라 등급을 부여하며, 응답비율이 40% 이상이면 'A', 20% 이상 'B', 10% 이상 'C'로 등급을 매기고, 나머지는 '*'으로 입력한다(IF 함수).

(2) 다음에 제시된 내용을 참고해 파레토 차트를 작성하시오.

① 데이터 범위 : 불량항목, 응답수, 누적비율

② 차트 종류 : 혼합형[세로 막대형(응답수)과 데이터 표식이 있는 꺾은선형(누적비율)]

③ 차트 제목 : PC 나라(주) 고객불만 내역

④ X축(항목) 제목 : 불만항목

⑤ Y축(값) 제목 : 응답수

⑥ 기타 : 차트 그림영역의 색상, 무늬, 문자크기 등은 사용자 임의로 선정

6 Chapter 통계분석

Chapter 6 통계분석

1 기술통계

기술통계는 평균, 중앙값, 최빈값 등 데이터의 집중경향을 분석하는 기법으로 데이터의 특성을 요약하여 의사결정을 위한 정보로 바꾸는 과정에서 활용되는 통계기법이다. 다음 그림은 기술통계를 위한 통계 데이터로 통계학 수강생 25명의 나이, 키, 몸무게를 조사한 것이다. 기술통계 함수를 이용하여 수집된 데이터에 대한 수강생들의 평균, 중앙값, 최빈수, 표준편차, 표본분산, 첨도, 왜도, 최대값, 최소값, 합계, 개수를 구하고자 한다.

그림 6-1 기술통계를 위한 데이터

	A	B	C	D	E	F	G
1	번호	이름	성별	학과	나이	키	몸무게
2	1	염철목	남	경영	27	186	64
3	2	탁무용	남	경제	25	164	56
4	3	도명환	남	회계	21	175	58
5	4	박소연	여	무역	23	159	51
6	5	김미나	여	무역	22	155	54
7	6	전유안	여	경제	28	180	49
8	7	이은정	여	경영	21	171	50
9	8	이경희	여	회계	24	158	57
10	9	박진희	여	회계	25	160	46
11	10	이상일	남	무역	26	177	88
12	11	김종탁	남	경영	29	167	74
13	12	김민정	여	경영	20	170	59
14	13	이승현	남	경제	25	182	84
15	14	박창희	여	무역	19	157	46
16	15	장성희	여	경영	20	175	68
17	16	이수경	여	경제	21	168	59
18	17	한지현	여	경제	22	173	77
19	18	박종만	남	회계	24	176	66
20	19	이상훈	남	경제	23	191	79
21	20	한창일	남	회계	26	172	87
22	21	이영진	남	무역	24	182	69
23	22	강태욱	남	경영	24	168	50
24	23	김성현	남	회계	21	168	76
25	24	홍기웅	남	경제	22	188	86
26	25	김영길	남	경영	23	165	68

제3장에서 살펴본 것처럼 통계함수를 이용한 데이터 요약은 개별 함수들의 인수에 셀 범위를 일일이 적용해야 하는 불편함이 있다. 하지만 [통계 데이터 분석]에서 [기술 통계법]을 이용한 요약은 데이터의 영역을 한 번만 지정하면 되기 때문에 계산이 훨씬 빨라진다.

위의 데이터를 요약하기 위해 [데이터] 탭의 [분석] 그룹에서 [데이터 분석]을 클릭한다. 만약 [데이터 분석] 기능이 메뉴에 설치되어 있지 않았다면 [Excel 옵션]에서 [데이터 분석] 기능을 추가해야 한다. [파일] 탭의 [옵션]을 클릭하면 [Excel 옵션] 대화상자가 나타나는데, [Excel 옵션] 대화상자에서 왼쪽의 [추가 기능] 메뉴를 선택하고 [관리(A):]의 드롭다운 단추를 클릭해 'Excel 추가 기능'을 선택하고 [이동(G)...] 단추를 클릭한다.

그림 6-2 | Excel 옵션 대화상자

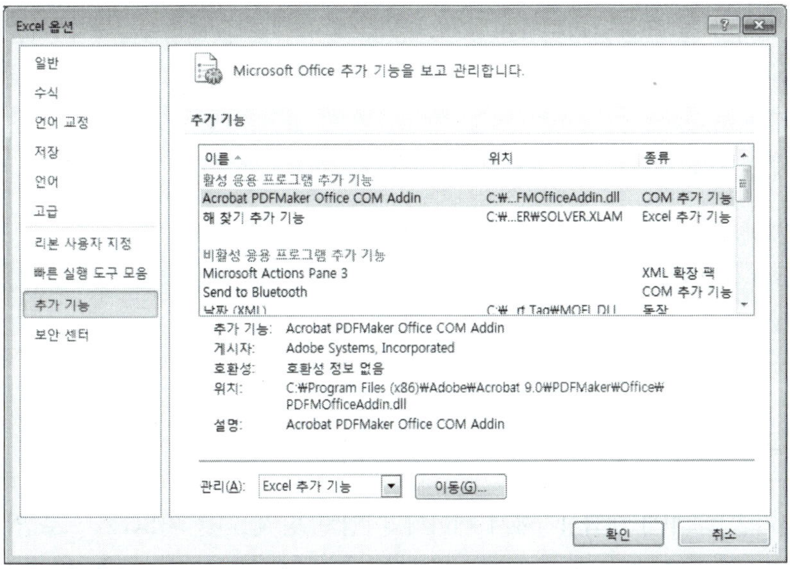

다음 그림과 같이 나타난 [추가 기능] 대화상자에서 [분석 도구]를 선택하고 [확인] 단추를 클릭한다.

그림 6-3 ▌ 추가 기능 대화상자

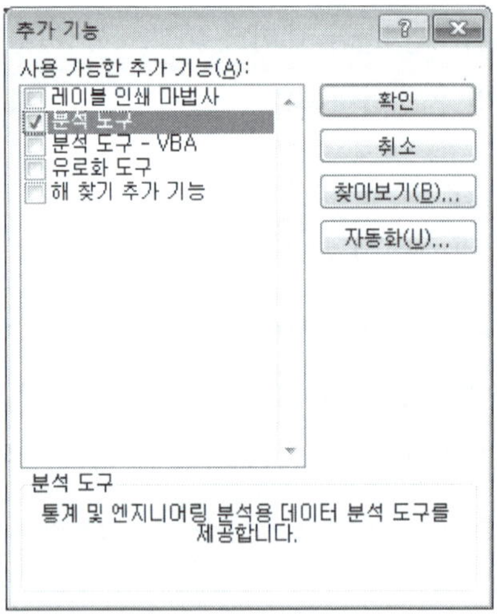

이렇게 [분석 도구]를 [데이터] 탭의 [분석] 그룹에 추가한 후 [데이터] 탭의 [분석] 그룹에서 [데이터 분석]을 클릭한다. 그리고 [통계 데이터 분석] 대화상자에서 [기술 통계법]을 선택하고 [확인] 단추를 클릭한다.

그림 6-4 ▌ 통계 데이터 분석 대화상자 - 기술 통계법

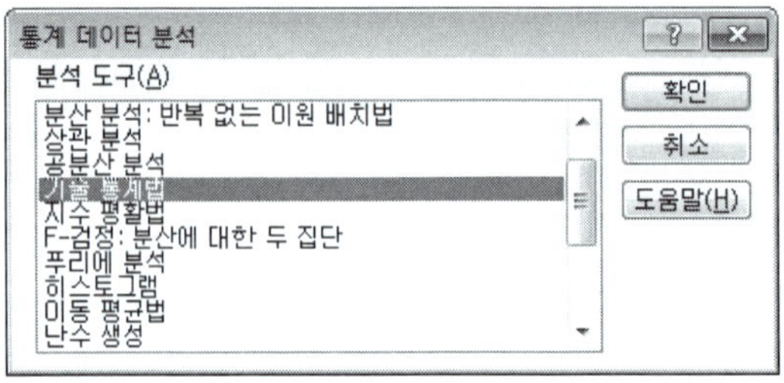

다음으로 [기술 통계법] 대화상자에서 데이터의 [입력 범위(I):]를 "E1:G26"으로 입력하고, [데이터의 방향:]은 [열(C)]을 선택한다. 그리고 [출력 옵션]에서 [출력 범위(O):]에 "I1"을 입력하고 [요약 통계량(S)]으로 선택한 다음 [확인] 단추를 클릭한다.

그림 6-5 ▌ 기술 통계법 대화상자

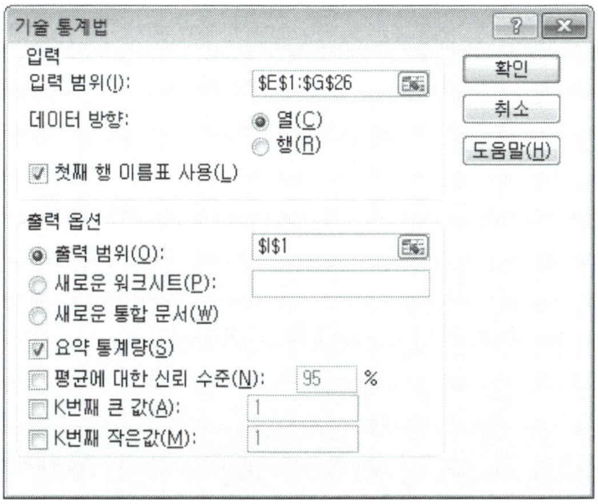

기술통계를 통한 학생들의 나이, 키, 몸무게에 대한 데이터 요약 결과는 다음 그림과 같다.

그림 6-6 ▌ 기술통계 결과

I	J	K	L	M	N
나이		키		몸무게	
평균	23.4	평균	171.48	평균	64.84
표준 오차	0.5163978	표준 오차	1.9766301	표준 오차	2.7090466
중앙값	23	중앙값	171	중앙값	64
최빈값	21	최빈값	168	최빈값	50
표준 편차	2.5819889	표준 편차	9.8831506	표준 편차	13.545233
분산	6.6666667	분산	97.676667	분산	183.47333
첨도	-0.407742	첨도	-0.645614	첨도	-1.147572
왜도	0.3694068	왜도	0.1866071	왜도	0.3106031
범위	10	범위	36	범위	42
최소값	19	최소값	155	최소값	46
최대값	29	최대값	191	최대값	88
합	585	합	4287	합	1621
관측수	25	관측수	25	관측수	25

2 가설검정

추론통계는 모집단에서 선택된 표본을 분석하여 이를 기초로 모집단의 특성을 규명하는 통계로 주로 가설검정을 통해 이루진다. 가설(hypothesis)은 연구에서 검정대상이 되는 진술(statement)을 의미하며, 표본에서 얻어진 사실을 근거로 모집단에 대한 가설의 타당성을 논리적으로 검정하는 통계분석을 통계적 가설검정(statistical hypothesis test)이라고 부른다.

통계적 가설에는 연구에서 직접적인 검정대상이 되는 귀무가설(歸無假說, null hypothesis)과 귀무가설이 받아들여지지 않을 때 채택되는 대립가설(對立假說, alternative hypothesis) 두 가지가 있다. 두 가설 사이의 관계는 귀무가설과 대립가설이 동시에 사실일 수 없으며, 반드시 둘 중 하나만 사실이라는 것이다.

- 귀무가설(H_0) : 직접 검정대상이 되는 가설
- 대립가설(H_1) : 귀무가설이 기각될 때 받아들여지는 가설

예를 들어, 어느 대학의 학생들의 평균 IQ가 100이라고 알려진 경우 100명을 뽑아 IQ 검사를 한 결과 평균 110이었다. 이때 학생들의 평균 IQ가 100이라는 주장을 검정하려면 귀무가설과 대립가설은 다음과 같이 표현된다.

- 귀무가설(H_0) : 학생들의 평균 IQ는 100이다($\mu = \mu_0$).
- 대립가설(H_1) : 학생들의 평균 IQ는 100이 아니다($\mu \neq \mu_0$).

가설검정에서 귀무가설의 채택 또는 기각 여부는 유의수준(significant level) 알파(α)에 의해 결정되며, 일반적으로 유의수준은 1%, 5%, 10% 중 하나가 사용된다. 연구대상에 대한 가설검정 순서는 다음과 같다.

① 귀무가설(H_0)과 대립가설(H_1)의 수립
② 유의수준 설정(α)
③ 유의수준을 충족시키는 임계값의 결정
④ 통계량과 임계값의 비교
⑤ 결과해석

3 두 집단 비교

통계분석에 있어서 집단 간 비교 연구는 집단의 평균, 분산, 비율 등을 비교함으로써 가능하다. 일반적으로 집단 간 비교는 하나의 집단에 대한 추정과 검정보다 더 많은 정보를 제공할 수 있기 때문에 자주 활용되며, 대표적인 분석법으로는 t-test가 있다.

t-test는 두 집단의 표본평균 간의 차이를 검증하고자 할 때 사용되는 방식으로 표본의 성격에 따라 독립표본과 대응표본으로 나눌 수 있다. 독립표본은 서로 다른 두 집단으로부터 나온 표본으로 예를 들어, 남, 여 성별에 따라 선호하는 방송 프로그램이 달라질 수 있다는 가정하에 남성과 여성을 따로 표본 조사하는 것을 독립표본이라고 한다. 대응표본은 동일하거나 유사한 쌍으로부터 얻어지는 표본을 의미하며, 교수방식의 변경에 따른 학생들의 성적 변화를 측정할 경우 사용된다. t-test에서 사용되는 각 집단의 표본들은 정규분포를 이루고 있는 모집단으로부터 추출된 것으로 가정하며, 각 집단은 독립되어 있으며 집단의 분산은 동일하다고 가정한다.

가. 분석 데이터의 속성과 정의

다음의 데이터는 모바일 뱅킹에 관한 사용자 의도를 연구하기 위해 수집된 데이터로 남, 여 50명씩 100명으로부터 향후 모바일 뱅킹의 사용의도에 대한 응답 결과이다. 개별 항목에 대한 속성과 정의는 다음과 같다.

- 성별 : 남성(1), 여성(2)
- 연령 : 10대(1), 20대(2), 30대(3)
- 학력 : 중/고 재학(1), 고졸(2), 대학 재학(3), 대졸(4), 대학원 재학(5), 대학원졸(6)
- 이통사 : SKT(1), KTF(2), LGT(3)
- 유용성 : 모바일 뱅킹을 이용함으로써 기대되는 혜택의 믿음 정도
- 용이성 : 모바일 뱅킹이 얼마나 편리한가에 대한 정도
- 태도 : 모바일 뱅킹에 대한 긍정 또는 부정적 인지의 정도
- 의도 : 모바일 뱅킹에 대한 미래의 사용의지 정도

그림 6-7 모평균의 차이를 검정하기 위한 데이터

	A	B	C	D	E	F	G	H
1	성별	연령	학력	이통사	유용성	용이성	태도	의도
2	1	3	4	1	4	4	3	4
3	1	2	4	1	4	4	3	3
4	1	2	3	1	3	4	3	3
5	1	2	3	1	3	4	4	4
6	1	2	3	1	3	2	2	3
7	1	2	3	1	1	4	3	3
8	1	2	3	1	4	4	4	3
9	1	2	3	1	3	3	3	4
91	2	2	3	3	3	4	3	3
92	2	2	3	1	3	4	3	4
93	2	2	3	2	3	5	4	4
94	2	2	5	2	4	4	4	2
95	2	3	1	2	3	2	2	2
96	2	2	3	1	3	3	2	1
97	2	1	4	2	3	4	3	3
98	2	2	3	1	3	3	3	4
99	2	2	5	2	4	2	3	3
100	2	2	3	1	3	3	3	4
101	2	2	3	1	4	2	3	3

나. 두 모집단의 분산을 알고 있을 경우

모바일 뱅킹에 대한 사용자의 유용성에 대한 인지가 성별에 따라 모집단 분산이 각각 0.6과 0.7이라고 할 때 사용자 집단 간 유용성에 대한 인지의 차이가 있는지를 분석하고자 한다. 이때의 귀무가설(H_0)은 '모바일 뱅킹의 유용성에 대한 인지에는 모집단 간 평균의 차이가 없다'로 표현할 수 있으며, 대립가설(H_1)은 '모바일 뱅킹의 유용성에 대한 인지에는 모집단 간 평균의 차이가 있다'로 표현할 수 있다.

- 귀무가설(H_0) : $\mu_A = \mu_B$
- 대립가설(H_1) : $\mu_A \neq \mu_B$

t-test를 통한 검정은 [데이터] 탭의 [분석] 그룹에서 [데이터 분석]을 클릭하여 [통계 데이터 분석] 대화상자에서 [z-검정: 평균에 대한 두집단]을 선택함으로써 가능하다.

그림 6-8 ▌ 통계 데이터 분석 대화상자 - z-검정

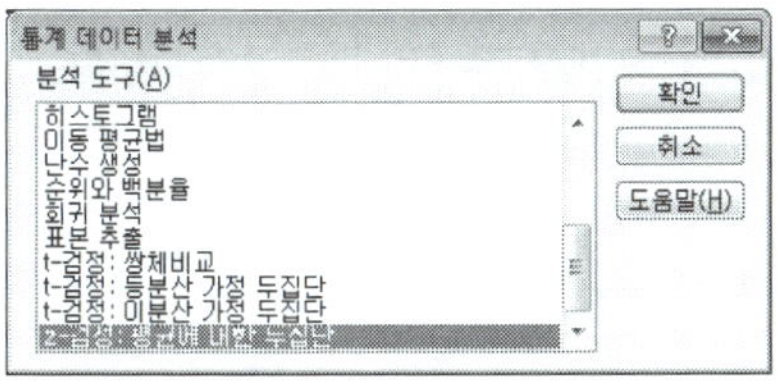

다음 그림과 같이 [변수 1 입력 범위(1):]에는 남성 사용자의 유용성에 관한 데이터 범위 "E2:E51"을 입력하고, [변수 2 입력 범위(2):]에는 여성 사용자의 유용성에 관한 데이터 범위 "E52:E101"을 입력한다. 그리고 [가설 평균차(P):]에는 표본평균이 동일하다고 가정하에 "0"을 입력한다.

그리고 [변수 1의 분산-기지값(V):]에는 "0.6", [변수 2의 분산-기지값(A):]에는 "0.7"을 각각 입력하고, [유의 수준(A):]은 "0.05"로 입력하고, [출력 범위(O):]를 "J1"을 입력하고 [확인] 단추를 클릭한다.

- 변수 1 입력 범위(1) : 분석할 첫 번째 집단의 범위로 하나의 열 또는 행 데이터
- 변수 2 입력 범위(2) : 분석할 두 번째 집단의 범위로 하나의 열 또는 행 데이터
- 가설평균차(P) : 표본평균의 차이로 0일 경우 표본평균은 같다는 의미
- 변수 1의 분산-기지값(V) : 변수 1에 대한 모집단의 분산
- 변수 2의 분산-기지값(A) : 변수 2에 대한 모집단의 분산
- 이름표(L) : 입력 데이터의 첫 행이나 열에 이름표가 있을 경우 선택
- 유의 수준(A) : t-test 검정의 신뢰수준으로 0에서 1까지 범위를 가짐

그림 6-9 ▌ z-검정: 평균에 대한 두집단 대화상자

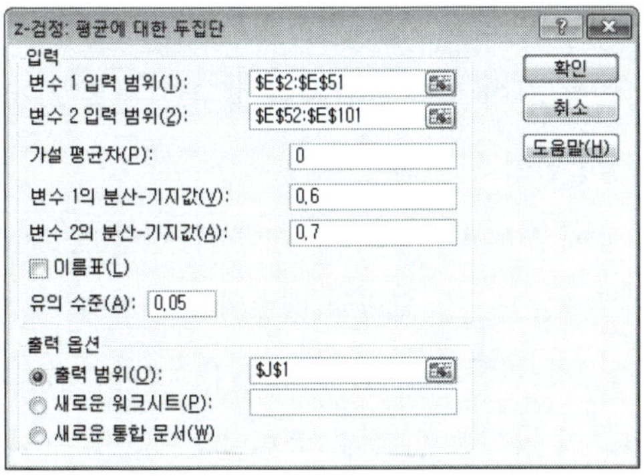

t-test 분석결과는 다음 그림과 같이 'J1'셀에 표시된다. 가설의 판정을 위해 유의수준과 비교할 확률 p값을 살펴보면 p값(양측검정)이 '0.804'로 유의수준(α) '0.05'보다 크므로 귀무가설(H_0)을 기각할 수 없다.

그림 6-10 z-검정 결과

J	K	L
z-검정: 평균에 대한 두 집단		
	변수 1	변수 2
평균	2.92	2.96
기지의 분산	0.6	0.7
관측수	50	50
가설 평균차	0	
z 통계량	-0.248069469	
P(Z<=z) 단측 검정	0.402040329	
z 기각치 단측 검정	1.644853627	
P(Z<=z) 양측 검정	0.804080657	
z 기각치 양측 검정	1.959963985	

이는 두 집단의 모평균 차이가 없다는 것을 의미하며, 따라서 남성과 여성 사용자 모두 모바일 뱅킹의 유용성을 인지하는 데에는 큰 차이가 없음을 알 수 있다.

- p값 ≦ 유의수준(α) : 귀무가설(H_0)을 기각한다.
- p값 > 유의수준(α) : 귀무가설(H_0)을 기각하지 않는다.

다. 두 모집단의 분산을 모를 경우

1) 등분산을 가정할 경우 검정

두 집단을 비교하는 경우 현실에서는 두 모집단의 분산을 알고 있는 경우보다는 알 수 없는 경우가 더 많다. 이러한 경우 두 집단 간의 차이를 분석할 때 등분산을 가정하느냐 또는 가정하지 않느냐에 따라 분석방법이 달라진다.

예를 들어, 성별에 따른 모바일 뱅킹의 용이성 인지에 차이가 발생하는지를 분석하려고 할 때 모집단의 분산을 모를 경우 귀무가설(H_0)은 '모바일 뱅킹의 용이성에 대한 인지에는 모집단 간 평균의 차이가 없다'라고 표현하며, 대립가설(H_1)은 '모바일 뱅킹의 용이성에 대한 인지에는 모집단 간 평균의 차이가 있다'로 표현할 수 있다. 이때 두 집단의 분산이 동일하다고 가정한다면 [통계 데이터 분석] 대화상자에서 [t-검정: 등분산 가정 두집단]을 선택해야 한다.

그림 6-11 ▌ 통계 데이터 분석 대화상자 - t-검정: 등분산

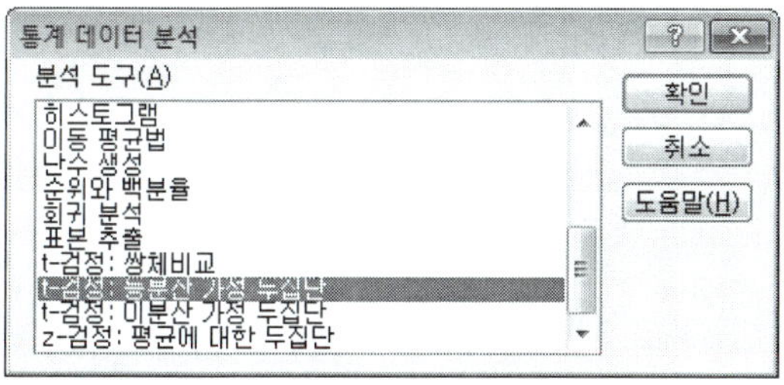

다음으로 [t-검정: 등분산 가정 두집단] 대화상자에서 [변수 1 입력 범위(1):]에는 남성 사용자의 용이성에 관한 데이터 범위 "F2:F51"을 입력하고, [변수 2 입력 범위(2):]에는 여성 사용자의 용이성에 관한 데이터 범위 "F52:F101"을 입력한다. [가설 평균차(E):]에는 표본평균이 동일하다고 가정하에 "0"을 입력하고, [유의 수준(A):]은 "0.05", [출력 범위(O):]에 "J1"을 입력한 다음 [확인] 단추를 클릭한다.

그림 6-12 ▌ t-검정: 등분산 가정 두집단 대화상자

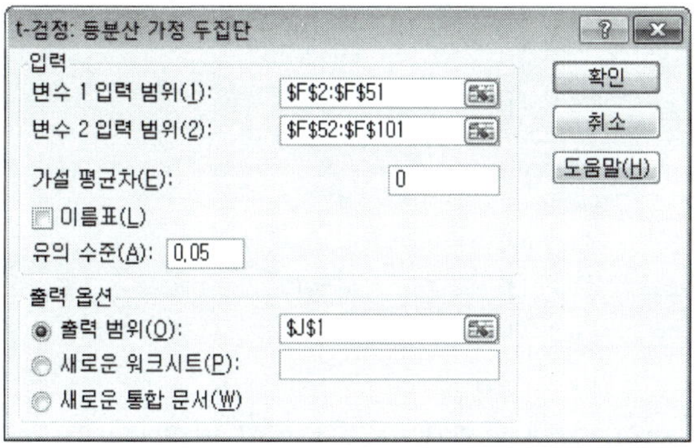

t-검정 등분산이 가정된 두 집단의 분석결과는 다음 그림과 같으며, 가설판정을 위해 유의수준과 비교할 확률 p값을 살펴보면 p값(양측검정)이 '0.249'로 유의수준(α) '0.05' 보다 크므로 귀무가설(H_0)을 기각할 수 없다. 이는 두 집단의 모평균 차이가 없다는 것을 의미하므로 남녀 사용자 사이에 모바일 뱅킹의 용이성을 인지하는 데에는

큰 차이가 없음을 알 수 있다.

그림 6-13 | t-검정 등분산 결과

J	K	L
t-검정: 등분산 가정 두 집단		
	변수 1	변수 2
평균	3.47	3.305
분산	0.404693878	0.607882653
관측수	50	50
공동(Pooled) 분산	0.506288265	
가설 평균차	0	
자유도	98	
t 통계량	1.15945799	
P(T<=t) 단측 검정	0.12454338	
t 기각치 단측 검정	1.660551217	
P(T<=t) 양측 검정	0.249086759	
t 기각치 양측 검정	1.984467455	

2) 등분산을 가정하지 않을 경우 검정

앞서 실시한 등분산을 가정한 성별에 따른 모바일 뱅킹에 대한 용이성의 차이를 분석할 때와는 다르게 모집단의 분산을 모르고, 분산이 다르다고 가정한다면 [통계 데이터 분석] 대화상자에서 [t－검정: 이분산 가정 두집단]을 선택해야 한다.

그림 6-14 | 통계 데이터 분석 대화상자 – t-검정: 이분산

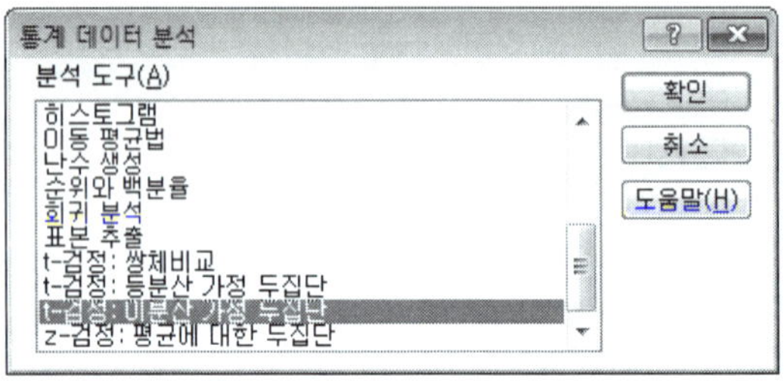

그리고 [t－검정: 이분산 가정 두집단] 대화상자에서 [변수 1 입력 범위(1):]에 남성 사용자의 용이성에 관한 데이터 범위 "F2:F51"을 입력하고, [변수 2 입력 범위(2):]에 여성 사용자의 용이성에 관한 데이터 범위 "F52:F101"을 입력한다. 그리고 [가설 평균차(E):]에는 표본평균이 동일하다는 가정하에 "0"을 입력하고, [유의 수준(A):]에는 "0.05", [출력 범위(O):]에는 "J1"을 입력하고 [확인] 단추를 클릭한다.

그림 6-15 ▌ t-검정: 이분산 가정 두집단 대화상자

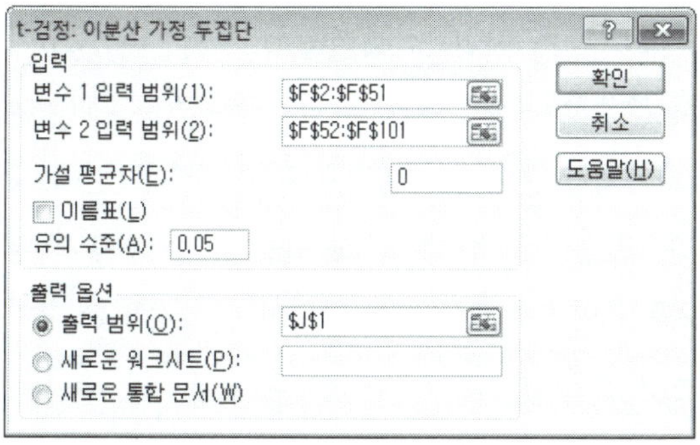

이분산 검정을 통한 t-test 결과는 다음 그림과 같으며, p값(양측검정)이 '0.249'로 유의수준(α) '0.05' 보다 크므로 귀무가설(H_0)을 기각할 수 없다. 이는 등분산을 통한 검정 결과와 동일하게 성별에 따른 모바일 뱅킹의 용이성을 인지하는 데에는 큰 차이가 없음을 알 수 있다.

그림 6-16 ▌ t-검정 이분산 결과

J	K	L
t-검정: 이분산 가정 두 집단		
	변수 1	변수 2
평균	3.47	3.305
분산	0.404693878	0.607882653
관측수	50	50
가설 평균차	0	
자유도	94	
t 통계량	1.15945799	
P(T<=t) 단측 검정	0.124603148	
t 기각치 단측 검정	1.661225855	
P(T<=t) 양측 검정	0.249206297	
t 기각치 양측 검정	1.985523442	

4 분산분석

분산분석(analysis of variance : ANOVA)은 2개 이상의 모집단의 평균을 동시에 비교하는 데 사용되는 통계기법으로 하나의 독립변수 또는 다수의 독립변수들에 대한 효과를 분석하는 데 사용된다. 분산분석의 실제 검정대상은 모집단의 분산에 대한 2개의 추정된 표본분산이 사용하기 때문에 분산분석이라고 부른다.

분산분석에는 하나의 요인(factor)을 분석대상으로 하는 일원분산분석(one-way ANOVA)과 두 개의 요인을 분석대상으로 하는 이원분산분석(two-way ANOVA)이 있다. 그리고 두 개 이상의 요인을 분석하는 경우에는 다원분산분석(multi-way ANOVA)이라 한다. 일원분산분석은 기본적인 분산분석 기법으로 한 가지 요인에 대해 분석하는 기법이다. 종속변수가 연속변수이고, 집단이 2개 이상인 독립변수가 명목변수인 변수에 대해서 사용되며, 보통 요인변수 값에 따라 종속변수가 유의한 차이를 보이는지 검정하기 위해 사용되는 기법이다.

예를 들어, 국내 이동통신사업자 3사에 따른 모바일 뱅킹에 대한 사용자들의 사용의도에 차이가 있는지 분석하고자 할 때 다음과 같이 분산분석을 수행할 수 있다. 국내 온라인 뱅킹을 하는 100명의 사용자를 대상으로 SKT 53명, KTF 35명, LGT 12명의 표본이 수집되었으며, 이들의 모바일 뱅킹 사용의도를 물어본 결과 다음과 같은 응답결과를 얻었다.

그림 6-17 ▌ 일원분산분석을 위한 데이터

	A	B	C
1	SKT	KTF	LGT
2	4	2	3
3	4	4	3
4	3	2	2
5	3	2	3
6	3	4	3
7	1	3	2
8	4	3	3
9	3	2	2
10	4	3	4
11	4	4	2
12	2	3	3
13	4	3	3
33	3	4	
34	3	3	
35	4	3	
36	4	4	
51	3		
52	3		
53	3		
54	4		

이를 위한 일원분산분석의 가설은 다음과 같이 표현된다.

- 귀무가설(H_0) : $\mu_A = \mu_B = \mu_C$
  (이동통신사업자 3사에 대한 모바일 뱅킹 사용의도는 동일하다)
- 대립가설(H_1) : μ_A, μ_B, μ_C 중 적어도 하나는 다르다.

일원분산분석을 위해 [데이터] 탭의 [분석] 그룹에서 [데이터 분석]을 클릭하여 [통계 데이터 분석] 대화상자에서 [분산 분석: 일원 배치법]을 선택한다.

그림 6-18 ▌ 통계 데이터 분석 대화상자 - 분산 분석

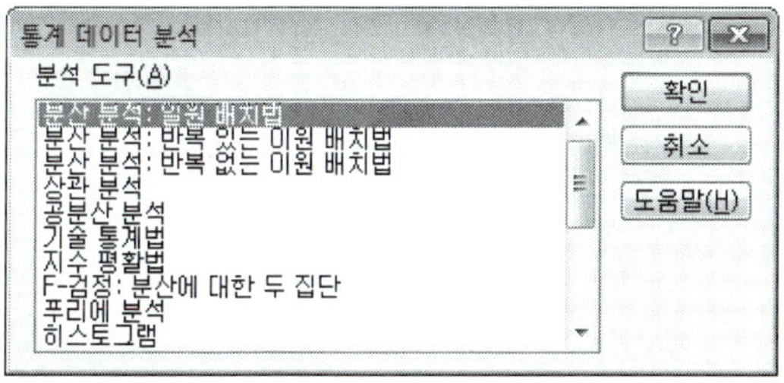

다음으로 [분산 분석: 일원 배치법] 대화상자에서 데이터의 [입력 범위(I):]를 “A1:C54”로 입력하고, [데이터의 방향:]은 [열(C)]을 선택한다. 이때 데이터의 입력범위에는 각 통신사업자의 회사명을 포함했으므로 [첫째 행 이름표 사용(L)]을 선택하고, [유의 수준(A):]을 “0.05”, [출력 범위(O):]에 “E1”을 입력하고 [확인] 단추를 클릭한다.

그림 6-19 ▌ 분산 분석: 일원 배치법 대화상자

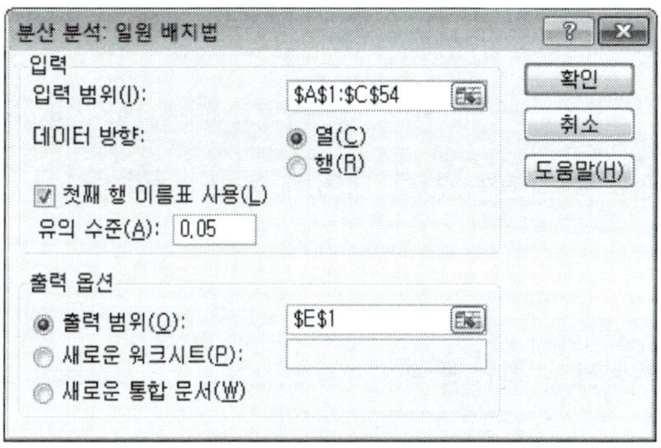

이동통신사업자 3사에 대한 모바일 뱅킹 사용의도를 일원분산분석으로 분석한 결과는 다음 그림과 같으며, 가설판정을 위해 유의수준과 비교할 확률 p값을 살펴보면 p값(양측검정)이 ‘0.435’로 유의수준(α) ‘0.05’보다 크므로 귀무가설(H_0)을 기각할 수 없다. 이는 이동통신사업자 3사 간 사용자의 모바일 뱅킹 사용의도가 다르다고 볼 수 없음을 의미한다.

그림 6-20 | 분산 분석: 일원 배치법 결과

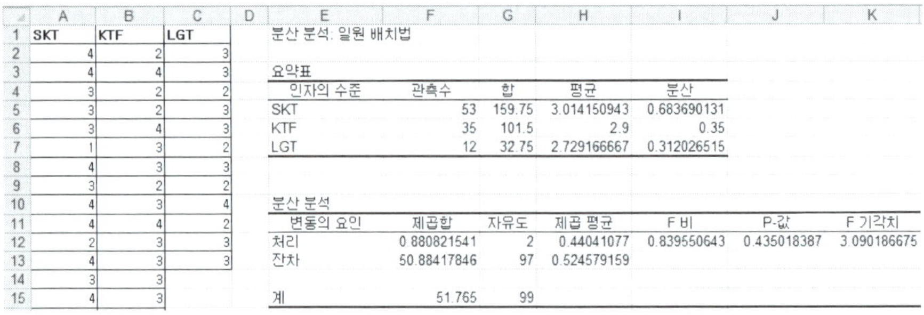

5 단순회귀분석

회귀분석(regression)은 사회현상에서 요인들의 인과관계를 수학적으로 설명하기 위해 사용되는 통계방법 중 하나이다. 예를 들어, 몸무게와 키, 지능지수와 학업성적, 흡연과 폐암의 발생률, 광고비와 매출액 등 변수들 사이의 관련 여부와 정도, 인과관계의 함수적 표현에 대해 주로 다루고 있다. 즉, 독립변수가 종속변수에 미치는 영향을 규명하고, 이를 하나의 선형방정식으로 도출하는 것이 회귀분석의 목적이다.

다음의 데이터는 이동통신사용자의 모바일 뱅킹 사용의도에 관한 내용으로 사용자의 모바일 뱅킹 유용성이 사용의도에 미치는 영향에 대해 분석하기 위해 [데이터] 탭의 [분석] 그룹에서 [ 데이터 분석]을 클릭하여 [통계 데이터 분석] 대화상자에서 [회귀 분석]을 선택한다.

그림 6-21 | 통계 데이터 분석 대화상자 – 회귀 분석

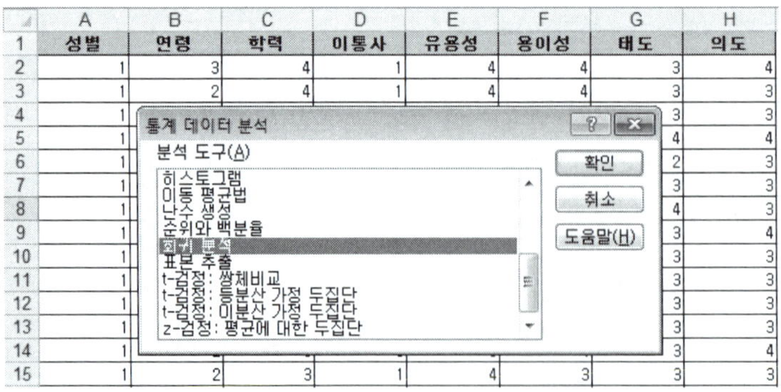

단순회귀분석을 위한 데이터의 입력은 다음 그림과 같이 [Y축 입력 범위(Y):]에 사용자 의도와 관련된 데이터 범위 "H1:H101"을 입력하고, [X축 입력 범위(X):]에 유용성에 관한 데이터 범위 "E1:E101"을 입력한다. 그리고 [이름표(L)]를 선택하고, [신뢰 수준(F)]을 "95"로 입력한 다음 나머지 [출력 옵션]들을 선택하고 [확인] 단추를 클릭한다.

그림 6-22 ▌ 회귀 분석 대화상자

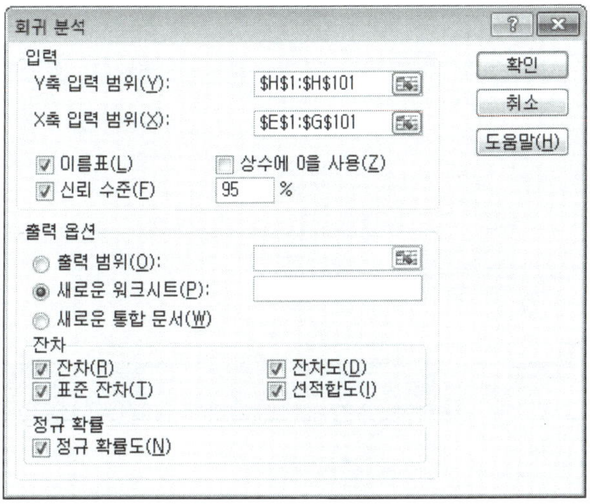

- Y축 입력범위(Y) : 종속변수의 데이터 범위로 단일 열 데이터로 이루어져야 한다.
- X축 입력범위(X) : 독립변수의 데이터 범위로 16개까지 지정할 수 있다.
- 이름표(L) : 입력 데이터의 첫 행이나 열에 이름표가 있을 경우 선택한다.
- 신뢰수준(F) : 데이터 분석의 신뢰수준을 지정한다. 기본값은 95%이다.
- 상수에 0을 사용(Z) : 회귀선이 원점을 지나도록 지정한다.
- 출력범위(O) : 분석결과가 출력될 셀을 지정한다.
- 잔차(R) : 추정된 회귀선 값과 잔차를 나타낸다.
- 잔차도(D) : 잔차들과 독립변수의 차트(산점도)를 나타낸다.
- 표준 잔차(T) : 잔차를 각각의 표준편차로 나눈 표준화 잔차를 나타낸다.
- 선적합도(I) : 회귀선을 포함한 예측값과 관측값에 대한 차트를 나타낸다.
- 정규 확률도(N) : 표준 확률 차트를 나타낸다.

단순회귀분석의 분석결과는 다음 그림과 같다. 사용자의 유용성과 의도 사이에는 'Y(의도) = 0.338X(유용성) + 1.979'의 회귀식이 추정될 수 있으며 추정된 회귀식의 적합도는 결정계수에 의해 설명될 수 있다. 따라서 결정계수가 '0.062'인 것으로 유용성이 사용의도에 대해 6%의 설명력을 가지고 있음을 알 수 있다.

그리고 유용성과 의도 사이의 유의성은 p값을 통해 알 수 있는데 p값이 '0.013'으로 유의수준(α) '0.05' 보다 작으므로 귀무가설을 기각한다. 이는 사용자의 모바일 뱅킹에 대한 유용성 인지는 사용의도에 영향을 미친다는 것을 알 수 있다.

그림 6-23 회귀 분석 결과

	A	B	C	D	E	F	G	H	I
1	요약 출력								
2									
3	회귀분석 통계량								
4	다중 상관계수	0.248146526							
5	결정계수	0.061576698							
6	조정된 결정계수	0.05200095							
7	표준 오차	0.959540936							
8	관측수	100							
9									
10	분산 분석								
11		자유도	제곱합	제곱 평균	F 비	유의한 F			
12	회귀	1	5.920667976	5.920667976	6.430484452	0.012798298			
13	잔차	98	90.23044314	0.920718808					
14	계	99	96.15111111						
15									
16		계수	표준 오차	t 통계량	P-값	하위 95%	상위 95%	하위 95.0%	상위 95.0%
17	Y 절편	1.979039892	0.403666552	4.90266008	3.74948E-06	1.177976756	2.780103027	1.177976756	2.780103027
18	유용성	0.338195048	0.133366084	2.535839989	0.012798298	0.073534396	0.602855701	0.073534396	0.602855701

6 다중회귀분석

단순회귀분석에서 종속변수를 설명하기 위해 하나의 독립변수만을 고려하였으나 현실적으로 하나의 독립변수로 종속변수의 인과관계를 설명하기에는 부족한 경우가 많다. 이런 경우 독립변수를 추가하여 설명력을 높일 수 있는데, 이처럼 독립변수가 다수인 경우에 다중회귀분석을 사용한다.

예를 들어, 이동통신사용자의 모바일 뱅킹에 대한 유용성, 용이성, 태도가 사용의도에 미치는 영향에 대해 살펴보려면 다중회귀분석을 통해 분석해야 한다. 이를 위해 [데이터] 탭의 [분석] 그룹에서 [데이터 분석]을 클릭하여 [통계 데이터 분석] 대화상자에서 [회귀 분석]을 선택한다.

그림 6-24 ▌ 통계 데이터 분석 - 다중 회귀 분석

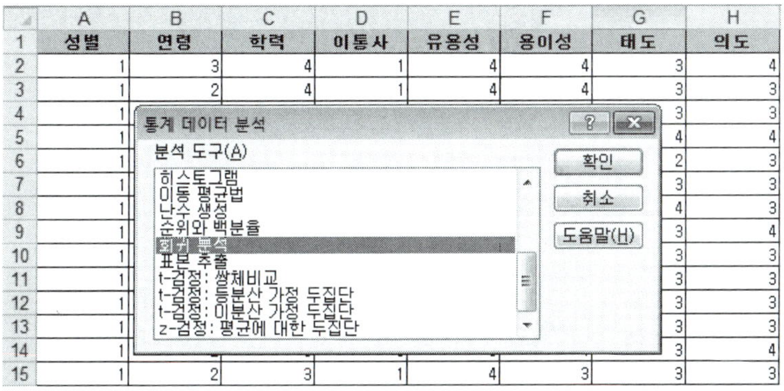

[회귀 분석] 대화상자에서 [Y축 입력 범위(Y):]에는 사용자 의도에 관련된 데이터 범위 "H1:H101"을 입력하고, [X축 입력 범위(X):]에는 유용성, 용이성, 태도에 관한 데이터 범위 "E1:G101"을 입력한다. 그리고 [이름표(L)]를 선택하고, [신뢰 수준(F)]을 "95"로 입력한 다음 나머지 [출력 옵션]들을 선택하고 [확인] 단추를 클릭한다.

그림 6-25 ▌ 다중 회귀 분석 대화상자

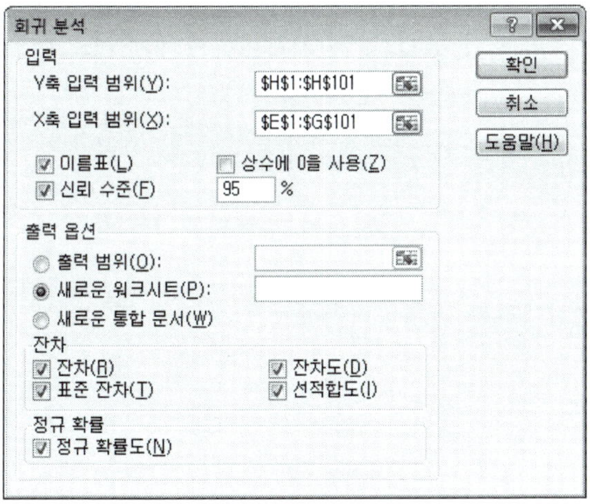

다중회귀분석의 분석결과는 다음 그림과 같다. 사용자의 사용의도에 영향을 미치는 유용성, 용이성, 태도 사이에는 'Y(의도) = −0.019X(유용성) + 0.187X(용이성) + 0.719X(태도) + 0.280'의 회귀식이 추정될 수 있으며 추정된 회귀식의 적합도는 결정계수에 의해 설명될 수 있다. 따라서 조성된 결징계수가 '0.316'인 것으로 유용성, 용이성, 태도가 사용의도에 대해 31.6%의 설명력을 가지고 있음을 알 수 있다.

그림 6-26 다중 회귀 분석 결과

	A	B	C	D	E	F	G	H	I
1	요약 출력								
2									
3	회귀분석 통계량								
4	다중 상관계수	0.579982887							
5	결정계수	0.33638015							
6	조정된 결정계수	0.315642029							
7	표준 오차	0.815269549							
8	관측수	100							
9									
10	분산 분석								
11		자유도	제곱합	제곱 평균	F 비	유의한 F			
12	회귀	3	32.34332515	10.78110838	16.22037795	1.31973E-08			
13	잔차	96	63.80778596	0.664664437					
14	계	99	96.15111111						
15									
16		계수	표준 오차	t 통계량	P-값	하위 95%	상위 95%	하위 95.0%	상위 95.0%
17	Y 절편	0.280045737	0.49820064	0.562114368	0.575348244	-0.708874716	1.268966191	-0.708874716	1.268966191
18	유용성	-0.019995404	0.128522457	-0.155579068	0.876691495	-0.275110466	0.235119658	-0.275110466	0.235119658
19	용이성	0.186788866	0.123495524	1.512515273	0.133687971	-0.058347811	0.431925544	-0.058347811	0.431925544
20	태도	0.719635586	0.137874905	5.219482017	1.03615E-06	0.445956063	0.993315108	0.445956063	0.993315108

전체 모형에 대한 유의성을 살펴보면 F값이 '16.220'이며 p값이 '0.00'으로 유의수준 '0.05'보다 작으므로 귀무가설을 기각한다. 여기에서 p값(유의한 F) '1.31973E-08'은 1E-08로 10의 -8승이라는 의미로 매우 작은 수를 의미한다. 결과적으로 전체 모형은 통계적으로 유의하며 '유용성', '용이성', '태도'가 모바일 사용자의 '사용의도'에 영향을 미친다는 것을 알 수 있다. 또한 그 중 '태도'가 사용의도에 가장 많은 영향을 미친다는 것을 알 수 있다.

연·습·문·제

01. '6장 연습문제.xls'에 포함된 '연습문제1'시트의 데이터는 일반인 55명을 대상으로 인터넷 뱅킹 사용의도를 물어본 결과이며, 개별 데이터 항목에 대한 속성과 정의는 다음과 같다. 아래에 제시된 내용을 참고하여 통계분석을 수행하시오.

- 자기 효능감 : 특정 활동에 대한 자신의 능력에 대한 자신감
- 보안 신뢰도 : 인터넷 뱅킹의 보안 서비스에 신뢰 정도
- 지각된 보안 : 인터넷 뱅킹의 보안 서비스에 대한 인지된 정도
- 보안 태도 : 인터넷 뱅킹에 대한 긍정 또는 부정적 태도
- 사용의도 : 인터넷 뱅킹을 지속적으로 사용하고자 하는 의지
- 성별 : 남성(1), 여성(2)
- 나이 : 10대(1), 20대(2), 30대(3), 40대 이상(4)
- 교육 : 고졸(1), 대학재학(2), 대졸(3), 대학원이상(5),
- 직업 : 전문직(1), 공무원(2), 자영업(3), 학생(4), 주부(5), 기타(6)
- IB 경력 : 1~3년(1), 4~6년(2), 7~9년(3), 10년 이상(4)
- 거래은행수 : 1~3개(1), 4~6개(2), 7~9개(3), 10개 이상(4)

(1) [기술 통계법]을 이용하여 성별, 나이, 교육, 직업, IB 경력, 거래은행수에 대한 '기술통계법' 시트 생성과 함께 데이터를 요약하시오.

(2) 인터넷 뱅킹 사용의도와 관련하여 남성이 여성보다 사용의도가 높을 것이라는 주장을 검정하고자 할 경우 귀무가설과 대립가설을 수립하시오.

(3) 모집단의 분산을 모르는 인터넷 뱅킹 사용자의 성별에 따른 지각된 보안에 차이가 있는지 가설을 수립하고 t-test로 검정하시오.

(4) 교육수준에 따른 인터넷 뱅킹 사용자를 나누고, 이들의 인터넷 뱅킹에 대한 보안 신뢰도에 대한 차이를 가설을 수립하고 일원분산분석으로 검정하시오.

(5) 인터넷 뱅킹 이용자의 자기효능감, 보안신뢰도, 지각된 보안, 보안태도가 사용의도에 미치는 영향을 다중회귀분석으로 분석하시오.

02. 다음은 지난 일요일 야간에 발생한 교통사고 가운데 음주운전 30건에 관한 데이터이다. 이를 아래에 제시된 내용을 참고하여 통계분석을 수행하시오.

- 성별 : 음주운전자(가해자)의 성별(1(남자), 2(여자))
- 나이 : 음주운전자(가해자)의 나이
- 혈중알코올 농도 : 운전자의 혈중 알코올 농도
- 대물피해액 : 차량파손 등의 물질 피해액(단위 : 만 원)
- 사망자수 : 해당 음주사고 피해로 사망한 사람의 수(운전자 포함)

	A	B	C	D	E
1	성별	나이	혈중알콜농도	대물피해액	사망자수
2	1	18	1.6	20,000	3
3	2	28	1.1	1,000	0
4	1	21	1.5	1,500	0
5	1	46	1.4	28,000	1
6	1	32	1.2	1,500	0
7	2	26	1.1	2,000	0
8	1	19	1.7	42,000	2
9	1	23	2.4	150,000	4
10	2	25	1.1	31,000	1
11	1	37	1.3	5,000	0
12	1	20	1.4	25,000	0
13	1	33	1.4	35,000	1
14	1	42	1.2	1,000	0
15	1	23	1.1	10,000	0
16	1	24	1.8	5,000	1
17	2	17	1.3	15,000	0
18	2	19	1.5	70,000	2
19	2	21	1.1	1,000	0
20	1	18	1.6	35,000	2
21	2	21	1.2	2,500	0
22	1	17	1.5	30,000	1
23	2	21	1.2	15,000	0
24	1	30	1.7	12,000	1
25	1	15	1.2	22,000	0
26	2	24	1.9	110,000	2
27	1	20	1.2	10,000	0
28	2	63	1.8	1,500	1
29	1	21	1.4	30,000	0
30	1	45	1.3	35,000	2
31	2	28	1.2	22,000	3

(1) [기술통계법]을 이용하여 성별, 나이, 혈중 알코올 농도, 대물피해액, 사망자수에 대한 데이터를 요약하시오.

(2) 성별에 따른 혈중 알코올 농도에 차이가 있는지 가설을 수립하고 t-test로 검정하시오.

(3) 혈중 알코올 농도가 피해자를 사망에 이르게 하는지에 관계를 규명하기 위해 가설을 수립하고, 단순회귀분석을 수행하시오.

03. 다음은 지능지수와 학습능력 간의 관계를 파악하기 위해 수집된 자료이다. 이를 아래에 제시된 내용을 참고하여 통계분석을 수행하시오.

	A	B
1	지능지수(X)	학습능력(Y)
2	94	19
3	98	64
4	112	23
5	80	38
6	104	45
7	120	39
8	107	65
9	115	57
10	118	93
11	102	80
12	98	36
13	100	40
14	116	34
15	92	93
16	116	34

(1) 지능지수와 학습능력 사이에 관계를 규명하기 위해 가설을 수립하고, 단순회귀분석을 수행하시오.

04. 다음은 특정 점포의 주당 광고횟수와 상점크기가 총판매액에 영향을 미치는지를 파악하기 위해 수집된 자료이다. 이를 아래에 제시된 내용을 참고하여 통계분석을 수행하시오.

	A	B	C
1	총판매액(Y)	주당 광고횟수(X1)	상점크기(X2)
2	62	9	7
3	90	10	12
4	118	11	17
5	89	3	16
6	62	14	4
7	58	16	2
8	87	4	15
9	36	2	6
10	110	20	10
11	119	18	13
12	116	7	19
13	81	12	9
14	115	5	20
15	76	17	5
16	73	6	11
17	39	8	3
18	50	15	1
19	147	19	18
20	79	13	8
21	73	1	14

(1) 주당 광고횟수와 총판매액 사이 관계와 상점크기와 총판매액 사이의 관계를 규명하기 위해 각각 가설을 수립하고 단순회귀분석을 수행하시오.
(2) 주당 광고횟수와 상점크기가 총판매액에 영향을 미치는지에 대한 관계를 규명하기 위해 가설을 수립하고 다중회귀분석을 수행하시오.

05. 다음은 남성과 여성의 일주일 동안 평균 TV 시청 시간이다. 아래에 제시된 내용을 참고하여 두 집단을 비교하시오.

	A	B
1	남자	여자
2	12	25
3	20	33
4	17	27
5	21	24
6	26	17
7	28	25
8	20	30
9	13	18
10	18	28
11	22	32

(1) 남녀의 모집단 분산이 0.45, 0.35라고 할 경우 TV 시청 시간에 차이가 있는지 가설을 수립하고 t-test로 검정하시오.

(2) 남녀의 모집단 분산을 모를 경우 TV 시청 시간에 차이가 있는지 가설을 수립하고 t-test로 검정하시오.

06. 다음은 교실 내 소음에 따른 학생들의 집중력을 평가한 데이터이다. 아래에 제시된 내용을 참고하여 집단의 차이를 비교하시오.

	A	B	C	D
1	소음 20%	소음 15%	소음 10%	소음 5%
2	7	12	14	19
3	8	17	18	25
4	15	13	19	22
5	11	18	17	23
6	9	19	16	18
7	10	15	19	20
8	8	14	18	21
9	11	16	19	19
10	13	18	18	24

(1) 소음 크기에 따른 집단 간 차이가 있는지 가설을 수립하고 일원분산분석을 통해 검정하시오.

Chapter 7 데이터베이스와 액세스

1. 데이터베이스의 이해
2. 데이터 모델
3. 관계형 데이터베이스 모델
4. 액세스 개요

7 Chapter 데이터베이스와 액세스

오늘날의 경영환경은 급격한 변화에 대응하기 위하여 신속한 의사결정을 요구한다. 정확하고 신속한 의사결정을 위해서는 해결해야 할 문제를 명확히 정의하여야 하고, 의사결정을 뒷받침하기 위한 자료가 준비되어 있어야 한다. 기업의 여러 구성원에 의해서 아주 다양한 유형의 의사결정이 매우 빈번히 이루어진다. 따라서 의사결정에 필요한 자료의 양도 매우 방대하다. 데이터베이스는 의사결정에 사용되는 데이터의 집합체이다.

본 장에서는 데이터베이스에 대한 이해하는데 필요한 기본 개념과 데이터베이스를 모형화하는 기법을 살펴보고, 데이터베이스를 관리하는 데 사용되는 소프트웨어 중의 하나인 마이크로소프트 액세스(Microsoft Access)의 개요를 살펴본다.

1 데이터베이스의 이해

지금 우리는 정보사회에 살고 있다. 정보사회에서는 정보의 경제적 가치에 대한 인식이 어느 때보다도 높으며 경제발전의 원동력도 정보의 획득과 전달에 관련된 산업에서 생성된다. 그렇다면 정보란 무엇인지 살펴보자.

정보의 의미를 명확하게 이해하기 위해서는 우리가 흔히 혼용하여 사용하고 있는 데이터란 용어와 비교하는 것이 좋다. 데이터와 정보를 엄밀히 구분하기 위하여 우선 데이터를 우리가 접하는 모든 형태의 기호와 신호, 즉 인간이 오감으로 인식할 수 있으며 이를 명시적으로 표현할 수 있는 그 어떤 것도 다 포함되는 것으로 정의할 수 있다. 컴퓨터와 관련하여 살펴보면 데이터는 문자와 숫자는 물론이고 그림, 동영상, 음악 등의 멀티미디어 형태로 표현된 어떤 실체에 대한 객관적인 묘사나 관념적 표현을 의미한다.

정보란 용어는 아주 다양하게 정의되고 있다. 이 중에서 의사결정의 측면에서 살펴보면, 정보란 어떤 일을 처리할 때 유용하게 사용되는 데이터를 말한다. 즉, 어떤 사람이 문제 해결을 위해 특정한 데이터를 필요로 할 때 그 데이터는 곧 정보가 되는 것이다. 따라서 이러한 관점에서는 데이터와 정보는 형태적인 측면에서 동일하다. 단지, 정보는 특정한 시점에서 그것을 필요로 하는 사람에게만 의미가 있다는 점에서 상황 의존적이며 시간 의존적이다. 개별 데이터 그 자체가 정보가 될 수도 있지만 많은 경우에는 다수의 데이터를 요약하거나 데이터를 분석하는 과정을 거쳐서 정보가 만들어진다. 오늘날 데이터의 홍수 속에서 정보를 필요로 하는 의사결정자에게 적시에 제공할 수 있도록 데이터를 가공하는 과정은 매우 어려운 작업이기 때문에 컴퓨터를 이용한 자동화된 정보시스템이 그 어느 때보다도 절실하게 요구되고 있다.

데이터를 가공하여 정보로 변환하는 기능을 하는 정보시스템에서 데이터베이스는 데이터를 저장하는 역할을 한다. 데이터베이스는 사용자의 필요에 부응하기 위하여 체계적으로 저장되고 관리되어야 한다. 데이터베이스는 사용자가 쉽게 이용할 수 있도록 체계적으로 조직화되어 있어야 한다. 사용자가 쉽게 데이터를 저장하고 조작하고 검색할 수 있어야만 사용자가 필요한 정보를 보다 효율적으로 제공할 수 있다.

데이터를 단순히 모아놓기만 해서는 데이터베이스로서의 가치가 반감된다. 데이터베이스는 사용자 보다 용이하게 활용할 수 있도록 논리적으로 연관된 데이터를 체계적으로 모은 것이라고 정의할 수 있다. 여기서 데이터를 모은 것이란 동일한 의미와 형태를 가진 다수의 데이터가 존재함을 나타낸다. 예를 들어 고객관리라는 데이터베이스가 있으면 다수의 고객에 대한 데이터가 여기에 포함된다는 것이다. 따라서, 데이터베이스의 구조를 어떻게 만들어야 사용자가 보다 더 쉽게 활용할 수 있는가 하는 것은 매우 중요한 문제이다.

하나의 데이터베이스에 포함되는 데이터는 서로 연관성이 있어야 한다. 고객관리 데이터베이스에는 고객을 식별할 수 있는 데이터(고객의 이름, 주소, 연락처 등)와 고객이 구매한 제품에 대한 데이터(제품의 이름, 가격, 수량, 일자 등)가 포함될 수 있으며, 고객관리를 위하여 필요한 이러한 데이터는 상호 관련성을 가지고 있다.

데이터베이스를 잘 관리할 수 있도록 여러 가지 기능을 제공하는 소프트웨어를 데이터베이스관리시스템(database management system : DBMS)이라고 한다. DBMS는 크게 메인프레임/서버용과 PC용으로 구분할 수 있다. 다수의 사용자를 위하여 대용량의 데이터를 처리하기 위해 사용되는 메인프레임/서버용 DBMS로는 Oracle, Sybase, Informix, Ingres 등이 널리 활용되고 있다. PC용 DBMS로는 본서에서 다루고 있는 액세스 이외에도 Foxpro, dBase, Approach 등이 있는데, 액세스가 가장 널리 활용되고 있다.

2 데이터 모델

가. 데이터 모델의 개념과 유형

데이터 모델이란 데이터베이스에 포함된 데이터들 사이의 논리적인 연관성을 간단명료하게 표현한 것이다. 데이터 모델은 관점에 따라서 여러 가지로 구분할 수 있다. 먼저, 데이터베이스의 사용자의 관점에서 데이터의 특징적인 면을 표현한 개념적 모델, 데이터베이스의 구조적 특징을 보다 상세하게 설명하는 논리적 모델, 그리고 데이터가 컴퓨터의 저장장치에 어떻게 물리적으로 저장되는가를 다루는 물리적 모델이 있다.

논리적 모델은 데이터베이스의 구조를 어떻게 만들 것인가에 따라서 다시 계층형, 네트워크형, 관계형, 객체지향형 등으로 구분된다. 이런 논리적 모델을 기초로 상용 DBMS가 만들어지며, 액세스의 경우에는 관계형 데이터 모델을 따른다. 관계형 데이터 모델은 오늘날 사용되고 있는 거의 대부분의 상용 DBMS에서 채택하고 있다.

정보시스템을 개발하는 전체적인 틀 속에서 데이터베이스를 개발하는 과정을 살펴보면 데이터베이스의 분석과 설계, 그리고 구현으로 나눌 수 있다. 데이터베이스의 개발 과정을 거치면서 데이터베이스는 개념적 모델, 논리적 모델, 그리고 물리적 모델로 점차 구체화되어 사용자가 직접 이용할 수 있는 결과물로 나타나게 된다.

나. 개체-관계성 모델

데이터베이스를 개발하면서 가장 먼저 만들어지는 개념적 데이터 모델은 데이터베이스의 구조에 대한 추상적인 표현을 담고 있다. 개념적 모델 중에서 가장 널리 쓰이는 것이 개체-관계성 모델(entity-relationship model), 줄여서 E-R 모델이다. 이것은 데이터베이스에 포함된 데이터와 데이터들 사이의 연관성을 개념적으로 표현한다.

E-R 모델의 첫 번째 기본적인 구성요소는 개체이다. 개체에는 사람, 물건, 사건, 개념 등 데이터베이스에 포함시키고자 하는 그 어떤 것도 포함될 수 있다. 이러한 개체들을 독특하게 규정지을 수 있는 특징적인 면을 속성(attribute)이라고 한다. 고객이라는 개체를 예로 들면, 각 고객을 구별할 수 있는 이름, 주소, 주민등록번호, 출생지, 성별, 체중, 신장, 선호하는 상품, 출신학교 등등의 이루 헤아릴 수 없이 많은 특성을 가지고 있다. 그 중에서 데이터베이스에 포함시킬 만큼 의미 있는 특성만을 구별하여 개체의 속성에 포함시킨다.

공통적인 속성을 가진 개체들을 총칭하여 개체집합(entity set)이라고 하고, 그 개체집합에 포함된 각각의 개체를 개체 예(entity instance)라고 한다. 개체 예는 각 속성에 대하여 구체적인 속성 값을 가진다. 다시 고객을 예로 들면, 고객의 집단(개체집합)에는 개별고객(개체 예)이 있고, 그 중에서 한 고객의 이름(속성)은 '홍길동'(속성 값)이 된다.

한 개체집합에 포함된 각각의 개체 예를 구분할 수 있는 속성을 식별자(identifier) 속성이라고 한다. 식별자 속성은 데이터베이스의 설계에 있어서 핵심적인 역할을 한다. 식별자 속성을 중심으로 데이터베이스에 포함된 데이터, 즉 개체들 사이의 연관성이 맺어진다. 식별자 속성은 또한 데이터베이스의 검색을 통하여 원하는 데이터를 추출하는 데도 중요하게 사용된다. 식별자 속성이 되기 위해서는 한 개체집합 내에서 해당 속성의 속성 값이 중복될 가능성이 없어야 하며, 속성의 값이 변경될 가능성이 적은 것이 좋다. 앞에서 설명한 고객의 예에서 주민등록번호가 식별자의 역할을 할 수 있는 속성이다.

속성이 가질 수 있는 속성 값의 최대 숫자에 따라 단일 값 속성과 다중 값 속성으로 구분된다. 단일 값 속성은 하나의 속성 값만 가질 수 있다. 다중 값 속성은 복수의 속성 값을 가질 수 있는 속성으로, 고객의 취미, 가족 이름, 연락처 등이 그 예이다.

E-R 모델의 두 번째 구성요소는 관계성이다. 관계성은 개체와 개체 사이의 연관성을 의미한다. 한 개체와 다른 개체가 어떤 관련성을 가지느냐는 그 데이터가 사용되는 상황에 따라 달라진다. 즉, 동일한 데이터라 할지라도 그 데이터를 활용하는 사용자에 따라서 다른 데이터와 관련성을 가질 수도 있고 그렇지 않을 수도 있다. 고객을 예로 들면, 어느 회사에서는 고객을 담당하는 영업직원이 별도로 배치되어 각 고객별로 담당직원이 명시적으로 지정되어 있는가 하면 다른 회사에서는 그렇지 않을 수도 있다.

다. 영업관리 예제

앞에서 설명한 E-R 모델을 영업관리를 예로 들어 설명한다. (주)효원유통은 각종 음료를 전국의 도매상에게 판매하고 있다. 전국을 서울, 중부, 남부의 세 지역으로 구분하여 고객인 도매상을 담당하고 있다. 따라서, 지점과 고객 사이에는 '담당하다'라는 관계성이 존재하고, 고객과 제품 사이에는 '구매하다'라는 관계성이 존재한다. (주)효원유통은 제조회사와 장기계약을 체결하여 제품의 단가는 변동이 없지만, 도매상에게 판매할 때에는 해당 제품의 판매 추이, 주문 수량, 재고량, 현금결제 여부 등을 고려하여 판매 가격을 결정한다. 따라서, 판매 가격은 고객별, 시기별로 변동될 수 있다.

E-R 모델을 시각적으로 표현하는 기법을 E-R 다이어그램이라고 한다. 다음 그림과 같이 개체는 직사각형으로 표시하고, 관계성은 마름모꼴로 표시한다. 아래 그림에는 나타나 있지 않지만 속성은 타원형으로 표시한다.

그림 7-1 E-R 다이어그램 예제

각 개체에 포함된 속성은 다음과 같다. 속성 중에서 밑줄 친 것은 식별자 속성이다. 아래 표에서 한 가지 유의할 점은 '구매하다'는 개체가 아니지만 속성을 가질 수 있다는 점이다. '구매하다'라는 관계성에 포함된 속성은 고객이나 제품에 포함될 속성이 아니다. 이들 속성은 특정한 고객이 특정한 제품을 구매하는 때마다 변경이 가능하다.

표 7-1 예제의 개체 및 관계성과 속성

개체/관계성	속 성
고객	고객ID, 고객명, 주소, 전화번호, 신용등급(우수, 일반, 불량으로 구분)
제품	제품번호, 제품명, 용량, 용기(캔 또는 병), 단가, 제품설명
지점	지점이름, 주소, 이메일, 전화번호, FAX번호
구매하다	판매일, 수량, 가격, 현금결제 여부
담당하다	–

3 관계형 데이터베이스 모델

논리적 데이터 모델의 일종인 관계형 데이터베이스에서는 데이터베이스의 구조를 행과 열로 구성된 이차원의 평면 테이블로 표현한다. 이 테이블(table)을 관계(relation)라고 한다. E-R 모델에서 속성은 테이블의 열(column)에 해당하고, 개체 예는 각 행(row)에 대응하는데, 관계형 데이터베이스에서는 각 행을 튜플(tuple)이라고 한다. 테이블에서 행과 열이 교차하는 각각의 칸을 셀(cell)이라고 한다. 또한, 식별자 속성을 기본 키(primary key)라고 한다.

개념적 데이터 모델인 E-R 모델에서는 개체와 관계성이라는 두 구성요소를 이용하여 데이터베이스를 표현한다. 관계형 데이터 모델에서는 테이블 형태로 표시되는 관계만으로 데이터베이스의 구조를 표현한다. 개념적 데이터 모델에서 설정한 개체의 관련성, 즉 관계성을 관계형 데이터 모델에서는 두 관계에 공통적으로 포함되는 속성을 두어 표현한다.

앞 절에서 설명한 (주)효원유통의 영업관리 예제에서 지점별로 고객을 담당하고 있다는 개념적인 데이터 모델의 관점을 관계형 데이터 모델로 표현하면 다음 그림과 같다. 즉, '지점'이라는 관계에 속한 '지점이름' 속성은 기본 키 속성이 되는데, 이 속성을 '고객' 관계에 포함시킴으로써 두 관계가 관련성을 맺고 있다는 것을 나타낸다.[1] 여기서 속성이름이 '고객' 관계에는 '담당지점'은 '고객'이라는 개체가 가지는 고유의

1) E-R 모델을 관계형 데이터 모델로 전환하는 방법은 데이터베이스의 개발에 있어서 매우 중요한 내용이다. 하지만, 데이터베이스 분석과 설계에 대한 이론적인 내용은 매우 광범위하기 때문에 이 책에서는 제외한다. 그에 대한 내용은 데이터베이스 이론서를 참고하기 바란다.

속성이 아니며, '지점' 개체와의 관련성을 표현하기 위하여 포함된 것으로 외부 키(foreign key) 속성이라고 한다. 이는 고객을 담당하는 지점이라는 의미를 명확히 하기 위해서 적절한 표현으로 변경한 것이며, 속성의 이름은 달라도 상관없다.

그림 7-2 관계형 데이터모델 스키마의 예

지점(지점이름, 주소, 이메일, 전화번호, FAX번호)

고객(고객ID, 고객명, 주소, 전화번호, 신용등급, 담당지점)

판매(제품ID, 고객ID, 판매일, 수량, 가격, 현금결제)

제품(제품번호, 제품명, 용량, 용기, 단가, 제품설명)

관계형 데이터 모델에서 2차원의 평면 테이블로 표현되는 관계는 다음과 같은 몇 가지 특징을 갖는다.

① 각 관계(테이블)는 고유한 이름을 갖는다.
② 각 셀은 단일 값만 갖는다. 즉, 관계는 다중 값 속성을 가질 수 없다.
③ 한 관계 안에서 각 행(튜플)은 고유하다. 즉, 동일한 개체에 대한 데이터가 중복되어 테이블에 저장되지는 않는다.
④ 각 속성은 고유한 이름을 갖는다.
⑤ 열(속성)의 순서는 중요하지 않다.
⑥ 행의 순서는 중요하지 않다.

위의 특징 중에서 세 번째 항목인 튜플의 고유성을 결정짓는 요소는 바로 기본 키 속성이다. 기본 키가 될 수 있는 속성은 한 관계 내에서는 동일한 속성 값이 반복되지 않기 때문이다. 이것은 또한 관계는 반드시 기본 키 속성을 가져야 한다는 것을 의미한다. 관계형 데이터 모델의 이러한 특성은 데이터베이스의 기본적인 구조를 결정하는 본질적인 제약이라고 불린다.

관계형 데이터베이스의 구조적 제약 이외에도 데이터베이스의 정확성을 높이기 위한 무결성 제약이 두 가지 있다. 먼저, 영역 제약(domain constraint)인데, 한 관계의 열(즉, 속성)에 나타나는 모든 값들은 동일한 영역에 속해야 한다. 영역이란 속성에 부여할 수 있는 값의 집합을 의미하며, 속성의 이름, 의미, 데이터 형식, 크기, 허용 가능한 값이나 값의 범위 등이 영역에 해당한다. 액세스에서는 다양한 형태의 영역제약을 설정하는 기능을 제공한다.

두 번째는 참조 무결성(referencial integrity) 제약이다. 앞서 관계형 데이터 모델에서 두 관계의 관련성을 표현하기 위하여 두 관계에 공통된 속성을 둔다고 하였다. 그 속성은 한 관계에는 기본 키가 되고 다른 관계에서는 외부 키가 되었다. (주)효원유통의 영업관리 예제에서 외부 키가 되는 '고객' 관계의 '담당지점'에 입력되는 속성 값은 기본 키가 되는 '지점' 관계의 '지점이름' 속성에 입력되어 있는 값 중에서 하나와 동일해야 한다. 그렇지 않으면 '지점' 관계에 존재하지 않는 지점이 담당하는 고객이 발생하게 된다. 이처럼 참조 무결성 제약은 데이터베이스의 정확성을 확보하기 위한 매우 기본적인 조건이다. 참조 무결성 제약을 적용하기 위한 기능은 상용 DBMS의 핵심적인 요소이다. 다음 그림은 액세스에서 참조 무결성을 설정한 화면을 보여준다.

그림 7-3 ▌ 액세스에서 참조 무결성 설정

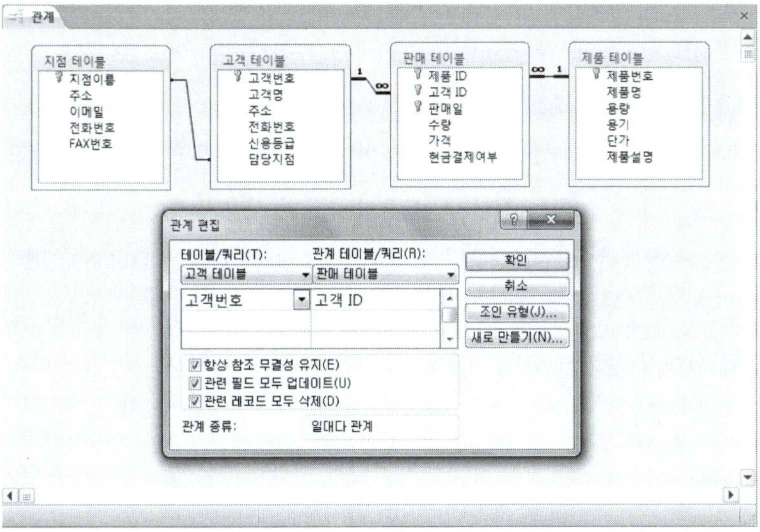

4 액세스 개요

가. 액세스의 특징

액세스는 마이크로소프트사에서 개발한 PC 기반의 상용 DBMS이다. 즉, 액세스는 데이터를 저장하고 활용하기 위한 데이터베이스를 개발하는 도구이다. 액세스는 PC에서 사용하는 대부분의 다른 응용 소프트웨어보다는 사용하기가 비교적 어려운 편에 속한다. 그 이유는 데이터베이스를 개발하기 위해서는 데이터베이스 이론에 대한 이해가 필요하기 때문이다. 액세스는 오늘날 보편적으로 적용되고 있는 관계형 데이터 모델을 기반으로 한다. 이 점 역시 데이터베이스를 개발하고 저장된 데이터를 검색하는 데 어느 정도의 사전 지식을 요구한다.

액세스는 오늘날 가장 널리 활용되고 있는 PC 기반의 DBMS인데, 데이터베이스를 개발하는데 도움을 주는 각종 메뉴와 단추, 그리고 마법사 기능을 제공함으로써 개발자의 시간과 노력을 상당히 덜어준다. 이에 따라, 기초적인 지식만 어느 정도 갖춘다면 일반 사용자도 데이터베이스를 충분히 개발할 수 있다. 액세스의 최근 버전은 인터넷 환경에서 쉽게 활용될 수 있도록 다양한 기능을 제공한다. 또한, COM(component object model)과 XML(extensible markup language)을 지원하여 마이크로소프트사의 통합적인 개발환경을 지원한다.

액세스가 PC에서 운영되는 DBMS라는 점으로 인하여 다수의 사용자를 가진 대용량의 데이터베이스를 개발하는 데는 적합치 않고, 소규모의 사용자 또는 개인용 데이터베이스에 보다 더 적합하다. 또한, 대용량의 데이터베이스를 다루는 DBMS에 비하여 데이터의 정확성을 보장하기 위한 보다 엄격한 제약조건을 설정하기가 어렵고, 데이터 처리 속도도 상대적으로 느리다는 한계도 있다.

나. 액세스 시작하기

액세스 2010 프로그램을 시작하면 다음 그림과 같은 액세스 초기화면이 나타난다.

그림 7-4 ▌ 액세스 초기 화면

프로그램 제일 상단에 표시된 [빠른 실행 도구 모음]은 프로그램 작성 시 자주 사용하는 기능들을 모아 놓은 곳으로 기본적으로 [저장], [실행취소], [다시 실행]과 같은 도구들이 제공된다. 여기에 [열기]나 [인쇄 미리보기]와 같은 도구를 추가하려면 [빠른 실행 도구 모음 사용자 지정]을 클릭하여 표시된 메뉴에서 해당 기능을 선택하면 된다.

그림 7-5 ▌ 빠른 실행 도구 모음

[빠른 실행 도구 모음 사용자 지정]을 클릭하여 표시된 메뉴에서 [기타 명령]을 선택하면 메뉴에서 제공하는 도구들 외에 다양한 기능의 도구들을 선택할 수 있는 [Access 옵션] 대화상자가 표시된다. [Access 옵션]을 이용해 [빠른 실행 도구 모음]에 원하는 기능을 추가할 수 있으며, 도구들의 화면 표시 순서도 변경할 수 있다.

그림 7-6 ❙ 액세스 옵션

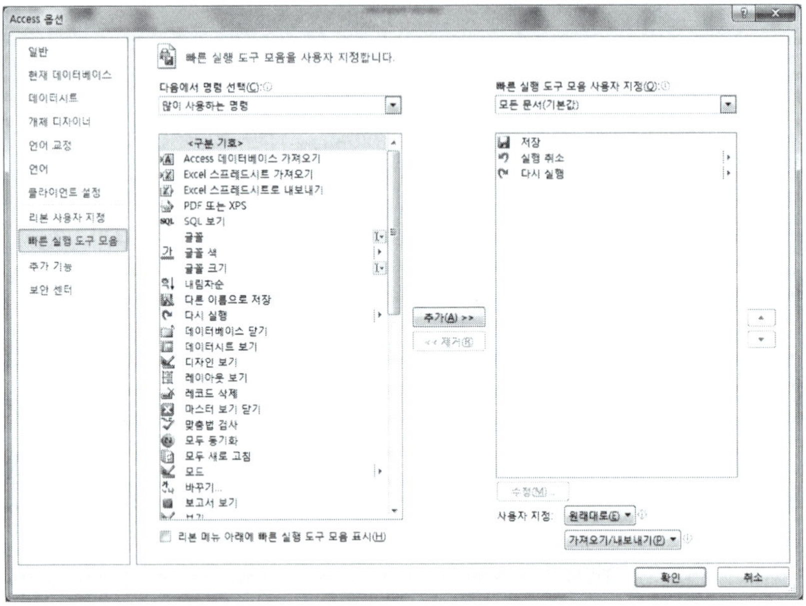

[명령] 탭은 기본적으로 [파일], [홈], [만들기], [외부 데이터], [데이터베이스 도구] 메뉴로 구성된다.

그림 7-7 ❙ 명령 탭

각 탭을 클릭하면 탭과 연결된 형태로 하단에 그와 관련된 기능들을 그룹 형태의 리본 메뉴로 표시한다. 아래 그림은 [만들기] 탭을 클릭하여 표시된 리본 메뉴이다.

그림 7-8 ❙ 만들기 탭의 리본 메뉴

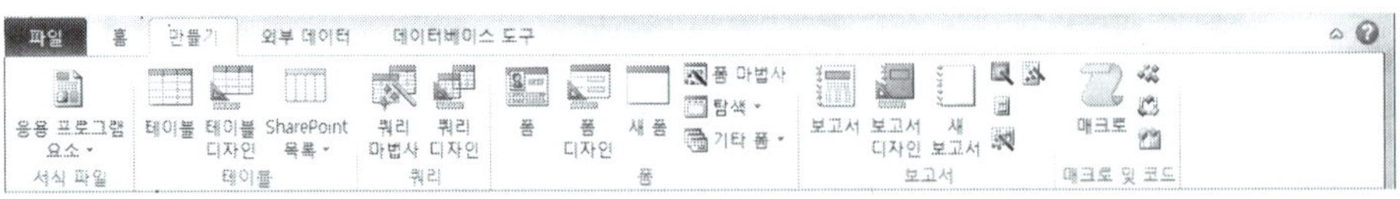

다. 새로운 데이터베이스 만들기

[파일] 탭에서는 작성 중인 데이터베이스 저장( ), 기존에 작성된 데이터베이스 불러오기( ), 작성 중인 데이터베이스 닫기( ), 최근에 작성한 데이터베이스 표시([최근에 사용한 항목]), 새로운 데이터베이스 만들기([새로 만들기]), 데이터베이스 개체 인쇄([인쇄])를 하기 위한 메뉴를 제공한다.

새로운 데이터베이스를 만드는 방법은 크게 두 가지로 구분할 수 있다. [파일] 탭의 [새로 만들기]에서 [예제 서식 파일]을 이용해 다양한 형태의 테이블, 폼, 보고서 등을 손쉽게 만드는 방법과 [새 데이터베이스]를 이용해 사용자가 테이블, 폼, 보고서 등을 직접 작성하는 방법이 있다. 또한 작성해 놓은 데이터베이스 파일을 불러오는 [열기]도 있다.

[새 데이터베이스]를 통해 새로운 데이터베이스 작성을 살펴보면 [파일] 탭의 [새로 만들기]를 클릭하고 [새 데이터베이스]가 선택된 것을 확인한 후 오른쪽 하단의 [파일 이름]에서 저장 파일 이름을 입력한 후 [만들기] 단추를 클릭한다.

그림 7-9 ▌ 새 데이터베이스 화면

액세스에서는 대부분의 다른 응용프로그램과 달리 파일 이름, 즉 데이터베이스 이름을 먼저 지정하여 저장한 뒤에 작업을 수행한다. 작성할 데이터베이스가 저장될 위

치와 이름을 지정하고 [만들기] 단추를 클릭하면 다음 그림과 같은 [데이터베이스] 창이 나타난다.

그림 7-10 | 새 파일 창

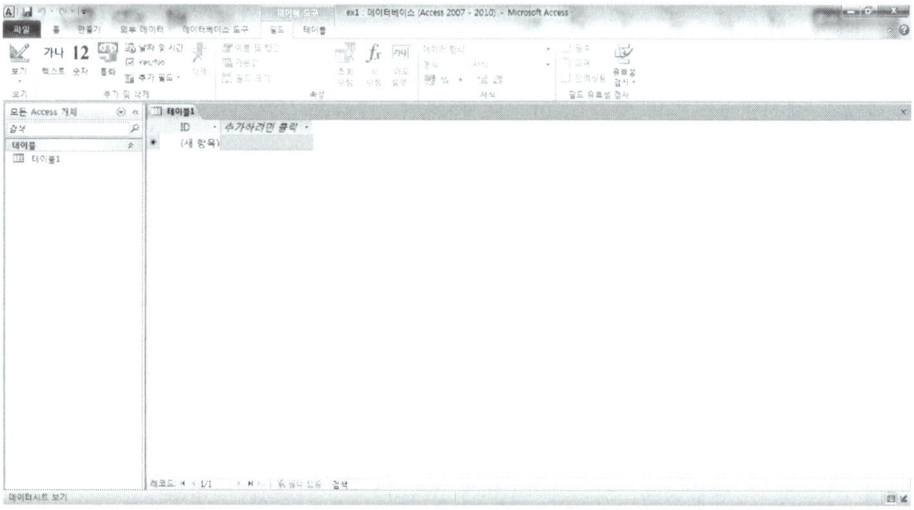

데이터베이스를 불러오거나 새 데이터베이스를 만들면 위와 같은 데이터베이스 창이 나타난다. 데이터베이스 창은 탐색 창과 작업 창으로 구분되는데, 왼쪽 영역을 탐색 창이라고 하며 데이터베이스 작성에 필요한 모든 개체(테이블, 쿼리, 폼, 보고서, 매크로, 모듈)를 표시하는 영역으로 개체를 손쉽게 이용할 수 있도록 개체 유형별로 구성되어 있다. 탐색 창에 표시되는 개체들을 여러 다른 형태로 표시할 수 있는데 [모든 Access 개체 ▾] 단추를 클릭하여 [만든 날짜]나 [수정한 날짜]별로 개체를 표시할 수도 있고, 특정 개체(테이블만, 보고서만)만을 표시할 수도 있다. 보통은 [개체 유형]과 [모든 Access 개체]를 선택하여 사용한다. 그리고 검색 창 [검색...] 을 통해 개체 이름의 전체 또는 일부를 입력하여 필요한 개체를 바로 찾을 수 있다. 탐색 창을 표시하거나 숨기려면 « 를 클릭하거나 F11 키를 눌러 설정할 수 있다.

그림 7-11 ▌ 탐색 창

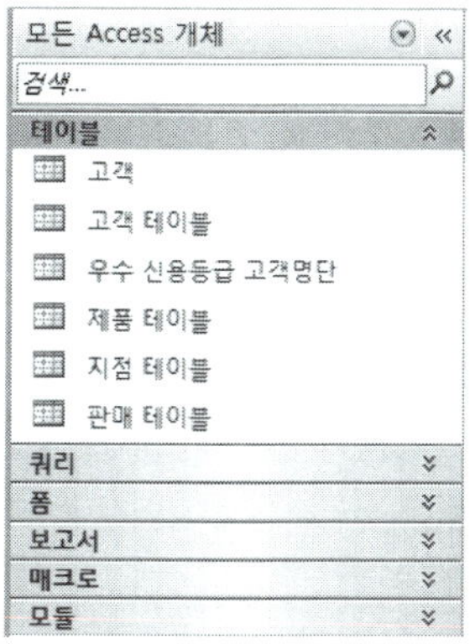

오른쪽 영역은 작업 창이라고 하며 실질적인 데이터베이스 작업이 이루어지는 영역이다. 이곳 작업 창에서는 테이블, 쿼리, 폼, 보고서, 매크로, 모듈에 관한 모든 작업들이 이루어지는데, 개체를 실행할 때마다 겹치는 창이나 별도의 창으로 나타나지 않고 탭 형태로 데이터베이스 개체를 표시한다(테이블1 쿼리1 폼1 보고서1 매크로1). 또한 작업 창은 화면 보기 방법에 따라 각 개체의 구조를 설정하는 [디자인 보기] 화면과 각 개체의 구조와 데이터를 확인하는 [데이터시트 보기]나 [레이아웃 보기] 화면을 제공한다. [디자인 보기]와 [데이터시트 보기] 및 다른 형태 보기 전환은 [홈] 탭의 [보기] 그룹에서 [보기]를 선택하여 화면 전환을 할 수 있다.

그림 7-12 ▌ 데이터베이스 작업 창

라. 액세스의 구성요소

[데이터베이스] 작업 창은 액세스에서 가장 기본이 되며, 작업 창에서 액세스의 개체, 즉 액세스에서 만드는 데이터베이스를 구성하는 요소들을 만드는 다양한 방법을 선택할 수 있다. 액세스의 구성요소는 다음의 여섯 가지가 있다.

① 테이블(table)은 데이터베이스에 있어서 가장 핵심적인 요소이다. 데이터베이스에 저장되는 데이터의 틀을 제공하며, 데이터에 대한 다양한 정보가 입력된다. 하나의 데이터베이스는 다수의 테이블로 구성되며, 테이블들은 상호 연관성을 가지게 된다.

② 쿼리(query)는 데이터베이스에 저장된 데이터 중에서 사용자가 원하는 데이터만을 검색하는 기능을 의미하며, 하나의 테이블 또는 여러 개의 테이블에 필요한 조건을 지정하여 데이터를 검색한다. 쿼리를 이용하여 데이터를 검색하는 기본적인 기능 이외에도 테이블에 저장된 데이터를 삭제하거나 새로운 테이블을 작성하는 기능도 있으며, 설정된 조건에 맞는 데이터의 합계나 평균을 계산할 수도 있다. 액세스에서 쿼리의 작성은 QBE(Query By Example)라는 방식을 이용하여 간편하게 작성할 수 있다. 물론 쿼리 작성에 있어서 표준화된 컴퓨터 언어인 SQL(Structured Query Language)도 액세스에서 지원된다.

③ 액세스에서는 테이블에 데이터를 바로 입력하고 테이블에서 데이터를 검색할 수 있지만, 폼(form)을 이용하면 데이터베이스 사용자의 인터페이스를 향상시켜 데이터의 입력과 검색을 보다 편리하게 할 수 있다. 폼에서는 데이터의 입력과 검색을 위한 양식을 디자인할 수 있는데, 데이터 입출력을 보다 편리하게 해주는 다양한 기능을 포함시킬 수 있다.

④ 보고서(report)는 테이블에 저장된 데이터를 출력하는 기능을 제공한다. 데이터를 단순히 출력하는 기능뿐만 아니라 특정한 조건에 맞는 데이터만을 추출하고, 하위그룹으로 분류하여 합계나 평균과 같은 계산을 이용하여 요약하는 기능도 있다. 보고서에서도 폼과 같이 디자인 기능을 통하여 보다 보기 좋은 보고서 양식을 만드는 기능이 있다. 이상의 네 가지가 액세스의 기본적인 구성요소라고 할 수 있다.

⑤ 매크로(macro)는 단순하고 반복적인 작업을 쉽게 처리할 수 있도록 자동화해

주는 기능을 제공한다.

⑥ 모듈(module)은 매크로로 처리할 수 없는 복잡한 기능을 VBA(Visual Basic for Application)라는 프로그래밍 언어로 직접 프로그램을 작성하는 기능을 제공한다.

액세스에서 개체를 작성하는 방법은 크게 두 가지로 구분된다. 하나는 디자인 보기를 이용하는 방법으로 작성하고자 하는 액세스 개체를 보다 세밀하게 설계할 수 있는 기능을 제공한다. 두 번째는 마법사 기능을 이용하는 방법이다. 이는 액세스 프로그램에서 미리 준비되어 있는 절차에 따라 선택사항을 설정하면서 쉽고 빠르게 작업을 마칠 수 있지만 개체의 내용을 사용자가 원하는 형태로 작성하기에는 약간의 제약이 따르는 방법이다. 데이터베이스 창의 상단에 있는 [만들기] 탭을 선택하면 각각의 개체 그룹별로 세부적인 작성방법이 표시된다.

마. 액세스의 리본 메뉴

리본 메뉴는 기본적으로 [파일], [홈], [만들기], [외부 데이터], [데이터베이스 도구]의 명령 탭으로 구성되며 각 명령 탭에는 서로 관련된 명령들로 그룹화한 명령 그룹이 포함된다. 또한 리본 메뉴에는 현재 작성 중인 개체에 따라서 조금씩 다르게 나타나는데, 테이블 개체의 경우에는 [테이블 도구]의 [필드], [테이블] 탭 또는 [디자인] 탭이 나타나며, 쿼리 개체의 경우에는 [쿼리 도구]의 [디자인] 탭이 나타나고, 폼 개체의 경우에는 [폼 디자인 도구]의 [디자인], [정렬], [형식] 탭이 나타난다. 보고서 개체의 경우에는 [보고서 디자인 도구]의 [디자인], [정렬], [형식], [페이지 설정] 탭 또는 [인쇄 미리 보기] 탭이 나타나며, 매크로 개체의 경우에는 [매크로 도구]의 [디자인] 탭이 나타난다. 이들 탭은 각 개체가 실행될 경우에만 나타나게 된다.

리본 메뉴는 이전 버전의 액세스에서 사용하던 바로가기 키를 그대로 사용할 수 있다. Alt 키를 누르면 리본 메뉴의 명령 탭 아래쪽에 바로가기 키가 나타나고, 해당 바로가기 키(예를 들어 [만들기] 탭인 C 키를 누르면)를 누르면 하단에 [만들기] 탭과 관련된 기능들의 바로가기 키가 나타난다. 이렇게 나타난 바로가기 키를 사용해 빠르고 간단한 방법으로 명령을 실행할 수 있다. 예를 들어, Alt 키를 누른 상태에서 C-T

N 키를 누르면 새로운 테이블을 만들 수 있다.

그림 7-13 ▌ 바로가기 키

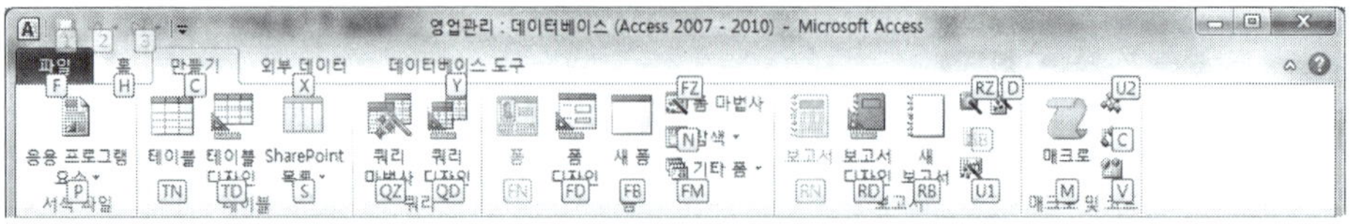

리본 메뉴에는 [파일], [홈], [만들기], [외부 데이터], [데이터베이스 도구] 탭이 포함되어 있다. [홈] 탭은 [보기], [클립보드], [정렬 및 필터], [레코드], [찾기], [텍스트 서식] 그룹으로 구성된다. 여기에서는 다른 보기 선택, 복사하기 및 붙여넣기, 글꼴 설정, 글꼴 맞춤 설정, 레코드 작업(새로 고침, 새로 만들기, 저장, 삭제, 요약, 맞춤법 검사 등), 레코드 정렬 및 필터, 레코드 찾기 기능 등을 제공한다.

그림 7-14 ▌ 홈 탭

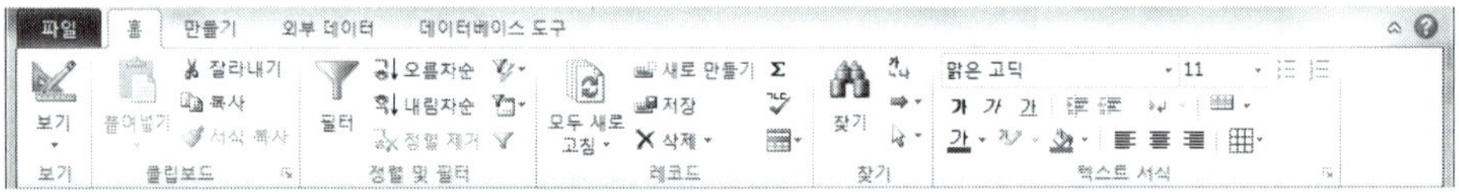

[만들기] 탭은 [서식 파일], [테이블], [쿼리], [폼], [보고서], [매크로 및 코드] 그룹으로 구성된다. 여기에서는 새 테이블 만들기, 테이블 서식 파일을 사용하여 새 테이블 만들기, SharePoint 사이트 목록을 만들고 현재 데이터베이스에 새로 만든 목록에 연결되는 테이블 만들기, 디자인 보기에서 새 테이블 만들기, 현재 테이블 또는 쿼리를 기초로 하는 새 폼 만들기, 새 피벗 테이블 또는 차트 만들기, 현재 테이블 또는 쿼리를 기초로 하는 새 보고서 만들기, 새 쿼리, 매크로, 모듈 또는 클래스 모듈 만들기 기능 등을 제공한다.

그림 7-15 ▌ 만들기 탭

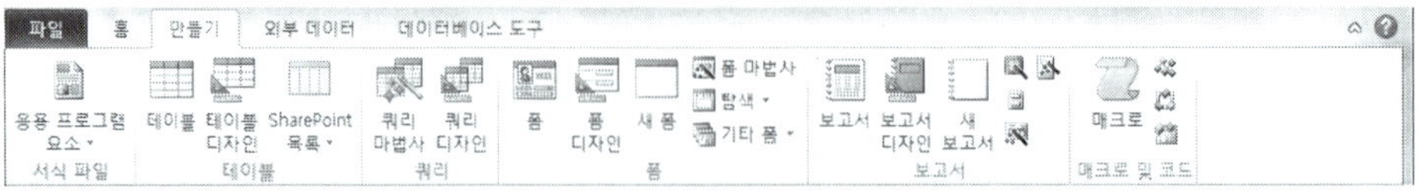

[외부 데이터] 탭은 [가져오기 및 연결], [내보내기], [데이터 수집] 그룹으로 구성된다. 여기에서는 외부 데이터 가져오기 또는 연결, 데이터 내보내기, 전자 메일을 통한 데이터 수집 및 업데이트, 저장된 가져오기 및 저장된 내보내기 만들기, 연결 테이블 관리자 실행 기능 등을 제공한다.

그림 7-16 ▌ 외부 데이터 탭

[데이터베이스 도구] 탭은 [도구], [데이터베이스 도구], [매크로], [관계], [분석], [데이터 이동], [추가 기능]으로 구성된다. 여기에서는 일부 또는 전체 데이터베이스를 새 SharePoint 사이트 또는 기존 SharePoint 사이트로 이동, Visual Basic Editor를 실행하거나 매크로 실행, 테이블 관계 만들기 및 보기, 개체 종속성 표시/숨기기, 데이터베이스 구조 분석 실행 또는 성능 분석, Microsoft SQL Server 또는 Access 데이터베이스(테이블에만 해당)로 데이터 이동, Access 추가 기능 관리, VBA(Visual Basic for Application) 모듈 만들기 또는 편집 기능 등을 제공한다.

그림 7-17 ▌ 데이터베이스 도구 탭

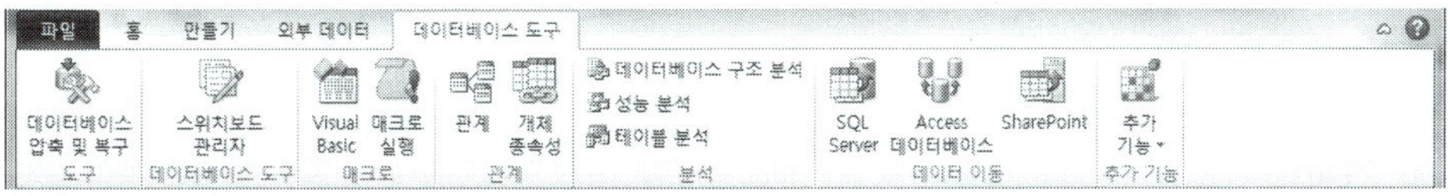

연·습·문·제

01. 데이터와 정보는 어떻게 다른가?

02. 데이터베이스가 필요한 이유는 무엇인가?

03. 데이터 모델의 유형을 설명하시오.

04. 개체-관계성 모델을 설명하시오.

05. 관계형 데이터베이스의 특징을 설명하시오.

06. 관계형 데이터베이스의 제약을 설명하시오.

07. 액세스의 특징을 설명하시오.

08. 액세스의 구성요소를 열거하고 설명하시오.

09. 파일이름이 '영업관리'인 데이터베이스 파일을 작성하여 로컬디스크(C:)에 자신의 이름으로 폴더를 만들어 저장하시오.

10. 여러분의 주위에서 일상적으로 사용하는 데이터베이스의 예를 다섯 가지 이상 열거하시오.

Chapter 8 테이블 만들기

1. 테이블 만들기 개요
2. 테이블 도구를 이용한 테이블 만들기
3. 테이블 디자인을 이용한 테이블 만들기
4. 관계 설정
5. 테이블을 만드는 다른 방법

Chapter 8 테이블 만들기

테이블(table)은 데이터를 저장하고 관리하는 곳으로 데이터베이스에서 가장 기본이 되는 요소이다. 하나의 데이터베이스는 여러 개의 테이블로 구성된다. 한 데이터베이스에 포함된 테이블들은 상호 연관성을 가지는데, 테이블 사이의 연관성을 이용하여 여러 테이블에 저장된 데이터를 유기적으로 조합하여 데이터를 검색할 수 있다. 또한 테이블로부터 원하는 데이터를 추출하여 폼, 쿼리, 보고서 등에서 이용한다. 이 장에서는 액세스에서 테이블을 만드는 다양한 방법을 살펴보고 테이블 간의 관계를 설정하는 방법을 살펴본다.

1 테이블 만들기 개요

액세스에서는 테이블을 작성하는 여러 가지 방법을 지원한다. 액세스를 처음 시작할 때 [파일] 탭의 [새로 만들기]에서 [새 데이터베이스]나 [예제 서식 파일]을 선택하는 방법은 이미 제7장에서 설명하였다. 이번 장에서는 액세스 프로그램이 열려 있는 상태에서 새로운 테이블을 작성하는 방법에 대해서 살펴보기로 한다.

먼저 액세스 프로그램이 열려 있는 상태에서 [만들기] 탭의 [테이블] 그룹에서 [테이블]이나 [테이블 디자인]을 선택하는 방법, [만들기] 탭의 [서식 파일] 그룹에서 [응용 프로그램 요소]를 선택하여 [문제점], [사용자], [설명], [연락처], [작업]과 같은 서식을 선택하는 방법, [외부 데이터] 탭의 [가져오기 및 연결] 그룹에서 [Excel]이나 [텍스트 파일]을 선택하여 외부 데이터를 가져오면서 테이블을 작성하는 방법을 통해 새로운 테이블을 작성할 수 있다.

표 8-1 테이블 작성방법

테이블 작성방법	설 명
테이블( )을 이용해 테이블 만들기	[데이터시트 보기] 화면을 통해 엑셀의 스프레드시트 형태로 데이터를 직접 입력해서 작성하는 방법이다.
테이블 디자인( )을 이용해 테이블 만들기	[디자인 보기] 화면을 통해 테이블을 구성하는 데이터의 구조를 설계하는 기능을 제공하며, 데이터를 직접 입력하지는 않는다.
응용 프로그램 요소( )	액세스에서 제공하는 미리 작성된 여러 주제에 대한 테이블 서식을 사용한다.
테이블 가져오기	다른 외부 프로그램에서 작성한 파일의 데이터를 액세스로 가져온다.
테이블 연결	다른 외부 프로그램에서 작성한 파일의 데이터를 액세스에 연결한다.

여기에서 [테이블]을 이용해 테이블을 작성하는 방법은 [데이터시트 보기]에서 테이블을 작성하는 방법으로 스프레드시트와 비슷한 화면에 데이터를 직접 입력할 수 있는 방법이다. 하지만 이 방법은 필드의 이름과 데이터 형식을 직접 설정할 수 있는 것을 제외하고는 테이블의 구조에 대한 세부 설정이 어렵다.

테이블을 작성하는 방법 중 가장 널리 사용되는 방법인 [테이블 디자인]을 이용해 테이블을 작성하는 방법은 다소 복잡해 보이기는 하나 테이블의 구조를 정밀하게 설정할 수 있고 영역제약과 참조 무결성 제약을 통하여 데이터를 입력할 때 발생할 수 있는 오류를 사전에 방지하여 데이터의 정확성을 어느 정도 보장할 수 있도록 설정하는 기능을 제공한다. 하지만 이 방법은 [테이블]을 이용해 테이블을 작성하는 방법과는 달리 데이터를 직접 입력할 수 없다.

[응용 프로그램 요소]에 포함되어 있는 여러 요소들 중에 하나를 선택하여 테이블을 작성하는 방법은 미리 저장되어 있는 서식을 이용해 테이블을 작성하는 방법으로 사용자의 요구에 맞는 서식이 없는 경우에는 테이블 작성에 있어 더 많은 시간과 노력이 요구된다.

다음으로 [외부 데이터] 탭의 [가져오기 및 연결] 그룹을 이용해 테이블을 작성하는 방법으로 엑셀이나 텍스트 파일로 작성된 데이터를 액세스로 가져와 테이블을 작성하는 방법이다.

2 테이블 도구를 이용한 테이블 만들기

[만들기] 탭의 [테이블] 그룹에서 [테이블]을 통해 테이블을 작성하는 방법은 먼저 액세스 프로그램이 열려 있는 상태에서 시작하는데, 이 방법은 사용자가 직접 테이블 작성에 필요한 필드와 데이터 형식을 설정할 수 있으며, 동시에 데이터를 바로 입력할 수도 있다. 제7장 연습문제에서 이미 작성된 '영업관리' 데이터베이스에 새로운 테이블을 추가하기 위해 [만들기] 탭의 [테이블] 그룹에서 [테이블]을 클릭하면 다음 그림과 같이 '테이블2'가 만들어진다.

그림 8-1 추가 테이블 작성 초기 화면

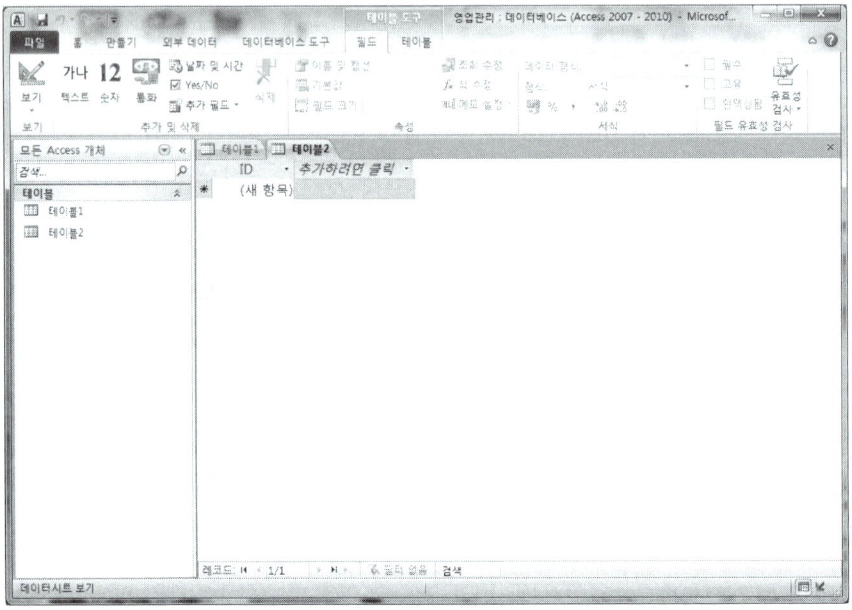

'테이블2'에 새로운 필드를 추가하기 위해 다음 그림과 같이 오른쪽 작업 창에서 [*추가하려면 클릭*]을 클릭하여 나타난 목록에서 데이터 형식으로 '텍스트'를 선택한다.

그림 8-2 필드 추가 및 데이터 형식 설정

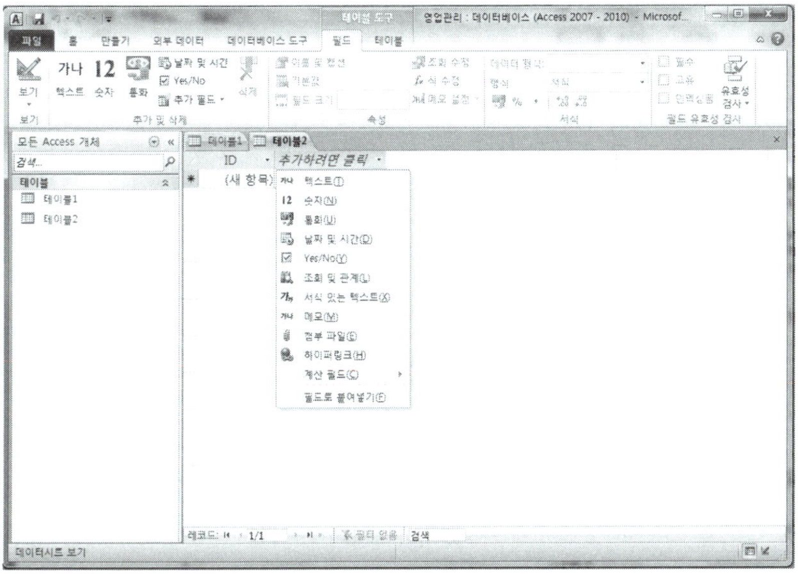

그리고 필드 이름으로 "고객명"을 입력하고 엔터키를 누른다. 이와 같은 방법으로 표 8-2에서 제시한 필드 이름을 텍스트 형식과 함께 추가한다.

그림 8-3 필드 추가 완료

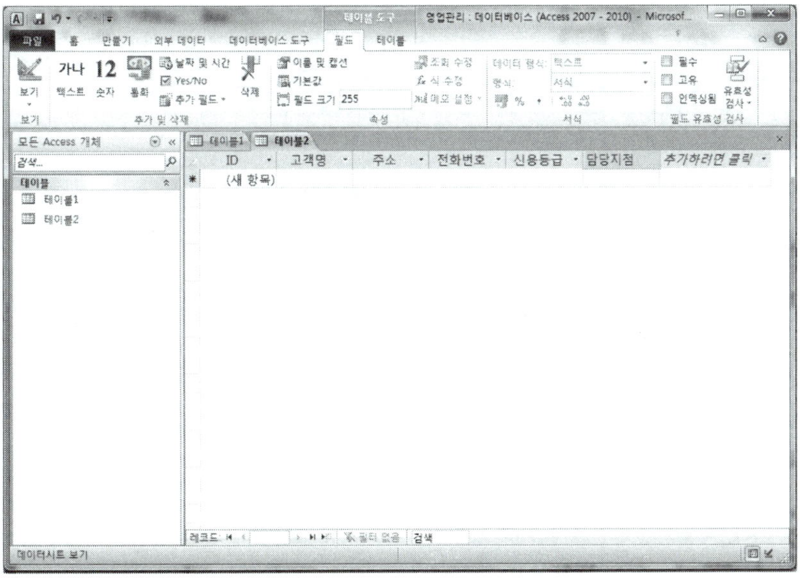

▌표 8-2 ▌ 필드 이름과 데이터 형식

필드 이름	데이터 형식	데이터
고객번호	텍스트	10011
고객명	텍스트	울산상회
주소	텍스트	서울시 강동구 길동
전화번호	텍스트	024737741
신용등급	텍스트	불량
담당지점	텍스트	중부

필드 이름을 변경하고자 하는 경우에는, 변경하고자 하는 필드 위에서 마우스 오른쪽 버튼을 클릭하여 나타난 바로가기 메뉴에서 [필드 이름 바꾸기(N)]를 선택하거나 해당 필드 이름을 더블클릭하거나 [테이블 도구]의 [필드] 탭에서 [속성] 그룹의 [이름 및 캡션]을 클릭하여 변경할 수 있다. 데이터 형식을 변경하고자 하는 경우에는 우선 변경하고자 하는 필드를 선택하고 [테이블 도구]의 [필드] 탭에서 [서식] 그룹의 [데이터 형식:] 목록 상자를 통해 변경할 수 있다.

그림 8-4 ▌ 필드 이름 변경

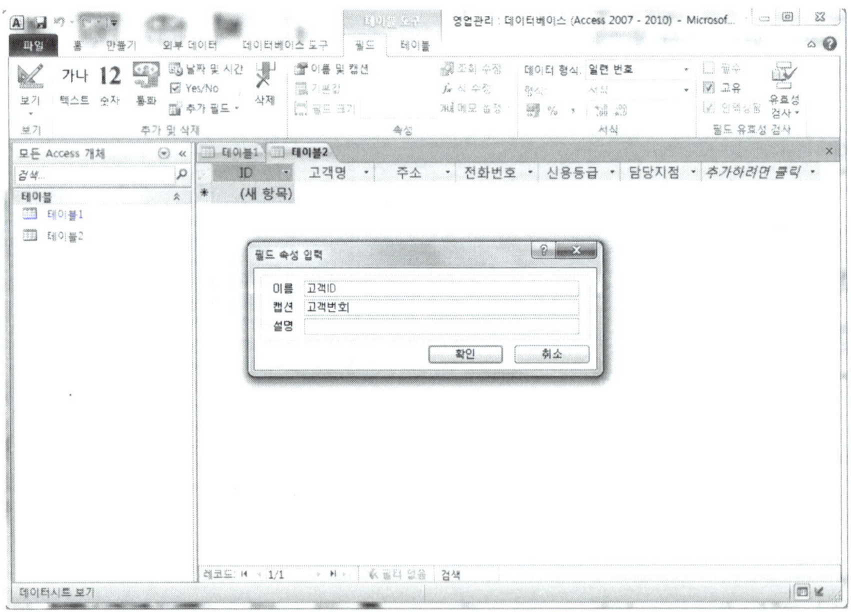

필드 이름과 데이터 형식을 모두 설정한 다음 그림과 같이 데이터를 입력한다. 표 8-2에서 제시한 데이터를 엔터키나 방향키를 이용해 필드별로 입력한다.

그림 8-5 ❙ 테이블에 데이터 입력

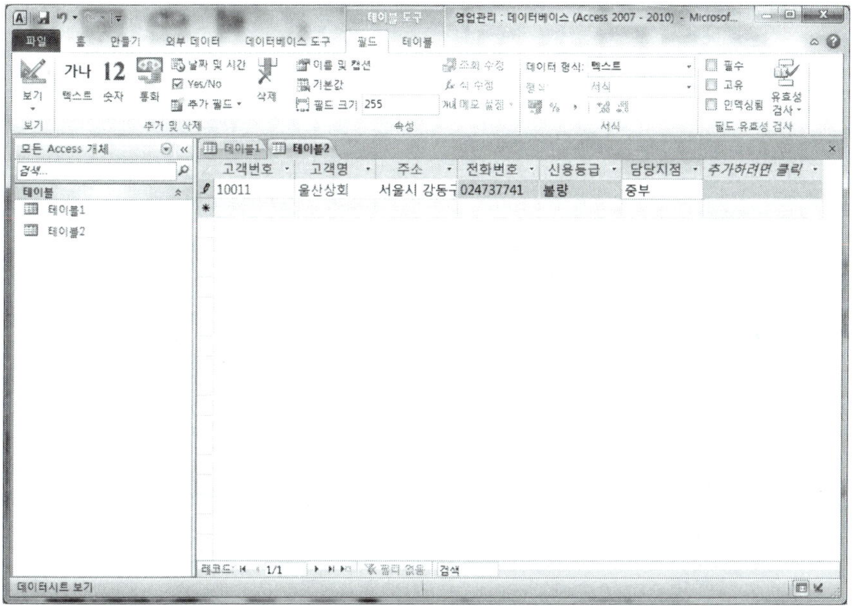

데이터 입력 후 [빠른 실행 도구 모음]에서 [저장]을 클릭하여 테이블을 저장한다.

그림 8-6 ❙ 테이블 저장

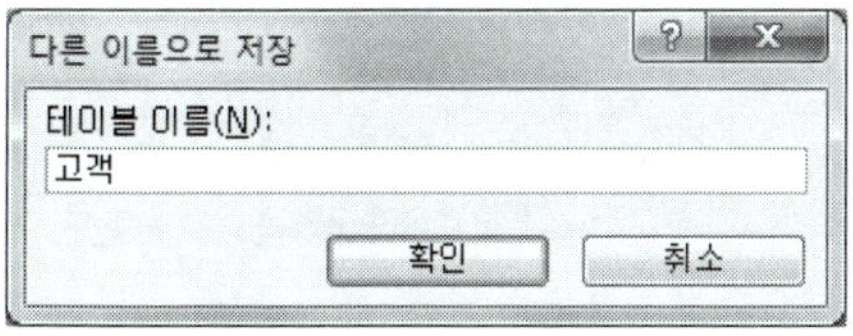

테이블 작성에 있어서 가장 중요한 작업은 필드 이름과 데이터 형식 설정이다. 디자인 보기에서는 이러한 작업을 보다 쉽게 할 수 있다.

[디자인 보기]는 [홈] 탭의 [보기] 그룹에서 [보기]의 [디자인 보기(D)]를 클릭한다.

그림 8-7 데이터시트 보기에서 디자인 보기로 창 전환

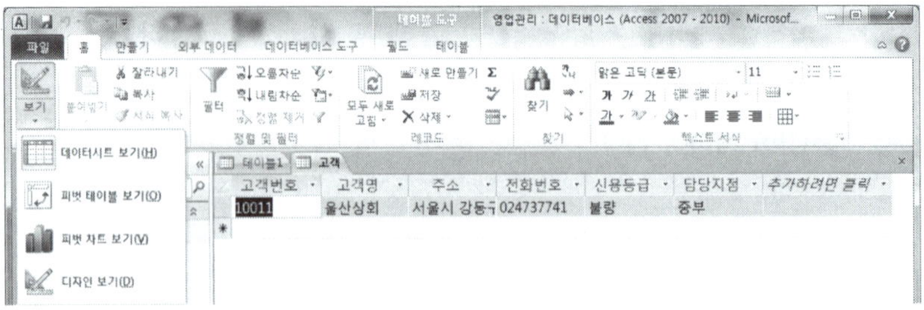

다음 그림과 같이 [디자인 보기] 창에서는 필드 이름, 데이터 형식 등을 손쉽게 작성 및 변경할 수 있다.

그림 8-8 디자인 보기 창

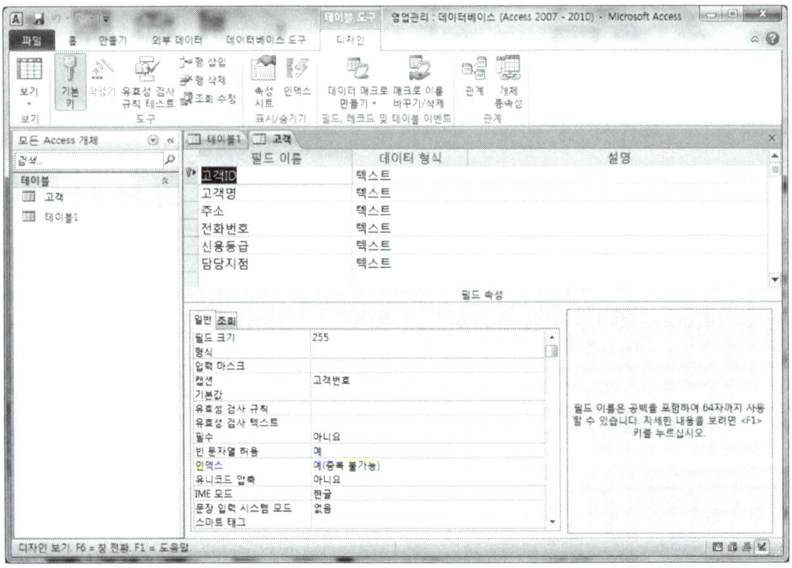

3 테이블 디자인을 이용한 테이블 만들기

[만들기] 탭의 [테이블] 그룹에서 [테이블 디자인]은 앞에서 설명한 [테이블]의 경우와 마찬가지로 테이블을 만드는 가장 일반적인 방법이지만, [테이블]과 같이 데이터를 직접 입력하지는 않는다. [테이블 디자인]은 테이블을 구성하는 데이

터의 구조를 먼저 설계한 후, 각 필드, 입력될 데이터의 형식, 속성 등을 지정하는 방법이다.

가. 테이블 디자인 창

1) 테이블 디자인 창의 구성요소

[만들기] 탭의 [테이블] 그룹에서 [테이블 디자인]을 클릭한다. 테이블 디자인 창은 테이블을 구성하는 모든 필드에 대한 세부적인 정보를 설정할 수 있는 기능을 제공한다. 테이블 디자인 창은 크게 두 영역으로 구분할 수 있는데 필드 이름, 데이터 형식, 설명을 설정하는 상위 영역과 각 필드의 세부적인 형식을 설정하는 일반 탭과 조회 탭으로 구성된 하위 영역으로 구분된다.

그림 8-9 테이블 디자인 창

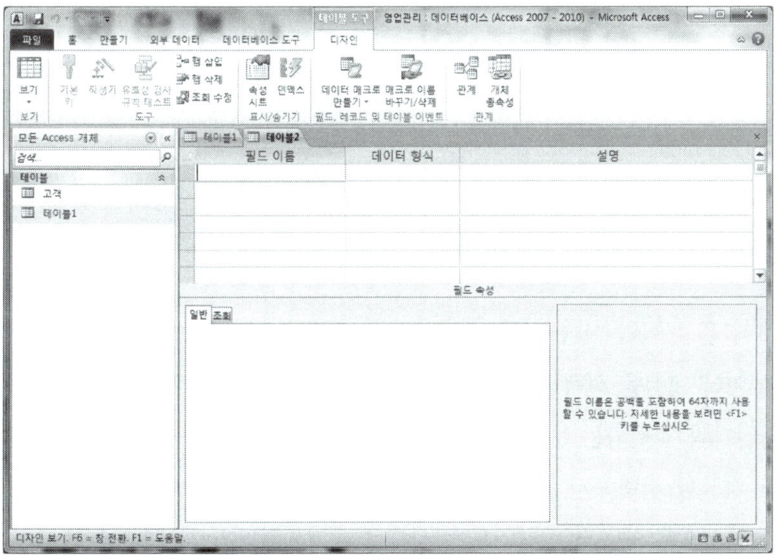

먼저 상위영역의 [필드 이름]은 한 테이블에 포함된 필드의 고유한 이름을 의미한다. 한 테이블 내에서는 동일한 필드 이름이 존재할 수 없다. 그러나 동일한 필드 이름이 다른 테이블에는 있어도 관계없다. 필드 이름은 공백을 포함하여 최대 64자까지 입력이 가능하다. 하지만 일반적으로는 필드 이름을 그렇게 길게 입력하지 않으며, 필드에 대한 자세한 설명을 붙이고 싶을 때는 필드의 설명 칸을 사용한다.

[데이터 형식]은 필드에 입력된 데이터가 취할 수 있는 형식을 의미한다. 필드 이름을 입력하고 데이터 형식 칸을 선택하고 드롭다운 단추(▾)를 클릭하면 다음 그림과 같은 데이터 형식 목록이 나타난다. 만약 데이터 형식을 지정하지 않고 다음 필드의 이름을 입력하면 데이터 형식을 기본적으로 텍스트로 지정된다.

그림 8-10 ▌ 데이터 형식 목록

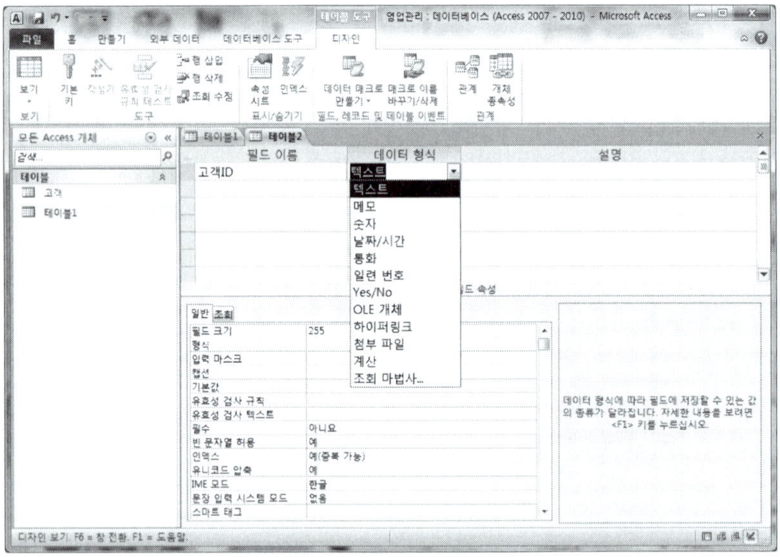

다음의 표 8-3은 데이터 형식을 설명하고 있다. 필드에 입력되는 데이터 값에 따라서 적절한 데이터 형식을 선택하는 것은 데이터베이스의 저장 공간을 얼마나 효율적으로 사용하는가와 직결되는 문제이다. 또한, 데이터의 정확성을 향상시키기 위해 적절한 데이터 형식을 선택하는 일은 매우 중요하다. 만약 필드에 데이터 형식을 지정하지 않아 기본적으로 제공되는 텍스트 형식으로 지정되었다면 제품의 판매단가나 수량과 같은 필드에 사용자가 숫자를 입력하더라도 데이터베이스는 문자로 인식할 수 있다. 또한 날짜와 시간의 입력 양식을 통일하지 않았다면 나중에 데이터 검색과 같은 작업 시 데이터베이스가 정확하게 작동하지 않을 가능성이 크다. 이처럼 데이터의 정확성 향상을 위해서 필드 속성에 보다 상세한 제약조건을 설정할 필요가 있다.

표 8-3 액세스에서 지원되는 데이터 형식

데이터 형식	설명	최대크기
텍스트	기본값으로 전화번호처럼 계산이 필요 없는 숫자뿐만 아니라 텍스트와 숫자의 조합 또는 텍스트를 입력할 수 있다.	255자
메모	길이가 255자를 넘는 서식 있는 문자열을 저장하는 데 사용된다. 긴 텍스트 또는 텍스트와 숫자의 조합을 입력할 수 있다.	65,535자
숫자	통화 수치가 아닌 숫자 값을 저장하는 데 사용된다. 수학적 계산에 사용되는 숫자 데이터를 입력할 수 있다.	1~12Byte
날짜/시간	시간 기반 데이터를 저장하는 데 사용된다. 서기 100년부터 9999년 사이의 날짜와 시간을 입력할 수 있다. 12시간제 또는 24시간제를 모두 지원한다.	8Byte
통화	통화 데이터를 저장하는 데 사용된다. 소수점 앞 15자리와 소수점 뒤 4자리까지의 데이터를 포함하는 수학적 계산에 사용되는 통화 값 및 숫자 데이터를 입력할 수 있다. 통화 필드의 데이터는 계산 시 반올림하지 않는다.	8Byte
일련 번호	새로운 레코드가 추가될 때마다 숫자가 자동적으로 할당된다. 숫자는 임의로 할당되거나 새로운 레코드에 대해 1만큼씩 증가된다. 사용자가 필드의 값을 임의로 변화시킬 수는 없다.	4Byte
Yes/No	True/False, 예/아니오, On/Off와 같은 부울 값을 저장하는데 사용된다. 형식 속성의 설정에 따라 유효한 하나의 값만 저장된다.	1Bit
OLE 개체	Microsoft Office Excel 스프레드시트와 같은 OLE 개체를 레코드에 연결하는 데 사용된다. 하지만 일반적으로 액세스에 포함되거나 연결되는 문서, 그림, 동영상, 소리와 같은 개체를 지정할 때는 첨부 파일 형식을 사용한다. OLE는 Object Linking and Embedding의 약자로서 마이크로소프트사의 개체 연결 및 삽입 기술이다.	1GB
하이퍼링크	전자메일 주소나 웹사이트 URL과 같은 하이퍼링크를 저장하는 데 사용된다. 다른 데이터베이스 개체의 위치, Office 문서, 웹페이지 등과 같은 문자 또는 문자와 숫자의 조합으로 구성된 하이퍼링크 주소를 지정한다.	2,048자
첨부 파일	이미지, Office 파일, 문서 파일 등을 삽입하는 데 사용된다. 전자메일에 파일을 첨부하는 것과 비슷한 방법이다.	확장명 포함 255자 이하
계산	계산 결과를 저장하는 데 사용된다. 계산은 같은 테이블의 다른 필드를 참조해야 하며, [식 작성기]를 사용하여 계산을 만들 수 있다.	
조회 마법사	필드의 데이터 값을 직접 입력하지 않고 목록에서 선택하도록 한다. 이 형식을 선택하면 조회 마법사가 실행되어 선택 가능한 필드 값의 목록을 만든다.	값을 저장하기 위해 사용되는 텍스트 필드 크기

데이터 형식 중에서 조회 마법사에 대해서 좀 더 살펴보도록 하자. 예를 들어, 고객의 신용등급이 '우수', '보통', '불량'으로 구분되고, 사용자가 데이터 입력 시 텍스트를 직접 입력하지 않고 목록에서 선택하도록 하고자 한다.

먼저 필드의 이름을 입력하고 데이터 형식을 조회 마법사로 선택하면 [조회 마법사] 창이 나타난다. 조회 마법사의 첫 번째 단계에서는 조회 필드에 표시할 데이터 값을 지정한다. 여기에는 두 가지 방법 중 하나를 선택하는데, 하나는 이미 만들어진 테이블이나 쿼리에 있는 값을 조회하는 방법이고, 다른 하나는 조회할 데이터 값을 직접 입력하는 방법이다.

그림 8-11 ▌ 조회 마법사 1단계

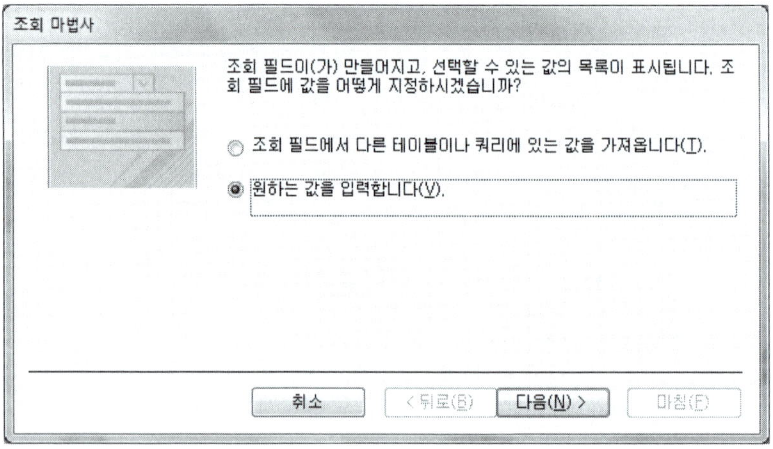

조회 마법사의 두 번째 단계에서는 다음 그림처럼 데이터 목록을 입력한다. 데이터 목록을 입력할 때 주의해야 할 점은 각 데이터를 입력한 후 다음 행으로 이동할 때 엔터 키(Enter↵)를 누르지 말고 아래쪽 방향 키(↓)를 이용하여야 한다. 입력을 마치고 [다음(N) >] 단추를 클릭한다.

그림 8-12 ▌ 조회 마법사 2단계

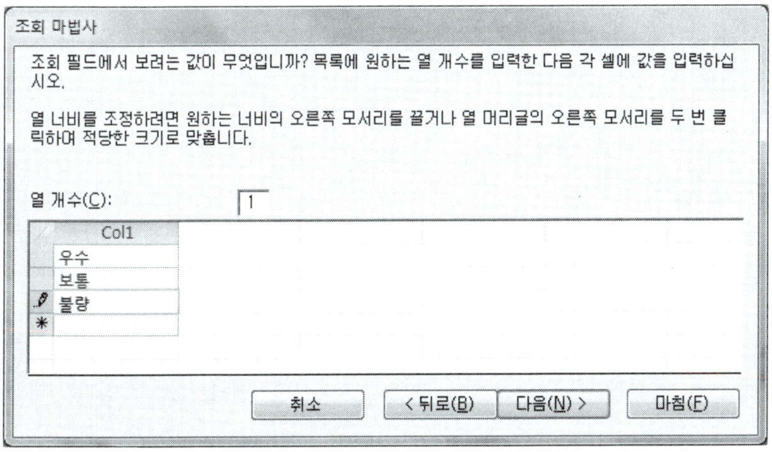

조회 마법사의 마지막 단계에서는 조회 필드에 붙일 레이블을 입력한다. 만약 조회 마법사를 실행하기 전에 필드 이름을 먼저 입력하였다면 레이블 입력란에 자동으로 나타난다.

그림 8-13 ▌ 조회 마법사 3단계

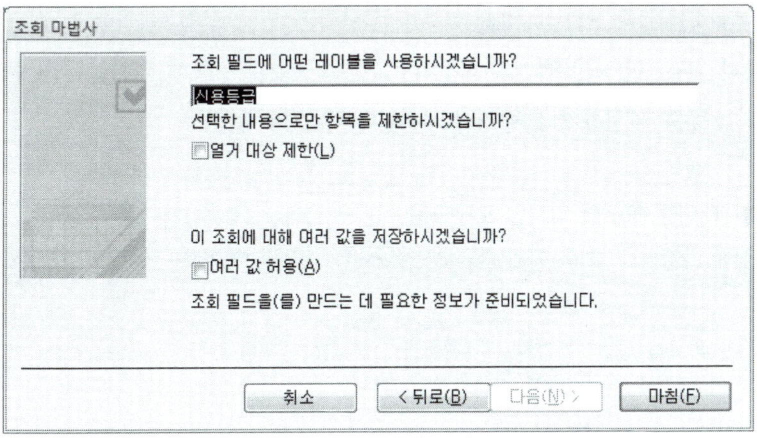

필드 설명은 폼에서 필드를 선택할 때 상태 표시줄에 표시되는 메시지이며 입력하지 않아도 무관하다. [디자인 보기]에서 [데이터시트 보기]로 전환하면 설명 칸에 입력된 내용이 액세스 주 화면의 맨 아래쪽에 있는 상태 표시줄 왼쪽에 표시된다. 해당 테이블을 이용하여 폼을 작성한 경우에도 마찬가지로 상태 표시줄에 설명

칸에 입력한 내용이 표시된다.

데이터베이스를 개발할 때 기업의 모든 데이터베이스를 한꺼번에 개발하는 것은 현실적으로 불가능하다. 또한 하나의 데이터베이스라도 한 사람이 개발하는 것이 아니라 여러 사람이 개발에 참여하게 된다. 이렇게 기존에 개발된 데이터베이스와 새로 개발하는 데이터베이스와의 통합이 필요한 경우나 데이터베이스 개발 프로젝트에 참여하는 개발자들 사이의 의사소통에 가장 어려운 부분이 바로 테이블의 필드에 대한 이음동의어와 동음이의어 문제이다.

예를 들어, 고객의 이름이라는 동일한 필드를 '고객정보'라는 테이블에서는 고객이름으로 명명하였으나 '판매관리'라는 테이블에서는 고객성명이라고 할 수 있다. 따라서 가급적 설명란에 그 필드가 의미하는 바가 무엇인지 기입해두어 필드의 의미를 명확히 하는 것이 좋다. 물론 이러한 이음동의어나 동음이의어 문제 이외에도 필드이름만으로 해석하기 어려운 경우에는 해당필드에 대한 이름을 알기 쉽게 풀어서 표시하는 것이 좋다.

2) 테이블 디자인 도구

[보기] 형식 중에서 [디자인 보기]를 선택하면 다음 그림과 같이 [테이블 도구]의 [디자인] 탭이 나타난다. [디자인] 탭에 나타난 다양한 도구들을 이용해 테이블과 관련된 여러 가지 기능들을 설정하거나 변경할 수 있다.

그림 8-14 ▌ 테이블 도구의 디자인 도구모음

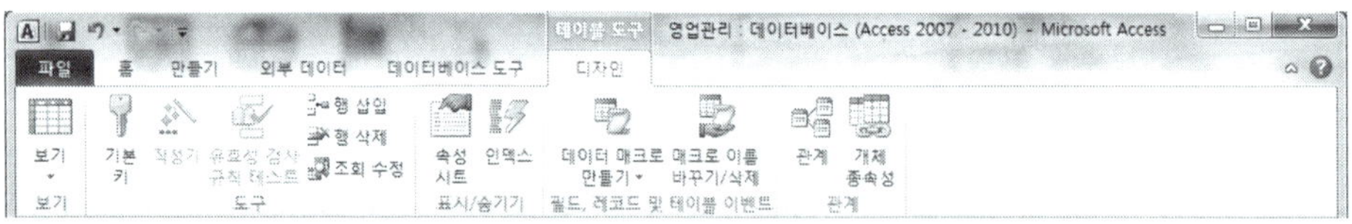

다음의 표 8-4는 테이블에 적용되는 도구들 중에서 편집과 관련된 도구를 제외한 나머지 도구를 설명하고 있다. 이 중에서 몇 가지를 설명하자면, 먼저 [홈] 탭의 [보기] 그룹에서 [보기]는 테이블의 설계 내용을 보여주는 [디자인 보기(D)]와 테이블에 포함된 데이터를 모두 보여주는 [데이터시트 보기(H)], 그리고 [피벗 테이블 보기(O)]와 [피벗 차트 보기(V)] 기능을 제공한다. 다시 말해 [홈] 탭의 [보기] 그룹에서 [보기]를 이용하여 테이블의 [디자인 보기(D)]와 [데이터시트 보기(H)]를 손쉽게 상호 전환할 수 있으며 특히 액세스의 모든 개체에 대한 설계 내용과 실행 결과를 빠르게 상호 전환하여 보여주는 편리한 기능을 제공하기 때문에 액세스에서 자주 사용한다.

[기본 키]는 각 레코드를 고유하게 식별할 수 있는 값이 들어 있는 필드를 지정하는데 사용한다. 기본 키는 여러 개의 필드로 구성되는 경우가 있는데, 이때에는 Ctrl 키를 누른채 해당 필드를 선택하고 [기본 키]를 클릭한다. 기본 키로 설정된 필드를 이용하여 한 데이터베이스에 속하는 테이블 사이의 관련성을 설정하게 된다. [작성기]는 각 필드에 대한 입력 마스크, 기본값, 유효성 검사 규칙에서 함수, 연산자, 상수와 같은 식을 작성할 때 여러 가지 기본 함수를 쉽게 사용할 수 있도록 [식 작성기] 창을 표시한다.

표 8-4 테이블 디자인 도구 설명

단추	도구이름	설명
	보기	데이터시트 보기, 피벗 테이블 보기, 피벗 차트 보기, 디자인 보기를 선택한다.
	기본 키	각 테이블의 레코드를 고유하게 식별할 수 있는 기본 키 필드를 설정한다.
	작성기	선택한 필드나 속성의 작성기를 보여준다.
	유효성 검사 규칙 테스트	필수 입력 속성, 빈 문자열 허용 속성, 유효성 검사 규칙 등의 설정을 테스트한다.
	행 삽입	커서가 위치한 곳에 새로운 필드를 넣기 위한 행을 추가한다.
	행 삭제	커서가 위치한 필드를 삭제한다.
	조회 수정	조회 필드를 생성하고 조회 필드에서 선택할 수 있는 값 목록을 지정한다.
	속성 시트	테이블 속성을 설정하기 위한 속성 시트를 보여준다.
	인덱스	데이터의 검색속도를 향상시키기 위하여 인덱스를 작성한다.
	데이터 매크로 만들기	테이블에 데이터를 입력하거나 업데이트, 삭제 시 실행되는 데이터 매크로를 작성한다.
	매크로 이름 바꾸기/삭제	테이블에 설정된 데이터 매크로를 표시하고 삭제할 수 있는 데이터 매크로 관리자 창을 표시한다.
	관계	테이블 간의 관계를 설정하기 위한 관계 창을 표시한다.
	개체 종속성	선택한 테이블에 대한 개체 종속성을 보여준다.

나. 필드 속성

필드 속성은 필드의 성격을 규정하는 집합이라 할 수 있다. 각 필드 속성에 대한 세부적인 설정은 [테이블 디자인] 창의 하위 영역에서 [일반] 탭을 통해 설정할 수 있는데, 필드의 크기는 얼마인지, 화면에 표시되는 형태는 어떤 모습인지, 시스템에서 불리는 이름은 무엇인지, 입력 가능한 값은 무엇인지 등의 여러 가지 요소를 설정하여 필드의 성격을 결정할 수 있다. 필드의 속성을 적절하게 지정함으로써 데이터베이스의 정확성을 보다 더 향상시킬 수 있다. 하지만 반대로 속성을 잘못 정의하는 경우에는 데이터의 입력과 검색에 있어서 뜻하지 않은 오류로 이어질 수 있으므로 주의를 기울여야 한다. 필드 속성의 세부적인 항목은 어떤 데이터 형식을 지정하였느냐에 따라서 부분적으로 다르게 표시된다. 다음 그림은 '제품 테이블'의 [제품번호] 필드에 대한 속성을 보여주고 있다.

그림 8-15 ▌ 필드 속성

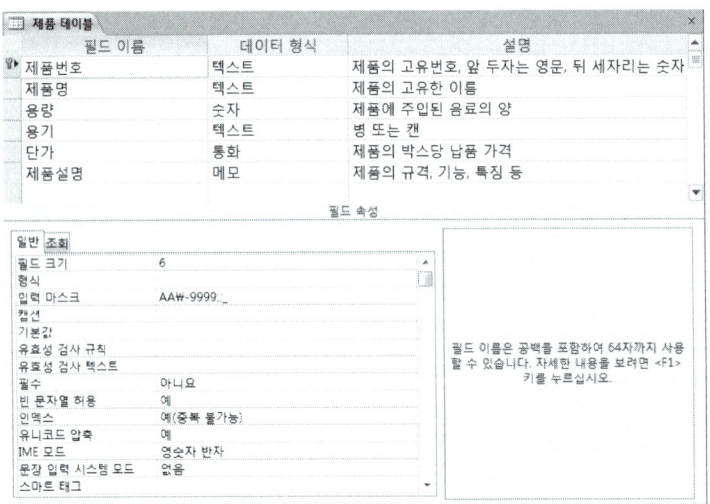

1) 필드 크기

각 필드가 가질 수 있는 최대 크기는 데이터 형식에 따라 다르다. 필드 크기를 지정할 수 있는 데이터 형식은 텍스트와 숫자에 한정된다. 필드의 최대 크기가 미리 설정되어 있음에도 불구하고 필드 속성에서 필드의 크기를 다시 설정하는 이유는 저장될 데이터 크기에 알맞게 필드의 크기를 설정하면 데이터베이스의 처리 속도가 빨라지고 저장 공간도 적게 차지하기 때문이다. 따라서 필드에 입력 가능한 데이터 값의 최대 범위보다 더 크게 필드 크기를 설정할 필요는 없다.

텍스트로 데이터 형식이 지정된 필드의 경우에는 필드 크기가 기본값으로 '255'로 설정되어 있다. 대부분의 경우에는 이보다 작은 크기로 설정해도 무방함으로 해당 필드에 입력되는 데이터의 성격에 맞게 적절히 조절한다. 숫자 데이터의 경우에는 다음의 표 8-5와 같이 입력 가능한 값의 범위와 소수점 자릿수에 따라 필드 크기가 정해져 있으며 이를 드롭다운 목록에서 선택한다. 예를 들어, 판매 테이블의 판매 수량의 경우에는 정수로 지정하고 사람의 나이는 바이트로 지정하는 것이 적절하다.

▌표 8-5▐ 숫자 데이터의 종류

유형	크기	소수 자릿수	저장크기
바이트	0~255 사이의 숫자를 저장한다(분수 제외).	지정 안함	1바이트
소수점	-10^{38-1}에서 10^{38-1} 사이의 숫자를 저장한다(.adp). -10^{28-1}에서 10^{28-1} 사이의 숫자를 저장한다(.mdb, accdb).	28	2바이트
정수	−32,768~32,767 사이의 숫자를 저장한다.	지정 안함	2바이트
정수 (Long)	−2,147,483,648~2,147,438,647 사이의 숫자를 저장한다(분수 제외).	지정 안함	4바이트
실수 (Single)	음수 값의 경우 −3.402823E38~1.401298E−45 사이의 숫자를 저장하고, 양수 값의 경우 1.401298E−45~3.402823E38 사이의 숫자를 저장한다.	7	4바이트
실수 (Double)	음수 값의 경우 −1.79769313486231E308~−4.94065645841247E−324 사이의 숫자를 저장하고, 양수 값의 경우 4.94065645841247E−324~1.79769313486231E308 사이의 숫자를 저장한다.	15	8바이트
복제 ID	GUID(Globally Uniue Identifier) : Access 데이터베이스에서 복제에 대한 고유 식별자를 설정하는 데 사용한다.	해당 없음	16바이트
10진수	−9.999E27~9.999E27 사이의 숫자를 저장한다.	해당 없음	12바이트

2) 형식

데이터가 화면에 표시되거나 출력되는 형태를 필드 속성에서 지정할 수 있다. 모든 데이터 형식에 해당되는 것은 아니고, 통화, 숫자, 날짜에만 적용된다. 각 데이터 형식에 대해서 선택 가능한 몇 가지 데이터 표시 방식을 수록하고 있는 드롭다운 목록에서 선택한다. 예를 들어, 날짜/시간 필드에 대해서 다음 그림처럼 '2007년 12월 24일 월요일'과 같이 요일을 포함한 날짜를 자세한 형태로 표시하거나 '2007-12-24'와 같이 축약형으로 표시할 수 있다.

그림 8-16 ▌ 날짜/시간 데이터의 세부 형식

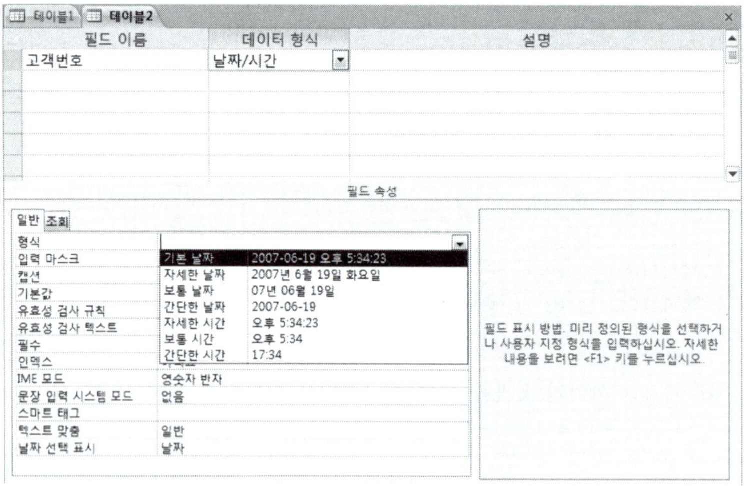

3) 입력 마스크

입력 마스크 속성은 입력되는 데이터의 형식을 지정하는 것으로, 데이터 형식 중에서 텍스트, 숫자, 날짜/시간 그리고 통화에 대해서 적용된다. 입력 마스크는 데이터 입력을 용이하게 할 뿐만 아니라 데이터의 입력 과정에서 오류가 발생하지 않도록 도와주는 역할을 한다. 문자나 숫자를 반드시 입력하거나 선택적으로 입력하도록 지정하며, 괄호나 하이픈(-)을 표시하여 데이터를 입력할 때 도움을 준다. 예를 들어, 문자와 숫자가 복합적으로 구성되어 있는 자동차번호와 같은 데이터를 입력할 때 문자가 입력되어야 하는 부분에 숫자가 입력된다든지 그 반대의 경우가 발생하는 것을 방지함으로써 보다 정확한 데이터가 입력되도록 보조하는 역할을 한다. 입력 마스크는 3개의 구역으로 구분되며 각 구역은 세미콜론(;)으로 구분한다.

| 표 8-6 | 입력 마스크의 구역

구역	설명
첫 번째 구역	입력 마스크 형식을 설정한다(입력 마스크 형식은 표 8-7을 참고).
두 번째 구역	데이터를 입력할 때 입력을 안내해 주는 기호를 데이터와 함께 저장할 것인지의 여부를 설정한다. • 0 : 기호와 데이터가 함께 저장된다. • 1이나 공백 : 기호를 제외한 데이터만 저장된다.
세 번째 구역	데이터 입력을 안내해 주기 위해 입력할 데이터의 위치에 표시되는 기호를 설정한다. 기본값은 언더바(_)로 표시된다.

입력 마스크는 사용자가 직접 설정할 수 있지만, 일반적으로 입력 마스크 마법사를 사용하여 설정한다. 입력 마스크 마법사는 [입력 마스크] 입력란을 선택하면 오른쪽에 입력 마스크 마법사 단추(...)가 나타나는데, 이것을 클릭하면 다음 그림과 같이 [입력 마스크 마법사] 대화상자가 나타난다. 다음 그림은 날짜/시간 데이터 형식에 대한 입력 마스크 마법사로, 다양한 형태의 날짜와 시간 형식을 예제로 보여주며 그 중에서 원하는 형식을 선택하도록 한다.

그림 8-17 | 입력 마스크 마법사 1단계

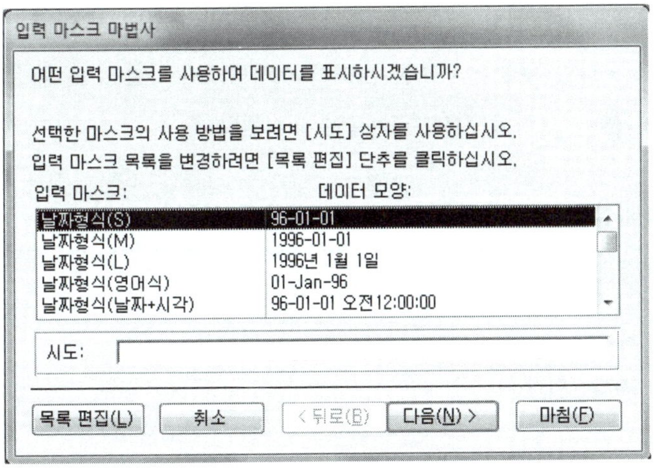

입력 마스크 마법사의 두 번째 단계에서는 다음과 같은 입력 마스크의 기호를 지정한다. 대화상자의 상단에는 입력 마스크 형식이 나타난다. 입력 마스크 형식에 사용되는 문자와 기호의 의미는 다음의 표 8-7에서 설명하고 있다. 표 8-7의 필수/선택 항목은 입력 마스크에서 설정한 문자/숫자가 입력되는 칸에 데이터가 반드시 입력되어야 하는지의 여부를 나타낸다.

그림 8-18 ▌ 입력 마스크 마법사 2단계

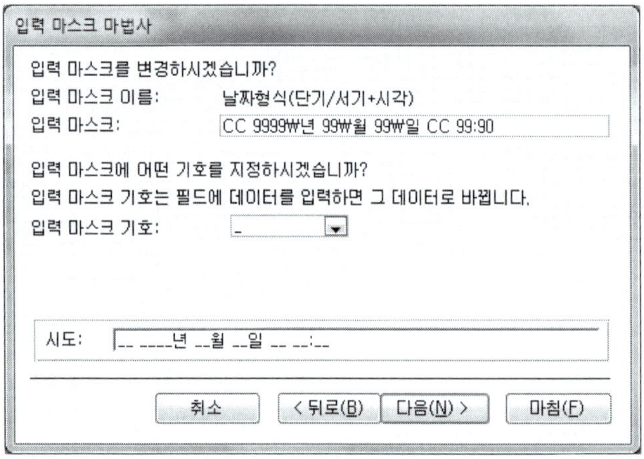

대화상자의 중간에는 입력 마스크에 사용되는 기호를 목록에서 선택할 수 있으며, 아랫부분의 [시도:]에서는 테이블의 [데이터시트 보기]나 폼의 [폼 보기]와 같은 데이터 입력 화면에서 표시되는 입력 마스크의 실제 모습을 미리 보여준다. 입력 화면에서는 입력되는 문자/숫자의 각각의 위치를 '_'로 표시하며, '년', '월', '일'과 같은 데이터 이외의 문자나 숫자, 그리고 기호들도 같이 표시된다.

▌표 8-7 ▌ 입력 마스크 형식 설정에 사용되는 기호

기호	필수/선택	설명
0	필수	0부터 9까지의 숫자를 입력한다.
9	선택	숫자나 공백을 입력한다.
#	선택	숫자나 공백을 입력한다. 공백은 편집 모드에서는 빈 칸으로 표시되지만, 데이터가 저장될 때는 제거된다.

L	필수	A부터 Z까지의 영문자를 입력한다.
?	선택	A부터 Z까지의 영문자를 입력한다.
A	필수	영문자나 숫자를 입력한다.
a	선택	영문자나 숫자를 입력한다.
&	필수	모든 문자나 공백을 입력할 수 있다.
C	선택	모든 문자나 공백을 입력할 수 있다.
.,:;-/		소수 자릿수, 1000단위, 날짜, 시간 등의 구분기호를 입력한다.
<		모든 문자가 소문자로 변환된다.
>		모든 문자가 대문자로 변환된다.
!		입력한 문자가 오른쪽을 기준으로 채워진다.
₩		뒤에 나오는 문자가 리터럴 문자로 표시된다. 예를 들어, ₩A는 A만 표시된다.

다음의 표 8-8은 입력 마스크의 사용 예를 보여준다. 네 번째 예를 보면, 입력되는 데이터는 최대 5자리까지 입력이 가능하며 적어도 2자리는 반드시 입력되어야 한다. 그리고 입력되는 문자열은 모두 대문자로 표시된다.

표 8-8 입력 마스크 사용 예

데이터 유형	입력 마스크	입력	출력
주민등록번호	000000₩-0000000	9601011234567	960101-1234567
전화번호	₩(999₩)9999₩-9999	01021125825	(010)2112-5285
날짜(연월일)	9999₩년 99₩월 99₩일	20080101	2008년 1월 1일
문자열	>LL???	apple	APPLE

4) 캡션

캡션 속성은 [데이터시트 보기]에서 필드 이름 대신에 화면에 표시되는 문자를 지정하며, 최대 2,048자까지 입력이 가능하다. 물론, 필드 이름이 변경되는 것은 아니다.

5) 기본값

테이블에 새로운 레코드가 입력될 때 자동적으로 입력되는 값을 기본값 속성에서 지정할 수 있다. 일련 번호나 OLE 개체 데이터 형식의 필드를 제외한 모든 필드에 설정이 가능하다. 기본값으로 지정되어 필드에 입력된 값이라도 나중에 변경할 수 있으며, 기본값 속성에 지정되는 기본값 자체도 변경이 가능하다. 이 경우에 이전에 기본값으로 지정되어 입력된 레코드의 해당 필드 값에 자동적으로 적용되지는 않는다.

6) 유효성 검사 규칙 및 검사 텍스트

입력 마스크 속성과 마찬가지로 보다 더 정확한 데이터가 입력될 수 있도록 입력 가능한 데이터의 값을 지정하는 기능을 유효성 검사 규칙을 통하여 설정할 수 있다. 다음의 표 8-9와 같이 설정된 유효성 검사 규칙을 위반하는 데이터가 입력될 때 표시할 메시지를 유효성 검사 텍스트에 지정할 수 있다.

액세스에서 각각의 필드에 지정되는 데이터 형식도 기초적인 유효성 검사 규칙의 역할을 한다. 예를 들면, 숫자로 지정된 필드에는 문자 데이터를 입력하지 못한다. 유효성 검사 규칙은 보다 상세한 검사 규칙을 설정하고자 하는 경우에 사용하는 필드 속성이다. 필드에 지정된 규칙을 충족하지 못하는 데이터가 입력될 경우 에러 메시지가 나타나므로 데이터의 정확성 여부를 즉각 확인할 수 있다.

유효성 검사 규칙은 입력란에 직접 입력하거나 입력란의 오른쪽에 있는 식 작성기 단추(...)를 클릭하여 나타난 [식 작성기] 대화상자를 사용하여 설정할 수 있다. [식 작성기] 대화상자를 사용하면 다양한 함수들과 상수나 연산자를 적용하여 검사 규칙을 작성할 수 있다. 다음의 표 8-9는 유효성 검사 규칙에 따른 검사 텍스트의 예를 보여준다.

표 8-9 유효성 검사 규칙과 검사 텍스트의 예

유효성 검사 규칙	유효성 검사 텍스트
< > 0	0이 아닌 값을 입력해야 합니다.
> 10 Or Is Null	10보다 큰 값을 입력하거나 비워 두어야 합니다.
Like “A????”	‘A’로 시작하는 다섯 문자를 입력해야 합니다.
Between #1/1/96# And #12/31/96#	1996년 1월 1일에서 12월 31일 사이의 날짜를 입력해야 합니다.
In (“서울”, “부산”, “광주”, “대구”)	서울, 부산, 광주, 대구 중에서 하나를 입력하세요.

검사 규칙이 지정되면 해당 필드에 데이터가 반드시 입력되어야 한다. 만약 필드에 데이터가 입력되지 않아도 되는, 즉 빈값이 허용되도록 하기 위해서는 위의 두 번째 예와 같이 유효성 검사 규칙에 'Is Null'을 추가하고, 다음에 설명하는 필수 속성의 값을 '아니오'로 설정하여야 한다.

7) 필수

이 속성은 해당 필드에 데이터가 반드시 입력되어야 하는지 여부를 지정한다. 속성값 입력란의 오른쪽에 있는 드롭다운 단추(▾)를 클릭하여 '예'와 '아니오' 중에서 선택한다.

8) 소수 자릿수

숫자 또는 통화 데이터 형식을 갖는 필드에 대해서 소수점 이하 자릿수를 선택할 수 있다. 이것은 단지 숫자가 표시될 때 사용되는 자릿수에만 영향을 미칠 뿐이지, 내부적으로 저장된 값의 정확도에 영향을 주는 것은 아니다. 드롭다운 목록에서 소수 자릿수의 특정한 숫자를 선택하거나 '자동'을 선택한다. '자동'은 형식 속성에서 선택한 설정대로 표시된다.

9) 인덱스

데이터 형식 중에서 메모, 하이퍼링크, OLE 개체를 제외한 모든 필드에 대하여 인덱스를 설정할 수 있다. 기본 키로 설정된 필드는 자동적으로 인덱스가 정의되므로 따로 설정할 필요가 없다. 속성값 입력란의 오른쪽에 있는 드롭다운 단추(▾)를 눌러서 '예(중복 가능)', '예(중복 불가능)' 그리고 '아니오' 중에서 선택한다.

인덱스로 설정된 필드는 데이터 값에 따라 미리 정렬시켜 놓음으로써 테이블의 그룹화 및 정렬 속도를 높일 수 있으며 쿼리에서의 데이터 검색 속도도 빨라진다. 하지만 인덱스를 저장하기 위한 별도의 공간이 필요하고 레코드를 추가하거나 인덱스가 설정된 필드의 값을 변경할 때마다 인덱스를 재조직화해야 하기 때문에 갱신속도는 느려진다. 따라서 인덱스를 설정한다고 해서 데이터베이스의 실행 속도가 반드시 향상된다고만은 할 수 없다.

10) IME 모드

IME는 Input Method Editor, 즉 문자 입력방법 편집기를 의미한다. 텍스트, 메모, 날짜/시간, 하이퍼링크 등 문자가 입력되는 데이터 형식에 대해서 한글, 영어, 일어 등의 입력기 변환 모드를 설정할 수 있다. 이 속성은 필드에 입력되는 데이터의 언어를 미리 지정함으로써 데이터 입력 시 필드에 입력되는 서로 다른 언어(한글, 영어, 일어)를 키보드로 일일이 변경하면서 입력하는 번거로움을 덜어준다.

다. 테이블 디자인을 이용한 테이블 만들기 예제

앞에서 설명한 [디자인 보기]를 이용한 테이블 작성 방법을 앞장에서 설명한 (주)효원유통의 영업관리 데이터베이스에 적용하여 테이블을 작성해 보자. 각 필드의 데이터 형식과 설명, 그리고 필드 속성은 다음의 표 8-10과 같다. '고객 테이블'의 [전화번호] 필드는 입력 마스크를 이용하여 괄호 안에 지역번호를 입력하도록 한다. [신용등급]과 [담당지점] 필드는 조회 마법사를 이용하여 목록에서 선택하여 데이터를 입력하도록 한다. [담당지점]의 경우에는 지점별로 고객을 그룹화하여 여러 가지 데이터 분석을 수행할 수 있도록 중복 가능한 인덱스를 설정하여 검색 속도를 향상시킨다.

표 8-10 고객 테이블

필드 이름	데이터 형식	설명	필드 크기	필드 속성
고객번호	텍스트	각 고객에 부여된 고유번호	5	기본 키
고객명	텍스트	고객의 등록된 상호	10	
주소	텍스트	고객의 영업점의 주소	40	
전화번호	텍스트	고객의 점포 연락처	20	입력 마스크 : ₩(#99₩)#999₩-9999
신용등급	텍스트	대금납부 실적에 따라 일반, 우수, 불량으로 구분	4	조회 마법사 적용
담당지점	텍스트	고객을 담당하는 지점명으로 서울, 중부, 남부로 구분	20	조회 마법사 적용 인덱스 : '예(중복 가능)'

'제품 테이블'에서는 [제품번호]를 기본 키로 설정하고 영문자와 숫자의 조합으로 구성되도록 한다. 입력 마스크를 이용하여 영문자의 자릿수와 숫자의 자릿수를 구분하고, IME 모드를 영숫자 반자로 설정하여 자동적으로 영문이 입력되도록 한다.

표 8-11 제품 테이블

필드 이름	데이터 형식	설명	필드 크기	필드 속성
제품번호	텍스트	제품의 고유번호, 앞의 두 자는 영문, 뒤의 네 자는 숫자로 구성됨	6	기본 키 입력 마스크 : AA₩-9999 IME 모드 : 영숫자 반자
제품명	텍스트	제품의 고유한 이름	20	
용량	숫자	제품에 주입된 음료의 양	정수	
용기	텍스트	병 또는 캔	1	조회 마법사 적용
단가	통화	제품의 박스당 납품 가격		
제품설명	메모	제품의 규격, 기능, 특징 등		

'판매 테이블'에서는 세 개의 필드를 기본 키로 지정한다. [판매일]의 경우에는 입력 마스크 마법사를 이용하여 데이터의 입력 형식을 '보통날짜'로 선택하고, 기본값으로 컴퓨터의 현재 날짜를 가져오는 "Date( )"를 입력한다. [현금결제여부] 필드는 데이터 형식을 '예/아니오'로 선택할 수도 있고, 조회 마법사를 선택하여 '현금'과 '외상' 중에서 하나를 선택하여 입력하게 할 수도 있다. 여기에서는 '예/아니오'로 선택하고 폼에서 옵션그룹 기능을 이용하여 표시하도록 하는 방법을 선택한다.

표 8-12 판매 테이블

필드 이름	데이터 형식	설명	필드 크기	필드 속성
제품ID	텍스트	제품 테이블의 제품번호 속성과 동일	6	기본 키 입력 마스크 : AA₩-9999 IME 모드 : 영숫자 반자
고객ID	텍스트	고객 테이블의 고객번호 속성과 동일	5	기본 키
판매일	날짜/시간	판매가 이루어진 날짜		기본 키 기본값 : Date( )
수량	숫자	판매된 제품의 수량, 박스 단위	정수	

가격	통화	박스당 판매 가격으로 고객별로 판매가격이 상이할 수 있음		
현금결제 여부	예/아니오	현금과 외상으로 구분됨		

마지막으로 '지점 테이블'에서는 [이메일] 필드를 하이퍼링크로 지정하고, [전화번호]와 [FAX번호] 필드에 대해서는 입력 마스크를 설정하도록 한다.

표 8-13 지점 테이블

필드 이름	데이터 형식	설명	필드 크기	필드 속성
지점이름	텍스트	지점의 이름	20	기본 키
주소	텍스트	지점의 소재지	50	
이메일	하이퍼링크	지점장 이메일 주소		
전화번호	텍스트	지점의 대표전화번호	20	입력 마스크 : ₩(#99₩)#999₩−9999
FAX번호	텍스트	FAX번호	20	입력 마스크 : ₩(#99₩)#999₩−9999

4 관계 설정

가. 관계 설정의 의미

어떤 데이터베이스든지 간에 하나의 테이블로만 구성되는 경우는 없다. 만약, 어떤 데이터를 하나의 테이블에만 저장할 수 있다면 액세스와 같은 데이터베이스 프로그램보다는 엑셀과 같은 프로그램을 사용하는 것이 보다 더 효율적으로 데이터를 다룰 수 있는 방법을 제공할 것이다.

잘 설계된 데이터베이스에서 테이블은 같은 데이터베이스에 포함된 적어도 하나의 다른 테이블과 필드를 공유하게 된다. 만약 어떤 테이블이 다른 어느 테이블과 공유하는 필드가 없다면 그 테이블은 해당 데이터베이스에 포함될 필요가 없거나, 데이터베이스의 분석과 설계 과정에서 오류가 발생한 결과이다. 두 테이블이 동일한 필드를 공유함으로써 두 테이블 사이의 관련성을 부여하게 되고, 이러한 관련성을 기초로 복수의 테이블을 연결하여 연결된 테이블에 포함된 데이터를 여러 가지 검색 기법으로 추출할 수 있다. 따라서, 하나의 데이터베이스에 포함된 여러 테이블을 서로 간의 관련성에 따라서 연결시키는 작업은 데이터베이스의 개발에 있어서 핵심적인 내용이다.

두 테이블이 공유하는 필드는 한 테이블에서는 기본 키라고 하고 다른 테이블에서는 외부 키라고 불린다. 하나의 필드가 어느 테이블에서는 기본 키가 되고 어느 테이블에서는 외부 키가 되는지는 데이터베이스의 분석과 설계 과정에서 결정된다. 액세스에서 관계를 설정한다 함은 기본 키와 외부 키가 서로 연결되어 있음을 표시하는 것을 의미한다. 관계 설정에 있어서 한 가지 유의할 사항은 연결되는 두 테이블에 공통으로 포함된 필드는 데이터 형식을 비롯하여 필드 길이, 데이터 형식 등의 필드 속성이 동일해야 한다. 다만, 필드 이름은 달라도 무방하다.

나. 관계 설정 방법

액세스에서 관계를 설정하는 방법은 다음과 같다. 먼저, 앞에서 설명한 테이블 만드는 방법으로 모든 테이블을 작성한 후에, [테이블 도구]의 [테이블] 탭의 [관계] 그룹에서 [관계]를 클릭하거나, [데이터베이스 도구] 탭에서 [관계] 그룹의 [관계]를 클릭하면 관계 연결을 보여주는 [관계] 창과 함께 [테이블 표시] 창이 나타난다.

그림 8-19 ▌ 관계 창의 테이블 표시

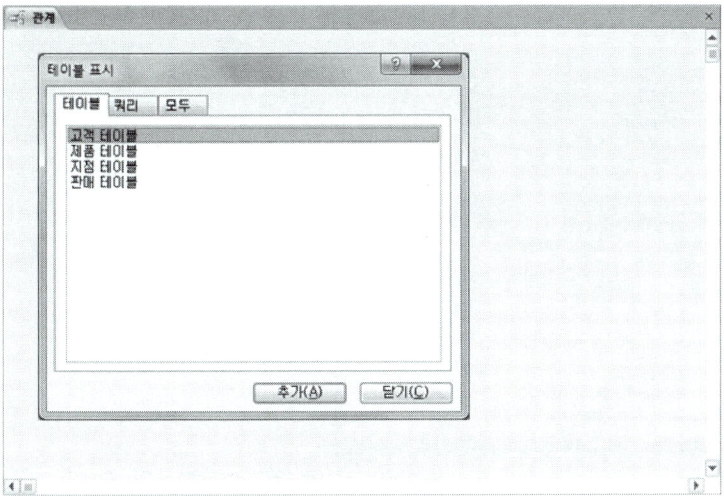

만약 실수로 [테이블 표시] 창을 [닫기(C)]를 했다면, [관계 도구]의 [디자인] 탭에서 [관계] 그룹의 [테이블 표시]를 클릭하거나, [관계] 창 내의 아무 곳에서나 오른쪽 마우스 버튼을 클릭하여 나타난 바로가기 메뉴에서 [테이블 표시(T)...]를 선택하면 다시 나타난다.

[테이블 표시] 창에는 데이터베이스에 포함된 모든 테이블이 표시되며, 이 중에서 관계를 설정하고자 하는 테이블을 선택하여 [관계] 창에 표시한다. 여러 개의 테이블을 동시에 선택하기 위해서는 Ctrl 키를 누른 채 관계 창에 추가하고자 하는 테이블을 선택하면 된다.

[관계] 창에 표시된 테이블 사이에 관계를 설정하기 위해서는 두 테이블에서 기본 키와 외래 키가 되는 필드 중에서 하나를 마우스로 선택하여 드래그해서 다른 테이블의 연관된 필드위에 놓으면 다음 그림과 같이 [관계 편집] 창이 나타난다. 영업관리 데이터베이스를 예로 들어 설명하면, '고객 테이블'에서 [고객번호] 필드는 기본 키이며, '판매 테이블'에서 [고객ID] 필드는 '판매 테이블'의 기본 키의 일부를 구성하는 외래 키의 역할을 한다.

앞서 설명한 것처럼 두 필드는 동일한 데이터 형식과 필드 속성을 가지지만, 필드 이름은 동일하지 않아도 두 필드를 연결하는 데 아무런 문제가 없다. 두 필드 중 하나를 다른 필드에 드래그하여 놓으면 다음 그림과 같이 [관계 편집] 창이 나타난다.

그림 8-20 관계 창과 관계 편집 창

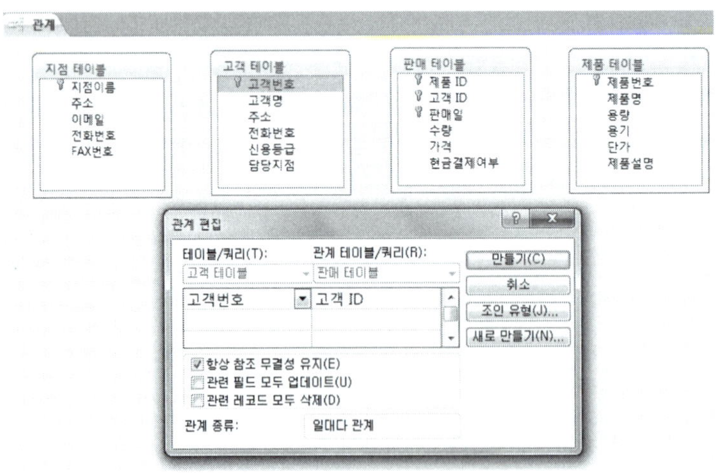

다. 조인 유형

제10장에서 설명하게 될 다중 테이블 쿼리는 둘 이상의 테이블에서 관계 설정된 공통 필드 중 서로 연결되는 값을 찾아 조합하는 작업을 말한다. 이와 같이 연결되는 항목을 찾고 조합하는 작업을 조인이라고 한다. 조인 유형은 다음 그림과 같이 각 관계를 정의할 때 지정하는 값으로 조인 유형에 따라 쿼리 결과에 포함되는 레코드가 결정된다.

조인 유형은 크게 내부 조인과 외부 조인으로 구분되며, 외부 조인인은 왼쪽 외부 조인과 오른쪽 외부 조인으로 구분된다. 내부 조인은 두 개의 테이블에서 공통 필드(조인된 필드) 중 서로 동일한 행만을 표시하며, 외부 조인은 두 개의 테이블에서 기준이 되는 테이블에 따라서 표시되는 행이 다르게 나타난다. 예를 들어 '고객 테이블'과 '판매 테이블'에서 판매되지 않는 제품을 알고자 할 경우, 구매하지 않는 고객을 알고자 할 경우에는 외부 조인을 선택해야만 한다.

그림 8-21 조인 속성

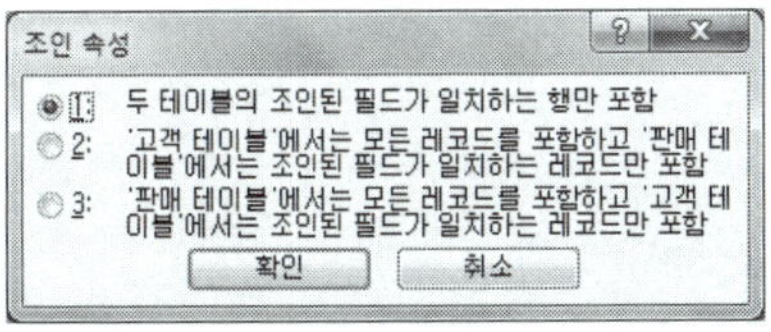

표 8-14 조인 속성에 대한 설명

조인 속성	관계형 조인	설명
1: 두 테이블의 조인된 필드가 일치하는 행만 포함	내부 조인	왼쪽 테이블(고객 테이블)과 오른쪽 테이블(판매 테이블)이 일치하는 행만 나타난다.
2: '고객 테이블'에서는 모든 레코드를 포함하고 '판매 테이블'에서는 조인된 필드가 일치하는 레코드만 포함	왼쪽 외부 조인	왼쪽 테이블(고객 테이블)의 모든 행과 오른쪽 테이블(판매 테이블)의 연결되는 행만 나타난다.
3: '판매 테이블'에서는 모든 레코드가 포함하고 '고객 테이블'에서는 조인된 필드가 일치하는 레코드만 포함	오른쪽 외부 조인	오른쪽 테이블(판매 테이블)의 모든 행과 왼쪽 테이블(고객 테이블)의 연결되는 행만 나타난다.

표 8-14는 '고객 테이블'과 '판매 테이블'을 사용하여 조인을 설정한 경우 조인 속성 대화 상자에 표시되는 세 가지 옵션과 각각의 옵션에 사용되는 조인 유형 및 실행 결과에 대한 내용을 정리한 것이다.

라. 참조 무결성 제약 설정

앞장에서 설명한 바와 같이 데이터베이스의 정확성을 유지하기 위한 기본적인 수단으로써 참조 무결성을 확인하는 방법을 액세스에서도 적용하고 있다. 다음 그림과 같이 [관계 편집] 창의 상단에는 연관된 두 테이블의 필드가 표시되며, 그 밑에 참조 무결성에 관련된 선택항목이 세 가지 있다.

그림 8-22 관계 편집 창

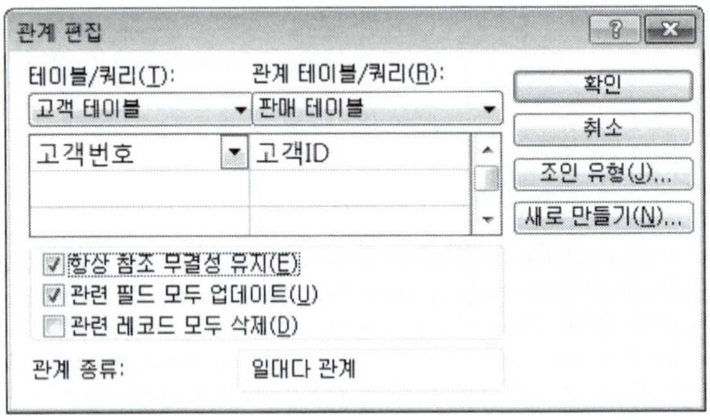

그 중에서 첫 번째 [항상 참조 무결성 유지(E)]를 체크하면 나머지 두 항목도 체크할 수 있도록 활성화된다. [항상 참조 무결성 유지(E)]를 체크하면 '판매 테이블'의 [고객ID] 필드에 입력되는 데이터는 항상 '고객 테이블'의 [고객번호] 필드에 입력되어 있는 데이터 중에서 어느 한 값과 반드시 일치해야 한다는 것을 의미한다. 이 항목을 체크하면 다음 그림과 같이 두 테이블의 공통된 필드를 연결하는 선 위에 대응비를 나타내는 기호가 표시된다. 반면, '지점 테이블'과 '고객 테이블' 사이를 연결하는 선 위에는 아무런 표시가 없는데, 이는 [항상 참조 무결성 유지(E)]를 체크하지 않았기 때문이다.

그림 8-23 ▌ 관계 창에서 테이블 간의 관계 표시

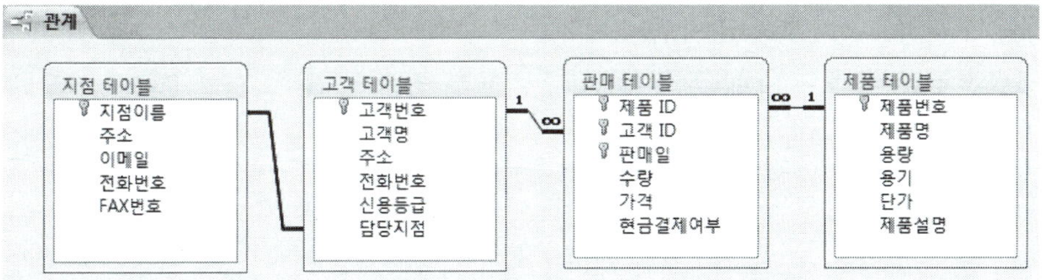

위의 그림과 같이 '고객 테이블'의 [고객번호]와 '판매 테이블'의 [고객ID]에 대해서 [항상 참조 무결성 유지(E)]를 설정한 후 '고객 테이블'의 [고객번호] 필드의 데이터를 참조하는 값을 '판매 테이블'에 입력되었다면 '고객 테이블'의 데이터는 삭제할 수 없다. 이는 '판매 테이블'의 [고객ID] 필드에 저장된 데이터 값들이 '고객 테이블'의 [고객번호] 필드의 데이터 값을 참조하기 때문이다. 만약 삭제하려고 한다면 다음과 같은 경고 메시지가 나타난다.

그림 8-24 ▌ 참조 무결성 위반 경고 메시지

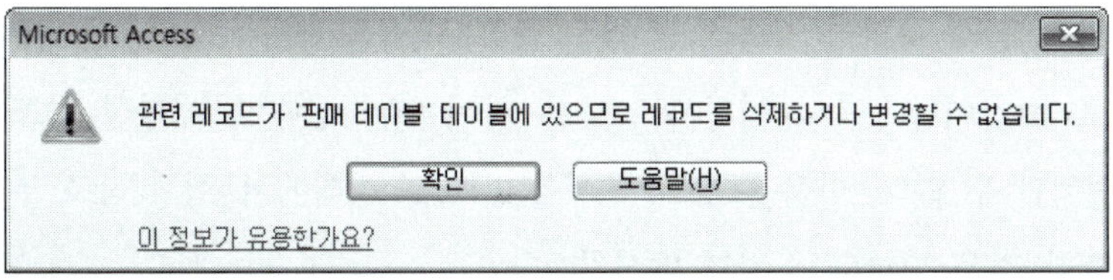

[관계 편집] 창의 [관련 필드 모두 업데이트(U)]는 '고객 테이블'의 레코드 중에서 [고객번호] 필드에 입력되어 있는 데이터가 변경되는 경우에 '판매 테이블'의 [고객ID] 필드에 동일한 값을 가진 데이터가 있을 때 이를 어떻게 처리할 것인가를 다룬다. 이 항목을 체크하면 '고객 테이블'의 [고객번호] 필드에 입력되어 있는 특정 데이터를 변경하면 이와 연결된 '판매 테이블'의 [고객ID] 필드에 저장된 동일한 값들이 모두 같이 변경되게 된다. 만약 이 항목을 체크하지 않은 상태에서 '고객 테이블'의 [고객번호] 필드에 입력되어 있는 특정 데이터를 변경하면 '판매 테이블'의 [고객ID]가 동일한 값으로 변경되지 않기 때문에 데이터베이스 관리에 혼선을 일으킬 수 있다. 즉, [관련 필드 모두 업데이트(U)]를 체크하면 '고객 테이블'에 등록된 고객 중에서 상품을 구매

한 적이 있는 고객의 고객번호를 변경할 수 있으며, 이 경우에 '판매 테이블'에 있는 해당 고객의 고객번호도 같이 변경된다는 것이다.

[관련 레코드 모두 삭제(D)]는 [관련 필드 모두 업데이트(U)]와 유사한데, '고객 테이블'의 특정한 레코드를 삭제할 때, 그 레코드의 [고객번호] 필드와 동일한 값을 갖는 '판매 테이블'의 레코드를 처리하는 방법을 다룬다. 이 항목을 체크하지 않고 구매 이력이 있는 고객의 레코드를 '고객 테이블'에서 삭제하려고 하면 위의 그림과 동일한 경고 메시지가 나타난다. 이 항목을 체크하고 '고객 테이블'에서 특정한 레코드를 삭제하면, 동일한 고객번호를 가진 '판매 테이블'의 레코드 삭제 여부를 묻는 메시지가 나타난다.

그림 8-25 참조 무결성이 설정된 경우 데이터 삭제 확인 메시지

[관계 편집] 창에서 참조 무결성 설정을 할 경우 몇 가지 유의사항이 있다. 테이블의 [디자인 보기] 창이나 [데이터시트 보기] 창이 열린 상태에서 [항상 참조 무결성 유지]를 설정할 수 없다. 다음은 '고객 테이블'이 열린 상태에서 [항상 참조 무결성 유지]를 설정할 경우 나타나는 경고 메시지이다.

그림 8-26 테이블이 열려있는 경우 참조 무결성 설정에서 발생하는 경고 메시지

또한 참조 무결성 제약을 설정하고자 하는 필드에 기본 키나 인덱스(중복 불가능)가 설정되어 있지 않은 상태에서 [항상 참조 무결성 유지]를 설정할 경우에도 다음과 같은 경고 메시지가 나타난다.

그림 8-27 기본 키가 설정되어 있지 않은 경우 참조 무결성 설정에서 발생하는 경고 메시지

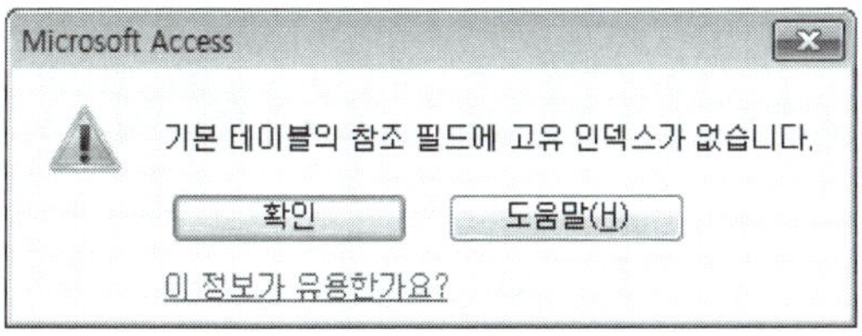

마. 관계의 종류

그림 8-22 [관계 편집] 창의 맨 아래에 관계를 형성하고 있는 두 테이블 사이의 대응비를 의미하는 [관계 종류:]가 표시된다. 여기에 표시되는 대응비는 데이터베이스를 작성하는 사용자가 선택할 수 있는 것이 아니라 액세스 프로그램에서 자동적으로 지정된다. 대응비는 관계를 맺은 두 테이블에서 한 테이블에 포함된 하나의 레코드가 관계를 맺을 수 있는 다른 테이블의 레코드의 최대 숫자를 의미한다.

대응비는 일 대 일, 일 대 다, 다 대 다의 세 가지 종류가 있다. 이 세 가지 유형은 데이터베이스의 분석 과정에서 테이블 사이의 관련성을 살펴보고 결정된다. '영업관리' 데이터베이스의 예를 들어 설명하면, 고객과 제품 사이에는 개념적으로 다 대 다의 대응비를 가진다. 즉, 한 고객은 여러 제품을 구입할 수 있고, 동시에 한 제품은 여러 고객에게 팔린다. 여기서 한 제품이 여러 고객에게 팔린다는 것은 물리적 실체를 가진 특정한 제품을 소유하는 사람이 동시에 여러 명이 있다는 것이 아니라 동일한 형상을 가진 여러 개의 제품이 각각 다른 고객에게 팔릴 수 있다는 의미이다. 다른 예를 들어보면 대학에서 학생이 교과목을 수강하는 관계에 있어서 한 학생은 여러 과목을 수강하며 한 과목에는 여러 학생이 등록한다. 따라서 학생과 교과목 사이에는 다 대 다의 대응비를 가진다.

다 대 다의 대응 관계는 데이터베이스의 분석 결과를 바탕으로 액세스와 같은 관계형 데이터베이스를 설계하는 과정을 거치면서 두 개의 일 대 다의 관계로 분해된다. 다 대 다의 관계를 가진 두 테이블을 직접 연결시킬 경우에 관계형 데이터베이스의 기본적인 제약 중의 하나인 단일 값 속성의 조건을 충족시킬 수 없기 때문이다. 따라서 액세스에서는 다 대 다라는 관계 종류는 나타나지 않는다.

그러면 액세스는 어떻게 관계의 유형을 자동적으로 지정하는지 살펴보자. 액세스는 두 테이블 사이에 공통적으로 존재하는 필드가 각 테이블에서 어떤 역할을 하는지 보고 관계의 종류를 지정한다. 한 테이블에서 기본 키가 되고 다른 테이블에서 외래 키가 될 때 두 테이블을 일 대 다의 관계가 된다. 두 테이블 모두에서 기본 키로 지정되어 있으면 일 대 일의 관계이다. 액세스에서는 어떤 필드가 외래 키인지를 지정하지 않으므로 실제로는 단순히 기본 키로 지정되어 있는가만 살펴본다.

마지막으로, 이미 만들어진 데이터베이스를 수정하는 경우에 관계 설정과 참조 무결성 유지와 관련하여 주의를 기울여야 한다. 테이블의 기본 키가 되는 필드의 디자인을 수정하거나 참조가 되는 테이블의 필드에 포함된 데이터를 변경하는 경우에 참조 무결성 원칙에 위배되지 않도록 조심하여야 한다.

표 8-15 관계의 종류

관계의 종류	설명
일 대 일 관계	한 테이블의 각 레코드가 관련 테이블의 각 레코드와 일 대 일로 연결되는 방식으로 일반적으로 일 대 일로 대응되는 정보들은 같은 테이블에 저장된다.
일 대 다 관계	기준이 되는 테이블의 한 레코드가 관련 테이블의 여러 레코드와 일 대 다로 연결되는 방식으로 기준 테이블의 기본 키를 통해 관련 테이블의 해당 레코드들을 검색할 수 있다.
다 대 다 관계	관계형 데이터베이스에서는 다 대 다 관계를 설정할 수 없기 때문에 정규화 과정을 거쳐 두 개의 일 대 다의 관계로 분해한다.

5 테이블을 만드는 다른 방법

가. 응용 프로그램 요소

[만들기] 탭의 [서식 파일] 그룹에서 [응용 프로그램 요소]를 통해 테이블을 만들 수 있다.

[응용 프로그램 요소]에는 여러 가지 폼과 [문제점], [사용자], [설명], [연락처], [작업] 등 테이블 또는 폼을 포함하는 테이블이 포함되어 있다. [만

들기] 탭의 [서식 파일] 그룹에서 [응용 프로그램 요소]를 클릭한 후 하위 목록에서 [설명]을 선택한다.

그림 8-28 ▌ 응용 프로그램 요소

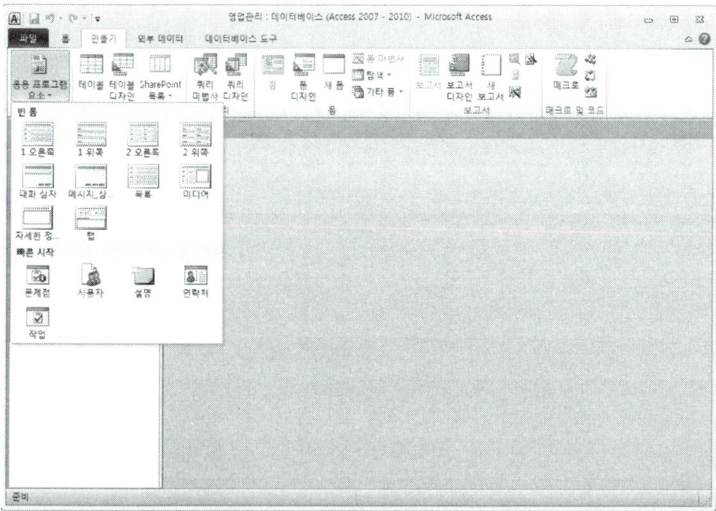

[설명] 테이블명이 나타나면 마우스 오른쪽 버튼을 클릭하여 나타난 바로가기 메뉴에서 [디자인 보기(D)]를 선택하여 테이블 디자인 창으로 전환한다.

그림 8-29 ▌ 응용 프로그램 요소로 만든 설명 테이블

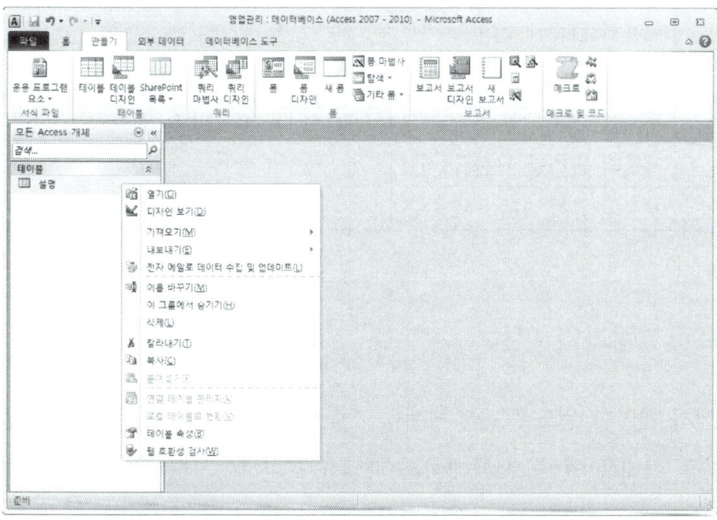

[디자인 보기] 창의 [ID]필드 머리글에서 마우스 오른쪽 버튼을 클릭하여 나타난 바로가기 메뉴에서 [행 삭제(D)]를 선택한다. 이러한 과정으로 불필요한 필드를 삭제하고 표 8-16과 같은 필드로 변경 또는 추가한다.

그림 8-30 ▌ 테이블의 필드 삭제

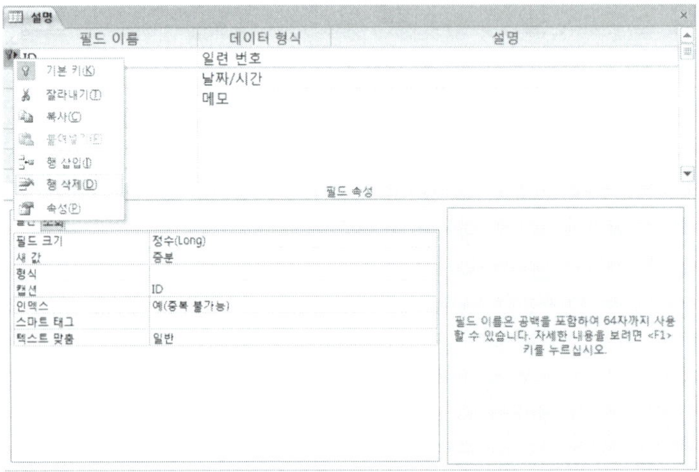

▌ 표 8-16 ▌ 제품 테이블

필드 이름	데이터 형식	설명	필드 크기	필드 속성
제품번호	텍스트	제품의 고유번호, 앞의 두 자는 영문, 뒤의 네 자는 숫자로 구성됨	6	기본 키 입력 마스크 : AA₩-9999 IME 모드 : 영숫자 반자
제품명	텍스트	제품의 고유한 이름	20	
용량	숫자	제품에 주입된 음료의 양	정수	
용기	텍스트	병 또는 캔	1	조회 마법사 적용
단가	통화	제품의 박스당 납품 가격		
제품설명	메모	제품의 규격, 기능, 특징 등		

나. 다른 응용 프로그램과의 연동

마이크로소프트에서 개발한 윈도우 운영체제를 기반으로 하는 여러 응용 프로그램은 일반적으로 별다른 어려움 없이 서로 데이터 파일을 호환하여 사용할 수 있다. 액세스도 다른 응용 프로그램으로 작성한 데이터를 이용하거나, 액세스로 작성한 데이터베이스를 다른 응용 프로그램이 이용할 수 있도록 기능을 제공한다.

테이블 작성에 있어서 [테이블 가져오기]와 [테이블 연결]은 모두 액세스 이외의 응용 프로그램으로 작성한 데이터를 액세스에서 처리하는 방법이다. 두 방법의 차이점은 [테이블 가져오기]에서는 다른 응용 프로그램으로 만든 데이터 원본과는 별도의 데이터 파일을 가져와서 마치 액세스에서 작성한 것처럼 아무 제한 없이 사용할 수 있는데 반하여, [테이블 연결]은 원본 데이터를 작성한 응용 프로그램과 액세스가 그 데이터를 공동으로 사용하기 때문에 다소의 제약이 있다.

액세스에서 테이블을 연동하는 기능, 즉 [테이블 가져오기], [테이블 연결], [테이블 내보내기]는 마법사의 기능이 수행되어 단계별로 대화상자가 나타나게 된다. 액세스에서 연동할 수 있는 응용 프로그램에는 이전 버전의 액세스는 물론, 마이크로소프트의 엑셀이나 Lotus 1-2-3와 같은 스프레드시트 프로그램, dBASE의 여러 버전과 Paradox, SQL, ODBC 등의 데이터베이스 프로그램 등이 있다.

1) 테이블 가져오기

[가져오기 및 연결]은 엑셀 파일, ODBC 데이터베이스, 텍스트 파일, XML 파일, HTML 문서, dBase 파일 등 다양한 파일 형식의 데이터를 액세스로 가져올 수 있다. 엑셀의 워크시트에 저장된 데이터를 새 테이블 또는 기존 테이블로 가져오거나 테이블과 연결하여 엑셀의 원본 데이터가 변경되면 자동으로 연결된 테이블의 데이터에 반영되도록 할 수 있다. [외부 데이터] 탭의 [가져오기 및 연결] 그룹에서 [Excel]을 선택한다.

그림 8-31 가져오기 및 연결

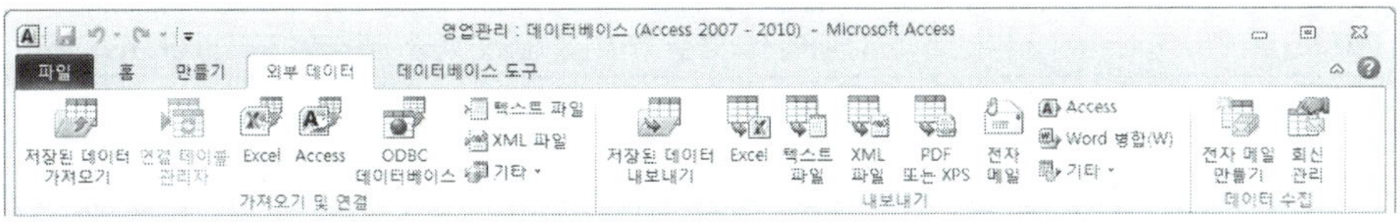

가져오고자 하는 데이터 파일이 저장된 위치를 지정하는 [외부 데이터 가져오기 - Excel 스프레드시트] 마법사 대화상자가 나타난다. 가져올 엑셀 파일을 선택하고, 다음 그림의 세 가지 옵션 중에 '현재 데이터베이스의 새 테이블로 원본 데이터 가져오

기(I)'를 선택한다.

그림 8-32 외부 데이터 가져오기 마법사

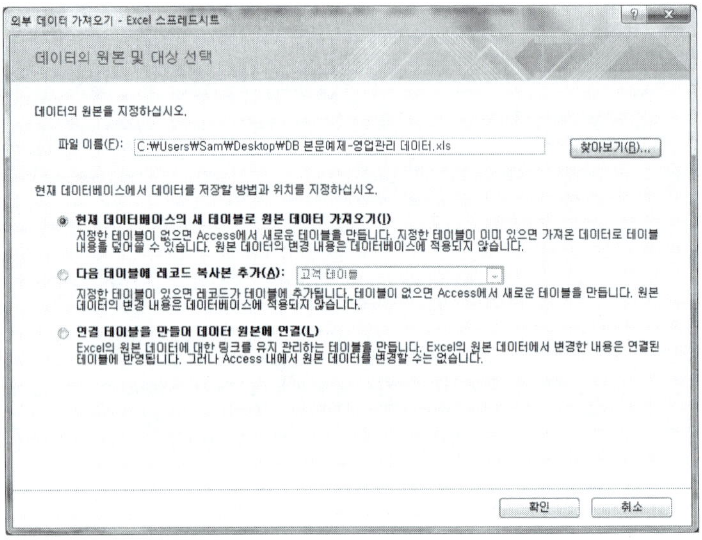

표 8-17 데이터베이스에 데이터 저장 방법

옵션 선택	내용
현재 데이터베이스의 새 테이블로 원본 데이터 가져오기(I)	액세스에 새로운 테이블을 만든다. 지정한 테이블이 이미 있으면 가져온 데이터로 테이블 내용을 덮어쓸 수 있으므로 테이블 이름이 중복되지 않도록 주의해야 한다. 엑셀의 원본 데이터가 변경되어도 테이블에 적용되지 않는다.
다음 테이블에 레코드 복사본 추가(A)	이미 작성된 테이블에 엑셀의 데이터를 추가한다. 테이블이 없으면 새로운 테이블을 만든다. 엑셀의 원본 데이터가 변경되어도 테이블에 적용되지 않는다.
연결 테이블을 만들어 데이터 원본에 연결(L)	엑셀의 원본 데이터에 대한 링크를 유지 관리할 수 있는 테이블을 만든다. 엑셀의 원본 데이터가 변경되면 연결된 테이블에 적용된다. 그러나 액세스 내에서 엑셀의 원본 데이터를 변경할 수는 없다.

가져올 대상 파일이 지정되면 다음 그림과 같은 [스프레드시트 가져오기 마법사]가 실행된다. 일반적으로 하나의 엑셀 파일은 여러 개의 워크시트로 구성되어 있으므로 액세스에서 사용하고자 하는 데이터가 들어있는 워크시트를 지정하여야 한다. [워크시트 표시(W)]를 선택하면 엑셀 파일 내의 모든 워크시트가 표시된다. 해당 워크시트가 선택되면 그 워크시트가 포함하고 있는 데이터를 하단에 보여준다.

그림 8-33 ▌ 스프레드시트 가져오기 마법사 1단계

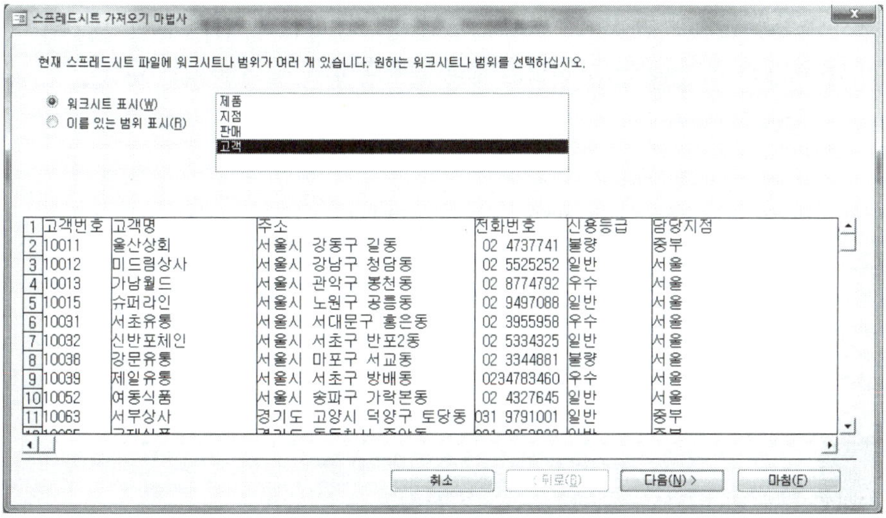

[스프레드시트 가져오기 마법사]의 두 번째 단계에서는 워크시트에 포함된 열 머리글을 테이블의 필드 이름으로 변환하기 위한 작업이다. 워크시트의 첫 번째 행에 테이블의 필드 이름으로 사용할 수 있는 열 머리글이 있으면 [첫 행에 열 머리글이 있음(I)]을 선택한다.

그림 8-34 ▌ 스프레드시트 가져오기 마법사 2단계

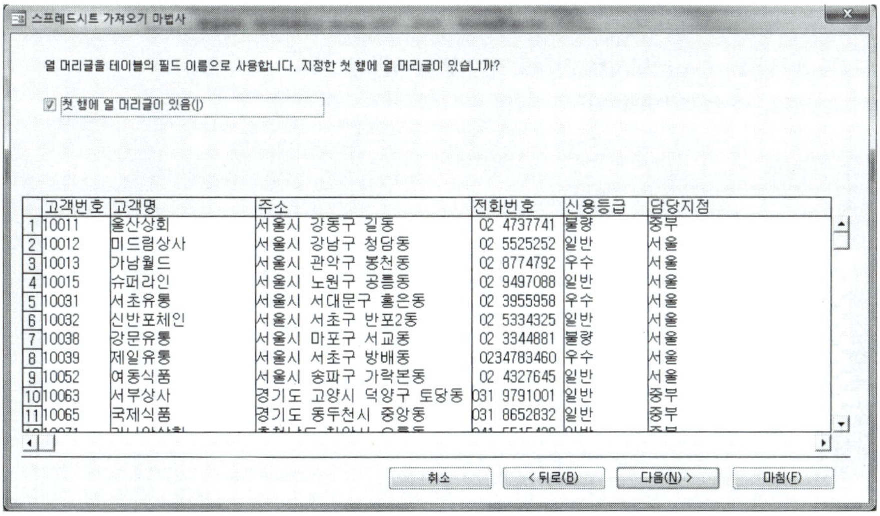

세 번째 단계에서는 [디자인 보기]를 통한 테이블 작성과 같이 각 필드에 적용되는 몇 가지 속성을 손쉽게 변경할 수 있다. 이 단계에서는 [필드 이름(M):]과 [데이터 형식(T):]을 변경할 수 있을 뿐만 아니라 해당 필드에 인덱스 지정 여부 및 필드 포함 여부를 선택할 수 있다.

그림 8-35 ▎ 스프레드시트 가져오기 마법사 3단계

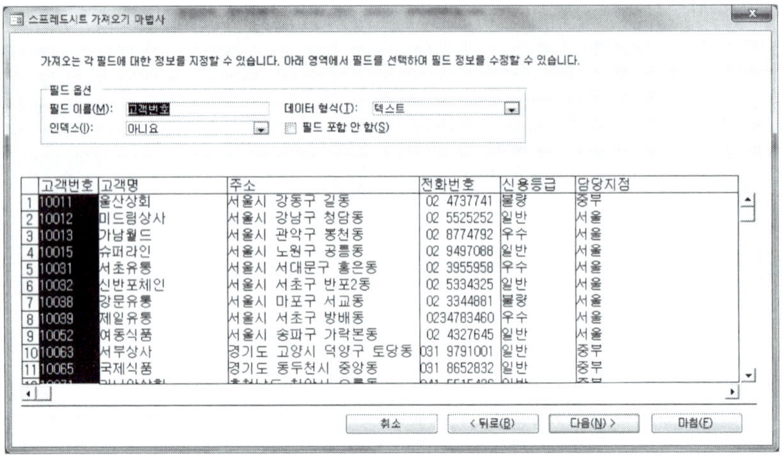

네 번째 단계에서는 테이블의 각 레코드를 고유하게 식별하기 위해 기본 키를 지정한다.

그림 8-36 ▎ 스프레드시트 가져오기 마법사 4단계

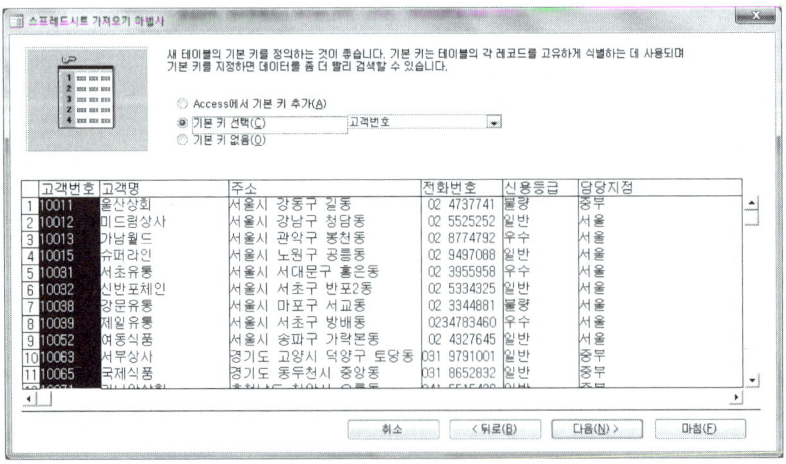

[테이블 마법사]를 이용한 방법과 같이 자동적으로 기본 키를 지정할 수도 있고, 기본 키가 되는 필드를 직접 지정할 수도 있다. 일반적으로 데이터베이스의 각 테이블은 기본 키를 통해 보다 효율적인 관리가 가능하므로 [기본 키 선택(C)]을 선택하고 [다음(N) >] 단추를 클릭한다.

[스프레드시트 가져오기 마법사]를 이용한 테이블 가져오기의 마지막 단계에서는 새로 만들어지는 테이블의 이름을 지정한다. 새로 만들 테이블 이름으로 "고객"을 입력하고 [마침(F)] 단추를 클릭한다.

그림 8-37 ▌ 스프레드시트 가져오기 마법사 5단계

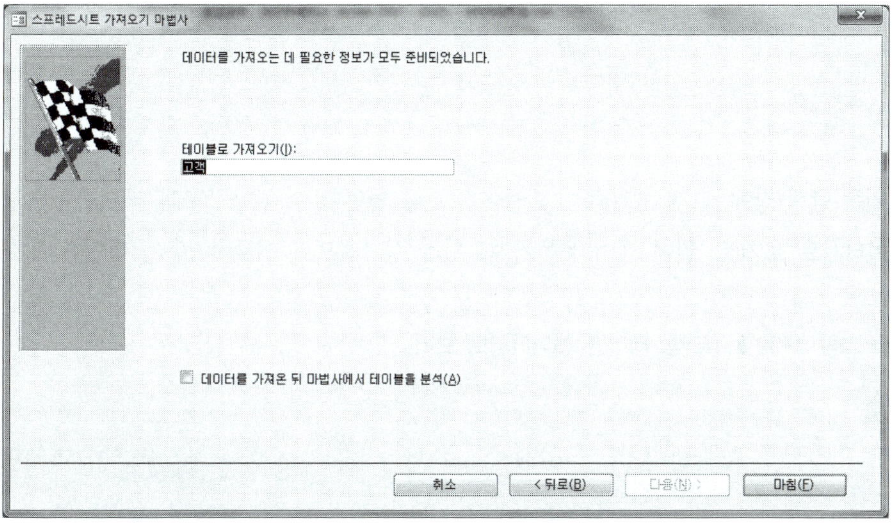

다음 단계는 지금까지의 [스프레드시트 가져오기 마법사]를 이용한 데이터 가져오기 단계를 저장하는 단계이다. 지금까지의 모든 단계를 저장한 후 다음에 또 동일한 절차를 통해 데이터를 가져오기를 원한다면, 다음의 그림과 같이 [가져오기 단계 저장(V)]을 체크하고, 나타나는 [다른 이름으로 저장(A):]에서 "가져오기-DB 본문예제-영업관리 데이터"를 입력하고 [가져오기 저장(S)] 단추를 클릭한다.

그림 8-38 ▌ 가져오기 단계 저장

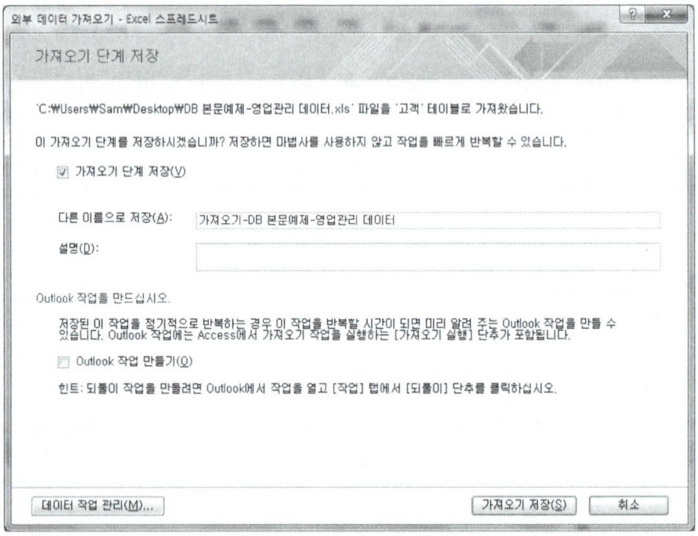

왼쪽 탐색 창에 '고객' 테이블이 만들어진 것을 확인할 수 있다. '고객' 테이블을 [데이터시트 보기]로 열어 데이터를 가져오기가 성공적으로 이루어졌는지 확인한다.

그림 8-39 ▌ '고객' 테이블 데이터시트 보기

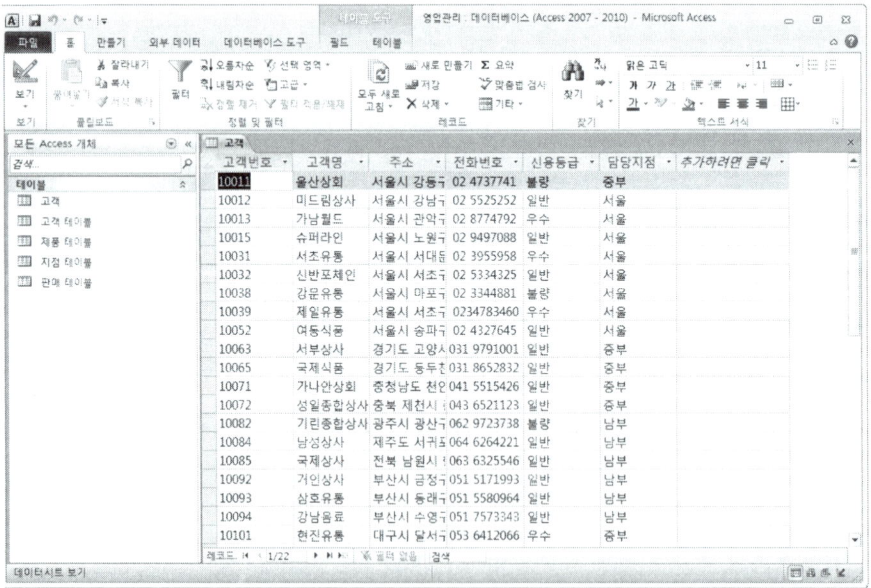

[외부 데이터] 탭의 [가져오기 및 연결] 그룹에서 [저장된 데이터 가져오기]를 클릭하면 앞서 [외부 데이터 가져오기 – Excel 스프레드시트]의 마지막 단계인 [가져오기 단계 저장]에서 저장한 '가져오기-DB 본문예제-영업관리 데이터' 파일을 확인할 수 있다. 다음 그림과 같이 [저장된 데이터 가져오기] 탭에서 '가져오기-DB 본문예제-영업관리 데이터' 파일을 선택하고 [실행(R)] 단추를 클릭하면 [테이블 가져오기 마법사] 단계를 거치지 않고도 '고객' 테이블을 빠르게 가져올 수 있다.

그림 8-40 ▌ 데이터 작업 관리를 통한 외부 데이터 가져오기

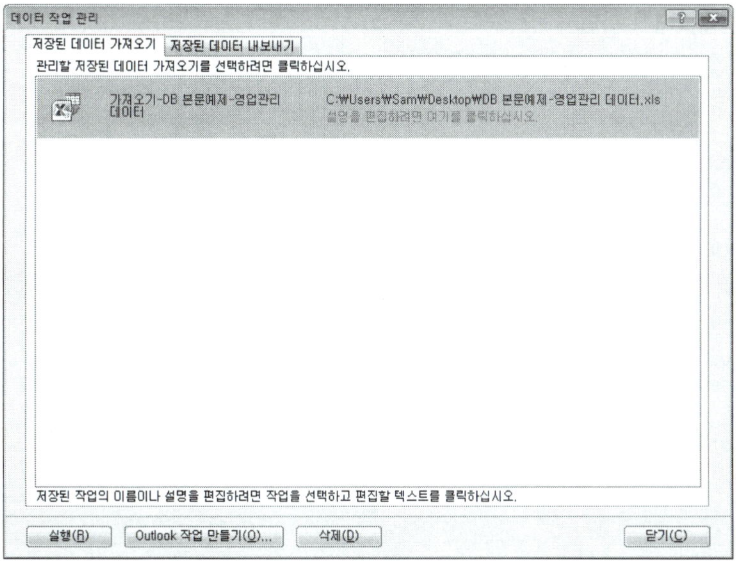

2) 내보내기

다른 응용프로그램에서 작성된 데이터를 테이블 가져오기나 테이블 연결 기능을 통하여 액세스에서 사용할 수 있듯이, 액세스에서 작성된 데이터를 다른 응용프로그램에서도 사용할 수 있다. 그리고 액세스 테이블에 저장된 데이터뿐만 아니라 쿼리, 폼, 보고서의 데이터도 엑셀, 텍스트 파일, XML 파일, PDF 또는 XPS, 전자메일 등으로 내보낼 수 있다. 예를 들어 액세스 내보내기 마법사를 이용하여 테이블의 데이터를 텍스트 파일로 내보내면 해당 데이터의 복사본이 텍스트 파일(*.txt)로 만들어 진다. 그럼 액세스에서 작성된 데이터를 엑셀에서 사용할 수 있도록 해보자. 먼저, 데이터베이스 탐색 창에서 내보내고자 하는 '고객 테이블'을 선택하고, [외부 데이터] 탭의 [내보내기] 그룹에서 [Excel]을 클릭한다.

다음 그림과 같이 [내보내기 - Excel 스프레드시트] 대화상자가 나타난다. [파일 이름(F):]에는 내보낼 데이터의 저장될 위치와 파일 이름을 지정하고, [파일 형식(T):]에는 'Excel 통합 문서(*.xlsx)'를 선택한다. 만약, 데이터를 내보낼 때 데이터에 포함된 서식 및 레이아웃 정보를 데이터와 함께 내보내기를 원한다면 아래의 '서식 및 레이아웃과 함께 데이터 내보내기(W)'를 선택한다.

그림 8-41 ▌ 내보내기 마법사

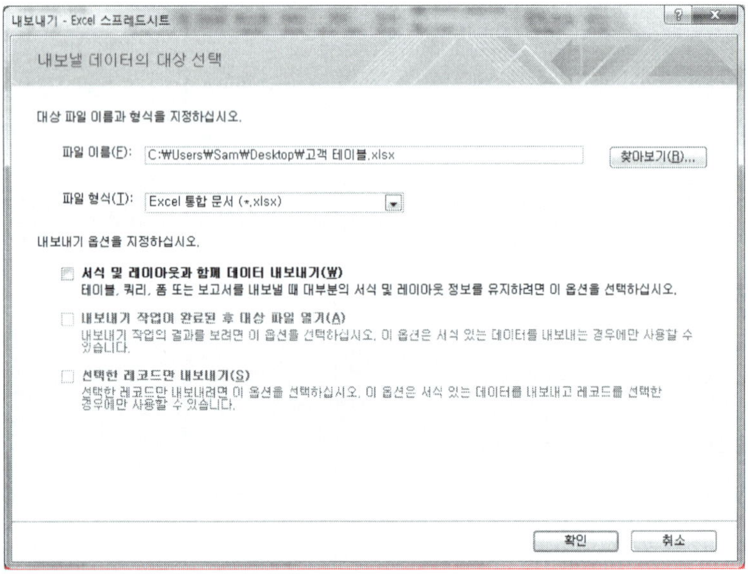

[내보내기 단계 저장]은 내보내기 단계를 저장하여 앞으로 이와 같은 작업을 반복적으로 할 경우에 마법사를 이용하지 않고 쉽고 빠르게 작업할 수 있도록 한다. [내보내기 단계 저장(V)]을 선택하고 [다른 이름으로 저장(A):]에 내보내기 단계를 저장할 파일 이름을 입력하고 [내보내기 저장(S)] 단추를 클릭한다. 위에서 지정한 저장 위치에 '고객 테이블.xlsx' 파일 만들어진 것을 확인할 수 있다.

[내보내기]는 테이블뿐만 아니라 쿼리, 폼, 보고서에서도 가능하며 이를 위한 내보내기 방법은 앞에서 설명한 단계와 동일하다.

연·습·문·제

01. '학과목 수강' 데이터베이스를 아래의 지시사항에 따라 작성하시오.

(1) '학생' 테이블

필드 이름	데이터 형식	필드 크기	필드 속성
학번	텍스트	10	기본 키
이름	텍스트	8	
전공	텍스트	10	
생년월일	날짜/시간		
성별	예/아니오		
전화번호	텍스트	11	입력 마스크를 '₩(999₩)9999₩-9999'로 설정
이메일주소	하이퍼링크		

(2) '과목' 테이블

필드 이름	데이터 형식	필드 크기	필드 속성
과목번호	텍스트	10	기본 키, 앞의 두 자리는 영문 대문자, 뒤의 네 자리는 숫자로 입력되고 영문자와 숫자 사이에 '-'가 들어가도록 입력마스크 설정
과목이름	텍스트	20	
과목구분	조회 마법사	10	조회 마법사를 이용하여 '전공필수,' '전공선택,' '기초필수' 중에서 선택하도록 설정
최대수강인원	숫자, 정수		200 이하만 입력되도록 하고, 초과할 경우에는 '허용된 최대수강인원을 초과하였습니다'라는 메시지가 나타남
담당교수이름	텍스트	8	중복가능한 인덱스 설정함

(3) '성적' 테이블

필드 이름	데이터 형식	필드 크기	필드 속성
학번	텍스트	10	기본 키
과목번호	텍스트	10	기본 키, 입력 마스크는 과목 테이블의 과목번호 참조
점수	숫자, 정수		
학점	텍스트	1	영문자가 기본으로 입력되도록 함

(4) 위의 세 테이블 사이의 관계를 설정하시오. 항상 참조무결성이 유지되도록 설정하되, 학생 테이블의 학번 필드와 과목 테이블의 과목번호 필드의 속성 값이 수정될 경우에 성적 테이블의 관련 필드에 반영될 수 있게 하시오.

02. 중고자동차를 판매하는 미리내 상사의 데이터베이스를 다음의 지시사항에 따라 작성하시오.

(1) '상품' 테이블

필드 이름	데이터 형식	필드 크기	필드 속성
상품번호	텍스트	5	기본 키, 영문대문자 'P'로 시작하고 '–' 다음에 숫자 네 자리가 반드시 입력되도록 함
국산여부	예/아니오		
차종	조회 마법사	10	승용차, SUV, 승합차, 화물차, 버스 중에서 선택하도록 조회 마법사로 설정
제조사	텍스트	10	
모델	텍스트	20	
등급	텍스트	20	
변속기	텍스트	6	자동, 수동, 반자동, CVT 중에서 선택하도록 조회 마법사로 설정
연식	텍스트	4	
주행거리	숫자	정수(Long)	
사고유무	예/아니오		
특이사항	메모		
DB등록일	날짜/시간	보통날짜	
구입가	통화		
판매가	통화		설명에 "판매 예정가격이며 실제 판매가격과 다를 수 있음"이라고 입력

(2) '고객' 테이블

필드 이름	데이터 형식	필드 크기	필드 속성
고객번호	텍스트	5	기본 키, 영문대문자 'C'로 시작하고 '-' 다음에 숫자 네 자리가 반드시 입력되도록 함
고객이름	텍스트	10	
주소	텍스트	20	
전화번호	텍스트	11	입력 마스크를 '₩(999₩)9999₩-9999'로 설정
이메일	하이퍼링크		영문자가 기본으로 입력되도록 함

(3) '직원' 테이블

필드 이름	데이터 형식	필드 크기	필드 속성
직원번호	텍스트	5	기본 키, 영문대문자 'E'로 시작하고 '-' 다음에 숫자 네 자리가 반드시 입력되도록 함
직원이름	텍스트	10	
직원주소	텍스트	20	
전화번호	텍스트	11	입력 마스크를 '₩(999₩)9999₩-9999'로 설정
입사일	날짜/시간	보통날짜	
직급	텍스트	5	중복 가능한 인덱스 설정

(4) '판매' 테이블

필드 이름	데이터 형식	필드 크기	필드 속성
상품번호	텍스트	5	기본 키, '상품' 테이블의 '상품번호'와 동일
고객번호	텍스트	5	기본 키, '고객' 테이블의 '고객번호'와 동일
직원번호	텍스트	5	기본 키, '직원' 테이블의 '직원번호'와 동일
판매일	날찌/시간	보통날짜	"○○년 ○○월 ○○일"로 나타나도록 입력 마스크 설정
실판매가	통화		

(5) 위의 테이블 사이의 관계를 다음 그림과 같이 설정하시오. 항상 참조무결성이 유지되도록 하시오.

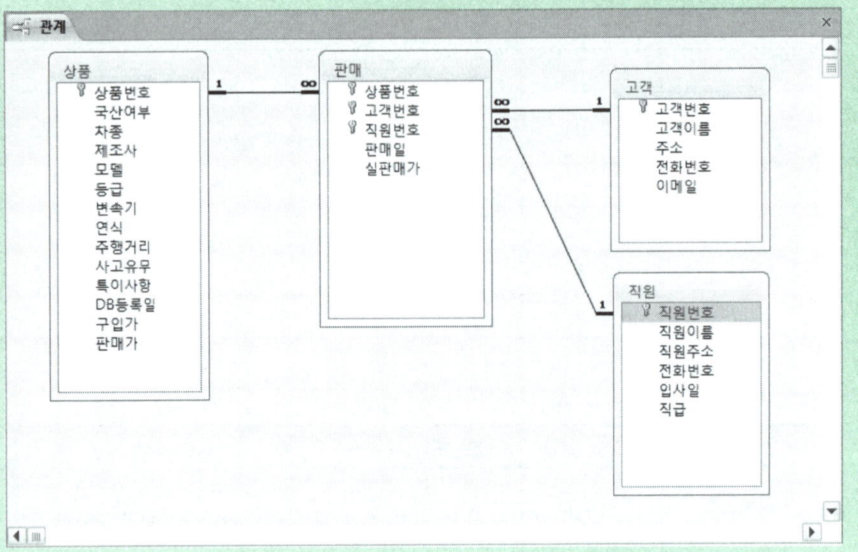

03. 효원스포츠클럽의 고객관리 데이터베이스를 아래의 지시사항에 따라 작성하시오.

(1) '회원' 테이블

필드 이름	데이터 형식	필드 크기	필드 속성
회원번호	텍스트	5	기본 키
회원이름	텍스트	5	
전화번호	텍스트	11	입력 마스크를 '₩(999₩)9999₩-9999'로 설정
이메일	하이퍼링크		영문자가 기본으로 입력되도록 함
회원등급	조리마법사	2	신규, 일반, 우수 중에서 선택
가입일	날짜/시간	간단한 날짜	

(2) '강사' 테이블

필드 이름	데이터 형식	필드 크기	필드 속성
강사번호	텍스트	4	기본 키
강사이름	텍스트	5	
전화번호	텍스트	11	입력 마스크를 '₩(999₩)9999₩-9999'로 설정
입사일	날짜/시간	보통날짜	"OO년 OO월 OO일"로 나타나도록 입력 마스크 설정
직급	텍스트	5	중복 가능한 인덱스 설정

(3) '종목' 테이블

필드 이름	데이터 형식	필드 크기	필드 속성
종목번호	텍스트	4	기본 키, 영문대문자 'T'로 시작하고 '-' 다음에 숫자 세 자리가 반드시 입력되도록 함
종목구분	조회 마법사	5	'수영, 요가, 골프, 헬스, 스쿼시, 에어로빅' 중에서 선택하도록 조회마법사로 설정
종목이름	텍스트	15	
시간	날짜/시간	간단한 시간	'13:30'과 같이 표시되도록 입력 마스크 설정
수강료	통화		

(4) '등록' 테이블

필드 이름	데이터 형식	필드 크기	필드 속성
회원번호	텍스트	5	기본 키
종목번호	텍스트	4	기본 키, '종목' 테이블의 '종목번호'와 동일
시작일	날짜/시간	보통날짜	기본 키, 'OO년 OO월 OO일'로 입력 마스크 설정
종료일	날짜/시간	보통날짜	'OO년 OO월 OO일'로 나타나도록 입력 마스크 설정

(5) '담당종목' 테이블

필드 이름	데이터 형식	필드 크기	필드 속성
강사번호	텍스트	4	기본 키
종목번호	텍스트	4	기본 키, '종목' 테이블의 '종목번호'와 동일

(6) 위의 테이블 사이의 관계를 다음 그림과 같이 설정하시오. 항상 참조무결성이 유지되도록 하시오.

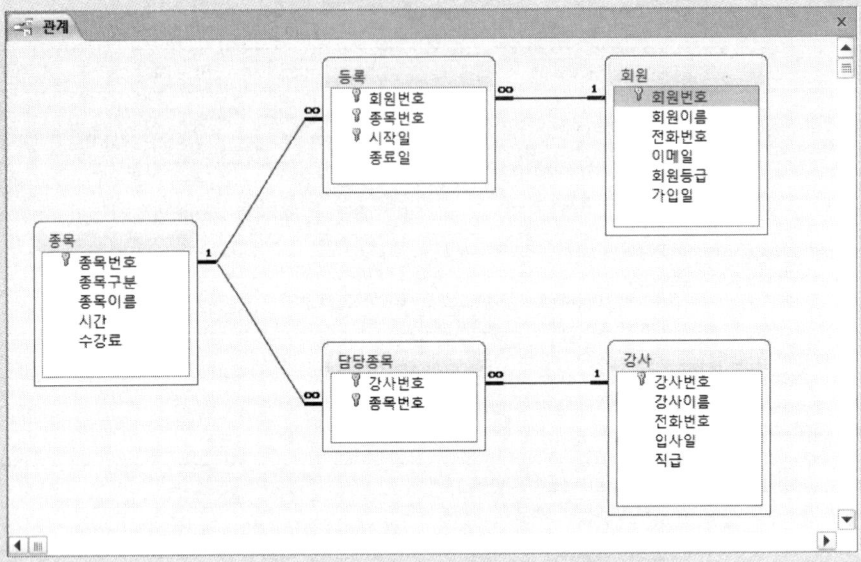
관계
등록
회원번호
종목번호
시작일
종료일
회원
회원번호
회원이름
전화번호
이메일
회원등급
가입일
종목
종목번호
종목구분
종목이름
시간
수강료
담당종목
강사번호
종목번호
강사
강사번호
강사이름
전화번호
입사일
직급

9 Chapter 폼 만들기

1. 폼 만들기 개요
2. 폼 마법사를 이용한 폼 만들기
3. 폼 도구를 이용한 폼 만들기
4. 새 폼을 이용한 폼 만들기
5. 폼 디자인을 이용한 폼 만들기
6. 피벗 테이블 마법사

Chapter 9 폼 만들기

폼(form)은 데이터베이스에 데이터를 입력하거나 조회하는 인터페이스 역할을 한다. 물론, 테이블의 데이터시트 보기 기능을 이용해서 데이터를 입력하거나 조회할 수도 있지만, 폼에 다양한 기능을 추가하여 보다 편리하게 데이터베이스를 다룰 수 있는 환경을 제공한다. 이 장에서는 디자인 보기를 이용한 폼 작성 방법과 함께 액세스에서 지원하는 다양한 폼 작성 방법을 살펴본다.

1 폼 만들기 개요

폼을 작성하기 위해서는 폼에서 다루는 데이터가 저장되어 있는 테이블이 미리 작성되어 있어야 한다. 먼저, [만들기] 탭의 [폼] 그룹에서는 다양한 방법의 폼 작성 방법을 제공하고 있다. 대표적인 폼 작성 방법에는 [폼 디자인]을 이용하는 방법과 폼 마법사를 이용하는 방법이 있다. 테이블을 작성할 때와 마찬가지로 [폼 마법사를 이용하면 쉽고 간편하게 폼을 작성할 수는 있으나, 다양한 형태와 기능을 추가할 수 없다는 단점이 있다. 반면, [폼 디자인]의 디자인 보기를 이용하여 폼을 작성하면 작성에 다소 많은 시간이 소요되지만 다양한 기능을 가진 폼을 설계할 수 있다는 장점이 있다.

그 밖에도 [폼]은 선택한 테이블에 대해서 즉시 자동으로 폼을 작성할 수 있음은 물론 선택한 테이블과 [관계] 설정이 되어 있는 테이블을 '하위 폼/하위 보고서'로 표시한다. [새 폼]은 [레이아웃 보기] 형태의 화면에 사용자가 직접 [필드 목록]을 통해 필드를 추가하면서 폼을 작성할 수 있으며, 다양한 서식 등을 쉽게 설정할 수 있다.

그림 9-1 ▌ 폼 작성을 위한 도구 모음

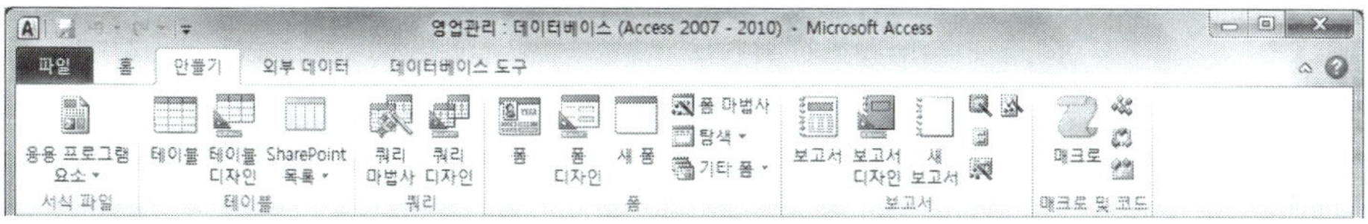

그 밖에도 [폼 분할(P)]은 두 화면으로 분할하여 상단 영역에는 [폼 보기] 형태로 데이터를 표시하고, 하단 영역에는 [데이터시트 보기] 형태로 모든 데이터를 표시한다. [여러 항목(U)]은 [레이아웃 보기] 형태로 모든 데이터를 표시한다. [모달 대화 상자(M)]는 [확인]과 [취소] 실행 단추를 포함한 [디자인 보기] 형태의 화면에서 폼을 작성할 수 있으며, 폼 작성 후 [폼 보기]에 표시된 데이터를 변경한 뒤 [확인] 단추를 클릭하면 변경 내용이 테이블에 반영된다. [데이터시트(A)]는 선택한 테이블을 [데이터시트 보기] 형태로 즉시 작성하여 준다.

2 폼 마법사를 이용한 폼 만들기

[폼 마법사]를 이용하여 폼을 작성하면 [폼 디자인]을 통해 폼을 작성하는 것과는 달리 다양한 컨트롤을 세부적으로 설정할 수는 없지만 쉽고 빠르게 작업을 수행할 수 있다. 먼저 [만들기] 탭의 [폼] 그룹에서 [폼 마법사]를 클릭한다. 폼 마법사의 첫 번째 단계는 폼에 넣고자 하는 필드를 선택하는 단계이다. [테이블/쿼리(T)]에서는 데이터 원본으로 사용할 테이블이나 쿼리를 선택한다. '테이블: 고객 테이블'을 선택하면 [사용 가능한 필드(A)]에 '고객 테이블'에 포함된 모든 필드들이 표시된다. [사용 가능한 필드(A)]에서 폼에 넣고자하는 필드 이름을 선택하여 중앙의 > 단추를 누르면 오른쪽 [선택한 필드(S)]로 필드 이름이 옮겨진다. 만일 필드들을 하나씩 옮기지 않고 모든 필드를 한꺼번에 옮기고자 할 경우에는 >> 단추를 눌러 옮길 수 있다.

그림 9-2 ▌ 폼 마법사의 첫 번째 단계

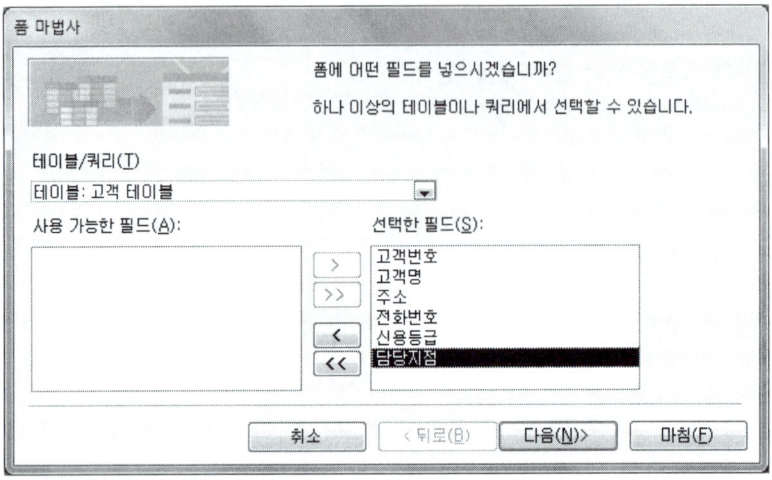

폼 마법사의 두 번째 단계는 폼의 모양을 지정하는 단계이다. 열 형식, 테이블 형식, 데이터 시트, 맞춤 중에서 사용자가 원하는 형식을 선택하는데, 일반적으로 [열 형식(C)]을 선택한다.

그림 9-3 ▌ 폼 마법사의 두 번째 단계

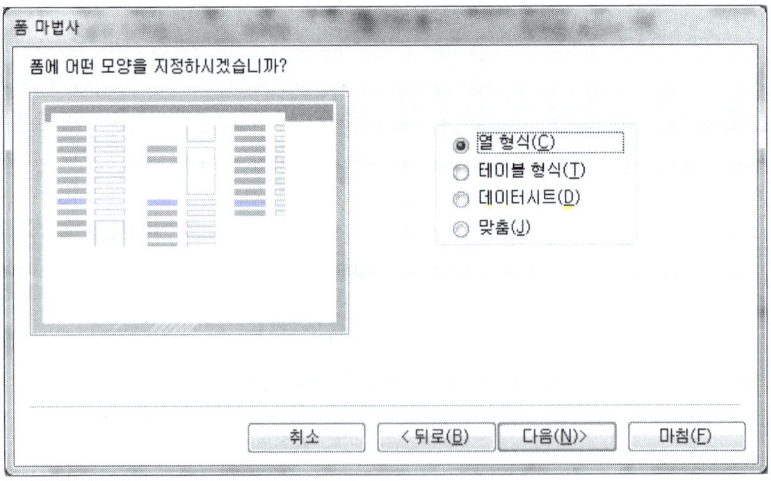

폼 마법사의 세 번째 단계는 폼을 저장하는 단계이다. [폼에 어떤 제목을 지정하시겠습니까?]에 저장하고자 하는 폼 이름을 입력한다. 그리고 지금까지 [폼 마법사]를 통해 작성한 폼 정보를 [폼 보기]로 열어 확인하기를 원하면 [폼 정보를 보거나 입력(O)]을 선택하고, 작성한 폼을 [디자인 보기]로 열어 수정하기를 원하면 [폼 디자인 수정(M)]을 선택한다.

그림 9-4 ▌ 폼 마법사의 세 번째 단계

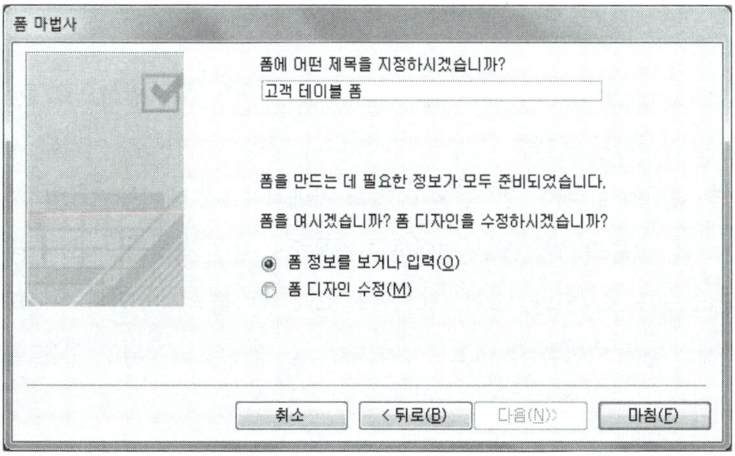

폼 이름으로 '고객 테이블 폼'을 입력하고 폼 보기 옵션으로 [폼 정보를 보거나 입력(O)]을 선택한 후 [마침(F)] 단추를 클릭하면 다음 그림과 같은 결과를 확인할 수 있다.

그림 9-5 ▌ 폼 마법사를 이용한 폼 작성 결과

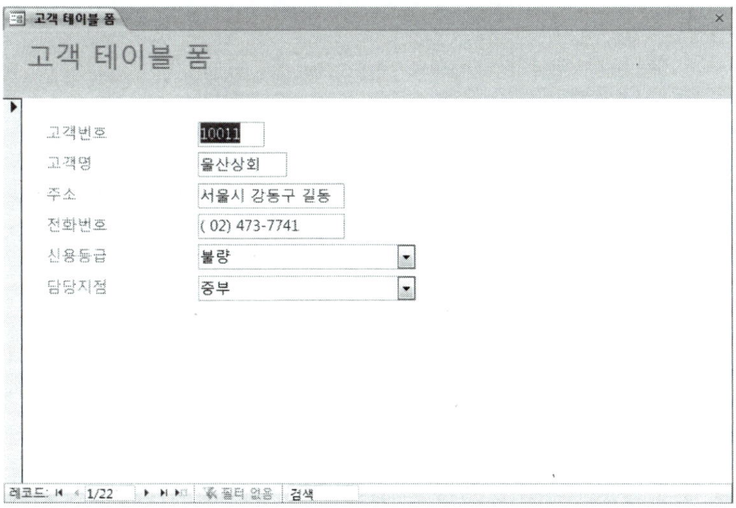

폼의 디자인을 변경하고자 할 경우에는 [홈] 탭의 [보기] 그룹에서 [보기]의 [디자인 보기(D)]를 클릭해 컨트롤의 크기와 위치를 변경할 수 있다.

3 폼 도구를 이용한 폼 만들기

[폼]은 선택한 테이블에 대해서 자동으로 즉시 폼을 만들어 주는 방식으로, [폼]을 이용하여 폼을 작성하면 선택한 테이블뿐만 아니라 선택한 테이블과 연결된 테이블도 하위 폼으로 표시하여 준다. 먼저, 왼쪽 탐색 창에서 '고객 테이블'을 선택하고, [만들기] 탭에서 [폼] 그룹의 [폼]을 선택하면 자동으로 폼이 작성되고 '고객 테이블'의 첫 번째 레코드가 표시된다. 그리고 하단에 '고객 테이블'의 첫 번째 레코드와 연결된(1:다 관계) '제품 테이블'의 레코드들이 하위 폼 형태로 표시되는 것을 볼 수 있다. 폼 보기 형태는 [레이아웃 보기] 형태로 표시된다.

그림 9-6 ▌ 폼 아이콘을 이용한 폼 작성 결과

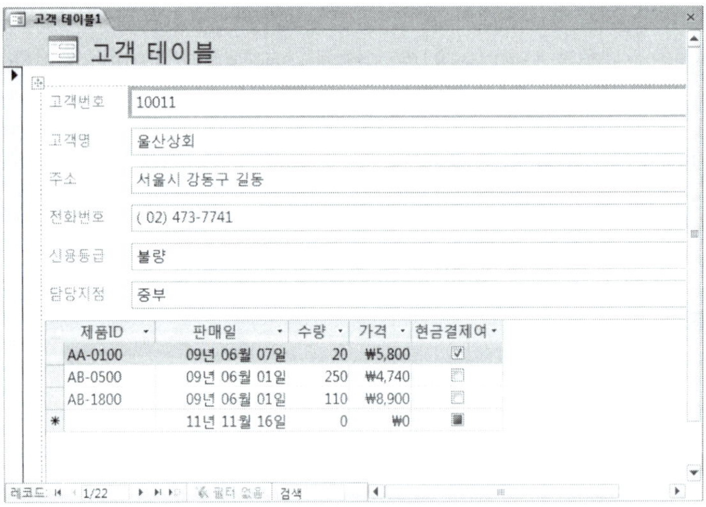

다음 그림은 [폼]을 이용한 작성 과정에서 '고객 테이블'과 '제품 테이블'의 관계에 대한 이해를 돕기 위해 [관계] 설정 창을 보여준다. [관계] 창에서 '고객 테이블'과 '제품 테이블'이 '1:다'의 관계를 형성하고 있다. 즉, 한 고객은 여러 제품을 구매할 수 있고 한 제품은 여러 고객에게 판매될 수 있다. 이러한 내용을 다음 그림을 통해 확인할 수 있다.

그림 9-7 ▌ 관계 설정 창

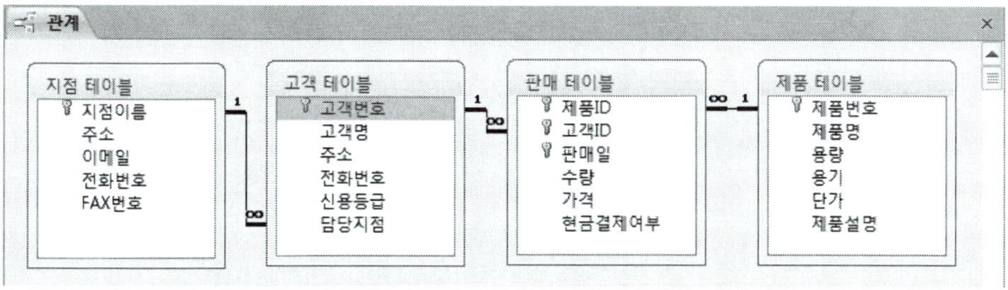

위와 같이 작성한 폼은 [빠른 실행 도구 모음]에서 [저장]을 클릭하여 폼 이름을 입력하고 저장한다.

그림 9-8 ▌ 폼 저장

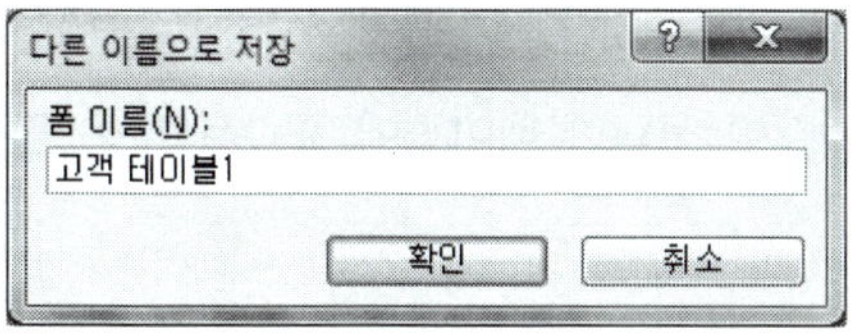

4 새 폼을 이용한 폼 만들기

[새 폼]은 [레이아웃 보기] 형태의 빈 화면에 [필드 목록]을 통해 사용자가 직접 원하는 필드를 선택하여 폼을 작성하는 방식으로 서식 설정에 대한 다양한 기능을 제공한다. 폼에 적용할 서식 설정은 [폼 레이아웃 도구]의 [디자인], [정렬], [형식] 탭을 통해 가능하다.

먼저, [만들기] 탭의 [폼] 그룹에서 [새 폼]을 클릭하고, 오른쪽 [필드 목록] 창에 나타난 [모든 테이블 표시]를 클릭한다. 만약, [필드 목록] 창이 나타나지 않으면 [폼 레이아웃 도구]의 [디자인] 탭에서 [도구] 그룹의 [기존 필드 추가]를 클릭하면 나타난다.

그림 9-9 ▌ 새 폼을 이용한 폼 만들기 시작 화면

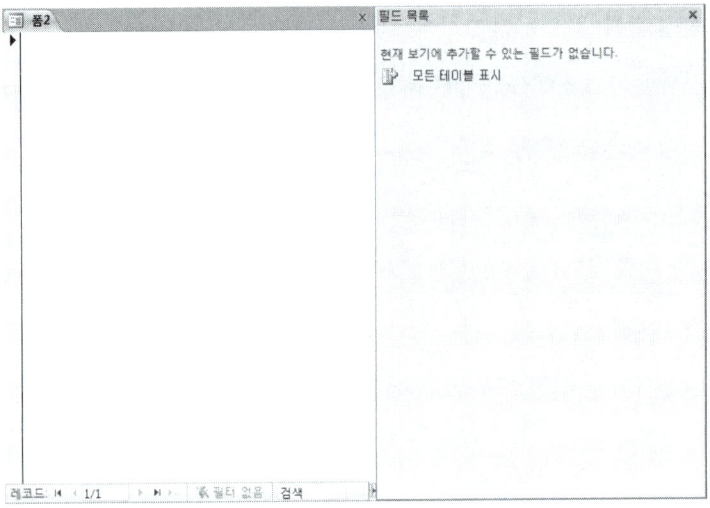

[필드 목록] 창에 나타난 테이블 중에서 폼 작성에 필요한 테이블을 선택한다. 테이블 이름 앞의 ⊞ 기호를 클릭하면 다음 그림과 같이 선택한 테이블에 포함된 모든 필드들이 나타난다.

그림 9-10 ▌ 폼 작성을 위한 레이아웃 보기와 필드 목록 창

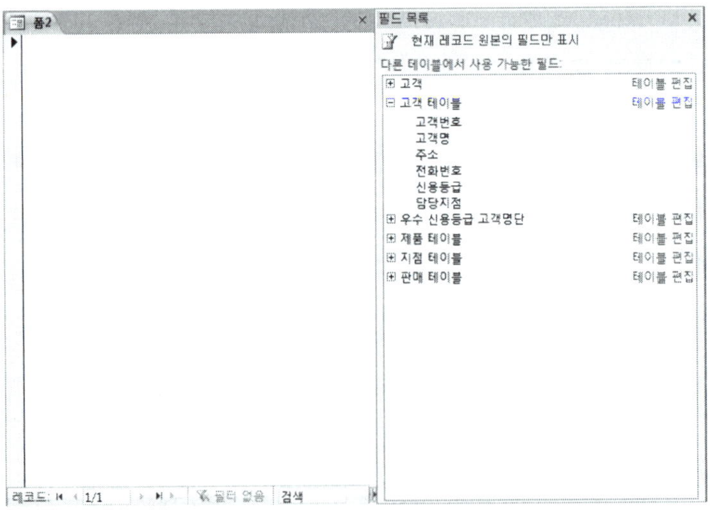

필드목록에서 폼 작성에 필요한 필드를 선택하여 왼쪽 [레이아웃 보기] 창으로 드래그하거나 더블클릭하여 필요한 필드를 추가할 수 있다. [레이아웃 보기] 창에 추가된 필드들은 누적형 레이아웃 형태로 나타난다.

그림 9-11 ▌ 레이아웃 보기에 필드 추가

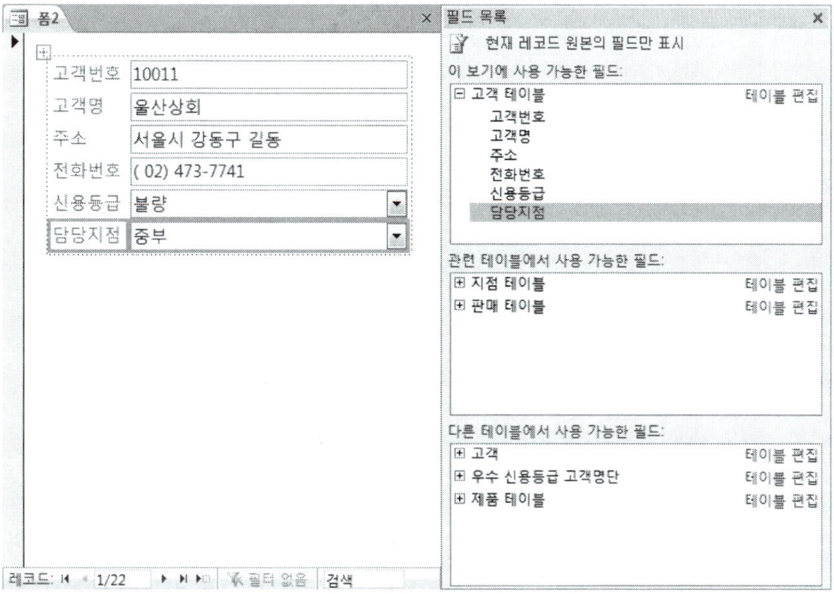

폼에 나타나는 컨트롤 표시 방법에는 [누적형 레이아웃]과 [테이블 형식 레이아웃]의 두 가지 방법이 있다. 일반적으로는 [누적형 레이아웃]으로 나타나는데 [테이블 형식 레이아웃]으로 변경하기를 원한다면, 다음 그림과 같이 첫 번째 필드를 추가하면 나타나는  모양의 컨트롤을 클릭하여 [테이블 형식 레이아웃으로 표시(T)]를 선택하거나 컨트롤에서 마우스 오른쪽 단추를 클릭하면 나타나는 바로가기 메뉴에서 [레이아웃]-[가로형]을 선택하여 컨트롤의 표시방법을 바꿀 수 있다.

그림 9-12 ▌ 누적형 레이아웃 보기

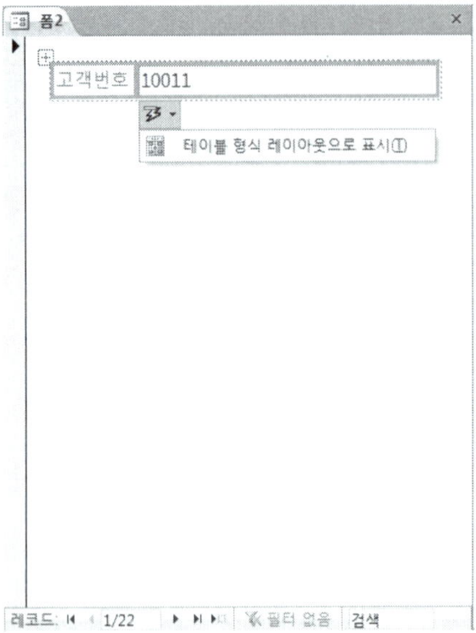

그림 9-13 ▌ 테이블 형식 레이아웃 보기

[레이아웃 보기] 창에 필드를 추가하는 과정에서 현재 작업 중인 테이블과 관련 있는 다른 테이블의 필드도 폼에 함께 추가하고자 하는 경우가 있다. 고객 테이블에 포함되어 있는 담당지점 필드에 추가하여 각 담당지점의 연락처를 추가하는 예를 살펴보자. 이러한 경우에는 오른쪽 [필드 목록]의 [관련 테이블에서 사용 가능한 필드]에서 [지점 테이블]의 ⊞를 클릭하여 나타난 필드에서 [전화번호]를 더블클릭하여 추가한다.

작성된 폼은 [빠른 실행 도구 모음]의 [저장]을 클릭하여 '고객 테이블 새폼'으로 저장한다. [홈] 탭의 [보기] 그룹에서 [보기]의 [폼 보기(F)]를 클릭하면 작성한 폼을 확인할 수 있다.

5 폼 디자인을 이용한 폼 만들기

가. 폼 디자인 개요

[만들기] 탭에서 [폼] 그룹의 [폼 디자인]을 클릭하면 다음 그림과 같은 [폼 디자인] 창이 나타난다. [폼 디자인] 창은 폼을 디자인하는 기본 화면에 해당하는 격자 무늬의 [폼] 창과 함께 오른쪽에 [필드 목록]이나 [속성 시트]가 표시된다. 만약 [필드 목록]이나 [속성 시트]가 화면에 나타나지 않는다면 [폼 디자인 도구]의 [디자인] 탭에서 [도구] 그룹의 [기존 필드 추가](Alt+F8)나 [속성 시트](Alt+Enter↵)를 선택하여 화면에 표시한다.

그림 9-14 폼 디자인 창과 필드 목록

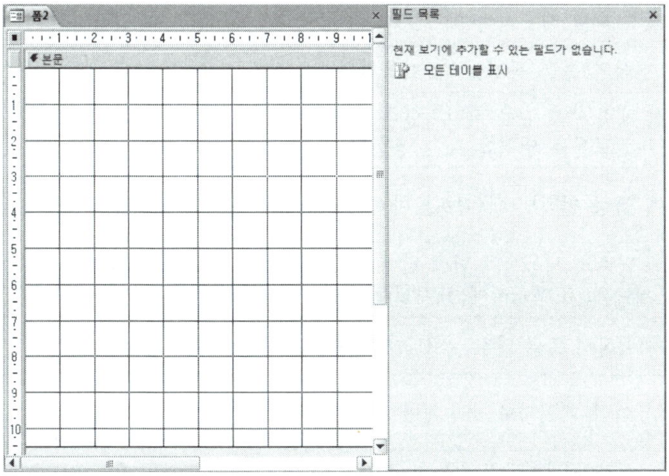

[폼 디자인]을 이용해 폼을 작성하는 방식에는 두 가지 방식이 있다. 첫 번째 방식은 앞서 설명한 [새 폼]을 이용한 폼 만들기와 동일한 방식으로 [필드 목록]에 나타난 필드를 사용해 폼을 작성하는 방식이다. 두 번째 방식은 다음 그림과 같이 [폼 디자인 도구]의 [디자인] 탭에서 [컨트롤] 그룹의 [컨트롤 도구 모음]에 있는 여러 컨트롤들을 사용해 폼을 작성하는 방식이다. 도구 모음에 포함된 각 컨트롤에 대한 설명은 다음의 표 9-1과 같다.

그림 9-15 ▌ 폼 작성 도구

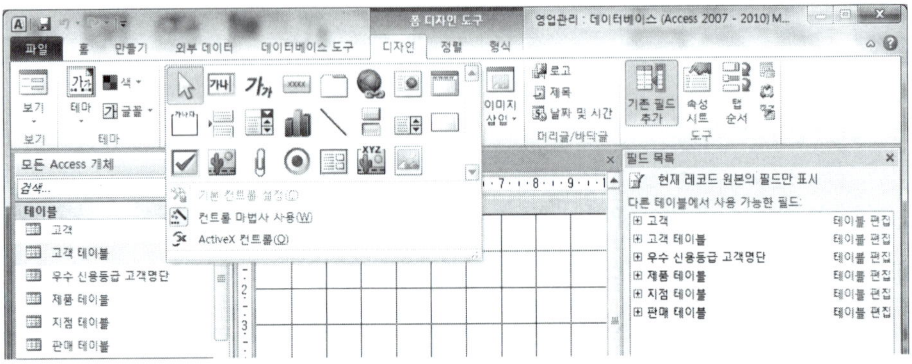

▌표 9-1 ▌ 폼 작성에 사용되는 컨트롤

도구	이름	설명
	텍스트 상자	폼에 문자열, 숫자, 날짜, 시간, 메모 필드 등을 표시할 때 사용한다.
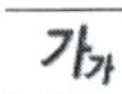	레이블	고정된 문자열을 입력할 때 사용한다.
	명령 단추	명령 단추를 사용하여 매크로나 VBA 함수를 호출할 수 있다.
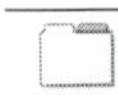	탭 컨트롤	탭 형식의 폼을 작성할 때 사용한다.
	하이퍼링크	전자 메일 주소 같은 하이퍼링크 값이 들어 있는 텍스트 필드에 하이퍼링크 컨트롤을 연결할 때 사용한다.
	웹 브라우저 컨트롤	폼에 특정 인터넷 사이트를 바로 나타내고자 할 때 사용한다.
	탐색 컨트롤	탐색 단추의 모음으로 탐색 단추를 클릭할 경우 연결된 폼이나 보고서가 서브폼(SubForm)에 표시된다.
	옵션그룹	하나 이상의 토글 단추, 옵션 단추, 확인란 등을 묶어주는 역할을 한다.
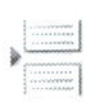	페이지 나누기	폼이 여러 페이지로 구성되어 있을 경우에 쪽 구분을 표시해준다.
	콤보 상자	목록 상자와 입력란의 기능이 결합된 것이다. 콤보 상자의 오른쪽 편에 아래로 향한 화살표를 누르면 여러 항목들 가운데 하나를 선택할 수 있으며, 콤보 상자에 데이터를 직접 입력할 수도 있다.
	차트	폼이나 보고서에 액세스 데이터를 그래픽으로 표시하는 차트를 포함할 때 사용한다.
	선	선을 그린다. 폼을 보기 좋게 꾸밀 때 사용한다.
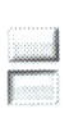	토글 단추	설정/해제, 참/거짓, 혹은 예/아니오 등의 값을 가질 수 있는 단추이다. 전환 단추를 눌러 단추가 눌려져 있는 형태를 하면 −1의 값이 설정되며, 설정, 참 또는 예를 의미한다. 다시 한 번 눌러 단추가 위로 올라오면 0의 값이 설정되며, 해제, 거짓 또는 아니오를 의미한다.

	목록 상자	여러 항목들 가운데 하나를 선택할 수 있다.
	직사각형	직사각형을 그린다. 폼을 보기 좋게 꾸밀 때 사용한다.
	확인란	설정/해제, 참/거짓 또는 예/아니오의 값을 가질 수 있다. 확인란 단추를 눌러 원 안에 체크 표시가 나타나면 −1의 값이 설정되며, 다시 눌러 체크표시가 없어지면 0의 값이 설정된다.
	언바운드 개체 틀	테이블 혹은 쿼리와 연결되지 않는 언바운드 컨트롤을 입력한다. OLE를 지원하는 응용프로그램에서 가져온 그림, 소리, 그래프 혹은 슬라이드 등의 개체를 추가할 때 사용한다.
	첨부 파일	첨부 파일 데이터 형식의 내용 필드를 조작할 때 사용한다. 일반적으로 그래픽 파일, 텍스트 파일, 로그 파일, 압축 파일을 첨부할 수 있다.
	옵션 단추	설정/해제, 참/거짓, 혹은 예/아니오 등의 값을 가질 수 있는 단추이다. 옵션 단추를 눌러 원 안에 검은 원이 나타나면 −1의 값이 설정되며, 다시 한 번 눌러 검은 원이 없어지면 0의 값이 설정된다.
	하위 폼/하위 보고서	현재의 폼에 다른 폼을 삽입할 때 사용한다.
	바운드 개체틀	원본으로 사용하는 테이블이나 쿼리의 필드에 연결된 바운드 컨트롤을 입력한다. 바운드 컨트롤을 사용하여 테이블의 필드에 저장된 값을 표시하거나 필드에 입력할 수 있다.
	이미지	폼에 그림을 표시한다. 액세스에서 그림을 수정할 수는 없다.
	ActiveX 컨트롤	ActiveX 컨트롤 목록을 보여준다.

나. 폼 창의 구성

폼 화면은 다음 그림과 같이 폼 머리글, 폼 바닥글, 본문, 페이지 머리글, 그리고 페이지 바닥글의 다섯 영역으로 나누어진다. 하지만 [폼 디자인] 창을 열면 본문만 표시되는데 나머지는 분문에서 마우스 오른쪽 버튼을 클릭하면 나타나는 바로가기 메뉴에서 [페이지 머리글/바닥글(A)]나 [폼 머리글/바닥글(H)]을 선택해 추가하거나 제거할 수 있다. 그리고 폼에 대한 형태 및 속성에 대한 전반적인 설정은 폼 창의 왼쪽 맨 위에 있는 폼 선택 단추( )를 더블클릭하면 오른쪽에 나타나는 [속성 시트]에서 지정할 수 있다.

그림 9-16 ▌ 폼 디자인 창과 속성 시트

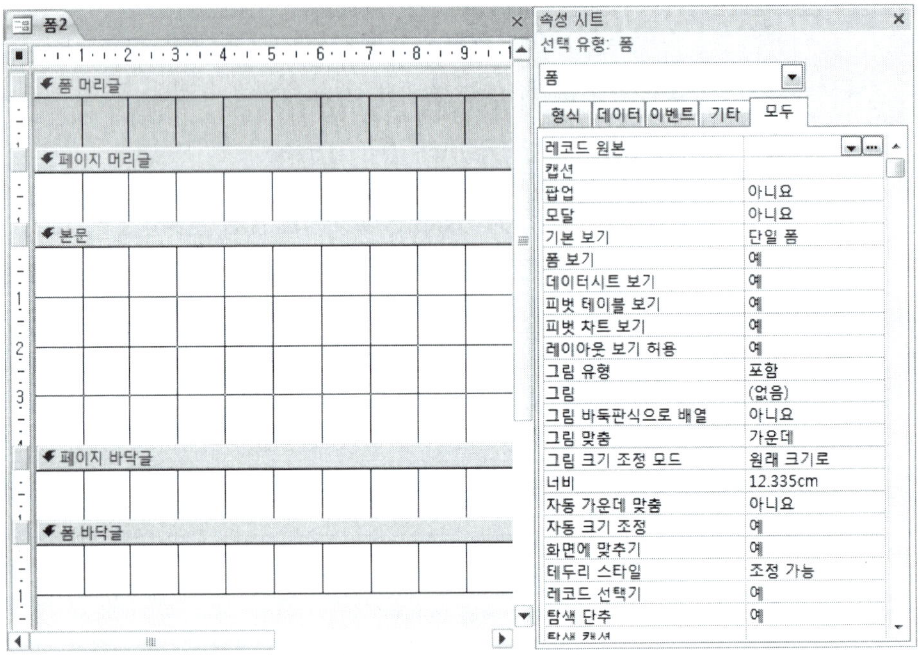

폼 머리글에는 폼 제목과 같이 [폼 보기] 상태에서 화면 상단에 표시되는 정보를 입력한다. 폼 머리글에 입력한 제목은 [폼 보기] 상태에서 각 레코드의 변경과 무관하게 폼의 상단에 동일하게 표시되지만, 인쇄 미리 보기에서는 첫 페이지의 상단에 한 번만 표시된다. 폼 머리글에 표시할 폼 제목과 날짜와 시간 등은 [폼 디자인 도구]의 [디자인] 탭에서 [머리글/바닥글] 그룹의 [로고], [제목], [날짜 및 시간]을 클릭하여 쉽게 표시할 수 있다.

페이지 머리글에는 모든 페이지마다 페이지 상단에 동일하게 표시되는 정보를 입력되는데, 주로 페이지 번호나 날짜 등을 입력한다. 페이지 머리글에 입력된 정보는 [파일] 탭의 [인쇄]-[인쇄 미리 보기]에서만 확인할 수 있다.

본문에는 테이블에 저장된 데이터가 표시되는 영역이며, 테이블이나 쿼리와 연결된 컨트롤 추가함으로써 표시되는 데이터가 지정된다. 하지만 여기에는 데이터를 표시하기 위한 컨트롤뿐만 아니라 사용자가 원하는 다양한 형태의 데이터 표시 및 처리를 위해 여러 종류의 컨트롤을 추가할 수 있다.

폼 바닥글에는 레코드의 전체 개수와 특정 필드의 전체 합계와 같이 전체 데이터에 관한 요약 정보를 입력한다. 폼 바닥글에 입력한 요약 정보는 [폼 보기] 상태에서 각 레코드의 변경과 무관하게 폼의 하단에 동일하게 표시되지만, 인쇄 미리 보기에서는 마지막 페이지에 한번만 표시된다.

페이지 바닥글은 날짜나 페이지 번호와 같이 모든 페이지의 하단에 동일하게 표시되는 정보가 입력된다. 페이지 머리글과 마찬가지로 인쇄 미리 보기에서만 확인할 수 있다. 다음 그림은 [폼 디자인 도구]의 [디자인] 탭에서 [머리글/바닥글] 그룹의 [로고]와 [제목]을 클릭하여 폼 머리글에 로고와 제목을 추가한 것이다.

그림 9-17 ▌ 폼 디자인 창의 폼 머리글에 로고와 제목 추가

다. 필드 추가

[폼 디자인]을 이용한 폼 작성에 있어서 가장 중요한 작업은 본문 영역에 사용자가 원하는 필드를 추가하는 것이다. [필드 목록]에 표시된 필드를 Ctrl 키나 Shift 키를 누른 채 클릭하고 본문 영역으로 드래그하여 여러 필드를 한꺼번에 본문 영역

에 추가할 수 있다. 만약 필드를 본문 영역에 추가하는 과정에서 본문 영역의 크기가 작아 크기를 조절해야 할 필요가 있다면 본문 영역의 우측이나 하단의 경계선 부분을 드래그하여 조절할 수 있다.

폼에 추가하는 모든 구성요소를 컨트롤이라고 한다. 컨트롤은 크게 바운드 컨트롤, 언바운드 컨트롤, 계산 컨트롤로 구분된다. 바운드 컨트롤은 테이블/쿼리의 데이터를 원본으로 사용하는 컨트롤을 말하며, 언바운드 컨트롤은 제목처럼 데이터 원본이 없는 컨트롤을 말하며, 계산 컨트롤은 데이터 원본으로 사용하는 필드 대신 계산식을 사용하는 컨트롤을 말한다.

[필드 목록]을 통해 폼에 추가하는 컨트롤은 테이블/쿼리의 데이터를 원본으로 사용하는 바운드 컨트롤이다. 이 컨트롤은 필드의 이름을 표시하는 부분과 테이블/쿼리의 데이터를 표시하는 부분으로 나뉜다. 폼에 포함된 컨트롤의 위치와 크기는 자유롭게 조절이 가능하다. 컨트롤을 선택한 후 Ctrl 키와 방향키를 눌러 컨트롤의 위치를 조절할 수 있으며, Shift 키와 방향키를 눌러 컨트롤의 크기를 조절할 수 있다.

그림 9-18 폼 디자인 창에 필드 추가

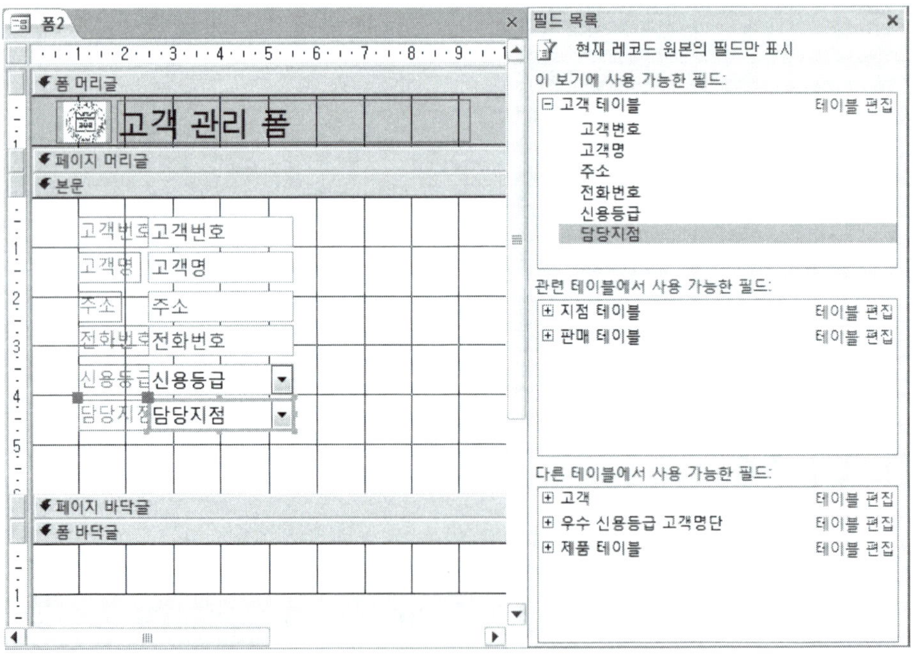

라. 레이블과 텍스트 상자

지금까지 폼 머리글에 [로고]와 [제목]을 이용하여 제목을 추가하는 방법과 본문 영역에 [필드 목록]을 이용하여 컨트롤을 추가하는 방법에 대해서 알아보았다. 다음은 사용자가 직접 원하는 형태의 폼을 작성하기 위해 다양한 컨트롤을 조작하는 방법에 대해서 알아보도록 한다.

먼저 레이블은 제목이나 각종 안내 문구를 입력할 때 사용한다. [폼 디자인 도구]의 [디자인] 탭에서 [컨트롤] 그룹의 컨트롤 모음에서 [레이블(가)]을 클릭하고 [폼 디자인] 창의 본문 영역으로 마우스를 옮기면 마우스 포인터가 +A 모양으로 바뀐다. 원하는 위치에 마우스를 드래그하여 레이블의 위치와 크기를 정한 후 원하는 문자열을 입력한다. 문자열을 입력한 후에 레이블을 더블클릭하면 오른쪽에 다음 그림과 같이 [속성 시트]가 나타나는데, [속성 시트]를 이용해 레이블에 원하는 형태의 서식 및 특수효과('그림자')를 적용할 수 있다. [폼 디자인 도구]의 [형식] 탭도 레이블 적용할 다양한 서식 기능을 제공한다.

그림 9-19 ▌ 폼 디자인 창의 폼 머리글에 레이블 추가

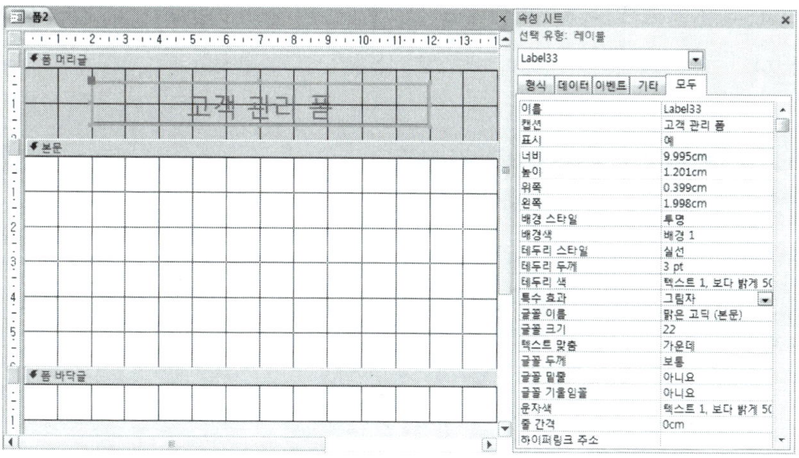

[텍스트 상자(가나)]는 데이터가 입력되거나 출력되는 임시적인 저장 공간이다. [폼 디자인 도구]의 [디자인] 탭에서 [컨트롤] 그룹의 컨트롤 모음에서 [텍스트 상자(가나)]를 선택하고 [폼 디자인] 창의 본문 영역에서 원하는 크기로 드래그하여 텍스트 상자

를 완성하면 다음 그림과 같은 [텍스트 상자 마법사] 대화상자가 나타난다. [텍스트 상자 마법사]의 첫 번째 단계에서는 다음 그림과 같이 텍스트 상자에 표시되는 데이터의 각종 서식을 지정한다.

그림 9-20 ▌ 텍스트 상자 마법사

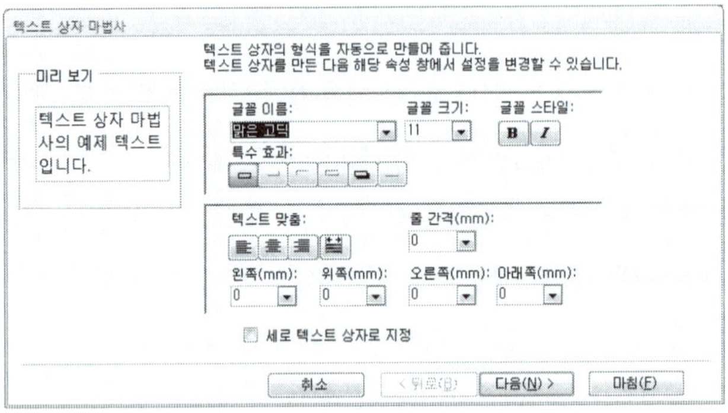

[텍스트 상자 마법사]의 두 번째 단계는 텍스트 상자를 이용하여 입력할 때 문자의 입력방법(한글, 영어)을 선택하는 IME 모드를 지정하는 단계이다. 마지막 세 번째 단계는 컨트롤 레이블의 캡션 및 텍스트 상자의 이름을 지정한다. 텍스트 상자의 이름으로 '고객번호'를 입력하고 [마침(F)] 단추를 클릭한다. 마법사가 완료되면 다음 그림과 같이 [폼 디자인] 창의 본문 영역에 텍스트 상자가 추가된다.

그림 9-21 ▌ 폼 디자인 창에 텍스트 상자 삽입

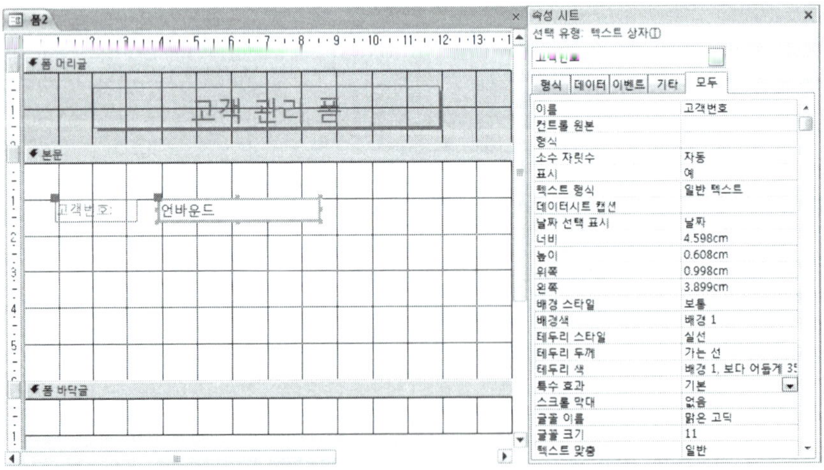

폼에 추가된 텍스트 상자를 살펴보면 '언바운드'라고 쓰여 있다. 앞서 설명한 대로 컨트롤은 데이터와의 연결 여부에 따라 바운드 컨트롤과 언바운드 컨트롤로 구분된다. 테이블이나 쿼리의 필드를 원본으로 사용되는 바운드 컨트롤은 해당 필드에 입력된 값을 불러와서 표시할 수 있으며, 새로운 값을 입력하거나 업데이트도 할 수 있다.

[폼 디자인] 창의 본문 영역에 추가된 텍스트 상자를 바운드 컨트롤로 바꾸기 위해서는 다음 그림과 같은 [속성 시트]를 통해 바꿀 수 있다. 만약, [속성 시트]가 표시되지 않으면 [폼 디자인 도구]의 [디자인] 탭의 [도구] 그룹의 [속성 시트]를 클릭하거나 텍스트 상자 위에서 마우스 오른쪽 버튼을 클릭하여 나타난 바로가기 메뉴에서 [속성(P)]을 선택하면 나타난다.

[속성 시트]에서 [데이터] 탭이나 [모두] 탭을 클릭한 후 [컨트롤 원본]의 드롭다운 단추( )를 누르면 다음 그림과 같이 폼 작성을 시작할 때 선택한 테이블이나 쿼리에 포함된 필드 목록이 나타난다. 여기에서 '고객번호'를 선택하면 '언바운드'라고 쓰여 있던 텍스트 상자가 선택한 필드 이름 '고객번호'로 변경된다.

그림 9-22 ▌ 텍스트 상자 속성 창

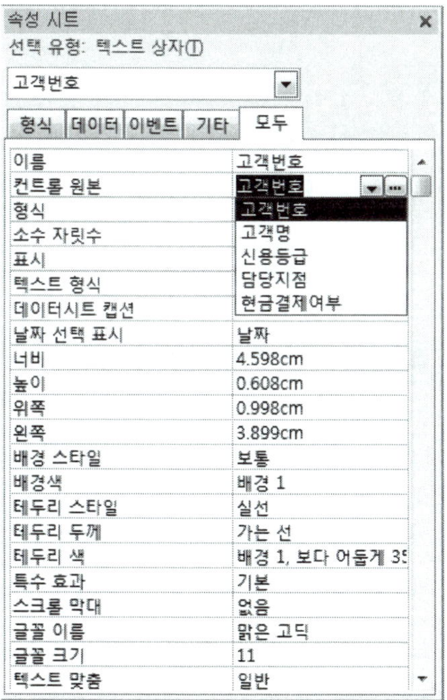

만약, [컨트롤 원본]의 드롭다운 단추를 클릭해도 필드 목록이 나타나지 않는다면 [폼 디자인] 창의 왼쪽 맨 위에 있는 폼 선택 단추(■)를 더블클릭한다. 그리고 [속성 시트]의 [모두] 탭을 클릭한 후 [레코드 원본]의 드롭다운 단추를 클릭하여 '고객 테이블'을 선택하면 된다.

폼을 작성하기 위해 필요한 필드가 두 개의 테이블에 각각 포함되어 있어 두 개의 테이블을 모두를 레코드 원본으로 사용해야 하는 경우에는 폼 선택 단추(■)를 더블클릭하여 [속성 시트]의 [레코드 원본 ▼ ...]의 ...를 클릭하여 [쿼리 작성기]를 실행한다. [쿼리 작성기]를 이용해 두 개 이상의 테이블에서 사용자가 원하는 필드만을 골라 폼의 레코드 원본으로 사용할 수 있다.

그림 9-23 ▌ 쿼리 작성기 실행

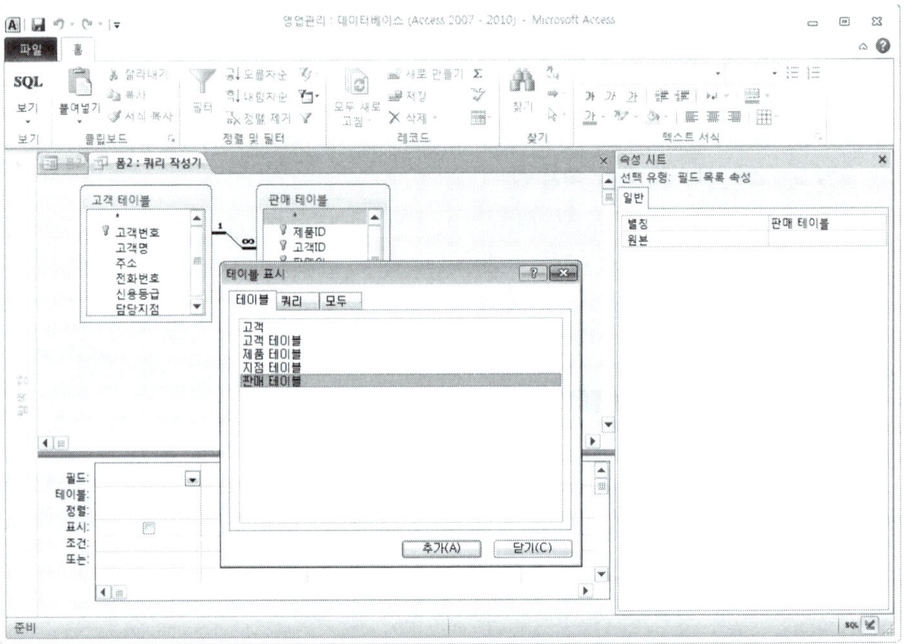

[테이블 표시] 창에서 '고객 테이블'과 '판매 테이블'을 더블클릭하여 [쿼리 작성기]에 두 개의 테이블을 반영한다. 그리고 '고객 테이블'에서 [고객번호], [고객명], [신용등급], [담당지점]을 더블클릭하고, '판매 테이블'에서 [현금결제여부]를 더블클릭하여 아래의 [필드] 영역에 반영하면 다음 그림과 같이 나타난다.

그림 9-24 쿼리 작성기에 필드 추가

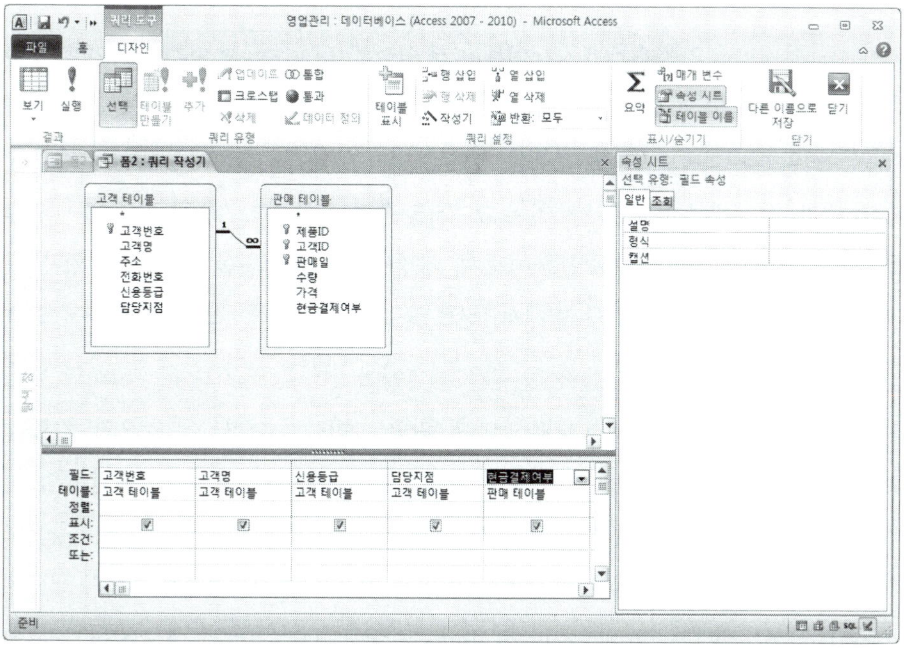

[쿼리 도구]의 [디자인] 탭에서 [닫기] 그룹의 [닫기]를 클릭하면 [쿼리 작성기]에서 선택한 필드들을 [레코드 원본]에 포함할 것인지에 대해서 묻는 대화상자가 나타난다. 여기에서 [예(Y)] 단추를 클릭하여 지금까지의 작업을 레코드 원본에 반영한다.

그림 9-25 쿼리 작성기에서 선택한 필드를 폼의 레코드 원본으로 반영

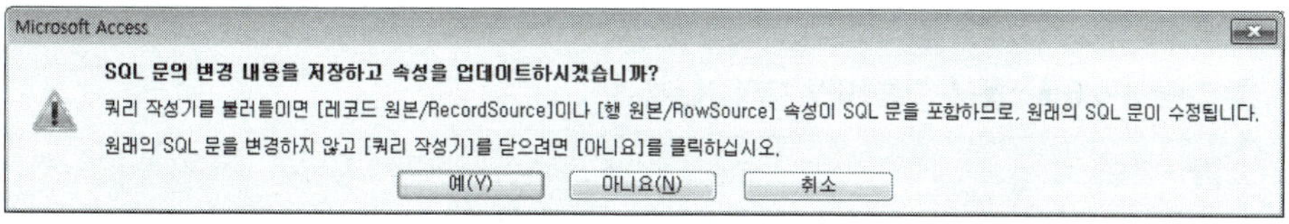

[레코드 원본]에는 다음 표 9-2와 같이 SQL 쿼리문으로 표시된다.

표 9-2 레코드 원본에 표시된 SQL문

SELECT [고객 테이블].고객번호, [고객 테이블].고객명, [고객 테이블].신용등급, [고객 테이블].담당지점, [판매 테이블].현금결제여부 FROM [고객 테이블] INNER JOIN [판매 테이블] ON [고객 테이블].고객번호 = [판매 테이블].고객ID;

마. 옵션 그룹

폼에는 옵션 그룹을 사용하여 데이터를 직접 입력하지 않고 옵션 단추나 확인란, 토글 단추와 같이 단지 값을 선택하는 컨트롤을 넣을 수 있다. 옵션 그룹은 남자와 여자, 예와 아니오, 회원과 비회원 등과 같은 '예/아니오' 데이터 형식에 적합하며, '예/아니오'와 같이 두 개의 값 중에서 하나를 선택하는 데이터뿐만 아니라 입력 가능한 필드 값이 제한된 필드(세 개의 값 중에서 하나를 선택)에 대해서도 옵션 그룹을 적용할 수 있다.

[폼 디자인 도구]의 [디자인] 탭에서 [컨트롤] 그룹의 컨트롤 모음에서 [옵션 그룹(가나다)]을 선택하고 [폼 디자인] 창의 본문 영역에서 원하는 크기로 드래그하면 다음 그림과 같은 옵션 그룹 마법사가 나타난다. 만약 마법사가 나타나지 않으면 [컨트롤] 그룹의 드롭다운 목록 버튼을 눌러 [컨트롤 마법사 사용(W)]을 활성화시킨 후에 선택하면 된다. 옵션 그룹 마법사의 첫 번째 단계에서는 선택할 항목, 즉 옵션 이름으로 사용할 데이터를 [레이블 이름]열에 입력한다. '판매 테이블'의 [현금결제여부] 필드의 경우에는 '☑', '☐'가 각각 입력되어 있다. 본 예제에서는 '판매 테이블'의 [현금결제여부] 필드에 '☑'이 입력되어 있으면 폼에 '현금'으로 표시하고 '☐'이 입력되어 있으면 '외상'으로 표시하도록 하고자 한다. 따라서 옵션 그룹에 표시할 레이블 이름으로 "현금"과 "외상"을 입력한다. 이때 입력 시 주의할 사항은 각 셀에 데이터를 입력한 후에 Enter↵ 키를 누르면 다음 단계로 넘어 가기 때문에 ↓ 키나 마우스를 이용해서 다음 셀로 이동해야 한다.

그림 9-26 ▌ 옵션 그룹 마법사의 1단계

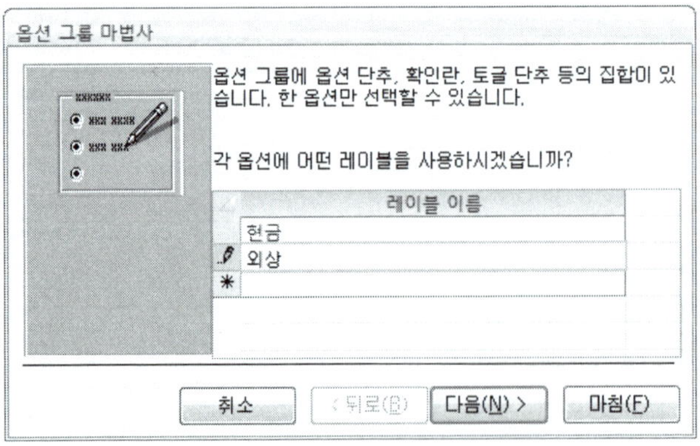

두 번째 단계에서는 설정한 옵션 중에서 하나를 기본값으로 지정할지 여부를 결정한다. 기본값을 지정하면 새로운 레코드의 해당 필드에 지정된 기본값이 자동적으로 입력된다. 첫 번째 단계에서 입력한 '현금', '외상' 중 '현금'을 기본값으로 설정한다.

그림 9-27 ▌ 옵션 그룹 마법사의 2단계

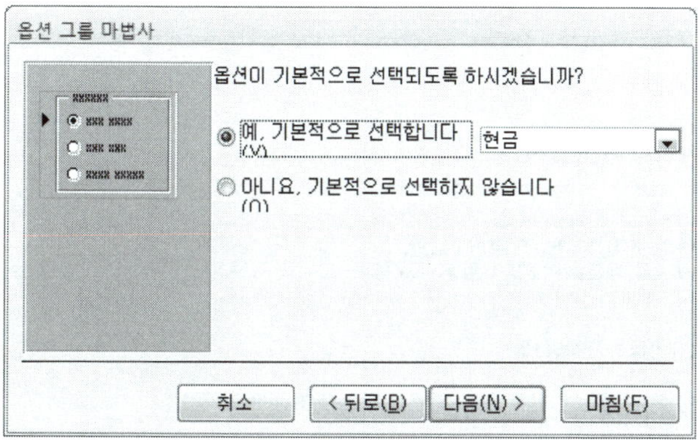

세 번째 단계에서는 각 옵션에 할당할 값을 지정한다. 이 값은 옵션 그룹에 포함된 두 개의 옵션 단추 중에 사용자가 어느 값을 선택하였는지를 액세스에게 알려주기 위한 값으로 기본값으로 선택한 현금에는 "−1"을 외상에는 "0"을 입력해 주어야 하나 본 예제에서는 [옵션 그룹 마법사]에서 자동으로 지정된 값을 그대로 두고 옵션 그룹 작성이 완료된 후 차후에 변경하도록 한다. 여기에서 지정한 옵션 값은 나중에 특정 기능을 수행하기 위한 사용자의 코드 작성에 사용되기도 한다.

그림 9-28 ▌ 옵션 그룹 마법사의 3단계

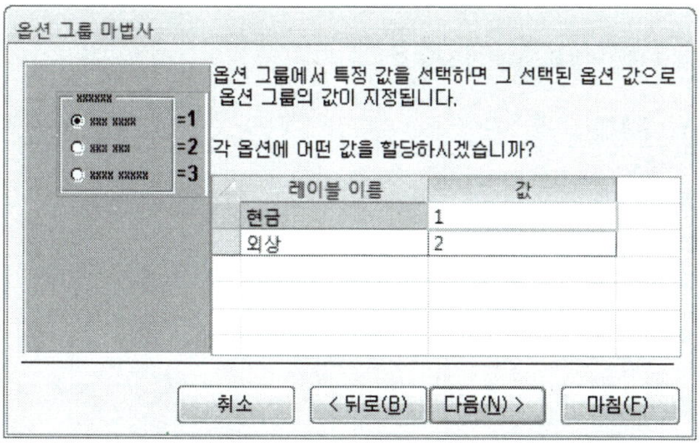

네 번째 단계에서는 옵션 그룹에서 선택한 값을 처리하는 단계로 옵션 그룹과 연결할 테이블의 필드를 선택한다. 옵션 그룹은 테이블의 필드와 연결되지 않은 언바운드 컨트롤로 사용할 경우에는 [다음에 사용하기 위해 값을 저장(S)]을 선택하고, 옵션 그룹을 테이블의 필드와 연결되는 바운드 컨트롤로 사용할 경우에는 [값을 저장할 필드(V)]를 선택하여 바운드 컨트롤과 연결할 필드를 선택한다. 여기에서는 [값을 저장할 필드(V)]에 '현금결제여부'를 선택하도록 한다.

그림 9-29 ▌ 옵션 그룹 마법사의 4단계

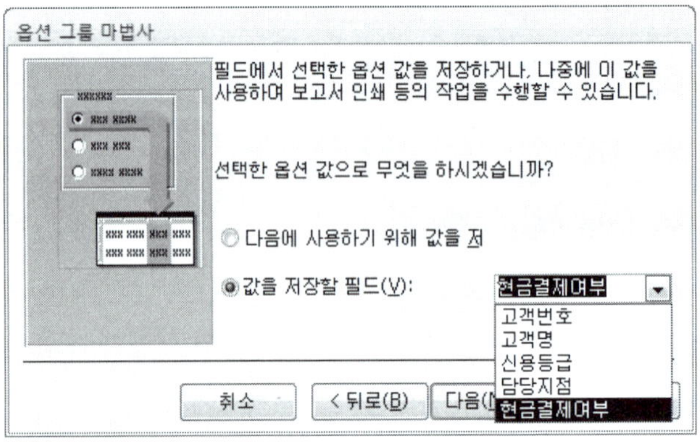

다섯 번째 단계에서는 옵션 그룹에서 사용할 컨트롤의 종류와 옵션 그룹이 폼에 표시되는 스타일을 선택한다. 옵션 그룹에서 사용할 컨트롤의 종류에는 [옵션 단추(O)], [확인란(C)], [토글 단추]가 있으며 일반적으로 [옵션 단추(O)]를 많이 사용한다.

그림 9-30 ▌ 옵션 그룹 마법사의 5단계

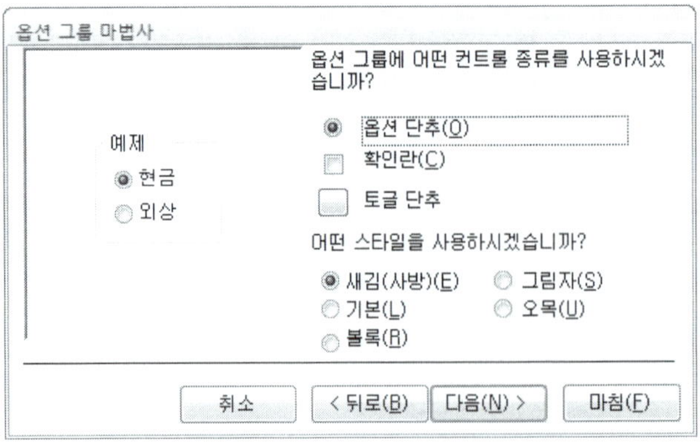

마지막 단계에서는 옵션 그룹을 저장할 이름을 입력한다.

그림 9-31 ▌ 옵션 그룹 마법사의 6단계

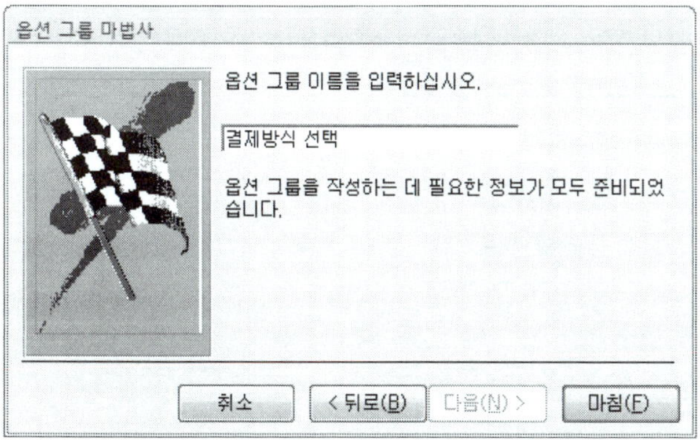

옵션 그룹에서는 '예/아니오' 형식의 데이터를 하나의 컨트롤만으로 표시하기도 하지만 사용자의 이해를 돕기 위해 두 개의 컨트롤을 사용하여 데이터를 표시하기도 한다. 즉, 하나의 컨트롤만을 사용하는 경우에는 옵션 단추가 선택된(눌러진) 상태를 '예'로 설정하고, 반대의 경우에는 '아니오'로 설정하여 표시한다. 이러한 경우에는 주로 토글 단추보다는 옵션 단추(O)나 확인란(C)을 많이 사용한다. 이에 반해 두 개의 컨트롤을 사용하는 경우에는 각각의 컨트롤에 각각의 데이터를 설명할 수 있는 제목을 입력하여 따로 표시하도록 한다. 사용자는 각 컨트롤에 입력된 제목을 통해 데이터의 내용을 쉽게 파악할 수 있다. 이렇게 두 개의 컨트롤을 사용하는 경우에는 토글 단추, 옵션 단추(O), 확인란(C) 모두 사용이 가능하다.

다음 그림은 옵션 그룹에 두 개의 컨트롤을 사용하여 작성한 토글 단추와 옵션 단추(O)와 확인란(C)이다. 이때 주의할 사항은 [옵션 그룹 마법사]의 세 번째 단계에서 설명한 바와 같이 각 컨트롤에 대해 옵션 값을 반드시 재 설정 해주어야 한다는 것이다. 다시 말해 '판매 테이블'의 [현금결제여부] 필드 값 중 '예'에 해당하는 '현금'에는 옵션 값을 "−1"을 입력해야 하고, '아니오'에 해당하는 '외상'에는 옵션 값을 "0"으로 입력해야 한다. 이를 위해 다음 그림과 같이 '현금' 옵션 컨트롤을 선택한 후 [속성 시트]의 [데이터] 탭에서 [옵션 값]을 "−1"로 변경하고 '외상' 옵션 컨트롤에는 "0"으로 변경하여야 한다.

그림 9-32 ❙ 옵션 단추의 옵션 값 변경

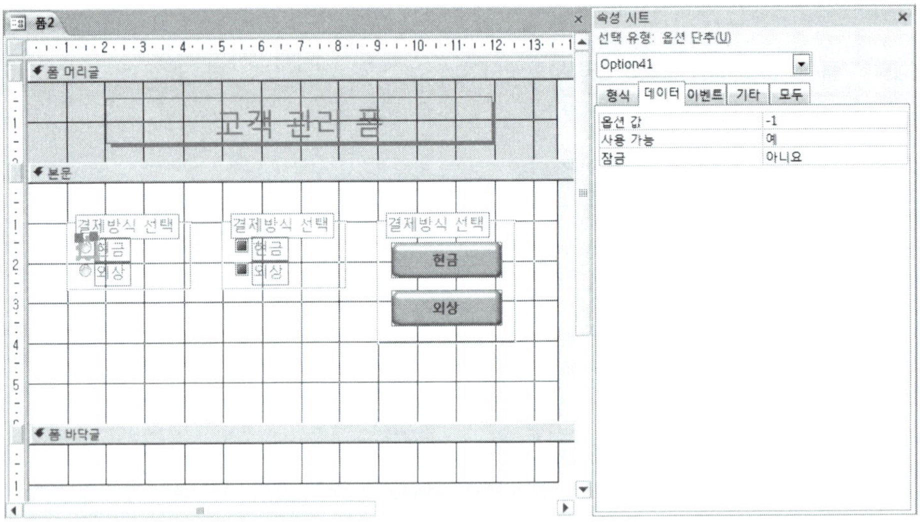

다음 그림은 [홈] 탭의 [보기] 그룹에서 [폼 보기(F)]를 클릭하여 옵션 그룹을 통해 작성한 토글 단추, 옵션 단추(O), 확인란(C)이 표시하는 '판매 테이블'의 [현금결제여부] 필드의 데이터를 보여준다.

그림 9-33 ❙ 폼 디자인 창에 토글 단추, 옵션 단추, 확인란 추가

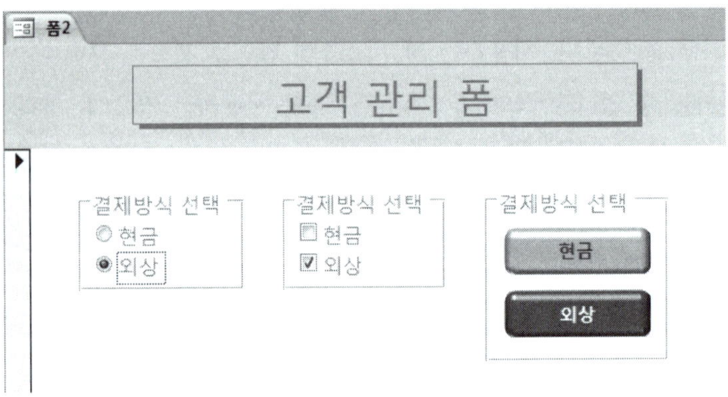

바. 콤보 상자와 목록 상자

앞에서 옵션 그룹 컨트롤을 사용하여 제한된 수의 데이터 값을 입력하는 방법을 살펴보았는데, 콤보 상자나 목록 상자를 사용해서도 동일한 기능을 수행할 수 있다. 다음 그림은 [신용등급] 필드는 콤보 상자 컨트롤을 사용하여 만들고, [담당지점] 필드는 목록 상자를 사용하여 만든 예를 보여준다.

두 컨트롤의 차이점을 살펴보면, 콤보 상자는 목록 값 중에서 하나의 값을 선택할 수 있을 뿐만 아니라 텍스트 상자처럼 직접 값을 입력할 수도 있다. 그에 반해 목록 상자는 표시된 목록 값에서만 값을 선택할 수 있다. 하지만 목록 상자는 작업 공간의 여유가 있을 경우 목록 상자에 모든 값들을 표시할 수 있어 한눈에 모든 값을 파악할 수 있다는 장점을 가지고 있다.

그림 9-34 ▌ 콤보 상자와 목록 상자의 디자인 보기

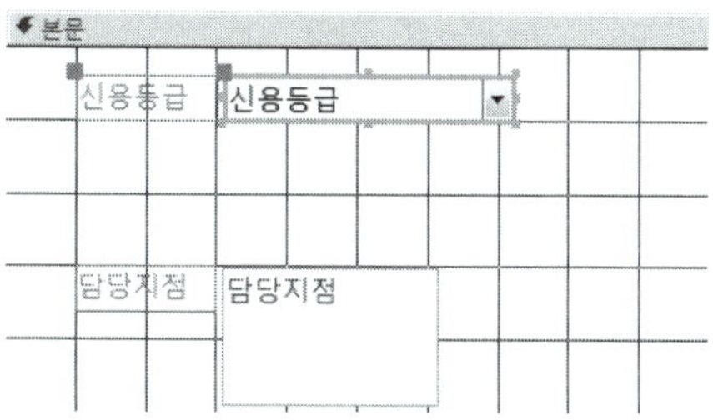

그림 9-35 ▌ 콤보 상자와 목록 상자의 폼 보기

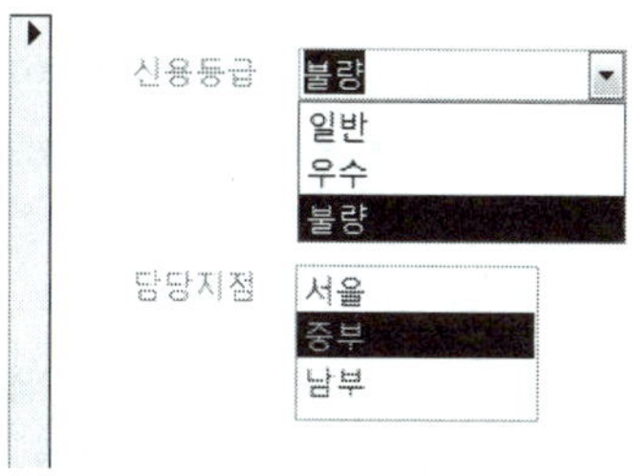

콤보 상자와 목록 상자는 작성 방법이 매우 유사하다. 여기서는 콤보 상자 마법사를 이용하여 폼에 컨트롤을 추가하는 방법을 살펴본다. 먼저, [폼 디자인 도구]의 [디자인] 탭에서 [컨트롤] 그룹의 컨트롤 모음에서 [콤보 상자( )]를 선택하고 [폼 디자인] 창의 본문 영역의 적절한 위치에 드래그하면 다음 그림과 같이 콤보 상자 마법사가 나타난다.

콤보 상자 마법사의 첫 번째 단계에서는 콤보 상자 목록에 표시하고자 하는 데이터의 목록을 테이블에서 가져올 것인지, 아니면 직접 입력할 것인지를 결정한다. [콤보 상자에서 테이블이나 쿼리에 있는 값을 가져옵니다(T)]를 선택하고 [다음(N) >]을 클릭한다.

≫ 그림 9-36 ▌ 콤보 상자 마법사의 1단계

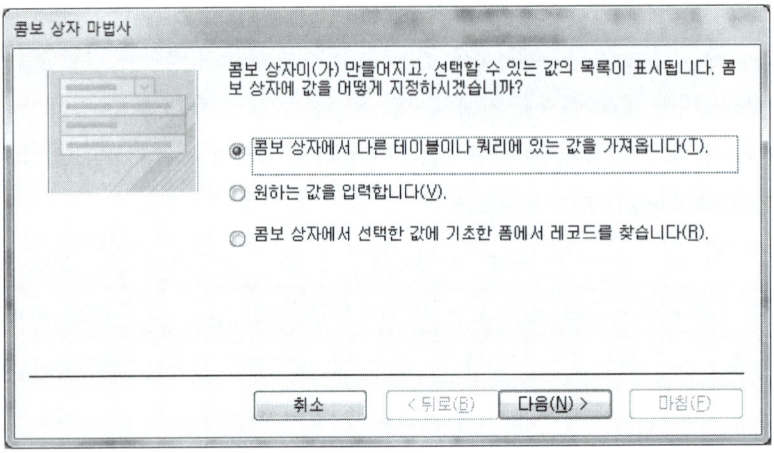

두 번째 단계에서는 콤보 상자로 가져올 데이터가 포함된 테이블을 선택한다. 여기에서는 '고객 테이블'을 선택하고 [다음(N) >]을 클릭한다.

≫ 그림 9-37 ▌ 콤보 상자 마법사의 2단계

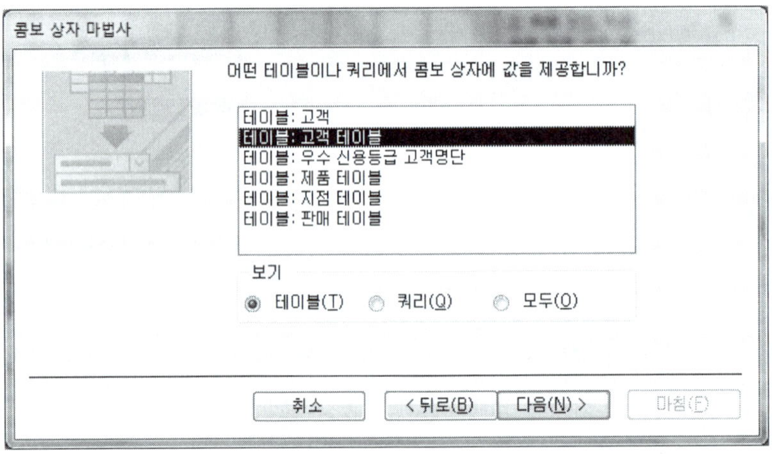

세 번째 단계에서는 다음 그림과 같이 콤보 상자에 표시될 데이터가 포함되어 있는 필드를 선택한다. 여기에서는 [사용 가능한 필드:]에 표시된 필드 중 [신용등급] 필드를 선택하고 가운데에 있는 이동 단추(>)를 클릭하여 [선택한 필드:]로 [신용등급] 필드를 옮긴다.

그림 9-38 ▌ 콤보 상자 마법사의 3단계

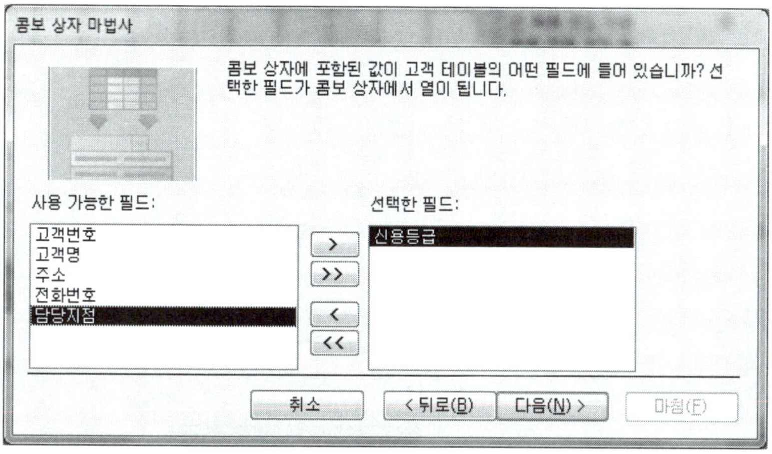

만약, 콤보 상자 마법사의 첫 번째 단계에서 콤보 상자 목록에 표시할 데이터 목록을 직접 작성하기 위해 [원하는 값을 입력합니다(V)]를 선택하였다면 다음 그림과 같이 데이터 목록을 직접 입력할 수 있는 화면이 나타난다. 이 화면은 테이블의 필드 속성을 정의할 때 사용하였던 조회마법사와 매우 유사하다. 본 예제에서는 [원하는 값을 입력합니다(V)]를 선택하여 콤보 상자 목록에 표시할 값을 직접 입력하도록 한다.

그림 9-39 ▌ 콤보 상자 마법사의 4단계 – 콤보 상자 마법사의 값 입력

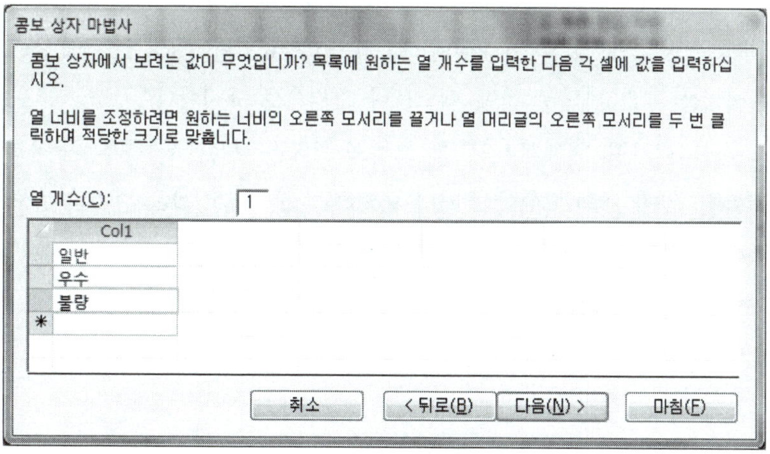

콤보 상자 마법사의 다음 단계에서는 콤보 상자 컨트롤과 연결할 필드를 선택하고, 콤보 상자 마법사의 마지막 단계에서는 콤보 상자의 레이블에 표시할 이름을 입력한다.

그림 9-40 ▌ 콤보 상자 마법사의 5단계 - 연결 필드 선택

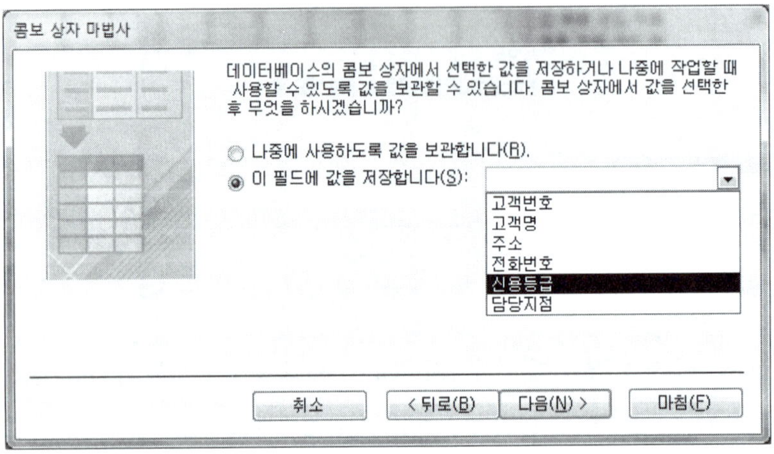

사. 명령 단추

액세스에는 레코드 검색, 인쇄, 다른 응용프로그램 실행 등 폼에 포함시킬 수 있는 다양한 기능을 제공하는 명령 단추( )라는 컨트롤이 있다. 명령 단추는 일종의 매크로 함수로 'Click' 이벤트에 매크로나 VBA를 연결하여 사용한다. 명령 단추는 다른 컨트롤과 달리 레이블이 없고 단추 안에 텍스트나 그림으로 표시한다.

[폼 디자인 도구]의 [디자인] 탭에서 [컨트롤] 그룹의 컨트롤 모음에서 [단추( )]를 선택하고 [폼 디자인] 창의 본문 영역의 적절한 위치에 드래그하면 다음 그림과 같은 명령 단추 마법사가 시작된다. 명령 단추 마법사의 첫 번째 단계에서는 단추를 눌렀을 때 실행될 함수 종류를 지정한다.

그림 9-41 ▌ 명령 단추 마법사 1단계

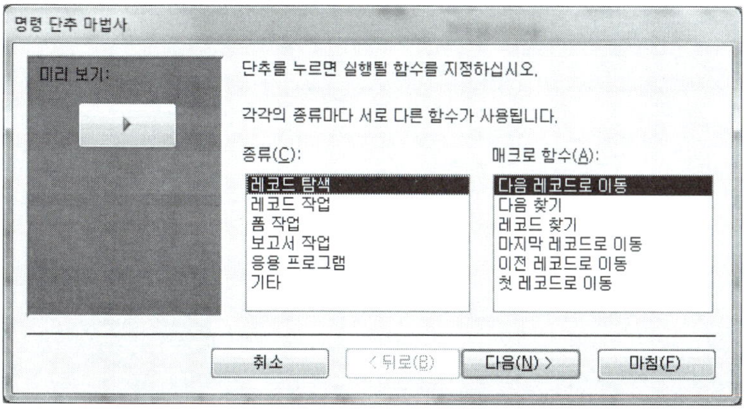

명령 단추로 표시할 수 있는 기능은 다음의 표 9-3과 같다.

▌표 9-3 ▌ 명령 단추의 종류

종류	기능
레코드 탐색	다음 레코드로 이동, 다음 찾기, 레코드 찾기, 마지막 레코드로 이동, 이전 레코드로 이동, 첫 레코드로 이동
레코드 작업	레코드 삭제, 레코드 저장, 레코드 인쇄, 레코드 취소, 새 레코드 추가, 중복 레코드
폼 작업	폼 닫기, 폼 데이터 새로 고침, 폼 열기, 폼 인쇄, 폼 필터 적용, 현재 폼 인쇄
보고서 작업	메일로 보고서 보내기, 보고서 미리 보기, 보고서 인쇄, 파일에 보고서 보내기, 보고서 미리보기
응용 프로그램	응용 프로그램 끝내기
기타	매크로 실행, 전화 걸기, 쿼리 실행, 테이블 인쇄

명령 단추 마법사의 두 번째 단계에서는 명령 단추에 표시할 텍스트나 그림을 선택하고, 마지막 단계에서는 나중에 명령 단추를 쉽게 참조할 수 있도록 명령 단추의 이름을 입력한다. 다음 그림은 [폼 디자인] 창의 [폼 바닥글] 영역에 [이전 레코드로 이동], [다음 레코드로 이동], [레코드 인쇄], [폼 닫기] 명령 단추를 추가한 것이다.

그림 9-42 ▌ 폼 디자인 창에 명령 단추 추가

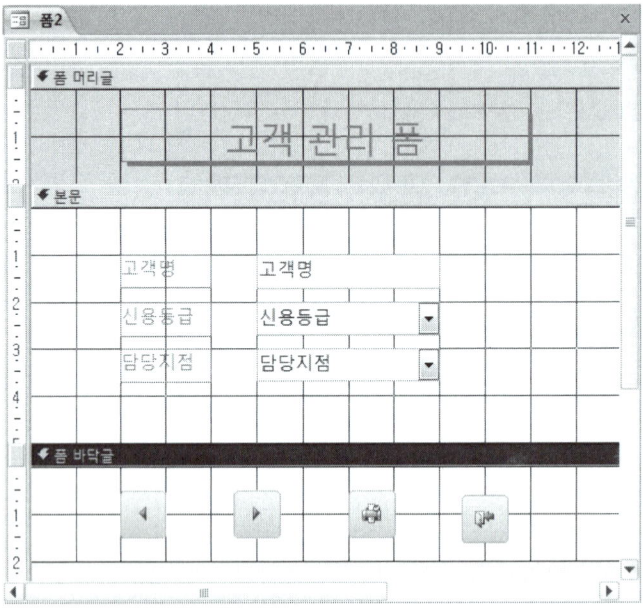

아. 하위 폼

하위 폼은 폼 안에 또 다른 폼을 포함시키는 것으로, 특정 고객이 구매한 모든 제품에 대한 정보를 표시하거나, 특정 제품을 구매한 모든 고객을 표시하는 것과 같이 서로 연관된 데이터를 하나의 폼에서 표시하고자 할 때 사용한다. 특정 고객이 구매한 모든 제품을 표시하는 하위 폼을 작성하는 경우에 고객 데이터를 보여주는 폼을 기본 폼이라고 하고, 제품 데이터를 보여주는 폼을 하위 폼이라고 한다.

기본 폼의 레코드 원본으로 사용하는 테이블/쿼리와 하위 폼의 레코드 원본으로 사용하는 테이블/쿼리는 서로 연관된 필드를 가지고 있어야 한다. 즉 기본 폼에서 사용하는 테이블/쿼리는 기본 키를 가지고 있어야 하며, 하위 폼에서 사용하는 테이블/쿼리는 외부 키를 가지고 있어야 한다. 하위 폼은 폼 마법사를 이용하거나 도구상자의 하위 폼 마법사를 이용하여 작성할 수 있다. 다음의 예제는 특정 고객이 구매한 모든 제품을 표시하는 하위 폼을 작성한 것이다.

우선, [만들기] 탭의 [폼] 그룹에서 [폼 마법사]나 [폼 디자인]을 이용해 다음과 같은 기본 폼을 먼저 작성한다. [폼 마법사]를 이용한다면, 첫 번째 단계에서는 [고객 테이블]의 [고객명], [전화번호] 필드를 선택하고, 두 번째 단계에서는 [열 형식]을 선택하여 폼을 작성한다.

그림 9-43 하위 폼을 위한 기본 폼 작성하기

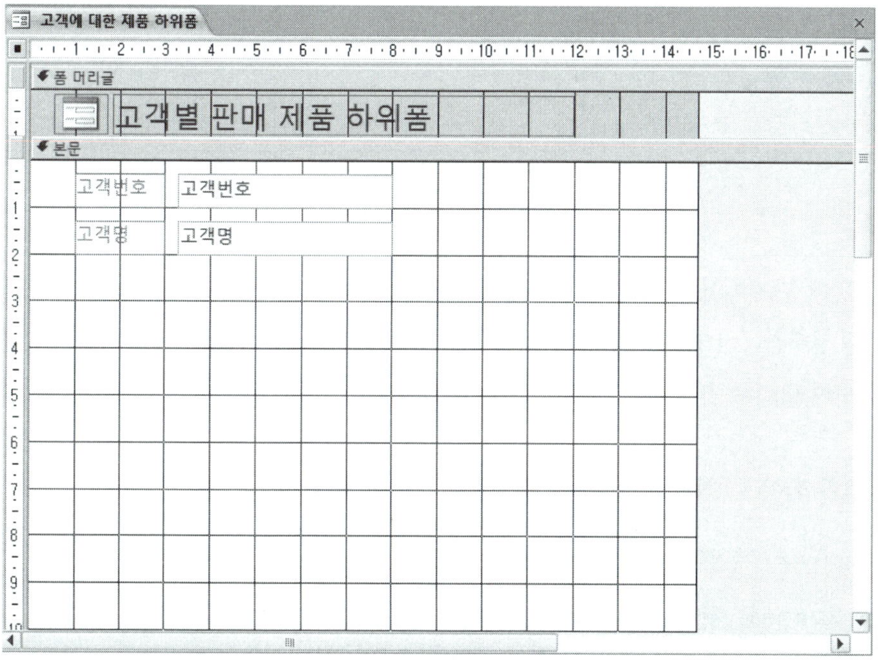

[폼 디자인 도구]의 [디자인] 탭에서 [컨트롤] 그룹의 컨트롤 도구모음에서 [하위 폼/하위 보고서(▤)]를 선택하고 하위 폼을 추가할 위치에 적절한 크기로 드래그하면 다음과 같은 하위 폼 마법사가 나타난다. 첫 번째 단계에서는 하위 폼을 새로 만들지 아니면 기존 폼을 하위 폼으로 사용할지 결정한다. [기존 테이블 및 쿼리 사용(T)]을 선택하고 [다음(N >)]을 누른다.

그림 9-44 ▌ 하위 폼 마법사 1단계 - 하위 폼에 사용할 데이터 선택

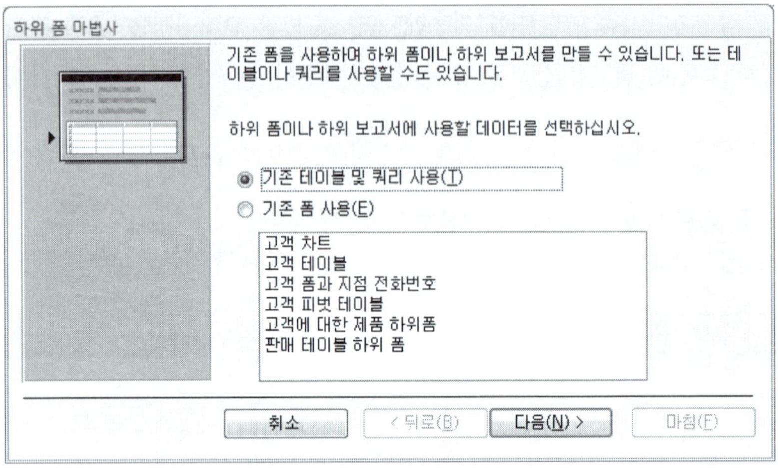

두 번째 단계에서는 하위 폼에 사용될 테이블/쿼리를 지정하고 하위 폼에 포함될 필드를 선택한다. [테이블/쿼리]에서 [테이블: 판매 테이블]을 선택하고 [제품ID], [고객ID], [판매일], [수량], [가격] 필드를 선택하고 [다음(N>)]을 누른다.

그림 9-45 ▌ 하위 폼 마법사 2단계 - 하위 폼에 필드 추가

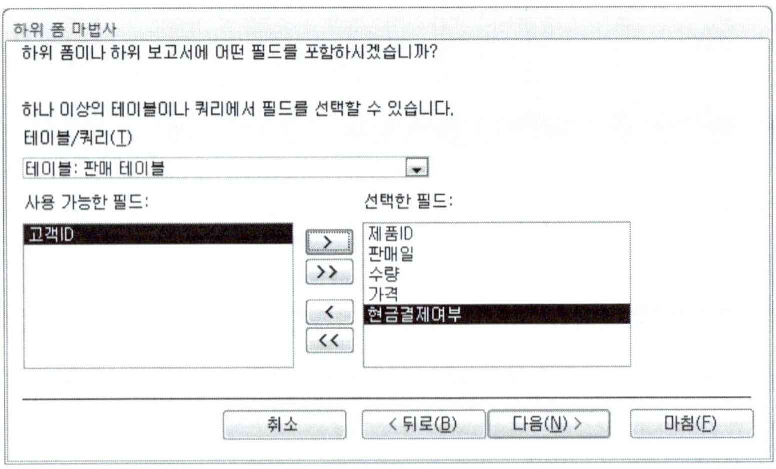

세 번째 단계에서는 기본 폼과 하위 폼을 연결할 필드를 선택하거나 직접 지정한다. 기본 폼에서 사용하는 '고객 테이블'의 '고객번호'와 하위 폼에서 사용하는 '판매 테이블'의 '고객ID'는 관계 설정에서 이미 설정되어 있으므로 [목록에서 선택(C)]을 선

택하고 [다음(N) >]을 누른다. 마지막 단계에서는 하위 폼의 이름을 "판매 테이블 하위 폼"으로 입력하고 [마침(F)]을 누른다. [디자인 보기]에서 [레이블]과 [하위 폼]의 위치와 크기를 적절히 조절한다. 여기에서 만들어진 하위 폼은 독립된 개체이기 때문에 왼쪽 탐색 창을 보면 '판매 테이블 하위 폼'이 만들어진 것을 확인할 수 있다. 하위 폼에 포함된 필드 사이의 간격 조절은 왼쪽 탐색 창에 새로 만들어진 하위 폼인 '판매 테이블 하위 폼'을 통해 조절할 수 있다.

그림 9-46 ▌ 기본 폼에 추가된 하위 폼

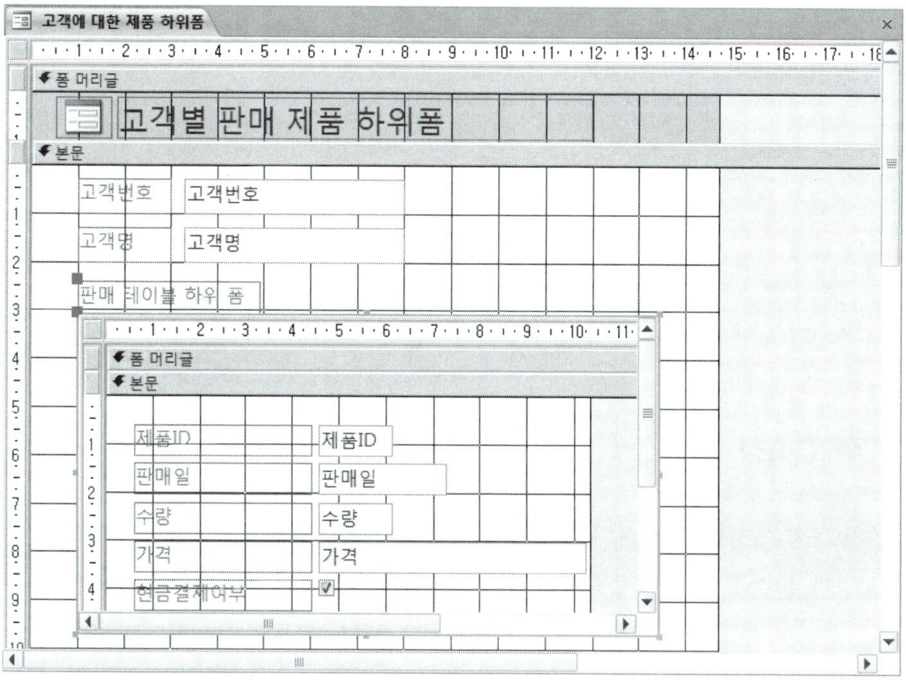

[폼 보기]를 선택하여 기본 폼의 '고객번호'와 하위 폼의 '고객ID'가 연결된 화면을 볼 수 있다. 화면 하단에 레코드 탐색 단추를 눌러 기본 폼의 레코드를 변경하면 그와 관련된 판매 테이블의 레코드들이 하위 폼에 표시되는 것을 확인할 수 있다.

그림 9-47 기본 폼과 관련된 하위 폼 표시

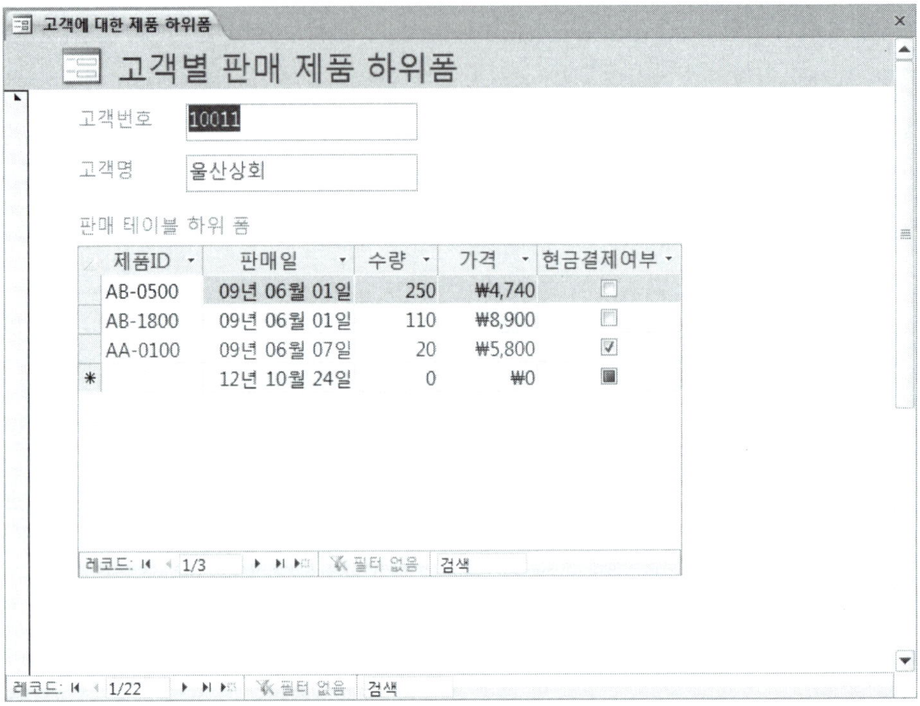

자. 폼의 속성

폼의 속성은 형식, 데이터, 이벤트, 기타의 네 가지로 구분된다. [형식] 탭에서는 폼의 모양과 관련된 속성을 설정하고, [데이터] 탭에서는 폼에 바운드될 데이터를 설정하며, [이벤트] 탭에서는 폼에서 특정 이벤트가 발생할 때마다 어떤 처리를 해야 할지를 지정하며, 그 외의 속성들은 [기타] 탭에서 설정한다.

[폼 디자인] 창의 왼쪽 맨 위에 있는 폼 선택 단추(■)를 더블클릭하면 폼의 속성을 보여주는 [속성 시트]가 나타난다. 다음 표들은 폼에 대한 주요 속성을 보여주고 있다.

표 9-4 폼의 형식 속성

속성 이름	설 명
캡션	캡션에 입력한 텍스트가 폼 보기 형식에서 제목표시줄에 나타난다.
기본 보기	기본 보기는 폼이 보여지는 형태를 결정하는 것으로, 단일 폼, 연속 폼, 데이터시트, 피벗 테이블, 피벗 차트의 다섯 가지 보기 형식이 있다. 단일 폼은 한 번에 하나의 레코드만 표시하며, 연속 폼은 현재 창의크기만큼 여러 레코드를 표시하고, 데이터시트는 행과 열로 구성된 형태로 레코드를 표시한다.
스크롤 막대	화면에 모든 데이터를 나타내지 못할 경우 스크롤 막대를 사용하여 숨겨진 데이터를 볼 수 있도록 설정하는 속성으로 폼의 오른쪽에 세로, 아래쪽에 가로 스크롤 막대를 만든다.
레코드 선택기	레코드 선택기는 현재 실행 모드로 열려 있는 폼에서 레코드를 선택하는 왼쪽의 세로 막대를 말하는 것으로 이 막대를 누르게 되면 현재 열려 있는 레코드가 모두 선택된다.
탐색 단추	레코드와 레코드 사이를 이동할 때 쓰는 단추로, 실행 중인 폼의 하단 왼쪽에 있다.
자동 크기 조정	자동 크기 조정을 '예'로 설정하면, 레코드를 모두 표시할 수 있도록 폼 작성창의 크기가 자동으로 조정된다.
자동 가운데 맞춤	자동 가운데 맞춤을 '예'로 설정하면 폼이 항상 화면의 중앙에 위치한다.
테두리 스타일	테두리 스타일 속성을 사용해 폼에 사용할 테두리의 종류와 테두리 요소를 지정할 수 있다. 일반적으로 일반 폼, 팝업 폼, 사용자 정의 대화상자에는 서로 다른 테두리 스타일이 사용된다. 테두리 스타일의 속성 값은 없음, 가늘게, 조정 가능, 대화상자가 있다.
컨트롤 상자	폼 제목 표시줄의 메뉴 단추를 의미하는 것으로 '예'로 설정할 경우 폼의 빠른 메뉴를 호출할 수 있다.
최소화·최대화 단추	최소화 단추와 최대화 단추가 보이게 할 것인지를 지정할 수 있다.
닫기 단추	폼에서 닫기 단추를 사용할지의 여부를 지정한다.
그림	폼의 배경으로 사용할 그림을 지정한다.

표 9-5 폼의 데이터 속성

속성 이름	설명
레코드 원본	폼에 연결할 테이블 또는 쿼리를 선택한다.
필터	폼에 어떤 조건을 주어 그에 맞는 데이터만 표시할 때 사용한다.
필터 사용	필터 속성에서 설정한 조건에 맞는 레코드를 적용할지 여부를 '예/아니오'로 선택한다.
편집 삭제 추가 기능	편집 삭제 추가 기능은 폼에 연결된 테이블의 레코드를 수정하거나 삭제, 또는 새로운 레코드를 입력할 수 있도록 해 주는 속성이다. 이들이 '아니오'로 설정되어 있으면 데이터의 수정이나 신규 입력 작업을 할 수 없다.
데이터 입력	폼을 처음 열 때 빈 레코드를 보여줄지, 아니면 기존의 레코드를 보여줄 것인지를 결정하는 것으로 데이터 입력 속성을 '예'로 설정하고 폼을 열면 입력란이 비어 있어 바로 레코드를 입력할 수 있다.
레코드 잠금	여러 명이 데이터베이스를 공유할 경우 하나의 레코드를 여러 사람이 동시에 사용하여 데이터가 일관성을 가지지 못하는 경우가 발생할 수 있다. 레코드 잠금 속성은 한 사용자가 데이터를 편집할 때, 다른 사용자의 데이터베이스 접근을 막는 기능이다.

표 9-6 폼의 기타 속성

속성 명	설명
팝업	'예'로 설정하면 항상 다른 창 위에 폼을 표시한다.
모달	'예'로 설정하면 그 폼을 닫기 전까지는 다른 화면을 선택할 수 없어 다른 어떤 작업도 할 수 없게 된다.
메뉴 모음	사용자가 지정한 메뉴 모음의 이름을 지정한다.
태그	폼 개체와 함께 저장할 추가 데이터를 지정한다.

차. 컨트롤의 속성

테이블의 각 필드에 대해서 세부적인 속성을 부여할 수 있었던 것처럼 폼에 포함된 컨트롤에 대해서도 여러 가지 속성을 부여할 수 있다. 컨트롤의 종류에 따라서 부여할 수 있는 세부 속성은 조금씩 다르다. 컨트롤 속성도 폼 속성과 마찬가지로 데이터, 형식, 이벤트, 기타로 분류한다.

표 9-7 컨트롤의 형식 속성

속성 이름	설명
형식	컨트롤에 표시되는 데이터의 표시 형식을 지정한다.
소수 자릿수	컨트롤의 데이터에 소수점 이하의 자릿수를 지정한다.
화면 표시	화면에 컨트롤의 표시 여부를 지정한다.
특수효과	오목, 볼록, 새김, 그림자 등과 같은 특수효과를 설정한다.
문자색	컨트롤의 텍스트 색을 지정한다.
열 개수, 열 너비	콤보 상자와 목록 상자 컨트롤에서 열의 개수와 너비를 지정한다.
읽는 순서	컨트롤 텍스트의 읽는 순서를 지정한다.

표 9-8 컨트롤의 데이터 속성

속성 이름	설명
컨트롤 원본	컨트롤에 연결할 데이터를 지정한다.
기본값	새로운 레코드가 추가될 때 기본적으로 입력될 값을 지정한다.
입력 마스크	컨트롤에 입력 가능한 데이터의 서식이나 형식을 지정한다.
유효성 검사 규칙	컨트롤에 입력 가능한 데이터의 사양을 지정한다.
행 원본 유형	콤보 상자와 목록 상자 컨트롤에서 사용할 데이터를 선택하는 방법을 테이블/쿼리, 필드 목록, 값 목록 중에서 선택한다.
행 원본	콤보 상자와 목록 상자에서 사용할 데이터를 지정한다.
잠금	폼 보기에서 컨트롤의 데이터 변경을 금지할지를 지정한다.

표 9-9 컨트롤의 이벤트 속성

속성 이름	설명
Before Update	필드나 레코드를 업데이트하기 전에 실행되는 매크로나 함수를 지정한다.
After Update	필드나 레코드를 업데이트하고 난 후 실행되는 매크로나 함수를 지정한다.
OnDirty	필드를 수정하기 전에 실행하는 매크로나 함수를 지정한다.
On Change	콤보 상자, 텍스트상자, 탭컨트롤의 데이터가 변경될 때 실행할 매크로나 함수를 지정한다.
On Enter	컨트롤이 처음 포커스를 가질 때 실행되는 매크로나 함수를 지정한다.
On Exit	컨트롤이 포커스를 잃었을 때 실행되는 매크로나 함수를 지정한다.
On Click	컨트롤을 눌렀을 때 실행되는 매크로나 함수를 지정한다.

▌표 9-10 ▌ 컨트롤의 기타 속성

속성 이름	설명
이름	컨트롤의 식별자가 되는 이름을 지정한다.
상태 표시줄 텍스트	컨트롤을 선택했을 때 상태 표시줄에 나타나는 메시지를 지정한다.
IME hold	이 필드에서 포커스가 이동하였을 때 일본어 입력기의 설정을 유지할지를 결정한다. 이 속성은 일본어 입력기에만 적용된다.
IME 모드	필드로 포커스가 이동되었을 때 설정되는 한글 입력기의 상태를 지정한다.
탭 정지	탭키(⭾)를 이용하여 컨트롤 사이의 이동이 가능한지를 지정한다.
탭 인덱스	컨트롤의 탭 순서를 지정한다.
태그	개체와 함께 저장할 추가 데이터를 지정한다.

6 피벗 테이블 마법사

피벗 테이블은 필드들을 적절히 배치하여 데이터를 전체적으로 일목요연하게 표로 정리할 수 있는 기능으로 엑셀의 피벗 테이블과 동일하다. 그러나 엑셀의 피벗 테이

그림 9-48 ▌ 피벗 테이블에 필드 추가

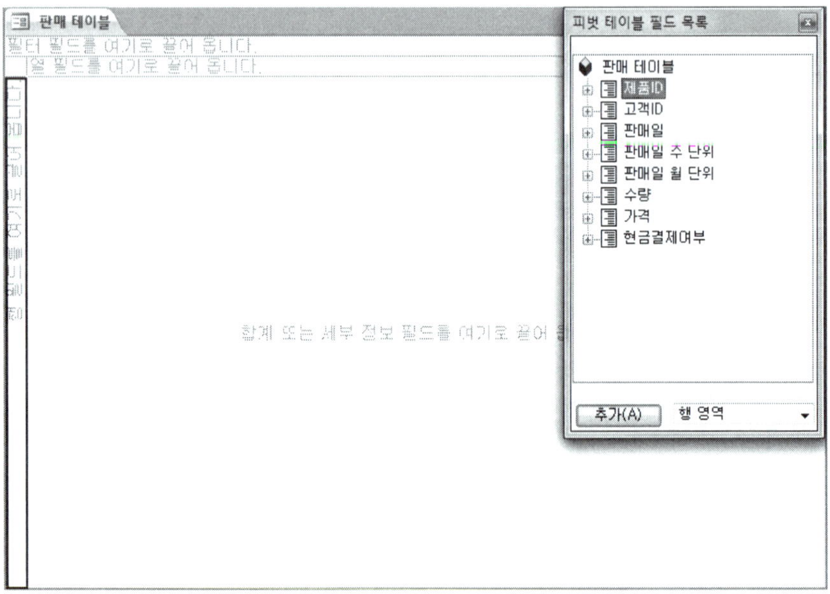

블이 특정 영역을 지정하여 피벗 테이블을 생성하는 것과는 다르게 액세스에서는 이미 전체가 데이터베이스로 지정되어 있으므로 테이블만 지정하면 생성할 수 있다.

피벗 테이블 마법사를 이용하여 제품별, 고객별, 현금결제여부별로 판매된 수량을 피벗 테이블로 작성하는 예제를 살펴보자. 먼저, 왼쪽의 탐색 창에서 '판매 테이블'을 선택하고, [만들기] 탭의 [폼] 그룹에서 [기타 폼]의 [피벗 테이블]을 클릭하면 다음과 같은 화면이 나타난다. 만약, 그림과 같이 [피벗 테이블 필드 목록]이 나타나지 않는다면 [피벗 테이블 도구]의 [디자인] 탭에서 [표시/숨기기] 그룹의 [필드 목록]을 클릭하면 나타난다.

[피벗 테이블 보기] 창은 필터 필드, 행 필드, 열 필드, 정보 필드로 구분되며 [피벗 테이블 필드 목록]에서 필드를 선택하여 원하는 위치에 끌어다 놓으면 피벗 테이블이 완성된다. 본 예제에서는 다음 그림과 같이 '현금결제여부'를 필터 필드로, '제품ID'를 행 필드로, '고객ID'를 열 필드로, '수량'을 정보 필드로 드래그하여 피벗 테이블을 작성한다. 만약 필드 위치를 수정하고자 한다면 피벗 테이블 창에 추가한 필드명('제품ID', '고객ID' ...)에서 마우스 오른쪽 버튼을 클릭하여 바로가기 메뉴에서 [제거(Σ)]를 클릭하거나, 제거하고자 하는 필드를 피벗 테이블 창 밖으로 드래그하면 된다.

그림 9-49 ▌ 피벗 테이블의 실행 결과

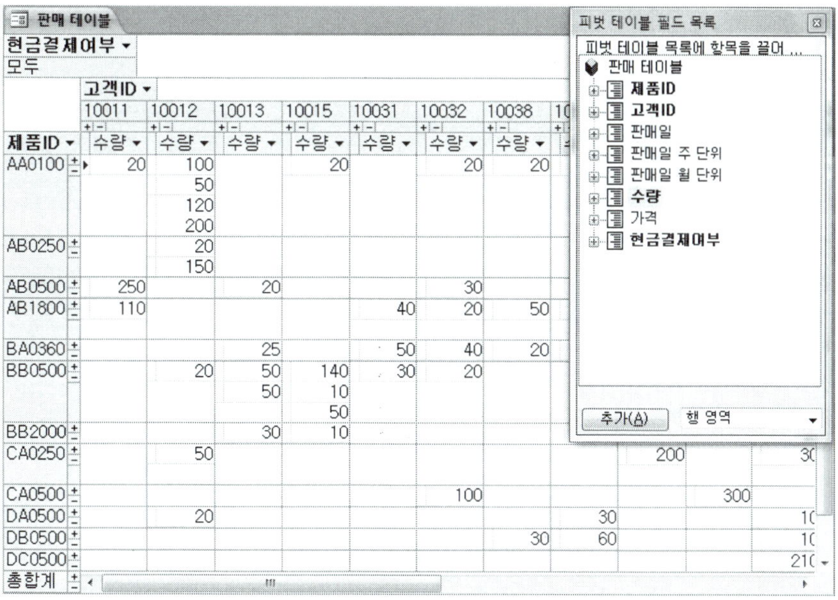

피벗 테이블은 원하는 데이터만 표시하는 필터 기능을 제공하는데, 필터 필드인 '현금결제여부'의 드롭다운 목록(현금결제여부 ▾)을 누르면 [모두], [FALSE], [TRUE]의 세 가지 항목 중에서 선택할 수 있다. 그 중 [TRUE]만을 선택하게 되면 현금으로 결제한 데이터만 피벗 테이블 창에 표시된다.

피벗 테이블 창의 정보 필드에 표시된 임의의 숫자를 클릭하고 [피벗 테이블 도구]의 [디자인] 탭의 [도구] 그룹의 [Σ 자동계산]을 클릭하거나, 마우스 오른쪽 버튼을 클릭하여 나타난 바로가기 메뉴에서 [Σ 자동계산]을 클릭하여 [평균(A)]을 선택하면 각 제품별, 각 고객별 평균 금액을 확인할 수 있다.

연·습·문·제

01. 제8장의 연습문제 1번에서 '학생' 테이블을 이용하여 다음 그림과 같이 폼을 작성하시오.

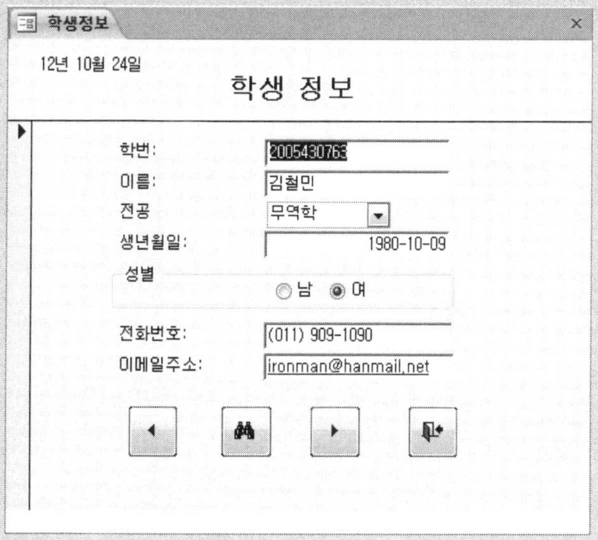

(1) 폼 머리글에 제목을 '학생 정보'라고 입력하고 글꼴을 '굴림', 글자크기 '16', 그리고 '굵게'로 설정하시오.
(2) 폼 머리글의 왼쪽에 'xx년 xx월 xx일'과 같은 날짜 형식으로 현재 날짜를 표시하시오.
(3) '학생' 테이블의 모든 필드를 폼 본문에 넣으시오.
(4) 전공은 경영학, 무역학, 회계학, 경제학 중에서 선택되도록 콤보 상자로 만드시오.
(5) 성별은 옵션그룹과 옵션단추를 사용하여 표시하시오.
(6) 폼 하단의 탐색 단추를 보이지 않게 하시오.
(7) 본문 하단에 '이전 레코드로 이동', '레코드 찾기', '다음 레코드로 이동', '폼 닫기' 명령 단추를 삽입하시오.
(8) '과목'과 '성적' 테이블에 대해서 위의 내용을 참고하여 적절한 폼을 작성하시오.

02. 제8장 연습문제 2번의 '상품' 테이블에 대한 폼을 아래 그림을 참고하여 다음과 같이 작성하시오.

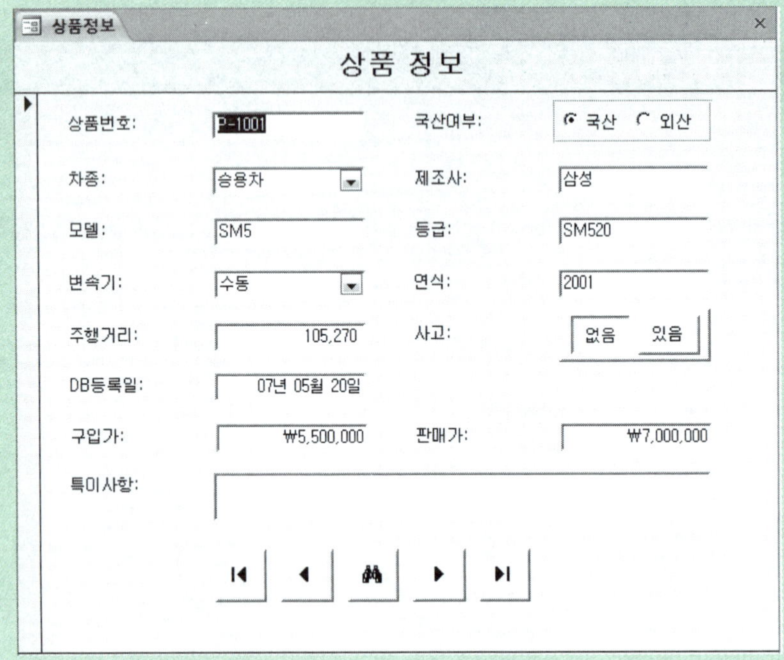

(1) 폼 머리글에 제목을 '상품 정보'라고 입력하고 글꼴을 '굴림', 글자크기 '16', 그리고 '굵게'로 설정하시오.
(2) 폼 바닥글의 가운데에 'xxxx년 xx월 xx일 x요일'과 같은 날짜 형식으로 현재 날짜를 표시하시오.
(3) '상품' 테이블의 모든 필드를 폼 본문에 적절히 배치하시오.
(4) [국산여부]와 [사고유무] 필드를 그림과 같이 옵션그룹으로 표시하시오.
(5) [주행거리] 필드는 천 단위 마다 쉼표가 표시되도록 하되 소수점 이하는 표시되지 않게 하시오.
(6) [특이사항] 필드를 맨 밑으로 이동하시오.
(7) 본문 하단에 위의 그림과 같이 '첫 레코드로 이동', '이전 레코드로 이동', '레코드 찾기', '다음 레코드로 이동', '마지막 레코드로 이동' 명령단추를 삽입하시오.
(8) 폼 하단의 탐색 단추를 보이지 않게 하시오.
(9) '고객', '직원' 및 '판매' 테이블에 대해서도 적절한 폼을 작성하시오.

03. 제8장 연습문제 3번의 '회원' 테이블에 대한 폼을 아래 그림을 참고하여 다음과 같이 작성하시오.

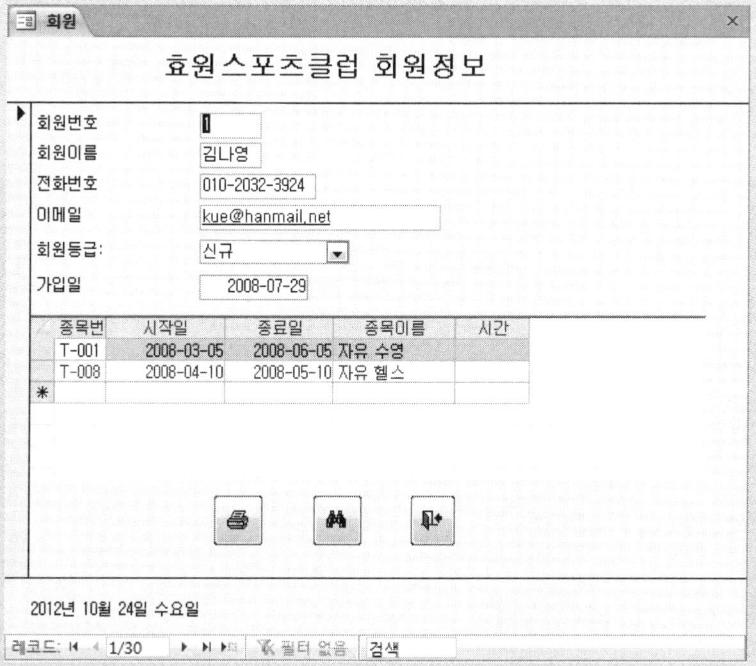

(1) 폼 마법사를 이용하여 위 그림에서 나타난 데이터를 포함하는 하위 폼을 작성하시오.

(2) 폼 머리글에 제목을 '효원 스프츠클럽 회원정보'라고 입력하고 글꼴을 '굴림', 글자크기 '16', 그리고 '굵게'로 설정하시오.

(3) 폼 바닥글의 왼쪽에 'xxxx년 xx월 xx일 x요일'과 같은 날짜 형식으로 현재 날짜를 표시하시오.

(4) 하위 폼의 하단에 탐색 단추가 보이지 않게 하시오.

(5) 하위 폼의 시작일과 종료일을 '2008-03-05'와 같이 표시되게 하시오.

(6) 하위 폼 아래에 '현재 폼 인쇄', '레코드 찾기', '폼 닫기' 명령단추를 삽입하시오.

(7) '회원' 테이블 이외의 테이블들에 대해서도 적절한 폼을 작성하시오.

10 Chapter

쿼리 만들기

1. 쿼리 만들기 개요
2. 쿼리 마법사를 이용한 쿼리 만들기
3. 쿼리 디자인을 이용한 쿼리 만들기
4. 쿼리 마법사를 이용한 다양한 쿼리 만들기

Chapter 10 쿼리 만들기

쿼리(query)는 '질의'라고도 하며, 데이터베이스의 특정 테이블에 특정한 조건을 주어 사용자가 원하는 자료를 검색하는 기능을 뜻한다. 특히, 액세스에 있어 쿼리는 데이터 검색 기능뿐만 아니라 쿼리를 통해 테이블로부터 정보를 추출하거나 데이터의 입력, 수정, 삭제, 테이블의 작성, 구조변경 등의 기능을 수행할 수 있다.

작성된 쿼리는 테이블과 같은 기능을 수행하므로 쿼리를 가지고 또 다른 쿼리를 작성할 수도 있다. 액세스에서는 화면상에서 검색조건을 간편하게 설정하는 QBE(Query By Example)를 지원하므로 복잡한 검색구문을 설정하지 않고도 검색작업을 할 수 있다는 장점이 있다. 이 장에서는 먼저 쿼리의 종류를 살펴보고, 쿼리 마법사를 이용한 쿼리 작성 방법 및 쿼리 디자인을 이용한 쿼리 작성 방법을 살펴본다.

1 쿼리 만들기 개요

액세스에서 쿼리는 크게 선택 쿼리와 실행 쿼리로 나눌 수 있다. 선택 쿼리는 단순히 데이터 검색만을 수행하는 기능이며 테이블 또는 쿼리에서 데이터를 검색하여 데이터 시트로 나타내는 방법이다. 또한 선택 쿼리에서는 레코드를 그룹으로 묶어서 각 그룹에 대한 합계, 개수, 평균 등의 계산이 가능하기도 하다.

실행 쿼리는 테이블의 내용을 변경하는 쿼리로서 데이터에 대한 삽입, 삭제, 수정, 업데이트 및 새로운 테이블 작성 등을 수행하는 쿼리를 말한다. 실행 쿼리에는 테이블 만들기 쿼리, 추가 쿼리, 업데이트 쿼리, 크로스탭 쿼리, 삭제 쿼리 등이 있다.

선택 쿼리는 하나의 테이블 또는 쿼리에서 쿼리를 생성하는 단순 선택 쿼리와 두 개 이상의 테이블 또는 쿼리에서 쿼리를 생성하는 다중 선택 쿼리의 두 가지로 나누어진다. 이외에도 기타 쿼리로서 매개 변수 쿼리, 크로스탭 쿼리, 중복 데이터 검색 쿼리, 불일치 검색 쿼리 등이 있다.

액세스에서 쿼리를 분류하는 또 다른 방법으로는 쿼리를 작성하는 방법에 따라서 크게 쿼리 마법사를 이용하는 방법과 쿼리 디자인 보기를 이용하는 방법으로 나누어 볼 수 있다. 쿼리 마법사는 쉽고 간편하게 쿼리를 만들 수 있는 여러 가지 절차들을 제공한다. 그에 반해 쿼리 디자인은 사용자가 직접 쿼리 조건을 설정하여 쿼리를 만든다. 이 장에서는 먼저 쿼리 마법사를 이용하여 쿼리를 작성하는 방법을 살펴보고, 다음으로 쿼리 디자인을 이용하여 쿼리를 작성해 본다.

2 쿼리 마법사를 이용한 쿼리 만들기

[만들기] 탭의 [쿼리] 그룹에서 [쿼리 마법사]를 클릭하면 다음 그림과 같은 [새 쿼리] 대화상자가 나타난다. [새 쿼리] 대화상자에는 [단순 쿼리 마법사], [크로스탭 쿼리 마법사], [중복 데이터 검색 쿼리 마법사], [불일치 검색 쿼리 마법사] 등 네 가지의 쿼리 작성 방법이 나타나 있다. 쿼리 마법사를 이용한 쿼리 작성방법을 정리해 보면 다음의 표 10-1과 같다.

그림 10-1 ▌ 새 쿼리 대화상자

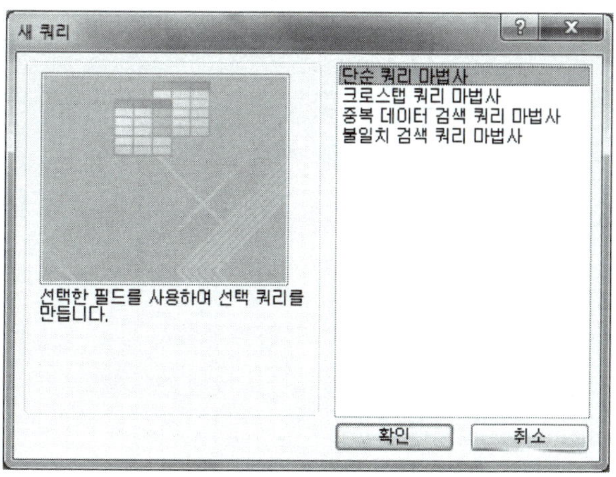

표 10-1 쿼리 마법사 유형

쿼리 종류	설명
단순 쿼리 마법사	테이블에 포함되어 있는 여러 필드 중에 사용자가 원하는 필드만을 표시하는 데 사용한다.
크로스탭 쿼리 마법사	요약 데이터를 보다 읽기 쉽고 이해하기 쉽도록 재구성한다. 왼쪽 세로 방향과 위쪽 가로 방향이 교차하는 데이터의 결과를 그룹화하여 표시한다.
중복 데이터 검색 쿼리 마법사	하나의 테이블의 특정 필드에 대해서 중복된 값이 있는 레코드가 있는지를 파악한다.
불일치 검색 쿼리 마법사	두 개의 테이블을 비교하여 공통된 필드를 기준으로 한 테이블에서 다른 테이블에는 없는 레코드가 있는지를 파악한다.

제2절에서는 [단순 쿼리 마법사]를 통한 단순 쿼리와 다중 쿼리의 작성 방법에 대해서 알아보고, 제4절에서는 [크로스탭 쿼리 마법사], [중복 데이터 검색 쿼리 마법사], [불일치 검색 쿼리 마법사]에 대해서 알아보도록 한다.

가. 단순 쿼리 만들기

[새 쿼리] 대화상자에서 [단순 쿼리 마법사]를 선택하고 [확인] 단추를 클릭한다. 단순 쿼리 마법사의 첫 번째 단계는 쿼리에 포함시키고자 하는 필드들을 테이블/쿼리에서 선택한다. 여기에서 테이블이나 쿼리의 선택 수에 따라서 단순 쿼리와 다중 쿼리로 구분되는데, 하나의 테이블/쿼리를 선택하여 쿼리를 작성하면 단순 쿼리, 둘 이상의 테이블/쿼리를 선택하여 쿼리를 작성하면 다중 쿼리라고 한다. [테이블/쿼리(T)]에서 '테이블: 고객 테이블'을 선택한 후 [사용 가능한 필드(A):]에서 '고객번호' 필드를 선택한 후 [>] 단추를 클릭하여 오른쪽의 [선택한 필드(S):] 영역으로 선택한 필드를 보낸다. 같은 방법으로 고객 테이블의 모든 필드를 오른쪽으로 보낸다. [사용 가능한 필드(A):]에 있는 모든 필드를 한꺼번에 선택할 경우에는 [>>] 단추를 이용한다.

그림 10-2 ▌ 단순 쿼리 마법사 1단계

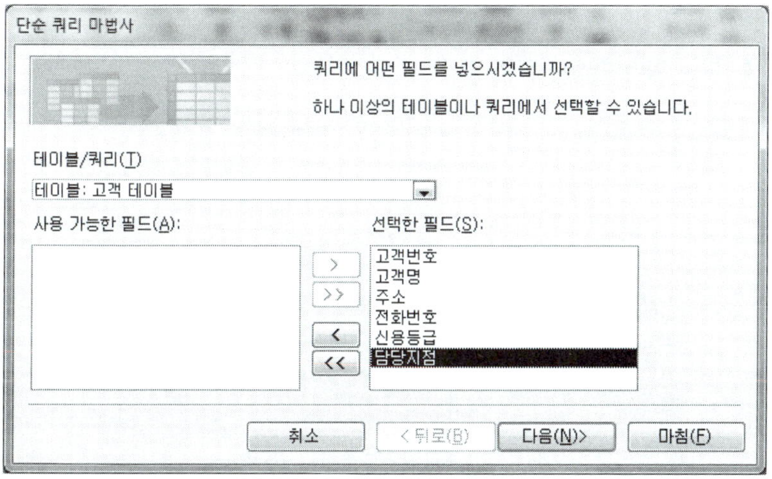

[다음(N) >]을 누르면 쿼리 이름을 지정하는 단순 쿼리 마법사의 두 번째 단계가 나타난다. 작성한 쿼리를 저장하기 위해 "고객 테이블 쿼리"라고 입력하고 쿼리의 실행 결과를 보기 위해 아래에 [쿼리 정보 보기(O)]를 선택하고 [마침(F)] 단추를 클릭한다.

그림 10-3 ▌ 단순 쿼리 마법사 2단계

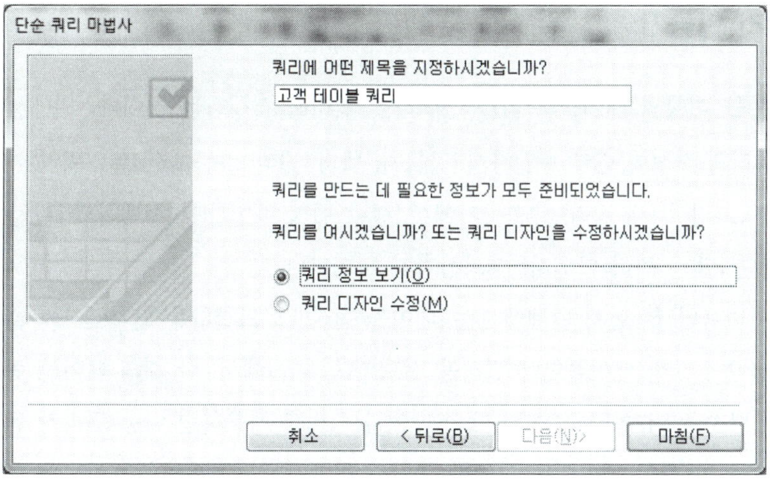

단순 쿼리 마법사의 실행 결과가 다음 그림과 같이 [데이터 시트 보기] 형식으로 화면에 나타난다. 그리고 왼쪽 탐색 창에 '고객 테이블 쿼리'가 만들어진 것을 확인할

수 있다.

>>> 그림 10-4 ▌ 단순 쿼리 마법사 실행 결과

나. 다중 쿼리 만들기

다중 쿼리는 둘 이상의 테이블/쿼리를 선택하여 쿼리를 작성하는 것이다. 위에서 설명한 단순 쿼리의 작성 방법과 동일하게 [만들기] 탭의 [쿼리] 그룹에서 [쿼리 마법]를 클릭한다. 그리고 [새 쿼리] 대화상자에서 [단순 쿼리 마법사]를 선택하고 [확인] 단추를 클릭하면 [단순 쿼리 마법사] 대화상자가 나타난다.

단순 쿼리 마법사의 첫 번째 단계에서는 [테이블/쿼리(T)] 드롭다운 단추( )를 클릭해 쿼리 작성에 필요한 테이블이나 쿼리를 선택한다. 여기에서, 한 개의 테이블/쿼리를 사용하면 단순 쿼리가 되고, 여러 개의 테이블/쿼리를 사용하면 다중 쿼리가 된다. 본 예제에서는 고객이 제품별로 구매한 수량의 합계를 검색하는 다중 쿼리를 작성해 보자. 이를 위해 다음 그림과 같이 '고객 테이블'에서 '고객명'을, '제품 테이블'에서 '제품명'을, '판매 테이블'에서 '수량'을 선택하여 [선택한 필드(S)]로 이동시킨 후 [다음(N) >]을 클릭한다.

그림 10-5 | 단순 쿼리 마법사 1단계에서 테이블과 필드 선택

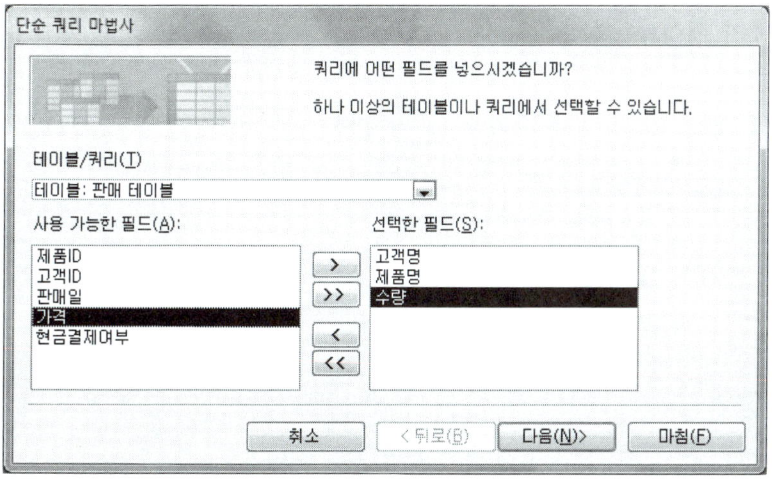

단순 쿼리 마법사의 두 번째 단계에서는 상세 쿼리를 작성할 것인지 요약 쿼리를 작성할 것인지를 선택한다. [상세(각 레코드의 필드마다 표시)(D)]를 선택하고 [다음(N) >]을 클릭하면 쿼리 이름을 지정하는 단순 쿼리 마법사의 세 번째 단계가 나타나고, 쿼리 이름 입력 후 [마침(F)]을 클릭하면 선택한 필드의 모든 레코드를 검색 결과로 가져온다.

그림 10-6 | 단순 쿼리 마법사 2단계에서 상세 선택

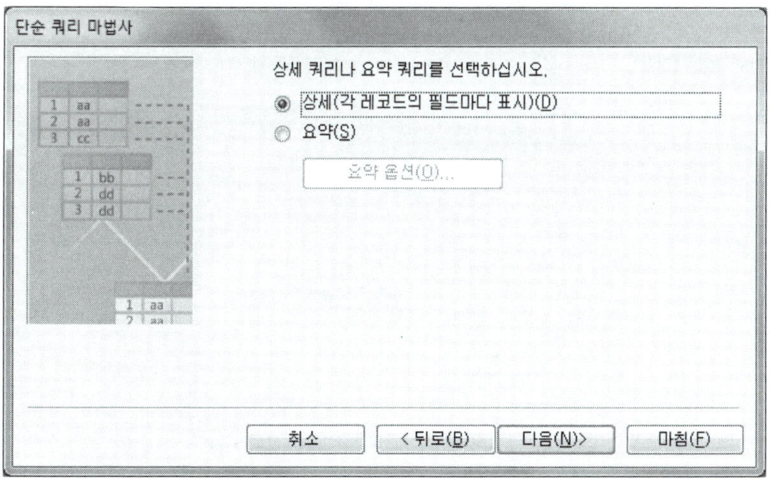

두 번째 단계에서 단순 쿼리 마법사의 두 번째 단계에서 [요약(S)]을 선택하면 [요약 옵션(O)...] 단추가 활성화된다.

그림 10-7 단순 쿼리 마법사 2단계에서 요약 선택

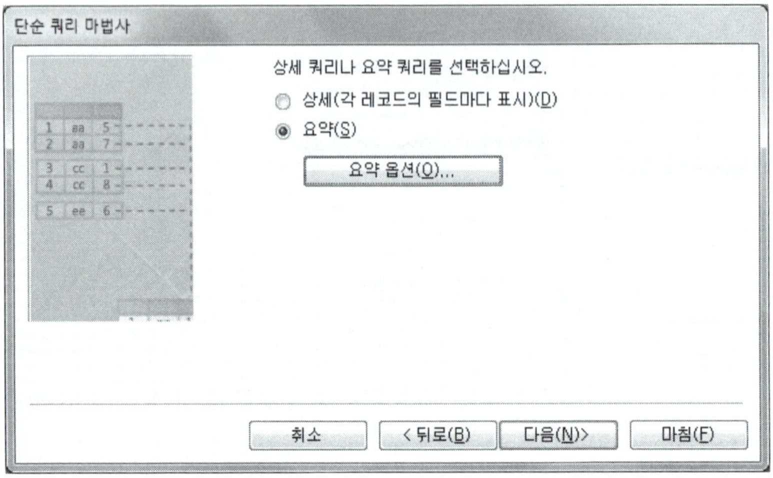

[요약 옵션(O)...] 단추를 클릭하면 다음 그림과 같이 숫자 형식인 [수량] 필드에 대해서 어떤 요약 값(합계, 평균, 최소, 최대)을 사용할 것인지 선택한다.

그림 10-8 단순 쿼리 마법사 2단계에서 요약 옵션선택

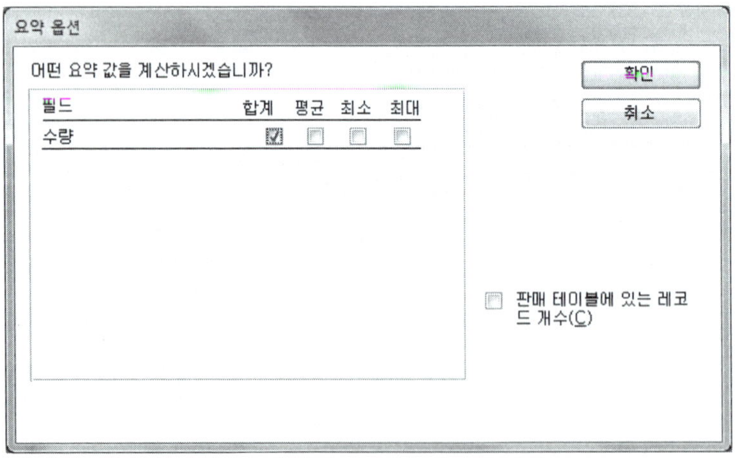

[수량] 필드에 적용할 요약 값으로 [합계]를 선택(☑)하고 [확인] 단추를 클릭하면 다

시 단순 쿼리 마법사의 두 번째 단계로 돌아가고 여기에서 [다음(N) >]을 클릭하면 쿼리 이름을 지정하는 단순 쿼리 마법사의 세 번째 단계가 나타난다.

쿼리 이름은 자동으로 지정되는 것을 사용해도 무방하다. 쿼리 이름을 입력한 후 [마침(F)]을 클릭하면 다음 그림과 같이 '고객명', '제품명'과 함께 '수량의 합계'를 보여주는 다중 쿼리 검색 결과를 확인할 수 있다.

그림 10-9 다중 선택 쿼리 마법사의 실행 결과

고객 관련 제품별 수량

고객명	제품명	수량 의 합계
가나안상회	물반 얼음반-딸기맛	10
가나안상회	물반 얼음반-사과맛	210
가나안상회	물반 얼음반-포도맛	10
가나안상회	바이타-C	30
가나안상회	씨원타	20
가나안상회	자연미인	30
가나안상회	쿨미스	50
가남월드	씨원타	130
가남월드	쿨미스	20
가남월드	히미나	25
강남음료	물반 얼음반-사과맛	30
강남음료	씨원타	120
강남음료	자연미인	40
강문유통	물반 얼음반-포도맛	30
강문유통	바이타-C	20
강문유통	쿨미스	50
강문유통	히미나	20
거인상사	물반 얼음반-딸기맛	40
국제상사	쿨미스	40
기리종합상사	씨원타	100

레코드: 1/64 필터 없음 검색

3 쿼리 디자인을 이용한 쿼리 만들기

쿼리 디자인은 쿼리 마법사와 달리 사용자가 직접 쿼리 조건을 설정하여 쿼리를 만들 수 있다. 쿼리 디자인은 하나의 테이블/쿼리에서 특정 필드들을 선택하여 나타내는 단순 쿼리뿐만 아니라 두 개 이상의 테이블/쿼리에서 특정 필드들을 선택하여 나타내는 다중 쿼리를 만들 수 있다. 또한 숫자나 통화 데이터로 구성된 특정 필드를 수식을 사용해 계산하는 계산 쿼리, 특정 필드에 존재하는 다수의 동일한 데이터를 그룹화하여 관련 필드의 요약 정보를 나타내는 요약 쿼리를 만들 수 있다.

먼저, 하나의 테이블을 사용하여 쿼리를 작성하는 단순 쿼리에 대해서 알아보자. [만들기] 탭의 [쿼리] 그룹에서 [쿼리 디자인]을 클릭하면 다음 그림과 같이 쿼리 디자인 창과 함께 [테이블 표시] 대화상자가 나타난다. [테이블 표시] 대화상자의 [테이블] 탭에서 '고객 테이블'을 선택하고 [추가(A)] 단추를 클릭한다.

그림 10-10 ▌ 쿼리 디자인 창과 테이블 표시

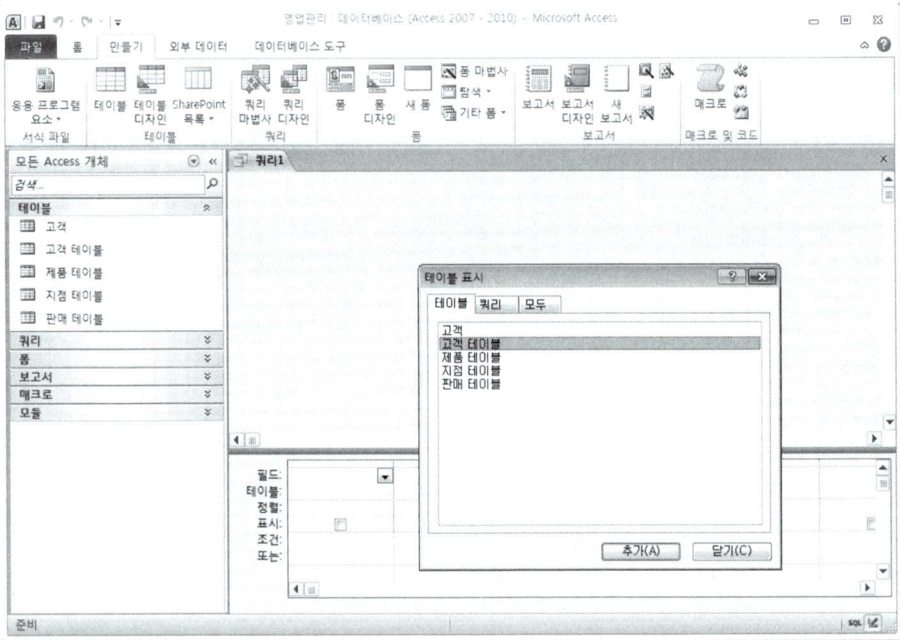

'고객 테이블'의 필드 목록에서 '고객번호' 필드를 선택하고 마우스로 드래그하여 하단 그리드라인의 [필드:] 영역에 갖다 놓거나, '고객번호' 필드를 더블클릭하여 하단 그리드라인에 추가할 수 있다.

그림 10-11 ❙ 하단 그리드라인에 필드 추가

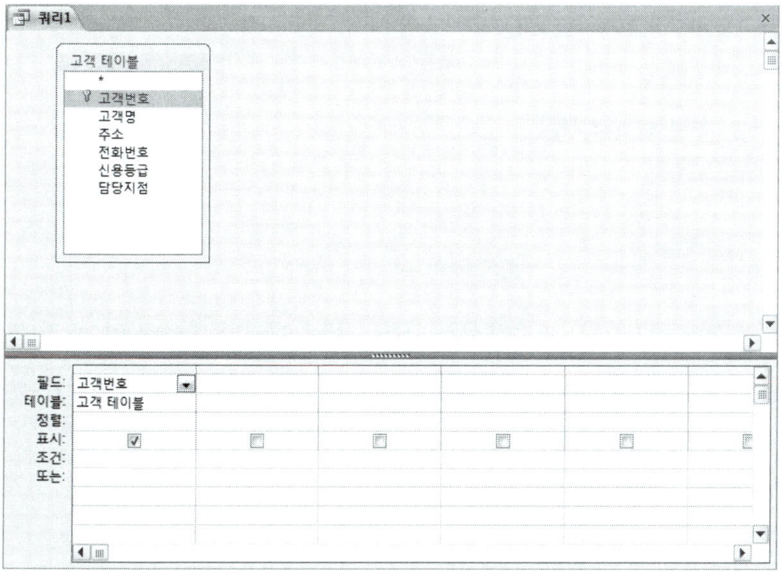

'고객명', '신용등급', '담당지점'을 각각 아래의 [필드:] 영역에 추가한다. 이때, Shift 키나 Ctrl 키를 누른 채 여러 개의 필드를 선택한 후 한꺼번에 아래의 [필드:]에 추가할 수도 있다.

그림 10-12 ❙ 하단 그리드라인에 여러 필드 추가

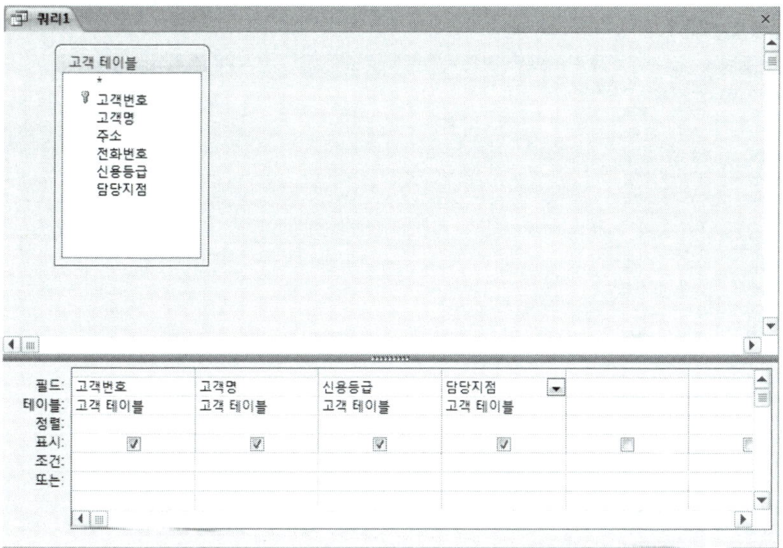

[빠른 실행 도구 모음]의 [저장]을 클릭한 후 저장할 파일명 “고객별신용_선택쿼리”를 입력하고 [확인] 단추를 클릭한다.

그림 10-13 ▌ 선택 쿼리의 저장

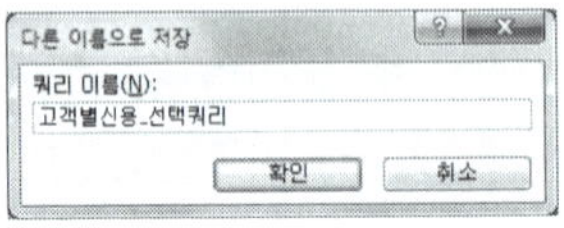

작성된 쿼리의 실행 결과를 보기 위해서는 다음 그림에 나타난 바와 같이 [쿼리 도구]의 [디자인] 탭에서 [결과] 그룹의 [! 실행]을 클릭하거나, [보기]를 클릭한다.

그림 10-14 ▌ 선택 쿼리 실행

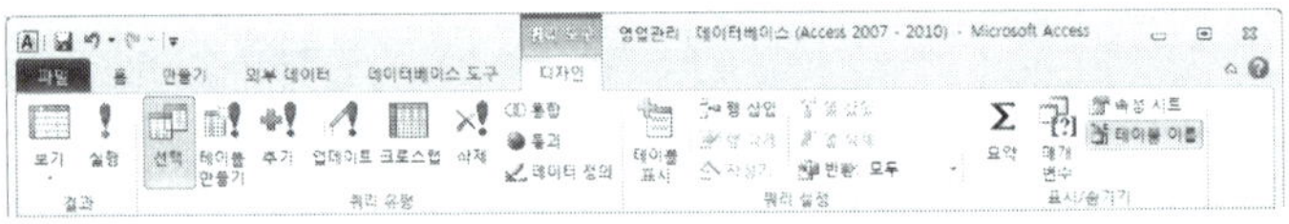

쿼리를 실행하면 그 결과가 다음 그림과 같이 [데이터 시트 보기]형식으로 화면에 나타난다. 그리고 왼쪽 탐색 창에 ‘고객별 신용_선택쿼리’라는 이름의 개체가 만들어진 것을 확인할 수 있다.

그림 10-15 ▌ 선택 쿼리의 실행 결과

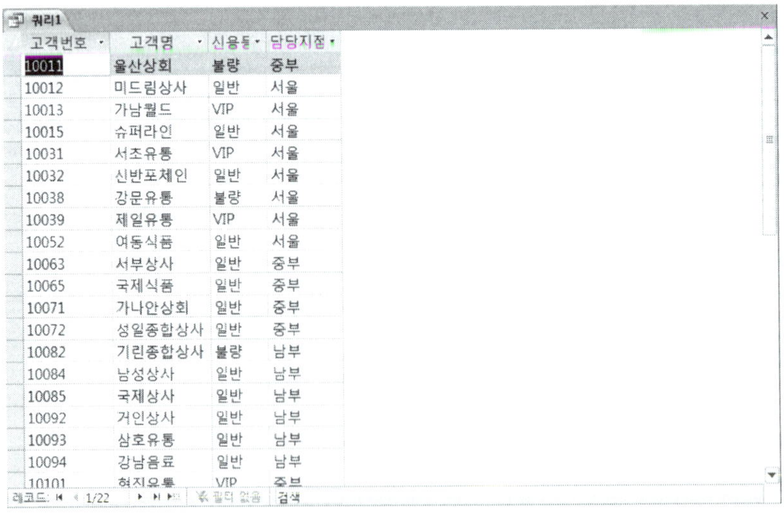

이와 같이 쿼리 디자인 창을 이용해 쿼리를 작성하는 경우에는 [쿼리 도구]의 [디자인] 탭에 포함되어 있는 기능들을 잘 숙지할 필요가 있다. 다음의 표 10-2는 [쿼리 도구]의 [디자인] 탭에 포함되어 있는 여러 도구에 대한 설명이다.

표 10-2 쿼리 디자인 도구모음 설명

도구	이름	설명
	보기	쿼리를 보는 형식을 말한다. 디자인 보기, 데이터시트 보기, SQL 보기, 피벗 테이블 보기, 피벗 차트 보기가 있다.
	실행	쿼리를 실행한다. 쿼리 작성 후 실행 단추를 눌러 결과를 즉시 확인할 수 있다.
	선택	사용자가 쿼리에 포함시키고자 하는 필드들을 테이블/쿼리에서 선택한다.
	테이블 만들기	하나 이상의 테이블/쿼리의 데이터를 검색한 후 해당 결과를 새 테이블에 저장한다.
	추가	하나 이상의 다른 테이블/쿼리의 데이터를 사용하여 기존 테이블의 마지막 위치에 새 레코드를 추가한다.
	업데이트	레코드 집합의 기존 데이터를 업데이트하거나 변경해야 하는 경우에 사용한다.
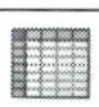	크로스탭	요약 데이터를 보다 읽기 쉽고 이해하기 쉽도록 재구성한다.
	삭제	조건에 맞는 레코드를 찾아 한꺼번에 삭제한다.
	테이블 표시	쿼리 디자인 보기에서 쿼리에 필요한 테이블이나 쿼리를 추가한다.
	작성	표현식 작성기를 연다.
	요약	합계 행을 나타내거나 없앤다.
	매개 변수	매개 변수 쿼리를 실행하여 필드 값을 묻는 메시지가 나타나면 사용자가 입력한 값을 사용하여 쿼리 조건을 만든다.
	속성 시트	쿼리의 속성을 표시한다.

쿼리 디자인 창은 필드를 포함하고 있는 테이블을 표시하는 상단 부분과 그리드라인이 있는 하단 부분으로 구성된다. 하단부분의 그리드라인에는 [필드:], [테이블:], [정렬:], [표시:], [조건:], [또는:] 행으로 구성되며 각 행에 대한 구체적인 설명은 표 10-3과 같다.

그림 10-16 ▌ 쿼리 디자인 창의 하단 그리드라인

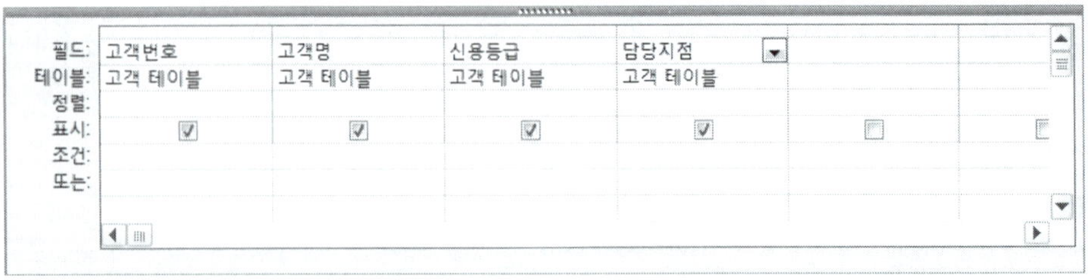

▌표 10-3 ▌ 하단 그리드라인 구성요소

이름	설명
필드	상단에 추가된 테이블이나 쿼리의 필드 중 쿼리를 작성할 필드를 지정한다.
테이블	필드가 추가될 경우, 해당 필드의 테이블 이름이 자동으로 지정된다. 하나의 쿼리에 여러 개의 테이블이 추가될 수 있으므로 테이블 이름이 반드시 지정되어야 한다.
정렬	지정된 필드의 레코드 정렬 순서를 지정한다. 오름차순이나 내림차순으로 지정할 수 있다.
표시	필드를 추가하면, 기본적으로 체크 표시(☑)가 되어 있다. 쿼리에 포함된 필드를 검색 결과에 포함시키지 않으려면 체크 표시를 해제(☐)한다.
조건	조건은 해당 필드에서 조건에 맞는 특정한 값만 가져와야 할 경우에 설정한다.
또는	여러 개의 조건을 설정할 때 사용한다.

가. 선택 쿼리 만들기

선택 쿼리는 사용자가 설정해 놓은 조건에 의해서 검색한 레코드를 정렬 또는 그룹화하여 데이터 시트 형식으로 표시하는 가장 일반적인 쿼리 유형이다. 선택 쿼리는 테이블이나 쿼리의 선택 수에 따라서 단순 쿼리와 다중 쿼리로 구분한다.

1) 단순 쿼리와 조건 설정

[만들기]의 [쿼리] 그룹에서 [쿼리 디자인]을 이용해 단순 쿼리를 만드는 방법은 앞에서 설명한 바와 같다. '고객 테이블'의 필드 목록에 표시된 필드 중에서 쿼리 작성에 필요한 필드를 하단 그리드라인의 [필드:] 행으로 보내어 쿼리를 만든다.

테이블에 포함된 모든 필드를 선택하고자 할 경우에는 '고객 테이블'의 필드 목록에서 맨 위에 있는 '*'를 더블클릭하면 다음 그림처럼 [필드:] 행에 '고객 테이블.*'로 표시된다. 또는 상단의 테이블 이름을 더블클릭하면 모든 필드가 선택되며 이를 하단 그리드라인으로 드래그하여 모든 필드를 한꺼번에 선택할 수 있다.

그림 10-17 ▌ 하단 그리드라인에 모든 필드 추가

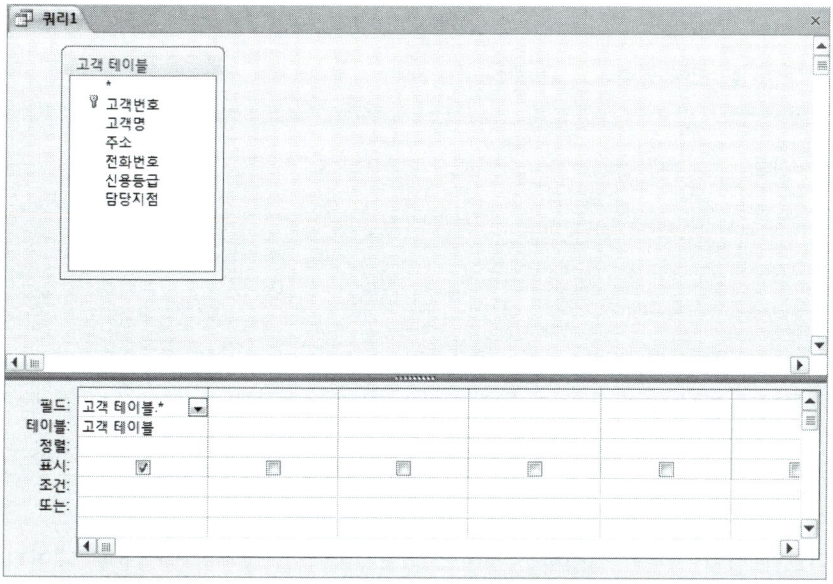

다른 예제를 살펴보면, '고객 테이블'에서 '고객번호'를 기준으로 가나다 순으로 정렬하여 '고객번호', '고객명', '신용등급', '담당지점' 필드를 화면에 표시하는 쿼리를 작성해 보자. 우선 '고객 테이블'에서 '고객번호', '고객명', '신용등급', '담당지점'을 더블클릭하여 하단 그리드라인의 [필드:] 행에 추가한다. 정렬기준의 선택은 다음 그림과 같이 '고객번호' 필드의 [정렬:] 행을 선택하여 드롭다운 목록에서 [오름차순]을 선택한다.

그림 10-18 ▌ 고객번호 필드의 정렬기준 선택

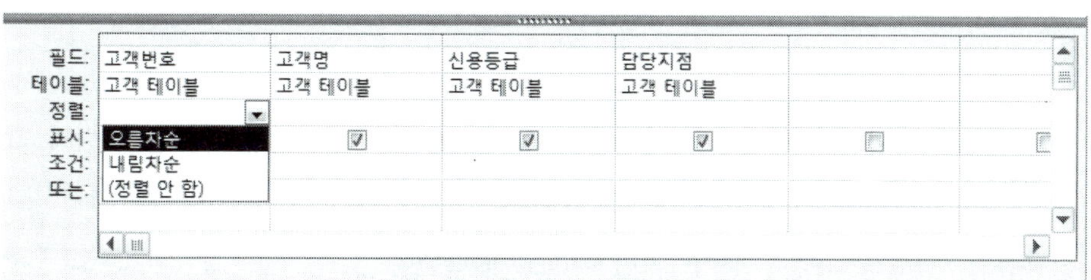

다음으로 '고객 테이블'에서 '담당지점'이 '서울'인 '고객번호', '고객명', '신용등급', '담당지점' 필드를 화면에 표시하는 쿼리를 작성해 보자. 다음 그림과 같이 '담당지점' 필드의 [조건:] 행에 "서울"을 입력한다. 이때 겹따옴표는 입력하지 않더라도 입력 후에 자동적으로 붙는다.

그림 10-19 | 선택 쿼리의 조건 설정

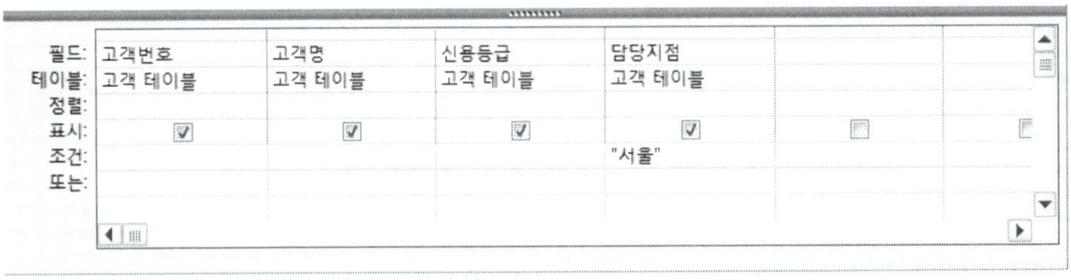

그리고 검색 조건이 여러 개인 경우에도 단순 쿼리를 작성할 수 있다. '고객 테이블'에서 '신용등급'이 '일반'이고 '담당지점'이 '서울'인 '고객번호', '고객명', '신용등급', '담당지점' 필드를 화면에 표시하는 쿼리를 작성해 보자.

여러 필드에 걸쳐 조건을 설정하는 경우에는 모든 조건을 동시에 만족하는 데이터를 검색하는 방법과 여러 조건 중에 하나만이라도 만족하는 데이터를 검색하는 방법이 있다. 먼저 모든 조건을 동시에 만족하는 데이터를 검색하는 방법은 다음 그림과 같이 각 필드에 설정할 조건을 같은 [조건:] 행에 입력한다.

그림 10-20 | AND 조건 설정

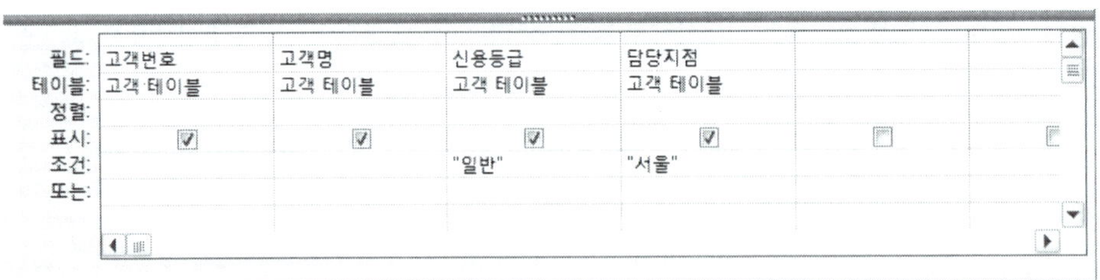

여러 조건 중에 하나만이라도 만족하는 데이터를 검색하는 방법은 다음 그림과 같이 조건을 입력하는 행을 달리하여 '담당지점' 필드의 [조건:]행에 "서울"을 입력하고 '신용등급' 필드의 [또는:] 행에 "일반"이라고 입력한다.

그림 10-21 ▌ OR 조건 설정

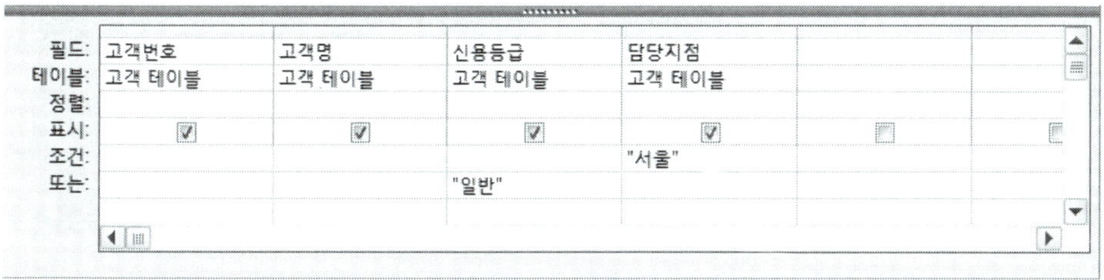

하나의 필드에 대해서 여러 개의 조건을 설정하는 경우에는 다음 그림과 같이 '담당지점' 필드의 [조건:] 행에 "중부 OR 남부"라고 입력한다. [조건:] 행에 "중부"를 입력하고 [또는:] 행에 "남부"라고 입력해도 동일한 결과를 얻는다.

그림 10-22 ▌ 하나의 필드에 복수의 조건 설정

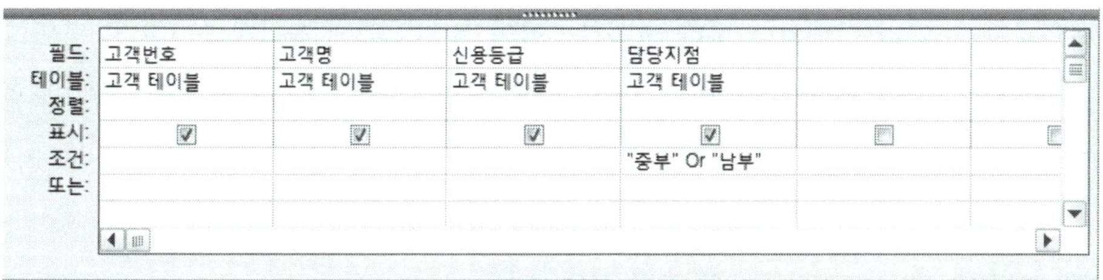

이밖에도 조건에 맞는 데이터를 검색하는 방법에는 여러 가지가 있다. 다음의 표 10-4는 검색 조건에 대한 몇 가지 예를 보여준다.

▌표 10-4 ▌ 검색 조건의 예

검색 조건	설명
NOT "우수"	신용등급이 우수가 아닌 고객을 검색한다.
LIKE "가*"	고객명이 '가'로 시작되는 고객을 검색한다.
In("히미나", "싸원타", "99차")	제품명이 '히미나', '싸원타', '99차'인 레코드를 검색한다.
Len([고객명]< =4	고객명의 길이가 4자 이하인 레코드를 검색한다.
IS NULL	공값(필드 값이 입력되어 있지 않는)인 필드를 검색한다.
BETWEEN 100 AND 200	수량이 100과 200 사이인 레코드를 검색한다.
> 200 and < 500	용량이 200보다 크고 500보다 작은 레코드를 검색한다.

>#2009-06-20#	판매일이 2009년 6월 20일 이후인 레코드를 검색한다.
> =#2009-06-10# and < =#2009-06-11#	판매일이 2009년 6월 10일부터 2009년 6월 11일까지의 레코드를 검색한다. ('Between #2009-06-10# and #2009-06-11#'과 동일)
DateDiff("yyyy", [판매일], Date())>=2	판매일의 연도와 오늘 날짜의 연도 간의 차이가 2년 이상인 레코드를 검색한다.

2) 단순 쿼리 만들기 예제

앞에서 설명한 단순 쿼리의 작성 방법을 바탕으로 단순 쿼리에서 자주 사용되는 다른 형태의 조건 설정 방법에 대해서 알아보자. 먼저, 제품 단가가 10,000원 이상인 제품에 대해서 제품번호와 제품명, 그리고 제품설명을 검색하는 쿼리를 작성해 보자.

먼저, '제품 테이블'을 테이블 표시 창에서 선택하고, '제품번호', '제품명', '단가', '제품설명'을 각각 선택하여 하단 그리드라인의 [필드:] 행에 추가한다. [단가] 필드의 [조건:] 행에 ">=10000"을 입력하고, [단가]는 검색 대상이 아님으로 [표시:] 행의 체크 표시를 해제한다.

▶ 그림 10-23 ▌ '단가' 필드에 조건 설정

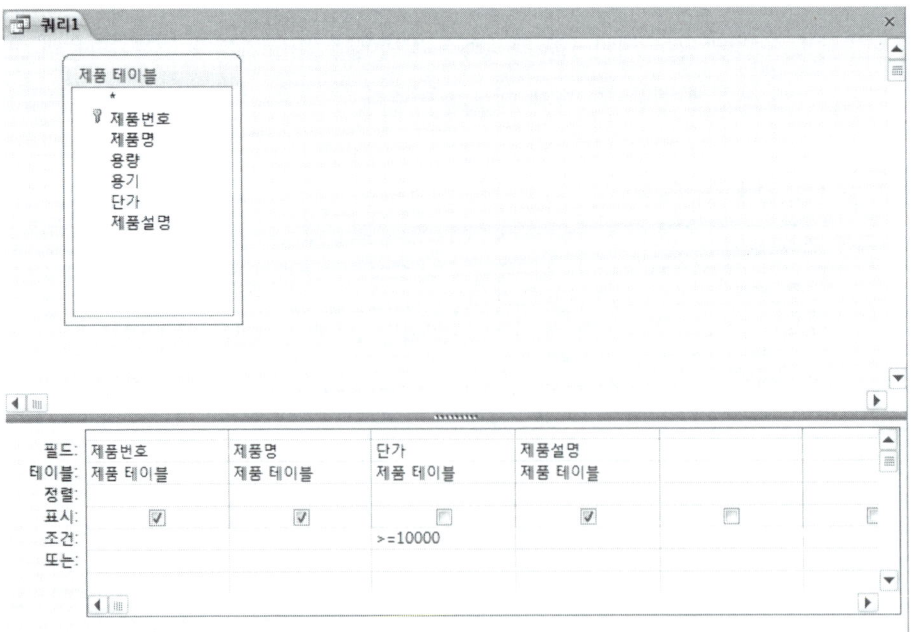

두 번째 예제는 '담당지점'이 '남부'이거나 '중부'인 고객에 대해서 '고객명', '주소', '전화번호', '신용등급', '담당지점'을 검색하는 쿼리를 작성해 보자. 조건 설정은 다음의 그림과 같이 '담당지점'의 [조건:] 행과 [또는:] 행에 "남부"와 "중부"를 입력한다. 또는, [조건:] 행에 "NOT 서울"이라고 입력하여도 동일한 결과를 얻을 수 있다.

그림 10-24 ▌ 담당지점 필드에 OR 조건 설정

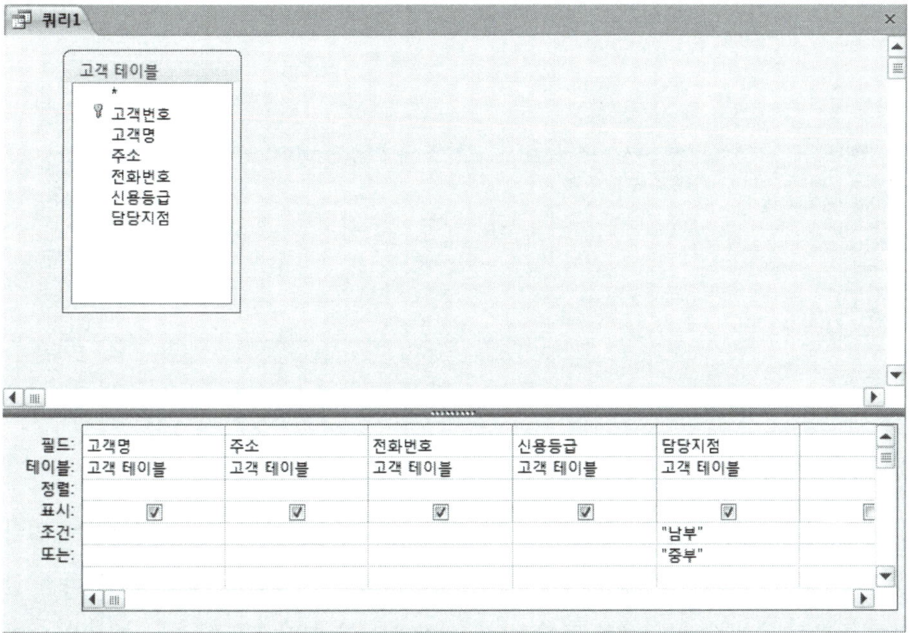

세 번째 예제는 제품별로 매출액의 합계를 계산하는 것이다. 먼저 '판매 테이블'에서 '제품ID'를 선택하여 하단 그리드라인의 [필드:] 행에 추가한다. 매출액은 제품의 가격에 수량을 곱하면 알 수 있으므로 두 번째 빈 열에 "매출액:[수량]*[가격]"이라고 입력한다.

[쿼리 도구]의 [디자인] 탭에서 [표시/숨기기] 그룹의 [Σ 요약]을 클릭하면 하단 그리드라인에 [요약:] 행이 나타난다. 새로 만든 '매출액' 열의 [요약:] 행의 드롭다운 단추를 눌러 [합계]를 선택한다. 그리고 [쿼리 도구]의 [디자인] 탭에서 [결과] 그룹의 [! 실행]을 클릭하면 '제품ID'별로 매출액의 합계가 계산된다. 만약, [요약:] 행에서 [합계]를 선택하지 않으면 각 매출 건별로 판매액이 계산되어 출력된다.

그림 10-25 ‘매출액’ 필드 생성

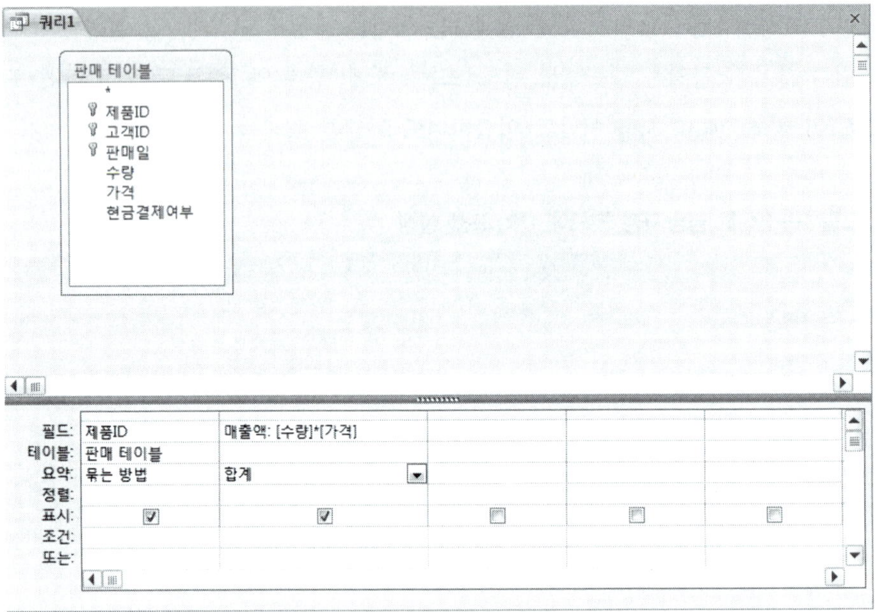

3) 다중 쿼리

단순 쿼리가 하나의 테이블이나 쿼리에서 사용자가 원하는 정보를 검색하는 쿼리인 반면, 다중 쿼리는 두 개 이상의 테이블이나 쿼리를 사용하여 사용자가 원하는 결과를 추출하는 쿼리이다. 예를 들어, 올해 상반기 동안 어떤 고객이 어느 제품을 얼마나 구매하였는지 정보를 알고 싶다면(고객번호나 제품번호가 아니라 고객이름과 제품이름이 검색결과에 나타나게 하고자 한다면) ‘고객 테이블’에서 고객에 대한 정보와 ‘판매 테이블’에서 판매량과 관련된 정보, 그리고 ‘제품 테이블’에서 제품 관련된 정보가 필요하다. 따라서 ‘고객 테이블’, ‘판매 테이블’, ‘제품 테이블’에 저장되어 있는 각 필드들을 결합하여 검색 결과를 얻는 다중 쿼리를 사용하여야 한다.

다중 쿼리를 작성하기 위해서는 먼저, [만들기] 탭에서 [쿼리] 그룹의 [쿼리 디자인]을 클릭하면 다음 그림과 같은 [쿼리 디자인] 창과 함께 [테이블 표시] 대화상자가 나타난다. [테이블 표시] 대화상자에서 ‘고객 테이블’, ‘판매 테이블’, ‘제품 테이블’을 각각 더블클릭하거나, Ctrl 키와 함께 ‘고객 테이블’, ‘판매 테이블’, ‘제품 테이블’을 선택하고 [추가(A)] 단추를 클릭하여 [쿼리 디자인] 창에 세 개의 테이블을 추가한다.

그림 10-26 ▎ [테이블 표시] 대화상자에서 여러 테이블 선택

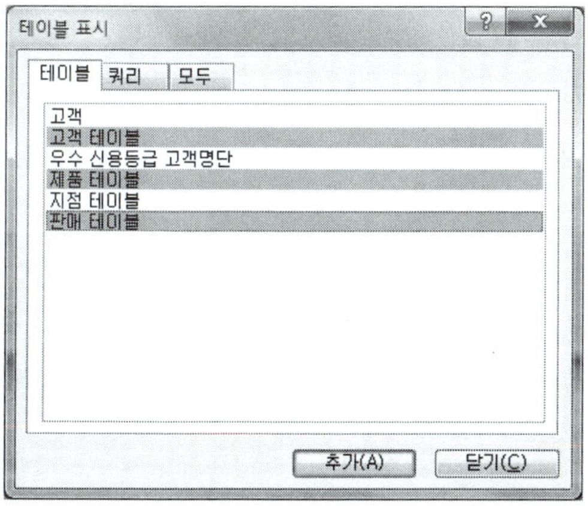

그리고 ‘고객 테이블’의 필드 목록에서 ‘고객명’을 더블클릭하고, ‘제품 테이블’의 필드 목록에서 ‘제품명’을, ‘판매 테이블’의 필드 목록에서 ‘판매일’, ‘수량’, ‘가격’을 더블클릭하여 하단 그리드라인의 [필드:] 행에 각 필드를 추가한다. 그리고 맨 오른쪽 빈 열에 “매출액: [수량]*[가격]”을 입력하고, ‘수량’과 ‘가격’ 필드는 표시되지 않도록 [표시:] 행의 체크를 해제한다.

그림 10-27 ▎ 다중 쿼리에 필드 추가

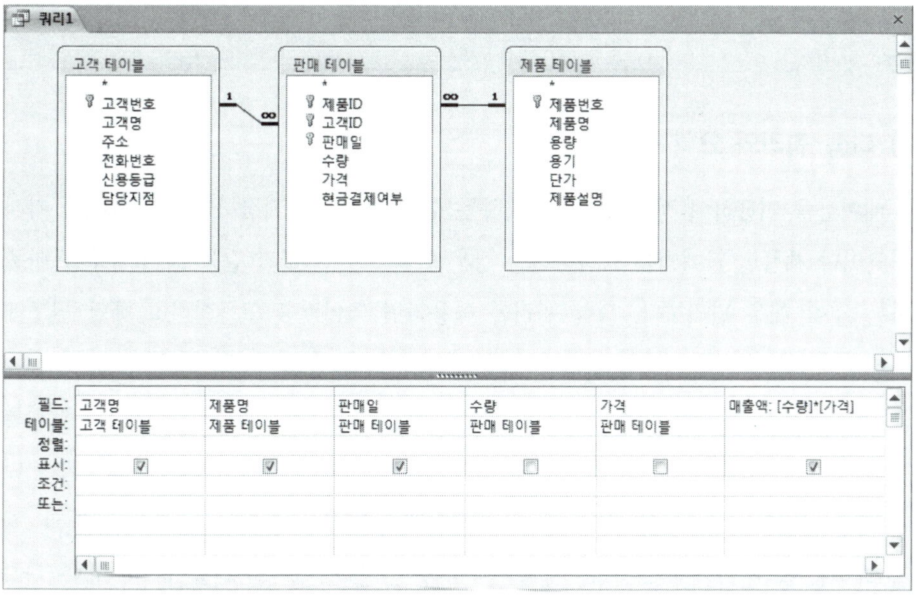

[쿼리 도구]의 [디자인] 탭에서 [결과] 그룹의 [! 실행]을 클릭하면 쿼리 결과를 [데이터시트 보기] 형식으로 확인할 수 있다. 다음 그림은 쿼리 결과인 고객에 따른 제품별 매출액을 보여주는데, 네 번째 필드인 '매출액' 필드는 어떤 테이블에도 존재하지 않는 필드로 하단 그리드라인의 빈 열에 사용자가 직접 입력한 식(매출액: [수량]*[가격])에 의해 새로 만들어진 필드임을 알 수 있다.

그림 10-28 | 다중 쿼리의 실행 결과

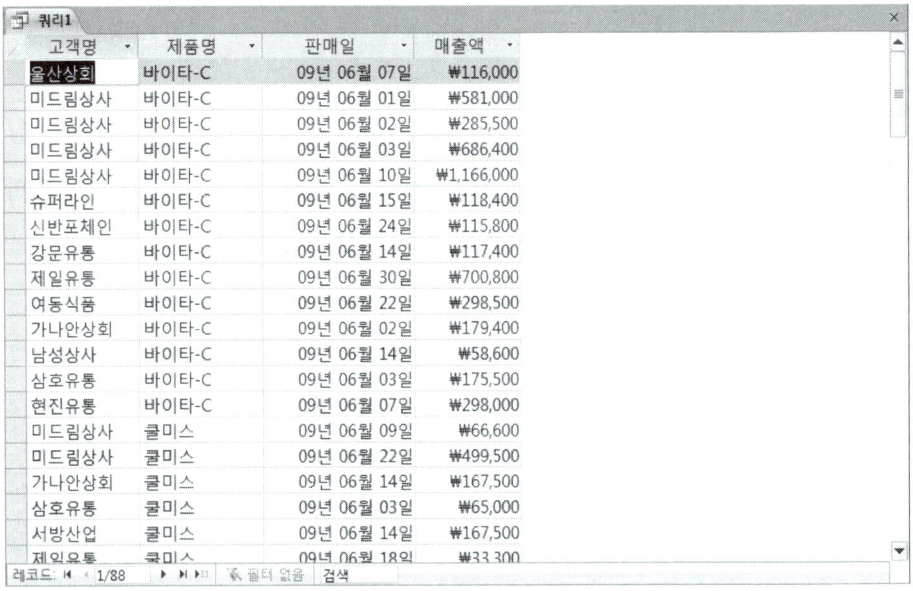

쿼리1

고객명	제품명	판매일	매출액
울산상회	바이타-C	09년 06월 07일	₩116,000
미드림상사	바이타-C	09년 06월 01일	₩581,000
미드림상사	바이타-C	09년 06월 02일	₩285,500
미드림상사	바이타-C	09년 06월 03일	₩686,400
미드림상사	바이타-C	09년 06월 10일	₩1,166,000
슈퍼라인	바이타-C	09년 06월 15일	₩118,400
신반포체인	바이타-C	09년 06월 24일	₩115,800
강문유통	바이타-C	09년 06월 14일	₩117,400
제일유통	바이타-C	09년 06월 30일	₩700,800
여동식품	바이타-C	09년 06월 22일	₩298,500
가나안상회	바이타-C	09년 06월 02일	₩179,400
남성상사	바이타-C	09년 06월 14일	₩58,600
삼호유통	바이타-C	09년 06월 03일	₩175,500
현진유통	바이타-C	09년 06월 07일	₩298,000
미드림상사	쿨미스	09년 06월 09일	₩66,600
미드림상사	쿨미스	09년 06월 22일	₩499,500
가나안상회	쿨미스	09년 06월 14일	₩167,500
삼호유통	쿨미스	09년 06월 03일	₩65,000
서방산업	쿨미스	09년 06월 14일	₩167,500
제일유통	쿨미스	09년 06월 18일	₩33,300

레코드: 1/88 필터 없음 검색

4) 다중 쿼리와 요약 쿼리

테이블을 이용하여 정기적으로 발생하는 수치 데이터를 저장하려고 할 때, 즉 거래내역이나 제품별 판매액을 표시하려는 경우 합계 또는 평균과 같은 집계 함수를 사용하는 것이 매우 편리하다. 요약 쿼리를 이용하면 데이터를 그룹화하고 해당 필드에 대해서 집계 함수를 사용함으로써 이와 같은 작업을 손쉽게 할 수 있다.

다음 예제는 제품별 판매수량의 합계와 판매가격의 평균, 그리고 매출액의 합계를 구하는 요약 쿼리의 작성 방법이다. 먼저, [만들기] 탭에서 [쿼리] 그룹의 [쿼리 디자인]을 클릭하고, [테이블 표시] 창에서 요약 쿼리 작성에 필요한 '판매 테이블'과 '제품 테이블'을 선택한다. 그리고 '제품명', '수량', '가격' 필드를 더블클릭하여 하단 그리드라인의 [필드:] 행에 추가하고 '판매액: 수량* 가격' 필드를 만든다.

[쿼리 도구]의 [디자인] 탭에서 [표시/숨기기] 그룹에서 [Σ 요약]을 클릭하거나, 하단 그리드라인에서 마우스 오른쪽 버튼을 클릭하여 나타난 바로가기 메뉴에서 [Σ 요약]을 선택하면 하단 그리드라인 영역에 새로 [요약:] 행이 나타난다. 수치 필드인 '수량', '가격', '판매액' 필드에 대해서 [요약:] 행의 드롭다운 단추를 눌러 다음 그림과 같이 각각 [합계], [평균], [합계]를 선택한다.

그림 10-29 다중 쿼리와 제품명 필드 요약 설정

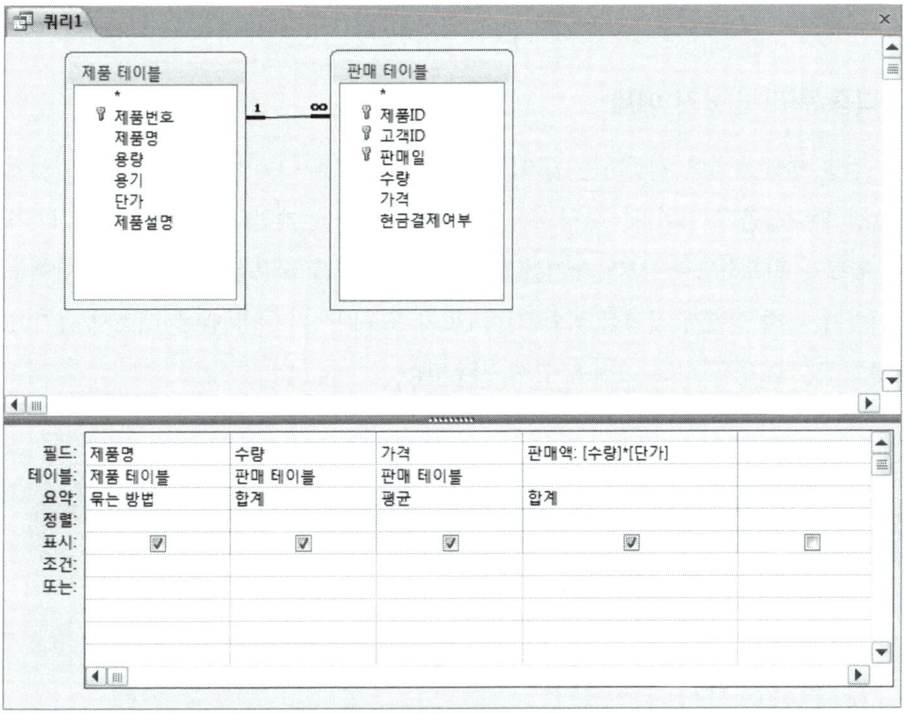

[빠른 실행 도구 모음]의 [저장]을 클릭하여 저장한 후, [쿼리 도구]의 [디자인] 탭에서 [결과] 그룹의 [! 실행]을 클릭하면 다음 그림과 같이 제품별 판매수량의 합계, 판매가격의 평균과 함께 판매액의 합계를 확인할 수 있다.

그림 10-30 ▌ 다중 쿼리의 요약 설정 실행 결과

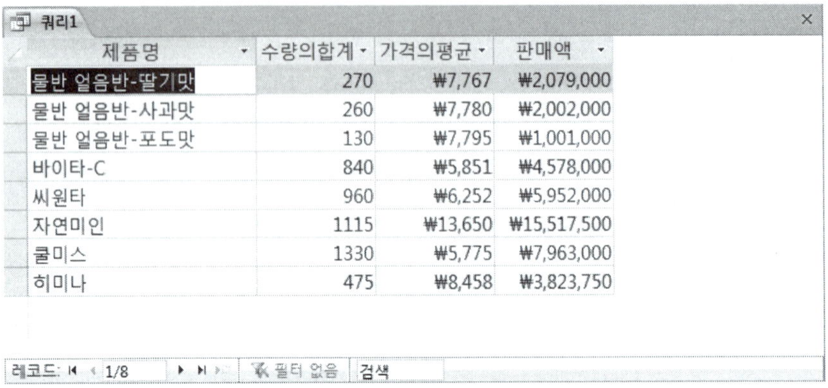

제품명	수량의합계	가격의평균	판매액
물반 얼음반-딸기맛	270	₩7,767	₩2,079,000
물반 얼음반-사과맛	260	₩7,780	₩2,002,000
물반 얼음반-포도맛	130	₩7,795	₩1,001,000
바이타-C	840	₩5,851	₩4,578,000
씨원타	960	₩6,252	₩5,952,000
자연미인	1115	₩13,650	₩15,517,500
쿨미스	1330	₩5,775	₩7,963,000
히미나	475	₩8,458	₩3,823,750

5) 다중 쿼리 만들기 예제

지점별 매출 총액을 계산하는 쿼리를 작성해 보자. 먼저 [쿼리 디자인] 창에 검색에 필요한 테이블을 추가한다. '담당지점'과 함께 매출액을 계산하기 위해 '수량'과 '가격' 필드가 필요하므로 '고객 테이블'과 '판매 테이블'을 사용한다. 매출액의 합계를 계산하기 위해 앞에서 설명한 바와 같이 [쿼리 도구]의 [디자인] 탭에서 [표시/숨기기] 그룹의 [Σ 요약]을 다음 그림과 같이 적용한다.

그림 10-31 ▌ 다중 쿼리의 예제 1

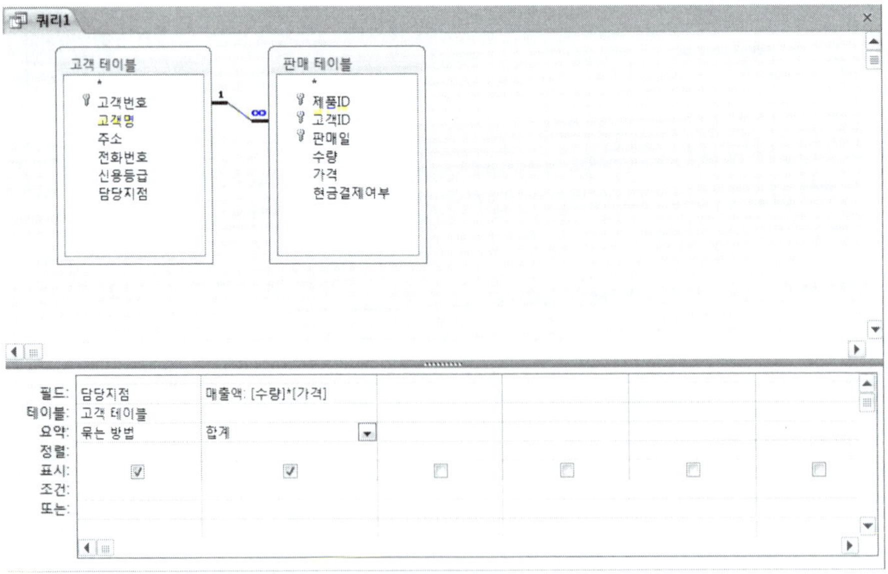

다음은 서울지점의 고객 중에서 현금으로 결제하는 고객의 이름을 검색하는 쿼리를 작성해 보자. 검색에 필요한 필드는 '고객명', '담당지점', '현금결제여부'이며 '고객 테이블'과 '판매 테이블'에 포함되어 있으므로 이 두 테이블을 [쿼리 디자인] 창에 포함시킨다.

검색 조건은 다음 그림과 같이 '담당지점' 필드의 [조건:] 행에 "서울"을 입력하고 '현금결제여부' 필드의 [조건:] 행에 "Yes"라고 입력한다. 두 검색 조건은 동시에 만족해야 하므로 하단 그리드라인의 같은 [조건:] 행에 입력해야 한다. 결과에 '고객명'만 표시하기 위해 나머지 두 필드의 [표시:] 행의 체크를 해제한다.

그림 10-32 ▌ 다중 쿼리의 예제 2

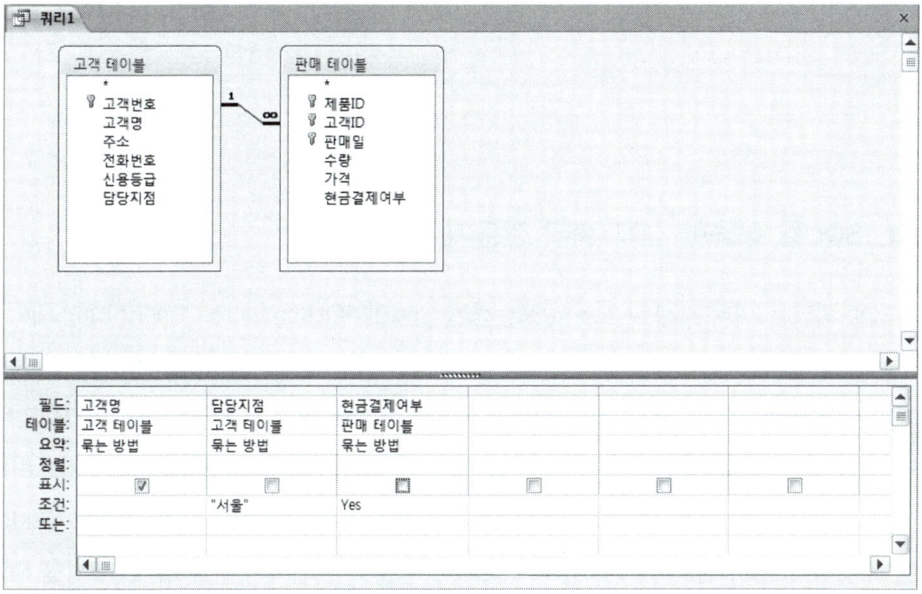

다음은 2009년 6월 1일에서 2009년 6월 15일 사이에 쿨미스 250ml 제품을 구매한 고객명과 매출액, 그리고 매출이익을 검색하는 쿼리를 작성해 보자. 먼저, 다음 그림과 같이 [쿼리 디자인] 창에 필요한 테이블을 추가하고 검색에 필요한 필드를 하단 그리드라인의 [필드:] 행에 추가한다. 매출액은 [수량]*[가격]의 식으로 작성하고, 매출이익은 [수량]*([가격]-[단가])로 작성한다. 검색조건으로 '판매일' 필드의 [조건:] 행에 "BETWEEN #2009-06-01# AND #2009-06-15#"을 입력하고, '제품명' 필드의 [조

건:] 행에 "쿨미스", '용량' 필드의 [조건:] 행에 "250"을 각각 입력한다.

그림 10-33 ▌ 다중 쿼리의 예제 3

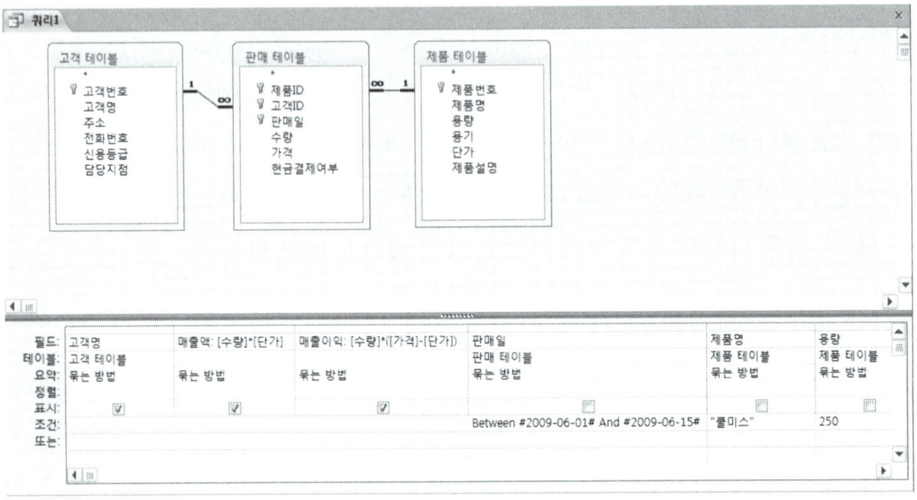

나. SQL을 이용한 선택 쿼리 만들기

SQL 쿼리는 쿼리 작성에 있어서 표준화된 언어인 SQL(Structured Query Language, 구조화된 질의어)을 이용하여 만든다. SQL문을 이용하여 쿼리를 만들어도 디자인 보기를 이용하여 쿼리를 만든 것과 동일한 결과가 나온다. SQL문을 이용하여 쿼리를 만들 경우 몇 가지 유의할 사항이 있는데, SQL문에서는 대소문자를 구분하지 않으며, 필드와 필드 사이는 쉼표(,)로 구분을 짓고, 특정한 검색 조건을 포함할 때는 WHERE를 사용하여 조건식을 만들며, 마지막에 세미 콜론(;)을 입력하여 SQL문이 끝남을 알린다. 이제 SQL 쿼리를 이용하여 단순 쿼리와 다중 쿼리를 작성하여 보자.

1) SQL을 이용한 단순 쿼리

SQL을 이용하여 단순 쿼리를 작성하기 위해서는 SQL을 입력하는 창을 열어야 하는데, 다음 그림과 같이 [테이블 표시] 대화상자와 함께 [쿼리 디자인] 창이 나타났을 때, [닫기(C)] 단추를 클릭해 [테이블 표시] 대화상자를 닫는다.

그림 10-34 ▌ SQL 작성을 위한 쿼리 디자인 창

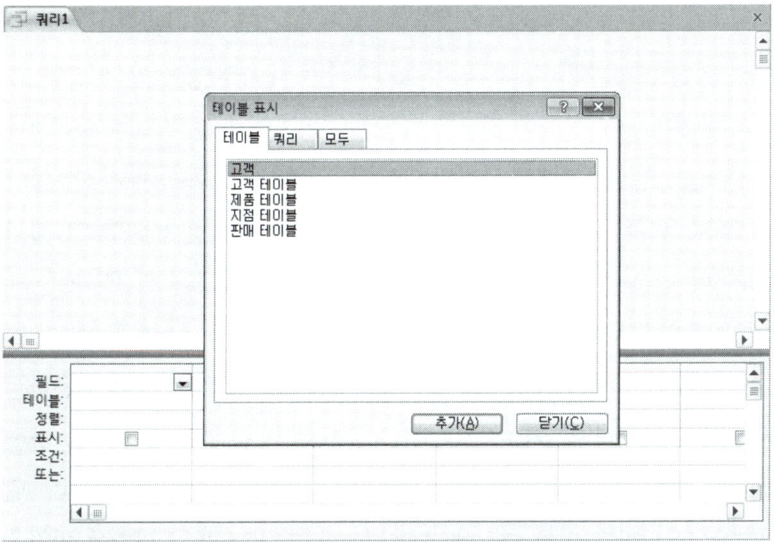

[쿼리 디자인] 창의 상단 부분의 빈 영역에서 마우스 오른쪽 버튼을 클릭하면 다음 그림과 같이 바로가기 메뉴가 나타나며, [SQL SQL 보기(O)]를 선택하면 SQL문을 작성할 수 있는 창으로 전환된다. 또는 [홈] 탭의 [보기] 그룹에서 [보기]의 [SQL SQL 보기(O)]를 선택해도 SQL 입력창으로 전환할 수 있다.

그림 10-35 ▌ SQL문 작성을 위한 창 전환

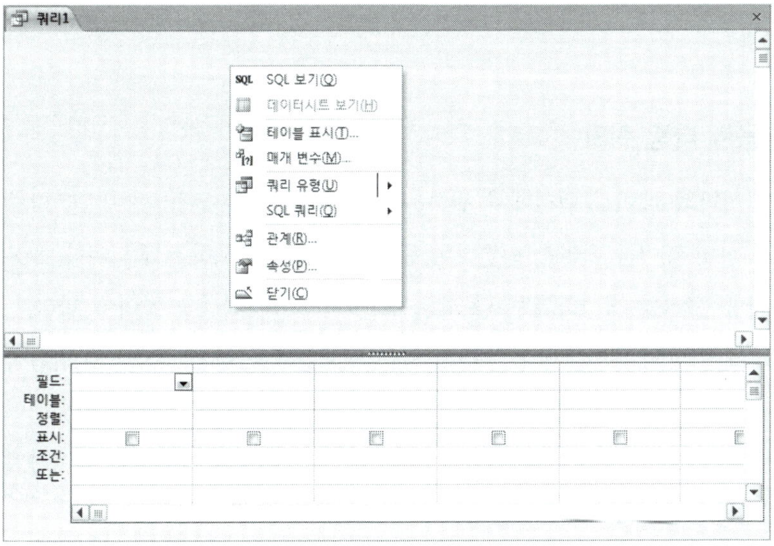

다음 그림은 앞의 [디자인 보기] 창에서 [SQL 보기]로 전환한 것이다. SQL문은 크게 SELECT, FROM, WHERE의 세 부분으로 구성된다. 먼저 SELECT 절 다음에는 쿼리 결과에 표시할 필드 이름을 적는다. '[고객 테이블].고객번호'에서 마침표 앞의 '고객 테이블'은 테이블 이름인데, 테이블이나 쿼리가 하나만 사용되는 단순 쿼리에서는 생략해도 무방하며, 테이블 이름에 공백을 포함되어 있지 않으면 대괄호를 사용하지 않아도 된다. FROM 절 다음에는 쿼리에 사용되는 테이블 이름을 입력한다. SELECT 절과 FROM 절은 SQL문에 반드시 포함되어야 한다. WHERE 절 다음에는 조건을 적는데, 조건이 여러 개인 경우 'AND'나 'OR'로 조건을 연결할 수 있다.

위의 세 가지 기본 요소 이외에 ORDER BY 절은 검색 결과를 정렬할 때 사용하는데, 위의 예제에서는 '고객명'을 기준으로 오름차순으로 정렬해서 표시한다. 물론 ORDER BY 절도 다수의 필드 이름을 적어 복수의 정렬 기준을 설정할 수 있으며, 내림차순으로 정렬할 때는 필드 이름 다음에 'DESC'를 붙인다. SQL 입력창에 입력을 완료한 후 [쿼리 도구]의 [디자인] 탭에서 [결과] 그룹의 [! 실행]을 클릭하면 [데이터시트 보기] 형식의 쿼리 결과를 확인할 수 있다.

그림 10-36 ❙ 단순 쿼리의 SQL문

쿼리1

```
SELECT [고객 테이블].고객번호, [고객 테이블].고객명, [고객 테이블].신용등급, [고객 테이블].담당지점
FROM [고객 테이블]
WHERE ((([고객 테이블].신용등급)="일반"))
ORDER BY [고객 테이블].고객명
```

2) SQL을 이용한 다중 쿼리

단순 쿼리는 하나의 테이블/쿼리에서 원하는 정보를 검색하는 쿼리인 반면, 다중 쿼리는 두 개 이상의 테이블/쿼리를 연결하여 원하는 정보를 검색하는 쿼리이다. SQL을 이용하여 다중 쿼리를 작성하고자 할 때는 조인(JOIN)의 개념을 알아야 한다.

조인이란 두 개 이상의 테이블에 나누어져 있는 정보를 다양한 요구조건을 만족하는 하나의 테이블로 가져오기 위한 연결 방법을 말한다. 예를 들어, 어떤 고객에게 어떤 제품을 얼마만큼 판매했는지를 알고자 할 경우 고객의 제품별 판매량을 표시하기 위해 '고객 테이블'과 '판매 테이블' 간에 조인 질의를 해야 한다.

조인의 종류에는 내부 조인(INNER JOIN)과 외부 조인(OUTER JOIN)이 있으며, 외부 조인에는 왼쪽 외부 조인(LEFT OUTER JOIN)과 오른쪽 외부 조인(RIGHT OUTER JOIN)이 있다. 다중 쿼리의 쿼리 디자인 창에서 두 테이블 사이의 연결선을 마우스 오른쪽 버튼을 클릭하여 나타난 바로가기 메뉴 중에서 [조인 속성]을 선택하면 다음 그림과 같은 [조인 속성] 대화상자가 나타나는데, 1번이 내부 조인이고 2번이 왼쪽 외부 조인, 3번이 오른쪽 외부 조인이다. 테이블 디자인 단계에서 테이블 사이의 관계를 설정하는 과정에서 조인 유형을 설정할 수도 있지만 쿼리를 디자인하면서 조인 유형을 설정하는 것이 데이터베이스 활용에 있어 보다 유연한 방법이다.

그림 10-37 | 조인 속성 지정

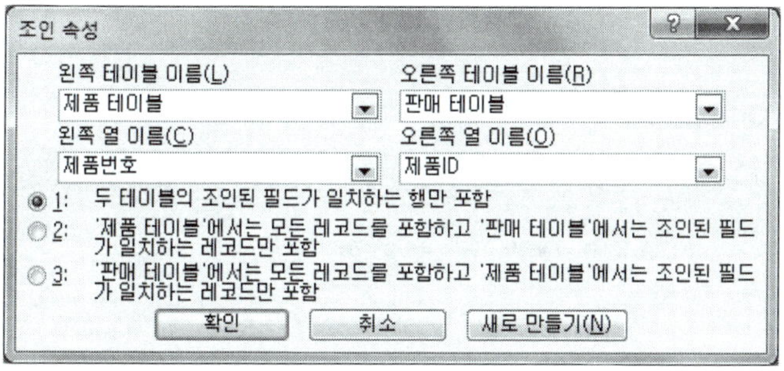

일반적으로 조인이라고 하면 내부 조인을 가리킨다. 이는 교집합과 같은 의미로, 결합 대상이 되는 두 테이블에 있는 레코드 중에서 결합 조건을 만족하는 것만 검색 결과에 포함한다. 이와 다르게, 조건에 만족하지 않더라도 기준이 되는 테이블의 모든 레코드를 검색 결과에 포함시키는 것을 외부 조인(OUTER JOIN)이라고 한다.

내부 조인 질의는 조인 형태를 밝히지 않는 묵시적 방법과 JOIN 명령어를 써주는 명시적 조인으로 구분된다. 두 방법은 단지 표기 방법에서만 차이가 날뿐 실행 결과는 동일하다. 다음 그림의 두 쿼리는 다중 쿼리를 두 가지 조인 형태인 묵시적 내부 조인과 명시적 내부 조인에 대한 SQL문을 나타낸 것이다. 묵시적 내부 조인의 경우 WHERE 절에 조건으로 표시되며, 이 예제의 경우 세 개의 테이블이 결합되므로 두 개의 결합 조건이 필요하다. 명시적 내부 조인은 액세스에서 기본적으로 설정되는 형태인데, ON 다음에 결합 조건이 표시되며 결합의 순서는 괄호로 표시된다. 두 형태의 내부 조인 모두 결합 조건을 만족하는 경우에만 두 테이블의 레코드를 합치게 된다.

고객별로 제품별 판매액을 검색하고자 하는 다음과 같은 예제를 보면, 먼저 '고객 테이블'에 존재하면서 '판매 테이블'에도 존재하는 '고객번호'를 검색한 후(즉 판매가 발생한 고객을 의미하며 WHERE 절의 첫 번째 조건을 말한다), '판매 테이블'에 존재하면서 '제품 테이블'에도 존재하는 '제품번호'를 검색한다. 즉, 판매가 발생한 제품을 의미하며 WHERE 절의 두 번째 조건을 말한다.

그림 10-38 ▌ 묵시적 내부 조인

쿼리1

```
SELECT [고객 테이블].고객명, [제품 테이블].제품명, [수량]*[가격] AS 매출액
FROM [판매 테이블], [고객 테이블], [제품 테이블]
WHERE [판매 테이블].고객ID = [고객 테이블].고객번호 AND [판매 테이블].제품ID = [제품 테이블].제품번호
```

그림 10-39 ▌ 명시적 내부 조인

쿼리1

```
SELECT [고객 테이블].고객명, [제품 테이블].제품명, [수량]*[가격] AS 매출액
FROM [제품 테이블] INNER JOIN ([고객 테이블] INNER JOIN [판매 테이블]
ON [고객 테이블].고객번호 = [판매 테이블].고객ID) ON [제품 테이블].제품번호 = [판매 테이블].제품ID
```

내부 조인과 구별되는 외부 조인의 경우에는 결합 조건을 만족하지 않더라도 외부 조인의 유형에 따라 특정한 테이블에 포함된 레코드 모두를 검색 결과에 포함시킨다. 왼쪽 외부 조인을 하면 내부 조인의 결과와 함께 결합 조건의 왼쪽에 있는 테이블에 포함된 레코드 중에서 결합 조건을 만족하지 않는 레코드도 모두 검색 결과에 포함된다. 반대로 오른쪽 외부 조인은 내부 조인 결과와 함께 오른쪽 테이블의 레코드 중에서 결합 조건을 만족시키지 못하는 레코드도 모두 검색 결과에 포함된다. 마지막으로 전체 외부 조인은 내부 조인 결과와 함께 결합 조건을 충족시키지 못하는 양쪽 테이블의 레코드가 모두 검색 결과에 포함된다.

예를 들어, 다음 그림과 같이 '고객 테이블'과 '판매 테이블'을 왼쪽 외부 조인한 경우를 보면 조인 조건의 왼쪽에 있는 테이블('고객 테이블')의 모든 레코드와 함께 내부 조인 결과가 검색 결과에 포함된다. 즉, '고객 테이블'에 존재하는 모든 고객명이 검색 결과에 포함되는 데 반해 '제품ID'와 '매출액'의 경우 판매가 발생되지 않은 레

코드는 검색 결과에 포함되지 않아 공값(null)으로 나타난다.

그림 10-40 ▌ 왼쪽 외부 조인 쿼리

쿼리1

```
SELECT [고객 테이블].고객명, [판매 테이블].제품ID, [수량]*[가격] AS 매출액
FROM [고객 테이블] LEFT JOIN [판매 테이블]
ON [고객 테이블].고객번호 = [판매 테이블].고객ID
```

다음 그림은 외쪽 외부 조인 쿼리에 대한 결과 화면이다.

그림 10-41 ▌ 왼쪽 외부 조인 쿼리 결과

쿼리1

고객명	제품ID	매출액
여동식품	CA-0250	₩2,040,000
서부상사	AB-0500	₩238,000
서부상사	CA-0500	₩5,310,000
국제식품		
가나안상회	AA-0100	₩179,400
가나안상회	AB-0250	₩167,500
가나안상회	BB-2000	₩199,600
가나안상회	CA-0250	₩306,000
가나안상회	DA-0500	₩77,900
가나안상회	DB-0500	₩77,900
가나안상회	DC-0500	₩1,635,900
성일종합상사	AB-1800	₩1,738,000
성일종합상사	CA-0250	₩203,600
성일종합상사	CA-0250	₩510,500
성일종합상사	CA-0500	₩178,000
기린종합상사	BB-0500	₩229,000
기린종합상사	BB-2000	₩506,000
기린종합상사	CA-0500	₩353,000
남성상사	AA-0100	₩58,600

레코드: 46/89 필터 없음 검색

'판매 테이블'과 '제품 테이블'을 오른쪽 외부 조인한 경우, 다음 그림과 같이 '판매 테이블'에는 존재하지 않지만 '제품 테이블'에는 존재하는 '제품번호'와 함께 내부 조인 결과가 질의 결과에 포함되며, '판매 테이블'에 없는, 즉 판매되지 않은 제품에 대한 '고객ID', '제품ID', '수량' 등은 다음 그림 10-43과 같이 공값(null)으로 나타난다.

그림 10-42 오른쪽 외부 조인 쿼리

```
쿼리1
SELECT [판매 테이블].고객ID, [수량]*[가격] AS 매출액, [제품 테이블].제품번호
FROM [판매 테이블] RIGHT JOIN [제품 테이블] ON [판매 테이블].제품ID = [제품 테이블].제품번호
```

다음 그림은 오른쪽 외부 조인 쿼리에 대한 결과 화면이다.

그림 10-43 오른쪽 외부 조인 쿼리 실행 결과

쿼리1

고객ID	매출액	제품번호
10039	₩233,400	DA-0500
10071	₩77,900	DA-0500
10084	₩388,500	DA-0500
10092	₩311,200	DA-0500
10101	₩776,000	DA-0500
10101	₩154,000	DA-0500
10038	₩233,700	DB-0500
10039	₩467,400	DB-0500
10071	₩77,900	DB-0500
10102	₩234,300	DB-0500
10071	₩1,635,900	DC-0500
10084	₩155,600	DC-0500
10094	₩233,100	DC-0500
		EA-0250
		EB-0500
*		

레코드: 89/90 필터 없음 검색

다. 실행 쿼리 만들기

실행 쿼리는 여러 레코드를 동시에 변경하거나 복사하는 기능을 제공한다. 실행 쿼리를 이용하여 다른 테이블에 저장된 데이터로 새로운 테이블을 만들 수 있고, 하나 이상의 테이블에서 데이터를 검색하여 다른 테이블에 데이터를 추가할 수 있고, 테이블의 특정 데이터를 변경하거나 삭제할 수 있다. 액세스에서 제공하는 네 가지 실행 쿼리를 살펴보면 다음의 표 10-5와 같다.

표 10-5 실행 쿼리의 예

유형	설명
테이블 만들기 쿼리	하나 이상의 테이블에서 데이터의 일부나 전체를 가져와 새로운 테이블을 만드는 쿼리이다.
추가 쿼리	하나 이상의 테이블에 있는 레코드 그룹을 특정 테이블의 끝에 추가한다.
업데이트 쿼리	하나 이상의 테이블에서 특정한 레코드 그룹을 전체적으로 변경하는 쿼리이다.
삭제 쿼리	특정한 조건에 맞는 레코드를 삭제하는 쿼리이다.

1) 테이블 만들기 쿼리

[테이블 만들기] 쿼리 작성의 시작 부분은 선택 쿼리 작성의 시작 부분과 동일하다. 신용등급이 '우수'인 고객명단을 가지고 새로운 테이블을 작성하는 [테이블 만들기] 쿼리를 작성해 보자 다음 그림과 같이 '고객 테이블'의 필드 목록에서 '고객번호', '고객명', '주소', '전화번호', '신용등급', '담당지점'을 더블클릭하여 하단 그리드라인의 [필드:]에 추가한다. 그리고 '신용등급' 필드의 [조건:] 행에 "우수"를 입력한다. 여기까지는 선택 쿼리와 동일하다.

그림 10-44 테이블 만들기 쿼리에 필드 추가 및 조건 설정

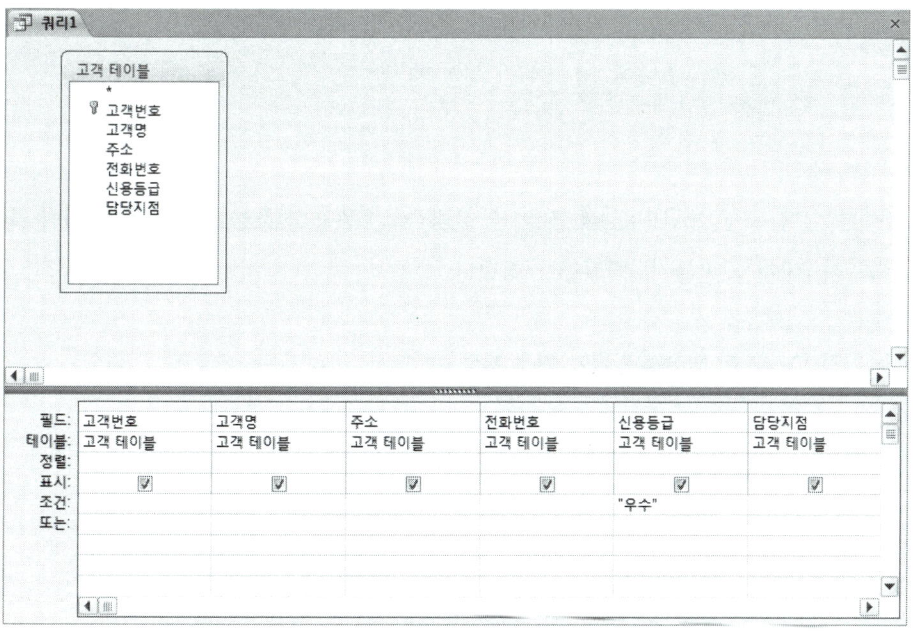

그리고 [쿼리 도구]의 [디자인] 탭에서 [쿼리 유형] 그룹의 [테이블 만들기]를 클릭하면 다음 그림과 같은 [테이블 만들기] 대화상자가 실행된다. [테이블 만들기] 대화상자의 [테이블 이름(N):]에 새로 만들어질 테이블 이름을 입력하고 [확인] 단추를 클릭한다. 여기에서 입력한 테이블 이름은 새로 만들어질 테이블 이름으로 [테이블 만들기] 쿼리의 저장 이름은 아니다.

그림 10-45 ❙ 테이블 만들기 대화상자

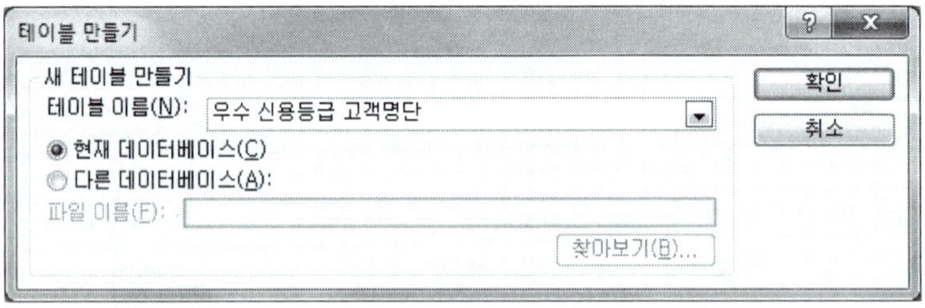

[테이블 만들기] 쿼리가 설정된 것을 확인하려면 다음 그림과 같이 [쿼리 도구]의 [디자인] 탭의 [테이블 만들기] 단추가 선택되어 있는 것을 보면 알 수 있다.

그림 10-46 ❙ 테이블 만들기 쿼리 작업 확인

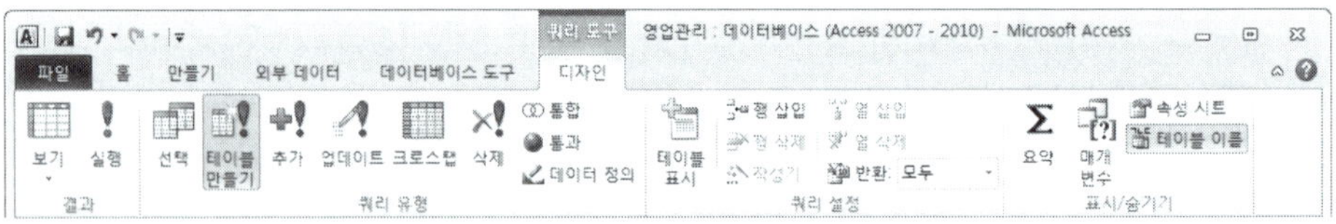

[빠른 실행 도구 모음]의 [저장]을 클릭하고 "우수 신용등급 고객명단 쿼리"를 입력하여 [테이블 만들기] 쿼리를 저장한다.

그림 10-47 ❙ 테이블 만들기 쿼리 저장

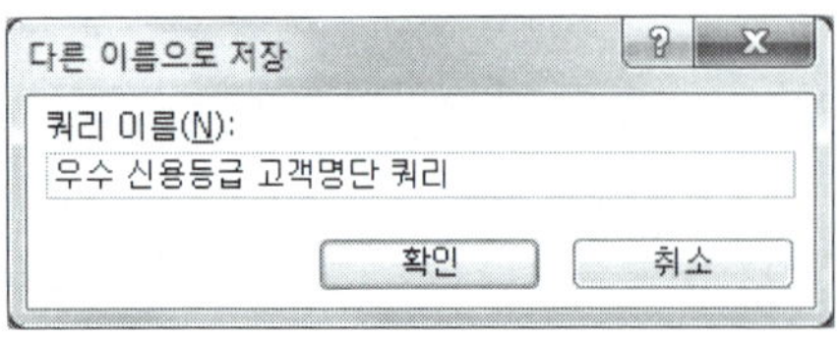

[쿼리 도구]의 [디자인] 탭에서 [결과] 그룹의 [! 실행]을 클릭하면 다음 그림과 같이 [테이블 만들기] 쿼리의 실행 여부를 묻는 대화상자가 나타난다.

그림 10-48 ▌ 테이블 만들기 쿼리 실행 여부 대화상자

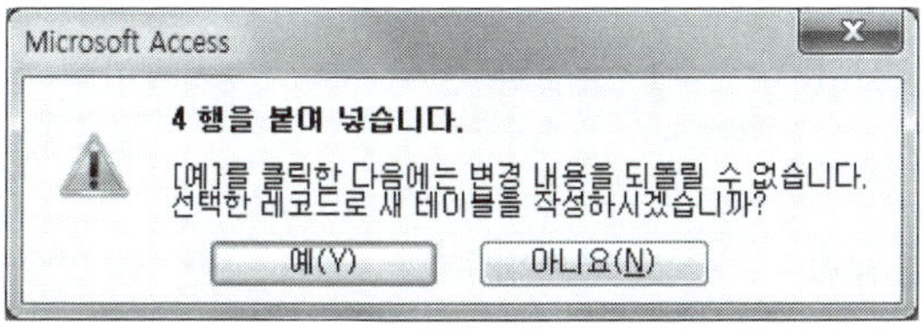

[예(Y)] 단추를 클릭하면 지금까지 작성한 [테이블 만들기] 쿼리가 실행되어 다음 그림과 같이 왼쪽 탐색 창에 '우수 신용등급 고객명단'이라는 새로운 테이블이 만들어진다.

그림 10-49 ▌ 테이블 만들기 쿼리 실행 결과

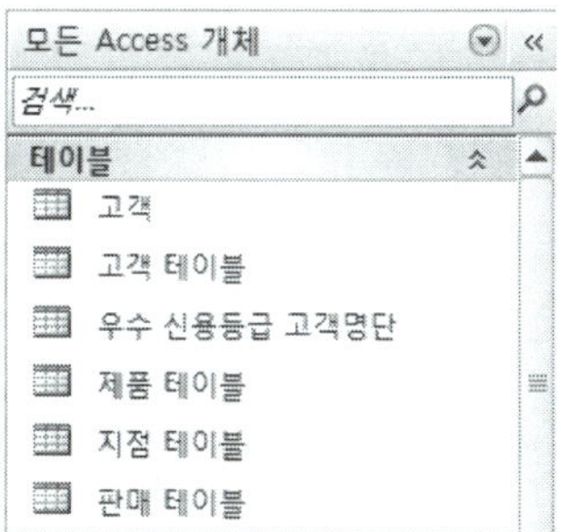

[쿼리 디자인] 창을 통해 작성한 [테이블 만들기] 쿼리를 SQL문으로 전환하면 다음과 같다.

그림 10-50 ▌ 테이블 만들기 쿼리의 SQL문

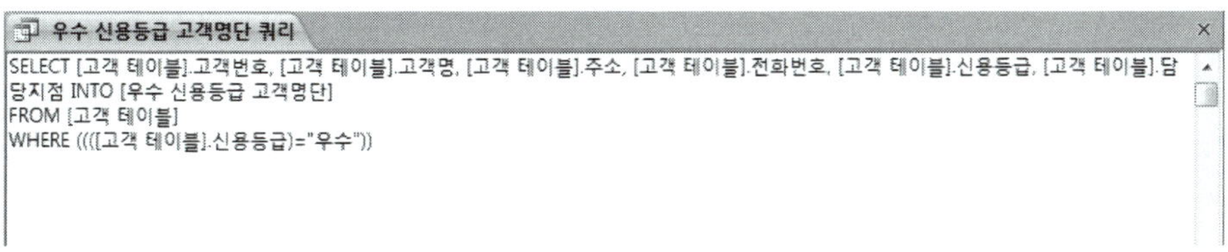

2) 업데이트 쿼리

업데이트(UPDATE) 쿼리는 조건과 일치하는 레코드들을 검색하여 사용자가 원하는 값으로 변경하는 쿼리이다. 작성방법은 테이블 만들기 쿼리와 마찬가지로 [쿼리 디자인] 창에 업데이트하고자 하는 테이블을 추가한다. [쿼리 도구]의 [디자인] 탭에서 [쿼리 유형] 그룹의 [업데이트]를 클릭하면 다음 그림과 같이 하단 그리드라인에 [업데이트:] 행이 추가된다.

예를 들면, 고객 테이블에서 신용등급이 '우수'인 고객의 신용등급을 'VIP'로 변경하고자 한다면, 먼저 '고객 테이블'의 필드 목록에서 [신용등급] 필드를 더블클릭하여 하단 그리드라인의 [필드:] 행에 '신용등급' 필드를 추가한다. 그리고 '신용등급'의 [조건:] 행에 "우수"를 입력하여 신용등급이 '우수'인 레코드를 추출하고 다시 '신용등급'의 [업데이트:] 행에 "VIP"를 입력하여 추출된 레코드들을 일괄적으로 'VIP'로 변경할 수 있다.

그림 10-51 ▌ 업데이트 쿼리에 필드 추가 및 조건 설정

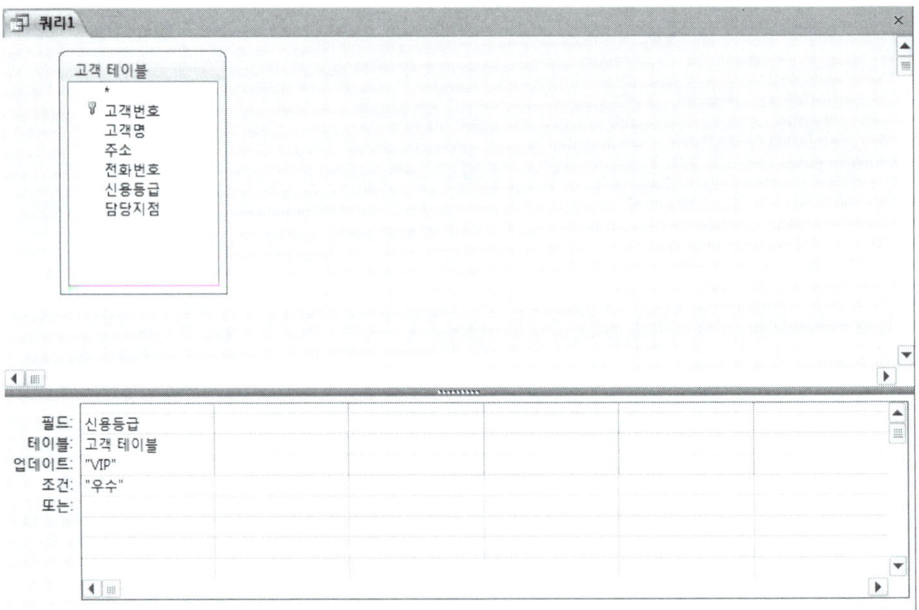

[빠른 실행 도구 모음]의 [저장]을 클릭하고 "우수 신용등급 업데이트 쿼리"를 입력하여 [업데이트] 쿼리를 저장한다.

그림 10-52 ▌ 업데이트 쿼리 저장

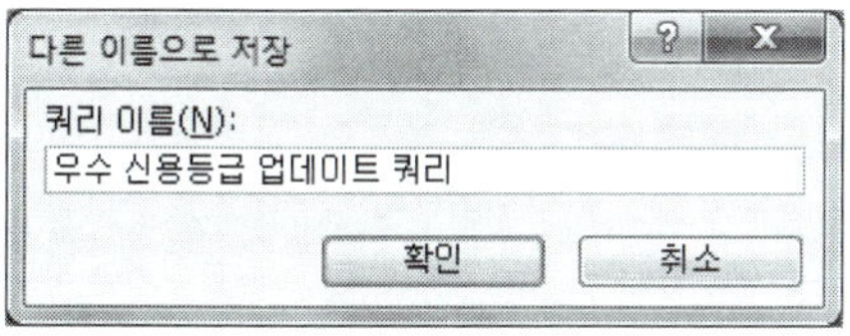

[쿼리 도구]의 [디자인] 탭에서 [결과] 그룹의 [! 실행]을 클릭하면 업데이트 쿼리를 실행 여부를 묻는 대화상자가 나타난다. 대화상자에서 설명하는 바와 같이 업데이트 쿼리가 실행되면 실행취소( ) 단추를 사용하여 이전 상태로 복구할 수 없으므로 실행하기 전에 업데이트 내용이 정확한지 주의할 필요가 있다.

그림 10-53 ▌ 업데이트 쿼리 실행 여부 대화상자

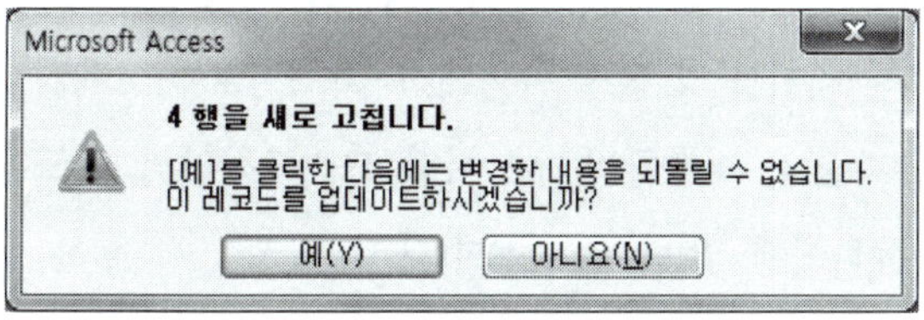

[예(Y)] 단추를 클릭하면 업데이트 쿼리가 실행되며, '고객 테이블'을 열어보면 [신용등급] 필드의 '우수' 데이터가 'VIP'로 바뀐 것을 확인할 수 있다.

그림 10-54 ▌ 업데이트 쿼리의 실행 결과

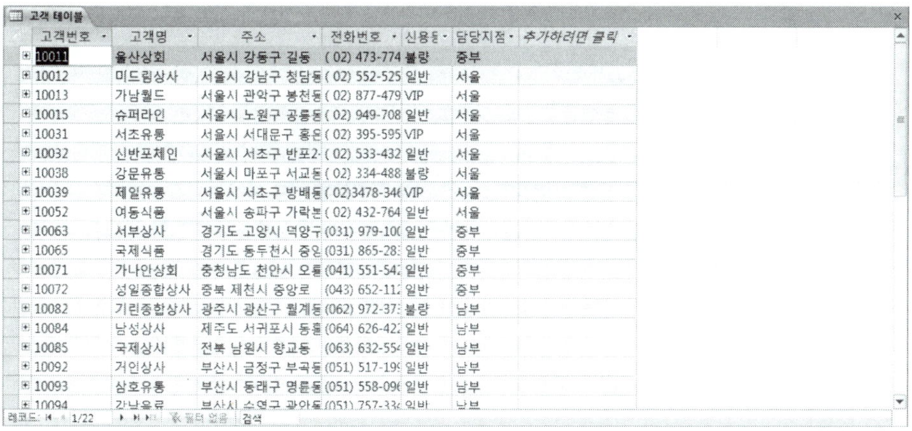

고객 테이블

고객번호	고객명	주소	전화번호	신용등	담당지점	추가하려면 클릭
10011	울산상회	서울시 강동구 길동	(02) 473-774	불량	중부	
10012	미드림상사	서울시 강남구 청담동	(02) 552-525	일반	서울	
10013	가남월드	서울시 관악구 봉천동	(02) 877-479	VIP	서울	
10015	슈퍼라인	서울시 노원구 공릉동	(02) 949-708	일반	서울	
10031	서조유통	서울시 서대문구 홍은	(02) 395-595	VIP	서울	
10032	신반포체인	서울시 서초구 반포2	(02) 533-432	일반	서울	
10038	강문유통	서울시 마포구 서교동	(02) 334-488	불량	서울	
10039	제일유통	서울시 서초구 방배동	(02)3478-34	VIP	서울	
10052	여동식품	서울시 송파구 가락본	(02) 432-764	일반	서울	
10063	서부상사	경기도 고양시 덕양구	(031) 979-10	일반	중부	
10065	국제식품	경기도 동두천시 중앙	(031) 865-28	일반	중부	
10071	가나안상회	충청남도 천안시 오룡	(041) 551-54	일반	중부	
10072	성일종합상사	충북 제천시 중앙로	(043) 652-11	일반	중부	
10082	기린종합상사	광주시 광산구 월계동	(062) 972-37	불량	남부	
10084	남성상사	제주도 서귀포시 동홍	(064) 626-42	일반	남부	
10085	국제상사	전북 남원시 향교동	(063) 632-55	일반	남부	
10092	거인상사	부산시 금정구 부곡동	(051) 517-19	일반	남부	
10093	삼호유통	부산시 동래구 명륜동	(051) 558-09	일반	남부	
10094	강남유료	부산시 수영구 광안동	(051) 757-33	일반	남부	

레코드: 1/22 필터 없음 검색

앞의 [업데이트] 쿼리를 SQL문으로 전환하면 다음 그림과 같다.

그림 10-55 ▌ 업데이트 쿼리의 SQL문

3) 추가 쿼리

추가(INSERT) 쿼리는 기존 테이블의 끝에 새로운 레코드를 추가할 때 사용하는 쿼리이다. '고객 테이블'에서 신용등급이 '일반'인 고객을 검색하여 앞서 [테이블 만들기] 쿼리로 작성한 '우수 신용등급 고객명단' 테이블에 추가하는 쿼리를 작성해 보자.

작성방법은 다음 그림과 같이 '고객 테이블'의 필드 목록에서 '고객번호', '고객명', '주소', '전화번호', '신용등급', '담당지점'을 더블클릭하여 하단 그리드라인의 [필드:]에 추가하고 '신용등급' 필드의 [조건:] 행에 "일반"을 입력한다.

그림 10-56 ▌ 추가 쿼리에 필드 추가 및 조건 설정

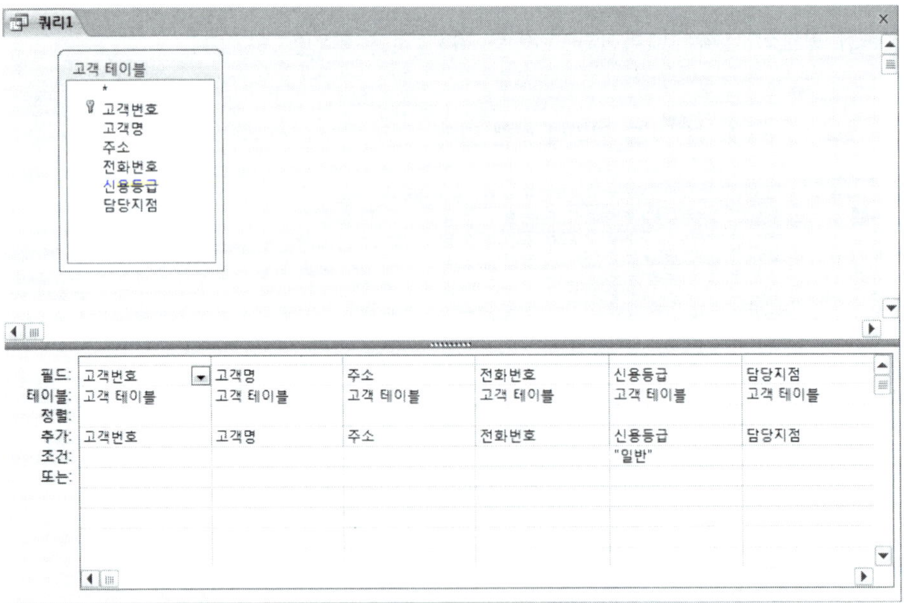

그리고 [쿼리 도구]의 [디자인] 탭에서 [쿼리 유형] 그룹의 [추가]를 클릭하면, 다음 그림과 같은 [추가] 대화상자가 나타난다.

[추가] 대화상자는 선택된 레코드가 추가될 테이블의 이름을 지정하는 곳이다. [추가] 대화상자의 [테이블 이름(N):] 드롭다운 단추를 클릭해 "우수 신용등급 고객명단"을 선택하고 [확인] 단추를 클릭한다. 그러면 위의 그림과 같이 하단 그리드라인의 표시 행에 [추가:] 행이 추가된 것을 확인할 수 있다.

그림 10-57 ▌ 추가 쿼리의 추가 대화상자

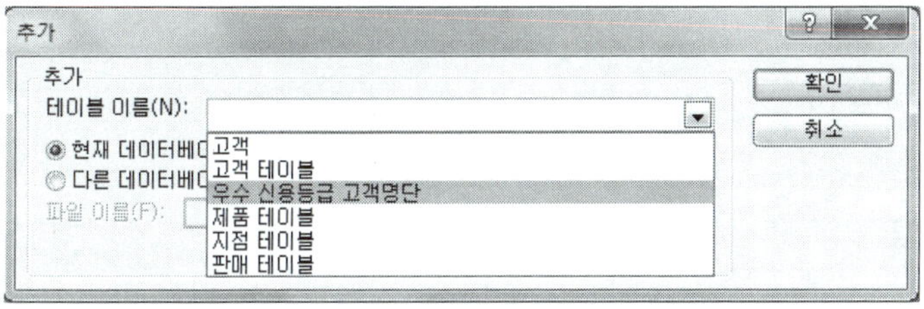

[빠른 실행 도구 모음]의 [저장]을 클릭하고 "일반 신용등급 추가 쿼리"를 입력하여 [추가] 쿼리를 저장한다.

그림 10-58 ▌ 추가 쿼리 저장

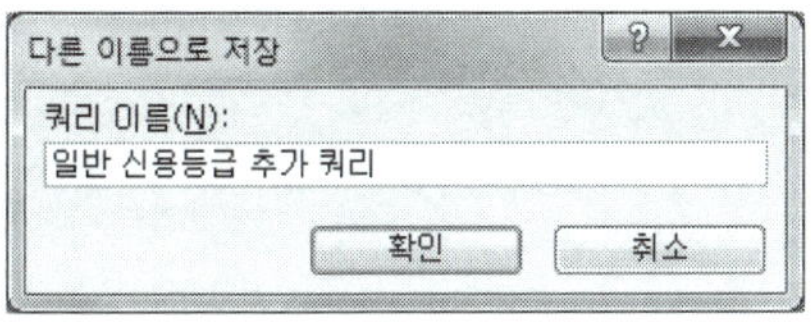

[쿼리 도구]의 [디자인] 탭에서 [결과] 그룹의 [실행]을 클릭하면 추가 쿼리의 실행 여부를 묻는 대화상자가 나타난다.

그림 10-59 ▌ 추가 쿼리 실행 여부 대화상자

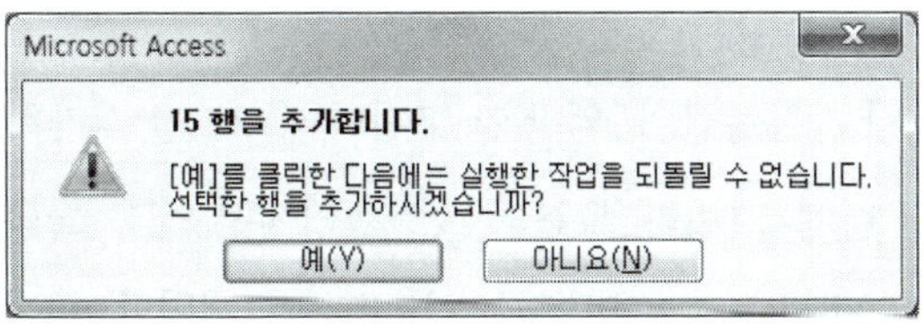

[예(Y)] 단추를 클릭하면 추가 쿼리가 실행되며, '우수 신용등급 고객명단' 테이블을 열어보면 [신용등급]이 '일반'인 새로운 15개의 레코드가 추가된 것을 확인할 수 있다.

그림 10-60 ▌ 추가 쿼리의 실행 결과

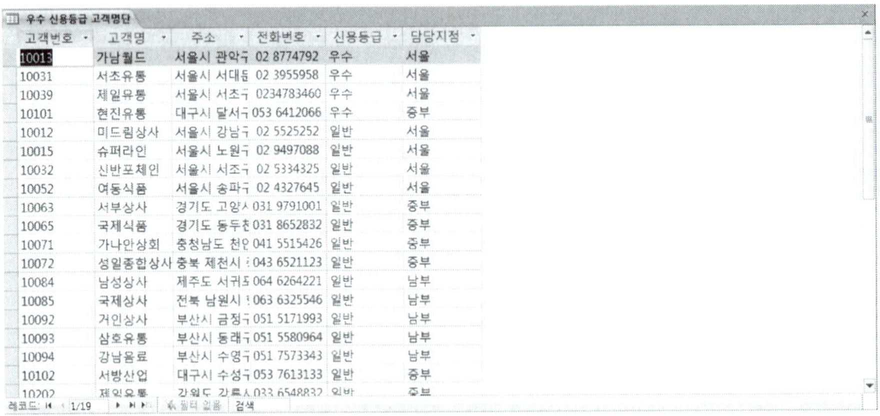
우수 신용등급 고객명단

고객번호	고객명	주소	전화번호	신용등급	담당지점
10013	가남월드	서울시 관악구	02 8774792	우수	서울
10031	서초유통	서울시 서대든	02 3955958	우수	서울
10039	제일유통	서울시 서초구	0234783460	우수	서울
10101	현진유통	대구시 달서구	053 6412066	우수	중부
10012	미드림상사	서울시 강남구	02 5525252	일반	서울
10015	슈퍼라인	서울시 노원구	02 9497088	일반	서울
10032	신반포체인	서울시 서조구	02 5334325	일반	서울
10052	여동식품	서울시 송파구	02 4327645	일반	서울
10063	서부상사	경기도 고양시	031 9791001	일반	중부
10065	국제식품	경기도 동두천	031 8652832	일반	중부
10071	가나안상회	충청남도 천안	041 5515426	일반	중부
10072	성일종합상사	충북 제천시 :	043 6521123	일반	중부
10084	남성상사	제주도 서귀포	064 6264221	일반	남부
10085	국제상사	전북 남원시 :	063 6325546	일반	남부
10092	거인상사	부산시 금정구	051 5171993	일반	남부
10093	삼호유통	부산시 동래구	051 5580964	일반	남부
10094	강남음료	부산시 수영구	051 7573343	일반	남부
10102	서방산업	대구시 수성구	053 7613133	일반	중부
10202	제일유통	강원도 강릉시	033 6548832	일반	중부

레코드: 1/19 필터 없음 검색

앞의 [추가] 쿼리를 SQL문으로 전환하면 다음 그림과 같다.

그림 10-61 ▌ 추가 쿼리의 SQL문

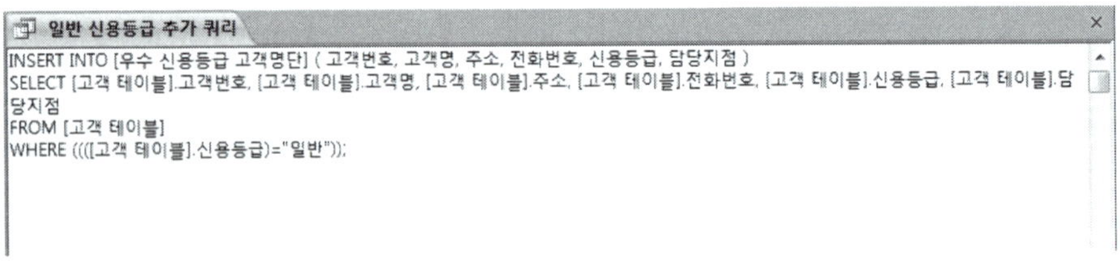
일반 신용등급 추가 쿼리

```
INSERT INTO [우수 신용등급 고객명단] ( 고객번호, 고객명, 주소, 전화번호, 신용등급, 담당지점 )
SELECT [고객 테이블].고객번호, [고객 테이블].고객명, [고객 테이블].주소, [고객 테이블].전화번호, [고객 테이블].신용등급, [고객 테이블].담당지점
FROM [고객 테이블]
WHERE ((([고객 테이블].신용등급)="일반"));
```

4) 삭제 쿼리

삭제(DELETE) 쿼리는 조건에 맞는 레코드를 삭제하는 쿼리이다. 이 쿼리는 데이터베이스를 유지 관리하는데 매우 유용하기는 하나, 한 번 실행하면 레코드가 영구히 삭제됨으로 조심해서 사용해야 한다. 따라서 삭제 쿼리를 실행하기 전에 [미리보기]로 그 결과를 반드시 확인하도록 한다.

'우수 신용등급 고객명단' 테이블에서 신용등급이 '일반'인 고객의 레코드를 삭제하는 쿼리를 작성해 보자. 우선 [만들기] 탭에서 [쿼리] 그룹의 [쿼리 디자인]을 클릭한다. [테이블 표시] 대화상자에서 삭제 쿼리에 사용할 '우수 신용등급 고객명단' 테이블을 선택하고 하단 그리드라인의 [필드:] 행에 '신용등급' 필드를 추가한다. 그리고 [쿼리 도구]의 [디자인] 탭에서 [쿼리 유형] 그룹의 [✕! 삭제]를 클릭하면 다음 그림과 같이 하단 그리드라인의 표시 행에 [삭제:] 행이 추가된다. 여기에서 삭제할 데이터의 조건을 지정할 수 있는데, [삭제:] 행에는 '조건'으로 설정하고 [조건:] 행에는 삭제 조건인 "일반"이라고 입력한다.

그림 10-62 ▌ 삭제 쿼리에 필드 추가 및 조건 설정

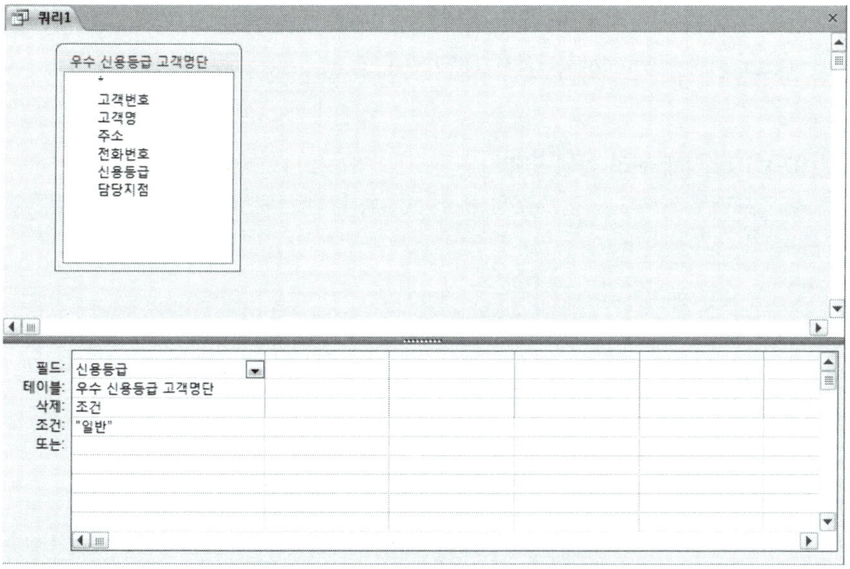

[빠른 실행 도구 모음]의 [저장]을 클릭하고 "일반 신용등급 삭제 쿼리"를 입력하여 [삭제] 쿼리를 저장한다.

그림 10-63 ▌ 삭제 쿼리 저장

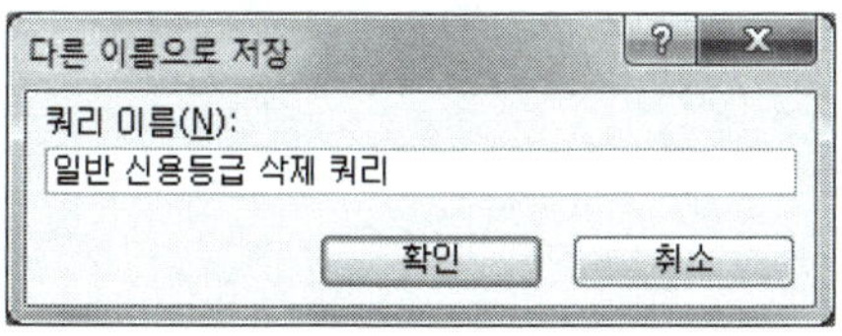

[쿼리 도구]의 [디자인] 탭에서 [결과] 그룹의 [! 실행]을 클릭하면 삭제 쿼리의 실행 여부를 묻는 대화상자가 나타난다.

그림 10-64 ▎ 삭제 쿼리 실행 여부 대화상자

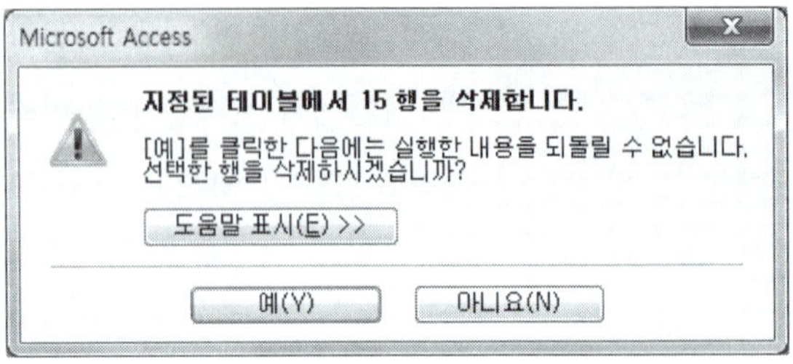

[예(Y)] 단추를 클릭하면 삭제 쿼리가 실행되며, '우수 신용등급 고객명단' 테이블을 열어보면 '신용등급'이 '일반'인 15개의 레코드가 삭제된 것을 확인할 수 있다.

그림 10-65 ▎ 삭제 쿼리 실행 결과

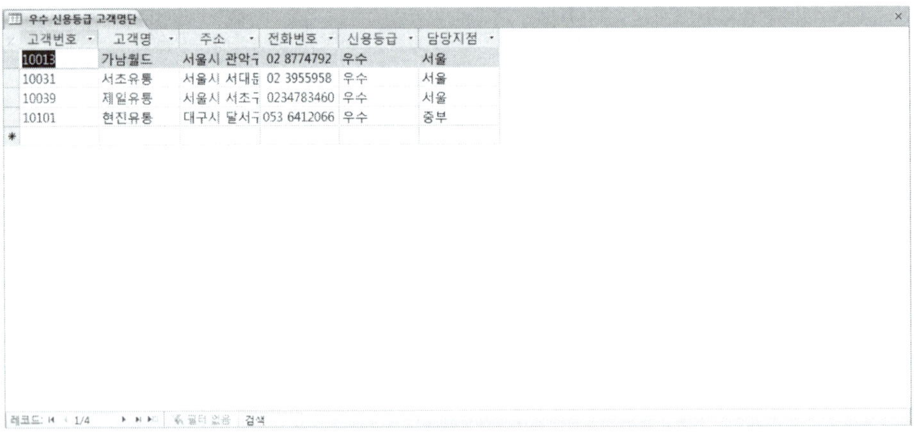

고객번호	고객명	주소	전화번호	신용등급	담당지점
10013	가남월드	서울시 관악구	02 8774792	우수	서울
10031	서초유통	서울시 서대듄	02 3955958	우수	서울
10039	제일유통	서울시 서초구	0234783460	우수	서울
10101	현진유통	대구시 달서구	053 6412066	우수	중부

앞의 [삭제] 쿼리를 SQL문으로 전환하면 다음 그림과 같다.

그림 10-66 ▎ 삭제 쿼리의 SQL문

```
DELETE [우수 신용등급 고객명단].신용등급
FROM [우수 신용등급 고객명단]
WHERE ((([우수 신용등급 고객명단].신용등급)="일반"));
```

라. 매개 변수 쿼리

매개 변수 쿼리는 쿼리의 조건을 변수화하여 사용자가 쿼리를 실행할 때마다 새로운 조건을 입력할 수 있도록 하는 쿼리이다. 매개 변수 쿼리를 이용하여 특정 년도에 판매된 제품을 볼 수도 있고, 특정 신용등급에 대한 고객의 리스트를 볼 수도 있다. 매개 변수 쿼리는 쿼리의 검색 기준이 되는 조건이 자주 변화할 때 매우 유용하게 활용할 수 있다. 고객의 신용등급별로 레코드를 검색하는 쿼리를 매개 변수 쿼리를 이용하여 작성해 보자.

먼저 [쿼리 디자인] 창에서 '고객 테이블'을 추가한 후, '고객 테이블'에서 검색 결과에 포함될 필드를 하단 그리드라인의 [필드:] 행에 추가한다. 그리고 검색 조건이 되는 '신용등급' 필드의 [조건:] 행에 대괄호([ ])를 입력하면 매개 변수 쿼리가 된다.

그림 10-67 ▌ 매개 변수 쿼리에 필드 추가 및 조건 설정

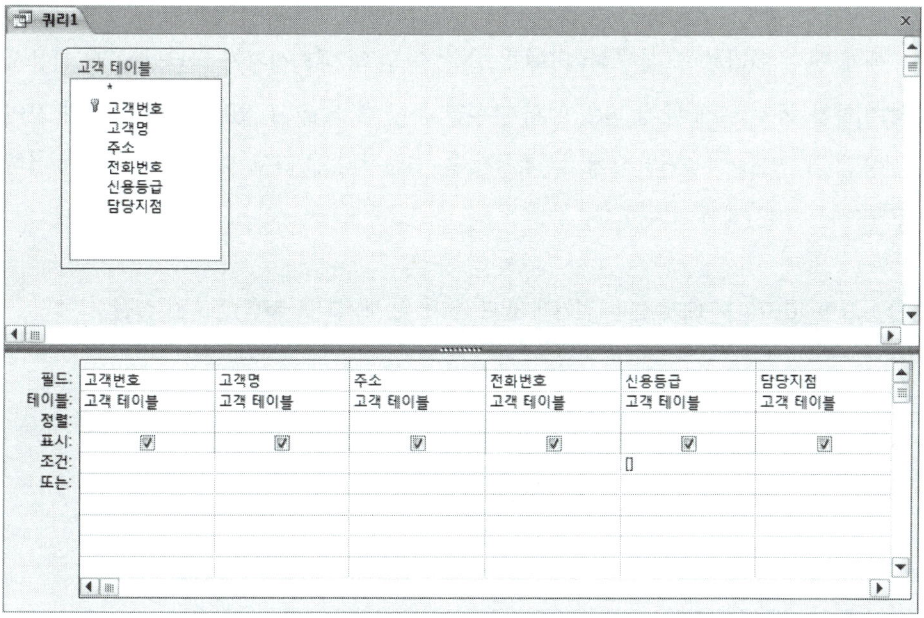

[빠른 실행 도구 모음]의 [저장]을 클릭하고 "신용등급 매개 변수 쿼리"를 입력하여 매개 변수 쿼리를 저장한다.

그림 10-68 ▌ 매개 변수 쿼리 저장

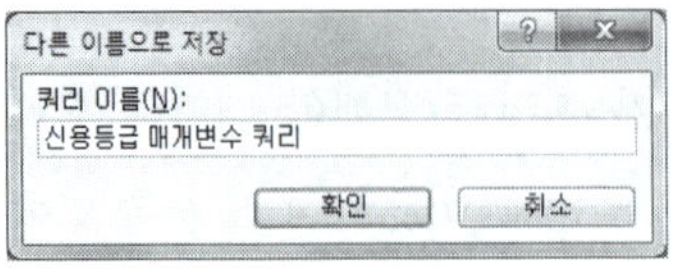

[쿼리 도구]의 [디자인] 탭에서 [결과] 그룹의 [! 실행]을 클릭하면 다음 그림과 같이 [매개 변수 값 입력]이라는 대화상자가 나타난다. 여기에 "일반"을 입력한 후 [확인] 단추를 클릭하면 입력된 매개 변수 값('일반')에 따른 쿼리의 검색 결과가 나타난다.

그림 10-69 ▌ 매개 변수 값 입력 대화상자

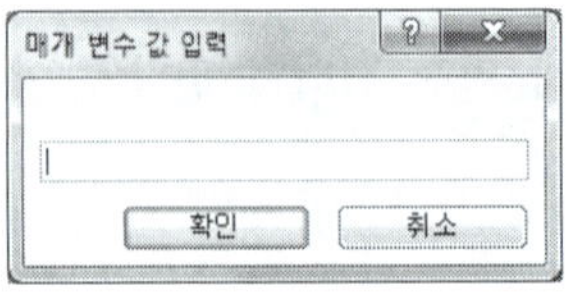

매개 변수 쿼리를 [! 실행]하여 [매개 변수 값 입력] 대화상자가 나타났을 때 사용자의 이해를 돕기 위해 매개 변수 메시지(설명 문구)를 넣을 수 있다. 다음 그림과 같이 [신용등급] 필드의 [조건:] 행에 "[신용등급을 입력하시오]"라고 대괄호와 함께 표시하고자 하는 메시지를 입력한다.

그림 10-70 ▌ 매개 변수 쿼리에 필드 추가 및 메시지를 포함한 조건 설정

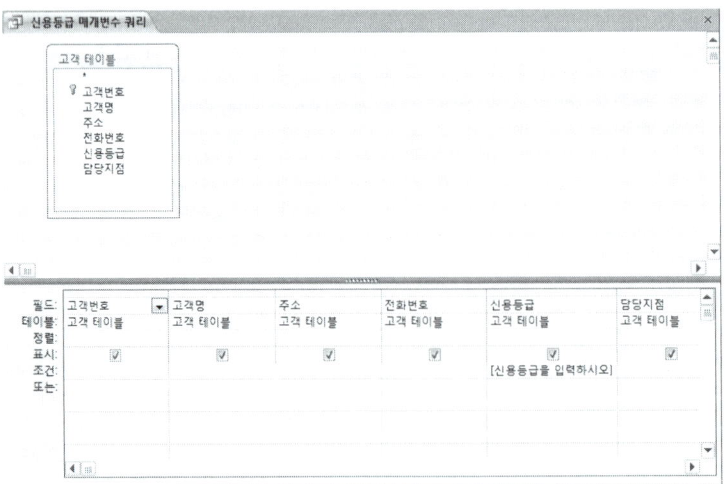

[쿼리 도구]의 [디자인] 탭에서 [결과] 그룹의 [! 실행]을 클릭하면 다음 그림과 같이 [매개 변수 값 입력] 대화상자에 '신용등급을 입력하시오'라는 메시지가 표시되는 것을 확인할 수 있다.

그림 10-71 ▌ 메시지가 포함된 매개 변수 값 입력 대화상자

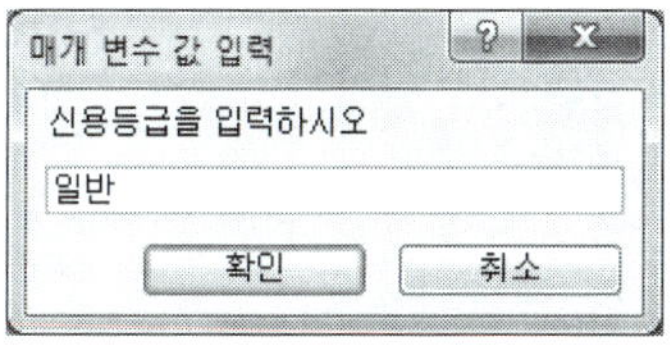

[매개 변수 값 입력] 대화상자에 매개 변수 값 "일반"을 입력한 후, [확인] 단추를 클릭하면 입력된 매개 변수 값('일반')에 따른 쿼리의 검색 결과가 나타난다. 매개 변수 쿼리는 실행될 때마다 매개 변수 값을 묻는 대화상자가 나타나기 때문에 검색하고자 하는 매개 변수 값이 자주 변경되는 경우에 매우 유용하다. 다음 그림은 신용등급이 '일반'인 매개 변수 쿼리의 검색 결과를 보여주고 있다.

그림 10-72 ▌ 매개 변수 쿼리 실행 결과

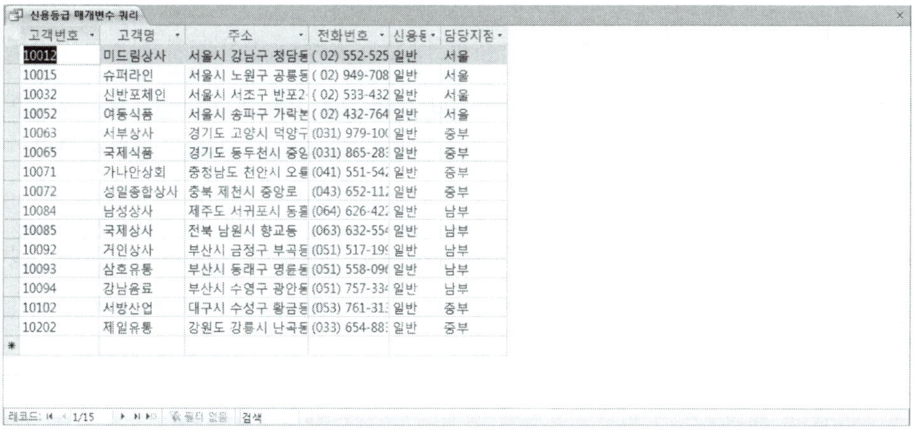

신용등급 매개변수 쿼리

고객번호	고객명	주소	전화번호	신용등	담당지점
10012	미드림상사	서울시 강남구 청담동	(02) 552-525	일반	서울
10015	슈퍼라인	서울시 노원구 공릉동	(02) 949-708	일반	서울
10032	신반포체인	서울시 서초구 반포2	(02) 533-432	일반	서울
10052	여동식품	서울시 송파구 가락본	(02) 432-764	일반	서울
10063	서부상사	경기도 고양시 덕양구	(031) 979-10	일반	중부
10065	국제식품	경기도 동두천시 중앙	(031) 865-28	일반	중부
10071	가나안상회	충청남도 천안시 오룡	(041) 551-54	일반	중부
10072	성일종합상사	충북 제천시 중앙로	(043) 652-11	일반	중부
10084	남성상사	제주도 서귀포시 동홍	(064) 626-42	일반	남부
10085	국제상사	전북 남원시 향교동	(063) 632-55	일반	남부
10092	거인상사	부산시 금정구 부곡동	(051) 517-19	일반	남부
10093	삼호유통	부산시 동래구 명륜동	(051) 558-09	일반	남부
10094	강남음료	부산시 수영구 광안동	(051) 757-33	일반	남부
10102	서방산업	대구시 수성구 황금동	(053) 761-31	일반	중부
10202	제일유통	강원도 강릉시 난곡동	(033) 654-88	일반	중부

레코드: 1/15 필터 없음 검색

4 쿼리 마법사를 이용한 다양한 쿼리 만들기

액세스에서는 쿼리를 쉽고 간편하게 작성할 수 있도록 도와주는 쿼리 마법사를 제공한다. 쿼리 마법사의 종류에는 선택한 필드만 나타내는 단순 쿼리 마법사, 특정 필드를 그룹화하는 크로스탭 쿼리 마법사, 동일한 데이터를 검색하는 중복 데이터 검색 쿼리 마법사, 관계가 설정된 테이블 간에 특정 필드를 기준으로 일치하지 않는 데이터를 검색하는 불일치 검색 쿼리 마법사가 있다. 본 절에서는 쿼리 작성에 편리함을 제공하는 마법사의 이용 방법에 대해서 살펴보도록 한다.

가. 크로스탭 쿼리 마법사

크로스탭 쿼리는 스프레드시트의 피벗 테이블 형식으로 데이터를 요약하고 비교할 수 있도록 만드는 쿼리이다. 즉, 크로스탭 쿼리는 특정 필드를 기준으로 그룹화한 요약 쿼리에 또 다른 종류의 요약 쿼리를 추가하여 이를 다시 행과 열로 구분하여 보여주는 쿼리라고 말할 수 있다. 크로스탭 쿼리를 작성하기 위해서는 세 개의 필드가 필요한데, 데이터시트의 왼쪽 세로 방향의 필드를 그룹화하기 위한 행 머리글, 위쪽 가로 방향의 필드를 그룹화하기 위한 열 머리글, 그리고 행과 열이 교차하는 곳에 요약 값을 표시하기 위한 필드로 구성된다. 이처럼 크로스탭 쿼리는 여러 필드를 그룹화하고 재구성함으로서 요약 데이터를 보다 읽기 쉽고 이해하기 쉽도록 만들어 준다.

크로스탭 쿼리 작성에 앞서 '고객명', '신용등급', '제품명', '매출액: 수량*가격' 필드로 구성된 다중 선택 쿼리를 먼저 작성하고 크로그탭 쿼리 마법사를 이용해 다중 선택 쿼리에서 고객에 따른 제품별 판매액을 구하는 크로스탭 쿼리를 작성해 보자.

먼저, [만들기] 탭에서 [쿼리] 그룹의 [쿼리 마법사]를 클릭하면 다음 그림과 같이 [새 쿼리] 대화상자가 나타난다. [새 쿼리] 대화상자에서 [크로스탭 쿼리 마법사]를 선택하고 [확인] 단추를 클릭하면 [크로스탭 쿼리 마법사] 대화상자가 나타난다.

그림 10-73 새 쿼리 대화상자에서 크로스탭 쿼리 마법사 선택

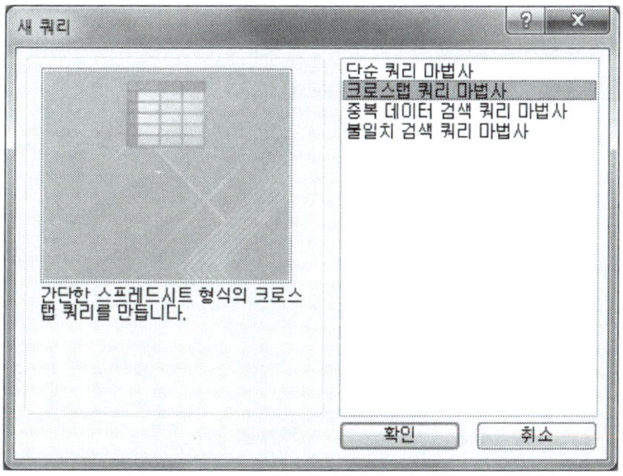

크로스탭 쿼리 마법사의 첫 번째 단계에서는 작성하고자 하는 데이터 원본을 선택한다. 앞에서 작성해 놓은 '쿼리: 다중 선택 쿼리'를 선택한 후 [다음(N) >]을 클릭한다.

그림 10-74 크로스탭 쿼리 마법사 1단계

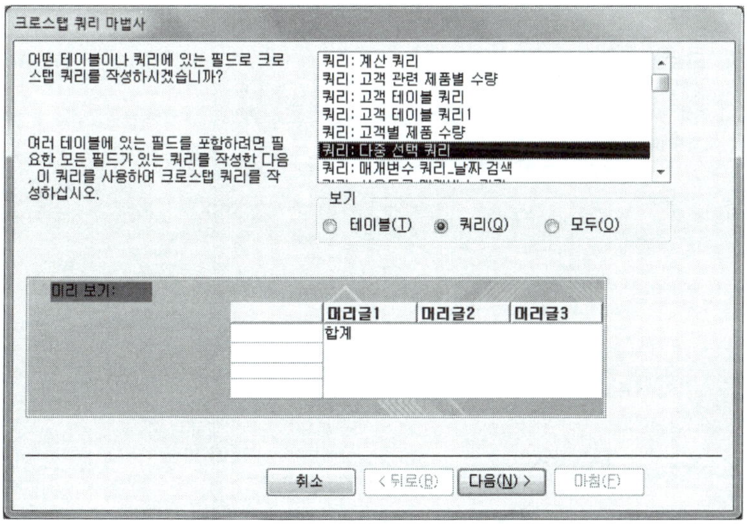

크로스탭 쿼리 마법사의 두 번째 단계에서는 행 머리글에 사용할 필드를 [사용 가능한 필드:]에서 선택하는 단계이다. 행 머리글에 사용할 '고객명' 필드를 선택하고 가운데 위치한 필드 이동 단추(>)를 클릭하여 [선택한 필드:]로 이동시킨 후 [다음(N) >]을 클릭한다.

그림 10-75 ▌ 크로스탭 쿼리 마법사 2단계

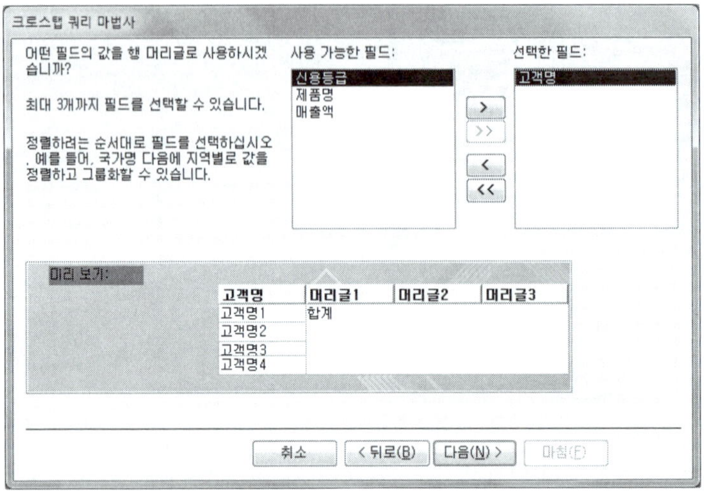

세 번째 단계에서는 열 머리글에 사용할 필드를 선택하는 단계이다. 열 머리글에 사용할 '제품명' 필드를 선택하고 [다음(N) >]을 클릭한다.

그림 10-76 ▌ 크로스탭 쿼리 마법사 3단계

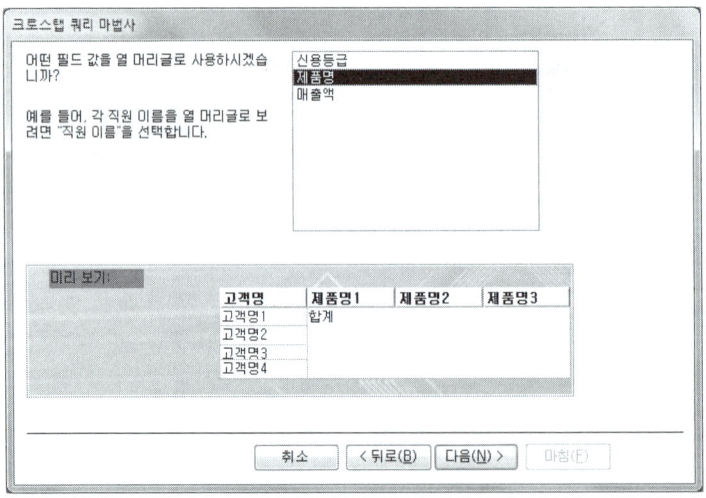

네 번째 단계에서는 행과 열이 교차하는 곳에 사용할 필드와 계산에 필요한 함수를 선택하는 단계이다. 행과 열이 교차하는 곳에 사용할 필드로 '매출액' 필드를 선택하고 '매출액' 필드에 적용할 함수로 '총계'를 선택하고 [다음(N) >]을 클릭한다.

그림 10-77 ▌ 크로스탭 쿼리 마법사 4단계

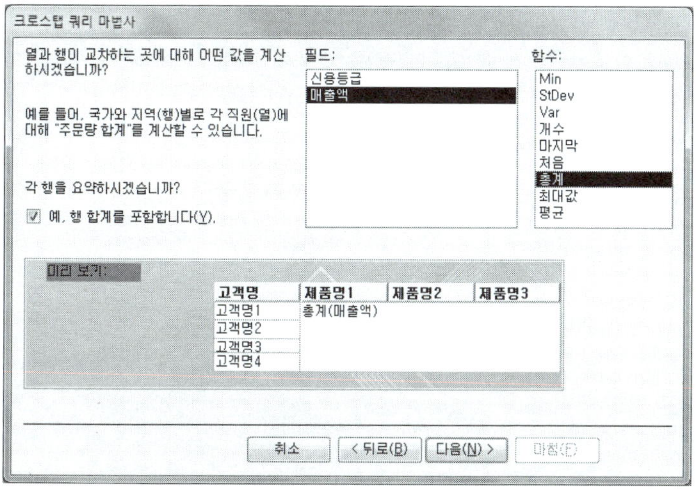

마지막 단계에서는 쿼리의 이름을 저장하고 쿼리의 결과를 보거나 쿼리 디자인을 수정할지를 선택하는 단계이다. 마법사에서 자동으로 지정되는 이름을 사용해도 무방하다. [쿼리 보기(V)]를 선택하고 [마침(F)]을 클릭한다.

그림 10-78 ▌ 크로스탭 쿼리 마법사 5단계

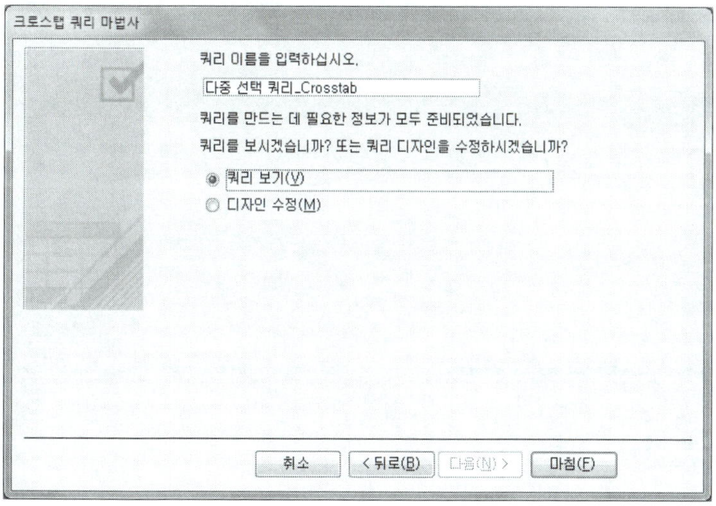

다음 그림은 크로스탭 쿼리 마법사의 실행 결과를 [데이터시트 보기] 형식으로 보여주고 있다.

그림 10-79 ▌ 크로스탭 쿼리 마법사 실행 결과

다중 선택 쿼리_Crosstab

고객명	합계 매출액	물반 얼음반	물반 얼음반	물반 얼음반	바이타-C	씨원타	자연미인	쿨미스	히미나
가나안상회	₩2,644,200	₩77,900	₩1,635,900	₩77,900	₩179,400	₩199,600	₩306,000	₩167,500	
가남월드	₩1,046,850					₩754,400		₩95,200	₩197,250
강남음료	₩1,177,100		₩233,100			₩540,000	₩404,000		
강문유통	₩972,300			₩233,700	₩117,400			₩442,000	₩179,200
거인상사	₩311,200	₩311,200							
국제상사	₩189,600							₩189,600	
기린종합상사	₩1,088,000					₩735,000	₩353,000		
남성상사	₩2,759,400	₩388,500	₩155,600		₩58,600		₩1,449,000	₩707,700	
미드림상사	₩4,043,300	₩155,800			₩2,718,900	₩92,000	₩510,500	₩566,100	
삼호유통	₩879,100				₩175,500	₩449,000		₩254,600	
서방산업	₩496,600			₩234,300				₩262,300	
서부상사	₩5,548,000						₩5,310,000	₩238,000	
서초유통	₩892,100					₩135,300		₩356,800	₩400,000
성일종합상사	₩2,630,100						₩892,100	₩1,738,000	
슈퍼라인	₩1,120,400				₩118,400	₩1,002,000			
신반포체인	₩2,669,000				₩115,800	₩91,200	₩1,782,000	₩322,400	₩357,600
여동식품	₩4,138,500				₩298,500		₩2,040,000		₩1,800,000
울산상회	₩2,280,000				₩116,000			₩2,164,000	
제일유통	₩5,121,800	₩233,400		₩467,400	₩700,800	₩2,102,100		₩476,800	₩1,141,300
현진유통	₩4,220,250	₩930,000			₩298,000		₩2,992,250		

레코드: 1/20 필터 없음 검색

크로스탭 쿼리 마법사를 이용해 작성한 '다중 선택 쿼리_Crosstab'을 [디자인 보기] 형태로 전환하면 다음 그림과 같다. 즉, 지금까지의 작업을 크로스탭 쿼리 마법사가 아닌 [쿼리 디자인] 창을 통해 사용자가 직접 작성할 수도 있다.

그림 10-80 ▌ 크로스탭 쿼리 디자인 창

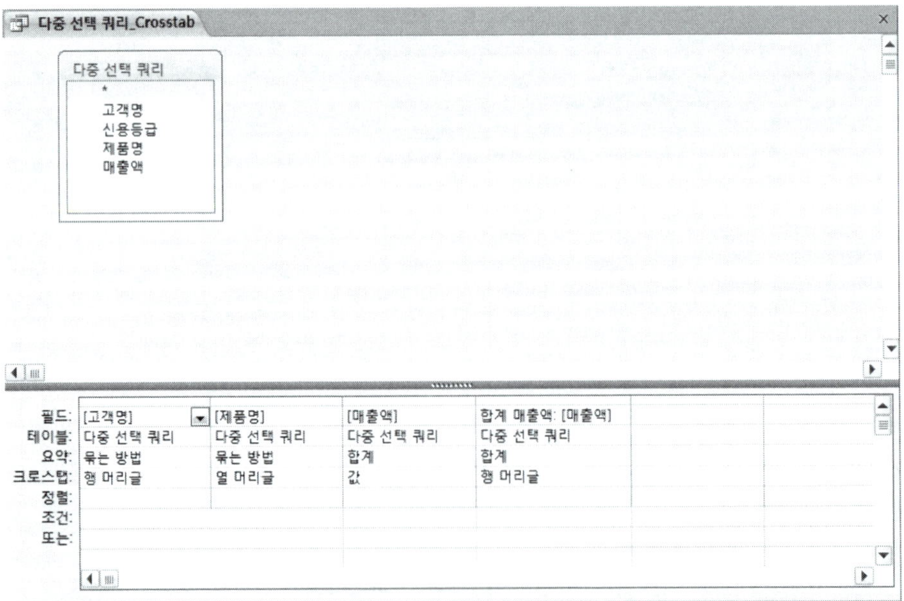

나. 중복 데이터 검색 쿼리 마법사

중복 데이터 검색 쿼리는 한 테이블의 특정한 필드에 입력된 데이터 중에 중복된 값을 검색하여 결과를 정렬하여 보여준다. 중복 데이터 검색 쿼리 마법사는 중복된 필드 값이 무엇인지 알지는 못하지만 한 테이블 내에서 특정 필드의 값이 중복되어 저장된 것이 있는지를 확인하는 데 유용하다. '판매 테이블'에서 고객별로 여러 번 구매한 제품이 있는지를 검색하는 방법을 살펴보자.

다른 쿼리 마법사와 마찬가지로 [새 쿼리] 대화상자에서 [중복 데이터 검색 쿼리 마법사]를 선택하여 시작한다. 첫 번째 단계에서는 다음 그림과 같이 검색 대상이 되는 테이블을 선택한다.

그림 10-81 ▌ 중복 데이터 검색 쿼리 마법사 1단계

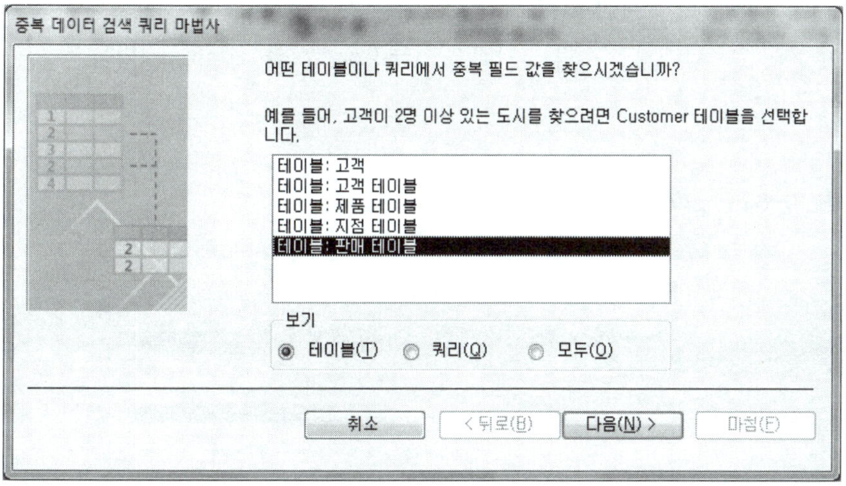

두 번째 단계에서는 중복된 데이터를 검색하고자 하는 필드를 지정한다. 다음 그림에서처럼 복수의 필드를 지정해도 무방하다. 여기에서 지정된 필드는 정렬 기준의 역할을 한다. 다음의 그림에서는 '고객ID' 순으로 정렬한 다음 정렬된 '고객ID' 안에서 '제품ID' 순으로 정렬한다.

그림 10-82 ▌ 중복 데이터 검색 쿼리 마법사 2단계

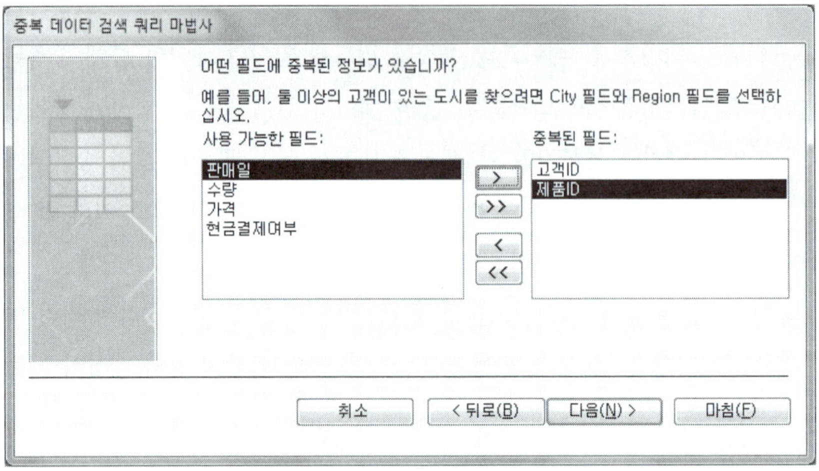

세 번째 단계에서는 중복된 값의 검색 대상 필드와 함께 같이 표시할 필드를 선택한다. 여기에서는 '판매일', '수량', '가격', '현금경제여부'를 선택하고 [다음(N) >]을 클릭한다.

그림 10-83 ▌ 중복 데이터 검색 쿼리 마법사 3단계

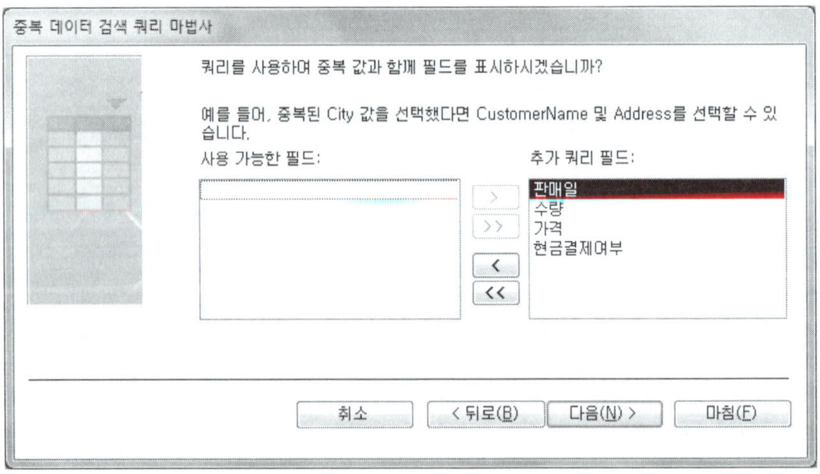

마지막 단계에서는 쿼리 이름을 지정한다. 마법사에서 자동으로 지정되는 이름을 사용해도 무방하다. 쿼리 결과를 보기 위해 [결과 보기(V)]를 선택하고 [마침(F)]을 클릭한다.

그림 10-84 ▌ 중복 데이터 검색 쿼리 마법사 4단계

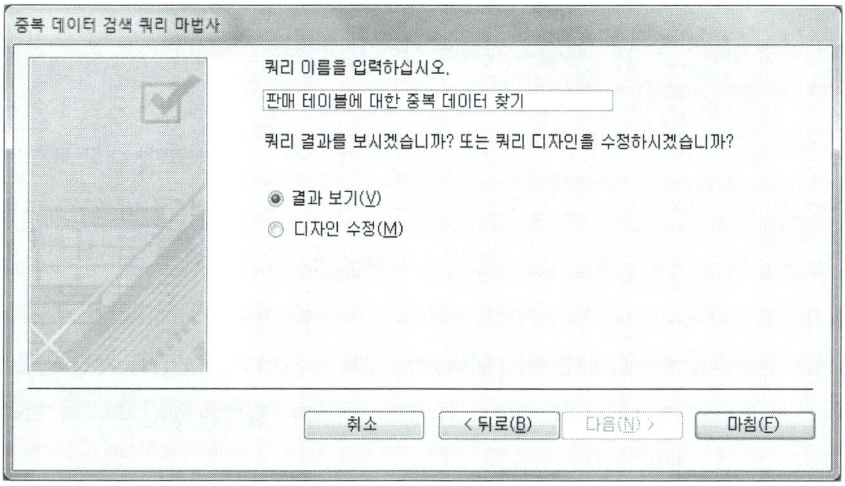

다음 그림은 중복 데이터 검색 쿼리 마법사의 실행 결과를 [데이터시트 보기] 형식으로 보여주고 있다. 중복 데이터 검색 쿼리에서는 중복된 값의 검색 대상 필드가 맨 앞에 위치한다.

그림 10-85 ▌ 중복 데이터 검색 쿼리 마법사 실행 결과

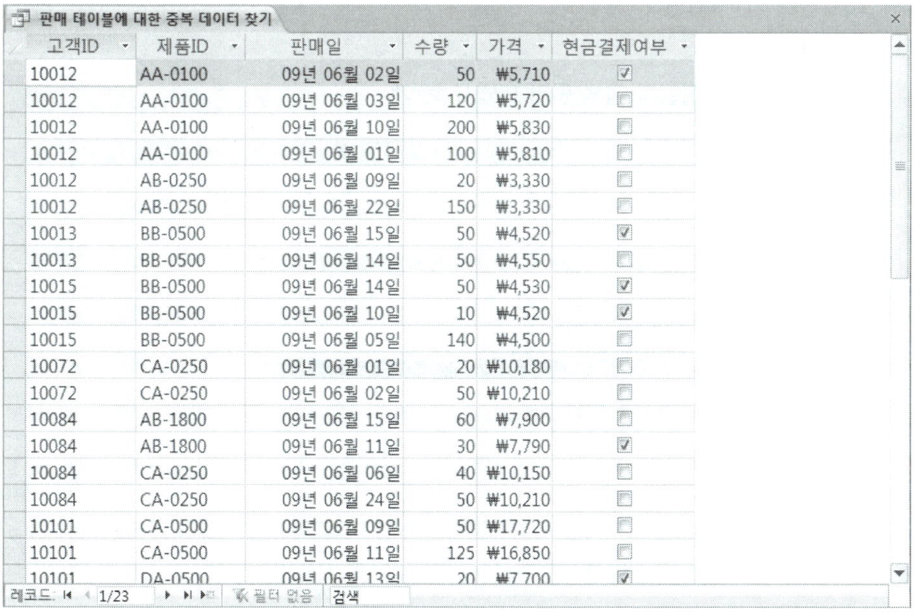

판매 테이블에 대한 중복 데이터 찾기

고객ID	제품ID	판매일	수량	가격	현금결제여부
10012	AA-0100	09년 06월 02일	50	₩5,710	☑
10012	AA-0100	09년 06월 03일	120	₩5,720	☐
10012	AA-0100	09년 06월 10일	200	₩5,830	☐
10012	AA-0100	09년 06월 01일	100	₩5,810	☐
10012	AB-0250	09년 06월 09일	20	₩3,330	☐
10012	AB-0250	09년 06월 22일	150	₩3,330	☐
10013	BB-0500	09년 06월 15일	50	₩4,520	☑
10013	BB-0500	09년 06월 14일	50	₩4,550	☐
10015	BB-0500	09년 06월 14일	50	₩4,530	☑
10015	BB-0500	09년 06월 10일	10	₩4,520	☑
10015	BB-0500	09년 06월 05일	140	₩4,500	☐
10072	CA-0250	09년 06월 01일	20	₩10,180	☐
10072	CA-0250	09년 06월 02일	50	₩10,210	☐
10084	AB-1800	09년 06월 15일	60	₩7,900	☐
10084	AB-1800	09년 06월 11일	30	₩7,790	☑
10084	CA-0250	09년 06월 06일	40	₩10,150	☐
10084	CA-0250	09년 06월 24일	50	₩10,210	☐
10101	CA-0500	09년 06월 09일	50	₩17,720	☐
10101	CA-0500	09년 06월 11일	125	₩16,850	☐
10101	DA-0500	09년 06월 13일	20	₩7,700	☑

레코드: 1/23 필터 없음 검색

다. 불일치 검색 쿼리 마법사

불일치 검색 쿼리는 두 테이블을 비교하여 한쪽 테이블에는 있지만 다른 쪽 테이블에는 없는 레코드를 검색하는 쿼리이다. 불일치 검색 쿼리는 일반적으로 다음과 같은 두 가지 경우에서 많이 사용된다. 하나는 한 테이블에 특정 항목(제품)에 대한 데이터를 저장하고 다른 테이블에 해당 항목과 관련된 데이터(판매)가 저장되어 있을 경우 판매되지 않은 데이터가 무엇인지를 확인하고자 할 경우에 사용된다. 다른 하나는 유사한 데이터를 저장하고 있지만 테이블 이름이 서로 다른 두 개의 테이블을 하나로 통합하려는 경우 두 테이블 중에 어느 한쪽에만 있는 레코드가 무엇인지 확인하고자 할 경우에 사용된다. 불일치 검색 쿼리를 손쉽게 작성하는 방법은 불일치 검색 쿼리 마법사를 이용하는 방법이다.

불일치 검색 쿼리 마법사를 이용하여 아직 판매가 되지 않은 제품이 무엇인지 검색하는 쿼리를 작성해 보자. 다른 쿼리 마법사와 마찬가지로 [새 쿼리] 대화상자에서 [불일치 검색 쿼리 마법사]를 선택하여 시작한다. 첫 번째 단계에서는 일치하지 않는 레코드가 들어 있는 테이블을 선택한다. 여기에서는 '제품 테이블'과 '판매 테이블'에서 판매가 되지 않는 제품을 알고자 하기 때문에 기준이 되는 '제품 테이블'을 선택하고 [다음(N) >]을 클릭한다.

그림 10-86 | 불일치 검색 쿼리 마법사 1단계

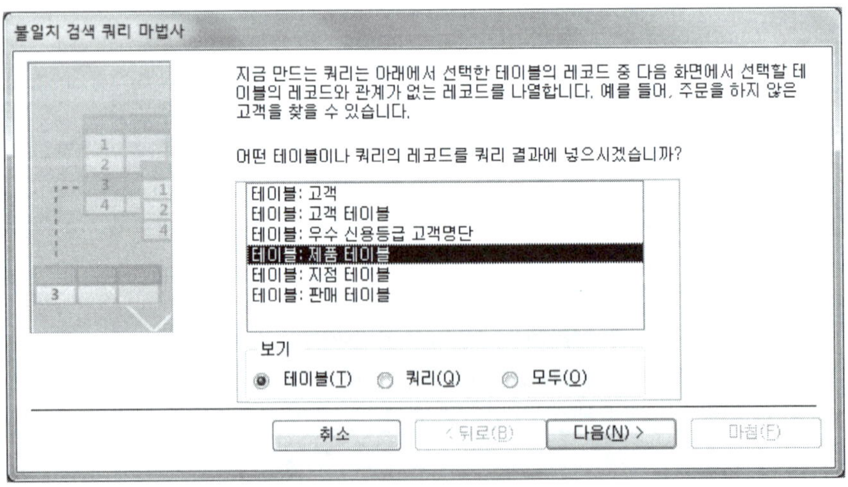

불일치 검색 쿼리 마법사의 두 번째 단계에서는 첫 단계에서 선택한 테이블과 비교할 테이블을 선택한다. 첫 번째 단계에서 '제품 테이블'을 선택했으므로 여기에서는 '판매 테이블'을 선택하고 [다음(N) >]을 클릭한다.

그림 10-87 ▌ 불일치 검색 쿼리 마법사 2단계

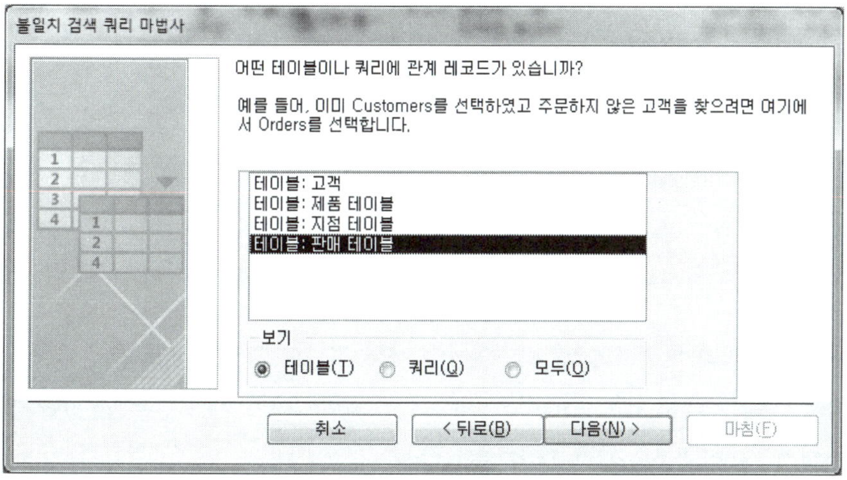

세 번째 단계에서는 두 테이블에서 공통적으로 일치하는 필드를 선택한다. 이때 테이블별로 필드는 하나만 선택할 수 있으며 필드 이름이 서로 다르더라도 필드 속성이 동일하면 문제가 없다. ['제품 테이블'의 필드:]에서는 '제품번호'를 선택하고 ['판매 테이블'의 필드:]에서는 '제품ID'를 선택하고 가운데 일치 단추(<=>)를 클릭한다. 하단의 [일치 필드:]에 선택한 두 필드가 정확하게 지정되었는지 확인하고 [다음(N) >]을 클릭한다.

그림 10-88 ▌ 불일치 검색 쿼리 마법사 3단계

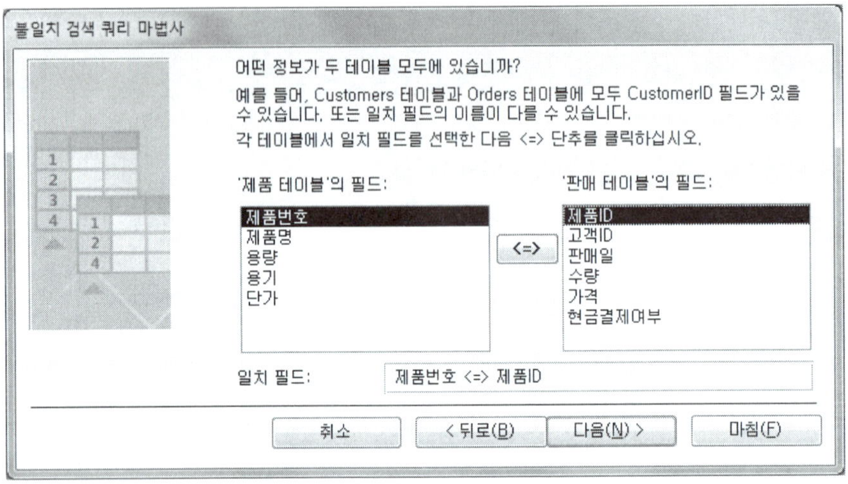

불일치 검색 쿼리 마법사의 네 번째 단계에서는 결과로 표시할 필드를 선택한다. [사용 가능한 필드:]에서 표시하고 싶은 필드를 선택하고 필드 이동 단추(>)를 클릭해 [선택한 필드:]로 이동시킨 후 [다음(N) >]을 클릭한다.

그림 10-89 ▌ 불일치 검색 쿼리 마법사 4단계

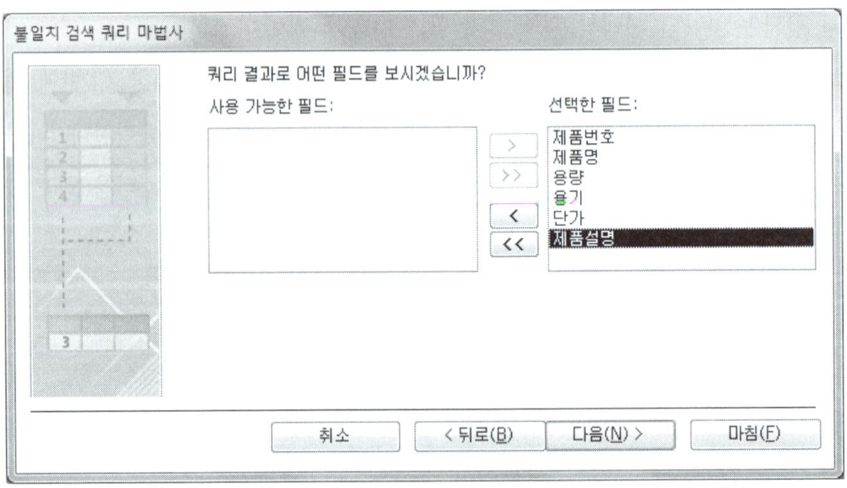

마지막 단계에서는 쿼리 이름을 지정한다. 마법사에서 자동으로 지정되는 이름을 사용해도 무방하다. [결과 보기(V)]를 선택하고 [마침(F)]을 클릭한다.

그림 10-90 ▌ 불일치 검색 쿼리 마법사 5단계

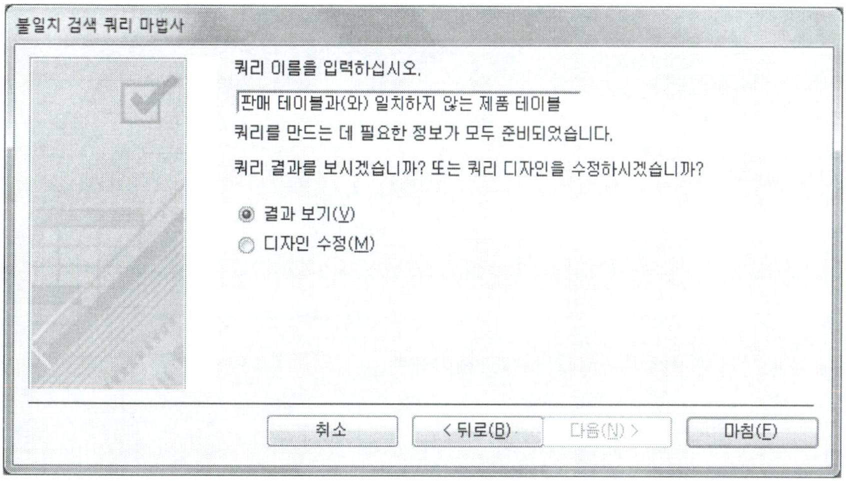

다음 그림은 불일치 검색 쿼리 마법사의 실행 결과를 [데이터시트 보기] 형식으로 보여주고 있다. 다음 결과에서처럼 두 개의 제품이 아직 판매되지 않은 것으로 나타났다.

그림 10-91 ▌ 불일치 검색 쿼리 마법사 실행 결과

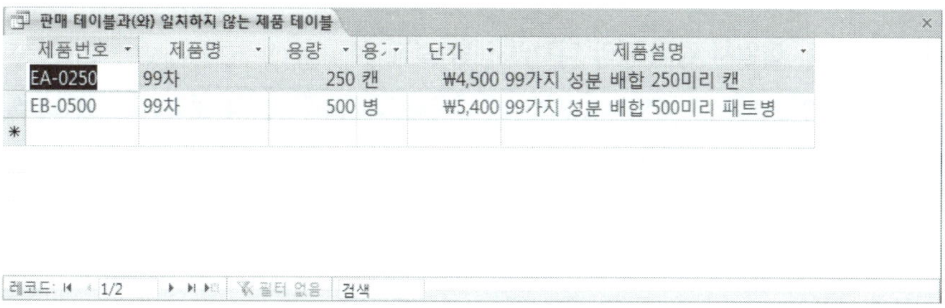

지금까지의 작업을 불일치 검색 쿼리 마법사가 아닌 [쿼리 디자인] 창을 통해 사용자가 직접 작성할 수도 있다. 다음 그림은 구매 내역이 없는 고객을 검색하기 위한 [쿼리 디자인] 창을 보여준다. 불일치 검색 쿼리에서 가장 중요한 부분은 두 테이블 간의 조인 속성이 다음 그림과 같이 외부 조인으로 설정되어야 한다는 것이다.

그림 10-92 ▍ 불일치 검색 쿼리 디자인 창

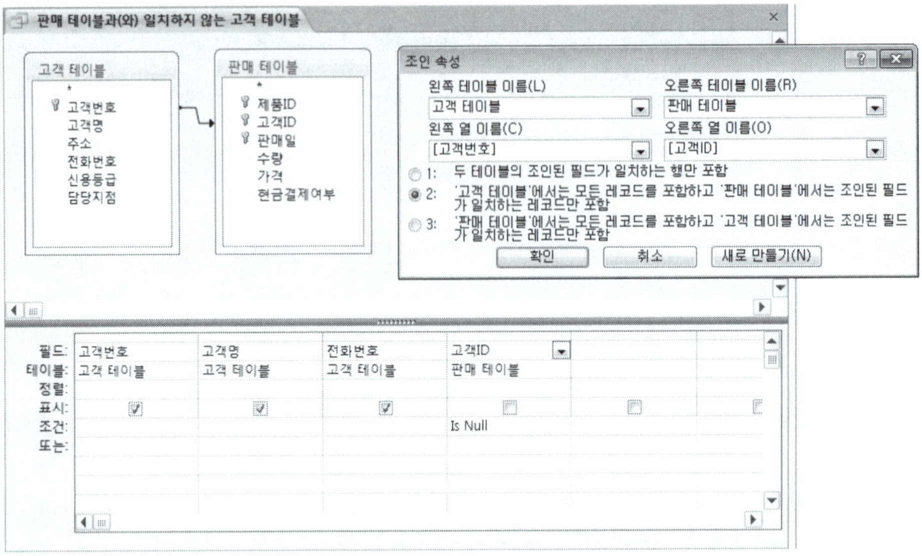

다음 그림은 [쿼리 디자인]을 통해 작성한 불일치 검색 쿼리의 실행 결과를 [데이터시트 보기] 형식으로 보여주고 있다. 다음 결과에서처럼 한 고객이 구매 내역이 없는 것으로 나타났다.

그림 10-93 ▍ 불일치 검색 쿼리 디자인 실행 결과

연·습·문·제

01. 제8장의 연습문제 1번을 참고하여 다음의 쿼리를 작성하시오.

(1) '경영정보시스템' 과목을 강의하는 교수의 이름만을 검색하는 쿼리를 작성하시오.

(2) '회계학' 전공 학생들 중에서 '경영정보처리' 과목의 성적이 '90점 이상'인 학생의 이름만을 검색하는 쿼리를 작성하시오.

(3) '과목구분'별로 수강생의 수가 '수강인원'이라는 필드 이름으로 나타나는 쿼리를 작성하시오([쿼리 도구]의 [디자인] 탭에서 [Σ 요약]을 활용).

(4) 교수별 담당 과목의 평균점수를 크로스탭 쿼리로 작성하시오.

(5) '학생' 테이블의 모든 필드를 포함하는 휴학생(한 과목도 수강하지 않은 학생) 명단을 불일치 검색 쿼리 마법사를 이용하여 작성하시오.

(6) 전공별로 학생의 '학번', '이름', '이메일주소'를 검색할 수 있는 매개 변수 쿼리를 작성하시오. 매개 변수 값 입력 창에 '전공을 입력하시오'라는 메시지가 나타나게 하시오.

(7) 학점이 'A'인 학생의 '학번', '이름', '전공', '과목이름', '점수'를 포함한 새로운 테이블을 만드는 쿼리를 작성하시오. 새 테이블의 이름은 '우등생명단'이라고 하시오.

02. 제8장의 연습문제 2번을 참고하여 다음의 쿼리를 작성하시오.

(1) 사고가 발생하지 않은 차량의 '상품번호'를 검색하는 쿼리를 작성하시오.

(2) 주행거리가 '100,000킬로미터 이하'이거나 구입가가 '5,000,000원 이하'인 차량의 '상품번호', '주행거리', '구입가'를 주행거리가 많은 순서로 검색하는 쿼리를 작성하시오.

(3) '부산'에 거주하는 고객의 이름과 주소를 검색하는 쿼리를 작성하시오.

(4) 변속기가 '자동'이면서 사고가 없었던 차량의 '상품번호'를 검색하는 쿼리를 작성하시오.

(5) 아직 팔리지 않은 차의 '상품번호', '차종', '제조사', '모델', '구입가'를 검색하는 쿼리를 불일치 검색 쿼리 마법사를 이용하여 작성하시오.

(6) 위의 문제에서 작성한 쿼리를 이용하여 아직 팔리지 않은 차 중에서 차종이 '승합차'인 상품만 검색하는 쿼리를 작성하시오.

(7) 두 번 이상 구매한 고객의 '고객번호', '고객이름', '주소', '전화번호', '이메일'과 함께 구매횟수를 검색하는 쿼리를 작성하시오. [쿼리 도구]의 [디자인] 탭에서 [Σ 요약]을 이용하여 구매횟수를 나타내는 필드를 추가하고 필드 이름을 '구매횟수'라고 한다.

(8) 위의 (7)번 문제에서 작성한 쿼리의 검색 결과를 '우수고객'이라는 테이블로 만드는 쿼리를 작성하시오.

(9) '직원이름', '고객이름', '제조사', '모델', '등급', '실판매가'를 검색하는 쿼리를 작성하시오.

(10) 직원별로 수당의 합계를 계산하는 쿼리를 작성하시오. 수당은 실판매가의 5%이며, 수당의 합계를 '수당합계'라는 필드이름으로 표시하시오.

03. 제8장의 연습문제 3번을 참고하여 다음의 쿼리를 작성하시오.

(1) '수영' 종목의 '종목번호'와 '수강료'를 검색하는 쿼리를 작성하시오.

(2) 회원등급이 '우수'인 회원의 이름과 수강하는 종목의 이름을 검색하는 쿼리를 작성하시오.

(3) '회원' 테이블에서 회원의 등급이 '신규'인 회원만을 따로 모아서 '신규회원'이라는 새로운 테이블을 만드는 쿼리를 작성하시오.

(4) 두 종목 이상 담당하는 강사의 이름을 검색하는 쿼리를 작성하시오.

(5) '강사이름'별로 '종목이름'별 '수강료'와 수강생의 수를 계산하는 쿼리를 작성하시오.

(6) 강사별로 수강생의 수를 검색하는 쿼리를 작성하되 수강생의 수가 많은 순서로 나타나게 하시오.

(7) '종목이름'을 행으로 '강사이름'을 열로 하여 수강생의 수를 검색하는 쿼리를 크로스탭 쿼리로 작성하시오.

Chapter 11

보고서 만들기

1. 보고서 만들기 개요
2. 보고서 마법사를 이용한 보고서 만들기
3. 보고서 디자인을 이용한 보고서 만들기
4. 보고서 도구를 이용한 보고서 만들기
5. 새 보고서를 이용한 보고서 만들기
6. 레이블 마법사
7. 조건부 서식 만들기
8. 하위 보고서 만들기
9. 스위치보드 만들기

Chapter 11 보고서 만들기

폼이 입력, 조회, 갱신을 위한 사용자 인터페이스라면, 보고서는 데이터베이스에 저장된 정보를 요약 또는 그룹화하여 출력하기에 편리한 형식으로 나타낸다. 데이터시트나 폼에서 직접 인쇄 명령을 통해 출력할 수도 있지만, 이들을 보다 다양한 형태로 출력하기 위해서는 보고서를 사용하는 것이 좋다. 예를 들어 고객 등급별, 지점별, 제품별로 그룹화 또는 정렬하여 보기를 원한다거나, 판매 수량이나 판매 금액에 대한 그룹별 합계나 평균을 구하여 출력하거나, 사용자가 보기 편한 형태로 필드를 재배치하고자 한다면 보고서를 사용하여 원하는 형태의 인쇄물을 작성할 수 있다.

보고서를 만드는 방법은 폼을 디자인하는 방법과 유사하지만 보고서에서는 데이터 입력이나 추가, 삭제 등이 불가능하다. 보고서는 폼과 마찬가지로 [보고서 디자인]을 이용하여 수동으로 만드는 방법과 [보고서 마법사]를 이용하여 자동으로 만드는 방법이 있다. 보고서를 작성할 때에는 데이터 원본으로 테이블이나 쿼리를 연결하여 보고서를 작성할 수 있다. 테이블을 연결하여 보고서를 작성하는 경우, 테이블에 들어 있는 모든 자료가 검색되어 나타나는 반면, 쿼리를 연결하여 보고서를 작성하는 경우에는 사용자가 먼저 원하는 데이터를 검색한 후 만들어진 쿼리를 보고서에 연결시키므로 더 정교한 자료를 출력할 수 있다.

1 보고서 만들기 개요

액세스에서는 보고서를 작성하는 여러 가지 방법을 지원한다. [만들기] 탭의 [보고서] 그룹에서 [보고서], [보고서 디자인], [새 보고서], [보고서 마법사], [레이블], [업무 문서 양식 마법사], [우편 엽서 마법사] 등 다양한 방법을 이용해 보고서를 만들 수 있다.

그림 11-1 ▌ 보고서 만들기 메뉴

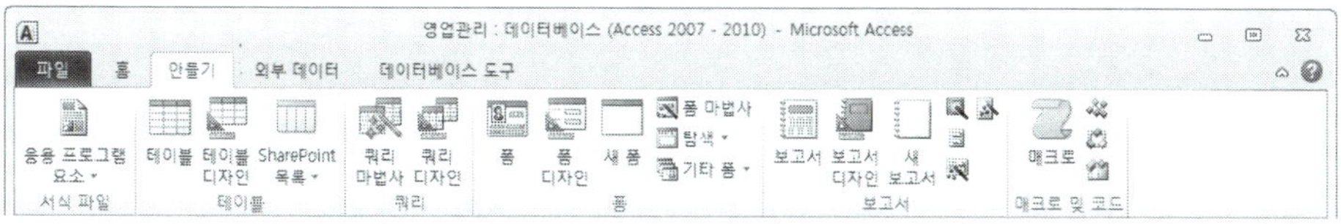

[보고서 마법사]는 보고서 작성을 정해진 순서에 따라 손쉽게 만들 수 있도록 도와주며, [보고서]는 사용자가 선택한 테이블/쿼리를 이용해 보고서를 자동으로 즉시 만들어 준다. [보고서 디자인]은 다양한 종류의 컨트롤을 사용하여 사용자가 원하는 형태의 보고서를 만들 수 있으며, [새 보고서]는 필드 목록에서 원하는 필드를 선택하여 단지 드래그나 더블클릭만으로 손쉽게 보고서를 만들 수 있다. 그리고 [레이블], [업무 문서 양식 마법사], [우편 엽서 마법사] 등을 이용하여 실무에서 자주 활용되는 형식으로 보고서를 작성할 수도 있다.

보고서를 작성하는 여러 방법 중 어느 한 가지 방법만을 사용하기보다는 [보고서 마법사]를 이용하여 보고서를 작성한 후 디자인 보기에서 필드나 컨트롤을 추가하거나 수정하는 방식을 사용하는 것을 권장한다. 이상에서 설명한 보고서를 작성하는 방법을 정리하면 다음의 표 11-1과 같다.

▌표 11-1 ▌ 보고서 작성 방법

형식	설명
보고서	먼저 테이블이나 쿼리를 선택하고 한 번의 클릭만으로 보고서 양식에 맞추어 자동으로 보고서를 만들 수 있다.
보고서 디자인	[디자인 보기]의 빈 영역에 사용자가 직접적으로 테이블이나 쿼리의 필드를 본문 영역에 드래그하거나, 더블클릭하여 보고서를 만들 수 있다.
새 보고서	[레이아웃 보기]의 빈 영역에 사용자가 직접적으로 테이블이나 쿼리의 필드를 본문 영역에 드래그하거나, 더블클릭하여 보고서를 만들 수 있다.
보고서 마법사	[보고서 마법사] 대화상자를 이용하여 정해진 절차에 따라 보고서를 만드는 방식으로 특정 필드를 기준으로 그룹화, 정렬, 모양, 용지 방향 등을 설정할 수 있다.
레이블	[레이블 마법사] 대화상자를 이용하여 우편봉투에 사용될 주소 레이블을 만들 수 있다.
업무 문서 양식 마법사	[업무 양식 마법사] 대화상자를 이용하여 거래명세서나 세금계산서와 같은 업무 양식을 만들 수 있다.
우편 엽서 마법사	[우편 엽서 마법사] 대화상자를 이용하여 우편엽서를 만들 수 있다.

2 보고서 마법사를 이용한 보고서 만들기

보고서 마법사는 정해진 절차에 따라 보고서를 만들어 주는 기능으로 필드의 그룹 수준과 정렬 기준 등을 지정하면 원하는 형태의 보고서를 간단히 만들 수 있다. 필요에 따라 디자인 보기를 통하여 레이아웃을 수정할 수 있으므로 마법사 기능과 디자인 보기 기능을 상호보완적으로 사용할 수 있다. 보고서 마법사의 형태는 앞서 언급한 폼 만들기의 마법사 기능과 동일하며, 단지 보고서의 형태이므로 레코드에 대한 정렬 순서를 지정할 수 있다는 점이 다르다.

고객에 대한 데이터를 담당지점별로 그룹화하고 그룹 내에서 고객명을 기준으로 오름차순으로 정렬하여 출력하는 보고서를 작성하는 예제를 살펴보자. 보고서 마법사를 시작하는 방법은 [만들기] 탭의 [보고서] 그룹에서 [보고서 마법사]를 클릭한다. [보고서 마법사]의 첫 번째 단계에서는 데이터 원본으로 사용될 테이블이나 쿼리를 선택한다. [테이블/쿼리(T)]에서 데이터 원본으로 사용할 테이블 또는 쿼리를 선택하고, 필드 이동 단추(> 또는 >>)를 클릭하여 사용하고자 하는 필드들을 [사용 가능한 필드(A):]에서 [선택한 필드(S):]로 이동시킨다.

그림 11-2 ▌ 보고서 마법사의 1단계

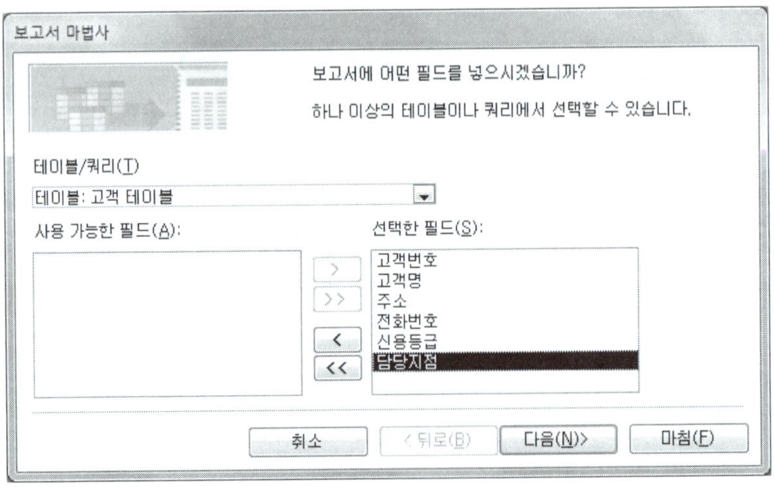

[보고서 마법사]의 두 번째 단계에서는 다음 그림과 같이 보고서 그룹 수준을 지정한다. 그룹수준으로 '담당지점' 필드를 선택하고 [>]을 클릭하면 다음 그림과 같이 '담당지점'과 나머지 필드들이 구분된다.

그림 11-3 ▌ 보고서 마법사 2단계 - 단일 그룹 지정

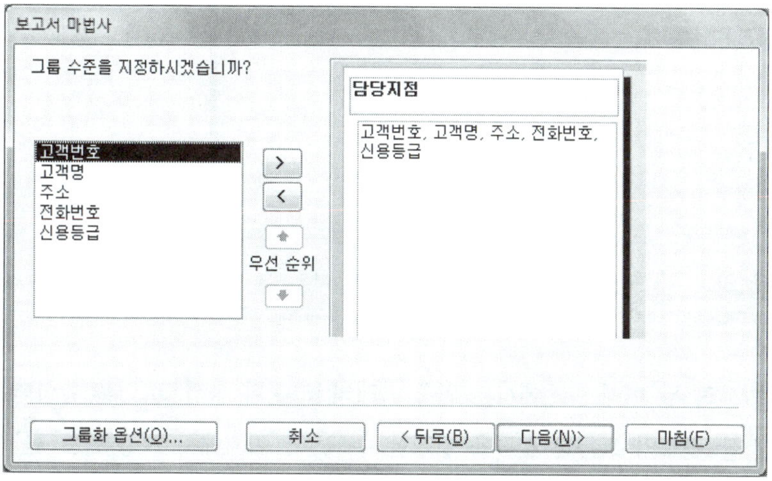

어떤 필드를 기준으로 그룹 수준을 지정하느냐에 따라서 보고서의 형태는 달라지며 그룹 수준 지정은 하나의 필드뿐만 아니라 여러 필드에도 지정할 수도 있다. 즉, '담당지점' 필드를 그룹 수준으로 지정할 경우 담당지점별로 그룹화되고 그룹 안에 나머지 필드들이 출력되며, '신용등급' 필드를 그룹 수준으로 지정할 경우 신용등급별로 그룹화되고 그룹 안에 나머지 필드들이 출력된다. 담당지점별 신용등급에 따라 그룹화할 경우, 먼저 '담당지점' 필드를 그룹 필드로 지정하고 그 다음에 '신용등급' 필드를 그룹 필드로 지정하면 된다. 다음 그림은 '담당지점'과 '신용등급' 필드를 그룹 수준으로 지정한 화면을 보여준다. 그룹 수준을 위해 이미 지정된 필드의 우선순위를 변경하려면 대화상자의 가운데 있는 [우선순위([▲] [▼])] 단추를 클릭하여 변경할 수 있다.

본 예제에서는 '담당지점' 필드에 대해서만 그룹으로 지정하여 표시하고자 한다. 이를 위해 [<]을 클릭하면 그림 11-3과 같이 '담당지점'에 대해서만 그룹으로 지정된다.

그림 11-4 ▌ 보고서 마법사의 2단계 - 복수의 그룹 수준 지정

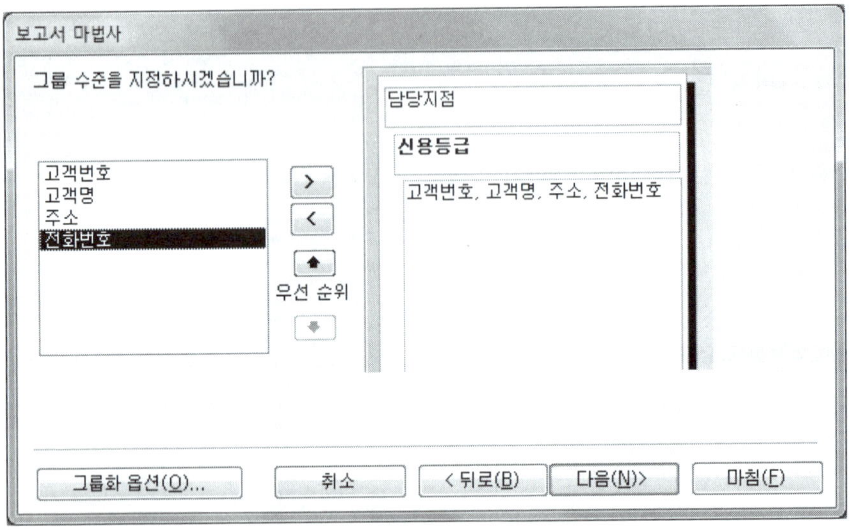

보고서 마법사의 두 번째 단계에서는 왼쪽 아래의 [그룹화 옵션(O)...]을 클릭하여 그룹으로 지정할 필드의 그룹화 간격을 지정할 수 있다. 여기에서 지정하는 그룹화 간격은 그룹 수준 필드의 데이터 형식(텍스트, 날짜, 숫자 등)에 따라 다르게 표시되는데 그룹 필드가 텍스트 형식이라면 몇 번째 문자까지 그룹화 할 것인지, 날짜 형식이라면 간격을 연도 간격으로 할 것인지 아니면 월 간격으로 할 것인지 등을 설정하는 옵션이다. 예를 들어 텍스트 형식의 경우 필드에 포함된 데이터의 첫 문자를 기준으로 혹은 앞의 2문자를 기준으로 그룹화할 수 있으며, 날짜/시간 형식의 경우 필드에 포함된 데이터의 년도를 기준으로 혹은 분기, 월, 주, 일, 시, 분 등을 기준으로 그룹화할 수 있으며, 숫자 형식의 경우 필드에 포함된 데이터를 10단위로 혹은 50, 100, 500, 1,000 등의 단위로 그룹화할 수 있다. 본 예제에서는 '담당지점' 필드에 대한 그룹화 간격을 설정하지 않도록 한다.

그림 11-5 ▌ 그룹화 간격 지정

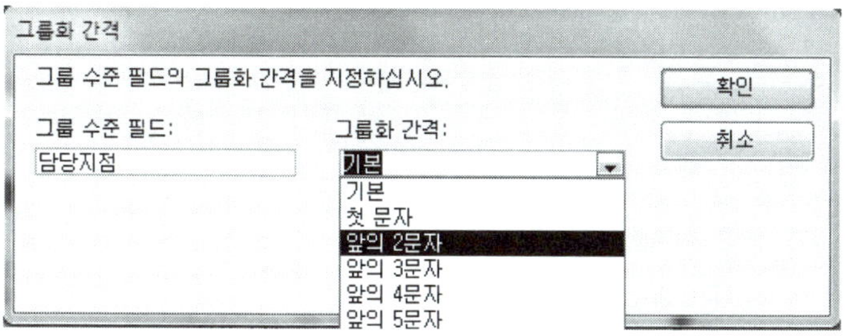

보고서 마법사의 세 번째 단계에서는 레코드를 정렬하기 위해 정렬 기준이 되는 필드를 선택하는 단계이다. 정렬을 위해 최대 4개의 필드를 선택할 수 있다. 드롭다운 단추를 클릭해 정렬 기준이 되는 '고객명' 필드를 선택한다. 오른쪽의 [오름차순] 단추는 클릭할 때마다 [오름차순]과 [내림차순]으로 번갈아 바뀐다.

그림 11-6 ▌ 보고서 마법사의 3단계

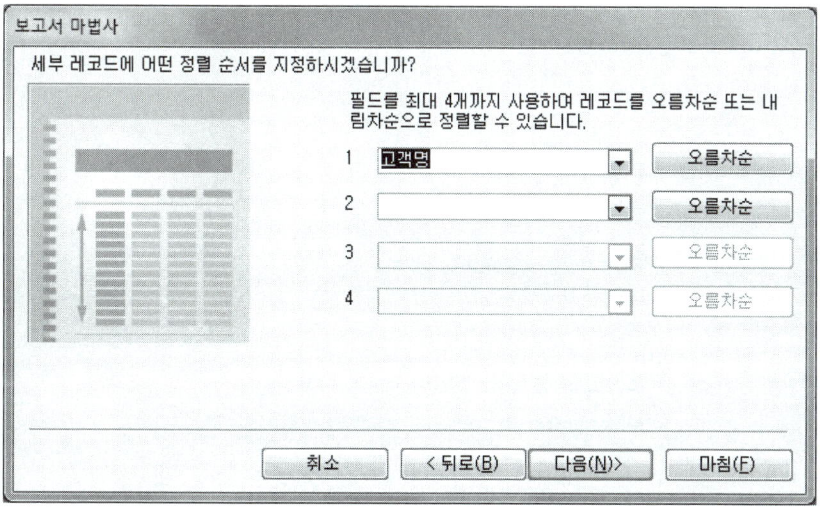

보고서 마법사의 네 번째 단계에서는 아래 그림과 같이 보고서의 형태를 지정하는 단계이다. 보고서의 모양과 용지방향을 선택하여 사용자가 원하는 스타일의 모양으로 보고서를 만들 수 있다. 이 대화상자의 오른쪽 아래에 있는 [모든 필드가 한 페이지에 들어가도록 필드 너비 조정(W)]을 선택하면 보고서의 전체 폭에 맞추어 필드 크기가 자동으로 조절된다.

그림 11-7 ▌ 보고서 마법사의 4단계

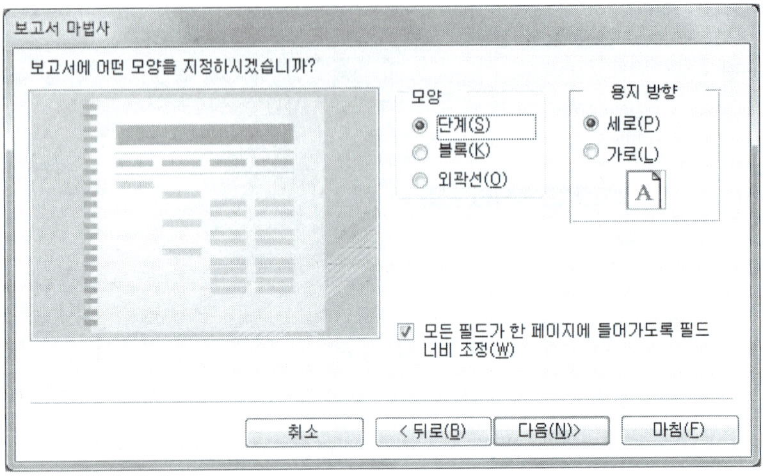

보고서 마법사의 다섯 번째 단계에서는 보고서의 제목을 지정하는 단계이다. 여기에서 입력하는 제목은 보고서의 첫 페이지 상단에 나타날 뿐만 아니라 보고서를 저장할 때 이름으로도 사용된다. 그리고 [보고서 미리 보기(P)]를 선택하고 [마침(F)]을 클릭한다.

그림 11-8 ▌ 보고서 마법사의 5단계

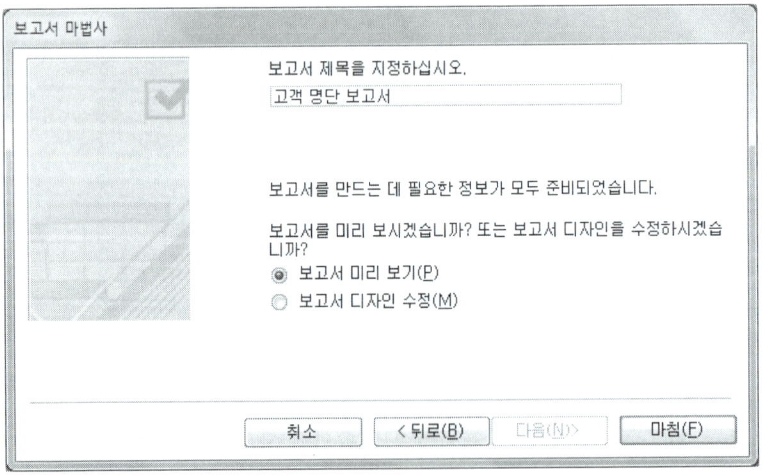

다음 그림은 지금까지 작업한 내용을 보고서의 이름과 함께 담당지점별로 그룹화된 결과를 [인쇄 미리 보기] 형식으로 보여준다.

그림 11-9 ▌ 보고서 마법사 실행 결과

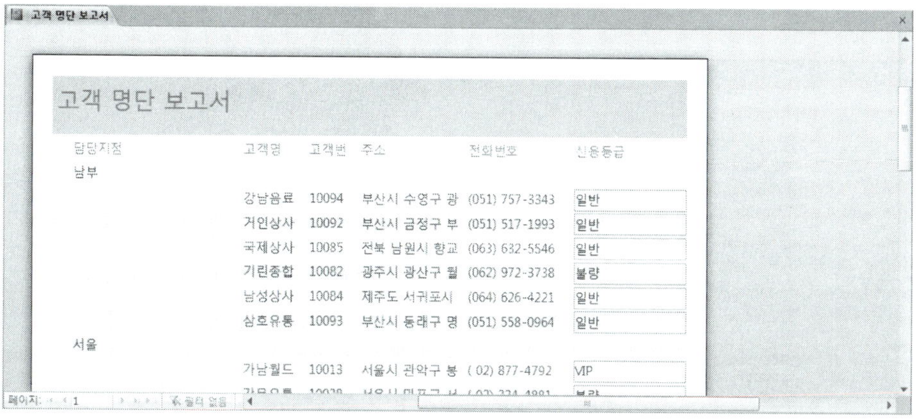

만약 보고서의 형태를 수정해야 할 필요가 있다면 [홈] 탭의 [보기] 그룹에서 [보기]의 [디자인 보기(D)]를 클릭하여 다음 그림과 같은 [디자인 보기] 창에서 수정할 수 있다.

그림 11-10 ▌ 보고서 마법사 실행 결과의 디자인 보기

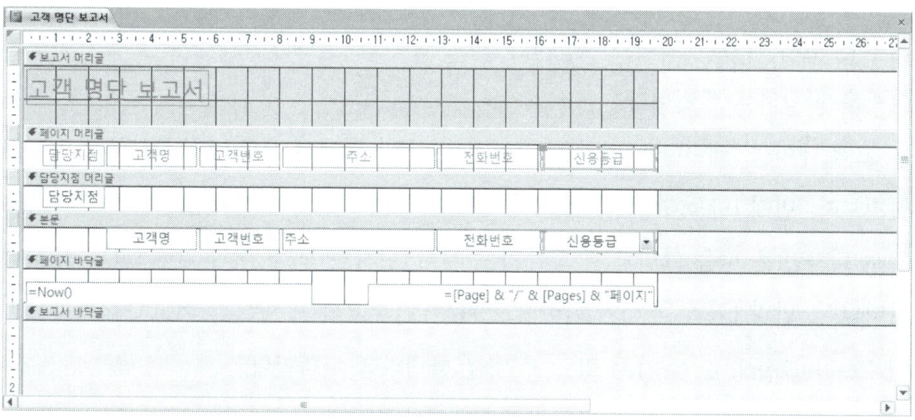

[홈] 탭의 [보기] 그룹에서 [보기]의 [레이아웃 보기(Y)]를 클릭하면 보다 편리한 방법으로 레이블과 컨트롤의 크기를 조절할 수 있을 뿐만 아니라 다양한 서식을 적용할 수 있다. 그리고 로고, 제목, 페이지 번호, 날짜 및 시간 등을 보고서에 쉽게 추가할 수도 있다.

그림 11-11 ▌ 보고서 마법사 실행 결과의 레이아웃 보기

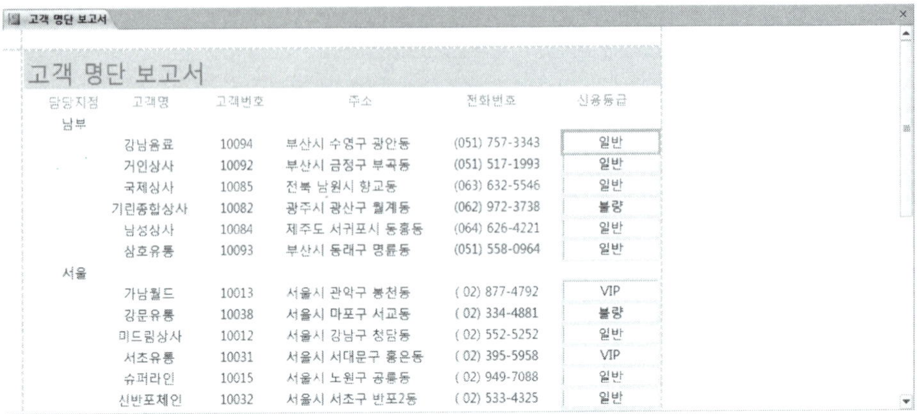

3 보고서 디자인을 이용한 보고서 만들기

보고서의 [보고서 디자인] 작업 환경은 폼의 [폼 디자인]과 거의 유사하며 보고서를 작성하는 방식도 폼을 작성하는 방법과 거의 유사하다. 즉, [폼 디자인] 방법과 마찬가지로 [보고서 디자인] 방법도 사용자가 [필드 목록]과 [컨트롤 도구상자]를 이용해서 보고서를 작성하는 방법이다.

'고객 테이블' 테이블을 기초로 [보고서 디자인] 창에서 보고서를 작성하는 예제를 살펴보자. 먼저 [만들기] 탭의 [보고서] 그룹에서 [보고서 디자인]을 클릭한다. [보고서 디자인]은 다음 그림과 같이 격자 무늬의 [디자인 보기] 창과 함께 [필드 목록]이 나타난다. 만약 [필드 목록]이 나타나지 않으면 [보고서 디자인 도구]의 [디자인] 탭에서 [도구] 그룹의 [기존 필드 추가]를 클릭하면 나타난다.

그림 11-12 ▌ 디자인 보기 창과 필드 목록

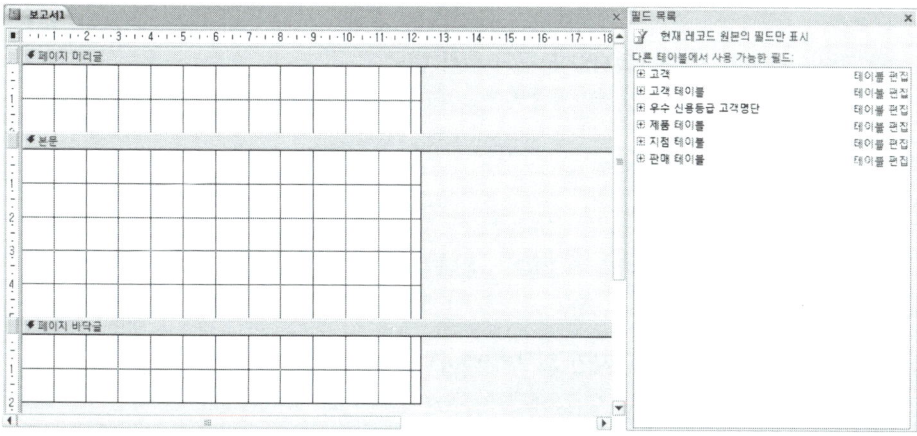

[디자인 보기] 창과 더불어 상위 주 메뉴에 [보고서 디자인 도구]의 [디자인], [정렬], [형식], [페이지 설정] 탭이 나타난다. [보고서 디자인]을 이용해 보고서를 작성하는 경우에는 [보고서 디자인 도구]의 네 가지 탭에 포함되어 있는 기능들을 잘 숙지할 필요가 있다. [디자인] 탭은 아래 그림과 같이 [보기], [테마], [그룹화 및 요약], [컨트롤], [머리글/바닥글], [도구] 그룹으로 구성된다.

그림 11-13 ▌ 보고서 디자인 도구의 디자인 탭

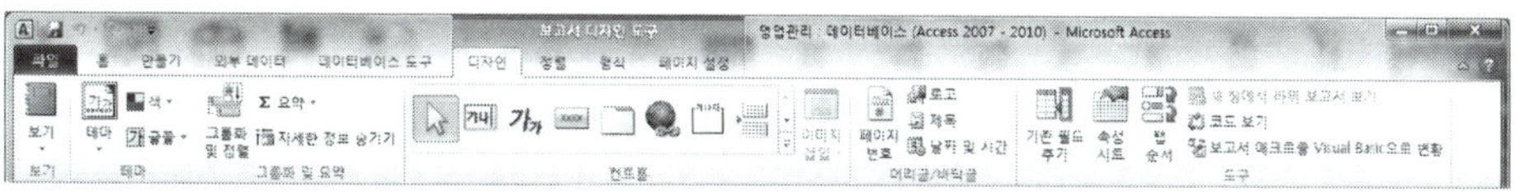

[정렬] 탭은 [표], [행 및 열], [병합/분할], [이동], [위치], [크기 및 순서 조정] 그룹으로 구성된다.

그림 11-14 ▌ 보고서 디자인 도구의 정렬 탭

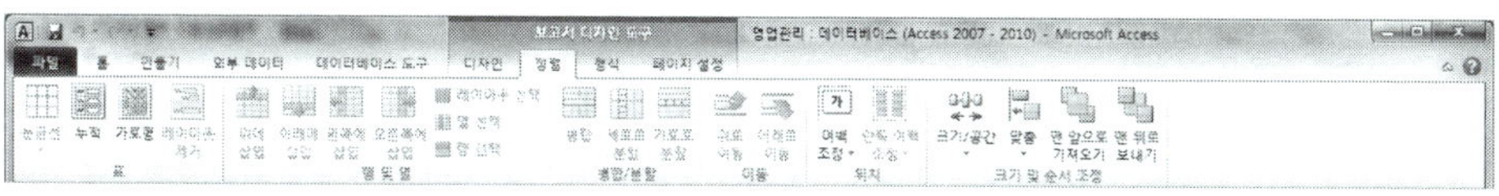

[형식] 탭은 아래 그림처럼 [선택 영역], [글꼴], [표시 형식], [배경], [컨트롤 서식] 그

룹으로 구성된다.

그림 11-15 ▌ 보고서 디자인 도구의 형식 탭

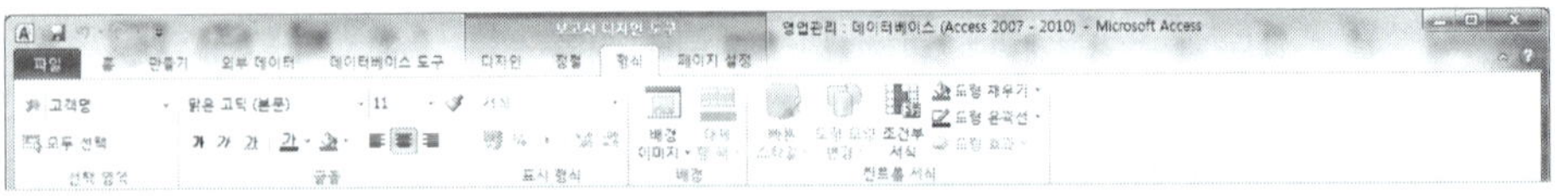

[페이지 설정] 탭은 [페이지 크기]와 [페이지 레이아웃] 그룹으로 구성된다.

그림 11-16 ▌ 보고서 디자인 도구의 페이지 설정 탭

[보고서 디자인 도구]의 네 가지 탭 중에 가장 많이 활용되는 탭은 [디자인] 탭이다. [디자인] 탭의 [그룹화 및 요약] 그룹에서는 특정 필드를 기준으로 그룹화하거나 오름차순이나 내림차순으로 정렬할 수 있고, [컨트롤] 그룹에서는 보고서에 여러 가지 기능들을 추가할 수 있는 컨트롤 도구들을 모아 놓았으며, [머리글/바닥글] 그룹에서는 페이지 번호, 제목, 날짜 및 시간을 표시할 수 있으며, [도구] 그룹에서는 [보고서 디자인] 창에 포함할 수 있는 각 테이블의 모든 필드를 보여주는 [기존 필드 추가]와 보고서의 세부적인 속성을 설정할 수 있는 [속성 시트]로 구성된다.

가. 보고서 창의 구성

[디자인 보기] 창은 기본적으로 보고서 머리글, 보고서 바닥글, 페이지 머리글, 페이지 바닥글, 본문 등 다섯 영역으로 나누어진다. [디자인 보기] 창을 열면 페이지 머리글, 본문, 페이지 바닥글만 표시되므로 필요에 따라 다음 그림과 같이 격자 무늬로 표시된 보고서 디자인 영역에서 마우스 오른쪽 버튼을 클릭하여 나타난 바로가기 메뉴에서 [페이지 머리글/바닥글(A)] 또는 [보고서 머리글/바닥글(H)]을 클릭하여 표시하거나 숨길 수 있다.

그림 11-17 ▌ 페이지 머리글/바닥글 및 보고서 머리글/바닥글 선택

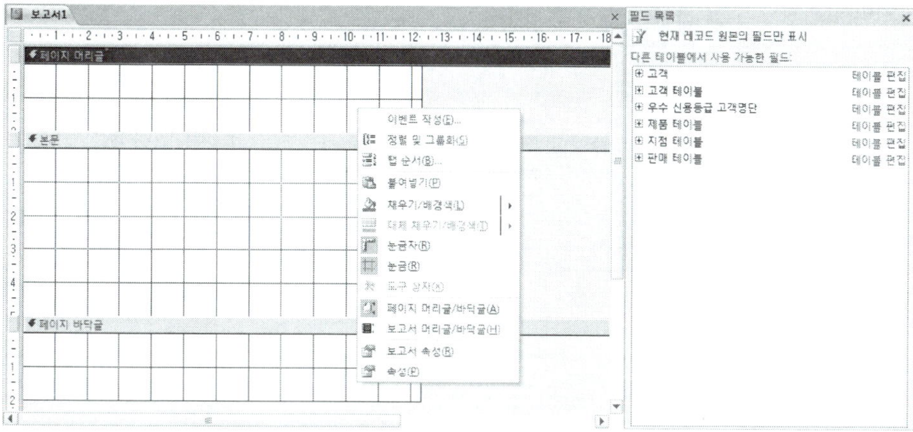

[보고서 머리글]에는 보고서 제목이나 로고 및 날짜 등과 같이 보고서 전체에 대해 설명하는 정보를 입력하는데, 이 정보는 인쇄 미리 보기( ) 상태에서 첫 페이지 상단에 한 번만 표시된다. [페이지 머리글]에는 모든 페이지의 상단에 동일하게 표시되는 정보를 입력하는데, 주로 필드의 이름을 입력하여 모든 페이지에 반복적으로 표시하기 위해 사용한다.

[본문]에는 테이블/쿼리에서 가져온 레코드 원본의 모든 행들이 표시되며, 보고서의 본문을 구성하는 여러 가지 컨트롤을 여기에 추가한다. [페이지 바닥글]에는 주로 페이지 번호나 날짜와 같은 정보를 입력하며, 페이지 머리글과 마찬가지로 모든 페이지의 하단에 동일하게 표시된다. [보고서 바닥글]에는 총합계와 같은 보고서 전체에 대한 요약 정보를 입력하는데, 보고서 머리글과 마찬가지로 마지막 페이지 하단에 한 번만 표시된다. 다음의 표 11-2는 보고서 영역의 종류와 용도를 설명한다.

▌표 11-2 ▌ 보고서 영역의 종류와 용도

구역 이름	용도
보고서 머리글	출력되는 보고서의 첫 페이지 상단에 한 번만 표시되며, 주로 보고서 제목, 로고, 날짜 등을 삽입된다.
페이지 머리글	모든 페이지의 상단에 동일하게 표시되는 정보를 입력한다. 즉, 출력물이 10쪽일 경우 페이지 머리글은 10번 출력된다.
본문	보고서에서 데이터가 반복적으로 표시되는 부분이다.

페이지 바닥글	페이지 머리글과 마찬가지로 모든 페이지의 하단에 동일하게 표시 된다. 주로 날짜나 페이지 번호를 입력한다.
보고서 바닥글	보고서 머리글과 마찬가지로 마지막 페이지 하단에 한 번만 표시되며, 합계나 평균과 같은 보고서 요약 등의 정보를 입력한다.
그룹 머리글	레코드를 그룹화한 경우 각 그룹 상단에 표시되는 정보를 입력한다. 일반적으로 그룹 이름을 표시하는 경우에 사용한다.
그룹 바닥글	레코드를 그룹화한 경우 각 그룹의 하단에 표시되는 정보를 입력한다. 그룹에 대한 합계나 평균과 같은 요약 정보를 표시하는 경우에 사용한다.

나. 필드추가

[디자인 보기]를 이용한 보고서 작성에 있어 가장 기본적인 작업은 [디자인 보기] 창에 필드를 추가하는 것이다. 다음 그림과 같은 [필드 목록](Alt+F8)을 이용하면 보다 간편한 방법으로 [디자인 보기] 창에 필요한 필드를 추가할 수 있다.

그림 11-18 필드 목록

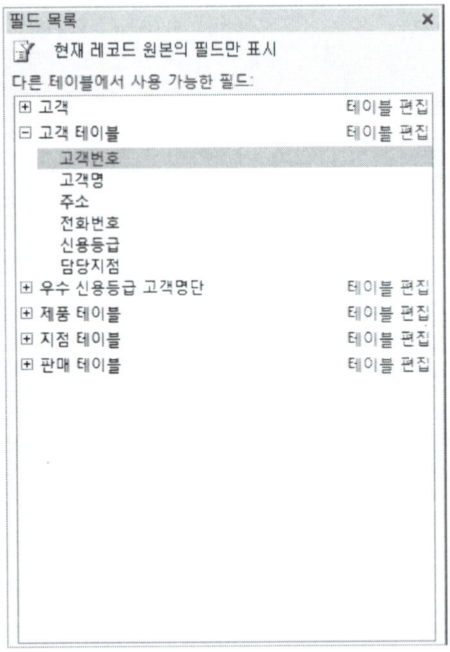

다음 그림과 같이 오른쪽의 [필드 목록]에서 '고객 테이블' 이름 앞의 ⊞를 클릭하여 추가할 필드를 확인한 후 '고객번호', '고객명', '주소', '전화번호', '신용등급', '담당지점' 필드를 [디자인 보기] 창의 [본문] 영역으로 드래그하거나 더블클릭하여 추가한다.

그림 11-19 ▌ 보고서 디자인 창에 필드 추가

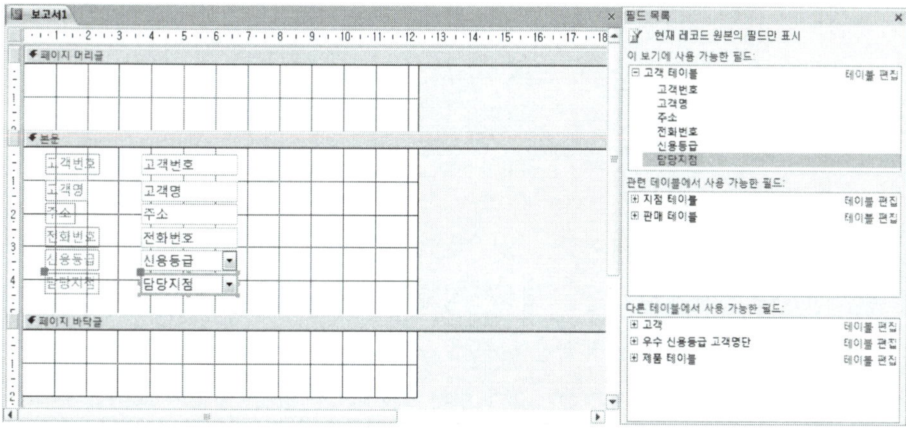

위의 그림과 같이 [본문] 영역에 추가된 필드는 필드 이름을 나타내는 레이블과 실제 데이터 값이 표시되는 텍스트 상자 부분으로 구성된다. 위의 그림과 같이 레이블과 텍스트 상자가 함께 [본문] 영역에 표시되는 형식을 칼럼 형식이라고 하는데, 칼럼 형식은 데이터를 표시할 때 레코드 단위로 보고서에 표시된다. 이를 데이터시트와 같은 탭 형식으로 변경하기 위해서는 각 필드의 레이블 부분만을 잘라내어 페이지 머리글 부분에 붙여넣기를 해야 한다. 레이블 부분과 텍스트 상자 부분을 분리하여 이동하기 위해서는 다음 그림과 같이 레이블 부분을 클릭한 후 잘라내기(Ctrl + X)를 한 후, [페이지 머리글] 영역을 클릭하고 붙여넣기(Ctrl + V)를 하면 된다.

그림 11-20 ▌ 탭 형식을 위한 레이블 이동

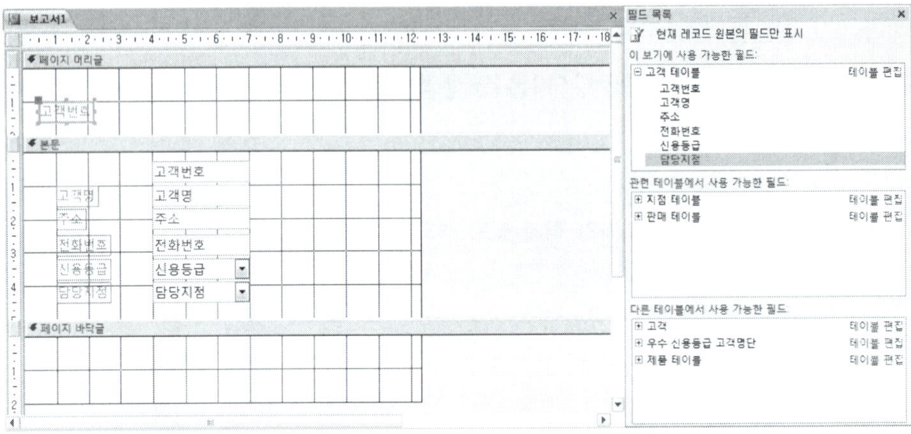

이렇게 각 필드에 대한 레이블을 하나씩 이동하여 [페이지 머리글] 영역에 일렬로 정렬하고 [본문] 영역에 남아 있는 텍스트 상자 또한 위치 및 크기를 적절하게 조절한다. 이때, [본문] 영역의 세로 넓이는 나중에 [보고서 보기]에서 각 레코드 사이의 간격이 됨으로 적절한 크기로 조절할 필요가 있다. [페이지 머리글] 영역의 레이블에 대한 서식 설정은 [보고서 디자인 도구]의 [형식] 탭을 이용하여 변경이 가능하다.

그림 11-21 ▌ 탭 형식을 위한 레이블과 컨트롤 정렬

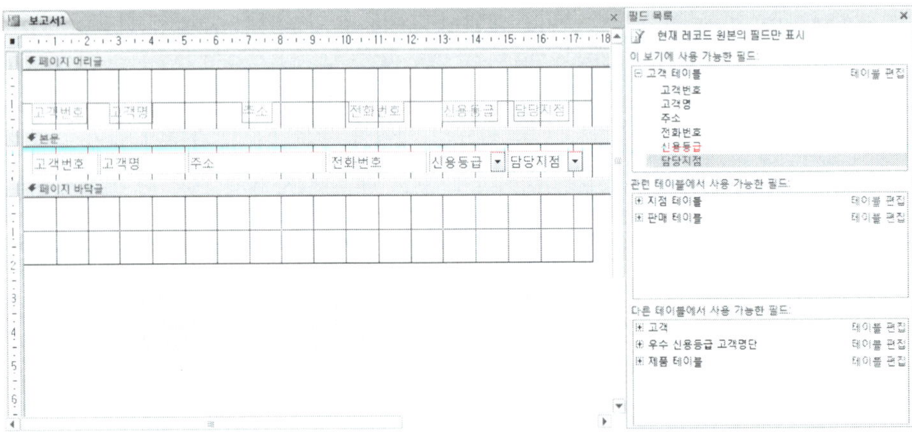

다. 날짜 및 페이지 번호 삽입

페이지 번호는 [보고서 디자인 도구]의 [디자인] 탭에서 [머리글/바닥글] 그룹의 [페이지 번호]를 클릭하면 나타나는 [페이지 번호] 대화상자에서 설정할 수 있다. [페이지 번호] 대화상자에서 페이지 번호 형식, 위치, 맞춤 등을 다음 그림과 같이 지정하고 [확인] 단추를 클릭한다.

그림 11-22 ▌ 페이지 번호 대화상자

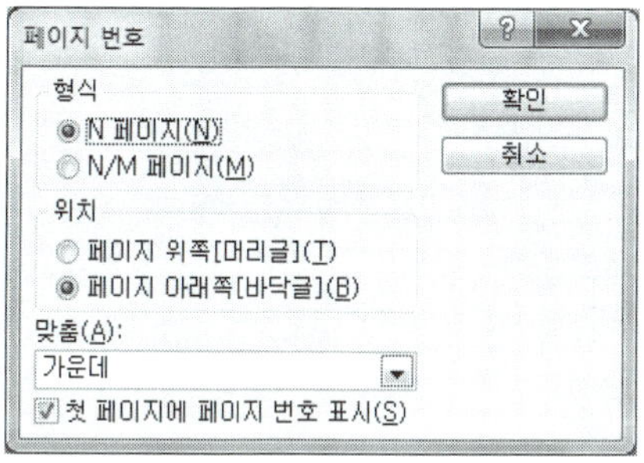

날짜 및 시간은 [보고서 디자인 도구]의 [디자인] 탭에서 [머리글/바닥글] 그룹의 [날짜 및 시간]을 클릭하면 나타나는 [날짜 및 시간] 대화상자에서 설정할 수 있다. [날짜 및 시간] 대화상자에서 사용자가 원하는 날짜 및 시간의 형식을 지정한 후 [확인] 단추를 클릭한다. 이때, [페이지 머리글]이나 [페이지 바닥글] 영역에 삽입되는 [페이지 번호]와는 달리 [날짜 및 시간]은 [보고서 머리글] 영역에 삽입된다.

그림 11-23 ▌ 날짜와 시간 대화상자

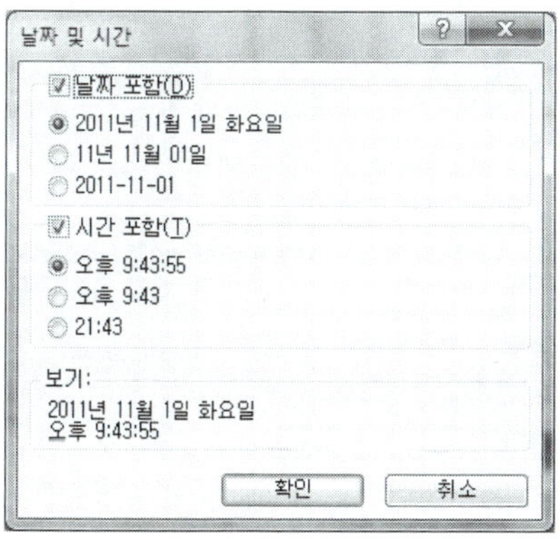

다음 그림은 [보고서 머리글] 영역에 삽입된 [날짜 및 시간]과 [페이지 바닥글] 영역에 삽입된 [페이지 번호] 컨트롤을 보여주고 있다.

그림 11-24 ▌ 디자인 보기 창에 날짜 및 페이지 번호 추가

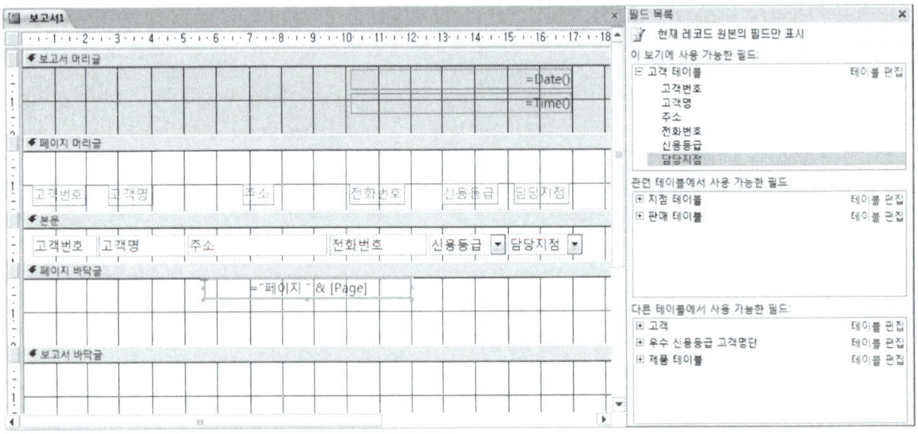

라. 보고서의 정렬 및 그룹화

보고서의 정렬 및 그룹화는 레코드들을 그룹으로 구분함으로써 사용자가 보다 쉽게 보고서를 이해할 수 있도록 하는 것이다. 즉 그룹화 및 정렬은 사용자의 이해를 돕기 위해 특정 필드를 기준으로 그룹화하고 정렬하여 보고서에 나타내는 기능이다. 예를 들어, 고객관리를 위해 담당지점별로 고객들을 그룹화하고 고객의 신용등급에 따라 정렬하여 보고서에 나타내면 사용자가 보고서를 이해하기가 훨씬 더 편할 것이다. 먼저, 다음 그림과 같이 [보고서 디자인 도구]의 [디자인] 탭에서 [그룹화 및 요약] 그룹의 [그룹화 및 정렬]을 클릭한다.

그림 11-25 ▌ 그룹화 및 정렬 선택

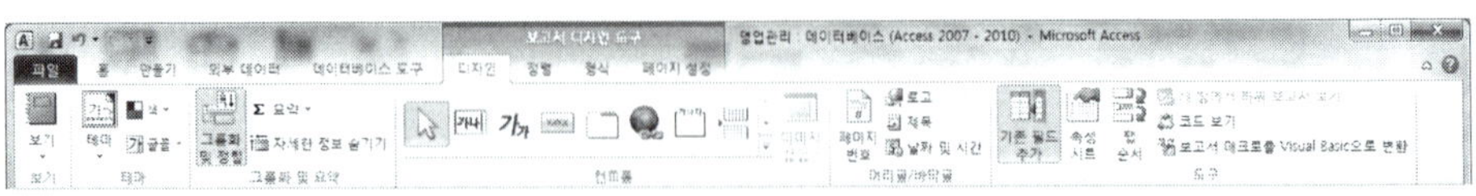

[디자인 보기] 창의 하단에 다음 그림과 같이 [그룹, 정렬 및 요약] 창이 나타난다.

그림 11-26 ▌ 그룹, 정렬 및 요약 창

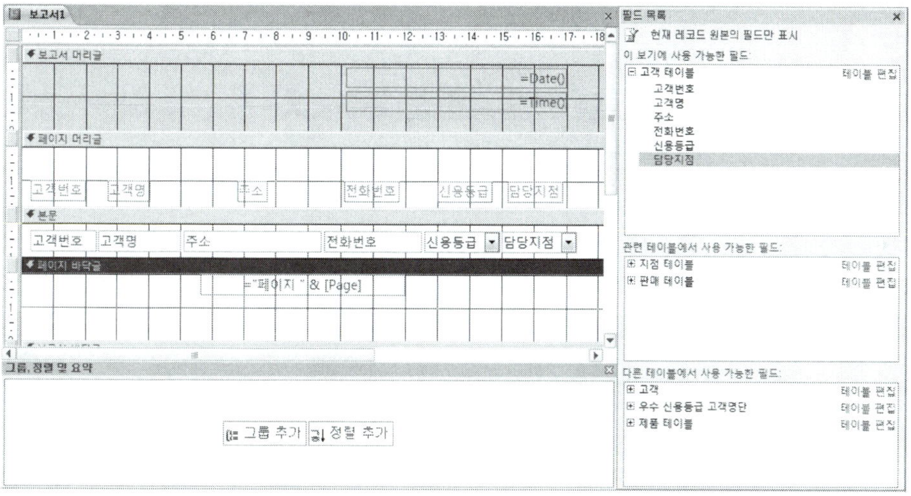

[그룹 추가] 단추를 클릭하여 그룹화 기준이 되는 필드를 선택한다. 다음 그림처럼 필드 목록에서 '담당지점'을 선택한다.

그림 11-27 ▌ 그룹화 기준 필드 선택

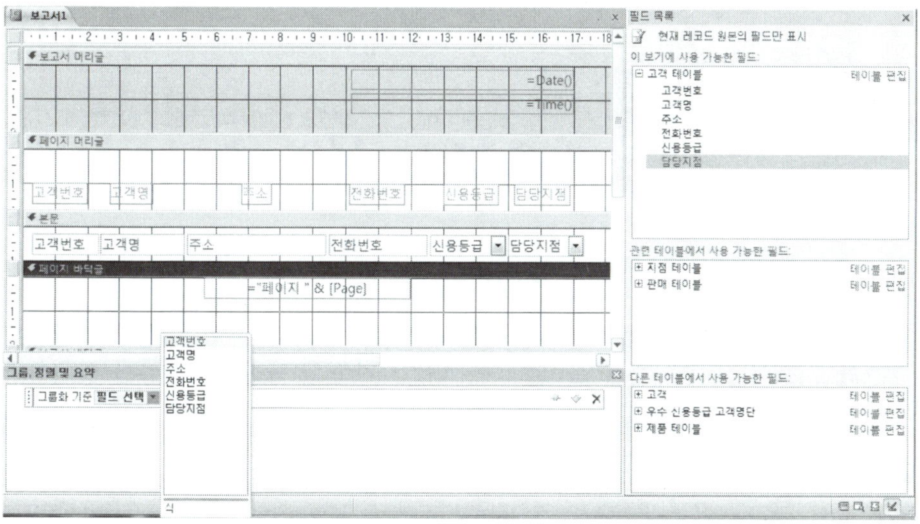

그룹화의 기준 필드가 되는 '담당지점'에 대한 정렬 순서로 [오름차순 ▾]을 선택하고 [자세히 ▸]를 클릭한다.

>>> 그림 11-28 ▌ 그룹화 기준 필드 정렬 선택

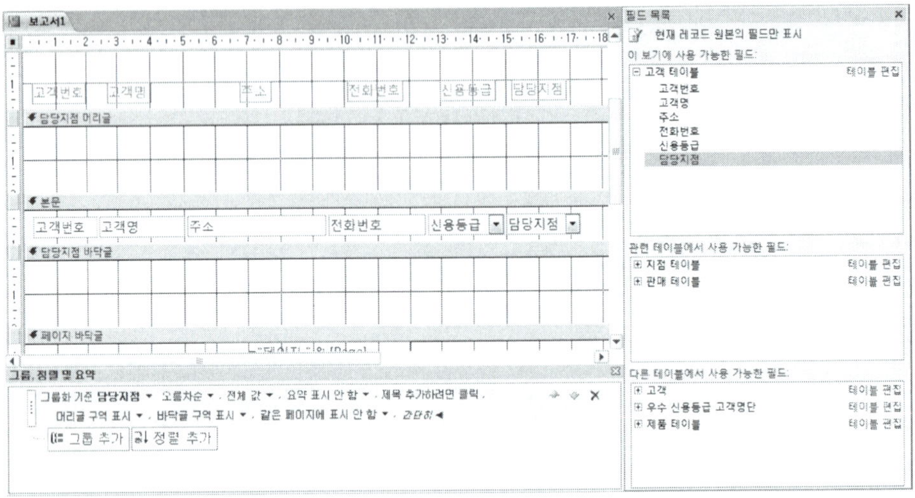

그리고 [전체값 ▾]을 선택하여 레코드가 그룹화되는 방식을 설정하는데 [전체값 ▾]은 그룹화 기준이 되는 필드의 데이터 형식에 따라 다르게 나타난다. 다음 그림은 텍스트 형식인 '담당지점'에 대한 그룹화 방식을 보여준다. 만약 그룹화 기준이 날짜 필드일 경우에는 요일, 주, 월, 분기 등을 기준으로 그룹화할 수 있다.

>>> 그림 11-29 ▌ 그룹화 방식 선택

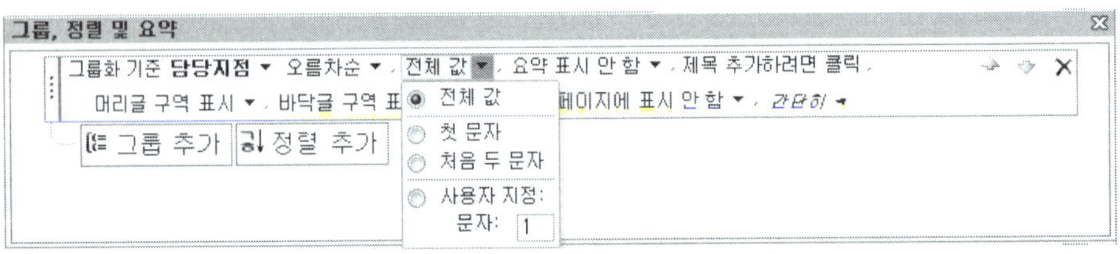

그리고 [요약 표시 안함 ▾]을 선택하여 [요약 기준]의 드롭다운 단추를 클릭하여 '고객번호'를 요약할 필드로 선택하고 [형식]의 드롭다운 단추를 클릭하여 [레코드 개수]를 선택한다. 그리고 요약 정보를 표시할 영역을 설정하기 위해 [그룹 바닥글에 소계 표시]를 체크한다.

그림 11-30 ▍ 그룹 바닥글에 소계 표시 선택

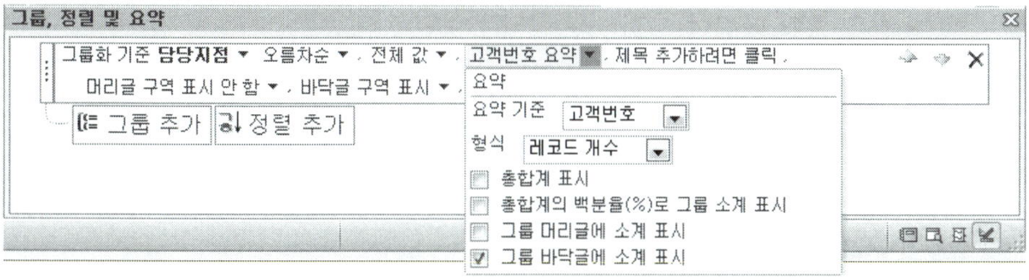

[제목 추가하려면 클릭]은 [그룹 머리글]에 제목 레이블을 표시하고자 할 경우에 사용한다. 그리고 [머리글 구역 표시 안 함 ▾]을 클릭하여 [머리글 구역 표시]를 선택하고, [바닥글 구역 표시 안 함 ▾]을 클릭하여 [바닥글 구역 표시]를 선택한다.

그림 11-31 ▍ 그룹 머리글과 그룹 바닥글 선택

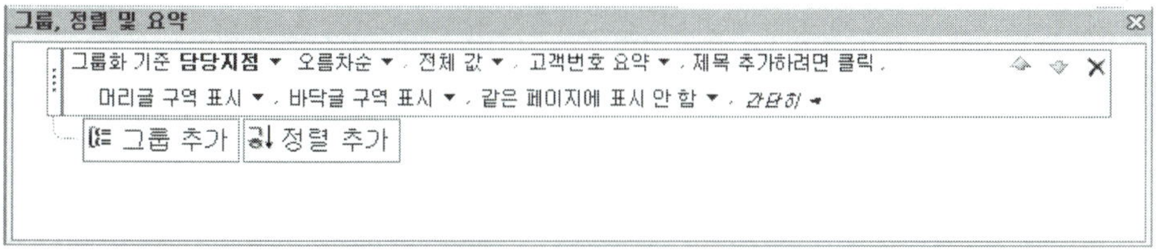

[정렬 추가]를 클릭하여 그룹 내에서 정렬시킬 기준 필드를 선택한다. 다음 그림처럼 필드 목록에서 '고객번호'를 선택한다. 보고서의 그룹 수준 및 정렬 수준은 최대 10개까지 정의할 수 있으며 그룹을 추가하고자 할 경우에는 [그룹 추가]를 클릭한다.

그림 11-32 ▍ 정렬 기준 필드 선택

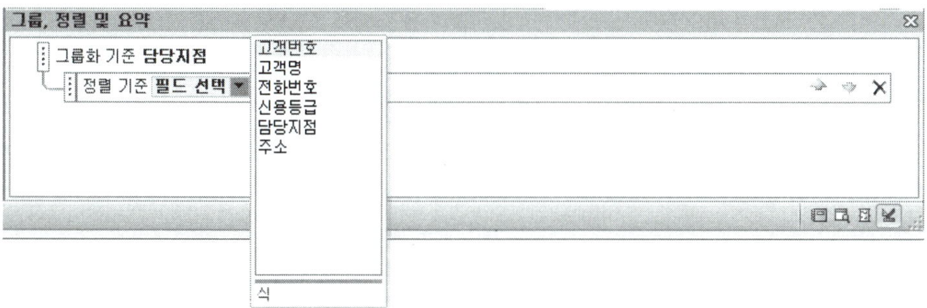

[페이지 머리글] 영역에 있는 '담당지점' 레이블을 맨 앞으로 옮기고 나머지 레이블의 위치를 다음 그림과 같이 조절한다. [본문] 영역에 있는 '담당지점' 컨트롤을 잘라내기(Ctrl +X)한 후, [담당지점 머리글](그룹 머리글) 영역을 클릭하고 붙여넣기(Ctrl +V)를 하여 이동하고 '담당지점' 컨트롤의 크기 및 위치를 조절한다.

그림 11-33 ▌ 그룹 머리글에 레이블 이동

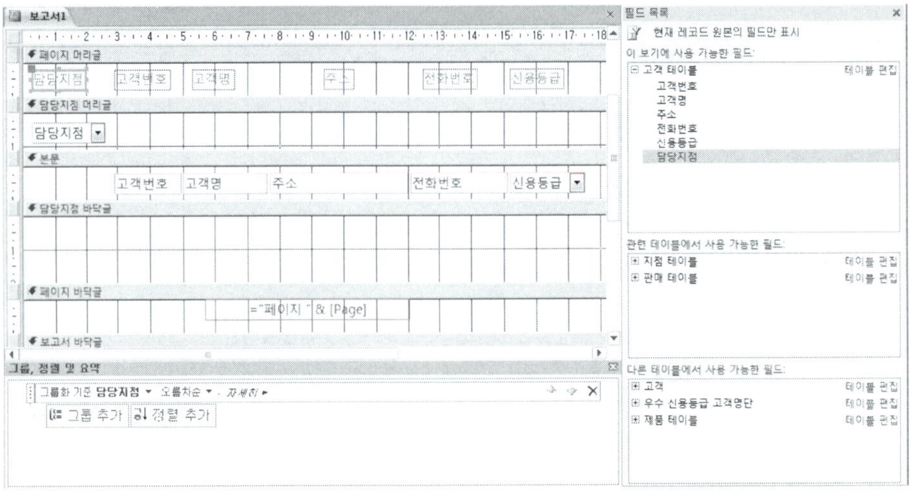

그룹에 대한 요약 정보를 각 그룹의 하단에 표시하기 위해 그룹 바닥글인 [담당지점 바닥글] 영역에 담당지점별 고객수를 출력하는 컨트롤을 넣는다. [보고서 디자인 도구]의 [디자인] 탭에서 [컨트롤] 그룹의 컨트롤 모음에서 [텍스트 상자(가abl)]를 선택하고 [담당지점 바닥글] 영역에서 마우스를 드래그하여 언바운드된 컨트롤을 삽입한다. 레이블 입력란에 "지점별 고객수"라고 입력하고, 텍스트 상자에 "=count([고객번호])"라고 입력하면 지점별로 고객의 수가 계산되어 각 그룹의 하단에 표시된다.

그림 11-34 ▌ 그룹 바닥글에 컨트롤 추가

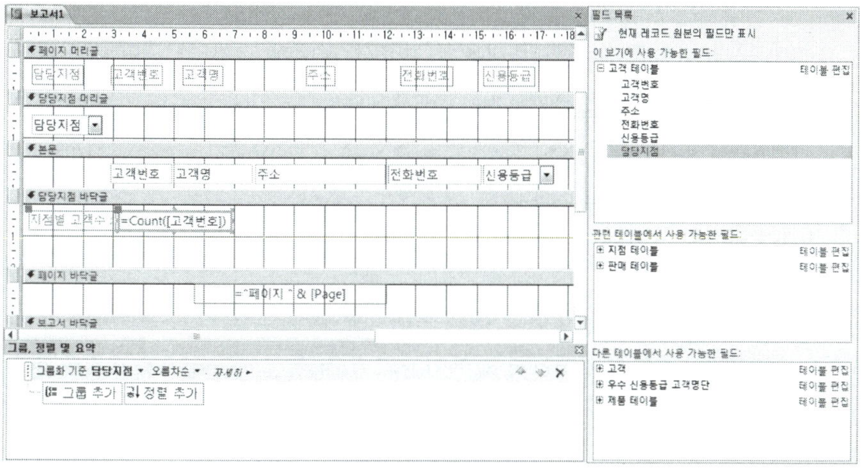

[홈] 탭의 [보기] 그룹에서 [보기]의 [인쇄 미리 보기(V)]를 클릭하면 다음 그림과 같이 담당지점별로 그룹화되고 각 그룹의 하단(담당지점 바닥글 영역)에 지점별 고객 수가 표시되는 것을 확인할 수 있다.

그림 11-35 ▌ 그룹화 및 정렬 실행 결과

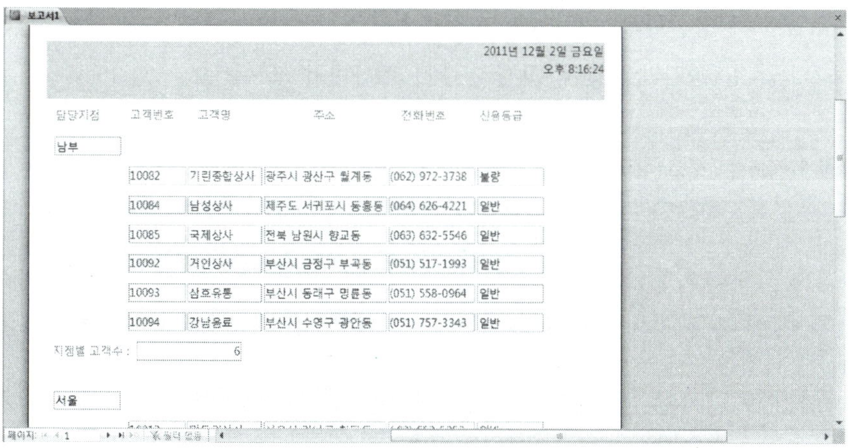

위와 같이 지점별 고객 수를 보기 위한 COUNT 함수 외에도 필드의 데이터 형식에 따라 합계(SUM), 평균(AVG), 최대값(MAX), 최소값(MIN) 등 다양한 함수를 사용할 수 있다.

마. 보고서 머리글과 바닥글

보고서 머리글과 바닥글에 입력된 내용은 보고서 전체에 걸쳐 한 번만 표시된다. 보고서 머리글에는 일반적으로 제목, 로고, 날짜와 같이 표지에 나타나는 정보를 입력하고, 바닥글에는 총합계와 같은 보고서 전체 내용을 요약하는 정보를 입력한다.

[보고서 머리글] 영역에 보고서 제목을 입력하는 방법을 살펴보면, 먼저 [보고서 디자인 도구]의 [디자인] 탭에서 [컨트롤] 그룹의 컨트롤 모음에서 [레이블(가가)]을 선택하고 [보고서 머리글] 영역으로 마우스를 옮겨오면 마우스 포인터가 +A 모양으로 바뀐다. 원하는 크기로 마우스를 드래그하여 레이블의 위치와 크기를 결정하고 입력하고자 하는 문자열 "지점별 고객 명단"을 입력한다. 문자열을 입력한 후 레이블을 클릭하고 [보고서 디자인 도구]의 [형식] 탭에서 사용자가 원하는 글꼴, 색깔, 크기 등을 선택한다.

[보고서 바닥글] 영역에 전체 고객 수를 계산하여 표시하는 컨트롤을 삽입해 보자. 그룹 바닥글에 담당지점별 고객 수를 표시하는 컨트롤과 동일하게 [보고서 디자인 도구]의 [디자인] 탭에서 [컨트롤] 그룹의 컨트롤 모음에서 [텍스트 상자(가비)]를 선택하고 [보고서 바닥글] 영역에서 마우스를 드래그하여 언바운드된 컨트롤을 만든다. 레이블 입력란에 "총 고객수 :"라고 입력하고, 텍스트 상자에 "=count([고객번호])"라고 입력하면 보고서의 맨 마지막에 전체 고객의 수가 계산되어 표시된다.

그림 11-36 보고서 머리글 및 바닥글에 컨트롤 추가

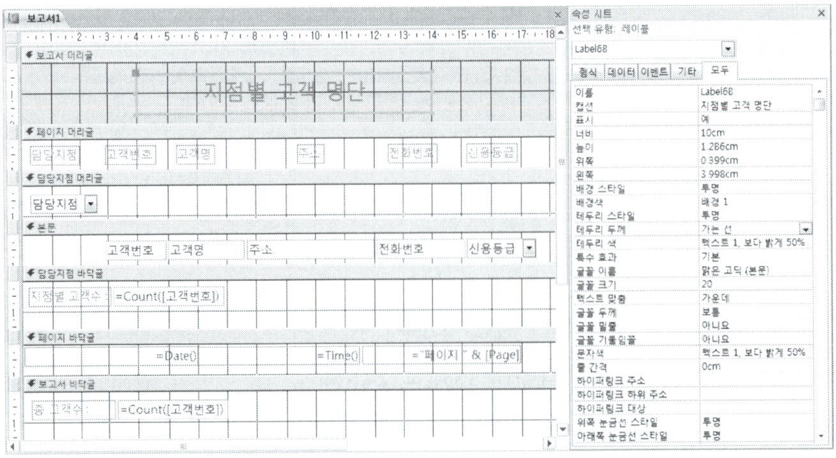

바. 보고서의 속성

보고서의 속성은 보고서와 관련된 여러 항목의 모양을 변경하거나 동작을 지시하는 기능으로 형식, 데이터, 이벤트, 기타의 네 가지로 구분된다. 보고서의 속성들은 [디자인 보기] 상태에서 설정할 수 있으며 보고서 전체의 속성을 설정할 수도 있고 각 구역별의 속성 및 각 컨트롤의 속성을 설정할 수도 있다.

보고서 전체의 속성을 보기 위해서는 [디자인 보기] 창에서 왼쪽 맨 위에 있는 보고서 선택 단추(■)를 더블클릭하거나, [보고서 디자인 도구]의 [디자인] 탭에서 [도구] 그룹의 [속성 시트]를 클릭하거나, [디자인 보기] 창에서 마우스 오른쪽 버튼을 클릭하여 나타난 바로가기 메뉴에서 [보고서 속성(R)]을 클릭하면 다음 그림과 같은 [속성 시트]가 나타난다.

그림 11-37 ▌ 속성 시트

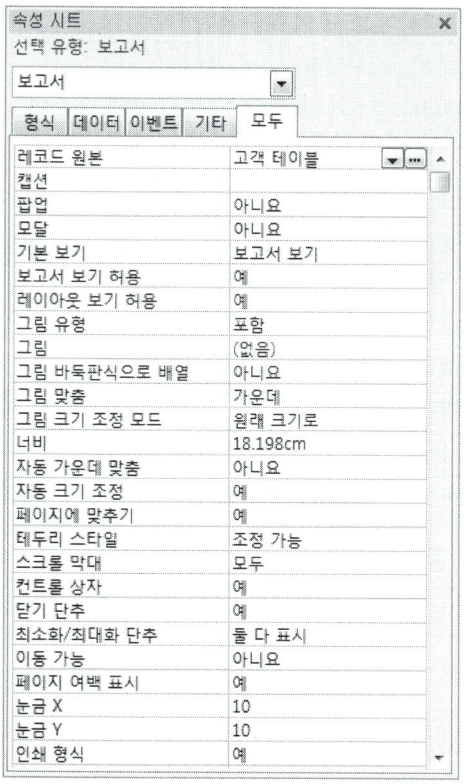

[속성 시트]의 [형식] 탭에서는 보고서의 모양과 관련된 속성을 설정하고, [데이터] 탭에서는 보고서에 연결될 데이터를 설정하며, [이벤트] 탭에서는 보고서에서 특정 이벤트가 발생할 때마다 어떤 처리를 할 것인가를 설정하고, 그 외 속성들은 [기타] 탭에서 설정한다. 다음의 표 11-3에서 5는 [속성 시트]의 네 가지 탭에 대한 주요 속성을 설명하고 있다. 참고로 [속성 시트]의 각 탭에 표시되는 항목들은 각 구역별, 컨트롤별로 조금씩 다르게 나타난다.

| 표 11-3 | 보고서의 형식 속성

속성 이름	설명
캡션	보고서 창 상단의 제목 표시줄에 표시되는 텍스트를 설정한다.
자동 크기 조정	자동 크기 조정을 '예'로 설정하면 레코드를 모두 표시할 수 있도록 보고서 작성창의 크기가 자동으로 조정된다.
자동 가운데 맞춤	자동 가운데 맞춤을 '예'로 설정하면 보고서가 항상 화면의 중앙에 위치한다.
페이지 머리글/바닥글	페이지 머리글이나 바닥글의 표시 여부를 설정한다.
그룹화 기준	데이터를 그룹화할 기준으로 사용할 대상을 지정한다.
테두리 스타일	보고서에 사용할 테두리의 종류와 테두리 요소를 지정할 수 있다. 일반적으로 일반 보고서, 팝업 보고서, 사용자 정의 대화상자에는 서로 다른 테두리 스타일이 사용된다. 테두리 스타일의 속성 값은 없음, 가늘게, 조정 가능, 대화상자가 있다.
컨트롤 상자	보고서 제목 표시줄의 메뉴 단추를 의미하는 것으로 '예'로 설정할 경우 보고서의 빠른 메뉴를 호출할 수 있다.
최소화 최대화 단추	최소화 단추와 최대화 단추가 보이게 할 것인지를 지정할 수 있다.
닫기 단추	보고서에서 닫기 단추를 사용할 것인지 여부를 지정한다.
너비	보고서의 너비를 지정한다.
그림	보고서의 배경으로 사용할 그림을 지정한다.
그림 유형	보고서의 배경으로 사용할 그림을 포함할 것인지 연결할 것인지 지정한다.
그림 크기 조정 모드	삽입된 그림의 크기 및 비율을 조정한다.
그림 맞춤	삽입된 그림의 위치를 지정한다.
그림 바둑판식으로 배열	'예'로 설정하면 배경 그림을 페이지 전체에 반복하여 표시한다.

표 11-4 | 보고서의 데이터 속성

속성 이름	설명
레코드 원본	보고서를 연결할 테이블 또는 쿼리를 선택한다.
필터	보고서에 어떤 조건을 주어 그에 맞는 데이터만 표시할 때 사용한다.
필터 사용	필터 속성에서 설정한 조건에 맞는 레코드를 적용할지 여부를 '예/아니오'로 선택한다.
정렬 기준	정렬 기준을 설정한다.
정렬 기준 사용	정렬 기준의 사용 여부를 선택한다.

표 11-5 | 보고서의 기타 속성

속성 이름	설명
레코드 잠금	여러 명이 데이터베이스를 공유할 경우 하나의 레코드를 여러 사람이 동시에 사용하여 데이터가 일관성을 가지지 못하는 경우가 발생할 수 있다. 레코드 잠금 속성은 한 사용자가 데이터를 편집할 때 다른 사용자의 데이터베이스 접근을 막는 기능을 설정한다.
날짜그룹화	날짜를 기준으로 그룹화할 때 사용할 날짜 형식을 지정한다.
팝업	'예'로 설정하면 항상 다른 창 위에 보고서를 표시한다.
모달	'예'로 설정하면 그 보고서를 닫기 전까지는 다른 화면을 선택할 수 없어 다른 어떤 작업도 할 수 없게 된다.
태그	보고서 개체와 함께 저장할 추가 데이터를 지정한다.

사. 보고서 만들기 예제

(주)효원유통의 영업관리 데이터베이스에서 '제품 테이블'을 이용하여 다음의 지시사항에 따라 보고서를 만드는 예제를 살펴보자.

(1) [보고서 마법사를 사용하여 보고서 만들기] 기능을 이용하여 보고서를 작성한다. '제품 테이블'에 포함된 모든 필드를 보고서에 포함시킨다.

(2) '제품명'을 기준으로 그룹 수준을 지정한다.

(3) 보고서 모양은 [블록]으로, 용지 방향은 [가로]로 한다.

(4) 보고서 제목은 '제품정보'로 한다.

(5) [디자인 보기] 기능을 이용하여 다음 그림과 같이 필드 간의 간격을 조정한다.

(6) 보고서 바닥글에 다음 그림과 같이 제품의 수를 계산하는 컨트롤을 삽입하고 오른쪽에는 [2012년 12월 25일 화요일]과 같은 형식으로 한다.

그림 11-38 ▌ 보고서 만들기 예제 1

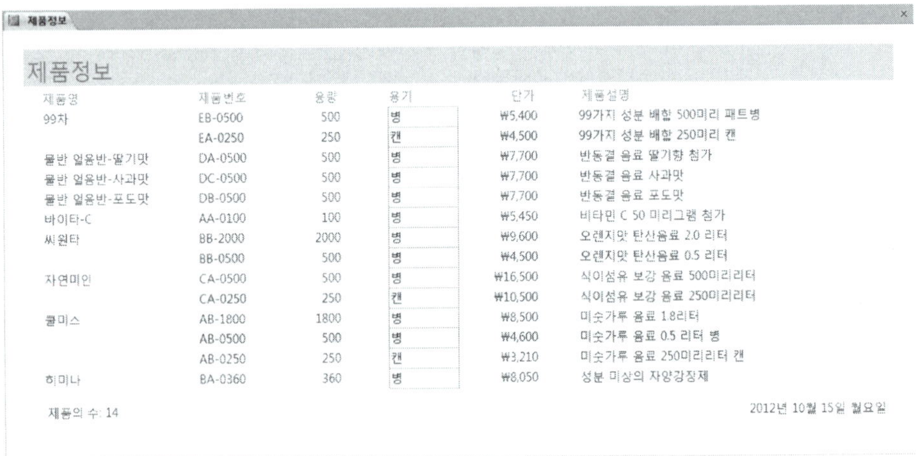

제품정보

제품정보

제품명	제품번호	용량	용기	단가	제품설명
99차	EB-0500	500	병	₩5,400	99가지 성분 배합 500미리 패트병
	EA-0250	250	캔	₩4,500	99가지 성분 배합 250미리 캔
물반 얼음반-딸기맛	DA-0500	500	병	₩7,700	반동결 음료 딸기향 첨가
물반 얼음반-사과맛	DC-0500	500	병	₩7,700	반동결 음료 사과맛
물반 얼음반-포도맛	DB-0500	500	병	₩7,700	반동결 음료 포도맛
바이타-C	AA-0100	100	병	₩5,450	비타민 C 50 미리그램 첨가
씨원타	BB-2000	2000	병	₩9,600	오렌지맛 탄산음료 2.0 리터
	BB-0500	500	병	₩4,500	오렌지맛 탄산음료 0.5 리터
자연미인	CA-0500	500	병	₩16,500	식이섬유 보강 음료 500미리리터
	CA-0250	250	캔	₩10,500	식이섬유 보강 음료 250미리리터
쿨미스	AB-1800	1800	병	₩8,500	미숫가루 음료 1.8리터
	AB-0500	500	병	₩4,600	미숫가루 음료 0.5 리터 병
	AB-0250	250	캔	₩3,210	미숫가루 음료 250미리리터 캔
히미나	BA-0360	360	병	₩8,050	성분 미상의 자양강장제

제품의 수: 14　　2012년 10월 15일 월요일

두 번째 예제는 제10장의 다중 선택 쿼리에서 작성한 쿼리를 바탕으로 아래의 지시 사항과 그림에 따라 보고서를 만들고자 한다.

(1) 보고서 머리글 중앙에 제목을 '판매 실적 정보'라고 입력하고, 글꼴은 [바탕]으로, 글꼴크기는 [20], 특수효과는 [볼록]으로 지정한다.

(2) 페이지 머리글의 필드 이름 아래에 선을 삽입하되, 테두리 스타일은 [점선]으로 한다.

(3) '고객명'과 '제품명'을 기준으로 그룹화하며, 고객명 바닥글에는 '고객별 매출액 합계:'라고 레이블을 만들고 매출액의 합계를 계산하는 통화 형식의 컨트롤을 삽입한다. 고객명 바닥글의 위와 아래에 페이지 머리글의 선과 동일한 선을 넣는다.

(4) 각 페이지 밑의 왼쪽에는 날짜를 [2008년 7월 31일 목요일]과 같은 형식으로, 오른쪽에는 페이지 번호를 [1/2페이지]와 같은 형식으로 삽입한다.

(5) 보고서 바닥글에 '총 매출액 합계:'라는 레이블을 만들고 통화 형식의 컨트롤을 삽입한다. 그 아래에 위와 동일한 선을 넣는다.

그림 11-39 ▎ 보고서 만들기 예제 2

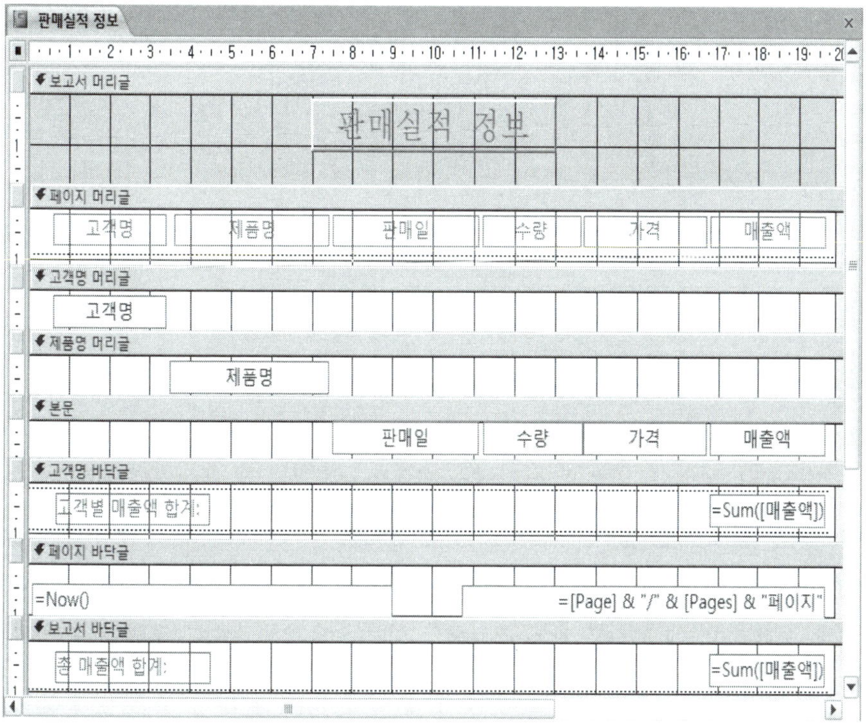

4 보고서 도구를 이용한 보고서 만들기

[만들기] 탭의 [보고서] 그룹에서 [보고서]를 이용하여 새로운 보고서를 자동으로 빠르게 만들 수 있다. 먼저 왼쪽의 [모든 Access 개체] 탐색 창에서 보고서 작성에 필요한 테이블이나 쿼리를 선택하고 [만들기] 탭의 [보고서] 그룹에서 [보고서]를 클릭하면, 선택한 테이블이나 쿼리의 모든 필드가 [레이아웃 보기]형식으로 나타난다. 이 방법은 보고서를 만들기 위한 세부적인 절차 없이 신속하게 선택한 테이블이나 쿼리의 모든 레코드를 확인할 수 있는 매우 효과적인 방법이다. 왼쪽 탐색 창에서 '판매 테이블'을 선택하고 [만들기] 탭의 [보고서] 그룹에서 [보고서]를 클릭하면 다음 그림과 같은 [레이아웃 보기] 형식으로 '판매 테이블' 보고서가 자동으로 만들어진다.

그림 11-40 | 판매 테이블 보고서 작성

위의 그림에서 '판매일' 필드가 '##########'으로 나온 이유는 데이터에 비해 열 크기 작기 때문이다. [본문] 영역의 [판매일] 열을 클릭한 후 컨트롤의 오른쪽 부분을 늘려서 텍스트 상자의 크기를 조절하면 데이터를 표시할 수 있다. 이처럼 [레이아웃 보기]에서는 [본문] 영역에 표시된 모든 컨트롤의 위치나 크기를 손쉽게 조절할 수 있다.

그림 11-41 | 레이아웃 보기에서 필드 크기 조절

특정 필드가 수치 데이터일 경우에는 합계나 평균, 개수, 최대값, 최소값 등의 요약 방법을 선택하여 보고서 하단에 표시할 수 있다. [본문] 영역의 [수량] 필드를 선택하고, [보고서 레이아웃 도구]의 [디자인] 탭에서 [그룹화 및 요약] 그룹의 [Σ 요약] 드롭다운 단추에서 합계, 평균, 레코드 개수, 값 개수, 최대값, ... 중에서 합계를 선택하면

맨 아래 [보고서 바닥글] 영역에 [수량] 필드에 대한 전체 합계가 나타난다.

그림 11-42 ▌ 레이아웃 보기에서 요약 추가

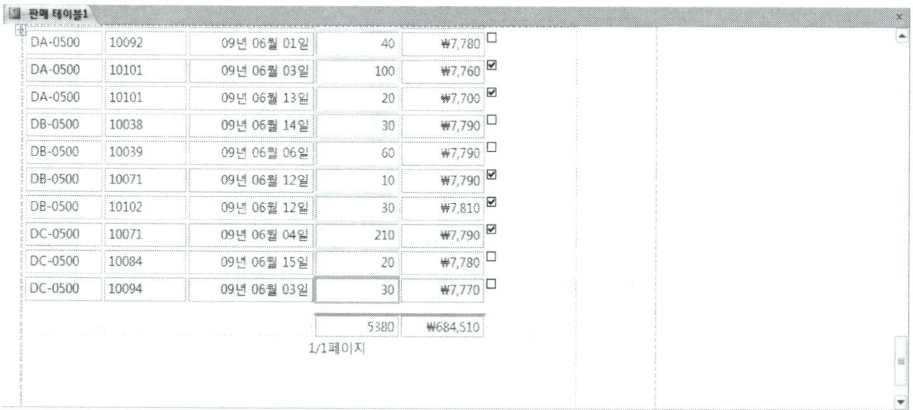

앞의 '보고서의 정렬 및 그룹화' 부분에서 설명한 바와 같이 [레이아웃 보기]에서도 특정 필드를 기준으로 그룹화 및 정렬을 설정할 수 있다. [보고서 레이아웃 도구]의 [디자인] 탭에서 [그룹화 및 요약] 그룹의 [그룹화 및 정렬]을 클릭하고, 하단의 [그룹, 정렬 및 요약] 창에서 [그룹 추가] 단추를 클릭하여 [그룹화 기준]에서 '제품ID' 필드를 선택하면 '제품ID' 머리글(그룹 머리글)이 생기면서 '제품ID'별로 그룹화된 것을 확인할 수 있다.

그림 11-43 ▌ 레이아웃 보기에서 그룹화 추가

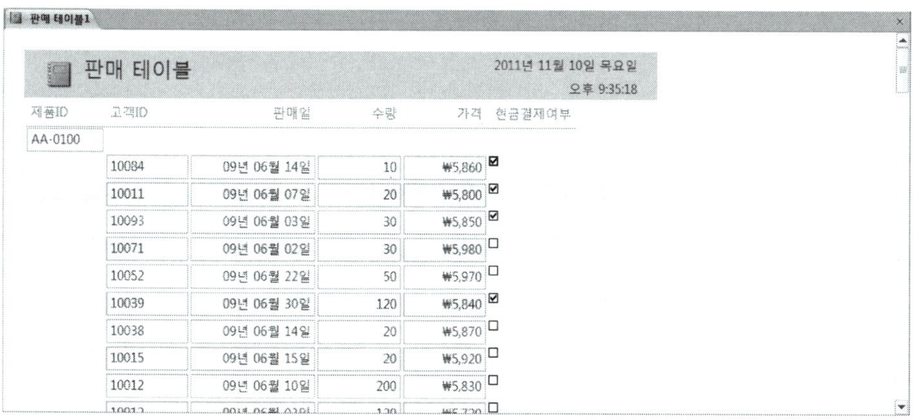

5 새 보고서를 이용한 보고서 만들기

[새 보고서]는 기본적으로 [레이아웃 보기] 형식으로 작성된다. [새 보고서]는 모든 필드를 대상으로 보고서를 작성하는 [보고서]와는 달리 [필드 목록]을 통해 필요한 필드만을 선택하여 보고서를 작성할 수 있다. [만들기] 탭의 [보고서] 그룹에서 [새 보고서]를 선택하면 필드를 추가할 수 있는 [레이아웃 보기] 형식의 빈 영역과 함께 [필드 목록]이 나타난다. 오른쪽에 위치한 [필드 목록]에서 각 테이블 이름 앞에 붙어있는 ⊞ 표시를 클릭하여 추가할 필드를 확인할 수 있다. 만약 오른쪽 [필드 목록]이 표시되지 않으면 [보고서 디자인 도구]의 [디자인] 탭의 [도구] 그룹의 [기존 필드 추가]를 클릭하여 나타낸다.

그림 11-44 새 보고서를 이용한 보고서 작성

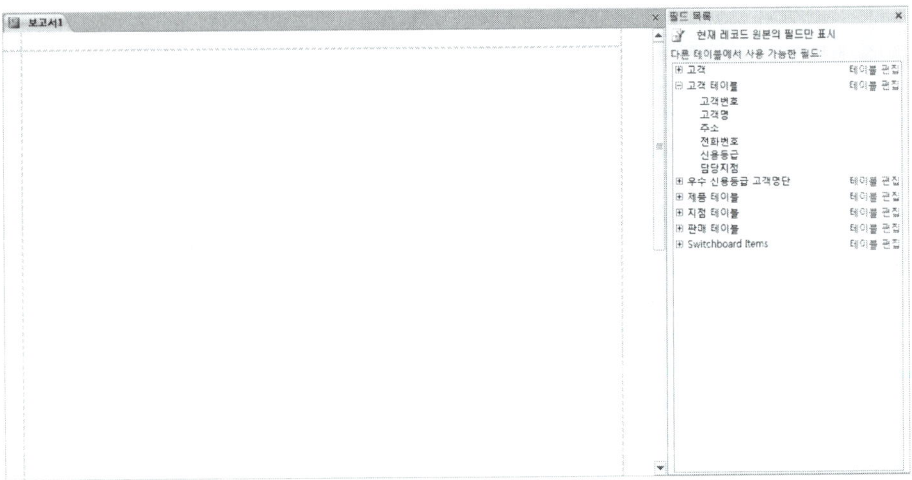

'고객 테이블'에 포함된 여러 필드들 중에 보고서 작성에 필요한 필드만 선택하여 빈 영역으로 드래그하거나 더블클릭하여 보고서에 추가한다.

그림 11-45 ▌ 레이아웃 보기에 필드 추가

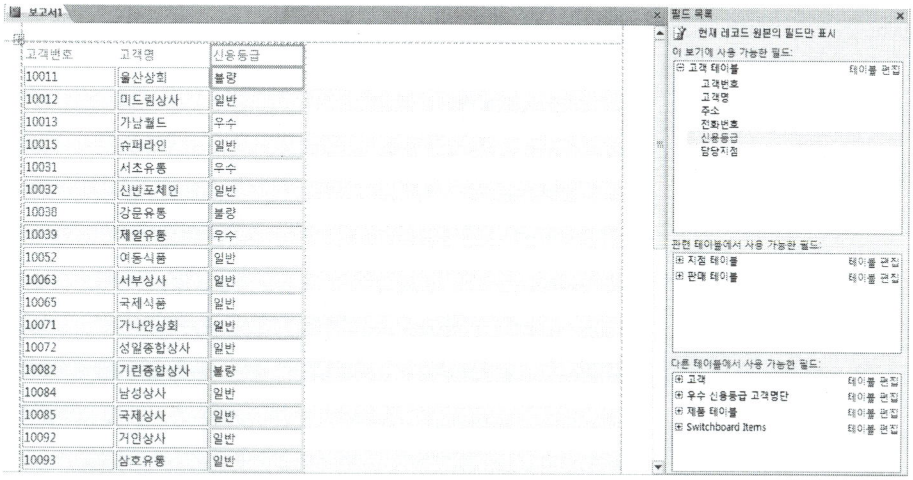

또한 오른쪽 [필드 목록]의 [관련 테이블에서 사용 가능한 필드:]에 열거된 목록에서 다른 테이블에 포함되어 있는 필드도 추가할 수도 있다. 다음 그림처럼 [필드 목록]의 가운데에 있는 [관련 테이블에서 사용 가능한 필드:]의 '지점 테이블' 이름 앞의 ⊞ 표시를 클릭하여 '지점이름'을 보고서에 추가한다.

그림 11-46 ▌ 레이아웃 보기에 관련 테이블 필드 추가

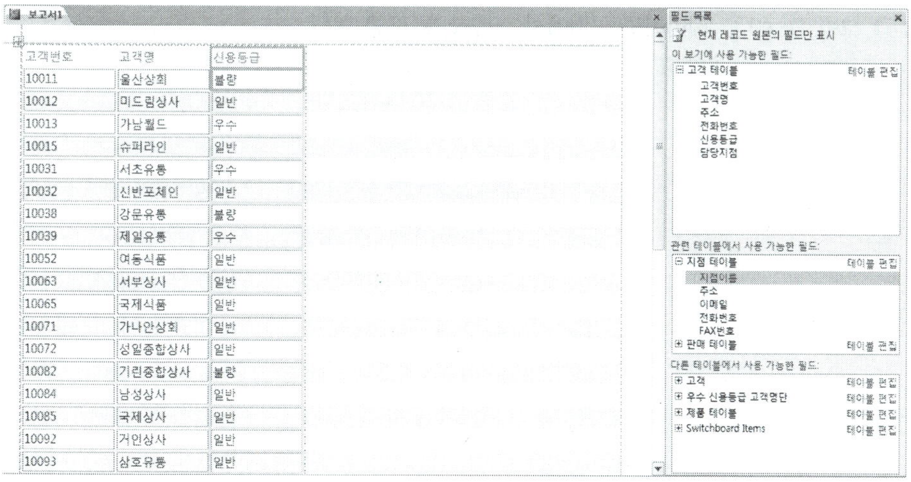

오른쪽 [필드 목록]의 [이 보기에 사용 가능한 필드:] 수직 이동바를 내려 '지점 테이

블'의 'FAX번호'도 추가한다. 이처럼 [새 보고서]는 서로 관련 있는 두 개의 테이블에 포함된 각각의 필드들을 하나의 보고서에 합칠 수 있다.

그림 11-47 ▌ 레이아웃 보기에 관련 테이블 필드 추가

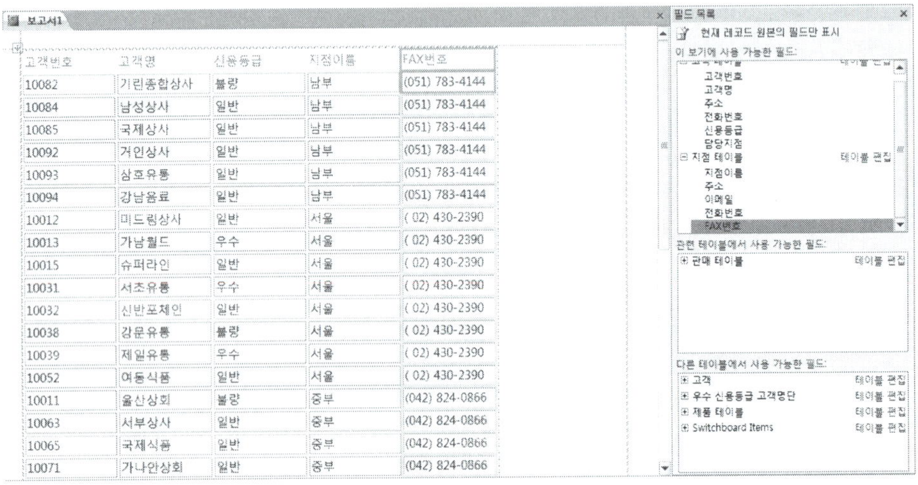

[보고서 레이아웃 도구]의 [디자인] 탭에서 [그룹화 및 요약] 그룹의 [그룹화 및 정렬]을 클릭하고, 하단의 [그룹, 정렬 및 요약] 창에서 [그룹 추가] 단추를 클릭한다.

그림 11-48 ▌ 레이아웃 보기에서 그룹화 및 정렬 실행

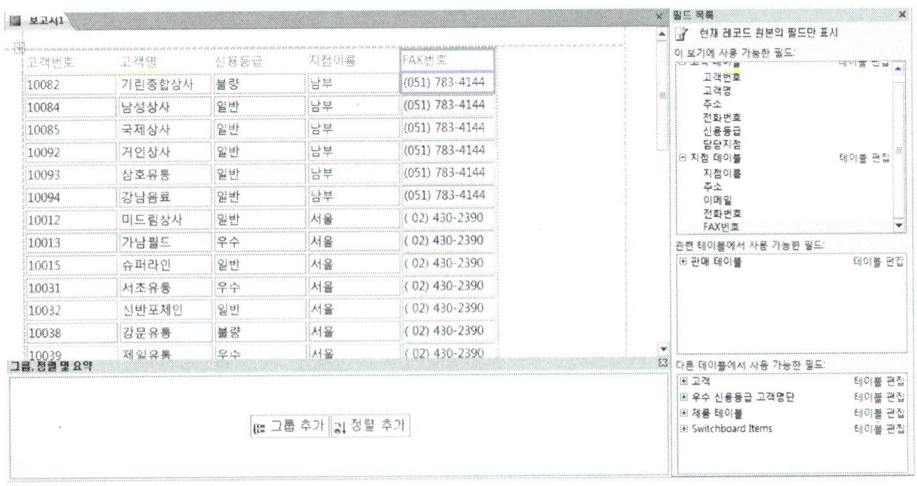

[그룹화 기준]에서 '지점이름'을 선택하면 필드 순서가 바뀌어 지점이름이 맨 앞으로 위치됨과 동시에 지점이름별로 그룹화된 것을 확인할 수 있다.

그림 11-49 ▌ 레이아웃 보기에서 그룹화 기준 필드 선택

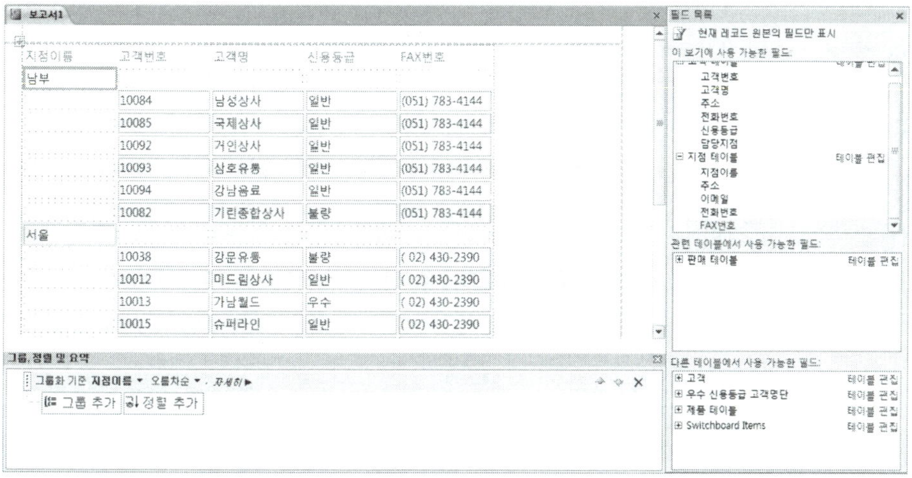

[보고서 레이아웃 도구]의 [디자인] 탭의 [머리글/바닥글] 그룹에서 [제목]을 클릭하여 "지점별 고객 목록"을 입력하고, [날짜 및 시간]을 클릭하여 날짜와 시간을 추가한다.

그림 11-50 ▌ 레이아웃 보기에 제목과 날짜 및 시간 추가

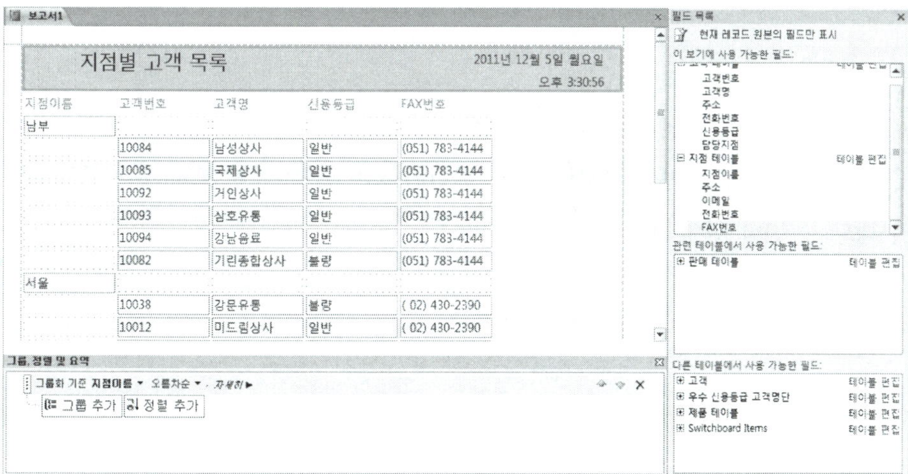

[파일] 탭의 [보기] 그룹에서 [보기]의 [인쇄 미리 보기(V)]를 클릭하면 지금까지 작성한 보고서를 인쇄 형식으로 확인할 수 있다.

그림 11-51 ▌ 새 보고서를 이용한 보고서 작성 실행 결과

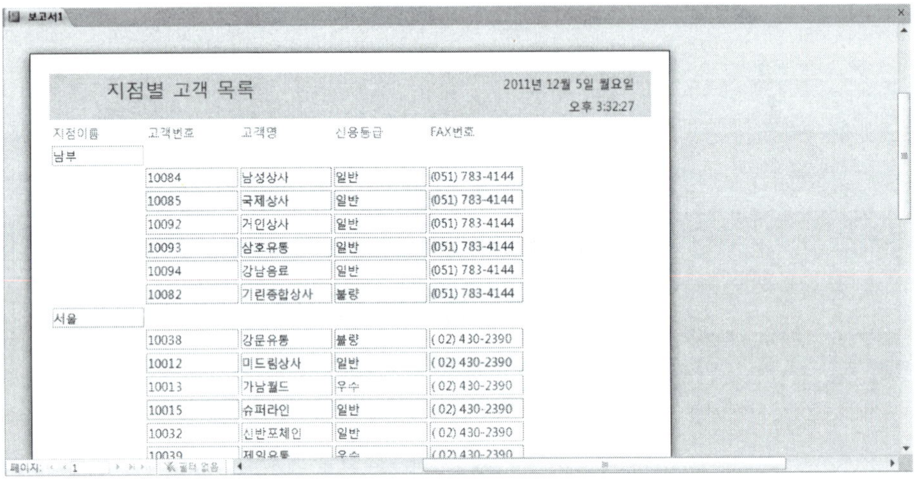

지금까지 작성한 보고서를 인쇄하기 전에 올바른 인쇄를 위한 몇 가지 기본적인 인쇄 설정이 필요한데, [인쇄 미리 보기] 탭을 통해 인쇄 설정을 변경할 수 있다.

그림 11-52 ▌ 인쇄 미리 보기 설정

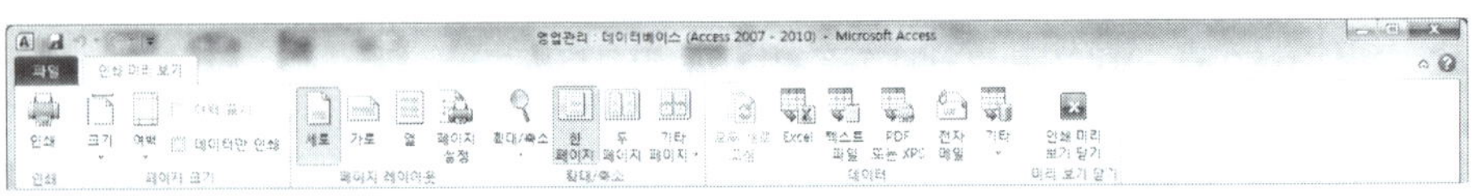

[인쇄 미리 보기] 탭의 [페이지 레이아웃] 그룹에서 [페이지 설정]을 클릭하여 나타난 [페이지 설정] 대화상자에서 인쇄에 관련된 용지 여백, 용지 크기(용지 종류), 용지 방향, 프린터 선택 등을 설정할 수 있다.

그림 11-53 | 페이지 설정

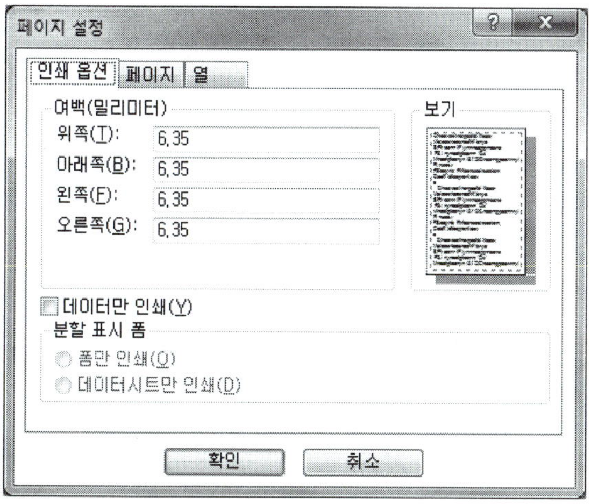

6 레이블 마법사

레이블 마법사는 우편봉투에 사용될 주소 레이블을 인쇄하는 데 사용되는데, 발신인의 특정한 정보나 문구를 포함할 수 있다. 고객의 주소를 레이블로 작성하는 예제를 살펴보자. 먼저 데이터 원본으로 사용할 '고객 테이블'을 선택하고 [만들기] 탭의 [보고서] 그룹에서 [레이블]을 클릭하면 다음 그림과 같이 [우편물 레이블 마법사]가 시작된다.

[우편물 레이블 마법사]의 첫 번째 단계에서는 사용할 레이블의 크기를 지정하는 단계이다. 레이블의 용도를 고려하여 레이블 형식을 지정한 후 적절한 크기를 선택하거나, 사용할 레이블의 제조업체를 선택하면 나열되는 제품번호를 선택한다.

그림 11-54 | 우편물 레이블 마법사 1단계

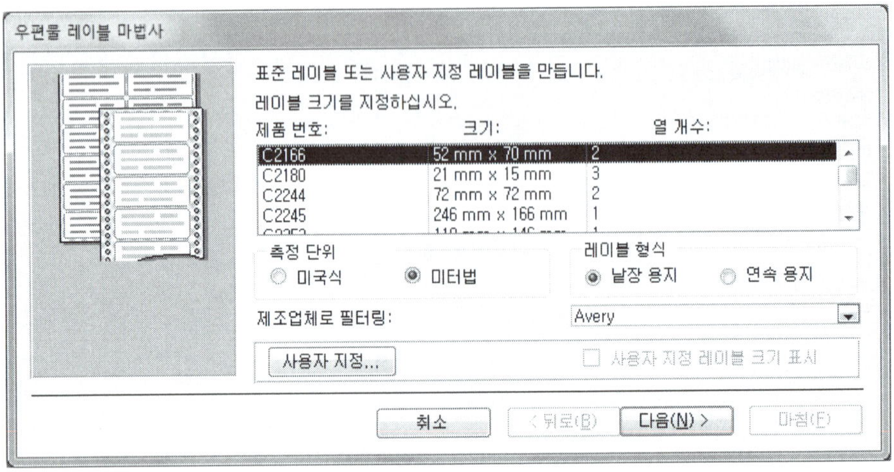

[우편물 레이블 마법사]의 두 번째 단계에서는 레이블에서 나타나는 텍스트의 글꼴 모양, 크기, 색 등을 지정하는 단계이다. 사용자가 원하는 스타일의 형태를 고른다.

그림 11-55 | 우편물 레이블 마법사 2단계

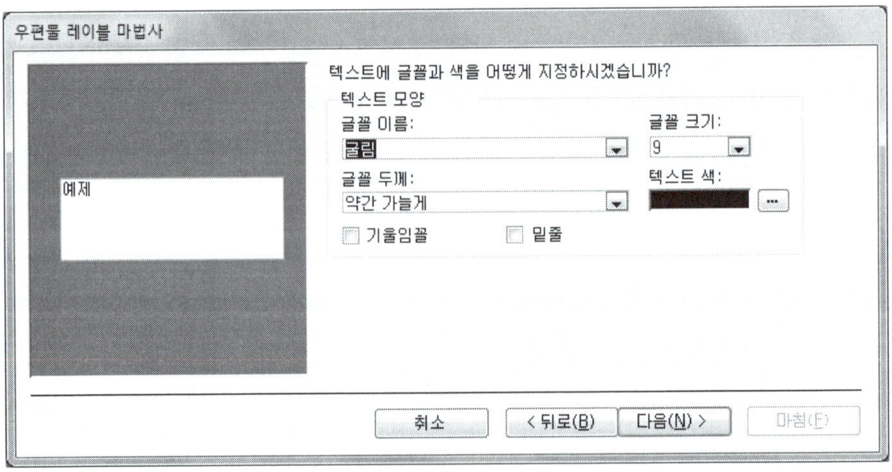

세 번째 단계에서는 레이블에 넣을 내용을 선택하는 단계이다. [사용 가능한 필드:]에서 레이블에 표시하고자 하는 필드를 선택하고 선택 단추(>)를 클릭해 [예제:]로 이동시킨다. 필드이동 후 Enter↵ 키를 클릭해 [예제:]에 있는 필드를 다음 줄로 이동시킬 수 있으며, 아래 그림에서와 같이 '고객번호:'나 '구매담당자 앞'과 같은 문자열을 레이블에 직접 입력할 수도 있다.

그림 11-56 ▌ 우편물 레이블 마법사 3단계

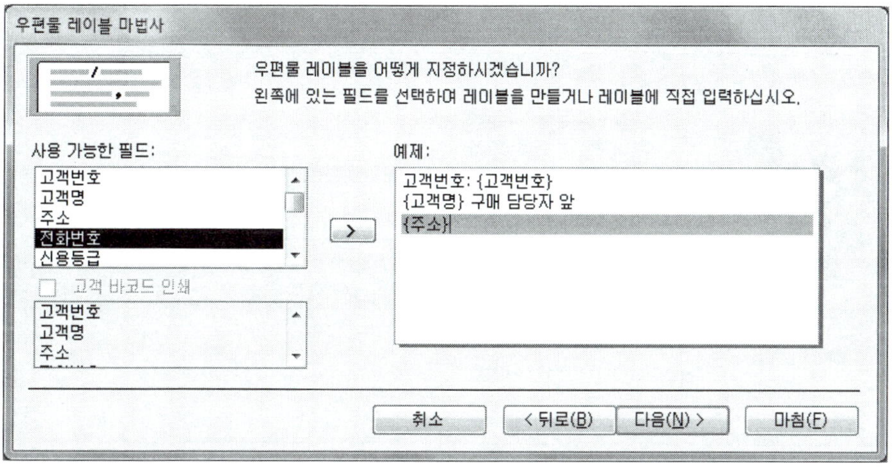

[우편물 레이블 마법사]의 네 번째 단계에서는 레이블을 인쇄할 때 정렬 기준을 선택하는 단계이다. 본 예제에서는 '고객명'을 정렬 기준으로 사용하고 있다.

그림 11-57 ▌ 우편물 레이블 마법사 4단계

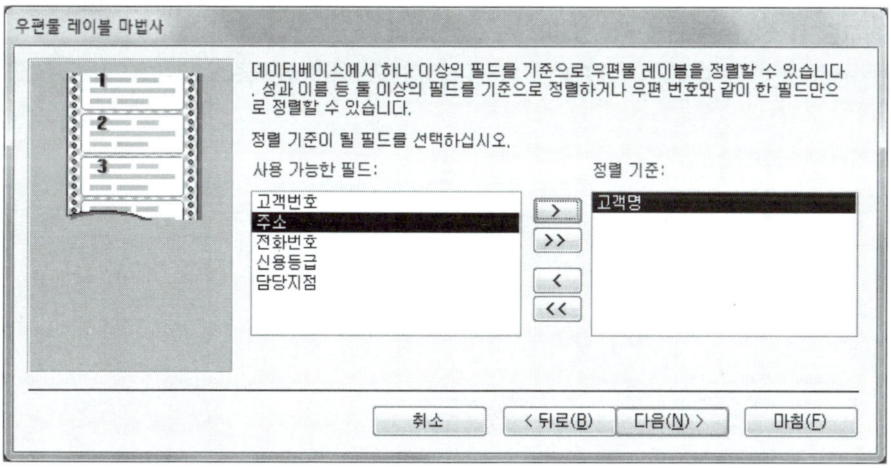

마지막 단계에서는 레이블이 포함된 보고서의 이름을 지정하는 단계이다. 보고서 이름을 입력하고 마법사를 마친 후 우편물 레이블을 미리 보기로 볼지 디자인을 수정

할지를 지정한다. [인쇄될 우편물 레이블 미리 보기]를 선택하고 [마침(F)] 단추를 클릭한다.

그림 11-58 우편물 레이블 마법사 5단계

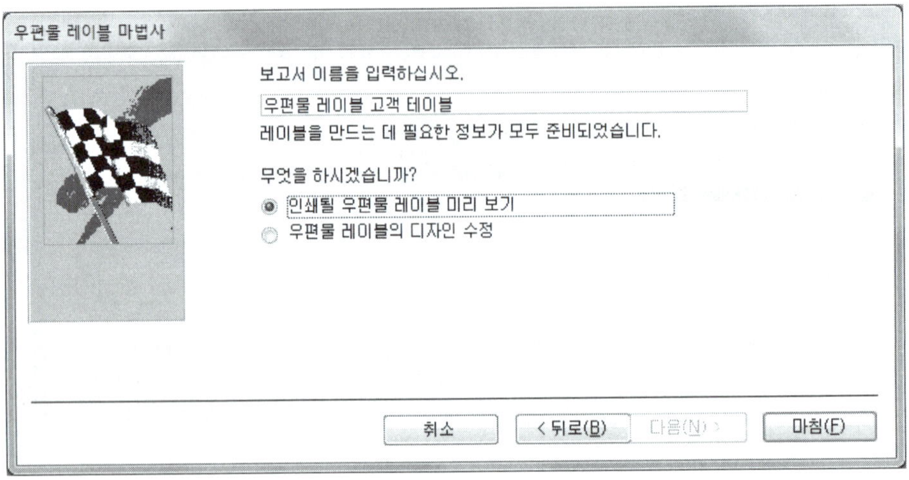

[마침(F)] 단추를 클릭하면 다음 그림과 같은 우편 레이블 출력 결과를 [인쇄 미리 보기] 형식으로 확인할 수 있다.

그림 11-59 우편물 레이블 마법사 실행 결과

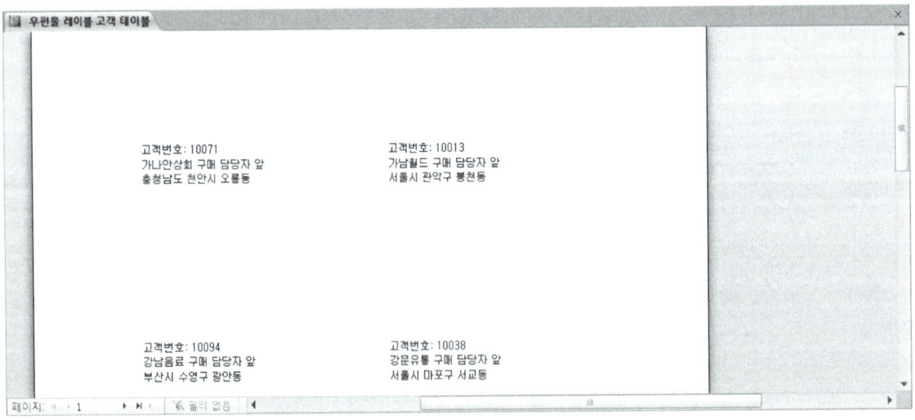

7 조건부 서식 만들기

조건부 서식을 사용하면 컨트롤의 내용에 따라 컨트롤에 텍스트 색, 배경, 밑줄, 굵게 등의 다양한 서식을 설정할 수 있다. 엑셀의 사용자 지정 서식 기능과 매우 유사하며 특정 조건에 맞는 데이터에 대해서 서식을 다르게 나타냄으로써 보고서의 내용을 더욱 쉽게 파악할 수 있도록 도와준다.

보고서에 조건부 서식을 설정하기 위해 먼저 작성된 보고서가 필요한데, '그림 11-9의 보고서 마법사 실행 결과'와 같은 보고서를 작성하고 [홈] 탭의 [보기] 그룹에서 [보기]의 [레이아웃 보기(Y)]를 클릭한다. 그리고 조건부 서식을 적용할 '신용등급' 필드의 데이터를 선택하고 [보고서 레이아웃 도구]의 [형식] 탭의 [컨트롤 서식] 그룹에서 [조건부 서식]을 클릭한다.

그림 11-60 ▌ 조건부 서식을 적용하기 위한 필드 선택

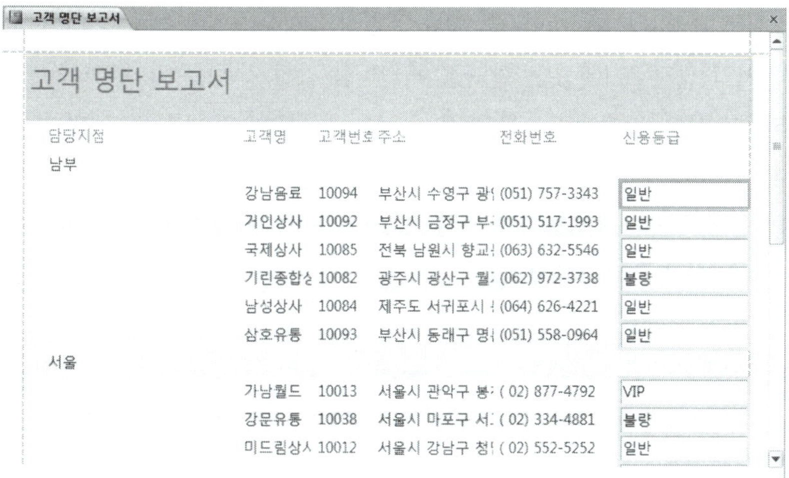

[조건부 서식 규칙 관리자] 대화상자의 [서식 규칙 표시(S):] 드롭다운 단추에 '신용등급'이 선택되어 있는 것을 확인할 수 있다. 조건부 서식을 설정할 필드를 변경하려면 [서식 규칙 표시(S):]의 드롭다운 단추를 클릭하여 변경할 수 있다. '신용등급' 필드에 조건부 서식을 설정하기 위해 [새 규칙(N)] 단추를 클릭하면 새로운 [새 서식 규칙] 대화상자가 나타난다.

그림 11-61 ▌ 조건부 서식 규칙 관리자 대화상자

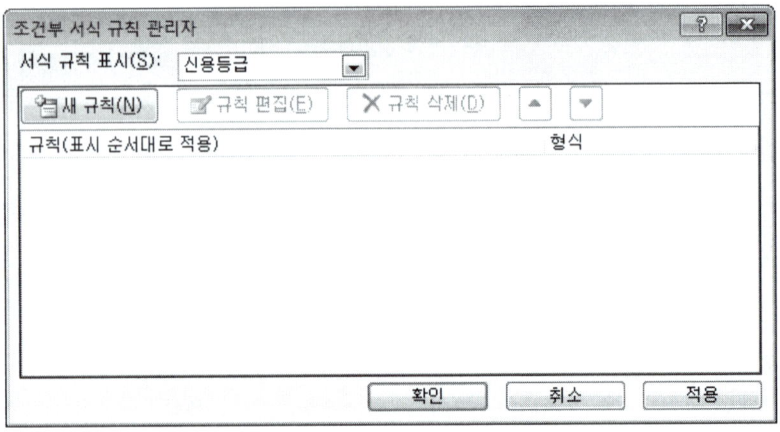

[새 서식 규칙] 대화상자에서는 '신용등급' 필드에 포함된 데이터 중에 원하는 조건에 맞는 데이터를 찾기 위한 조건식을 입력하고, 조건에 맞는 데이터에 적용할 서식을 설정한다. [규칙 유형 선택(S):]에서는 '현재 레코드의 값 확인 또는 식 사용'을 선택하고 [규칙 설명 편집:]에서는 데이터를 찾을 조건식과 서식을 설정한다. 먼저 [다음과 같은 셀만 서식 설정(O):]에서는 [필드 값이], [다음 값과 같음], "VIP"를 입력하고 [미리 보기:]에서는 사용자가 원하는 서식( )을 선택하고 [확인] 단추를 클릭한다.

그림 11-62 ▌ 서식 규칙 편집 대화상자

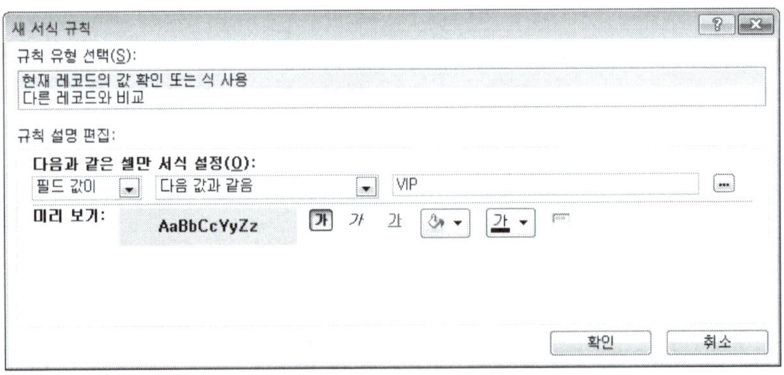

[새 서식 규칙] 대화상자에서 설정한 조건부 서식 규칙이 다음 그림과 같이 [조건부 서식 규칙 관리자] 대화상자의 본문에 표시된 것을 확인하고 [확인] 단추를 클릭한다.

그림 11-63 ▌ 조건부 서식 규칙 설정

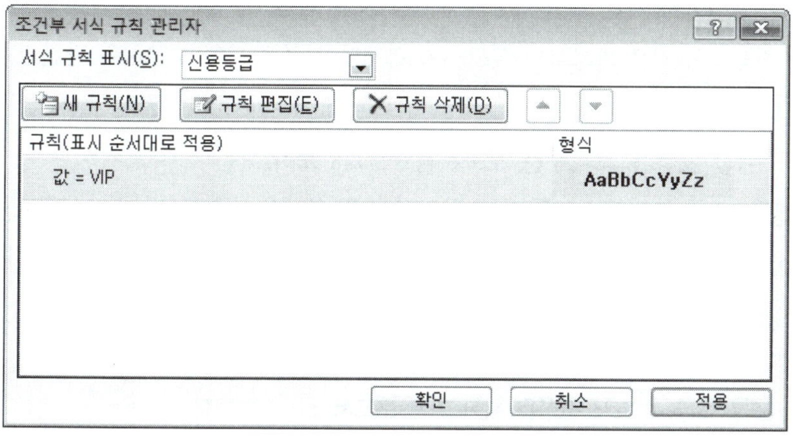

다음 그림과 같이 '신용등급' 필드에 포함된 데이터 중에서 'VIP'인 데이터의 서식이 모두 변경된 것을 확인할 수 있다.

그림 11-64 ▌ 조건부 서식 실행 결과

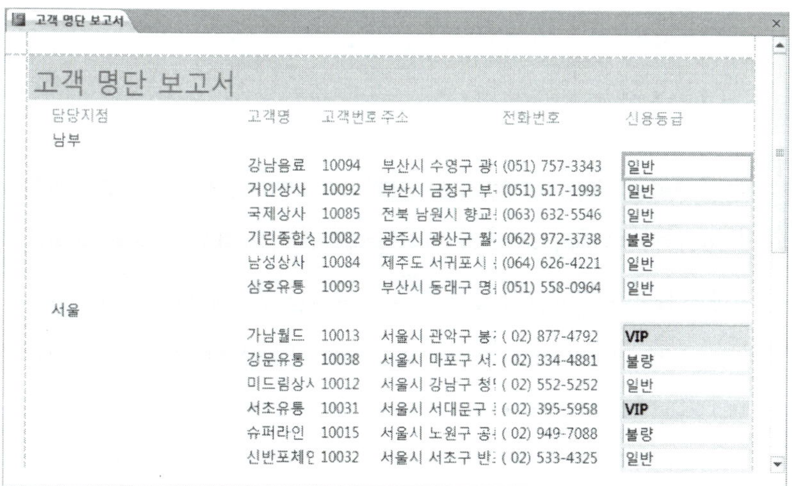

8 하위 보고서 만들기

하위 보고서는 이미 작성된 기본 보고서를 기준으로 관계가 설정된 테이블/쿼리를 하위 보고서로 삽입하여 기본 보고서의 레코드에 따른 관련 테이블/쿼리의 레코드들을 나타내는 기능으로 기본 보고서의 레코드에 관계가 설정된 하위 보고서의 관련 레코드를 일목요연하게 확인할 수 있다.

고객별로 구매한 제품을 보여주는 보고서를 작성해 보자.

[만들기] 탭의 [보고서] 그룹의 [보고서 디자인]을 클릭하고 오른쪽 [필드 목록]에서 '고객 테이블' 이름 앞의 ⊞ 표시를 클릭하여 '고객번호', '고객명', '전화번호', '신용등급', '담당지점'을 [디자인 보기] 창의 [본문] 영역에 다음 그림과 같이 추가한다.

그림 11-65 하위 보고서 작성을 위한 기본 보고서

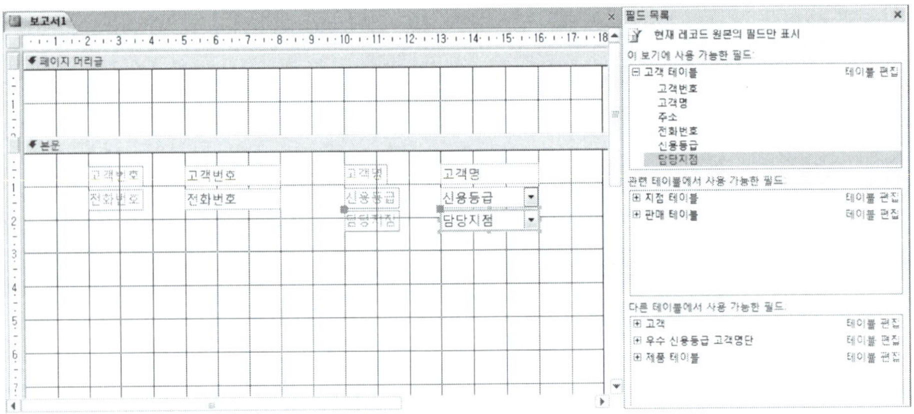

하위 보고서를 추가하기 위해 [보고서 디자인 도구]의 [디자인] 탭에서 [컨트롤] 그룹의 컨트롤 모음에서 [하위 폼/하위 보고서( )]를 선택한 후, [디자인 보기] 창의 [본문] 영역에 원하는 크기로 드래그하면 [하위 보고서 마법사]가 나타난다.

그림 11-66 ▌ 하위 보고서 컨트롤 추가

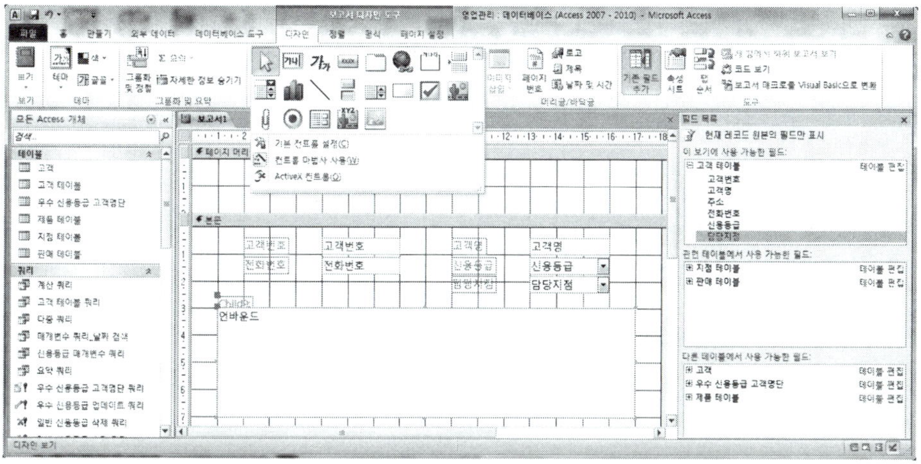

[하위 보고서 마법사]의 첫 번째 단계에서는 [기존 테이블 및 쿼리 사용(T)]을 선택하고 [다음(N) >]을 클릭한다.

그림 11-67 ▌ 하위 보고서 마법사 1단계

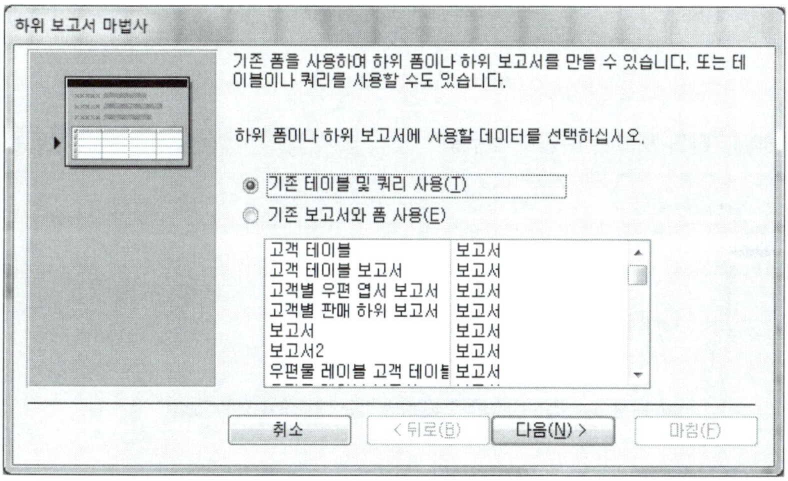

[하위 보고서 마법사]의 두 번째 단계에서는 하위 보고서에 사용할 테이블과 필드를 선택한다. [테이블/쿼리(T)]의 드롭다운 단추를 클릭하여 '테이블: 판매 테이블'을 선택하고, [사용 가능한 필드:]에 표시된 필드 목록에서 하위 보고서에 사용할 필드를 더블클릭하거나 [>]를 클릭하여 [선택한 필드:]로 보내고 [다음(N) >]을 클릭한다.

그림 11-68 하위 보고서 마법사 2단계

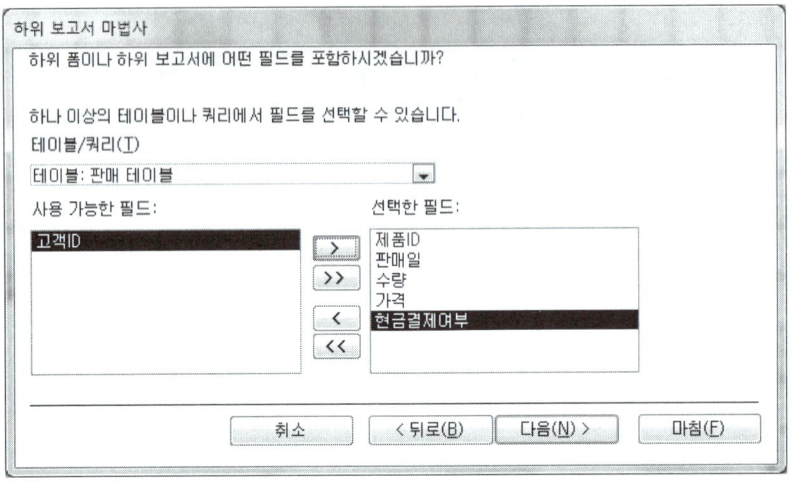

[하위 보고서 마법사]의 세 번째 단계에서는 기본 보고서의 특정 필드('고객번호')와 관련된 하위 보고서의 특정 필드('고객ID')를 연결하기 위해 [목록에서 선택(C)]을 선택하고 [다음(N)]을 클릭한다. [목록에서 선택(C)]은 기본 보고서의 데이터인 '고객 테이블'과 하위 보고서의 데이터인 '판매 테이블'의 관계 설정에 따라서 자동으로 연결된다.

그림 11-69 하위 보고서 마법사 3단계

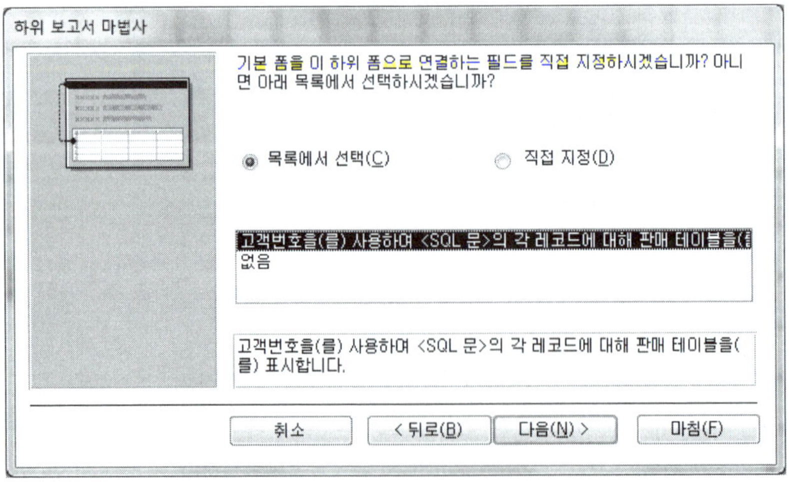

[하위 보고서 마법사]의 네 번째 단계에서는 작성한 하위 보고서에 대한 저장 이름 "판매 테이블 하위 보고서"를 입력하고 [마침(F)]을 클릭한다.

그림 11-70 ▌ 하위 보고서 마법사 4단계

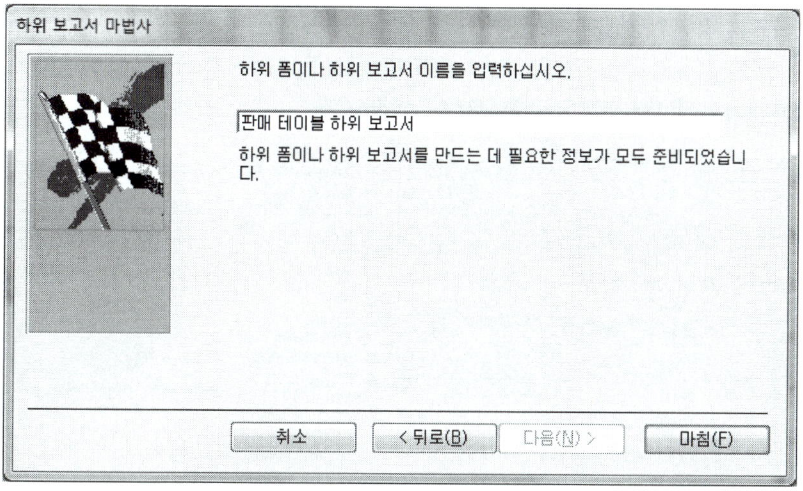

다음 그림과 같이 [디자인 보기] 창에 '판매 테이블 하위 보고서'가 작성된 것을 확인할 수 있다. 하위 보고서의 전체 크기와 위치 및 레이블과 컨트롤의 크기와 위치를 절적하게 조절한다.

그림 11-71 ▌ 하위 보고서 컨트롤 위치 및 크기 조절

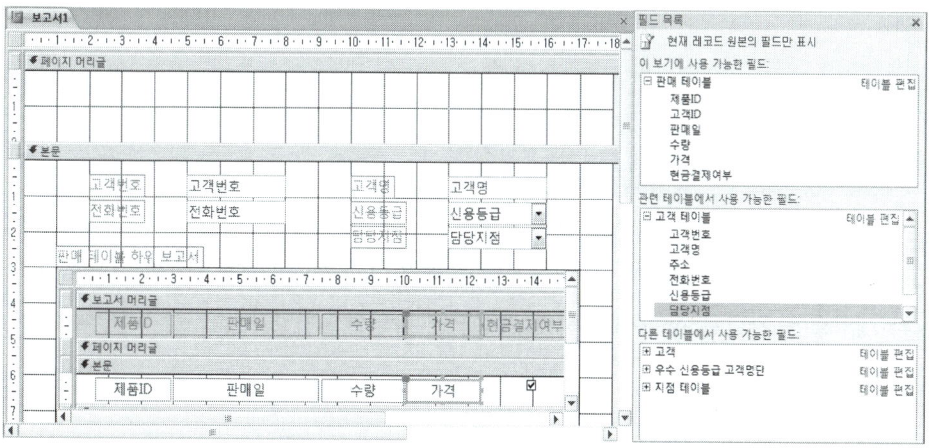

[본문] 영역에서 마우스 오른쪽 버튼을 클릭하여 나타난 바로가기 메뉴에서 [페이지 머리글/바닥글(A)]을 클릭하여 취소하고 [보고서 머리글/바닥글(H)]을 클릭하여 표시한 후 [보고서 머리글] 영역에 제목을 "고객별 판매 목록"이라고 입력한다.

그림 11-72 ▌ 하위 보고서에 제목 추가

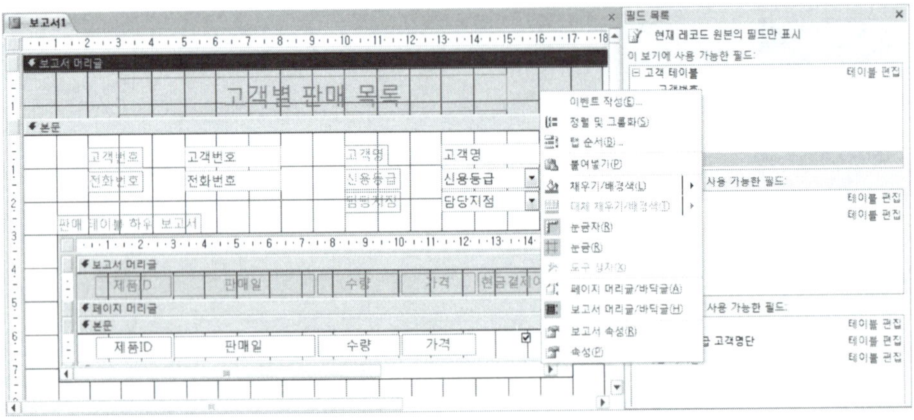

[빠른 실행 도구 모음]의 [저장]을 클릭하여 기본 보고서를 저장한다.

그림 11-73 ▌ 하위 보고서 저장

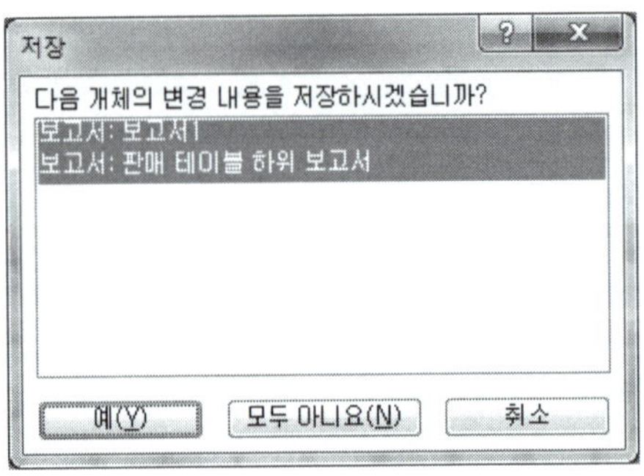

[홈] 탭의 [보기] 그룹에서 [보기]의 [인쇄 미리 보기(V)]를 클릭하면 기본 보고서의 레코드에 관련된 하위 보고서의 레코드를 확인할 수 있다.

그림 11-74 하위 보고서 실행 결과

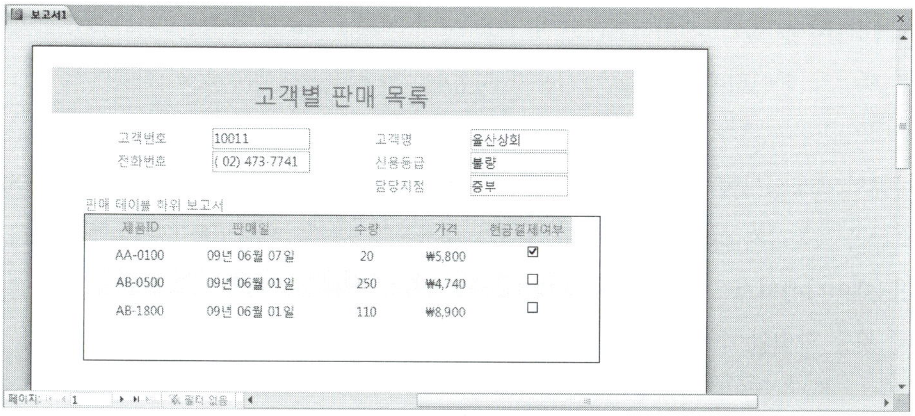

9 스위치보드 만들기

스위치보드(switchboard)는 액세스에서 만든 여러 폼이나 보고서를 실행할 수 있는 기능을 의미한다. 데이터베이스 사용자가 테이블이나 폼, 보고서에 개별적으로 직접 접근하지 않고 스위치보드를 통해 접근함으로써 사용자의 편의성을 향상시킬 수 있으며, 또한 사용자가 직접 개체에 접근하는 것을 제한함으로써 보안성을 향상시킬 수 있다.

지금까지 작성한 폼과 보고서를 한 곳에서 실행하는 스위치보드를 작성해 보자. 스위치보드를 작성하기 위해서는 먼저 [스위치보드 관리자] 창을 열어야 하는데, [데이터베이스 도구] 탭의 [데이터베이스 도구] 그룹에서 [스위치보드 관리자]를 클릭한다.

만약 [데이터베이스 도구] 탭에 [스위치보드 관리자]가 표시되어 있지 않으면 [파일] 탭의 [옵션]을 클릭하여 나타난 [Access 옵션] 창에서 [스위치보드 관리자]를 추가할 수 있다. [스위치보드 관리자]를 추가하기 위해서는 우선 [Access 옵션] 창에서 [리본 메뉴 사용자 지정]을 선택하고 오른쪽 [리본 메뉴 사용자 지정(B):] 아래의 목록 상자에서 [데이터베이스 도구]를 선택한 후 [새 그룹(N)] 단추를 클릭한다. 그리고 새로 생성된 [새 그룹 (사용자 지정)]을 선택하고 [이름 바꾸기(M)...] 단추를 클릭하여 나타난 [이름 바꾸기] 대화상자의 [표시 이름:]에서 “데이터베이스 도구”로 입력하고 [확인] 단추를 눌러 [데이터베이스 도구 (사용자 지정)] 그룹을 생성한다. 다음으로 새로 생성된 [데이터베이스 도구 (사용자 지정)]을 선택된 상태에서 왼쪽 [다음에서 명령 선택(C):]의 드롭다운 단추를 클릭하여 ‘리본 메뉴에 없는 명령’을 선택한다. 그리고 아래의 목록상자에서 ‘스위치보드 관리자’를 선택하고 [추가(A)>>] 단추를 클릭하면 오른쪽 목록상자에 [스위치보드 관리자]가 추가된다. 마지막으로 [확인] 단추를 클릭하면 [데이터베이스 도구] 탭의 [데이터베이스 도구] 그룹에 [스위치보드 관리자]가 생성된 것을 확인할 수 있다.

그림 11-75 | 스위치보드 작성 메뉴

데이터베이스에서 처음으로 스위치보드를 작성할 경우에는 다음과 같이 스위치보드 작성 여부를 묻는 대화상자가 나타난다. [예(Y)]를 클릭한다.

그림 11-76 | 스위치보드 새로 만들기

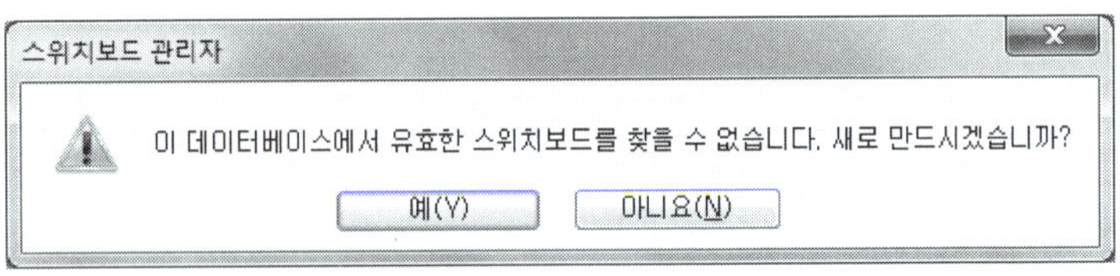

[스위치보드 관리자] 대화상자에서 [새로 만들기(N)...]를 클릭하면 스위치보드 페이지 이름을 입력하는 [새로 만들기] 대화상자가 다음 그림과 같이 나타난다. 새로 작성할 스위치보드 페이지 이름을 “영업관리”라고 입력하고 [확인] 단추를 클릭한다.

그림 11-77 ▌ 스위치보드 관리자

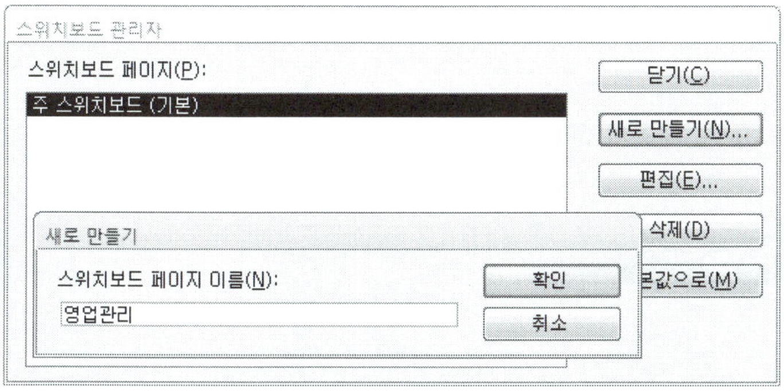

스위치보드는 데이터베이스에 포함된 폼이나 보고서를 실행시키는 컨트롤의 집합이며, 우리가 일상적으로 사용하는 소프트웨어의 메뉴에 해당하는 기능을 제공한다. 따라서 하나의 상위 메뉴에 여러 가지의 하위 메뉴가 다음 그림과 같이 트리 형태로 구성될 수 있다.

그림 11-78 ▌ 메뉴 트리

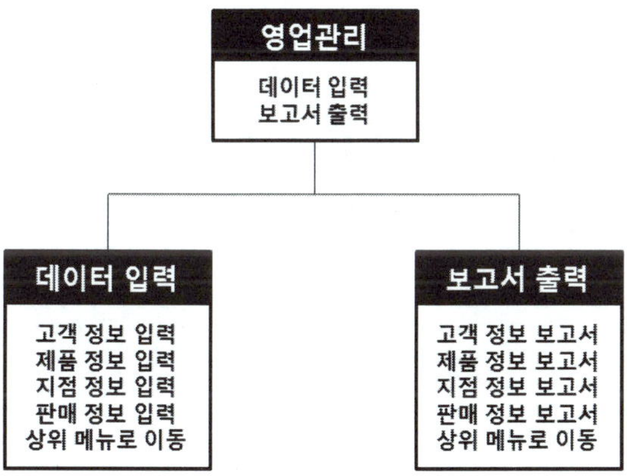

본 예제에서는 먼저 상위 메뉴(영업관리)와 함께 테이블에 데이터를 입력하는 메뉴(데이터 입력)와 보고서를 출력하는 메뉴(보고서 출력)를 작성하고 각각의 메뉴와 연결된 여러 하위 메뉴로 구성된 스위치보드를 작성해 본다. 먼저 하위 메뉴를 포함하는 스위치보드를 만든다. 앞에서 '영업관리'를 만들었던 방법과 동일하게 [스위치보드 관리자] 대화상자에서 [새로 만들기(N)...]를 클릭하여 '데이터 입력', '보고서 출력'이라는 이름으로 [스위치보드 페이지(P):]를 각각 만든다.

그림 11-79 ▌ 스위치보드 페이지 이름 입력

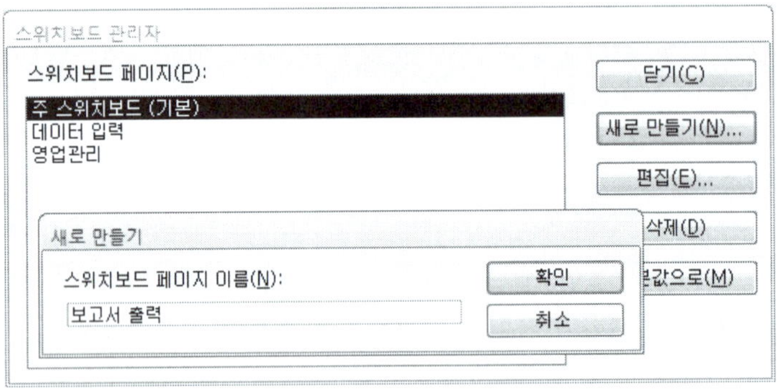

다음으로, 상위 메뉴와 하위 메뉴를 연결하기 위해 상위 메뉴인 '영업관리' 스위치보드 페이지를 선택하고 [편집(E)...]을 클릭하면 다음과 같은 [스위치보드 페이지 편집] 대화상자가 나타난다.

그림 11-80 ▌ 스위치보드 페이지 편집

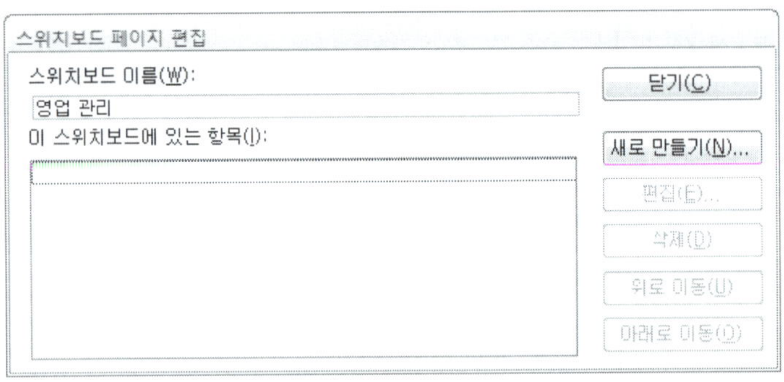

[스위치보드 페이지 편집] 대화상자에서 [새로 만들기(N)...]를 클릭하면 다음 그림과 같이 [스위치보드 항목 편집] 대화상자가 나타난다. 이 대화상자는 상위 메뉴인 '영업관리'와 하위 메뉴로 사용될 '데이터 입력'과 '보고서 출력'을 연결하는 기능을 제공한다.

[스위치보드 항목 편집] 대화상자의 [텍스트(T):]에는 앞서 작성한 스위치보드 페이

지 이름인 "데이터 입력"을 입력하고, [명령(C):]의 드롭다운 단추를 클릭해 [스위치 보드로 이동]을 선택한다. 이 항목은 상위 메뉴와 하위 메뉴를 연결하는 기능을 설정한다. 그리고 [스위치보드(S):]의 드롭다운 단추를 클릭해 앞서 작성한 스위치보드 페이지 이름인 '데이터 입력'을 선택하고 [확인] 단추를 클릭한다.

그림 11-81 ▌ 스위치보드 항목 편집

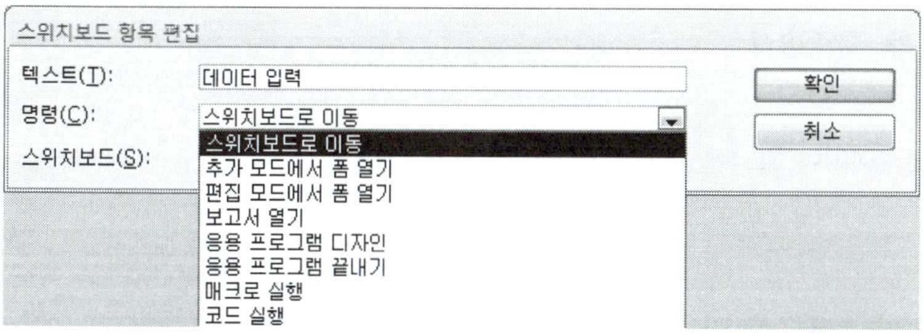

'보고서 출력'도 앞서 [스위치보드 페이지 편집]에서 '영업관리'와 '데이터 입력'을 연결하기 위한 방법과 동일한 방법으로 작성한다. 지금까지 상위 메뉴인 '영업관리' 스위치보드 페이지와 하위 메뉴인 '데이터 입력', '보고서 출력' 스위치보드 페이지를 연결하였다.

다음으로 데이터베이스를 열었을 때 기본적으로 표시될 스위치보드 페이지를 '영업관리'로 지정하기 위하여 [스위치보드 관리자] 대화상자에서 '영업관리' 스위치보드를 선택하고 [기본값으로(M)]를 클릭한다. 다음 그림은 상위 메뉴를 보여주는 스위치보드를 폼 개체 항목에서 실행한 화면이다. 만약 스위치보드의 서식(글꼴, 크기, 색 등)을 변경하기 원한다면 탐색 창의 폼 개체에서 '스위치보드'의 [디자인 보기] 창을 통하여 수정한다.

그림 11-82 ▌ 스위치보드의 상위 메뉴

마지막으로 '데이터 입력' 메뉴와 '보고서 출력' 메뉴에 포함되는 하위 메뉴를 작성하고 연결하는 과정이 남았다. 먼저 '데이터 입력' 메뉴에 대한 하위 메뉴 작성 방법을 보면, [스위치보드 관리자] 대화상자에서 '데이터 입력'을 선택하고 [편집(E)...]을 클릭한다. 그리고 [스위치보드 페이지 편집] 대화상자에서 [새로 만들기(N)...]를 클릭한 후 [스위치보드 항목 편집] 대화상자의 [텍스트(T):]에서 '고객 정보 입력'을 입력하고, [명령(C):]에서 [추가 모드에서 폼 열기], [폼(F):]에서 '고객 테이블 폼'을 각각 선택하고 [확인] 단추를 클릭한다.

그림 11-83 데이터 입력에 대한 스위치보드 항목 편집

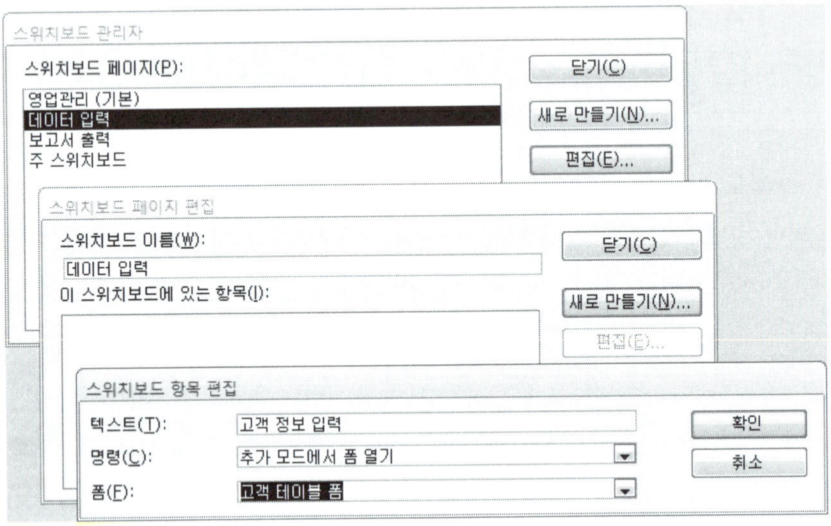

그리고 이와 동일한 방법으로 다음 그림과 같이 '제품 정보 입력', '지점 정보 입력', '판매 정보 입력'의 스위치보드 항목을 작성하고 각각 '제품 테이블 폼', '지점 테이블 폼', '판매 테이블 폼'과 연결한다. 끝으로 지금까지의 하위 메뉴에서 상위 메뉴(데이터 입력)로 이동할 수 있는 항목을 추가하기 위하여 [스위치보드 항목 편집] 대화상자에서 [텍스트(T):]에서 [상위 메뉴로 이동]을 입력하고, [명령(C):]에서 [스위치보드로 이동], [스위치보드(S):]에서 '영업관리'를 각각 선택하고 [확인] 단추를 클릭한다. 다음 그림은 지금까지 작성한 모든 하위 메뉴들이 스위치보드에 어떻게 표시되는지를 보여준다.

그림 11-84 ▌ 데이터 입력 스위치보드의 하위 메뉴

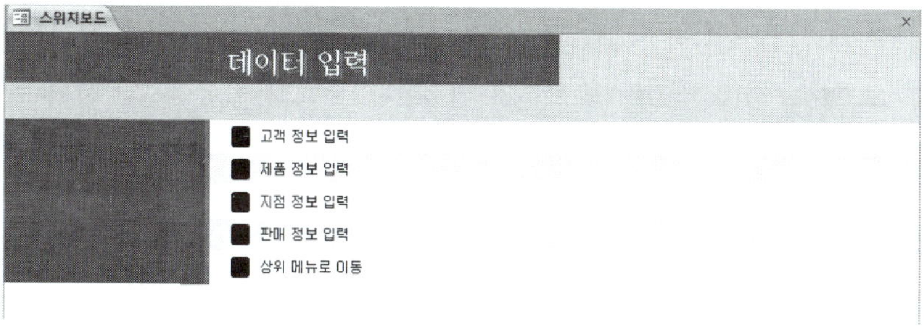

'보고서 출력' 메뉴에 대한 하위 메뉴 작성 방법도 '데이터 입력' 메뉴에 대한 하위 메뉴 작성 방법과 동일하다. [스위치보드 관리자] 대화상자에서 '보고서 출력'을 선택하고 [편집(E)...]을 클릭한다. 그리고 [스위치보드 페이지 편집] 대화상자에서 [새로 만들기(N)...]를 클릭한 후 [스위치보드 항목 편집] 대화상자의 [텍스트(T):]에서 "고객 정보 보고서"를 입력하고, [명령(C):]에서 '보고서 열기', [보고서(R):]에서 '고객 테이블 보고서'를 각각 선택하고 [확인] 단추를 클릭한다.

그림 11-85 ▌ 보고서 출력에 대한 스위치보드 항목 편집

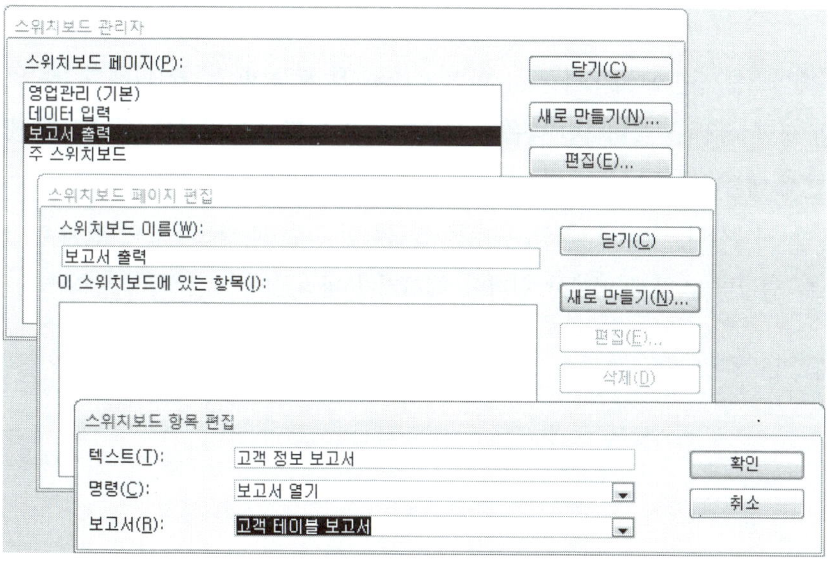

앞에서와 동일한 방법으로 다음 그림과 같이 '제품 정보 보고서', '지점 정보 보고서', '판매 정보 보고서'의 스위치보드 항목을 작성하고 각각 '제품 테이블 보고서', '지점 테이블 보고서', '판매 테이블 보고서'와 연결한다. 끝으로 지금까지의 하위 메뉴에서 상위 메뉴(보고서 출력)로 이동할 수 있는 항목을 추가하기 위하여 [스위치보드 항목 편집] 대화상자에서 [텍스트(T):]에서 "상위 메뉴로 이동"을 입력하고, [명령(C):]에서 [스위치보드로 이동], [스위치보드(S):]에서 '영업관리'를 각각 선택하고 [확인]을 클릭한다. 다음 그림은 지금까지 작성한 모든 하위 메뉴들이 스위치보드에 어떻게 표시되는지 보여준다.

그림 11-86 | 보고서 출력 스위치보드의 하위 메뉴

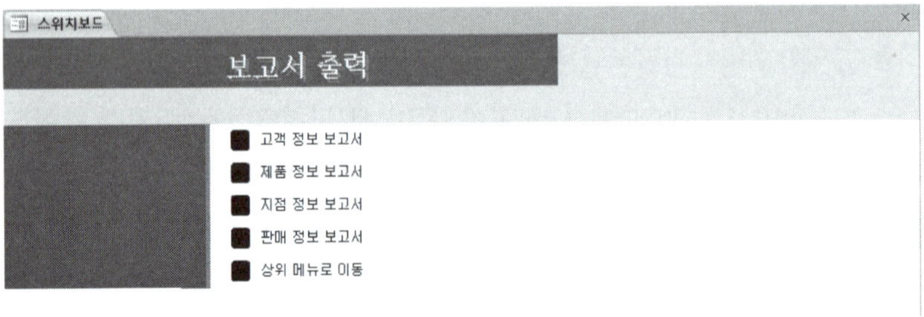

데이터베이스를 시작할 때마다 시작 화면에 스위치보드를 항상 나타나게 할 수 있다. [파일] 탭의 [옵션]을 클릭하면 다음의 그림 11-87과 같이 나타나는 [Access 옵션] 창에서 [현재 데이터베이스]를 선택하고 [폼 표시(D)]의 드롭다운 단추를 클릭하여 '스위치보드'를 선택한다. 그리고 [확인] 단추를 클릭하면 그림 11-88과 같이 현재 데이터베이스를 닫았다가 다시 열어야 한다는 메시지가 나타난다.

그림 11-87 | Access 옵션에 스위치보드 설정

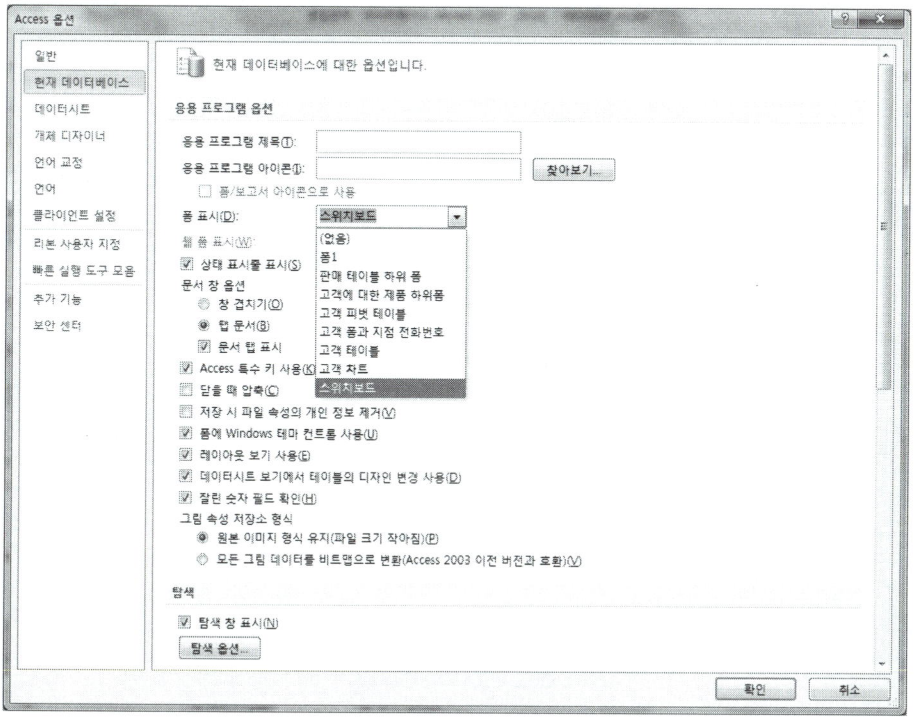

그림 11-88 | 자동 실행 스위치보드 설정 확인창

이후에 액세스를 시작할 때마다 자동으로 스위치보드가 실행되어 화면에 나타나게 된다.

연·습·문·제

01. 제8장의 연습문제 1번을 참조하여 다음 그림과 같이 과목별 성적현황 보고서를 작성하시오.

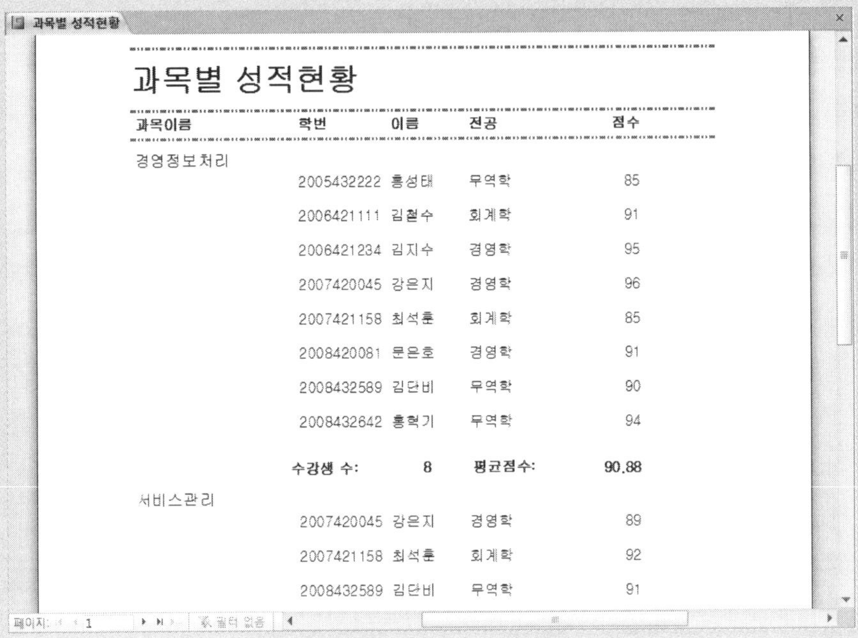

과목별 성적현황

과목이름	학번	이름	전공	점수
경영정보처리				
	2005432222	홍성태	무역학	85
	2006421111	김철수	회계학	91
	2006421234	김지수	경영학	95
	2007420045	강은지	경영학	96
	2007421158	최석훈	회계학	85
	2008420081	문은호	경영학	91
	2008432589	김단비	무역학	90
	2008432642	홍혁기	무역학	94
	수강생 수:	**8**	**평균점수:**	**90.88**
서비스관리				
	2007420045	강은지	경영학	89
	2007421158	최석훈	회계학	92
	2008432589	김단비	무역학	91

(1) 보고서 머리글에 제목을 '과목별 성적현황'으로 입력하고, 글꼴은 '굴림'으로, 글꼴크기는 '24'로 지정하시오.
(2) 과목이름 별로 학번, 이름, 전공, 점수 필드를 표시하시오.
(3) 제목 위와 필드 이름 위와 아래에 위의 그림과 같이 선을 삽입하시오.
(4) 각 과목 내에서 학번 순으로 정렬하여 표시하시오.
(5) 각 과목별로 수강생 수와 평균점수를 계산하여 표시하시오. 평균점수의 표시 형식은 '표준'으로 설정하고 소수 이하 자릿수 두 자리까지 표시하도록 설정하시오.
(6) 각 페이지 아래의 왼쪽에는 'xxxx년 xx월 xx일 x요일'과 같은 형식으로 현재 날짜를 표시하고, 오른쪽에는 페이지 번호를 '1/2페이지'와 같은 형식으로 표시하시오.
(7) '학과목 수강' 데이터베이스에 포함된 폼과 보고서를 포함하는 스위치보드를 작성하시오.

02. 제10장의 연습문제 2번의 (9)에서 작성한 쿼리를 이용하여 다음 그림과 같이 보고서를 작성하시오.

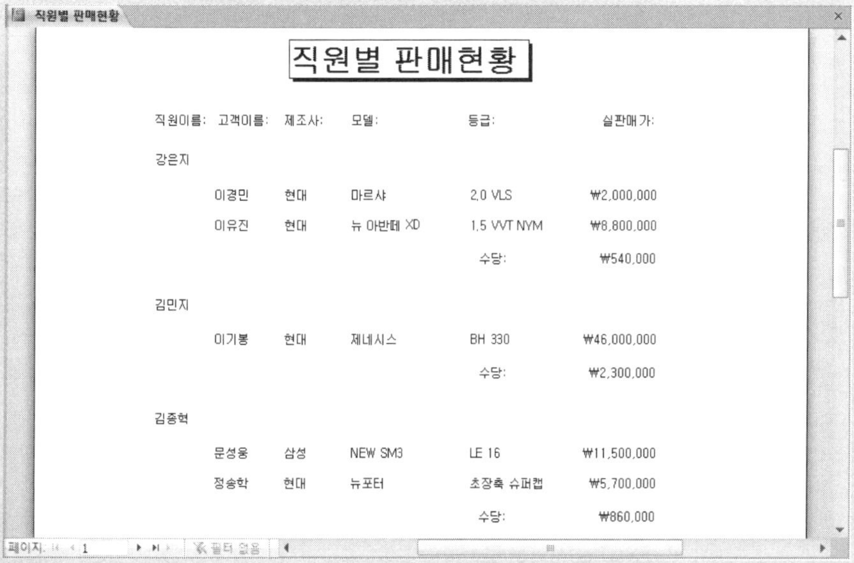

(1) 보고서 머리글에 '직원별 판매현황'으로 제목을 입력하고, 글꼴은 '굴림체', 글꼴크기는 '22', 특수효과는 '그림자'로 지정하시오.
(2) 직원이름 별로 고객이름, 제조사, 모델, 등급, 실판매가 필드를 표시하시오.
(3) 직원별로 수당의 총액을 그룹 바닥글에 통화 형식으로 표시하시오.
(4) 보고서 바닥글에 직원의 수당 총액을 통화 형식으로 표시하시오.
(5) 각 페이지 아래의 왼쪽에는 'xxxx년 xx월 xx일 x요일'과 같은 형식으로 현재 날짜를 표시하고, 오른쪽에는 페이지 번호를 '1/2페이지'와 같은 형식으로 표시하시오.
(6) 위에서 작성한 보고서와 함께 9장의 2번 문제에서 작성한 폼을 포함하는 스위치보드를 만드시오.

03. 제10장의 연습문제 3번의 (5)에서 작성한 쿼리를 이용하여 다음 그림과 같이 보고서를 작성하시오.

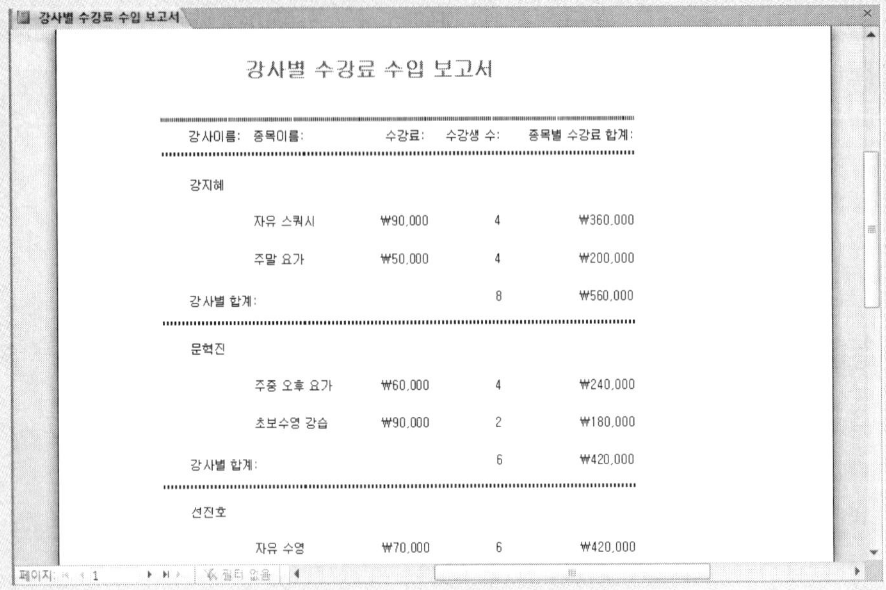

(1) 보고서 머리글에 '강사별 수강료 수입 보고서'로 제목을 입력하고, 글꼴은 '굴림체,' 글꼴크기는 '16'으로 지정하시오.

(2) 강사이름 별로 종목이름, 수강료, 수강생 수, 종목별 수강료 합계 필드를 표시하시오.

(3) 강사별로 수강생 수의 합계와 종목별 수강료의 합계를 그룹 바닥글에 표시하시오.

(4) 보고서 바닥글에 전체 수강생 수의 합계와 모든 종목의 수강료의 합계를 표시하시오.

(5) 각 페이지 아래의 왼쪽에는 'xxxx년 xx월 xx일 x요일'과 같은 형식으로 현재 날짜를 표시하고, 오른쪽에는 페이지 번호를 '1/2페이지'와 같은 형식으로 표시하시오.

(6) 위의 그림과 같이 필드 이름 위와 아래, 그리고 강사별 합계 아래에 선을 표시하시오. (높이는 '0.005cm', 특수효과는 '기본', 테두리 스타일은 '점선', 테두리 두께는 '3pt'로 지정하시오.)

(7) 효원스포츠클럽의 고객관리 데이터베이스에 포함된 폼과 보고서를 포함하는 스위치보드를 작성하시오.

12 Chapter 데이터 베이스 프로그래밍

1. 매크로 개요
2. 매크로 작성하기
3. 명령단추에 매크로 연결하기
4. 명령단추에 매크로 작성하기
5. 매크로 작성을 위한 폼 만들기
6. 조건을 만족하는 데이터 검색 매크로 작성하기
7. 매크로를 Visual Basic으로 변환하기
8. 이벤트 프로시저 만들기

Chapter 12 데이터베이스 프로그래밍

1 매크로 개요

매크로는 응용 프로그램에서 반복적인 작업을 수행하는 경우에 이를 하나의 명령어로 저장하여 사용자가 같은 작업을 반복적으로 수행할 때 간단하게 처리할 수 있도록 하는 기능이다. 매크로는 작업을 자동화할 때 사용할 수 있는 매크로 함수와 매크로 함수 인수의 설정으로 실행 가능하며 주로 컨트롤의 이벤트에 연결하여 사용한다. 다음의 표들은 실행 기능에 따른 매크로 함수에 대한 설명이다.

표 12-1 주요 매크로 함수

분류	작업	매크로 함수명
폼/보고서의 데이터	필터	ApplyFilter
	특정 데이터로 이동	FindNext, FindRecrd, GoToControl, GoToRecord, GoToPage
실행	명령 실행	RunCommand
	Microsoft Access 종료	Quit
	매크로, 프로시저, 쿼리 실행	RunApp
	실행 중지	CancelEvent, Quit, StopAllMacros, StopMacro
가져오기/내보내기	Access의 개체를 내보내기	OutputTo, SendObject
	Access의 형식과 다른 데이터 간의 전송	TransferDatabase, TarnsferSpreadsheet, TransferText

개체 조작	개체 복사, 저장, 이름 바꾸기	CopyObject, Rename, Save
	개체 삭제	DeleteObject
	창의 이동/크기 조절 등	Maximize, Minimize, MoveSize, Restore
	개체 열기/닫기	Close, OpenForm, OpenModule, OpenQuery, OpenReport, OpenTable, OpenDataAccessPage, OpenDiagram, OpenStoredProcedure, OpenView
	개체 인쇄	OpenForm, OpenQuery, OpenReport, OpenStoredProcedure, OpenView, PrintOut
	개체 선택	SelectObject
	필드, 컨트롤, 속성의 값 설정	SetValue
	데이터나 화면 업데이트	RepaintObject, Requery, ShowAllRecords
기타	메뉴 만들기 관련	AddMenu
	전역 메뉴모음 설정	SetMenuItem
	정보 표시	Echo, Hourglass, Msgbox, SetWarning
	키 입력 넘겨주기	SendKeys
	도구 모음 보이기/숨기기	ShowToolbar
	경고음	Beep

표 12-2 폼과 보고서 관련 매크로 함수

매크로 함수	설명
ApplyFilter	테이블이나 쿼리로부터 레코드를 필터링한다.
FindNext	특정한 조건에 의해 찾아진 레코드의 바로 다음에 위치하는 조건에 만족하는 레코드를 검색한다.
FindRecord	특정한 조건에 맞는 첫 번째 레코드를 검색한다.
GoToControl	활성화된 폼에서 커서를 특정한 컨트롤로 이동시킨다.
GoToPage	현재 폼에서 커서를 지정한 페이지의 첫 번째 컨트롤로 이동시킨다.
GoToRecord	레코드 포인터를 이동시킨다.

표 12-3 실행 관련 매크로 함수

매크로 함수	설명
RunCommand	액세스 내부에서 제공하는 명령을 실행시킨다.
Quit	액세스를 종료한다.
OpenQuery	질의를 실행한다.
RunCode	프로시저를 실행한다.
RunMacro	매크로를 실행한다.
RunSQL	SQL문을 실행한다.
RunApp	메모장, 엑셀 등의 응용 프로그램을 실행한다.

표 12-4 가져오기/내보내기 관련 매크로 함수

매크로 함수	설명
OutputTo	데이터베이스 개체를 엑셀, 텍스트, 서식 있는 문서 파일 형식 등으로 내보내기한다.
SendObject	데이터베이스 개체를 전자 우편 메시지에 첨부하여 전송한다.
TransferDatabase	다른 데이터베이스 파일과의 가져오기, 내보내기, 연결 등을 지원한다.
TransferSpreadsheet	스프레드시트 파일과의 가져오기, 내보내기, 연결 등을 지원한다.
TransferText	텍스트 파일과의 가져오기, 내보내기, 연결 등을 지원한다.

매크로 작성 시 매크로 함수를 이용하는 것 외에도 사용자가 직접 컨트롤에 Visual Basic 코드를 입력하여 매크로와 같은 동작을 할 수 있다. 그리고 사용자가 작성한 매크로에 대해서 Visual Basic 코드로 변환하여 사용자로 하여금 작성한 매크로에 대한 이해를 도울 수 있다.

2 매크로 작성하기

매크로를 작성하기 위해 [만들기] 탭의 [매크로 및 코드] 그룹에서 [매크로]를 클릭하여 [매크로 디자인] 창을 연다.

그림 12-1 ▎ 매크로 작성 메뉴

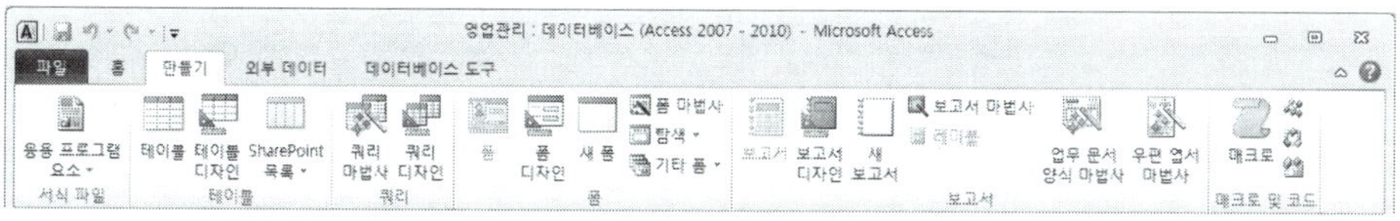

먼저 다음 그림과 같은 [매크로 디자인] 창에서 매크로 작성에 필요한 매크로 함수를 선택한다. 본 예제에서는 '고객 테이블 보고서'를 인쇄 미리 보기 형식으로 나타내기 위한 매크로를 작성한다. 이를 위해 [새 함수 추가] 드롭다운 단추를 클릭하여 'OpenReport'를 선택한다.

그림 12-2 ▎ 매크로 함수 선택

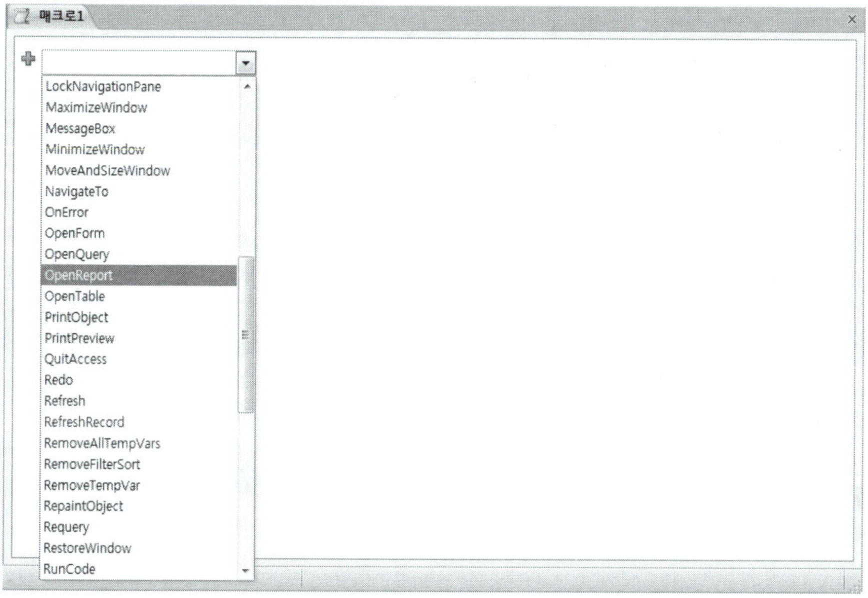

'OpenReport' 매크로를 실행하기 위해 매크로 함수를 적용할 보고서를 선택하고 'OpenReport' 매크로에 따른 매크로 인수를 다음 그림과 같이 설정한다. [보고서 이름]은 '고객 테이블 보고서'를 선택하고, [보기 형식]은 [인쇄 미리 보기]를 선택하고 [필터 이름]과 [Where 조건문]은 설정하기 않는다. [창 모드]는 [기본]으로 설정한다.

그림 12-3 매크로 인수 설정

[빠른 실행 도구 모음]의 [저장]을 클릭하여 작성한 매크로를 저장한다.

그림 12-4 매크로 저장

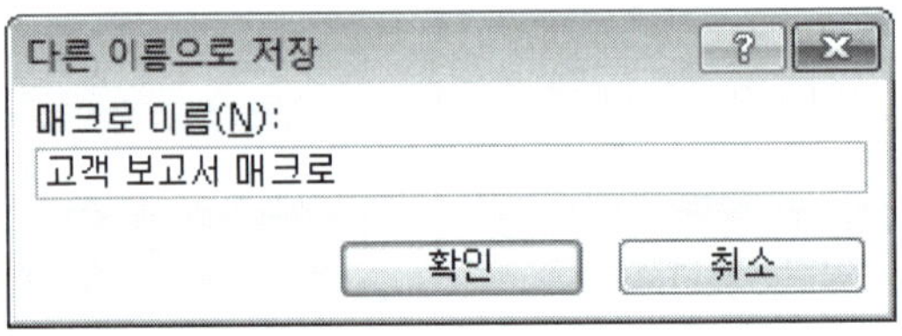

지금까지 작성한 'OpenReport' 매크로를 실행하기 위해 [매크로 도구]의 [디자인] 탭에서 [도구] 그룹의 [! 실행]을 클릭한다.

그림 12-5 매크로 실행

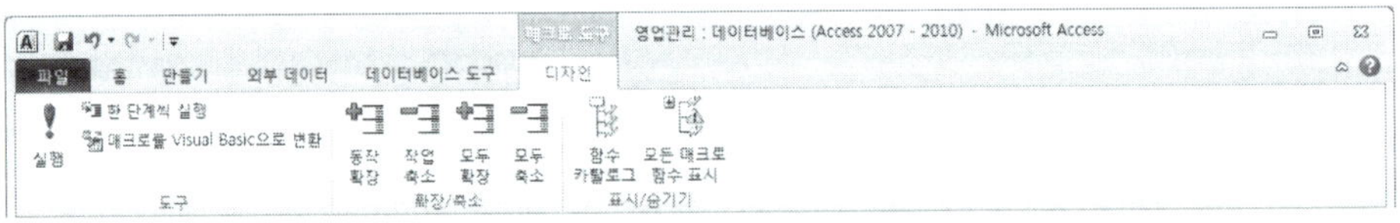

다음 그림은 '고객 보고서 매크로'의 실행 결과인 '고객 테이블 보고서'를 인쇄 미리보기 형식으로 나타낸 것이다.

그림 12-6 매크로 실행 결과

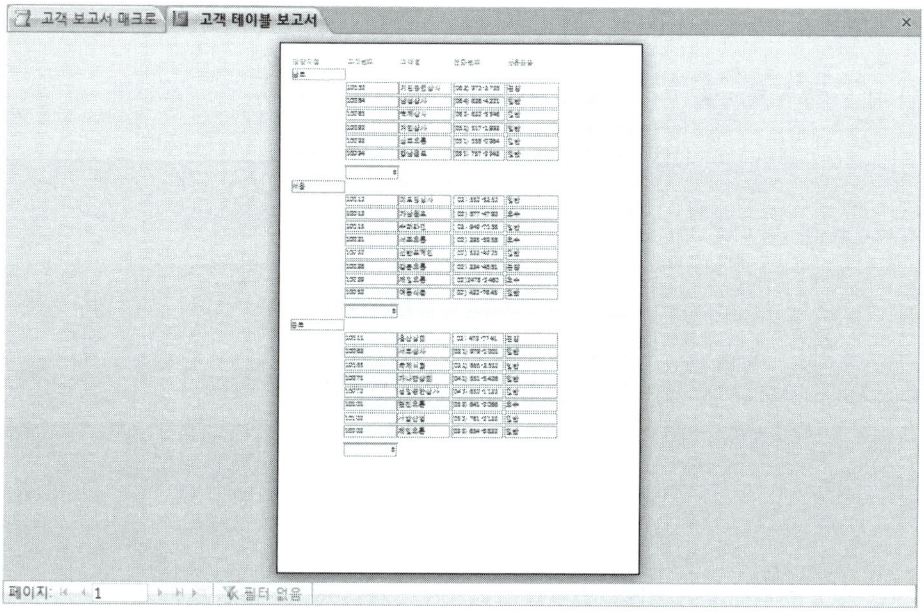

3 명령단추에 매크로 연결하기

작성한 매크로를 실행시키는 방법에는 앞에서 설명했던 것처럼 직접 실행하는 방법과 컨트롤 이벤트에 매크로를 연결하여 실행하는 방법이 있다. 즉, 명령단추나 텍스트 상자와 같은 컨트롤에 미리 작성한 매크로를 연결하여 컨트롤(주로 명령단추를 많이 사용)을 클릭이나 더블클릭함으로써 매크로가 자동으로 실행되는 이벤트를 설정할 수 있다. 이를 위해 '제9장 5절의 그림 9-18'과 같은 '고객 테이블' 폼을 [디자인 보기] 창에서 작성한다.

[폼 디자인 도구]의 [디자인] 탭에서 [컨트롤] 그룹의 컨트롤 모음에서 [단추(xxxx)]를 선택하여 [디자인 보기] 창의 [본문] 영역에 드래그하여 다음 그림과 같이 추가한다. 이때 [명령 단추 마법사] 대화상자가 나타나면 [취소] 단추를 클릭하도록 한다.

그림 12-7 ▌ 명령단추 추가

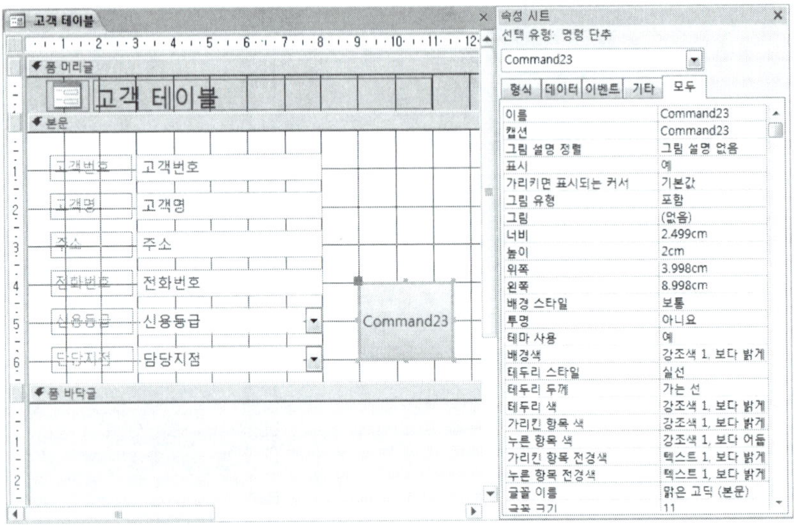

[속성 시트]의 [모두] 탭을 선택하고 [이름]에 "custCmd"를 입력하고, [캡션]에 "고객 보고서 미리보기"를 입력한다. 그리고 [이벤트] 탭을 선택하고 [On Click]의 드롭다운 단추를 클릭하여 앞에서 작성한 '고객 보고서 매크로'를 선택한다. 그리고 [빠른 실행 도구 모음]의 [저장]을 클릭하여 폼을 저장한다.

그림 12-8 ▌ 명령단추에 매크로 연결

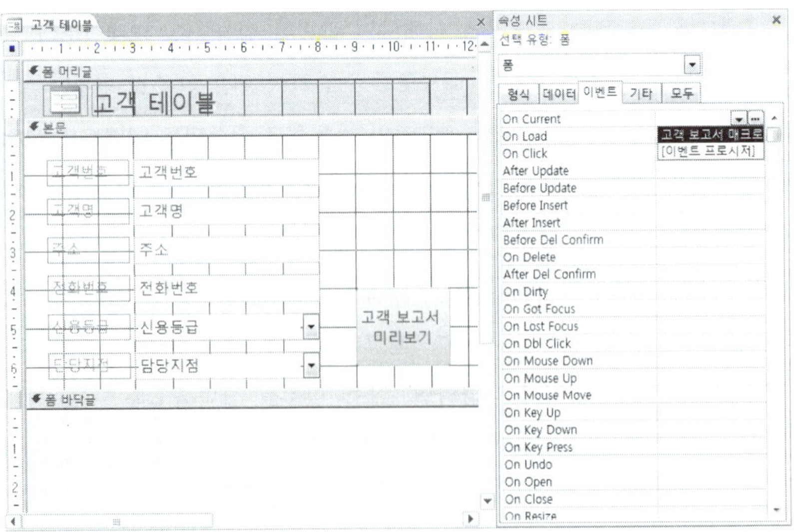

[홈] 탭의 [보기] 그룹에서 [보기]의 [폼 보기(F)]를 클릭하고, [고객 보고서 미리보기] 명령단추를 클릭한다.

그림 12-9 ▌ 폼 보기에서 명령단추 실행

[고객 보고서 미리보기] 명령단추를 클릭하면 명령단추에 연결된 '고객 보고서 매크로'가 실행되어 다음 그림과 같이 '고객 테이블 보고서'가 인쇄 미리 보기 형식으로 나타나는 것을 확인할 수 있다.

그림 12-10 ▌ 명령단추와 연결된 매크로 실행 결과

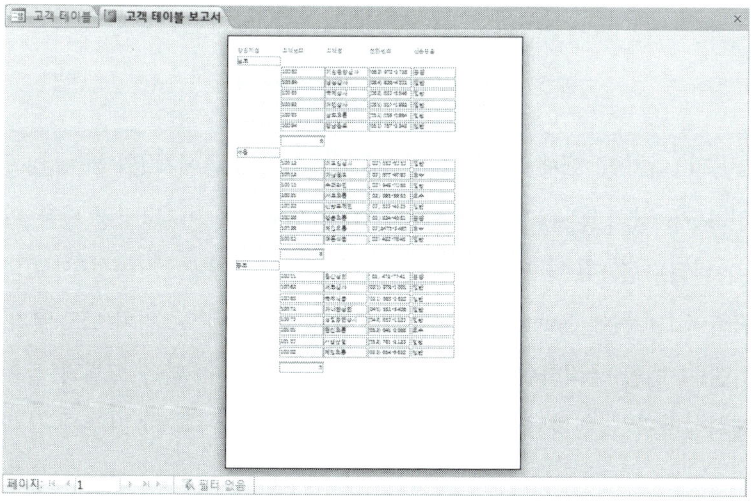

4 명령단추에 매크로 작성하기

앞에서 [매크로] 기능을 통해 작성한 '고객 보고서 매크로'를 '고객 테이블' 폼의 [단추(XXXX)] 컨트롤에 연결하여 실행하는 방법에 대해서 살펴보았다. 이처럼 매크로 작성과 매크로 실행을 위한 컨트롤 연결을 별도로 분리하여 작업하는 것 외에도 [단추(XXXX)] 컨트롤을 추가함과 동시에 [매크로 작성기]를 통해 매크로를 작성하는 방법도 있다.

'스위치보드'를 나타내는 매크로를 작성해 보자. 탐색 창의 [폼] 개체에서 '고객 테이블' 폼을 선택하고 마우스 오른쪽 버튼을 클릭하여 바로가기 메뉴에서 [디자인 보기(D)]를 선택한다.

그림 12-11 ▌ 고객 테이블 폼 디자인 보기

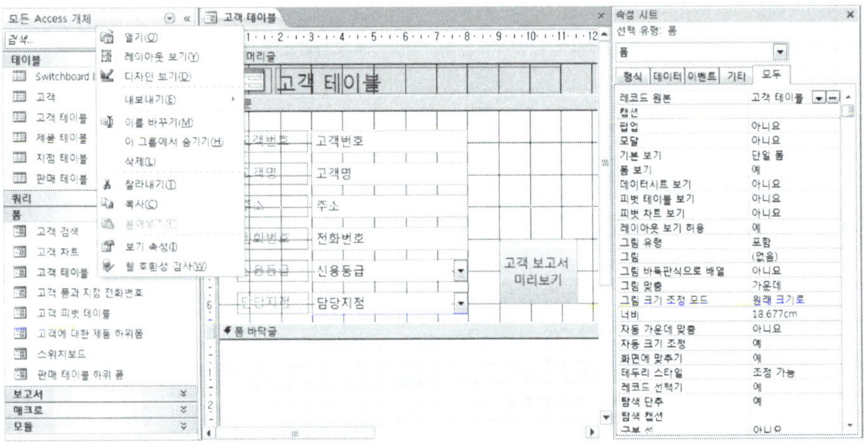

[폼 디자인 도구]의 [디자인] 탭에서 [컨트롤] 그룹의 컨트롤 모음에서 [단추(XXXX)]를 선택하여 [디자인 보기] 창의 [본문] 영역에 드래그하여 추가한다. 이때 [명령 단추 마법사] 대화상자가 나타나면 [취소] 단추를 클릭하도록 한다. 다음으로 [속성 시트]의 [모두] 탭을 클릭하여 [이름]에 "switchCmd"를 입력하고, [캡션]에 "스위치보드 열기"를 입력하고, [이벤트] 탭을 클릭하여 [On Click]의 [...]를 클릭한다. 다음 그림과 같이 [작성기 선택] 대화상자가 실행되면 [매크로 작성기]를 선택하고 [확인] 단추를 클릭한다.

그림 12-12 ▌ 매크로 작성기

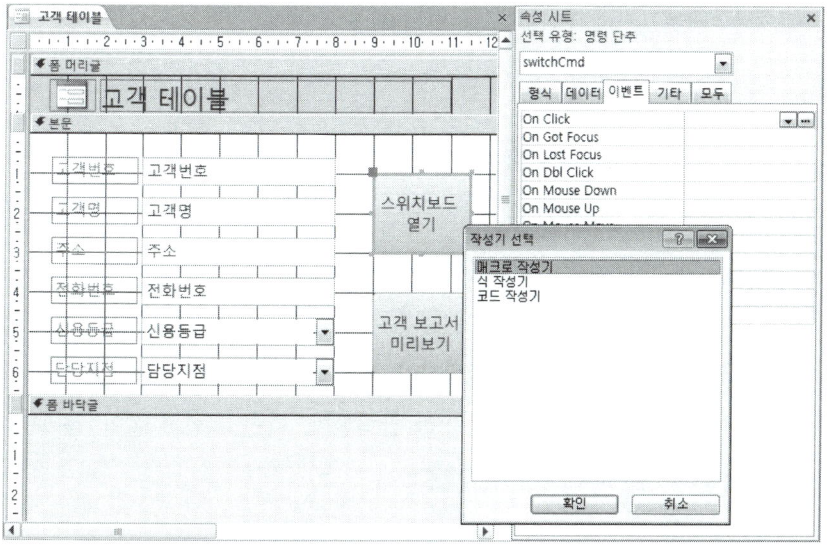

[매크로 디자인] 창에서 매크로 작성에 필요한 매크로 함수를 선택한다. 이를 위해 [매크로 함수] 드롭다운 단추를 클릭하여 'OpenForm'을 선택한다. 'OpenForm' 매크로를 실행하기위해 'OpenForm' 매크로 함수를 따른 매크로 인수를 설정하는데, [폼 이름]은 '스위치보드'를 선택하고, [보기 형식]은 '폼'을 선택하고 [필터 이름]과 [Where 조건문], [데이터 모드]는 설정하지 않으며 [창 모드]는 '기본'으로 설정한다.

그림 12-13 ▌ 매크로 함수 선택

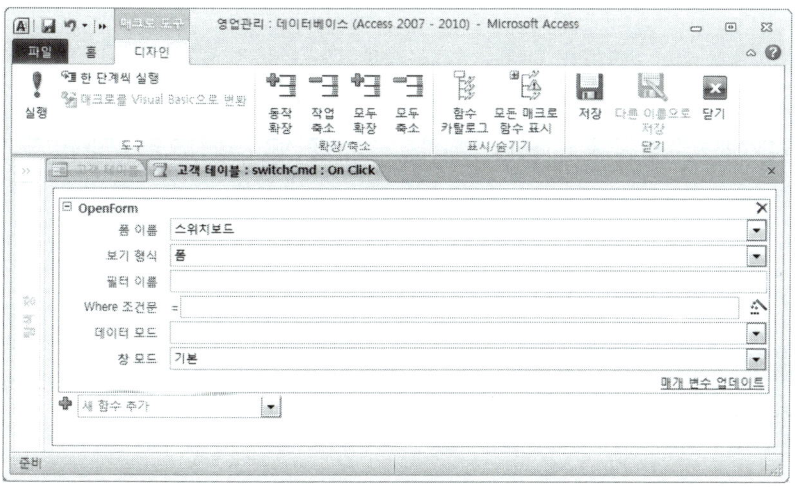

[매크로 도구]의 [디자인] 탭의 [닫기]를 클릭하여 매크로 변경 내용 저장과 업데이트 여부를 묻는 대화상자에서 [예(Y)]를 클릭한다.

그림 12-14 ❚ 매크로 저장

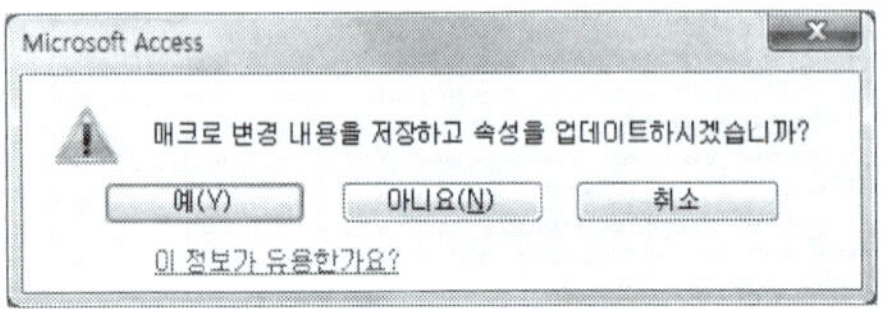

[빠른 실행 도구 모음]의 [저장]을 클릭하여 지금까지의 작성을 저장하고, [홈] 탭의 [보기] 그룹에서 [보기]의 [폼 보기(F)]를 클릭한다. 다음 그림과 같이 [폼 보기] 상태에서 [스위치 보드 열기] 단추를 클릭한다.

그림 12-15 ❚ 폼 보기에서 명령단추 실행

다음 그림은 매크로의 실행 결과인 '스위치보드'가 폼 보기 형식으로 나타난 화면이다.

그림 12-16 ❚ 명령단추와 연결된 매크로 실행 결과

5 매크로 작성을 위한 폼 만들기

지금까지 학습한 내용을 통해 테이블을 완성하고 관계를 설정한 후 사용자가 요구하는 조회 폼을 설계해 보자. 먼저 "제품" 테이블과 "주문내역" 테이블을 작성하고 아래의 데이터를 입력한다.

표 12-5 '제품' 테이블

필드 이름	데이터 형식	필드 크기	필드 속성
제품코드	텍스트	3	기본 키
제품명	텍스트	10	
거래처	텍스트	30	
단가	숫자	정수	

표 12-6 '제품' 테이블에 대한 입력 데이터

제품코드	제품명	거래처	단가
101	휘발유	SK에너지	1600
102	경유	GS칼텍스	1400
103	LPG	S-Oil	950

표 12-7 '거래내역' 테이블

필드 이름	데이터 형식	필드 크기	필드 속성
주문번호	텍스트	3	기본 키
고객명	텍스트	10	
고객등급	텍스트	10	
제품코드	텍스트	3	
주문날짜	날짜/시간		
수량	숫자	정수	

표 12-8 '거래내역' 테이블에 대한 입력 데이터

주문번호	고객명	고객등급	제품코드	주문날짜	수량
1	규현	골드	101	2015-05-01	200
2	이특	신규	102	2015-05-01	300
3	희철	일반	103	2015-05-01	250
4	한경	골드	101	2015-05-01	200
5	예성	실버	101	2015-05-15	350
6	강인	골드	103	2015-05-15	200
7	신동	신규	103	2015-05-15	300
8	성민	실버	102	2015-05-15	400
9	은혁	골드	102	2015-05-15	150
10	동해	실버	101	2015-06-01	350
11	시원	일반	102	2015-06-01	450
12	려욱	신규	103	2015-06-01	300
13	기범	일반	101	2015-06-01	400

다음 그림과 같이 특정 조건에 따라 해당 데이터가 검색되는 폼을 작성해 보자. 이를 위해 고객등급이 '골드'이면서 주문날짜가 '2015-05-15'에 주문한 주문현황을 [목록 상자]에 표시하도록 한다.

그림 12-17 매크로 작성을 위한 조회 폼 만들기

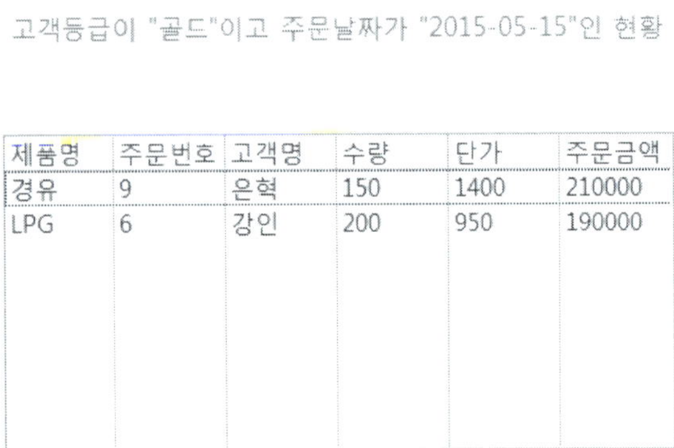

먼저 [만들기] 탭의 [폼] 그룹에서 [폼 디자인]을 클릭하면 다음 그림과 같이 [폼 디자인] 창이 나타난다.

그림 12-18 ▌ 폼 디자인 창

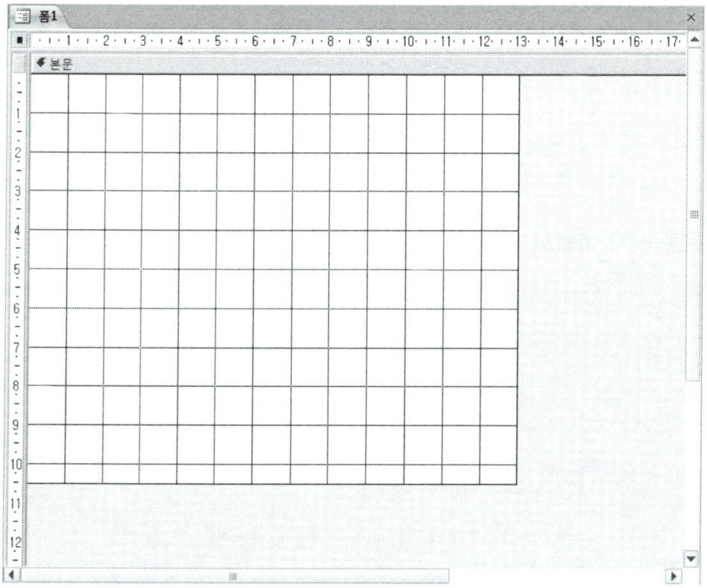

[폼 디자인 도구]의 [디자인] 탭에서 [컨트롤] 그룹의 [컨트롤 도구 모음]에 있는 여러 컨트롤에서 [레이블 가가]을 선택하여 본문 영역에 추가한다. 그리고 "고객등급이 '골드'이고 주문날짜가 '2015-05-15'인 현황" 제목을 입력한다.

그림 12-19 ▌ 폼 디자인 창에 레이블 삽입

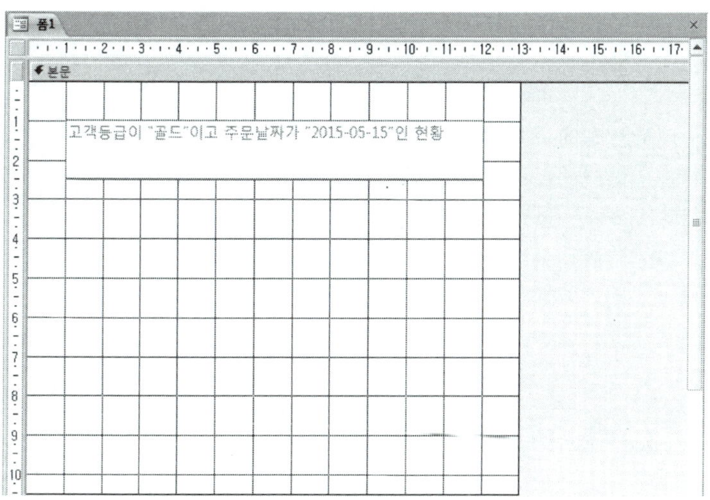

[폼 디자인 도구]의 [디자인] 탭에서 [컨트롤] 그룹의 컨트롤 모음에서 [목록 상자]를 선택하고 목록 상자를 추가할 위치에 적절한 크기로 드래그하면 다음 그림과 같은 목록 상자 마법사가 나타난다. 여기에서는 [속성 시트]를 이용하여 작업을 하기 때문에 [취소] 단추를 클릭한다.

그림 12-20 ▌ 목록 상자 마법사

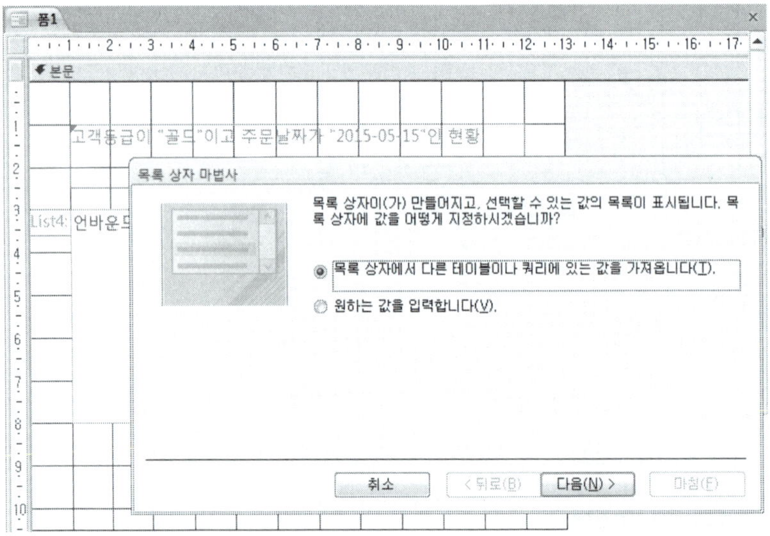

[목록 상자]에 대한 이름을 변경하기 위해 [속성 시트]에서 [기타] 탭을 클릭한 후 [이름]에서 "ResultList"를 입력한다.

그림 12-21 ▌ 폼 디자인 창에 목록 상자 삽입

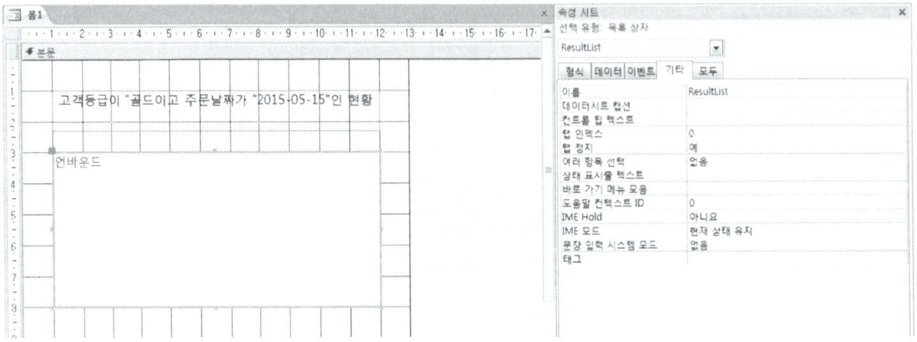

그리고 [목록 상자]에 표시할 데이터를 지정하기 위해 [속성 시트]에서 [데이터] 탭을 클릭하고 [행 원본]의 단추( )를 클릭하여 [쿼리 작성기]를 실행한다.

그림 12-22 ▌ 목록 상자 속성 창

[쿼리 작성기]의 [테이블 표시] 대화상자에서 '제품'과 '주문내역' 테이블을 더블클릭하여 [쿼리 작성기]에 두 개의 테이블을 반영한다.

그림 12-23 ▌ 쿼리 작성기

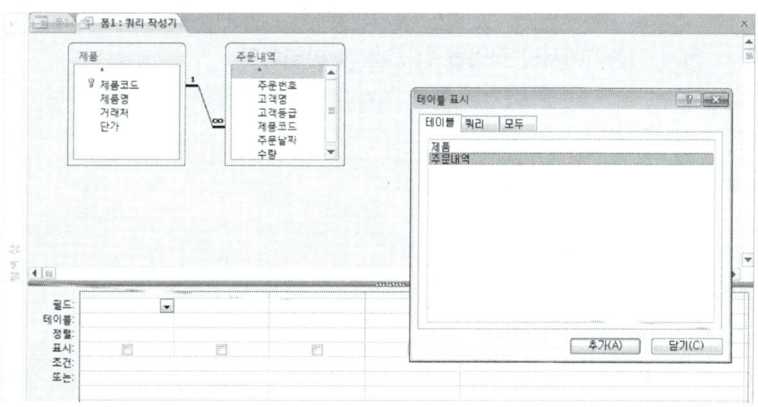

그리고 '제품' 테이블과 '주문내역' 테이블에서 [목록 상자]에 표시할 필드인 [제품명], [주문번호], [고객명], [수량], [단가]를 더블클릭하여 [필드:] 영역에 다음 그림과 같이 반영한다. [주문금액]은 [수량] 필드와 [단가] 필드의 계산으로 작성하기 때문에 "주문금액: [수량]*[단가]"로 입력한다. 그리고 조회 조건을 입력하기 위해 [고객등급]과 [주문날짜]의 [조건:] 영역에 각각 "골드"와 "2015-05-15"를 입력한다.

그림 12-24 ▌ 쿼리 작성기에 필드 추가

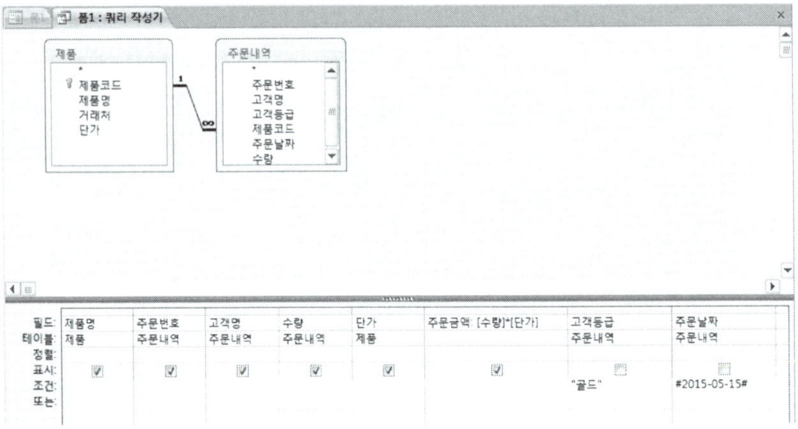

[쿼리 작성기]에서 모든 작업을 마친 후 [쿼리 도구]의 [디자인] 탭에서 [닫기] 그룹의 [닫기]를 클릭하면 'SQL 문의 변경 내용을 저장하고 속성을 업데이트하시겠습니까?'라는 대화상자가 나타난다. 여기에서 [예(Y)] 단추를 클릭하면 지금까지의 작업이 [행 원본]에 반영된다.

그림 12-25 ▌ 쿼리 작성기에서의 작업을 행 원본에 반영하기

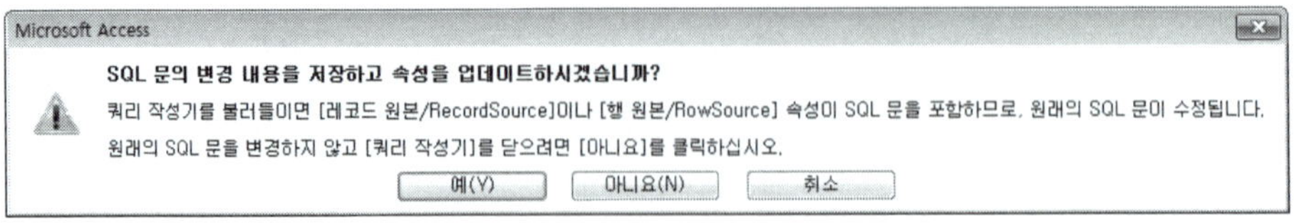

[속성 시트]의 [데이터] 탭을 클릭하면 [행 원본]에 지금까지 작업한 내용이 SQL문으로 표시된다. SQL문을 삭제하면 [쿼리 작성기]에서 작업한 모든 내용이 삭제되기 때

문에 주의해야 한다.

그림 12-26 ▌ 행 원본에 SQL문 표시

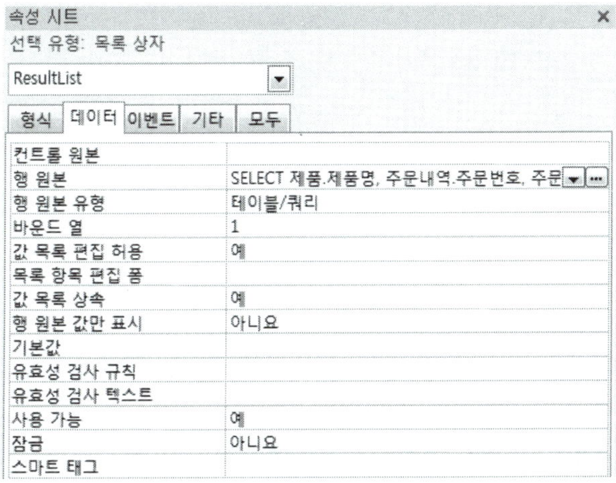

[목록 상자]에 표시될 필드의 개수를 지정하기 위해 [속성 시트]의 [형식] 탭을 클릭한 후 [열 개수]에 "6"을 입력한다. 그리고 각 필드들에 대한 필드명이 [목록 상자]에 함께 표시되게 하기 위해 [열 이름]에 "예"를 선택한다.

그림 12-27 ▌ 목록 상자에 표시할 필드 개수와 필드 이름

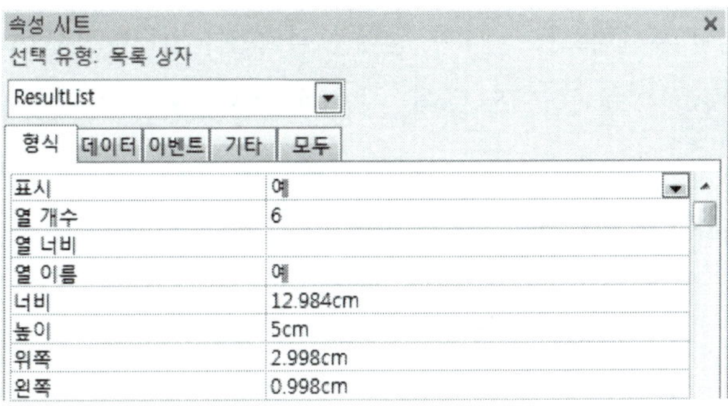

[홈] 메뉴의 [보기] 그룹에서 [폼 보기]를 선택하면 다음 그림과 같이 [목록 상자]를 통해 고객등급이 '골드'이고 주문날짜가 '2015-05-15'인 조회 결과를 확인할 수 있다. 지금까지 작업한 [폼]에 대한 저장 이름은 "고객검색"으로 하여 저장한다.

그림 12-28 ▌ 조회 폼 검색 결과

폼1

고객등급이 "골드"이고 주문날짜가 "2015-05-15"인 현황

제품명	주문번호	고객명	수량	단가	주문금액
경유	9	은혁	150	1400	210000
LPG	6	강인	200	950	190000

6 조건을 만족하는 데이터 검색 매크로 작성하기

지금까지 [단추] 컨트롤을 통해 실행되는 매크로는 단순히 미리 작성된 폼을 열거나 보고서를 미리보기하는 것과 같은 반복적인 작업을 수행하기 위한 방법이었다. 이러한 방법 외에도 [단추]에 미리 작성한 매크로를 연결하여 [단추]를 클릭함으로써 매크로가 자동으로 실행되어 검색하고자 하는 특정 데이터를 표시하는 이벤트를 작성할 수 있다. 앞서 작업한 것과 같이 "제품" 테이블과 "주문내역" 테이블을 이용하여 [목록 상자]를 작성한 후, [텍스트 상자]에 원하는 검색어를 입력하고 [단추]를 클릭하여 검색어에 해당하는 데이터만을 [목록 상자]에 표시하도록 해보자.

그림 12-29 ▌ 조건을 만족하는 데이터 검색 매크로 작성

조회하고 싶은 고객 등급을 입력하시오.

골드 [검색]

제품명	주문번호	고객명	수량	단가	주문금액
경유	9	은혁	150	1400	210000
휘발유	1	규현	200	1600	320000
휘발유	4	한경	200	1600	320000
LPG	6	강인	200	950	190000

여기에서는 앞서 작업했던 "고객검색" 폼을 이용하여 폼을 재구성하도록 한다. "고객검색" 폼을 [디자인 보기]로 열고 [레이블]을 선택한 다음 그림과 같이 수정한다.

그림 12-30 | 폼 디자인 창에 레이블 수정

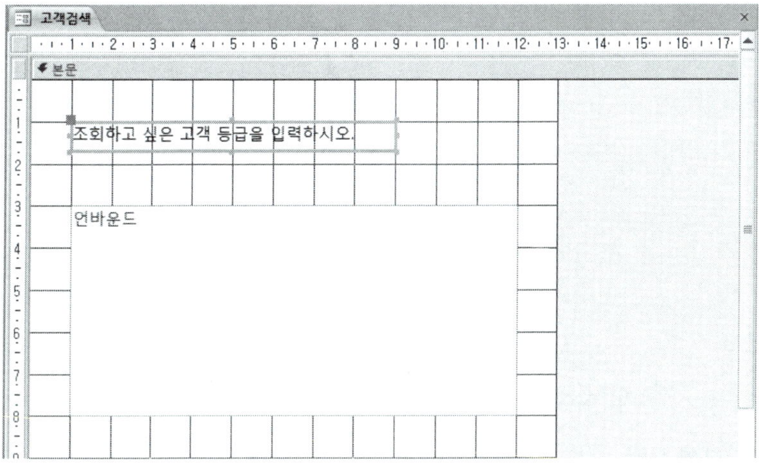

[폼 디자인 도구]의 [디자인] 탭에서 [컨트롤] 그룹의 컨트롤 모음에서 [텍스트 상자 가나]를 선택하여 본문 영역에 드래그한다. 본문 영역에 나타난 [텍스트 상자 마법사] 대화상자는 [취소] 단추를 클릭하고 [레이블] 부분은 삭제하고 [텍스트 상자]만 남겨둔다. 그리고 [속성 시트]의 [기타] 탭이나 [모두] 탭을 클릭하고 [이름]을 "SearchText"로 입력한다.

그림 12-31 | 폼 디자인 창에 텍스트 상자 삽입

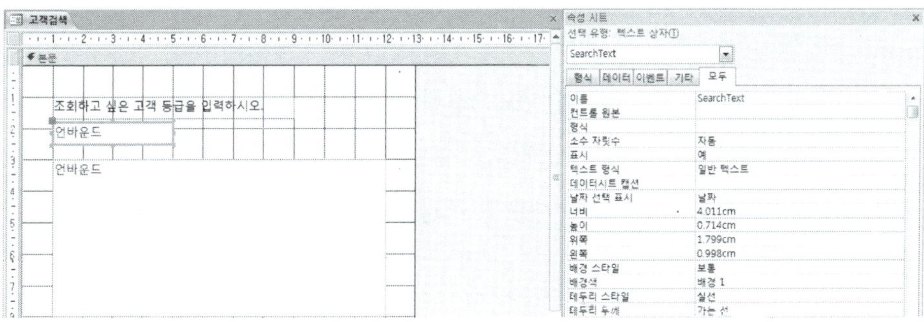

본문 영역에 [목록 상자]를 선택하고 [속성 시트]의 [기타] 탭이나 [모두] 탭을 클릭하고 [이름]을 "ResultList"로 입력한다.

그림 12-32 ▌ 폼 디자인 창에 목록 상자 이름 수정

그리고 [속성 시트]의 [데이터] 탭을 클릭하고 [행 원본]의 단추( )를 클릭하여 [쿼리 작성기]를 실행한다.

그림 12-33 ▌ 폼 디자인 창에 목록 상자 행 원본 수정

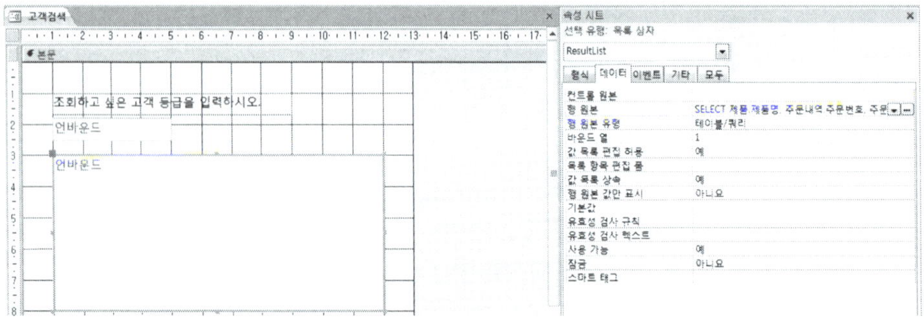

[쿼리 작성기]에서 [고객등급] 필드와 [주문날짜] 필드의 [조건:]에 입력되어 있는 "골드"와 "2015-05-15"를 삭제하고 [고객등급] 필드의 [조건:]에 "Like "*" & [forms]![고객검색]![SearchText] & "*""와 같은 새로운 조건을 입력한다.

그림 12-34 ▌ 쿼리 작성기에 필드 수정

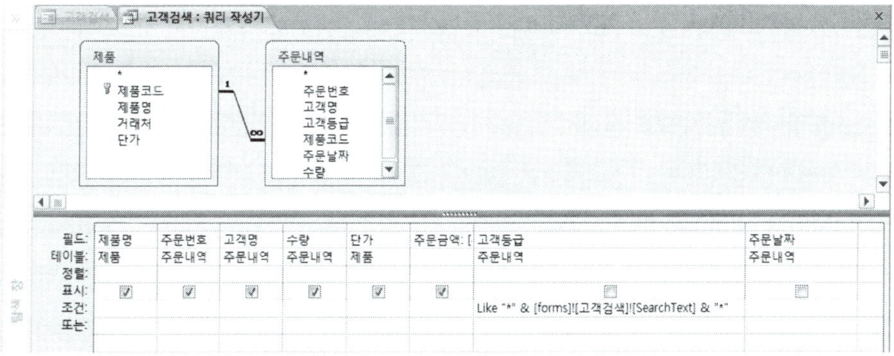

[쿼리 작성기]에서 수정한 작업을 반영하기 위해 [쿼리 도구]의 [디자인] 탭에서 [닫기] 그룹의 [닫기]를 클릭하면 'SQL 문의 변경 내용을 저장하고 속성을 업데이트 하시겠습니까?'라는 대화상자가 나타난다. 여기에서 [예(Y)] 단추를 클릭하면 지금까지의 작업이 [행 원본]에 반영된다.

그리고 [폼 디자인 도구]의 [디자인] 탭에서 [컨트롤] 그룹의 컨트롤 모음에서 [단추]를 선택하여 본문 영역에 드래그하면 [명령단추 마법사]가 나타나는데 여기에서는 [속성 시트]를 이용하여 작업을 하기 때문에 [취소] 단추를 클릭한다.

그림 12-35 ▌ 폼 디자인 창에 단추 추가

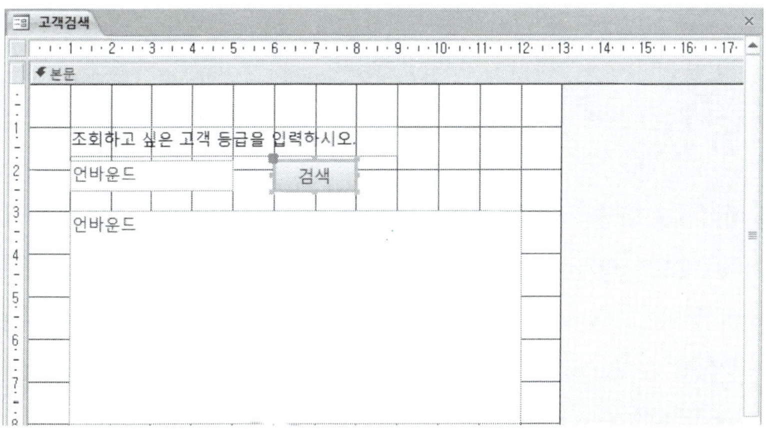

[속성 시트]의 [이벤트] 탭을 선택하고 [On Click]의 단추( )

를 클릭하면 [작성기 선택] 대화상자가 나타난다. [작성기 선택] 대화상자에서 [매크로 작성기]를 선택하고 [확인] 단추를 클릭한다.

그림 12-36 매크로 작성기

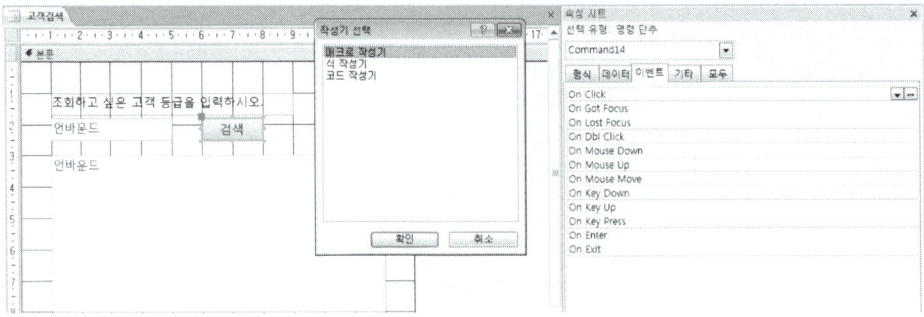

[매크로 디자인] 창에서 매크로 작성에 필요한 매크로 함수를 선택한다. 이를 위해 [매크로 함수] 드롭다운 단추를 클릭하여 'Requery'를 선택한다.

그림 12-37 매크로 함수 선택

'Requery'는 데이터나 화면을 업데이트하는 매크로 함수로 여기에서는 [명령 단추]를 클릭할 때마다 [텍스트 상자]에 입력한 조건에 해당하는 데이터를 재검색하여 [목록 상자]에 표시하기 위해 'Requery'에 속한 매크로 인수를 설정한다. [컨트롤 이름]에 [목록 상자]의 이름인 "ResultList"를 입력한다. 그리고 [매크로 도구]의 [디자인] 탭의 [닫기] 그룹에서 [닫기]를 클릭하여 매크로 변경 내용을 저장하고 [매크로 작성기]를 종료한다.

그림 12-38 ▌ 매크로 함수의 인수 설정

[홈] 탭의 [보기] 그룹에서 [보기]의 폼 보기(F)를 클릭하면 다음 그림과 같이 [목록 상자]에 모든 데이터가 표시된다.

그림 12-39 ▌ 선택 필드에 대한 데이터 검색 결과

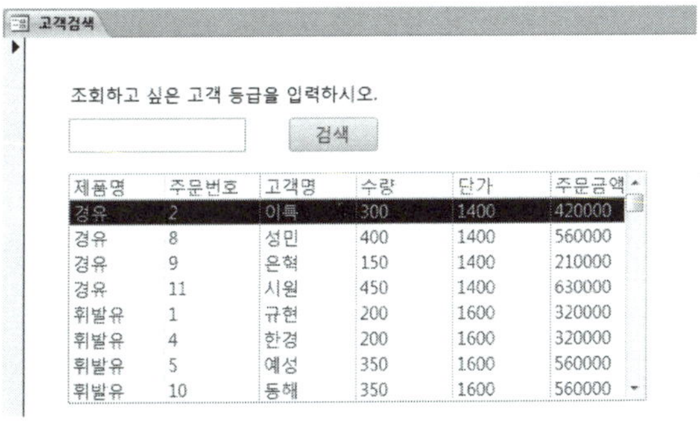

[텍스트 상자(SearchText)]에 조회하고자 하는 고객등급 "골드"를 입력하고 [검색 단추]를 클릭하면 다음 그림과 같이 'Requery' 매크로 함수가 실행되어 조회 데이터를 [목록 상자]에 표시한다.

그림 12-40 ▌ 고객등급이 '골드'인 데이터 검색 결과

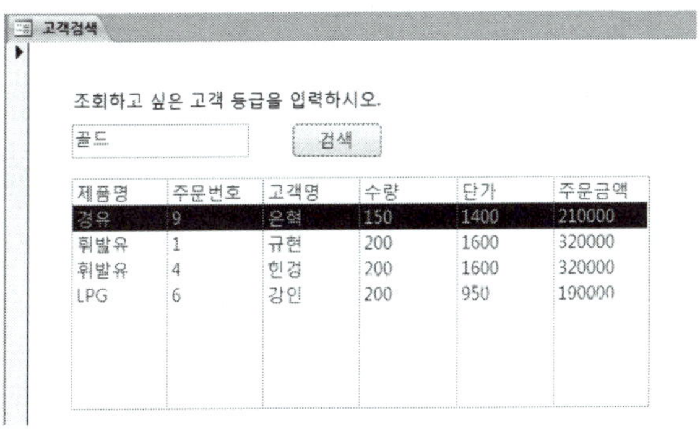

7 매크로를 Visual Basic으로 변환하기

매크로의 기능에는 사용자가 작성한 매크로에 대해서 Visual Basic 코드로 변환해 주는 기능이 있다. 매크로는 다양한 매크로 함수를 통해 여러 기능들을 수행할 수 있지만 매크로가 제공하는 기능보다 더 많은 기능이 요구되는 경우에 작성한 매크로를 Visual Basic 코드로 변환하여 더욱 확장된 기능을 사용할 수 있다.

앞에서 작성한 '고객 보고서 매크로'를 Visual Basic 코드로 변환해 보도록 하자. 먼저, 탐색 창의 [매크로] 개체에서 '고객 보고서 매크로'를 선택하고 마우스 오른쪽 버튼을 클릭하면 나타나는 바로가기 메뉴에서 [디자인 보기(D)]를 선택한다.

그림 12-41 ▌ 고객 보고서 매크로 디자인 보기

다음 그림과 같은 [매크로 디자인] 창에서 [매크로 도구]의 [디자인] 탭에서 [도구] 그룹의 [매크로를 Visual Basic으로 변환]을 클릭하면 [매크로 변환: 고객 보고서 매크로] 대화상자가 나타난다. 이 대화상자에서 [작성한 함수에 오류 처리 추가(E)]와 [매크로 설명 포함(I)]의 체크 여부를 확인하고 [변환(C)] 단추를 클릭하면 VBA 창으로 전환된다.

그림 12-42 ▌ 고객 보고서 매크로를 Visual Basic으로 변환

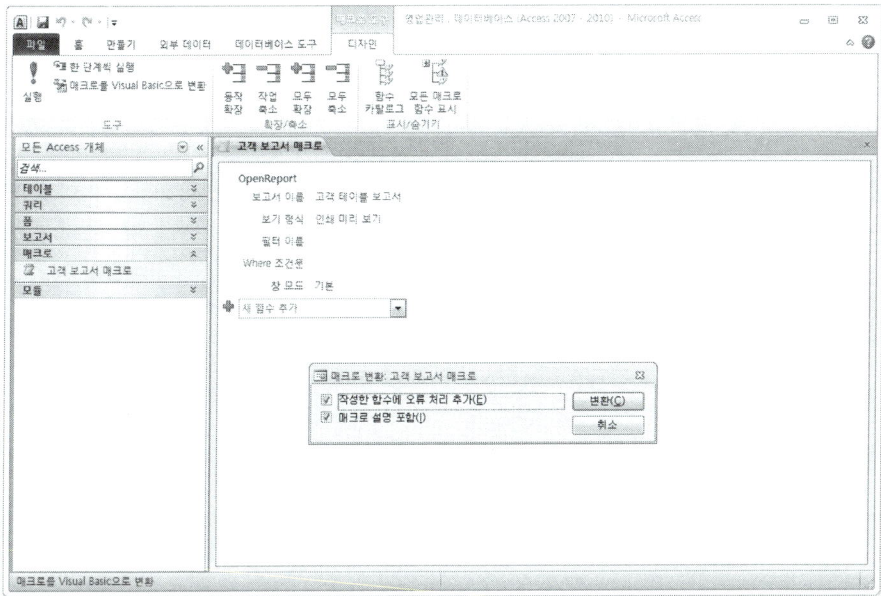

[Microsoft Visual Basic for Applications] 창을 보면 '고객 보고서 매크로'가 Visual Basic 코드인 [Function 프로시저]로 변환된 것을 확인할 수 있다.

그림 12-43 ▌ Visual Basic으로 변환된 매크로 함수

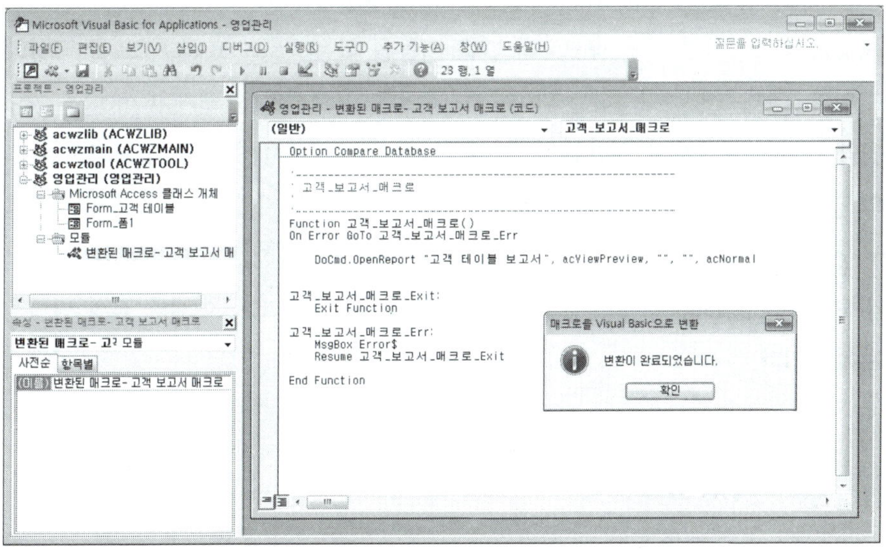

[Microsoft Visual Basic for Applications] 창을 종료( )하면 왼쪽 탐색 창의 [모듈] 개체에 '변환된 매크로-고객 보고서 매크로'가 만들어진 것을 확인할 수 있다.

그림 12-44 ▎변환된 Visual Basic 코드 저장

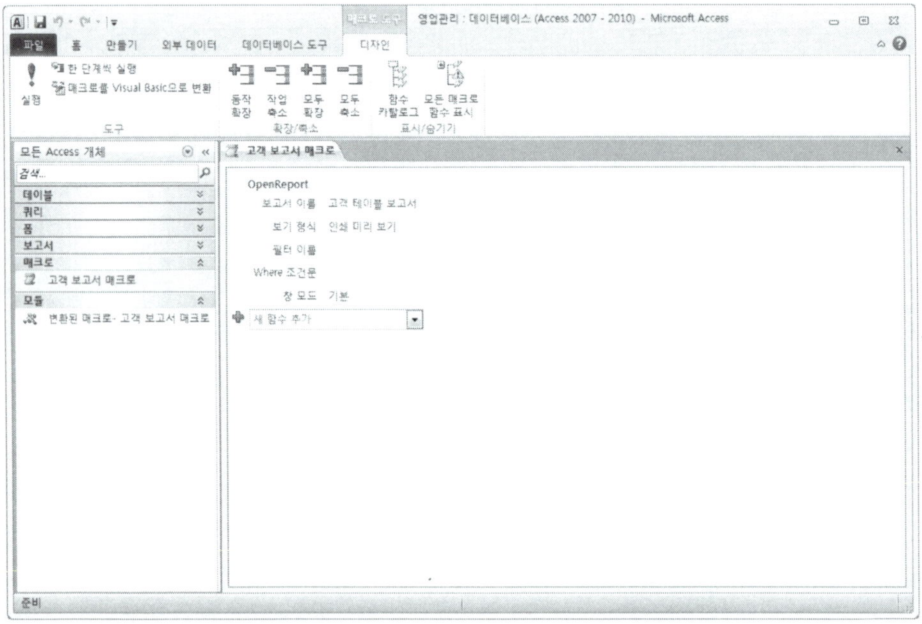

일반적으로 반복적인 자동화된 작업을 위해 매크로를 많이 사용하지만, VBA 모듈을 사용하여 사용자가 직접 매크로와 같은 기능을 하는 Visual Basic 코드를 작성할 수도 있다. 액세스에서 작성하는 Visual Basic 코드(프로시저)는 크게 [Function 프로시저]와 [Sub 프로시저]로 구분할 수 있다. [Function 프로시저]는 '고객 보고서 매크로'와 같이 [매크로 작성기]를 통해 작성한 프로시저를 말하며, [Sub 프로시저]는 매크로를 통하지 않고 사용자가 직접 [코드 작성기]를 통해 작성한 프로시저를 말한다. 다음의 표 12-9는 [Sub 프로시저]와 [Function 프로시저]의 코드 예제와 작성 방법을 보여주고 있다.

▌표 12-9 ▌ Function 프로시저와 Sub 프로시저의 설명

<table>
<tr><th>구분</th><th>설명</th></tr>
<tr><td rowspan="2">Function
프로시저</td><td>Function 고객 보고서 매크로( )

DoCmd.OpenReport "고객 테이블 보고서", acViewPreview, "", "", acNormal

End Function</td></tr>
<tr><td>① 폼의 [디자인 보기] 창에 [단추(xxxx)] 컨트롤을 추가한다.
② [단추(xxxx)] 컨트롤 위에서 마우스 오른쪽 버튼을 클릭하여 나타난 단축 메뉴에서 [이벤트 작성(E)]을 선택한다.
③ [작성기 선택] 대화상자에서 [매크로 작성기]를 선택하고 [확인] 단추를 클릭한다.
④ [매크로 작성기] 창에서 매크로 함수를 선택하고 매크로 인수를 설정한다.
⑤ [매크로 도구]의 [디자인] 탭에서 [도구] 그룹의 [매크로를 Visual Basic으로 변환]을 클릭한다. Function 프로시저가 작성된 것을 확인할 수 있다.</td></tr>
<tr><td rowspan="2">Sub
프로시저</td><td>Private Sub custCmd_Click( )

DoCmd.OpenReport "고객 테이블 보고서", acViewPreview, "", "", acNormal

End Sub</td></tr>
<tr><td>① 폼의 [디자인 보기] 창에 [단추(xxxx)] 컨트롤을 추가한다.
② [단추(xxxx)] 컨트롤 위에서 마우스 오른쪽 버튼을 클릭에 나타난 단축 메뉴에서 [이벤트 작성(E)]을 선택한다.
③ [작성기 선택] 대화상자에서 [코드 작성기]를 선택하고 [확인] 단추를 클릭한다.
④ Sub 프로시저를 작성한다.</td></tr>
</table>

8 이벤트 프로시저 만들기

이벤트 프로시저는 사용자가 무엇을 클릭을 하거나 어떤 값을 변경시키는 것과 같은 이벤트를 발생시키면 실행되도록 만들어진 것이다. 탐색 창의 [폼] 개체에서 '고객 테이블' 폼을 선택하고 마우스 오른쪽 버튼을 클릭에 나타난 바로가기 메뉴에서 [디자인 보기(D)]를 선택한다. '고객 테이블' 폼의 [디자인 보기] 창에서 [고객 보고서 미리보기] 명령단추를 선택하고 오른쪽 [속성 시트]의 [이벤트] 탭을 클릭하여 [On Click]에 이미 설정되어 있는 '고객 보고서 매크로'를 삭제하고 ...를 클릭한다. 그리고 다음 그림과 같이 [작성기 선택] 대화상자가 나타나면 [코드 작성기]를 선택하고 [확인] 단추를 클릭한다.

그림 12-45 ▎ 명령단추에 Visual Basic 코드 작성

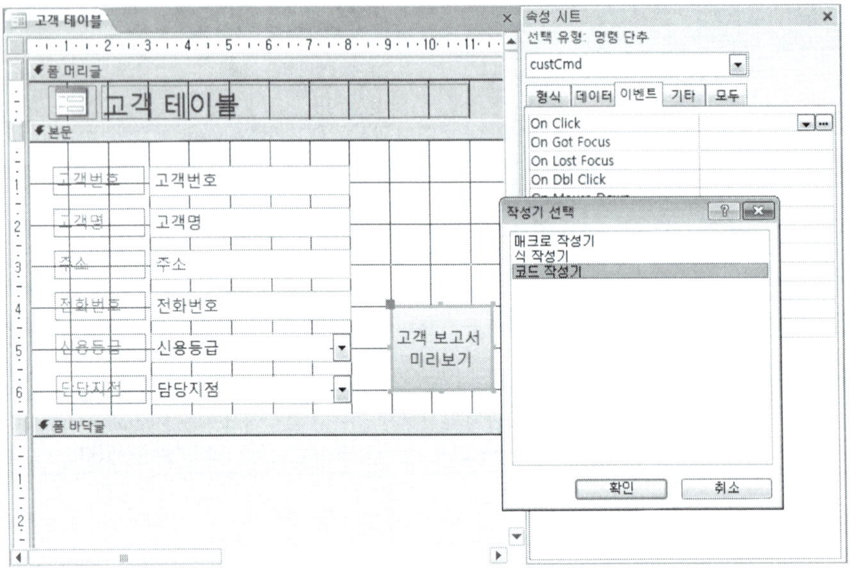

[Microsoft Visual Basic for Applications] 창을 보면 Private Sub custCmd_ Click() 아래에 커서가 깜박인다. 여기에 다음 그림과 같이 "DoCmd.OpenReport "고객 테이블 보고서", acViewPreview, "", "", acNormal"이라는 Visual Basic 코드를 입력한다.

그림 12-46 ▎ Microsoft Visual Basic for Application에서 Visual Basic 코드 작성

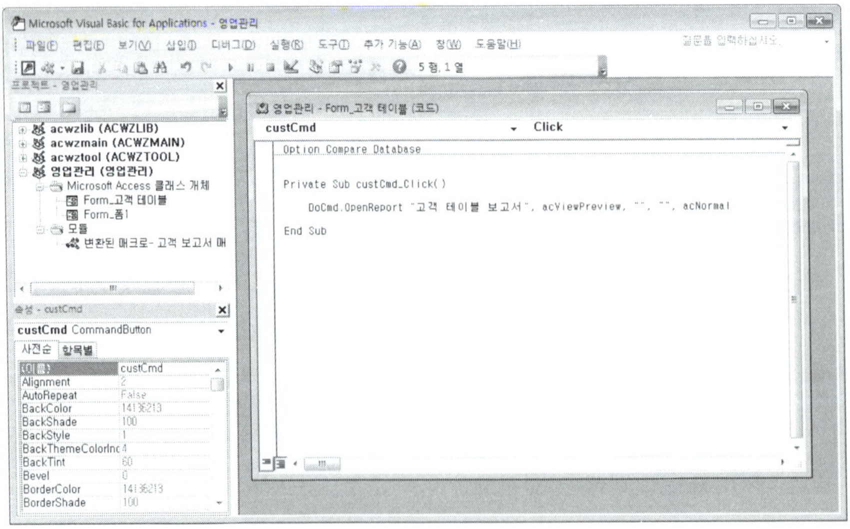

[Microsoft Visual Basic for Applications] 창을 종료( )하면 [속성 시트]의 [이벤트] 탭의 [On Click]이 [이벤트 프로시저]로 바뀐 것을 확인할 수 있다.

그림 12-47 ▌ 이벤트 프로시저 연결

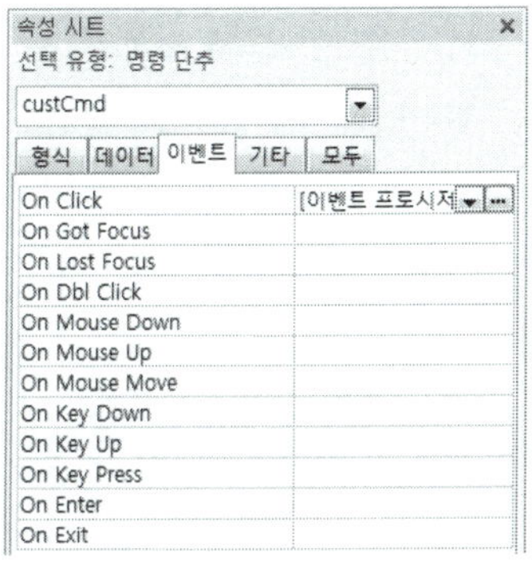

[홈] 탭의 [보기] 그룹에서 [보기]의 [폼 보기(F)]를 클릭하고, [고객 보고서 미리 보기] 명령단추를 클릭하면 Sub 프로시저에서 작성한대로 '고객 테이블 보고서'가 인쇄 미리 보기 형태로 나타나는 것을 확인할 수 있다.

다음 그림은 [Sub 프로시저]와 [매크로: Function 프로시저] 작성 이후 [속성 시트]의 [이벤트] 탭에서 둘 중 하나를 선택할 수 있는 화면을 보여준다. [매크로: Function 프로시저]의 실행을 원하면 '고객 보고서 매크로'를 선택하고 [Sub 프로시저]의 실행을 원하면 '이벤트 프로시저'를 선택한다.

그림 12-48 ▌ 이벤트 프로시저와 매크로 중 택일

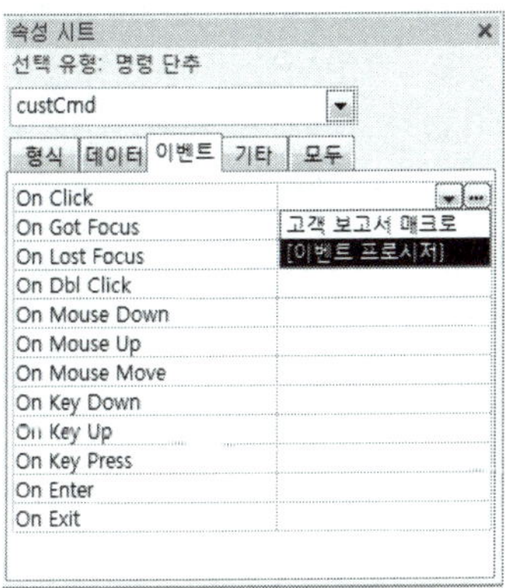

연 · 습 · 문 · 제

01. 제11장의 연습문제 1번에서 작성한 '과목별 성적현황'을 나타내는 매크로를 작성하시오. [보고서 이름]은 '과목별 성적현황'을 선택하고, [보기 형식]은 '인쇄 미리 보기'로 설정하고 [필터 이름]과 [Where 조건문]은 설정하지 않으며, [창 모드]는 '기본'으로 설정한다. 작성한 매크로는 '과목 보고서 미리보기'이름으로 저장하시오.

02. 제9장의 연습문제 1번에서 작성한 '학생정보' 폼을 이용하여 다음 그림을 참조하여 작성하시오.

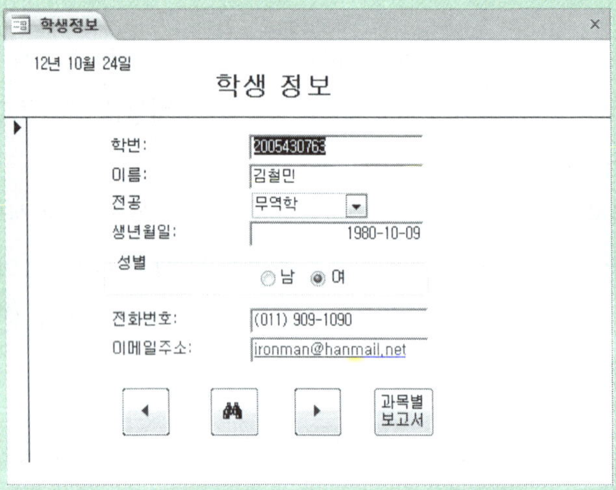

(1) '학생정보' 폼에 [과목별 보고서] 명령단추를 추가하시오.
(2) 명령단추의 이름은 'reportCmd'로 입력하고, 캡션은 '과목별 보고서'로 입력하시오.
(3) [과목별 보고서] 명령단추를 클릭했을 때 '과목별 성적현황' 보고서가 미리 보기 행태로 열리도록 1번에서 작성한 '과목 보고서 미리보기' 매크로를 연결하시오.
(4) '학생정보' 폼을 [폼 보기]로 열어서 [과목별 보고서] 명령단추를 클릭하시오.

03. 제9장의 연습문제 1번에서 작성한 '학생정보' 폼을 이용하여 다음 그림을 참조하여 작성하시오.

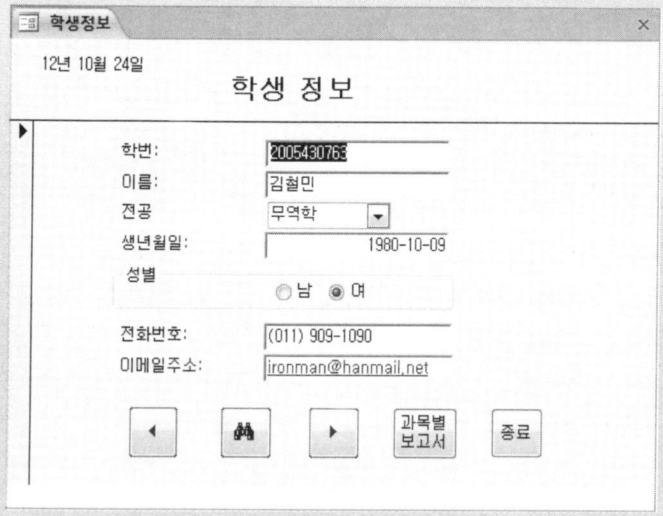

(1) '학생정보' 폼에 [종료] 명령단추를 추가하시오.
(2) 명령단추의 이름은 'endCmd'로 입력하고, 캡션은 '종료'로 입력하시오.
(3) [종료] 명령단추를 클릭했을 때 '학생정보' 폼이 닫히도록 [매크로 작성기]를 통해 매크로를 작성하시오(폼 종료에 사용되는 매크로 함수는 'CloseWindow'이다).
(4) '학생정보' 폼을 [폼 보기]로 열어서 [종료] 명령단추를 클릭하시오.

04. 다음 그림과 같이 전공명에 따른 학생 정보를 나타내는 폼을 작성하시오.

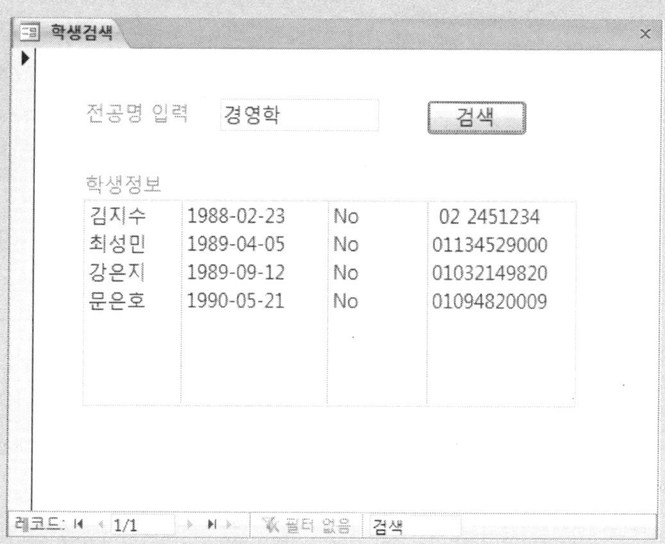

(1) 텍스트 상자에 검색하고자 하는 전공명을 입력하고 [검색] 명령단추를 클릭하면 하단 목록상자에 해당 전공의 학생 정보(이름, 생년월일, 성별, 전화번호)가 나타나도록 폼을 작성하시오.

(2) 각 개체에 대한 설정은 다음 표와 같이 설정하시오.

개체	이름	비고
텍스트 상자	studText	
명령단추	studCmd	매크로 함수 : Requery
목록 상자	studList	열개수 : 4, 열너비 : 2;3;2;3

(3) 작성한 폼을 [폼 보기]로 열어서 텍스트 상자에 '경영학'을 입력하고 [검색] 명령단추를 클릭하시오.

| 저자약력 |

김종기

- 부산대학교 경영학과 졸업
- 미국 아칸소주립대학교 경영대학원 경영학 석사
- 미국 미시시피주립대학교 대학원 경영학 박사
- 현재 부산대학교 경영학과 교수

김진성

- MOS Master Instructor, 정보처리기사, 사무자동화산업기사, 컴퓨터활용능력 1급 등
- 동아대학교 전자상거래학과 공학 석사
- 부산대학교 경영학과 경영학 박사
- 현재 부산대학교 경영연구소 연구원

엑셀과 액세스를 활용한 **경영정보처리**(제2판)

2012년 12월 30일 1판 1쇄 발행
2019년 8월 30일 2판 3쇄 발행

저 자 | 김종기 · 김진성
발행인 | 이수영
발행처 | 도서출판 청람
서울시 마포구 독막로 288(대흥동, 세양상가 109호)
전 화 | 02)3272-2601~2
팩 스 | 02)3272-2603
홈페이지 | www.crbooks.co.kr
이메일 | crbooks@hanmail.net
등 록 | 2000.8.26 제6-0509호

ISBN 978-89-5972-441-3 93320 [정가 25,000원]